DER WELTKRIEG 1914–1918

Ereignis und Erinnerung

DER WELTKRIEG 1914–1918

Ereignis und Erinnerung

Im Auftrag des Deutschen Historischen Museums
Herausgegeben von Rainer Rother

EDITION MINERVA

IMPRESSUM

»Der Weltkrieg 1914–1918. Ereignis und Erinnerung«

Ausstellungshalle von I. M. Pei
13. Mai bis 16. August 2004
Deutsches Historisches Museum, Berlin

AUSSTELLUNG

IDEE, AUSSTELLUNGSKONZEPT, PROJEKTLEITUNG Rainer Rother

WISSENSCHAFTLICHE MITARBEIT, AUSSTELLUNGSKONZEPT
Gundula Bavendamm, Kristiane Burchardi

WISSENSCHAFTLICHER BEIRAT Franziska Augstein, Boris Chawkin, Anne
Dumenil, Gerhard Hirschfeld, Sabine Kienitz, Jürgen Kocka, Gerd
Krumeich, Robert Traba, Stephen Walton

PROJEKTORGANISATION UND OBJEKTVERWALTUNG Nicole Schmidt

FACHBERATUNG Bernd Ulrich

RECHERCHE IN KIEW UND LEMBERG Olga Belaja, Wasyl Rassewytsch,
Jelena Tymtschik

AUSSTELLUNGSGESTALTUNG Werner Schulte, Marion Stenzel

AUSSTELLUNGSPRODUKTION DHM Werkstätten (Leitung: Nicholas
Kaloplastos)

LICHTPLANUNG Michael Flegel

AUSSTELLUNGSGRAFIK 4D envision design, Chris Dormer

KONSERVATORISCHE BETREUUNG Martina Homolka (Leiterin der Restau-
rierung/Gemälde), Michaela Brand (Buch), Sabine Josefine Brand (Textil),
Kay Draber (Metall), Martin Engel (Kunsthandwerk), Christine Göppinger
(Papier), Barbara Haussmann (Skulptur), Elke Kiffe (Kunsthandwerk),
Barbara Korbel (Papier), Matthias Lang (Gemälde), Antje Liebers (Holz),
Matthes Nützmann (Papier), Michael Otto (Metall)

FREIE MITARBEITER Vendulka Cejchan (Buch), Isa Hesse (Textil),
Hildegard Homburger (Plakat)

RAHMUNG UND PASSEPARTOUT Malte Spohr

FOTOARBEITEN Sebastian Ahlers, Arne Psille

AUSSTELLUNGSORGANISATION Ulrike Kretzschmar

LEIHVERKEHR Catherine Amé, Edith Michelsen, Nicole Schmidt

CONTROLLING Peter Gabbert

TRANSPORTE Hasenkamp Internationale Transporte

PRESSE- UND ÖFFENTLICHKEITSARBEIT Katrin Kahlefeld, Sonja
Trautmann, Angelika Wachs

MUSEUMSPÄDAGOGIK, HÖRFÜHRUNG Stefan Bresky, Brigitte Vogel
(Leitung), Julia Hornig, Johanna von Münchhausen (Redaktion), Simone
Unger (Praktikantin)

HÖRFÜHRUNG (Realisation) K 13 Tonstudios, Berlin, Michael Kaczmarek

MEDIEN-STATION (in Kooperation mit dem Militärgeschichtlichen
Forschungsamt, Potsdam): Katja Protte, Gorch Pieken, Daniel Steinbach,
Volker Neugebauer

FILMSTATIONEN Rituale Coburg/Ypern/LaBoisselle und Vilnius/Riga: Ingo
Langner

MITARBEIT MEDIENRECHERCHE Wolfgang Koller

MEDIENPRODUKTION Wolf Dieter Pelikan, Wolfgang Koller

INTERNETPRÄSENTATION Susanne Matthey

PLAKATGESTALTUNG Dorén+Köster, Berlin

ÜBERSETZUNGEN Jeffrey Verhey, Berlin, sowie Tradukas GbR, Berlin

PRAKTIKANTEN Jeannine Anders, Nancy Aris, Marika Bacsóka, Silke Brohm,
Kathrin Dallmeier, Ulla Drenckhan, Fernando Esposito, Nadine Fuchs,
Olga Gärtner, Judith Henning, Leni Höllerer, Christiana Hoppe, Aleksandar
Ivkovac, Regine Kemna, Robert Kindler, Karin Knipp-Rentrop, Jenny
Kolzarek, Eva Kraus, Stephanie Lipszyc, Marc Lüttgemann, Mathias Mutz,
Stephanie Neuner, Eva Pluharová-Grigienė, René Schlott, Susen Seidel,
Julia Timpke, Ruth Warnke, Frauke Wetzel, Steffen Wötzel, Ariane Zabel

KATALOG

HERAUSGEBER Rainer Rother im Auftrag des Deutschen Historischen
Museums

FACHLEKTORAT ESSAYS UND KAPITELEINLEITUNGEN Bernd Ulrich

LEKTORAT UND KOORDINATION KATALOGTEIL Annette Vogler

SCHLUSSLEKTORAT Wanda Löwe

BILDREDAKTION ESSAYTEIL Nicole Schmidt, Bernd Ulrich

BILDREDAKTION KATALOGTEIL Nicole Schmidt, Annette Vogler

REGISTER Stephanie Neuner

KOORDINATION HERSTELLUNG Gabriele Kronenberg

ÜBERSETZUNGEN Paula Bradish, Hamburg (Essay von John Horne),
sowie Tradukas GbR, Berlin

GRAFISCHE GESTALTUNG Birgit Helwich, München

GESAMTHERSTELLUNG Peschke Druck, München

UMSCHLAG Dorén+Köster, Berlin

UMSCHLAGABB. *In dem gestürmten versumpften Kampfgelände von Armentières,*
Frankreich 1914/18, Deutsches Historisches Museum, Berlin, 97/37

© 2004 Deutsches Historisches Museum, Berlin
© 2004 Edition Minerva Hermann Farnung, Wolfratshausen

Alle Rechte, auch diejenigen der Übersetzung, der fotomechanischen
Wiedergabe und des auszugsweisen Abdrucks, vorbehalten.

MUSEUMSAUSGABE

Deutsches Historisches Museum
Unter den Linden 2
10117 Berlin
Internet: http://www.dhm.de/Publikationen
ISBN 3-86102-129-3

BUCHHANDELSAUSGABE

Edition Minerva Hermann Farnung
Lärchenstraße 15
82515 Wolfratshausen
ISBN 3-932353-89-7

BIBLIOGRAPHISCHE INFORMATION DER DEUTSCHEN BIBLIOTHEK
Die Deutsche Bibliothek verzeichnet diese Publikation in der Deutschen
Nationalbibliographie; detaillierte Angaben sind im Internet über
http://dnb.ddb.de abrufbar.

INHALT

LEIHGEBER

AUSTRALIEN

Canberra   Australian War Memorial

BELGIEN

Antwerpen   Eugeen Van Mieghem Museum Brüssel

Musée Royal de l'Armée et d'Histoire Militaire

Ieper   De Digger

Sammlung Guy Gruwez

In Flanders Fields Museum

Stedelijk Museum

BOSNIEN UND HERZEGOWINA

Sarajevo   Historisches Museum von Bosnien und Herzegowina

DEUTSCHLAND

Bad Honnef   Stiftung Bundeskanzler-Adenauer-Haus

Berlin   Barbara Fülle

Botschaft der Republik Türkei

Bundesarchiv Lichterfelde

Bundesrepublik Deutschland

F. Schröder

Galerie Finckenstein

Georg-Kolbe-Museum

Helga Wegner

Informations- und Dokumentationszentrum Armenien

Käthe-Kollwitz-Museum

Museum für Kommunikation Berlin

Neue Synagoge Berlin – Centrum Judaicum

Politisches Archiv des Auswärtigen Amts

Sammlung Dikicíyan

Staatliche Museen zu Berlin – Ethnologisches Museum

Staatliche Museen zu Berlin – Münzkabinett

Staatsbibliothek zu Berlin – Preußischer Kulturbesitz

Ullstein Bilderdienst

Dresden   Militärhistorisches Museum der Bundeswehr

Stiftung Deutsches Hygiene-Museum

Furtwangen   Deutsches Uhrenmuseum

Gera   Kunstsammlung Gera

Goslar   Helga Jelinski

Hamburg   Altonaer Museum/Norddeutsches Landesmuseum

Führungsakademie der Bundeswehr

Robert Schneider

Ingolstadt   Bayerisches Armeemuseum

Karlsruhe   Badisches Landesmuseum Karlsruhe

Kassel   Museum für Sepulkralkultur

Volksbund Deutsche Kriegsgräberfürsorge e. V.

Koblenz   Wehrtechnische Studiensammlung der Bundeswehr

Köln   Kölnisches Stadtmuseum

Theaterwissenschaftliche Sammlung

Leonberg   Sammlung Margot Schach

Lüneburg   Carl-Schirren-Gesellschaft e. V. – Das Deutsch-Baltische Kulturwerk

Ostpreußisches Landesmuseum

Marbach am Neckar   Schiller Nationalmuseum/Deutsches Literaturarchiv

München   Deutsches Museum

Münchner Stadtmuseum

Sammlung Karl Stehle

Potsdam   Deutsches Rundfunkarchiv Babelsberg

Rastatt   Wehrgeschichtliches Museum Rastatt

Saarbrücken   Historisches Museum Saar

Stuttgart   Bibliothek für Zeitgeschichte in der Württembergischen Landesbibliothek

FRANKREICH

Amiens	Conseil Général de la Somme
Bar-le-Duc	Conseil Général de la Meuse
Ivry-sur-Seine	ECPAD - Médiathèque de la Défense
Belleville Sur Meuse	Jean Luc Kaluzko
Douaumont	Ossuaire de Douaumont
Blérancourt	Musée National de la Coopération franco-américaine
Mont-de-Marsan	Musée Despiau-Wlérick
Paris	Institut National de Recherches Archéologiques Préventives
	Musée d'Histoire Contemporaine – BDIC
	Musée de l'Armée
	Photos12.com – Société Française de Photographie
Péronne (Somme)	Historial de la Grande Guerre

GROSSBRITANNIEN

Cambridge	Fitzwilliam Museum
Leicester	Leicester City Museums Service
London	Imperial War Museum

IRLAND

Tallow	Ava Farrington

ITALIEN

Rovereto	Museo Storico Italiano della Guerra

KANADA

Montreal	The Black Watch of Canada Regimental Museum and Archives
Ottawa	The Governor General's Foot Guards Regimental Museum
Quebec	Royal 22e Régiment Museum
Westmount	The Royal Montreal Regiment

KROATIEN

Zagreb	Kroatisches Historisches Museum

LETTLAND

Riga	Historisches Museum Lettland
	Lettisches Kriegsmuseum

LITAUEN

Vilnius	Nationalmuseum Litauen
Kaunas	Vytautas-Magnus-Militärmuseum

NIEDERLANDE

Doorn	Stichting Huis Doorn

ÖSTERREICH

Gloggnitz	Stadtgemeinde Gloggnitz
Wien	Heeresgeschichtliches Museum
	Österreichische Nationalbibliothek

POLEN

Warschau	Museum der Polnischen Armee
	Nationalmuseum
Kalisz	Regionalmuseum Kalisz

RUMÄNIEN

Bukarest	Historisches Museum der Stadt Bukarest

RUSSLAND

Moskau	Staatliches Historisches Museum Moskau
	Staatliches Wissenschaftliches Forschungsmuseum für Architektur A. W. Schtschussew
	Zentrales Museum der Streitkräfte
St. Petersburg	Kriegsmedizinisches Museum
	Staatliches Museum für die Politische Geschichte Russlands

SCHWEIZ

Genf	Archiv des Internationalen Komitees vom Roten Kreuz
	International Red Cross Museum
	Office des Nations Unies à Genève – Archives

SERBIEN

Belgrad	Historisches Museum Serbien
	Militärmuseum Belgrad
	Nationalmuseum Belgrad

UKRAINE

Kiew	Zentrales Museum der Streitkräfte der Ukraine
	Sammlung W. G. Kirkevich

UNGARN

Budapest	Institut und Museum für Militärgeschichte
	Ungarisches Nationalmuseum

USA

New York	Marianne C. Dreyfus
Washington	Smithsonian Institution, National Museum of American History, Behring Center

und weitere private Leihgeber,
die ungenannt bleiben möchten.

TON UND FILMDOKUMENTE

DEUTSCHLAND

Berlin	Archiv für Kunst und Geschichte
	Bundesarchiv/Filmarchiv
	Staatliche Museen zu Berlin – Ethnologisches Museum
Hamburg	Tagesschau-Archiv, NDR
Frankfurt am Main	Deutsches Rundfunkarchiv
München	Movieman Productions GmbH
Potsdam	Chronos-Media GmbH

FRANKREICH

Neuilly sur Seine	Cinémathèque Gaumont
Paris	Etablissement Cinématographique et Photographique des Armées (ECPAD)

GROSSBRITANNIEN

London	Imperial War Museum

ÖSTERREICH

Wien	Filmarchiv Austria
	Österreichischer Rundfunk

TSCHECHIEN

Prag	Národní Filmový Archiv

WIR DANKEN FÜR RAT UND HILFE

Catherine Amé

Heidemarie Anderlik

Burkhard Asmuss

Rolf Aurich

Ramazan Aydin

Rosemarie Beier de Haan

Matgonata Berezowska

Regine Bleiß

Laura Brandon

Charlotte Burns

Tamara Chomenko

Zeljko Cimpric

Aaron Cohen

Dittmar Dahlmann

Algimantas Daugirdas

Jan Dewilde

Janusz Durko

Leen Engelen

Regine Falkenberg

Ava M. Farrington

Olga Fedotowa

Monika Flacke

Anelka Grigorian

Gerhard Groß

Horst Gülck

Barton Hacker

Andrea von Hegel

Marlis Hey-Dincer

Marlene Hiller

Sean Hunter

Niels Janeke

Carola Jüllig

Marija Katagoschtschina

Claudia Knispel

Leonore Koschnik

Michael Kunzel

Simon Lake

Benedikt Lawrenjuk

Michel Litalien

Klaus Merta

Christoph Mick

Seadeta Midzic

Nadeschda Minjailo

Michael Muth

Jolanta Niklewska

Katja Petrowskaja

Thomas Pfanne

Marie-Luise von Plessen

Arvydas Pociunas

Marie-Pascale Prévost-Bault

Gerhard Quaas

Walter Rosenwald

Hannes Saarinen

Tessa Savvidis

Frank Schröder

Juri Schejan

Linda Söffker

Ingeborg Sonsuz

Holm Sundhaussen

A. Mete Tuncoku

Eizens Upmanis

Galina Urwatschewa

Jeffrey Verhey

Margaret Vining

Dieter Vorsteher

Ritva Wäre

Angela Weight

2004 ist für Europa ein besonderes Jahr. Dies gilt sowohl für die aktuellen politischen Entwicklungen als auch für die historische Perspektive. Die Ost- und Südosterweiterung der Europäischen Union ist zur Zeit in aller Munde. Seit dem 1. Mai gehören ihr nunmehr auch Estland, Lettland, Litauen, Polen, Tschechien, die Slowakei, Ungarn, Slowenien sowie Malta und Zypern an. 2004 ist aber auch ein Jahr der Erinnerung an den Ersten Weltkrieg, dessen Ausbruch im August 90 Jahre zurückliegt. Damit rückt die »Urkatastrophe des 20. Jahrhunderts«, die in ihrem Kern eine europäische Katastrophe war, wieder stärker in den Blickpunkt des öffentlichen Interesses. Die Ausstellung des Deutschen Historischen Museums *Der Weltkrieg 1914–1918. Ereignis und Erinnerung* sowie das bisherige Echo der Medien sind dafür Belege.

Beide Ereignisse – das tagespolitische wie auch das historische – stehen in einem weit engeren Zusammenhang, als dies auf den ersten Blick erscheinen mag. Alle Länder, die der Europäischen Union in diesem Jahr beigetreten sind, waren vom Ersten Weltkrieg betroffen. Wie auch die Bevölkerung der übrigen kriegsbeteiligten Nationen haben ihre Bewohner Leid, Verlust und Tod erfahren. Doch ist – mit der Ausnahme Zyperns – gerade in den Beitrittsländern der Erste Weltkrieg auch mit der jeweiligen nationalen Unabhängigkeit verknüpft.

So erlangten die baltischen Provinzen 1918 erstmalig den Status von unabhängigen Staaten. Die international garantierte Staatlichkeit Polens wurde wiederhergestellt. Aus der Vielvölkermonarchie Österreich-Ungarn gingen die Tschechoslowakei und Ungarn in staatlicher Souveränität hervor. Slowenien erlangte im Rahmen des Königreichs der Serben, Kroaten und Slowenen neue Selbständigkeit. Die vormalige britische Kolonie Malta verwaltete sich seit 1920 selbst. Ohne zu übertreiben kann man sagen, dass die nationale Unabhängigkeit der hier genannten Staaten, die ihre Wurzeln in der Zeit nach 1918 hat, durch die Aufnahme in die Europäische Union eine neue Form der Bestätigung erhält.

Obwohl der Erste Weltkrieg das Gesicht Europas tiefgreifend veränderte und trotz seiner fortwirkenden Gegenwartsbezüge ist dieser Konflikt gerade in Deutschland kaum noch in der Öffentlichkeit präsent: steht er doch im Schatten nachfolgender, viel schrecklicherer Ereignisse. Noch weniger als über die Bedeutung des Ersten Weltkrieges für die deutsche Geschichte wissen wir über die Kriegserfahrungen und die damit verbundenen Erinnerungen unserer europäischen Nachbarn. Die Ausstellung des Deutschen Historischen Museums setzt an diesem Punkt an. Ihre zentralen Themen sind die an die Jahreszahlen 1914/18 gebundenen Kriegserfahrungen, Kriegsfolgen und

Kriegserinnerungen, die sie in konsequent europäischer und sogar transatlantischer Perspektive aufzeigt.

In diesem Zusammenhang ist daran zu erinnern, dass in den 20er Jahren des letzten Jahrhunderts erste Ansätze zu einer europäischen Integration gerade aufgrund der eine ganze Generation prägenden Erfahrung des Ersten Weltkrieges entstanden. Aus ihnen konnte jedoch infolge der verbrecherischen Politik der Nazis erst nach 1945 jene Bewegung entstehen, die schließlich in einem langen Weg zur heutigen Gestalt der Europäischen Union geführt hat. Gewiss: Europa ist in ihr nicht vollständig umrissen. Und Europa ist auch weiterhin ein Kontinent, der aus vielfältigen und durchaus auch widersprüchlichen Erinnerungen an eine gemeinsame Geschichte besteht. Zu Recht sind deshalb die nationaltypischen Facetten dieser Erinnerungskultur, aber auch ihr verbindender Grundton zum Leitthema dieser Ausstellung geworden.

Als Museumsverein freuen wir uns darüber, dass das Deutsche Historische Museum diesem wichtigen Jahrestag als einziges Museum in Europa eine Sonderausstellung von diesem Umfang gewidmet hat und damit einer breiten Öffentlichkeit das Thema wieder in Erinnerung ruft. Wir hoffen deshalb, dass die Ausstellung eine große Resonanz in unserer Gesellschaft findet.

Prof. Dr. h.c. Dieter Stolte

Vorsitzender des Museumsvereins des
Deutschen Historischen Museums e. V.

Der Erste Weltkrieg ist in der Erinnerung der Deutschen weit zurückgetreten und wird verdeckt durch die noch größere Katastrophe des Zweiten Weltkrieges. Die unvergleichlichen Schrecken von Vernichtungskrieg, Holocaust, Bombenkrieg und den ersten Atombomben wirkten wie ein Schleier des Grauens, der jeden weiteren Blick zurück verhinderte. Im Schatten des Zweiten Weltkrieges konnte ein intensiveres Verständnis der »Urkatastrophe des 20. Jahrhunderts« kaum gedeihen.

Doch ist der Erste Weltkrieg in anderen Ländern Europas in der nationalen Erinnerung lebendig geblieben und es wird seiner etwa in Belgien, Frankreich und Großbritannien in bewegenden und populären Ritualen gedacht.

Seine Geschichte lässt sich heute gewiss nicht mit Formulierungen fassen wie »der deutsche Schwenkungsflügel (1.–5. Armee) trat am 18. an, ließ vor Antwerpen einen Flankenschutz stehen, besiegte die Engländer am 23. und 26. bei Mons und Le Cateau, die Franzosen an der Sambre (22.–24.)« – sondern die militärgeschichtlichen Ereignisse sind nur in einem größeren Kontext zu begreifen, in dem deutlich wird, wie die im 19. Jahrhundert vorherrschenden Kriegsideen in den brutalen Techniken des 20. Jahrhunderts untergehen, welche von Kriegszielen bestimmt werden, die das Größenwahnsinnige streifen.

Entscheidend bleibt der Epochenbruch: »Was vor 1914 lag und was danach folgte, sah einander gar nicht ähnlich, spielte nur nominell auf derselben Erdoberfläche« (Max Brod). Im Bewusstsein der meisten Deutschen ist der Erste Weltkrieg dagegen mit seinen anfangs pittoresken Zügen in Gestalt einer aristokratischen Kriegerkaste mit martialisch-orientalischer Ausstattung, einer aus heutiger Sicht naiv erscheinenden Kriegsbegeisterung und zugleich einem zynischen Kriegs- und Untergangswillen eine scheinbar weit entfernte Zeit. In seiner Konsequenz aber war er der direkte Vorläufer für die industriell geprägten Massen- und Vernichtungsschlachten des 20. Jahrhunderts.

Nicht zuletzt gingen infolge des Ersten Weltkrieges vier große Imperien unter. Die Reiche der Hohenzollern, Habsburger, Romanows und Osmanen wurden in teils kurzlebige Republiken überführt. Der »Weltenbrand« schuf die Grundlagen der modernen Industriegesellschaft und eine neue Sozialstruktur, die sich allmählich der Staatsverfassung anpasste. Im Ersten Weltkrieg versank eine international orientierte Gesellschaft, die, durch verwandtschaftliche Bindungen verknüpft, wie ein Garant für eine kosmopolitische Kultur schien. Fast alle souveränen Monarchien Europas und die ihnen affiliierten Fürstenhäuser waren durch Abstammung oder Heirat im ersten oder zweiten Grad miteinander verwandt. Deutschland regierte der Enkel Königin Victorias, sein Cousin Russland. Das Haus Sachsen-Coburg verband England, Belgien, Deutschland, Portugal in einem weiten Netz der Verwandtschaft, während die Wittelsbacher und Habsburger als eine Familie gelten können, die das Kaiserreich Österreich-Ungarn und das Königreich Bayern verwalteten. Fast als Hohn will es scheinen, dass die Monarchen jeweils Regimenter ihrer Nachbarnationen anführten und gegenseitig die prächtigsten Uniformen getauscht hatten. Der erhaltene Uniformenschrank Wilhelms II. im Exil im Haus Doorn legt bis heute davon Zeugnis ab. Dagegen standen die jüngeren Nationen, welche von Geist des Chauvinismus geschüttelt wurden, in einem unversöhnlichen Superioritätskonflikt, der bereits alle Züge des Rassenwahns aufscheinen ließ.

Richtig besehen ist der Erste Weltkrieg zwar nicht die erste internationale, global geführte Auseinandersetzung – bereits 1775–83 wurde in Nordamerika, Mittelamerika, Indien und fast ganz Europa ein Krieg ausgefochten, in dem sich Frankreich und England mit wechselnden Allianzpartnern gegenüberstanden. Der Krieg 1914–18 ragt aber heraus wegen seiner Vernichtungsdimension und des durch ihn bedingten scharfen politischen Bruches.

Der »Große Krieg« markiert das Ende eines wohlhabenden Mittelstandes und einer sozialen Ordnung, die noch aus dem 19. Jahrhundert herrührte und Deutschland eng mit seiner Geschichte verband. Mit einer Formulierung Wolfgang Mommsens bildete dieser Konflikt eine »Epochenscheide, die die aristokratisch-bürgerliche Kultur des Vorkriegseuropa von der in unseren Tagen zu Ende gehenden Epoche der großen ideologischen Auseinandersetzungen und gesellschaftlichen Umschichtungen trennt«. Die Auflösung der bürgerlichen Sekuritätsideale, die im *Fin de Siècle* weite Verbreitung fanden, erfuhr durch den Ersten Weltkrieg noch eine Beschleunigung.

Seit April 1917 lagen die monatlichen Kriegskosten bereits bei unvorstellbaren drei Milliarden Mark. Die insgesamt neun Kriegsanleihen zur Deckung der Staatsschulden brachten einen Gesamtertrag von 97 Milliarden Mark. Kleinzeichnungen bis zu 2 000 Mark machten einen Anteil von bis zu 90 % aus. Stellt man diese »Volksanleihen« in Rechnung, so wird der durch wachsende Staatsverschuldung und Inflation weiter verschärfte finanzielle Aderlass des mittleren Bürgertums deutlich. Es trog nicht, der Krieg ruinierte nicht nur das Ideal bürgerlichen Wohlstands, sondern zum großen Teil auch die Schicht, welche dies im Wesentlichen trug.

Was können Ausstellungen und was zeichnet sie aus? Zuerst der klärende Umgang mit den Bildern und Zeugnissen der Vergangenheit, welche aus dem Schutt der Geschichte und den Szenarien des Untergangs geborgen wurden, um sie als Beweisstücke, Indizien, Rechtsmittel und Erinnerungsstücke an gelebte und erinnerte Geschichte zu verwahren und in einem Generationenvertrag bis heute geltend weiterzugeben. An sie knüpfen sich dann die Erzählungen und Berichte, welche sie belegen. Die nichtverbale Kommunikation von Geschichte hat eine eigene Kultur von Artefakten, Erinnerungsträgern und ›Souvenirs‹ hervorgebracht, die wir unmittelbar zu lesen verstehen. Sie objektivieren das Grauen des Krieges jedoch nicht, sondern erfassen es in beredten Zeugnissen und starken Bildern, die oft mehr sagen können als viele Worte. Dieses gilt auch und besonders für die Exponate, welche diese Ausstellung über den Weltkrieg 1914–18 versammeln konnte.

Die Ausstellung *Der Weltkrieg 1914–1918. Ereignis und Erinnerung* wurde schon 2001 begonnen, in der Zuversicht, dass dieses Thema und seine gründliche Vorbereitung in den Jahren 2002 und 2003 es ermöglichen würden, das große Thema 2004 im neuen Pei-Bau adäquat zu behandeln. Das heißt nicht erschöpfende Ausführlichkeit, sondern eine klare Strukturierung der Räume und Themen auf eine dialektische Entwicklung der Hauptmomente von Ereignis und Erinnerung hin. Eine Ausstellung zum Ersten Weltkrieg 1914–18 hat es in dieser Form bisher noch nicht gegeben. Allerdings gibt es das 1917 gegründete und im Jahr 1920 eröffnete Imperial War Museum in London, das mit seiner Dauerausstellung und zahlreichen Wechselausstellungen die Erinnerung an den Ersten Weltkrieg pflegt und auch hinterfragt. Sodann entstanden vor allem in Frankreich und in Belgien eine große Zahl von Museen, Gedenkstätten und Erinnerungsorten, welche diesem ursächlichen und bestimmenden Konflikt des 20. Jahrhunderts gewidmet sind. Diese beziehen sich mit ihren Ausstellungsbereichen auf den jeweiligen Ort und entsprechend auf den Kontext einzelner Abläufe des Krieges. Viele dieser Institutionen sind dankenswerterweise Kooperationspartner unserer Ausstellung zum Ersten Weltkrieg.

Zur Ausstellungsgeschichte des Deutschen Historischen Museums selbst gehört ein in seinem Ansatz und Ergebnis bisher unübertroffenes Vorgängerprojekt zu der jetzt gezeigten Ausstellung, das 1994 zum 80. Jahrestag des Kriegsbeginns unter dem Titel *Die letzten Tage der Menschheit – Bilder des Ersten Weltkrieges* einen großen Kreis von Beispielen für die Visualisierung des Ersten Weltkrieges in der bildenden Kunst, in Plakaten und in der Fotografie vorstellen konnte. Auch in Deutschland gab es seither einige bemerkenswerte Projekte, so vor allem *Der Tod als Maschinist*, mit dem das Museum für Industriekultur in Osnabrück 1998 insbesondere dem Aspekt des industrialisierten Krieges nachging.

Zugleich reiht sich die jetzige Ausstellung *Der Weltkrieg 1914–1918. Ereignis und Erinnerung* in ein umfassenderes Programm des Deutschen Historischen Museums zur Auseinandersetzung mit Themenkreisen von zentraler politischer Bedeutung und elementarem gesellschaftlichen Stellenwert ein. Dies geschah seit 2001 in Ausstellungen wie *Holocaust, Hexenwahn, Idee Europa* und wird sich mit Ausstellungen wie *Mythen der Nationen – 1945 Arena der Erinnerungen, Kunst und Propaganda* sowie *Die Hugenotten – Vertreibung und Aufnahme* fortsetzen, die derzeit zur Umsetzung vorbereitet werden.

Die Idee und das Grundkonzept zu dieser Ausstellung stammen von Dr. Rainer Rother, der das Projekt mit Umsicht und klaren Vorstellungen weiterentwickelte und mit Dr. Gundula Bavendamm und Dr. Kristiane Burchardi zusammen die Aus-

arbeitung des Konzepts und die Objektrecherchen vorantrieb. Die Ausstellung und der zugehörige Katalog basieren auf den Gedanken und Erkenntnissen dieses Ausstellungsteams, dem für sein Engagement herzlich gedankt sei.

Mein Dank gilt auch dem wissenschaftlichen Beirat, der in immer wieder intensiven und sachlichen Diskussionen die Entwicklung des Projekts begleitet hat. Ihm gehörten Dr. Franziska Augstein, Dr. Boris Chawkin, Dr. Anne Dumenil, Prof. Dr. Gerhard Hirschfeld, Dr. Sabine Kienitz, Prof. Dr. Jürgen Kocka, Prof. Dr. Gerd Krumeich, Dr. Robert Traba und Steven Walton M.A. an.

Bei Nicole Schmidt lag die organisatorische Durchführung des Projekts und des Leihverkehrs in besten Händen. Um den Katalog haben sich Annette Vogler M.A. und Dr. Bernd Ulrich mit Sachverstand und Akribie verdient gemacht. Und auch viele Kollegen aus dem Deutschen Historischen Museum haben zum Gelingen der Ausstellung wesentlich beigetragen: als Ratgeber und Autoren, bei der Entwicklung der Architektur und selbstverständlich bei Aufbau und Einrichtung der Ausstellung, bei der technischen und organisatorischen Betreuung aller Aspekte des Projekts. Ihnen allen, die zu zahlreich sind, um sie an dieser Stelle namentlich zu nennen, sei ebenfalls ausdrücklich gedankt.

Einige Museen haben uns ihre Sammlungen überaus entgegenkommend geöffnet und dem Projekt freigiebig Unterstützung gewährt: Imperial War Museum, London; Historial de la Grande Guerre, Péronne/Somme; Heeresgeschichtliches Museum, Wien; In Flanders Fields Museum, Ieper; Museo Storico Italiano della Guerra, Rovereto; Staatliches Historisches Museum, Moskau; Canadian Forces Museums, Ottawa.

Ihnen sowie allen anderen Leihgebern gebührt – gewiss nicht an der letzten, sondern eher der ersten Stelle – der Dank des Hauses.

Hans Ottomeyer

Rainer Rother, Gundula Bavendamm, Kristiane Burchardi

Erinnerung und Erfahrung – Die langen Schatten des Ersten Weltkrieges

»Zehn Tage dem Feind im Zuge entgegenfahren, ja wozu denn das, Euer Wohlgeboren. Mag er sich doch zu uns bemühen, da wird er was erleben. Bei uns zu Hause wollen wir den Angreifer schon zusammenhauen, aber ihn aufsuchen?« Der rotbärtige, fromme Soldat Slobin, ein frisch für den Weltkrieg rekrutierter sibirischer Bauer, hatte schon Recht: »Da stimmt etwas nicht«. Und so wie Slobin haben 1914 viele der plötzlich als Soldaten eingekleideten Zivilisten in allen beteiligten Ländern gedacht und gefragt. Natürlich nicht immer spezifisch bäuerlich motiviert – »Wozu, Euer Wohlgeboren, sollen wir dieses Galizien erobern, wo es hier so schwer zu pflügen ist. Wir sind ja das Pflügen mit Ochsen nicht gewöhnt!«[1] –, aber die uns in Briefen, Erinnerungen und Tagebüchern überlieferten, schließlich literarisch manifesten Äußerungen der so genannten einfachen Soldaten im Ersten Weltkrieg sind eindeutig: Ihnen fehlte zumeist der Sinn für die »heroische Sache«, für die »historische Sendung« ihrer jeweiligen Kriegsherren, so unablässig die Propagandamaschinerie auch rotierte und die Sinnproduzenten der veröffentlichten Meinung dafür den Nachschub lieferten. Man denke nur an Tjaden, einen der Protagonisten in Remarques Weltbestseller *Im Westen nichts Neues*, der in einer Kampfpause seine gymnasialen Kameraden fragt, wie Kriege entstehen. »»Meistens so, daß ein Land ein anderes schwer beleidigt«, gibt Albert mit einer gewissen Überlegenheit zur Antwort. Doch Tjaden stellt sich dickfellig. ›Ein Land? Das verstehe ich nicht. Ein Berg in Deutschland kann doch einen Berg in Frankreich nicht beleidigen. [...] ›Bist du so dämlich oder tust du nur so?‹ knurrt Kropp. ›So meine ich das doch nicht. Ein Volk beleidigt das andere –‹ ›Dann habe ich hier nichts zu suchen‹, erwidert Tjaden, ›ich fühle mich nicht beleidigt.«[2] Angesichts dieser listigen Konsequenz mag mancher an den braven Soldaten Schwejk denken, der, nach einem Worte Alfred Polgars, an einen Gott glaubte, »der die Flinten wachsen ließ, aber auch das Korn, in das man sie wirft«.[3]

Es ist eine alte Geschichte, die in solchen und anderen Anekdoten und Berichten erzählt wird. Sie handelt von der Gleichzeitigkeit tief verankerter Friedfertigkeit und der offenbar immer wieder weckbaren Bereitschaft zu kämpfen und zu töten. Denn gekämpft haben sie alle, die Slobins und Tjadens des Ersten Weltkrieges, zwar mit zunehmender Dauer mehr und mehr kriegsmüde, oft auch desertierend, befehlsverweigernd, schließlich meuternd, aber in ihrer Mehrheit doch bis zum Schluss ausharrend und immer erneut auch zum Angriff vorgehend. Jede Ausstellung über den Ersten Weltkrieg hat sich mit dieser erstaunlichen Tatsache zu beschäftigen. Eingebettet in ein komplexes Zusammenspiel von Heimatfront und Front, von Politik und Propaganda und von Kriegswirtschaft und Destruktion war es auch dieses Beharrungsvermögen, das die über vier Jahre anhaltende Katastrophe ermöglichte.

Die 90. Wiederkehr seines Beginns mag der Anlass dieses Unternehmens sein, für seine Begründung reicht sie indes nicht aus. Sie liegt eher in einer Neuorientierung unserer Einschätzung des Ersten Weltkrieges allgemein.

DAS »KURZE JAHRHUNDERT«

Im letzten Dezennium des 20. Jahrhunderts verband sich, so eine weit verbreitete, politik- wie kulturgeschichtlich inspirierte Einschätzung, das Jahr 1914 auf das engste mit dem Jahr 1989. Vor allem in der Konzeption des »kurzen zwanzigsten Jahrhunderts« markieren diese beiden Jahreszahlen Anfang und Ende einer Epoche, die von Eric Hobsbawm mit Recht, jedenfalls in ihrer ersten Hälfte, als das »Zeitalter des Massakers«[4] bezeichnet wurde. Nicht unbestritten in der genauen Festlegung ihrer Eckdaten, aber doch erstaunlich schnell und weitgehend als Ordnungsschema akzeptiert, bringt diese Konstruktion etliche, in ihrem Koordinatensystem unterschiedlich strukturierte Zeiträume zusammen: Den Ersten Weltkrieg, seine Nachkriegszeit, die selbst wiederum zur Vorkriegsperiode wurde, den Zweiten Weltkrieg, den schon in dessen Endphase einsetzenden Kalten Krieg – und schließlich jene seltsam namenlosen Jahre, die auf ihn

Titelumschlag eines Weltbestsellers: Erich Maria Remarques *Im Westen nichts Neues*, Berlin 1929 · Privatbesitz

Charles Adrien, *World War 1. Cimetière militaire [1. Weltkrieg. Militärfriedhof]*, undatiert · Zeitgenössische Farbfotografie in der Technik der »Autochrome« · photos12.com – Société Française de Photographie, Paris, SFP00338_0807_A2405

folgten. Bis 1989 der Kalte Krieg zu Ende ging, gewonnen vom Westen, wie die Kommentatoren jedenfalls im Hinblick auf den Zeitpunkt durchaus überrascht feststellten. Die Zäsuren des Kriegsbeginns 1914 und des Endes des Kalten Krieges 1989 markieren in diesem Zusammenhang die Grenzen sowohl zum »langen 19. Jahrhundert« wie zur jüngsten Zeitgeschichte nach dem Kollaps der Sowjetunion und der von ihr dominierten Länder.

Aus dieser Perspektive wird dem Ersten Weltkrieg eine überragende Bedeutung für den Verlauf des 20. Jahrhunderts zugeschrieben. In dem von George F. Kennan geprägten Wort vom Ersten Weltkrieg als »the great seminal catastrophe of this century« – das prononciert als »Urkatastrophe des Jahrhunderts«[5] übersetzt wurde – klingt etwas von dieser Wirkungsmacht des Weltkrieges an, wenngleich Kennan damit nicht in erster Linie die sich in Millionen von Toten manifestierende menschliche Tragödie meinte, sondern auf die Unfähigkeit der aus den Fugen geratenen europäischen Politik anspielte, einen dauerhaften Frieden zu etablieren. Seit und mit dem Ersten Weltkrieg war die Gefahr gewachsen, dass sich aus jedem künftigen Konflikt ein Weltkrieg entwickeln und jeder Weltkrieg zu einem bedingungslos mit allen Mitteln geführten, politisch-ideologischen Weltanschauungskrieg zwischen den Großmächten mutieren konnte. Unter diesem düsteren Erwartungshorizont stand bekanntlich noch die Epoche des Kalten Krieges – und vor diesem Hintergrund kam in den Jahren 1989 bis 1991 tatsächlich an ein Ende, was 1914 (und in den folgenden Jahren) begonnen hatte.

Dabei geht diese unvermeidlich ex post gewonnene Perspektive von zwei Voraussetzungen aus: Zum einen folgt sie der prinzipiellen Einsicht, eine historische Epoche lasse sich immer nur von deren Ende her definieren – nur weil ›1989‹ in diesem Sinn eine so entscheidende, eine definitorische Bedeutung besitzt, kann dieses Jahr die Dekade quasi ordnen –, zum anderen legt sie in diesem speziellen Fall das Epochenende recht genau fest. Beides ist in den umlaufenden Thesen zum »kurzen 20. Jahrhundert« so eng miteinander verquickt, wie es problematisch bleibt.

Reicht tatsächlich schon ein im epochalen Kontext kurzer zeitlicher Abstand von einer Handvoll Jahren aus, um das Jahr 1989 und das mit ihm verbundene Ende des Kalten Krieges zur Zäsur einer ganzen Epoche zu erklären? Sicherlich haben ›1914‹ und ›1989‹ eines gemeinsam: die den sensiblen Zeitgenossen dieser Jahre unabweisbare Erfahrung, von nun an stehe die Geschichte unter einem anderen Gesetz. Aber ist das, was ›1989‹ zu Ende ging, vor allem anderen auch das, was ›1914‹ begann? Mit anderen Worten, lässt sich aus einem auch nur »kurzen Jahrhundert«, das überdies so voller symbolischer Daten steckt, umstandslos eine kausale Ereignisabfolge konstruieren, in der der Kriegsbeginn 1914 alles Folgende determiniert? Wird nicht generell durch eine solche Epochenbegrenzung und durch die in ihr notwendig definierte Finalität der Ereignisse der Geschichtsverlauf seiner Möglichkeiten beraubt, andere Richtungen einzuschlagen? ›Es hätte auch ganz anders kommen können‹ – diese alltagspraktische Einsicht hat durchaus auch für die Geschichte eines Zeitraumes und der in ihm handelnden Menschen ihre Berechtigung. Was 1914 begann, das hätte sich nicht immer, aber doch gelegentlich auch anders lesen, damit auch anders zu einem Ende erzählen lassen können. Der offenkundigste Gegenentwurf war die Setzung des Jahres 1945 als Zäsur. Das Zeitalter der Massaker und Genozide für Europa schien endlich beendet, der nationalsozialistische Krieg im Osten, ideologisch als Fortsetzung oder Wiederaufnahme des Ersten Weltkrieges verbrämt, als das geächtet, was er eigentlich war: Ein rassistisch begründeter Vernichtungsfeldzug. Ein anderes mögliches Datum wäre, zumindest aus deutscher Perspektive, das Jahr 1949 gewesen, in dem die zwei deutschen Staaten entstanden und sich früher oder später in die Geschichtsrhythmisierungen der jeweiligen Siegermächte einfügten. Ja, ohne die Betonung des letztlich Vergeblichen könnte auch die 1926 erfolgte Aufnahme Deutschlands in den Völkerbund ein gutes Datum abgeben, um den Ersten Weltkrieg zu einem wenn nicht in der Epoche, so doch immerhin in der unmittelbaren Nachkriegsperiode ruhenden Punkt zu führen.

Eine zweisprachige Gedenktafel markiert in der Altstadt von Sarajevo jene Stelle, an der am 28. Juni 1914 der österreichisch-ungarische Thronfolger Franz Ferdinand von Gavrilo Princip erschossen wurde. · Deutsches Historisches Museum, Berlin, ohne Inv. Nr.

Gegenüber solchen und anderen möglichen Endpunkten einer vom Ersten Weltkrieg her gedachten Geschichte des 20. Jahrhunderts besitzt das Jahr 1989 eine größere Überzeugungskraft. Gewiss, in der Darstellung der geschichtlichen Ereignisse kann eine strikte, konstruktive Unvermeidlichkeit nicht herrschen. Sie wird vielmehr gemeinhin durch die Erwägung möglicher Alternativen und die Würdigung von Kontingenzen gemildert. In diesem Kontext bleiben auch die Epochenjahre 1914 und 1989 so lange für sich genommen gleichsam blind, solange sie nicht in Bezug darauf gewichtet werden, was davor und danach geschah. Als quasi bloß formales, an einzelnen historisch wirksamen Ereignissen sich orientierendes Konzept ist das eines »kurzen 20. Jahrhundert« fragwürdig. Zu unterschiedlich sind die ihm eingeschriebenen Signaturen, zu uneindeutig die möglichen Antworten auf die Frage, welche dieser Signaturen das Jahrhundert auf den Begriff zu bringen vermöchte, zu vielfältig endlich jene historischen Entwicklungen, die etwa dem Epochenjahr 1914 vorausgingen und in ihren Wirkungen weit darüber hinaus weisen. Weder der Untergang des noch das 19. Jahrhundert bestimmenden europäischen Mächtesystems durch den Ersten Weltkrieg noch die nach 1945 einsetzende, bipolare Erstarrung der Welt im Kalten Krieg – um nur zwei Beispiele auf der politischen Ebene zu nennen – können in der Analyse ihrer gewiss epochalen Wirkung diese Uneindeutigkeit beseitigen.

Wenn ›1989‹ daher den Abschluss einer Epoche markiert, dann vor allem deshalb, weil mit den damit assoziierten Ereignissen – Aufweichung der Macht, zunächst in einigen Satellitenregimen, der Fall der Mauer, der Sturz Ceauşescus, schließlich die Ablösung der KPdSU und der Untergang des sowjetischen, imperialen Systems – der Blick dafür geschärft wird, was die vorausgehenden Perioden auf der mentalen Ebene entscheidend prägte: Eine national, oft auch ethnisch motivierte Politik der gewaltsamen Lösungen und, ihr assistierend, eine Kultur der Unversöhnlichkeit, des kategorischen Entweder-oder, beide in ihrer Stringenz wenn nicht makabres Ergebnis der »Urkatastrophe« Erster Weltkrieg, so doch durch sie befördert und in ihrer Konsequenz verstärkt. Es ist die Gewöhnung »an das schleichende Siechtum der Friedlosigkeit«, die in den Jahren nach 1914 in die »Menschheit« einzusickern begann und an deren Folgen sie bis auf den heutigen Tag zu leiden hat.[6]

Von solchen Prämissen wurden selbst noch die zunächst positiv wahrgenommenen Folgen des Ersten Weltkrieges wie etwa die Bildung neuer Nationalstaaten aus den Landmassen untergehender Großmächte bestimmt. Dieser Prozess bildete allerdings nur die erste Etappe in der nationalstaatlichen Parzellierung der Welt – die zweite folgte nach 1945, die dritte schließlich nach der Auflösung der Sowjetunion. Doch zeichnete sich schon in der ersten ab, in welchem Ausmaß dabei die Rechte der jeweiligen nationalen Minderheiten mit Füßen getreten wurden. Fast alle neu- oder wiedergegründeten Staaten vermochten es nicht, das ihnen aufgegebene Erbe unterschiedlicher Nationalitäten in einem föderalen System aufgehen zu lassen. Fast alle diese Staaten durchliefen in ihrer Frühphase Zeitabschnitte, die vom Bürgerkrieg beherrscht wurden. Es will scheinen, dass die mentalen Auswirkungen des Ersten Weltkrieges imstande waren, innerhalb einer prinzipiell offenen Geschichte regelmäßig jene ›Lösungen‹ zu favorisieren, die ›reinen Tisch‹ zu machen versprachen. Die Schatten der Jahre 1914 bis 1918 reichten weit in diesem »kurzen 20. Jahrhundert«.

Nun sollte die innere Logik solcher, aus der wiederum zeitabhängigen, historischen Analyse destillierten Herleitungen nicht vergessen lassen, dass die Auszeichnung historischer Zeiträume als einer Entität zunächst und vor allem ein heuristisches Mittel zum Zweck darstellt. Und vor diesem Hintergrund ist natürlich die Entscheidung, das Jahr 1914 als einen Beginn zu setzen, durchaus nicht unumstritten. In der Neuausgabe des *Handbuchs zur deutschen Geschichte* etwa, dem *Gebhardt*, endet das dort ebenfalls recht lange 19. Jahrhundert erst 1918. Die Entscheidung, das Ende der Weltkrieges als den eigentlichen Bruch aufzufassen, ist durch dessen Entstehungsgeschichte motiviert – die durch die imperialen Interessen der europäischen Großmächte und ihre teilweise bedrohliche innere Zerrissenheit bestimmt war und den Krieg zwar nicht unvermeidlich, aber doch mit hoher Wahrscheinlichkeit produzieren musste. Und nicht nur das Ende des 19. Jahrhunderts, auch sein Beginn wird hier anders definiert als bei Hobsbawm. Die diesem Jahrhundert gewidmeten Bände reichen von 1806 bis 1918 und entsprechen damit sozusagen einer besonderen deutschen statt der bei Hobsbawm gewählten europäischen Perspektive, die die Grenzen in den Jahren 1789 und 1914 setzt. Man könnte hinzufügen: aus der russischen Perspektive liegen die Eckpunkte wiederum anders, reicht die folgende Epoche von 1917 bis 1991 – und für Ungarn etwa kann sich das Jahr 1920 mit dem Abschluss des Vertrages von Trianon als Datum eines entscheidenden Bruchs behaupten, für die Türkei das Jahr 1923 mit dem Friedensschluss von Lausanne und der Gründung der türkischen Republik.

Ob mit dem Ende des Krieges oder ob nicht vielmehr schon mit seinem Anfang etwas unwiederbringlich verloren ging, ob also die Zäsur 1914 oder 1918 gesetzt wurde, das beantworteten die Zeitgenossen jedenfalls in Deutschland schon unmittelbar nach dem Krieg sehr unterschiedlich – und mit hoher Radikalität gegen die jeweils andere Position gewendet. Die politisch verheerend erfolgreiche Legende vom »Dolchstoß« oder jene von dem im Felde unbesiegten Heer setzten die Zäsur ganz offenkundig auf das Jahr 1918, während liberale und linke Autoren eher dazu neigten, den Kriegsbeginn selbst für den entscheidenden Bruch in der Zivilisation zu halten. Darin stimmten sie mit vielen Intellektuellen und Politikern auch der siegreichen Nationen überein.

Allerdings eher bei den Staaten im Westen – für Ost- und Südosteuropa stellte sich die Situation merklich anders dar. Nicht nur in Russland und, wenn auch mit deutlich anderen Konsequenzen und aus einer entschieden anderen Nachkriegsgeschichte heraus, in der Türkei, sondern auch in fast allen nach 1918 neu entstandenen bzw. wiedergegründeten Staaten besaß das Jahr 1914 wenig Chancen, als entscheidende Zäsur in die eigenen Geschichtsbücher einzugehen. Im Falle der neu- oder wiedergegründeten Staaten war dies schon deswegen so, weil der Erste Weltkrieg für sie nie ein »Großer Krieg«, eher dann schon ein fremder Krieg sein konnte. Wiederum gilt dies vor allem aus der Nachkriegsperspektive: Den nun souveränen Staaten war der gerade eben beendete Krieg insgesamt Bestandteil ihrer Vorgeschichte – oder genauer, eines unterschiedlich lang dauernden Interregnums, in dem noch nicht galt, was fortan (wieder) galt: die Souveränität der Nation. Wie problematisch sich dabei das Verhältnis von ›Staat‹ und ›Staatsvolk‹ gestaltete, wie groß auch die Minderheiten waren und unter welch starkem Homogenisierungsdruck sie immer standen: Sowohl für die Majorität wie für die Minorität markierte ›1918‹ den entscheidenden Bruch. Das galt in gewisser Hinsicht auch dann, wenn die Entscheidungen dieser Jahre vor allem mit der Erfahrung des Verlustes verbunden war, wie vor allem im Fall Ungarns. Geradezu traumatisch empfunden und bis heute in der Erinnerung nachwirkend, reduzierte der Vertrag von Trianon das Staatsgebiet Ungarns derart erheblich, dass mit dem Kriegsende fast mehr als mit den Verlusten im Kriege selbst die Erfahrung einer Katastrophe verknüpft ist. Solche fortwährenden, sozusagen inneren Beziehungen zum Ersten Weltkrieg sind jedoch die Ausnahme. Eine Konsequenz, die in der Konzeption des »kurzen 20. Jahrhunderts« angelegt ist, besteht darin, dass eine entschiedene Grenze zwischen der Gegenwart und der Vergangenheit gezogen wird. Vor 1989, das ist die vergangene, eine in gewissem Sinn ganz andere Zeit als die unsere – der Erste Weltkrieg verliert die noch lebendige Beziehung zum Aktuellen. Ein Indiz dafür ist die Zitierbarkeit – oder eben Nichtzitierbarkeit – des Epochenbruchs. Eric Hobsbawm hat mit Blick auf den Besuch François Mitterands in Serbien den Verlust historischer Erinnerung beklagt. In symbolischer Intention und als Parallele zu jenem Tag, da der Erzherzog Ferdinand und seine Gattin 1914 ermordet wurden, reiste der französische Staatspräsident am 28. Juni 1992 ins belagerte Sarajevo. Doch blieb die Geste des französischen Staatspräsidenten in ihrem historischen Bezug weitgehend unbemerkt. »Kaum jemand, abgesehen von ein paar Historikern und älteren Menschen, verstand diese Anspielung. Die historische Erinnerung war nicht mehr lebendig.«[7] Selbst da, wo die Reminiszenz an das Datum der Ermordung des österreichischen Thronfolgers in Sarajevo bemerkt wurde, folgte man ihrer symbolischen Implikation nicht. Das Signal fand keinerlei Beachtung, soweit es auf die Bedrohung eines nun zwar von fast aller Furcht vor der russischen Übermacht freien, in seiner Stabilität aber vom Balkankrieg bedrohten Europas hinwies. Die zeitgenössischen Kommentatoren sahen in der Geste denn auch stärker eine Kritik an der Untätigkeit europäischer Regierungen als eine Warnung an Europa. Dass es in seinem Zusammenhalt und seiner Sicherheit durch diesen Krieg bedroht gewesen wäre, davon ging kein Beobachter aus.

Entschieden anders tauchte ›Sarajevo‹ als Chiffre in anderem Zusammenhang auf. Denn der Epochenbruch schien eher mit dem Terroranschlag auf das World Trade Center oder dem darauf folgenden Krieg der USA gegen den Irak assoziiert zu sein. Der Angriff auf den Hegemon und seine Intervention am Persischen Golf – das waren Ereignisse, in deren politischer Erörterung ›Sarajevo‹ wie selbstverständlich zitiert wurde. Vermutlich ist das Fehlen einer ähnlichen Bezugnahme anlässlich der Kriege auf dem Balkan daher nicht nur ein Zeichen für das Absterben historischer Erinnerung – es ist auch ein Zeichen dafür, wie sehr sich Europa im eigenen Selbstverständnis, in seiner politischen Realität und Praxis, aber auch in seiner Macht von jenem Europa entfernt hat, das 1914 in seinen Untergang aufbrach. Ein nüchterner Befund, in dessen Perspektive der Erste Weltkrieg nicht als abgeschlossen, sondern als folgenreich fortwirkend erscheint. Eine andere Frage ist es, ob aus diesem Machtverlust Europas quasi notwendig eine erst kürzlich wieder von Robert Kagan ausgerufene »amerikanische Weltordnung«[8] folgt, die wiewohl nicht in ihrem offenen Ende, so doch in ihrem Beginn nahezu deckungsgleich mit dem »kurzen 20. Jahrhundert« ist.

In der skizzierten Diskussion über die mit ›Sarajevo‹ verknüpften historischen Bezüge blieb indessen ein geschichtlicher Faktor ausgeblendet. Was 1914 mit den Schüssen auf einen künftigen Monarchen begann, hatte sich fast achtzig Jahre später zu einem Anschlag auf ein ganzes Volk, das der bosnischen Muslime, erweitert. Aus dem im Ersten Weltkrieg noch propagierten »Volk in Waffen« war im »kurzen 20. Jahrhundert« längst das Volk als Waffe geworden. Diese Entwicklung schloss nicht allein die Inanspruchnahme der Heimat und der Zivilisten als Front und Kriegsbetroffene mit ein, sie führte auch, erprobt in den kolonialen Kriegen vor 1914, zu einer Forcierung des Ausrottungs- und Vernichtungskrieges in Ost- und Südosteuropa während des Ersten Weltkrieges und setzte sich in den Konflikten um die Neu- oder Wiederbegründung von Nationalstaaten nach 1918 und 1945 fort. Vor allem sie gerieten schließlich nach dem Zweiten Weltkrieg in den Wirkungsbereich des Ost-West-Konflikts, der nahezu jeden lokalen zu einem Stellvertreterkrieg werden ließ.

Das immerhin ist mit dem Ende des Kalten Krieges vorbei. Doch sind daraus keine Tröstungen zu beziehen. Wie immer, wenn eine neue Epoche beginnt, ist die Lage unübersichtlich und das Ende offen. Und nach wie vor bleibt die Forderung unerfüllt, die Helmuth Plessner einst im Hinblick auf den Ersten Weltkrieg stellte, nämlich »als Antwort auf das weltgeschichtliche Novum des totalen Krieges einen ihm gewachsenen totalen Frieden«[9] zu erhalten.

DER ERSTE WELTKRIEG IM MUSEUM

Die ausbleibende Antwort nährt im Grunde genommen noch das heutige Interesse am Ersten Weltkrieg. Was ihn ermöglichte, steht dabei nicht länger allein im Zentrum. Gleichberechtigt auf den Plan tritt die Frage, warum der Weltkrieg erst so spät wirklich und vollständig zu Ende ging. Damit eng verknüpft aber ist die Suche danach, was dieses »kurze 20. Jahrhundert« eigentlich im Kern bestimmte. In dieser Perspektive scheint der Erste Weltkrieg plötzlich näher gerückt als je zuvor. Die Ursachen für seinen Ausbruch mögen für Europa als überwunden eingeschätzt werden; ob auch die Folgen dieses Krieges, die zu einer

Präsentation der Dauerausstellung im Museum der militärischen und all-
menschlichen Geschichte des Ersten Weltkriegs in Kobarid · Deutsches
Historisches Museum, Berlin, ohne Inv. Nr.

Dauerausstellung im Historial de la Grande Guerre in Péronne · Historial de
la Grande Guerre, Péronne

Traumatisierung Europas führten, überwunden sind, scheint
durchaus weniger gesichert.

Der veränderte Blick auf den Ersten Weltkrieg hat in den
letzten Jahren auch die museale Aufbereitung dieses Konflikts
beeinflusst. Neugründungen, die Neu- und Wiedereröffnungen
von Dauer- und zahlreiche Wechselausstellungen belegen diese
Entwicklung. Dabei befassen sich die Expositionen mittlerweile
kaum mehr mit waffen- oder uniformkundlichen Details oder
mit der militärhistorischen Rekonstruktion einzelner Schlachten.
Im Mittelpunkt stehen vielmehr, insbesondere in westeuropäischen Museen, komplexe, zunehmend international abgehan-
delte Fragen nach der individuellen und kollektiven Kriegserfahrung sowie nach dem Verhältnis von historischem Ereignis
und Erinnerungskultur. Einige wenige Beispiele mögen dies verdeutlichen.

Das bereits 1920 per Parlamentsbeschluss gegründete *Imperial War Museum* (IWM) in London eröffnete 1990 im Rahmen
der Dauerausstellung neu gestaltete Themenräume zur Geschichte des Ersten Weltkrieges, die *First World War Galleries*. Sie be-
stechen vor allem durch die überwältigende Zahl und Aussagekraft
der Exponate. Überdies werden seit der Eröffnung der *First World
War Galleries* in regelmäßigen Abständen Sonderausstellungen
organisiert; mit ihnen können die Kuratoren sowohl auf symbolisch bedeutsame Erinnerungsdaten im Lichte neuerer Forschungs-
ergebnisse reagieren als auch neu erworbene Ausstellungsstücke
präsentieren. Der internalisierte Erziehungsauftrag des Museums
folgt indessen der Maxime, »that you cannot educate anyone
if you are dull and boring.«[10] Nicht zuletzt deshalb besteht der
integrale Bestandteil der Präsentation in einer begehbaren Rekonstruktion eines Schützengrabens an der Somme im Herbst 1916.
Die Museumsmacher haben dabei auf spezielle Licht-, Akustik-
und Geruchseffekte gesetzt, die dem Besucher die Fronterfahrung
von 1914/18 vermitteln sollen. Ein museologisches Konzept, das
gewiss eher traditionellen Ansätzen folgt.

Im Sommer 2002 öffnete in Manchester das von Daniel
Libeskind eigenwillig gestaltete *Imperial War Museum North*
seine Tore. Als visionäres Symbol für die Auswirkungen von
Kriegen konzipiert und gebaut, deckt das Museum die Geschichte jener militärischen Konflikte ab, in die englische und Com-
monwealth-Truppen seit 1914 involviert waren. Dadurch ist es
auch auf museologischer Ebene möglich, den Ersten Weltkrieg
in das Gesamtszenario gewaltsamer Auseinandersetzungen des
20. Jahrhunderts einzuordnen.

Andere prominente Beispiele für das Interesse der Museums-
welt am Ersten Weltkrieg sind das 1992 eröffnete *Historial de
la Grande Guerre* (Péronne/Somme) und das 1993 eröffnete *In
Flanders Fields Museum* in Ieper (Ypern). Beide stehen, am Ort
der damaligen Ereignisse, in engem Zusammenhang mit den
umliegenden Mahnmalen, Denkmälern, Friedhöfen und Schlachtfeldern. In der Umgebung des *Historial* lassen sich diese auf
einem Erinnerungspfad (*Circuit du Souvenir*) erwandern. Der
zudem bewusst internationale, auf die Überwindung einer nur
nationalen Perspektive abzielende, expositionelle Grundgedanke
beider Museen lässt sich an der Entstehungsgeschichte des
Historial besonders gut nachzeichnen. Mitte der achtziger Jahre
begann der *Conseil Général de la Somme* mit den Planungen
und beschloss, ein international ausgerichtetes Weltkriegsmuseum
einzurichten. Bewusst wählte man als dessen Sitz nicht die
Pariser Region, sondern das historische Kerngebiet der Somme-
Schlacht um die Stadt Péronne. Der moderne Teil des Gebäu-

des (Architekt: Henri-Édouard Ciriani) wurde in eine wuchtige Befestigungsanlage integriert, die wie ganz Péronne während des Ersten Weltkrieges schwere Schäden erlitt. Eine Besonderheit des *Historial de la Grande Guerre* liegt in der engen Kooperation mit dem angegliederten Forschungszentrum (*Centre de Recherche*). Eine international besetzte Expertenrunde war mit daran beteiligt, die museologische Konzeption des Hauses zu entwickeln. Alle Objekttexte in der Ausstellung sind in drei Sprachen – Englisch, Deutsch und Französisch – verfasst. Ein weiteres Beispiel illustriert die neuen Wege, die die Ausstellungsmacher des *Historial* beschritten. So hat man die Uniformteile von Soldaten verschiedener Armeen nicht wie sonst zumeist üblich auf Figurinen arrangiert. Vielmehr sind sie zusammen mit zahlreichen Ausrüstungsgegenständen in Vertiefungen ausgelegt, die im Boden eingelassen sind und die Assoziation an einen Schützengraben hervorrufen. Indem sich die Ausstellungsmacher für die Horizontale entschieden und diese auch noch ohne Vitrinenschutz einrichteten, erteilten sie jeglicher Heroisierung bewusst eine Absage. Das Konzept wirkte zum Zeitpunkt der Museumsgründung so provozierend, dass einige Leihgeber glaubten, ihre Objekte zurückziehen zu müssen.

Für die museale Aufbereitung des Weltkrieges in ost- und ostmitteleuropäischen Museen ist die Ausgangslage naturgemäß eine ganz andere. Die Erinnerung an den Weltkrieg bleibt hier untrennbar verbunden mit Revolutionen, Bürger- und Freiheitskriegen sowie mit der Erringung nationaler Unabhängigkeit. Jede Museumspräsentation umfasst daher immer auch all diese Ereignisse und beschränkt sich nicht auf den Weltkrieg. Gleichwohl verbindet sich die museale Darstellung seit Anfang der neunziger Jahre mit einer gänzlich neuen Interpretation der Epoche. Anders aber als in westeuropäischen Museen folgt man hier nicht allein neuen Trends innerhalb der Weltkriegsforschung.

Vielmehr geht es in Osteuropa darum, sich überhaupt zum ersten Mal dem Weltkrieg in einer Weise zu nähern, die ihn nicht auf eine bloße Rahmenhandlung für die nachfolgenden Ereignisse reduziert. Dieser neue Zugriff hat weitreichende Konsequenzen für die Museen: Zwar bleibt der Erste Weltkrieg als historisches Ereignis und damit als Thema einer Ausstellung bestehen. In der Einordnung und Bewertung aber gerät er in ein vollkommen neues Licht.

Noch bis 1991 ging es namentlich in den Geschichts- und Armeemuseen darum, die Epoche vor 1917 als zwangsläufige Krise des Kapitalismus zu präsentieren. Der marxistisch-leninistischen Interpretation zufolge war der Erste Weltkrieg das Ergebnis imperialistischen Machtstrebens; er beschleunigte das Heranreifen der proletarischen Revolution, die schließlich den Siegeszug der neuen sozialistischen Gesellschaftsordnung einleitete. Damit war auch die Gliederung der musealen Präsentation vorgegeben: Sie richtete sich ganz auf die »Große Sozialistische Oktoberrevolution« aus, die gleichsam wie ein Magnet alle Ereignisse zuvor und danach ordnete und interpretativ wertete.

Diese Art der Präsentation findet man in Ost- und Ostmitteleuropa bis heute. Das hängt indessen nur zum Teil mit fehlenden finanziellen Mitteln zusammen, die eine Überarbeitung der Ausstellungen verhindern. Besonders die Militärmuseen, die nicht dem Kultur-, sondern dem Verteidigungsministerium zugeordnet sind, haben nach wie vor mit erstarrten Denkstrukturen zu kämpfen. Aber auch in den historischen und ehemaligen Revolutionsmuseen, die sich heute der ›politischen‹ und ›zeitgenössischen‹ Geschichte verschrieben haben, ist zumindest auf den ersten Blick eine Neuorientierung für den Museumsbesucher oft nicht erkennbar.

Eine Ausnahme bildet das *Museum für die politische Geschichte Russlands* in St. Petersburg. Die Präsentation überzeugt durch

Dauerausstellung *Erinnerungen an die Zukunft? Russland 1917 und der Beginn der 90er Jahre* im Staatlichen Museum für die politische Geschichte Russlands in St. Petersburg · Deutsches Historisches Museum, Berlin, ohne Inv.-Nr.

eine klare inhaltliche Position ebenso wie durch eine besucherfreundliche Ausstellungsarchitektur. So wird die historische Entwicklung nicht wie bisher linear, konzentriert in einer einzigen Dauerausstellung, dargeboten, sondern themengebunden in getrennten Ausstellungen aufbereitet. Einer der Themenräume widmet sich der Epoche des Ersten Weltkrieges, der Oktoberrevolution und dem anschließenden Bürgerkrieg. Dieser historische Abschnitt der russischen Geschichte wird inhaltlich in Zusammenhang gebracht mit den Ereignissen des Jahres 1991. In drei Abschnitten werden dem Besucher so die politisch-militärische, die wirtschaftliche und die soziale Situation der Jahre 1917 und 1991 im Vergleich präsentiert. Dadurch ergibt sich, befreit von den Vorgaben der marxistisch-leninistischen Interpretation, so etwas wie die Aktualisierung vermeintlich revolutionärer ›Größe‹ vergangener Tage im Lichte ihres endgültigen Unterganges.

Diese inhaltliche Neuinterpretation der Epoche ist begleitet von ebenso neuen Formen der Präsentation. So wird das Thema beispielsweise mit den Mitteln von Farbe und Licht aufbereitet. Zahllose kleinformatige Porträtfotos politischer und gesellschaftlicher Akteure sowie historische Dokumente werden vor rotem Hintergrund gezeigt und durch eine gezielt inszenierte Beleuchtung hervorgehoben. Damit wird eine zweifache Wirkung erzielt: Indem die Gestaltung mit dem Duktus der Überhöhung einzelner Funktionäre spielt, wird zum einen an die bekannten Muster des Personenkultes erinnert. Zum anderen wird aber durch die große Anzahl der Fotos, die überdies gleichermaßen bekannte und unbekannte Personen zeigen, die Ebene der das sowjetische System beherrschenden Nomenklatura durchbrochen und auf das sie erst ermöglichende große Heer der einfachen Bürger und auf deren Alltag verwiesen. Zugleich soll der Besucher damit animiert werden, die vertraute Überlieferung der Geschichte neu zu bedenken und Verbindungen zu der aus der eigenen Biographie bekannten Umbruchsituation von 1991 zu ziehen.

ZUR KONZEPTION DER AUSSTELLUNG

Das 20. Jahrhundert als ein »kurzes Jahrhundert« zu interpretieren, das macht, wie die unterschiedlichen Kontinuitätsentwürfe verdeutlichen, durchaus Sinn. Wo aber die Grenzen jeweils gesetzt werden, das lässt sich sehr verschieden beantworten – und diese Differenzen sind in der Konstruktion der jeweils eigenen nationalen Geschichte begründet. Die Ausstellung *Der Erste Weltkrieg 1914–1918. Ereignis und Erinnerung* reagiert darauf zunächst mit einer Verschränkung ihrer Perspektiven. Das Ereignis, seine Folgen, die Formen der Erinnerung an den Weltkrieg sind ihre Hauptteile. Das im Sinn einer Initialzündung entscheidende Ereignis der europäischen Geschichte des 20. Jahrhunderts wird dabei in einer internationalen Perspektive aufgefasst. Die Gliederung der Ausstellung erlaubt immer wieder den Vergleich zwischen den nationalen Sichtweisen, ja, sie fordert ihn in gewisser Weise geradezu. Der Erste Weltkrieg war ein gesamteuropäisches Ereignis und er prägte den Kontinent entscheidender, als dies in der Freude über den Sieg bei den Alliierten und der Trauer, oft auch Wut und Revanchelust bei den Verlierern zum Ausdruck kam.

Die Ausstellung folgt einer streng thematischen Ausrichtung. Sie beginnt mit einem Ausblick auf das Europa des *Fin de Siècle*, auf ein Europa mithin, das durch grenzüberschreitende Vernetzungen, den kulturellen Austausch, aber auch durch Nationalismus und Wettrüsten geprägt war. Der erste Hauptteil versucht sodann, sich der modernen Kriegsrealität anzunähern. Der Krieg selbst, ohnehin in einer Ausstellung auch durch inszenatorische Mittel nicht halbwegs angemessen umsetz- und schon gar nicht durch Bühnenbilder in eine »Erfahrung« für den Besucher transformierbar, wird in einer Abfolge von Kapiteln unter den Stichworten der Modernität und Totalität dargestellt. Die Schützengrabenerfahrung kommt hier genauso zur Geltung wie die propagandistischen Anstrengungen der in den Kriegsdienst

Am 24. Jahrestag der Landung in der Normandie, dem »D-Day«, wurde der »Veterans Memorial Highway 416« offiziell eröffnet. Er führt von Ottawa südlich zum Highway 401. Das Symbol der »Poppy« ist, wie das Motto »Lest we forget«, auf den Wegweisern des Highway 416 zu sehen. · Canadian Forces Museums and Historical Collections, Ottawa

gestellten Gesellschaften. Im Zentrum der Ausstellung steht weit eher der Krieg des einfachen Soldaten – für den gewissermassen stellvertretend eingangs die Namen Tjaden und Slobin genannt wurden – als der Krieg der Generäle. Deutlich wird in den ersten Abschnitten vor allem, in welchem Maße der Erste Weltkrieg eine Umwertung, ja Zerstörung des Herkömmlichen und Hergebrachten bewirkte – ein Prozess, der sich als nicht mehr revidierbar erwies. Wie auch in den anderen Abschnitten der Ausstellung richtet sich der Blick hier sowohl auf die für die westeuropäische Erinnerung so prägende Westfront als auch, und in dieser Umfänglichkeit sicherlich erstmals, auf die Kriegsschauplätze im Osten und Südosten. Der »unbekannte Krieg«, wie Winston Churchill die Kämpfe an der Ostfront bezeichnet hat, war tatsächlich weitgehend, auch in Ost- und Südosteuropa, aus der Erinnerung getilgt. Jedenfalls gilt dies bis 1989 und nahezu uneingeschränkt für deren offizielle Ausdrucksformen. Umso bedeutsamer ist es, diesen Aspekt des Weltkrieges nun gebührend zu berücksichtigen.

Der zweite große Teil der Ausstellung widmet sich den Folgen des Krieges – für die Staatengemeinschaft und ihre Neuordnung, für die einzelnen Gesellschaften und ihre Reorganisierung in einem Frieden, der unvermittelt wiederum zum Vorkrieg entartete. Die mit dem Versailler Vertrag und den folgenden Pariser Vorortverträgen getroffenen politischen Entscheidungen sowie die dem Nationalitätenprinzip folgende Aufteilung der europäischen Landmasse wollten alte ›Probleme‹ beseitigen – und schufen neue für die Nachkriegszeit. Auch die schließlich begonnene deutsch-französische Annäherung und die Aufnahme Deutschlands in den Völkerbund 1926 konnten letztlich keine auf Dauer gerichtete Entspannung verwirklichen. Mit der Ernennung Hitlers zum Reichskanzler begann der von Deutschland eingeschlagene Weg in einen neuen Krieg, diesmal mit dem erklärten Ziel, ganze Völker zu vernichten oder zu bloßen Heloten in einem nationalsozialistischen Weltreich zu machen. Schon zuvor aber waren große Teile des Kontinents, insbesondere in Ost- und Mitteleuropa, durch Kriege, Bürgerkriege und Revolutionen erschüttert worden. Der Krieg nach dem Krieg, seine für die betroffenen Gesellschaften nicht minder schweren Auswirkungen stehen hier im Zentrum.

Der abschließende dritte Teil ist der nationalen und kollektiven, zugleich jedoch auch der individuell gepflegten Erinnerung an den Ersten Weltkrieg gewidmet. Die Unterschiede sind eklatant – und sie sind bis heute spürbar. Sie betreffen einerseits die durchaus verschiedenartige Form der Erinnerungspolitik bei den Siegermächten und den Verlierern des Krieges. Sie betreffen aber ebenso einschneidend die ganz anders gelagerte Erinnerung in Osteuropa. Die neu- oder wiedergegründeten Staaten bezogen ihre symbolisch aufgeladenen Erinnerungsdaten selten aus dem »Großen Krieg« – der hier zumeist ein fremder Krieg geblieben war. Zentral wurde in der Erinnerung stattdessen die oft erst nach Kriegen und Bürgerkriegen errungene Unabhängigkeit und die durch die Oktoberrevolution herbeigeführte epochale Veränderung des politisch-sozialen Gefüges. Erst nach dem Verfall der sowjetischen Hegemonie, in deren Schlagschatten sich in ganz Osteuropa seit 1945 die Russische Revolution als quasi verbindliche Epochengliederung durchsetzte, begann die Re-Integrierung des Ersten Weltkrieges in den nationalen Erinnerungshaushalt.

Die Ausstellung schließt mit einem Blick auf künstlerische Projekte im Kontext der »Spurensuche«. In ihnen erweist sich, dass der Erste Weltkrieg mittlerweile aus dem Kreis des Aktuellen verschwunden sein mag, als Chiffre für unser Geschichtsverständnis aber weiterhin, und insbesondere in Ost-, Ostmittel- und Südosteuropa sogar erst jetzt durchaus aktuell ist.

Die Ausstellung wurde von Beginn an mit dezidiert internationalem Zuschnitt geplant. Mehr als 100 Leihgeber aus allen entscheidenden, damals am Krieg beteiligten Ländern haben großzügig zu einer Präsentation solchen Ausmaßes beigetragen, etwa 650 Objekte präsentierten erstmals tatsächlich fast alle Aspekte des Krieges. Dazu zählt nicht zuletzt eine gewisse Anzahl privater Memorabilia. Den Leihgebern gebührt der abschließende Dank für ihre große Kooperationsbereitschaft, ohne die das Projekt nicht realisierbar gewesen wäre. Ihnen gilt der Dank auch deshalb, weil sie es ermöglichten, eine große Zahl nie zuvor oder jedenfalls nie außerhalb des Herkunftslandes gezeigter Objekte präsentieren zu können.

1 Fedor Stepun, *Das Antlitz Rußlands und das Gesicht der Revolution. Aus meinem Leben 1884–1922*, München 1961, S. 236, 237.
2 Erich Maria Remarque, *Im Westen nichts Neues*. Mit Materialien und einem Nachwort von Tilman Westphalen, Köln 1987, S. 185.
3 Alfred Polgar, *Zu diesem Buch*, in: Jaroslav Hašek, *Die Abenteuer des braven Soldaten Schwejk*, Köln und Berlin 1956, S. 5–7, hier S. 7.
4 Eric Hobsbawm, *Das Zeitalter der Extreme. Weltgeschichte des 20. Jahrhunderts*, München ²1999, S. 41 und 65.
5 George F. Kennan, *Bismarcks europäisches System in der Auflösung: Die französisch-russische Annäherung 1875–1890*, Frankfurt am Main u. a. 1981, S. 12.
6 Helmuth Plessner, *Über das gegenwärtige Verhältnis zwischen Krieg und Frieden*, in: ders., *Zwischen Philosophie und Gesellschaft. Ausgewählte Abhandlungen und Vorträge*, Frankfurt am Main 1979, S. 364–381, hier S. 365. Grundlage für den Text ist die Antrittsvorlesung Plessners in Groningen 1939, 1949 publizierte er ihn in Schmollers Jahrbuch.
7 Hobsbawm (wie Anm. 4), S. 17.
8 Robert Kagan, *Macht und Ohnmacht. Amerika und Europa in der neuen Weltordnung*, Bonn 2003, S. 82.
9 Plessner (wie Anm. 6), S. 365.
10 Alan Borg, *Introduction*, in: *The NEW Imperial War Museum*, London 1990, S. 1.

Essays

Michael Geyer

Urkatastrophe, Europäischer Bürgerkrieg, Menschenschlachthaus – Wie Historiker dem Epochenbruch des Ersten Weltkrieges Sinn geben

In einer kleinen Kalendergeschichte hat Johann Peter Hebel dem verehrten Publikum eine Kriegsgeschichte vorgelegt, die, wiewohl nicht realistisch, dennoch in einem tieferen Sinne wahr ist, weshalb sie auch Historikern, die über den Ort des Ersten Weltkrieges nachdenken, auf die Sprünge helfen kann.

»Mißverstand – Im neunziger Krieg als der Rhein auf jener Seite von französischen Schildwachen, auf dieser Seite von schwäbischen Kreissoldaten besetzt war, rief ein Franzos zum Zeitvertreib zu der deutschen Schildwache herüber: ›Filu! Filu!‹ Das heißt auf gut deutsch: Spitzbube. Allein der ehrliche Schwabe dachte an nichts so Arges, sondern meinte der Franzose frage: Wieviel Uhr? Und gab gutmütig zur Antwort: ›Halber vieri‹.«[1]

Hebel hat diese Geschichte vom »Mißverstand« erzählt, obgleich er, wie aus anderen Geschichten hervorgeht, sehr wohl wusste, dass es so im Krieg gemeinhin nicht zugeht. Auch kann man nicht annehmen, dass er etwas Besonderes mit dem wackeren Schwaben im Sinne hatte, obwohl er sicherlich der Ansicht war – und damit die Auffassung nicht des schlechtesten Teiles der deutschen Militärhistorie teilt –, dass im Zweifelsfall der ›kleine Mann‹ (oder jedenfalls der rechtschaffene Schwabe und der pfiffige Franzose) eher zur Konfliktvermeidung als zur Gewaltbereitschaft neigt.[2] Hebel wollte vor allem darlegen, dass zwei, die sich eigentlich bekriegen sollen, eben ein Franzose und ein Schwabe, sich dennoch verständigen und so auch im Krieg einen Moment des Friedens schaffen können.

Die Geschichte bezieht ihren Witz aus einem Missverständnis, das wiederum so etwas wie einen Verstand erzeugt. Dieser Verstand besteht aus dem, was kluge Sozialphilosophen »reziproke Anerkennung« nennen. Sie gilt ihnen als Voraussetzung des friedlichen oder doch zumindest auskömmlichen Zusammenlebens.[3] So wollte es wohl auch Hebel begriffen wissen; denn ihm kam es darauf an, dass hier mitten im Krieg die Möglichkeit der Verständigung aufblitzt. Das ist im wahren Wortsinne ein philanthropischer Gestus; denn ohne diesen Gestus geht es nicht, ob er nun von Schwaben oder anderen kommt und ob er auf einem »Mißverstand« beruht oder nicht.

Hebels Geschichte, an den Anfang einer Betrachtung des Ersten Weltkrieges gestellt, sollte uns daran erinnern, worin das Ziel der Kriegsgeschichte besteht, deren eigentliches Thema zweifellos das massenhafte Töten sein muss.[4] Ihr Unterfangen ist nicht schlechterdings der Krieg und seine Darstellung mitsamt der kriegführenden Institutionen und Personen, sondern die Verschränkung von Krieg und Frieden – oder, wenn man es anthropologisch sagen will, die von Tötungsbereitschaft und Tötungshemmung.[5]

Eine Geschichte kriegerischer Gewalt wird also die Möglichkeit des Friedens immer in sich enthalten oder doch klar sagen müssen, wann, wie und aus welchen Gründen diese Möglichkeit abhanden gekommen ist. Es kann dabei nicht darum gehen, eine heile Welt inmitten des Kriegshorrors zu konservieren, obwohl dieses naive Element der Utopie – und sei es nur der sehnsüchtige Wunsch nach Kaffee und Kuchen bei Muttern – gerade von Soldaten immer wieder beschworen wurde, also eine nicht zu unterschätzende historische Realsubstanz hat. Vielmehr steht hier im Vordergrund, dass in jeder Geschichte kriegerischer Gewalt immer auch ein Kapitel über die Prämissen ihrer Beendigung enthalten ist.

Mit dem Ersten Weltkrieg wird dieses Kapitel indessen zur Leerstelle. Weder bei den Siegern noch bei den Besiegten ist es vorhanden. Fand bei Hebel der »Mißverstand« noch als List der Geschichte oder doch wohl eher Gottes seinen Ausdruck, um ein grundsätzliches Vertrauen zwischen Menschen zu befördern, so wurde er nun zum Ausgangspunkt eines nachgerade tollen Unverstandes. An die Stelle des Vertrauens trat der verallgemeinerte »Mißverstand« und dieser zeugte eine schier universale Feindseligkeit. Letztere war keineswegs auf die Staatenfeinde und die kämpfenden Nationen untereinander beschränkt, sondern breitete sich auch im Innern aus zwischen Gruppen, Klassen und Geschlechtern – eine wahrhaft »verkehrte Welt«.[6] Die Weiterungen kleiner und großer Gehässigkeiten und ihre Steigerung zu ideologisch überformten Hassgebilden, die Unfähigkeit, ihnen auch nur halbwegs effizient zu begegnen und sie in einem erneuerten Gefühl für die Verlässlichkeit von Beziehungen zwischen Staaten ebenso wie zwischen Menschen abzubauen – diese menschengemachte Blindwütigkeit breitete sich wie eine Seuche in Europa aus und ist im eigentlichen Sinne die Krise des Ersten Weltkrieges. Man könnte sie mit sozialphilosophischen Ambitionen als eine Krise der europaweiten Vergesellschaftung charakterisieren.

Sieg und Niederlage haben diese Krise nicht beendet, ebenso wenig wie man sagen kann, der Kriegsanfang habe sie erst geschaffen. Die deutsch-französische Feindschaft hatte eine lange Vorgeschichte, die bis in die Zeit zurückreicht, in der Hebel schrieb.[7] Die inneren Verwerfungen datieren ebenfalls in das 19. Jahrhundert zurück. Wichtiger ist aber, dass die Zerstörung der europäischen Gesellschaftsgefüge sich als dauerhaft erwies und zum Epochenproblem wurde. Die Kraft und der Wille, aus eigenen Mitteln diese Krise zu überwinden, waren allenthalben zu schwach. Den europäischen Gesellschaften gelang es nicht, sich aus sich selbst heraus zu erneuern. Die Katastrophe dieses

Krieges bestand in dieser Unfähigkeit, Frieden mit sich selbst und der Umwelt zu machen – und sei es nur, dass man in der Art Hebels ungerade gerade sein ließ. Dieser Spielraum des Überlebens ist auf den Schlachtfeldern des Krieges zugrunde gerichtet worden. Ob, wann und wie er zurückgewonnen wurde, bleibt eine offene Frage. 1919 war das jedenfalls nicht der Fall.

Hannah Arendt hat diese Situation rückblickend treffend charakterisiert, wenn sie schreibt: »Was am 1. August 1914 in Europa geschah, kann keine Geschichte der Ursachen und Veranlassungen, die zum Ersten Weltkrieg führten, und keine Analyse der Motive und Hintergedanken, die hinter den offiziellen Kriegerklärungen lagen, erhellen. [...] Wir können aus der Geschichte des neunzehnten Jahrhunderts den ersten Weltkrieg nicht ›erklären‹; aber wir können gar nicht anders, als im Lichte dieser Katastrophe das Jahrhundert verstehen, das in ihr sein Ende fand. Vielleicht würde es um dieses Ereignis weniger dramatisch bestellt sein, wenn es mit dieser einen Katastrophe sein Bewenden gehabt hätte. Aber die Ruhe der Trauer, die nach großen Katastrophen sich über eine Unglücksstätte senkt, ist bis heute ausgeblieben. Die erste Explosion war wie der Starter einer Kettenreaktion, die bis heute nicht zum Halten gebracht werden konnte.«[8]

GESCHICHTSSCHREIBUNG ANGESICHTS DER KATASTROPHE

Die Geschichtsschreibung des Ersten Weltkrieges, auch die kritische Historiographie, hat diesen Spielraum des Lebens bis heute nicht zurückgewonnen. Sie starrt nach wie vor gebannt auf das Bauwerk aus blindwütigem Unverstand. Die Heere der Toten und Verwundeten sind zu groß, die zersprengten Landschaften zu unwirtlich und die Erniedrigten und Gemordeten zu gespenstisch, um tatsächlich zu einer Geschichte voranschreiten zu können, welche die gewaltige Explosion des Krieges bloß als einen Moment im Prozess einer unglücklichen europäischen Vergesellschaftung begreift. Statt das Bauwerk der Unmenschlichkeit – der Turmbau von Babel kommt einem als dazu passendes Bild durchaus in den Sinn – auf seine Prinzipien und, wenn man so will, auf seine Metaphysik hin zu erforschen, übertrifft sich die Geschichtsschreibung darin, es monumental und monumentaler abzubilden.[9]

Historiker sprechen inzwischen von einem »Zeitalter der Extreme« und charakterisieren das 20. Jahrhundert als das tödlichste Jahrhundert der Weltgeschichte.[10] Zwar weiß das niemand so genau, aber derlei sich geradezu übertreffende Beschreibungen sollen im Wesentlichen auch nur andeuten, dass die Kriege des zurückliegenden Jahrhunderts unbegreiflich groß waren. In gleicher Weise redet man vom Ersten Weltkrieg als »Urkatastrophe«, bezeichnet ihn als europäischen oder Welt-Bürgerkrieg, oder, unter Rückgriff auf den Schriftsteller und Pädagogen Wilhelm Lamszus, als »Menschenschlachthaus«, in dem eine alte Welt versank. Die Gewalt-Aufwallung des Ersten Weltkrieges mutiert so zur Geschichte eines katastrophalen Endes und wird mit Erschauern zur Kenntnis genommen. Die Geschichtsschreibung hat den Ersten Weltkrieg gerade in den letzten beiden Jahrzehnten als »Ende der Menschheit« abgebildet und auf diese Weise für sich ein Element des Monumental-Erhabenen gewonnen.[11]

Natürlich ist das Vorhaben nicht falsch, eine Gesamtschau auf die beiden Weltkriege und ihre Nach-Kriege zu werfen, wenn das auch mit Ausnahme von zwei Außenseitern – nämlich

Hannah Arendt und Raymond Aron, zu denen man vielleicht noch Geoffrey Barraclough zählen sollte – noch niemand so recht geschafft hat.[12] Auch ist das »Verweilen beim Grauen« ein notwendig katharischer Akt oder jedenfalls einer der nachgeholten Trauer.[13] Aber der Gestus des Monumentalen scheint mir dennoch verfehlt. Was es für die Nachlebenden im Unterschied zu den Überlebenden zu verstehen gilt, ist die Art und Weise, wie eine Gesellschaft aus den Fugen geriet und ob, wie und wo sie sich wieder zusammenfügte und, wichtiger noch, wie und wo sie sich neu fügte. Für die Polen oder Iren jedenfalls – ebenso wie für die deutschen Demokraten oder auch die Bolschewiki – war diese Geschichte des Untergangs einer Welt zunächst einmal kein Ende, sondern ein hoffnungsvolles, neues Beginnen.[14]

Dass dieses neue Beginnen keine Lösung der Epochenproblematik des Hasses und der Gewalt brachte, wird dann ebenfalls zum Nachdenken anregen müssen. Wenn wir die Rede vom Krieg als Menschenschlachthaus oder als Zivilisationsbruch tatsächlich ernst nehmen und zu dem Schluss kommen, dass jenes Band des Vertrauens, das eine Gesellschaft und eine Zivilisation zusammenhielt, so nachhaltig zerrissen worden ist, dass es die entstehenden Gesellschaften nicht mehr zusammenhielt – wenn dem tatsächlich so ist, dann werden wir nicht beim monumentalen Akt des Zerreißens und Zerstörens verweilen können, wie unverzichtbar dieses zeitgemäße Memento Mori auch sein mag. Wir werden vielmehr verstehen lernen müssen, wie es dazu kam, dass den Europäern der Wille und die Fähigkeit abhanden kamen, aus eigenen Kräften den äußeren Frieden zu schließen

XVI/6 Otto Dix, *Der Krieg – Nächtliche Begegnung mit einem Irrsinnigen* (Blatt 2, Mappe 3), 1924 · Kunstsammlung Gera

und den inneren zu wahren. Die Geschichte des Ersten Weltkrieges gewinnt ihren Sinn, so würde ich vorschlagen, indem wir die monumentalen Bilder seiner Zerstörung in eine Geschichte oder, mit Hebel zu sprechen, in Geschichten einbetten, die von den Spielräumen des Überlebens inmitten der blutigen Krise und von den Möglichkeiten der Erneuerung reden.

Noch sind wir nicht so weit. Aber indem wir drei historische Monumentalgebilde der Zerstörung – Urkatastrophe, europäischer Bürgerkrieg, Zivilisationsbruch – aufgreifen, um sie auf Sinnstiftungsversuche von Historikern hin zu betrachten, wollen wir mit Blick auf die Zonen der Zerstörung die Spielräume des Überlebens und nicht zuletzt des neuen Beginnens erinnern. Denn obwohl selbst noch die Gegenwart von den Zerstörungen der Vergangenheit geprägt wird, so sind wir doch allesamt die Produkte eines sich erneuernden Weiterlebens und in Manchem, so möchte man hoffen, eines neuen Beginnens.

URKATASTROPHE

Mit seltener Einmütigkeit stimmen deutsche Historiker darin überein, dass der Erste Weltkrieg die »Urkatastrophe« des 20. Jahrhunderts gewesen sei. Sie greifen damit auf einen zugkräftigen Begriff des amerikanischen Diplomaten und Historikers George F. Kennan zurück, der im amerikanischen Original etwas zurückhaltender von »the great seminal catastrophe of this century« gesprochen hatte.[15] Es ging dem machtpolitischen Realisten dabei nicht schlechthin um die Monstrosität dieses Krieges mit seinen Millionen von Toten als ›Menschheitskatastrophe‹, sondern um einen Moment der dramatisch beschleunigten Veränderung – oder, wie es Jakob Burckhardt formuliert hätte, der »Krise« – innerhalb der Weltpolitik.

Welche anderen Weiterungen man mit dem Begriff der Urkatastrophe auch sonst noch verbinden möchte, er hebt zunächst einmal auf jene große krisenhafte Wende in der mächtepolitischen Ordnung ab, in deren Verlauf Europa aus der Mitte der Welt und Deutschland aus der Mitte Europas herausrollte, weil die europäischen Großmächte, so die These Kennans, nicht mehr in der Lage waren, den Frieden in Europa zu sichern. Erst in

Grab eines französischen Soldaten, 21. Oktober 1917
Musée d'Historie Contemporaine – BDIC, Paris, ohne Inv.-Nr

der Hoffnung auf eine erneute Wende – nämlich in der auf die Einigung Europas als Basis seiner Machtstellung in einer sich herausbildenden Weltgesellschaft – wurde vollends klar, um was es bei der Vorstellung des Weltkrieges als Urkatastrophe ging. Hagen Schulze hat diese Stimmung gut getroffen: »Der ›Untergang des Abendlandes‹ ist vertagt. Die Erwartungen haben sich nicht erfüllt, die spätestens seit dem Epochenjahre 1917, mit der bolschewistischen Oktoberrevolution und dem Erscheinen amerikanischer Truppen auf dem europäischen Kriegstheater, an Plausibilität gewonnen hatten und die darauf gerichtet waren, es gehe mit Europa unaufhaltsam bergab. Mit ihrer weltumspannenden imperialen Ausdehnung habe sich die alte Welt wie eine Supernova erschöpft und falle jetzt in sich zusammen. In der Knochenmühle von Verdun sei das Abendland zermahlen worden, ein neues Weltsystem kündige sich an.«[16]

Ob sich diese Erwartungen erfüllt haben, wollen wir dahingestellt sein lassen. Jedenfalls zeichnet sich hier ein griffiges Interpretament für den Weltkrieg als Katastrophe der europäischen Ordnung ab: Der deutsche Griff nach der Weltmacht untergrub die Weltstellung Europas und beförderte einen Prozess der globalen Vergesellschaftung, in der Europa von außen geleitet wurde und jedenfalls sich nicht mehr vorwiegend selbst bestimmte.[17] Die Sache ist umstritten: Haben die Siegermächte Großbritannien und Frankreich nicht erst in der Zwischenkriegszeit den Höhepunkt ihrer Weltstellung erreicht? Heißt es nicht, die Verhältnisse der zweiten Nachkriegszeit in die erste zurückprojizieren, wenn man eine ›Epochenwende‹ 1917 als den Anfang vom Ende Europas konstruieren will? Und wird mit dieser weltgeschichtlichen Perspektive die deutsche Verantwortlichkeit für die Kriegspolitik relativiert? Dies sind wichtige Fragen, die nicht unterschlagen werden dürfen. Doch der Zugewinn dieser Interpretation ist beträchtlich, weil sie die deutsche, ja, die europäische Kriegspolitik in den Zusammenhang der Herausbildung einer Weltgesellschaft stellt und den Ersten Weltkrieg als einen kritischen Wendepunkt in der Emanzipation dieser Politik von der europäischen Mächteordnung versteht. Dabei geht es vor allem um zwei Dimensionen dieser Betrachtung, die beide sehr deutlich die alten und die neuen Elemente der Weltpolitik in der Wende des Ersten Weltkrieges erkennen lassen.

Die erste der beiden Dimensionen hebt auf die Bedeutung der imperialen oder, genauer genommen, der neo-imperialen Herrschaftskonkurrenz unter den europäischen Großmächten seit dem späten 19. Jahrhundert ab. Hier hat die nationalkritische, bundesrepublikanische Schule der Geschichtsschreibung gründliche Arbeit geleistet. Das Deutsche Reich trat nach seiner Einigung, spätestens aber mit der wilhelminischen Weltpolitik als Herausforderer der vorherrschenden Weltmächte auf, allen voran Großbritannien, und setzte mit seiner »Weltpolitik« einen rasch eskalierenden europaweiten Rüstungswettlauf und eine zunehmend antagonistische Blockbildung in Gang. Als Ergebnis dieser Politik verschlechterte sich die militärstrategische Lage des deutschen Herausforderers so sehr, dass dieser befürchten musste, hoffnungslos isoliert zu werden. Damit drohte nicht nur sein Ziel zu scheitern, einen weltpolitisch bedeutsamen »Platz an der Sonne« zu ergattern. Es wäre auch ein empfindlicher Macht- und Prestigeverlust in Europa zu verkraften gewesen. Aus diesem Grund, so der Kern dieser Argumentation, setzten die Herrschaftseliten des Deutschen Reiches zu einem präventiven Schlag an, der in einem möglichst kurzem Krieg – aber allem Anschein nach im vollen Bewusstsein des Risikos

III/41 Oskar Laske, *Verurteilte*, undatiert (1914–18) · Heeresgeschichtliches Museum, Wien

eines langen Krieges – Deutschland die Vormachtstellung bringen sollte. Mit der Entscheidung für den Krieg setzte das Deutsche Reich eben jene Katastrophe in Gang, die als Epochenereignis nicht nur seine eigene, sondern Europas Weltmachtstellung beendete.

Aus weltpolitischer Sicht verbirgt sich hinter diesem Sachverhalt der deutschen Aggression die grundsätzlichere Problematik der Friedenssicherung in Europa und damit die Frage, wie Weltpolitik organisiert werden sollte. Denn es ging bei der deutschen Herausforderung nicht schlechthin darum, die englische Globalmacht zu ersetzen, sondern mit ihr auch eine marktwirtschaftliche Weltwirtschaftsordnung zu überwinden. Letztere beruhte auf internationalem Austausch und einer sich globalisierenden Arbeitsteilung, in der Großbritannien als Koordinator und Schiedsrichter auftrat und dabei ganz handgreifliche Vorteile aus dieser hegemonialen Ordnung der Dinge zog. Ironischerweise profitierte gerade auch die aufstrebende Industriemacht Deutschland in größtem Ausmaß von dieser britisch organisierten Arbeitsteilung. Aber die deutsche Politik – und das ist das eigentliche Zeichen der Weltpolitik – trat nicht nur als Konkurrent an, sondern als ordnungspolitische Alternative auf.

Diese deutsche Alternative bestand in der Vision von in sich geschlossenen und gegeneinander konkurrierenden Weltreichen. Ihr wesentliches Trachten kaprizierte sich auf das Erreichen und die Wahrung von Autonomie; sie sollte durch die Herauslösung aus dem Abhängigkeitsgeflecht multilateraler Wirtschaftsbindungen erzielt werden. Im wilhelminischen Reich nahm diese Idee eine atavistische, neo-merkantilistische und autarkistische

Ausprägung an und war von einem radikalen Sozialdarwinismus überlagert, der in der weltpolitischen Konkurrenz ein Ringen auf Gedeih und Verderb sah, an dessen Ende nur Sieg oder Untergang stehen konnten. Sowohl die Radikalität dieser Vision einer Umverteilung der Erde (oder jedenfalls von Europa) als auch die Großspurigkeit der deutschen Politik, die sich weltpolitisch gab ohne weltpolitisch zu denken, haben entscheidend zu der massenpolitischen, emotionalen Aufladung der europäischen Herrschaftskonkurrenz beigetragen, in der keine der Mächte »zur Erhaltung des Friedens [...] Macht- oder Prestigeverlust hingenommen hätte«.[18]

Damit ist zwar die Situation des Jahres 1914 charakterisiert, aber nicht die Frage gelöst, warum die Niederlage Deutschlands nicht zu einer erneuten Stabilisierung der Weltpolitik geführt hat. Eine Antwort darauf lautet, dass die Niederlage Deutschlands nicht deutlich genug ausgefallen ist – und deshalb vielleicht gar keine so richtige Niederlage war. Niall Ferguson hat neuerdings wieder so argumentiert.[19] Aber das ist zu kurzsichtig gedacht. Denn im Guten und im Schlechten triumphierten im 20. Jahrhundert jene Territorialstaaten – die Vereinigten Staaten, die Sowjetunion, China, vielleicht auch Indien – welche es verstanden, ähnlich wie die gescheiterten Konkurrenten Deutschland und Japan ihre nationalen, wirtschaftlichen, politischen und gesellschaftlichen Kräfte in dem sich globalisierenden Konkurrenzkampf zu mobilisieren, um sich erfolgreich in der sich bildenden Arena der Weltpolitik zu behaupten. Mit der heraufziehenden Weltpolitik, die vom wilhelminischen Reich so großspurig für sich beansprucht wurde, standen also auch neue Herrschafts- und

Ordnungsprinzipien an. Wie wir wissen, haben die Amerikaner es am erfolgreichsten verstanden, ein alternatives Ordnungskonzept vorzustellen und zu praktizieren. Wichtig daran ist, dass die sich globalisierende Herrschaftskonkurrenz immer auch eine Ordnungskonkurrenz war – und dass Europa insgesamt an dieser Ordnungskonkurrenz nicht mehr teilnahm.

Die zweite ebenso wichtige Wirkungsdimension des Weltkrieges als Globalkonflikt bestand in der Durchsetzung des Nationalitätenprinzips und seine Verankerung in dem Recht auf Selbstbestimmung als dem grundlegenden Organisationsprinzip der modernen Welt. Ironischerweise waren alle europäischen Mächte angetreten, gerade diesen Zustand zu verhindern, den sie doch hinterrücks mit ihrem Krieg beförderten. Sie gingen jedoch weiter davon aus, dass sie die Welt unter sich aufteilen und Territorien wahlweise okkupieren oder neutralisieren könnten. So haben sie sich sowohl zu Beginn des Krieges als auch nach dessen Ende in den Pariser Friedensschlüssen verhalten. Nationale Befreiungsbewegungen wurden aktiv bekämpft und die Frage der Selbstbestimmung als naive, amerikanische Rhetorik missachtet. Wenn allerdings Historiker dasselbe tun, dann sind sie schlecht beraten. Denn das Prinzip der Nationalstaatsbildung hat sich überall gegen die zunächst so unüberwindlich scheinende imperiale Ordnung durchgesetzt.

Die Sturmzeichen der Entwicklung waren bereits vor dem Krieg zu erkennen. Sowohl der italienische Amoklauf um das östliche Mittelmeer und das Rote Meer herum im Krieg gegen das Osmanische Reich (1911/12) als auch die brutalen ethnischen Auseinandersetzungen während der Balkankriege (1912/13) zeigten überdeutlich, dass Kriege um Ethnizität, Nationalität und Territorium das internationale Konzert der Großmächte mit bislang ungehörten Dissonanzen konfrontierten, einmal abgesehen davon, dass der Wille zur multilateralen Lösung der Bereitschaft zu unilateralem Aktivismus – zu finden in diesem Falle vor allem auf Seiten Österreich-Ungarns – zu weichen begann. Hier mehr noch als in der deutschen Kriegsideologie wurde der »Topos vom unvermeidlichen Krieg« Realität.[20] Hier auch zeigte sich eine Praxis des Krieges, die im 19. Jahrhundert dem europäischen Bewusstsein, wenngleich auch nicht der alltäglichen Realität vieler Revolutions- und Kolonialkriege vor 1914, fremd war. Diese Kriege hatten allesamt eine ethnische Säuberungs- und Verdrängungskomponente und in der zumeist emotionsgeladenen Kriegführung der europäischen Großmächte – man denke etwa an die noch den Beginn des Ersten Weltkrieges bestimmende Losung »Rache für Sarajewo« – spielte die extralegale Attitüde des Strafgerichts eine wesentliche Rolle. In diesen Konflikten vor 1914 wurde das Instrumentarium genozidaler Kriegführung wenn nicht geschaffen, so doch immerhin erneuert.

In einer Geschichte der kleinen Kriege im Großen Krieg wird man weder Belgien noch Irland vergessen wollen. Doch das Schwergewicht dieser unterhändigen Kriege lag im östlichen Teil des europäischen Mächtesystems, zumal dann, wenn wir uns daran erinnern, dass das Osmanische Reich eine Macht in diesem System war. Der militärpolitisch kalkulierte und inszenierte Genozid an den Armeniern im Jahr 1915 ist inzwischen kaum mehr aus der Geschichte des Weltkrieges fortzudenken. Doch wird dieser türkische Genozid als extreme Form einer ethnischen Kriegführung nur dann verständlich, wenn er im Zusammenhang mit der massenhaften Deportation deutscher und jüdischer Populationen aus den Grenzgebieten des Zarenreiches (1915/16) und der von Straffeldzügen beherrschten

habsburgischen Kriegführung und Besatzungsherrschaft in Serbien (1915/16) gesehen wird. Auch die zunächst eher pedantisch-bürokratische, dann aber sehr schnell brutalisierte Behandlung der Bevölkerung im Bereich »Ober Ost«, der deutschen Militärkolonie in den eroberten russischen Gebieten zur selben Zeit, gehört in diesen Rahmen.

In der Reorganisation der aus den Fugen geratenen (europäischen) Welt in den Pariser Vorortverträgen war die ethnisch-nationale Mobilisierung im Osten Europas und im Nahen Osten nicht wegzudenken. Die Nationalstaatsgründungen in Osteuropa sind das schlagendste Beispiel dafür. Doch ebenso wichtig ist der Umstand, dass weder Sieger noch Besiegte letztendlich sich durchsetzten, wenn sie ernsthaft gegen dieses Prinzip antraten. Das Deutsche Reich hat dies herausgefunden, als seine Armeen 1918 zwar bis zum Kaukasus vorstießen, aber die eroberten Gebiete nie kontrollierten. Die junge Sowjetunion hat dies in den baltischen Staaten und in Polen erlebt. Ähnlich ging es den Briten und Franzosen im Nahen Osten, die zwar ihre imperiale Oberherrschaft dort ausweiteten, aber sich nicht nur über die Großverteilung der osmanischen Erbmasse zerstritten, sondern sich auch in regionalen Konflikten zwischen ethnischen und religiösen Minderheiten (Libanon, Palästina) verheddern. England und Frankreich bedurften schließlich eines Sondervertrages (1923), um den national-militärisch geprägten jungtürkischen Staat als Nachfolger des Osmanischen Reiches in die Nachkriegsordnung zu integrieren; womit zugleich die Vertreibung der griechischen Bevölkerung aus Kleinasien festgeschrieben wurde.

Die Vorstellung des Weltkrieges als einer Urkatastrophe muss also gerade in ihrem engeren Bedeutungsfeld als eine grundlegende Wende der Weltpolitik ernst genommen werden. Dann allerdings wird man sich auch fragen müssen, wessen ›Katastrophe‹ diese Geschichte war. Denn die Iren, Belgier, Polen, Serben und selbst die Türken haben ja schließlich nicht über ihren Untergang lamentiert, sondern ihre neue Freiheit und ihre im Krieg gewonnene Identität zelebriert. Wenn der Weltkrieg dennoch eine weltpolitische Katastrophe war, dann deshalb, weil die Ordnung dieser im Entstehen begriffenen Weltgesellschaft kläglich scheiterte und so eine Katastrophe in die andere führte. Die europäischen Mächte, die in der Mitte des 17. Jahrhunderts (Westfälischer Friede, 1648) und dann wieder zu Beginn des 19. Jahrhunderts (Wiener Kongress, 1815) recht eigentlich den Frieden als staats- und machtpolitisches Instrument und als transnationale, verbindende Idee geschaffen oder, wie das treffend gesagt wurde, »erfunden« haben, hatten 1918/19 weder das Anliegen noch die Vorstellung oder auch nur die Macht, sich und der Welt eine Friedensordnung zu geben.[21] Das zeigt mehr als alles andere, wie sehr Europa aus der Mitte der Welt gerollt war und sich in diesem Prozess selbst verloren hat.

EUROPÄISCHER BÜRGERKRIEG

Die Vorstellung vom Ersten Weltkrieg als Auftakt einer Epoche des europäischen und des Welt-Bürgerkrieges ist nach einer langen Zeit der Quarantäne in den letzten Jahren so populär geworden, dass die Ursache des ursprünglichen Beschweigens kaum mehr erkennbar ist. Doch wer diese Formel benutzen will, tut gut daran, in Erinnerung zu rufen, dass sie in ihrer ursprünglichen Fassung den nationalsozialistischen Krieg legitimieren sollte. So wurde etwa der Zweite Weltkrieg von dem nationalsozialistischen Ideologen Alfred Rosenberg wie folgt charakterisiert: »Der Weltkrieg unserer Tage ist zu einem wahrhaftigen Weltkampf geworden. Dies bedeutet, dass nicht nur um eine militärische Vorherrschaft, um politische Grenzfragen, um industrielle Reserven gerungen wird, sondern dass sich größte Mächtegruppen gegenüberstehen in einer gegenseitigen Verneinung. Diese Gegnerschaft geht über alles Militärisch-Politisch-Wirtschaftliche hinaus. Sie ist ein Kampf zwischen gänzlich verschiedenen Lebenshaltungen, Staatsauffassungen, Weltanschauungen, und in dieser Totalität des Ringens erscheint dieser zweite Weltkrieg als ein Kampf um das Leben selbst.«

Es ging Rosenberg also nicht um die Wahrung und Sicherung einer Lebens*haltung*, sondern um das Leben und Überleben selbst – und zwar unmissverständlich in dem Sinne, dass das eigene Überleben den Untergang, die Vernichtung oder Ausrottung des Gegners mit sich zog, womit er die Zeit der Weltkriege im unerbittlichen Sinne einer »Nekropolitik« deutete.[22] In Rosenbergs eigenen Worten: »Die furchtbaren Symbole der auf unmittelbare physische Ausrottung ganzer Nationen ausgehenden Handlungen der Sowjetunion zeigen, mit welcher hemmungslosen Brutalität hier der extreme Flügel demokratisch-bolschewistischer Weltverschwörung zu Werke gegangen ist und bei einem eventuellen Sieg in noch gesteigerter Form über die Kultur Europas herzufallen gedenkt.«

Dahinter verbirgt sich ein ganzes Weltdeutungsgebäude: »Auf der einen Seite steht die gesamte Macht der Ideologien von der französischen Revolution an bis zur bolschewistischen Revolte, auf der anderen Seite stehen, soweit Europa in Frage kommt, die Mächte, welche die demokratische und marxistisch-bolschewistische Erkrankung bereits in furchtbarster Weise selber erlebt, durchkämpft haben und die in Erkenntnis der tödlichen Gefahr dieser Krankheit nunmehr in nicht zu brechender Entschlossenheit um die Freiheit ihrer Existenz und damit um die Sicherheit einer zukünftigen Kulturgestaltung ringen.«[23]

Diese geballte Dosis nationalsozialistischen O-Tons macht die ganze Fatalität dieses Begriffes klar – besser, als es die gehegte Nachkriegsfassung eines europäischen bzw. eines Welt-Bürgerkrieges könnte, die vor allem von Ernst Nolte gepflegt wurde.[24] Man sollte von einem Weltbürgerkrieg wirklich nicht sprechen, wenn man lediglich davon reden will, dass der Erste Weltkrieg ein Kampf von gewaltiger, jede Vorstellung übersteigender Zerstörungskraft war. Denn der Begriff und sein Gehalt legitimierten in der ursprünglichen Fassung den Völkermord des Nationalsozialismus im Lichte der Erfahrungen des Ersten Weltkrieges.

Wenn der Begriff eines europäischen oder Welt-Bürgerkrieges dennoch nicht aus der Debatte verschwunden ist, so hat das damit zu tun, dass er etwas von der Realität des modernen Krieges enthält, was in der konventionellen, im 19. Jahrhundert geprägten Vorstellung vom Weltkrieg als Militär- und Staatenkrieg nur schwer zu greifen ist, aber sich dann mehr oder minder deutlich absetzt von den Folgerungen, welche die Nationalsozialisten daraus gezogen haben. In diesem Sinne wird er etwa von Eric Hobsbawm auf der Linken und von François Furet auf der Rechten gebraucht.[25] Das betrifft vor allem zwei Sachverhalte: Erstens geht es um die gesamtgesellschaftliche oder totale Realität des Krieges, welche die Unterscheidung von Kombattanten und Nicht-Kombattanten oder Zivilisten gerade in dem Moment aufhob, in dem sie völkerrechtlich recht eigentlich erst geschaffen

wurde. Zweitens thematisiert der Begriff die Abwendung von einer vorwiegend objekt-orientierten Kriegführung, die auf den Zugewinn von Territorien, Ressourcen und Bevölkerungen abzielt, zugunsten einer werte-orientierten Kriegführung, mit der die Konversion bzw. Zerstörung alternativer Welt- und Gesellschaftsentwürfe und deren Produzenten verbunden ist. Dies verknüpft sich wiederum mit der normativen Aufladung der Kriegsziele, die manche Historiker als eine Rückkehr zum *ius ad bellum*, also zu einer Theorie und Praxis des »gerechten Krieges« verstehen.

Was die gesamtgesellschaftliche Ausweitung des Krieges betrifft, so wird man mit Fug und Recht darauf verweisen können, dass der umfassende Einsatz der Nation bereits während der Französischen Revolution im Projekt des *levé en masse* gefordert und dann in der preußisch-deutschen Konskriptionspraxis des frühen 19. Jahrhunderts, zumindest was die männliche Bevölkerung angeht, ansatzweise realisiert worden war. Erst im Weltkrieg aber lösten sich in der Mobilisierung der Gesellschaft für den Krieg althergebrachte Grenzen zwischen Militär und Zivil auf. Dies betraf sowohl die Industrie, in der kriegsunwichtige Teile stillgelegt oder in militärisch nützliche konvertiert wurden, als auch die Gesellschaft, in der nun Frauen und Kinder ebenfalls in die Mobilisierungsmaschinerie hineingezogen wurden. Dies warf sofort auch die Frage nach unnützen oder schädlichen Teilen der Gesellschaft auf, die unmittelbar in die Theorie und Praxis der »Freigabe der Vernichtung lebensunwerten Lebens« umgesetzt wurde.[26] Es entstand so aus dem Geiste der gesamtgesellschaftlichen Mobilisierung das Instrumentarium einer Nekropolitik, die mit der Vernichtung unnützer und schädlicher Bevölkerungselemente die Konstruktion einer vermeintlich effizienten, ›gesunden‹ und kämpferischen Nation betrieb.[27]

Ansatzweise zeichnete sich im Ersten Weltkrieg auch bereits die Verallgemeinerung des soldatischen Risikos ab, wobei nicht nur an die sehr vereinzelten Bombenangriffe, sondern insbesondere an die Verhältnisse in den besetzten, frontnahen Gebieten gedacht werden sollte. Überhaupt sind viele Elemente dieser Totalisierung der Gewalt – etwa Passzwang, Rechtlosigkeit, Deportationen und Zwangsarbeit, aber auch die physische Bedrohung durch Artillerie oder Bombenangriffe – in ihrer Reinform zunächst in den frontnahen Gebieten, insbesondere im dicht besiedelten französisch-belgischen Industriegebiet, zu beobachten.

Doch blieb es nirgends bei gewissermaßen nur betriebswirtschaftlichen Visionen einer totalitären Durchorganisation der Gesellschaft. Vielmehr wurden diese, wie unvollkommen sie in der Praxis auch immer waren, überall zum Kern kollektiver Selbstdefinitionen, die besondere nationale Traditionsbestände hervorhoben. In Frankreich kam es zu einer massenhaften Mobilisierung republikanischer Traditionsbestände – nicht nur von oben, durch die Propaganda, sondern aus der Gesellschaft heraus, die sich nun als Ganzes um die einstmals so revolutionären Ideen der Französischen Revolution scharte. Im Deutschen Reich wurde die Vorstellung einer wesensmäßig deutschen Freiheit und Einheit, in der man eine Antwort auf die demokratische Herausforderung der West-Alliierten fand, zum Gemeingut. In der Durchorganisation der Gesellschaft, in der freiwilligen Bereitschaft des Einzelnen zur Einordnung in den mechanischen Organismus des Volkes und nicht zuletzt in der Möglichkeit einer Art kreativen Destruktion von »Mensch und Gesellschaft im Zeitalter des Umbaus«, wie es dann sehr viel später und

Die brennende Rue St. Christophe in Soissons, 1914–18 · Deutsches Historisches Museum, Berlin, F 65/501

selbstkritischer Karl Mannheim formulieren sollte,[28] fanden nicht nur Intellektuelle – aber diese ganz besonders – den tieferen Sinn des Krieges, die Bestimmung des deutschen Volkes und einen spezifisch deutschen Pfad in die Moderne.

»Wir sind in unserem innersten Kern ein Volk von Baumeistern. In unserer deutschen Seele liegt nicht nur die Freude zur geduldigen, uneigennützigen Hingebung an die besonderen Aufgaben, die uns gestellt sind, und zur Versenkung: Wir haben konstruktive Kraft. Konstrukteure von Maschinen und Gedankensystemen. Baumeister von Domen in Stein und Musik. Organisatoren von Armeen und Arbeitsbataillonen. Das ist die deutsche Leistung. Wir waren ein Volk der Dichter und Denker. Wir sind ein Volk der neuen Arbeitspraxis geworden. Praktisch dichten und denken heißt: organisieren.«[29]

Durch die Hintertür sind wir mit diesem Zitat von Johann Plenge zu der Idee des Weltkrieges als Wertekrieg, der zweiten Komponente der Vorstellung vom Weltkrieg als Bürgerkrieg, zurückgekehrt und sind nun in der Lage, diese ebenso gefährliche wie verführerische Idee gedanklich besser zu durchdringen. Denn was sich hier herausbildete, ist nicht schlechthin eine Planungsideologie, sondern die Vorstellung einer besonderen Verfasstheit des deutschen Volkes. Gemeint ist die Volkssouveränität, in welcher der Einzelne seine Freiheit in der Entfaltung seiner Fähigkeiten zum größeren Glück des Ganzen fand. Diese Idee der Souveränität eines in seiner Totalität für den Krieg arbeitenden Volkes entpuppt sich jedoch sehr schnell als Kampfbegriff mit doppelter Stoßrichtung. Er richtete sich nach Innen gegen all jene, die sich der Gemeinschaft widersetzten oder als nicht gemeinschaftsfähig gebrandmarkt wurden und mobilisierte damit alte Phobien wie insbesondere den Antisemitismus. Und er wandte sich nach außen gegen die universalen Ideologien der Gleichheit und Freiheit, welche nach 1917, im Kontext der sich globalisierenden Kriegführung, von Frankreich und England auf die Sowjetunion und die Vereinigten Staaten übertragen wurden.

Die Frage ist natürlich, ob diese Vorstellung nicht nur einer Tradition entsprang, sondern auch über reale Substanz verfügte – ob es also so etwas gab wie eine »Weltwende 1917«, in welcher der europäische Krieg durch eine Weltrevolution universalistischer Ideologien überlagert wurde, die ihren Krieg um die Alternativen ›Freiheit‹ (USA) oder ›Gleichheit‹ (Sowjetunion) organisierten.[30] Daran trifft wohl zu, dass die Russische Revolution und der

amerikanische Eintritt in den Krieg tatsächlich zu dessen Formveränderung geführt haben. Aber es lag ganz an den europäischen Kombattanten, in welcher Weise sie damit umgehen würden. Die Antwort bestand in der Bekämpfung der Revolution und der distanzierten Hereinnahme der amerikanischen Führungsmacht, was beides misslang, ohne dass die Europäer eine politische oder ideologische Alternative zur Neuordnung Europas anboten. So kam es denn, dass der Amerikanismus und der Bolschewismus als dynamische Alternativen zur blockierten Politik des alten Europas vor allem von Europäern und voran von den Deutschen in den Auseinandersetzungen um die nationale und internationale Ordnung Europas artikuliert wurden, während die Sowjetunion und die Vereinigten Staaten selbst in Isolation verharrten. Erst der massive Angriff des nationalsozialistischen Deutschlands – motiviert ganz im Sinne Rosenbergs als Weltkampf und Vernichtungskrieg – hat sie dann in einer globalen Koalition gegen den deutschen Herausforderer zusammengebracht, die bis zu dessen Niederlage hielt.

Die Radikalisierung der deutschen Nationalideologie zu einer völkermörderischen Kriegführung, die in ersten Ansätzen bereits im Ersten Weltkrieg zu erkennen ist, und ihre totale militärische, politische und moralische Niederlage im Zweiten Weltkrieg sollte ihrerseits nicht dazu führen, die Verallgemeinerungsfähigkeit der dabei zugrunde liegenden Vorstellung eines nationalen Aufbegehrens zu unterschätzen – wie fiktiv auch die Einheit und wie fantastisch auch die Idee der nationalen Freiheit gegen eine »Welt von Feinden« war. Es wäre verfehlt, die Projektion eines geeinten Volkes, das sich gegen die imperiale Vorherrschaft globaler Mächte erhebt, als bloßen deutschen Irr- und Sonderweg von vornherein abzutun. Verkannt würde so die Prägekraft und die Nachfolge-Fähigkeit der deutschen Idee des Weltkrieges als nationalisierender Befreiungskrieg gegen einen universalen und deshalb immer auch imperialen ›Anspruch auf Wahrheit‹, den diese deutsche Ideologie des Weltbürgerkrieges in der französischen, amerikanischen und nicht zuletzt sowjetischen Idee der Volkssouveränität angelegt sah.[31] Nimmt man sie aber für bare Münze, so endet man unversehens in der Apologetik des nationalsozialistischen Vernichtungskrieges.

Was bleibt und was nützlich ist bei der Verständigung über den Epochenbruch der Weltkriege, ist die gesamtgesellschaftliche Mobilisierung und die entsprechende Sozialisierung der Gefahr in den Kriegen des 20. Jahrhunderts. Hinzu kam die Hinwendung zu einer werteorientierten Kriegführung, die ihr Ziel in der – dem Bürgerkrieg eigenen – Zerstörung der gegnerischen politischen Ordnung sah. Der Schnittpunkt der deutschen wie der alliierten Ideen war die Realität eines Krieges, der arbeitsteilig von der gesamten Gesellschaft geführt wurde. Sie entwickelte sich recht eigentlich zum Souverän des Krieges, der sich gleichzeitig in seiner Bedeutung global ausweitete und somit die Selbstbestimmung und Selbstregierung in den Mittelpunkt weltweiter Auseinandersetzungen katapultierte.

Die Frage nach der Volksherrschaft wird zur Kernfrage der großen europäischen Kriege des 20. Jahrhunderts. Dass die deutsche Lösung dieser Frage zur genozidalen Kriegführung und zum Judaeozid des Zweiten Weltkrieges führte, ist eine Erinnerung daran, in welchem Ausmaß die Theorie und Praxis der Volksherrschaft sowohl menschenverachtende wie menschenbeglückende Alternativen hervorbrachte und dass es unsere Aufgabe bleibt, zwischen ihnen zu unterscheiden. Die Vorstellung des Weltkrieges als Bürgerkrieg verlangt nach dieser

Unterscheidung, oder sie dient der Apologetik einer auf Menschenvernichtung ausgerichteten Politik und Kriegführung.

MENSCHENSCHLACHTHAUS – ZIVILISATIONSBRUCH

Nun lässt sich angesichts der bisherigen Betrachtung nicht verkennen, dass Historiker, wenn sie erst einmal anfangen über Epochenbrüche nachzudenken, sehr leicht an dem vorbeigehen, was ganz allgemein als Ausdruck der Monstrosität des Ersten Weltkrieges gilt – er setzte »neue politische Kräfte frei, welche Europa und die Welt bis zur Unkenntlichkeit veränderten«.[32] Noch nachdrücklicher heißt es anderswo: »Aber durch die Toten und Verstümmelten des Krieges, durch Hunger und Verarmung ist das menschliche Leiden unvergleichlich vermehrt, das ganze Leben durch Erschütterung und Zerstörung verwandelt worden, gerade in den Teilen der Welt, die sich als die zivilisiertesten betrachteten. Der Krieg war also nicht nur ein besonders einschneidender Wendepunkt, sondern ein Wendepunkt zum Schlechten.«[33]

Damit sind wir bei dem Interpretament des Weltkrieges angelangt, das die Stimmung des Jahrhundertendes einfängt. Es ist die Vorstellung, welche den Krieg als »Menschenschlachthaus« oder als »Knochen- und Blutmühle« darstellt und in der historischen Einordnung des Weltkrieges nicht viel mehr als eine »Sinngebung des Sinnlosen« zu erkennen vermag.[34] Es ist dann mehr noch die Geschichte eines »Zivilisationsbruches«, der die europäische Gesellschaft so tief in ihrem Innersten traf, dass sie von einer Katastrophe in die nächste fiel und sich auch mehr als ein halbes Jahrhundert später von ihm nicht erholt hatte.[35] Mit diesem ›Epochenbruch‹ verband sich die Furcht, die kriegführenden Gesellschaften würden auf immer unfähig sein, ihre Weltkriegstoten zu begraben. Denn mit dem Massentod im Weltkrieg und der durch ihn verursachten Durchbrechung des Lebens- und Sterbenszyklus waren die kriegführenden Gesellschaften, so die Annahme, dazu verdammt, entweder in der Seinsvergessenheit des Konsums oder der Melancholie angesichts des vergessenen Todes zu verharren.[36] Der massive Epochenbruch drückte sich auch in jener Faszination aus, die dem horrenden Schrecken und Terror des Krieges innewohnt, und noch gegen Ende des Jahrhunderts eine erinnernde und museale Ausstellungskultur zustande gebracht hat, welche die Erfahrung des Krieges gleichermaßen hautnah vermittelte und doch auf so unendliche Distanz hielt.[37]

Worum geht es in dieser Erinnerungskultur und wie kam sie länderübergreifend, wenn auch jeweils kulturspezifisch, zustande? Was verbirgt sich hinter der Vorstellung des Krieges als Zivilisations- und Epochenbruch? Was lässt sich mit diesem Interpretament begreifen?

Eine Auflösung dieses Syndroms beginnt am besten mit dem Erstaunen darüber, dass die Kritik des Weltkrieges auf lange Sicht eine derartige Durchsetzungskraft gewonnen hat. Denn obwohl es schon vor 1914 Warnungen vor einem bevorstehenden Krieg gab – man denke etwa an Johann von Bloch[38] – in denen der Krieg als gesellschaftliche Katastrophe und moralische Bankrotterklärung gegeißelt wurde, so sollte man sich ob des Vorherrschens solcher Einschätzungen in der Gegenwart über die Dominanz gegenläufiger Tendenzen in der ersten Hälfte des 20. Jahrhunderts nicht täuschen. Es gab keinen geraden Weg von der Zerstörungsgewalt des Krieges zur heute praktisch selbstverständlichen, wenn nicht gar obligaten Kritik des Weltkrieges.

Eher umgekehrt erwies sich die Legitimation des Krieges zunächst als sehr viel verallgemeinerungsfähiger als dessen Kritik. Dies war nicht nur der Fall, weil es in allen Nationen ein tiefes Reservoir kultureller Werte gab, welche die Nützlichkeit und Notwendigkeit des Krieges und mehr noch seine Schönheit und Heiligkeit beschworen. Dieser doch sehr dauerhafte Grundbestand an Normen und Werten, Bildern und Ideen über Heroismus einerseits und Opfergesinnung andererseits war tief in der zivilen Gesellschafts- und Geschlechterordnung verankert und nur schwer zu erschüttern.[39] Eher umgekehrt wuchs die Sehnsucht nach einer ritterlichen Kriegführung in dem Maße, in dem sie aus der Realität der kriegerischen Erfahrung verschwand. Der vorherrschende Kriegerkult der Zwischenkriegszeit war überall nostalgisch.[40]

Doch die eigentliche ›Leistung‹ der kriegerischen Sinnstiftungen bestand darin, dass sie sozusagen mit der Zerstörungskraft wuchsen und eine destruktive Produktivität, ja Kreativität in der Legitimation der Zerstörungsgewalt des Krieges entwickelten. Die Grundfigur ist dabei immer die gleiche: Es war letztendlich nicht der eine oder andere Zugewinn an Territorien oder Ressourcen, der die Massen mobilisierte und später die Erinnerung an den Weltkrieg vergoldete, obwohl dieses Element im Diskurs der Herrschaftseliten im Mittelpunkt stand. Im populistischen Diskurs wurden derartige Kriegszielvorstellungen maßlos übersteigert, ohne dass sie auf irgendeinen konkreten Mehrgewinn abgehoben hätten – außer man stellt sich einen deutschen Siegfrieden über Europa und die halbe Welt vor, imaginiert sich die französische Sicherheit in alle Ewigkeit oder hält die irredentistischen Hoffnungen Italiens oder Griechenlands für ein irgendwie konkretes Kriegsziel. Hier ging es nicht um instrumentale Kriegführung, sondern um die Satisfaktion für Massenbedürfnisse nach umfassender Sicherheit und mehr noch um Anerkennung oder Selbstbestätigung.

Dann aber ging es überall auch um Schuld und Unschuld und um das reine Gewissen nach der großen Schlachterei. Dabei setzte sich in Frankreich wohl eher eine Opfermentalität durch, welche aufgrund der Leiden der Nation und ihrer Kriegsteilnehmer die Erwartung einer umfassenden materiellen, sozialen, kulturellen und emotionalen Kompensation für die Opfer des Krieges einklagte. In Deutschland hingegen herrschte eine aggressive Form der Selbstbehauptung vor. Hier stand die Überwindung der maschinellen Zerstörungsgewalt im Mittelpunkt, gebündelt im Triumph über Schmerz, Leid und Tod und der daraus resultierenden Vergöttlichung der Frontkämpfer. Sie bildete den Kern der deutschen Frontkämpferideologie, ob sie nun wie bei Remarque humanistisch oder wie bei Jünger antihumanistisch überformt war. Nur die Briten schienen zunächst ihre Toten begraben und ihre Kriegskrüppel verstecken zu wollen, da die Zivilisation gegen einen barbarischen Gegner gesichert worden war und der britische Charakter sich bewährt hatte. Doch auch hier ließen sich die Toten und Invaliden des Krieges nicht so einfach abschütteln und stürzten die Lebenden in eine tiefe Identitätskrise.

So bestand der Grundzug der Kriegsverarbeitung in der Suche nach einem sozial-psychischen Zugewinn aus dem Krieg und nach Selbstbestätigung in einer überwältigenden Welt der Zerstörung, die bei aller Einsicht noch der Grausamkeit des Krieges einen bleibenden Wert abgewinnen wollte. Die Frage

Große Friedenskundgebung der USPD und SPD im Berliner Lustgarten am Sonntag, dem 31. Juli 1921 · Deutsches Historisches Museum, Berlin, F 55/1650

stellt sich deshalb umso nachdrücklicher, wie man von dieser Haltung, die den Krieg nicht unbedingt verherrlichte, aber jedenfalls einen Sinn im Leiden erkennen wollte, zur Charakterisierung des Krieges als Zivilisationsbruch kam.

Hier müssen zwei Stränge Beachtung finden, die zwar überall zu beobachten sind, sich aber in Deutschland auf ebenso dramatische wie fatale Weise überkreuzten. Der eine Strang bildete sich in dem gewaltigen Ansteigen einer breiten Antikriegsstimmung auf dem Hintergrund einer tiefen Ernüchterung über die Wirkungen des Krieges. Der andere entstand aus der Forcierung kriegsbefürwortender Gefühle als einem wesentlichen Element in der Politik der Vernichtung und Selbstzerstörung. Das Ineinandergreifen dieser beiden Stränge und ihre Aufhebung in der zweiten Nachkriegszeit in einem antibellizistischen Humanismus charakterisierte die besondere Verarbeitung des Ersten Weltkrieges in Deutschland.

Die »Ideen von 1914«, mithin jene von der Einheit und Opferbereitschaft der Nation, die keine Unterschiede von Klassen, Religionen und Regionen mehr kennen wollten, rieben sich seit ihrer Entstehung an der Realität oppositioneller sozialer und kultureller Milieus im Deutschen Reich. Diese sozialen Spannungen – und das ist für die Antikriegsmobilisierung ausschlaggebend – entzündeten sich neu angesichts der rapiden Verschärfung von Verteilungskonflikten in der deutschen Kriegs- und

Mangelgesellschaft. Denn ganz entgegen der Einheitsideologie setzte die Mobilisierung von Menschen und Ressourcen einen immer schärfer werdenden Kampf um knappe Güter in Gang, der insbesondere die Minderbemittelten, voran Frauen und Kinder, im Protest auf die Straße trieb. Sie verbanden sich dort mit Gleichgesinnten, wie etwa den Rüstungsarbeitern, die ihr hauptsächliches Privileg der Unabkömmlichkeit verteidigten und sich gegen die verschärfte Militarisierung des Arbeitslebens wehrten. Sie alle kamen zusammen in einer losen Verbindung mit pazifistischen und radikalsozialistischen Gruppen, welche aus grundsätzlichen Erwägungen über den imperialistischen Charakter des Krieges ein sofortiges Ende des Krieges verlangten. Diese gesellschaftliche Mobilisierung für »Frieden und Brot« klinkte sich in den politischen Kampf für die Demokratisierung und Parlamentarisierung des autokratischen Regierungssystems ein. Wenn diese Verbindung sich in den Jahren 1917/18 zu einer Massenbewegung gegen den Krieg formierte, dann hatte dies auch damit zu tun, dass der Leidensdruck an der Front und in der Heimat zu groß wurde. Ganz unabhängig von Status und politischer Einstellung wurde der Krieg immer mehr als sinnloses und barbarisches Gemetzel gesehen. Diese Stimmung und Haltung gewann mit der sich abzeichnenden Niederlage die Oberhand. Sie prägte wegen ihrer vielfältigen, kreativen Verarbeitung in Kunst und Literatur die Erinnerung an den Weltkrieg und fand in der Visualisierung einer (selbst-)mörderischen Gesellschaft ihren prägenden Ausdruck. Diese Schreckensbilder des Krieges haben bis heute die Vorstellung vom Weltkrieg geprägt.[41]

Die Kreativität dieses Antikriegsdiskurses, seine massenhafte Verbreitung insbesondere in der unmittelbaren Nachkriegszeit und seine belebende Wirkung für die Weckung republikanisch-demokratischer Gesinnung hat zwar Deutschland in den Nachkrieg katapultiert und die politischen Verhältnisse revolutioniert, jedoch zu einer Befriedung der Gesellschaft wenig beigetragen. Das hat zum Teil mit der Ambivalenz dieses »Verweilens beim Grauen« (Harald Welzer), zum Teil mit der Gewalttätigkeit insbesondere vieler misogyner Schreckensbilder zu tun. Als eindrücklich erwies sich auch das Außergewöhnliche des Todes gerade in der Darstellung der Schrecken beim Töten, einprägsamer noch das unrettbare Verlorensein im Rachen der Gewalt und das Schwanken zwischen Leidensgestus und Rachesehnsucht. Der Antikriegsdiskurs verwies auf die unvermittelte Präsenz des Krieges, dessen Zerstörungsgewalt seinen Schatten über die Lebenden warf; der Antikriegsdiskurs blieb mithin im Krieg befangen, wie sehr er den Krieg auch anprangerte.

Wichtiger aber war wohl, dass die durchaus massive und zunächst überwältigende Ablehnung des Krieges dennoch einer Sinnstiftung bedurfte. Umsonst gekämpft zu haben, das war die Furcht aller Kriegsteilnehmer, die angesichts der Niederlage besonders stark in Deutschland ausgeprägt war. Was blieb, war ein Gefühl von der Nutzlosigkeit aller Anstrengungen, das vielleicht allenfalls in einer von politischer und wirtschaftlicher Stabilität bestimmten Nachkriegswelt an Brisanz verloren hätte. Aber genau das Gegenteil geschah. Zur Nutzlosigkeit der horrenden Kriegsanstrengungen gesellte sich die Entwertung ziviler Formen der Selbstbestätigung. Die bürgerlichen Besitzverhältnisse brachen in der Inflation zusammen, und ihr folgte nach wenigen Jahren die massenhafte Erwerbslosigkeit in der Wirtschaftskrise. In dieser Situation kam nicht nur den Kriegsteilnehmern jedes Vertrauen in die Tragfähigkeit der Gesellschaft und der internationalen Ordnung abhanden, ein Vertrauen, das zumindest in der Parabel von Johann Peter Hebel eine Verständigung auch dann noch ermöglichte, wenn sie eigentlich gar nicht vorgesehen war. Der einfache »Mißverstand« verwandelte sich in ein universales Misstrauen. Hannah Arendt hat diese Stimmung und ihre Wirkung am besten erfasst: »Die Opfer fügten dem [vorherrschenden] Zynismus einen kaum verborgenen, schwelenden Haß auf diesen normalen Lauf der Welt hinzu, der umso gefährlicher war, als weder sie noch ihre Umgebung verstanden, was eigentlich passiert war. An Haß hat es wohl vermutlich niemals in der Welt gefehlt; aber in diesen Nachkriegsjahren wuchs er zu einem entscheidenden politischen Faktor in allen öffentlichen Angelegenheiten heran. [...] Denn der Haß konnte sich auf niemand und nichts wirklich konzentrieren – nicht die Regierung und nicht die Bourgeoisie und nicht die jeweiligen Mächte des Auslandes. So drang er in alle Poren des täglichen Lebens und konnte sich nach allen Richtungen verbreiten, konnte die phantastischsten und unvorhersehbarsten Formen annehmen; nichts blieb von ihm geschützt, und es gab keine Sache in der Welt, bei der man sicher sein konnte, dass der Haß sich nicht plötzlich auf sie konzentrieren könnte.«[42]

In diesem Hass können wir den Zivilisationsbruch des Krieges entdecken. Denn in der diffusen Mischung von Feindseligkeit, Misstrauen und Neid löste sich das fragile Gewebe auf, das die Gesellschaft zusammenhielt. Es verschwand unter dem Druck derer, die nach Revanche verlangten und in der Vernichtung ihrer inneren und äußeren Feinde Erlösung fanden. Johann Peter Hebel hat das schon ganz richtig gesehen: Auch die gewaltigsten Kriege können dann beendet werden, wenn der im Krieg maßlos angewachsene Unfriede in den Köpfen und Herzen der Menschen dem Vertrauen auf friedliche Nachbarschaft weicht. Nichts dergleichen war in der Zwischenkriegszeit geschehen – trotz vielfältiger Anstrengungen und einem allgemeinen Leiden am Krieg und seinen Folgen.

1 Johann Peter Hebel, *Werke*, 2 Bde., Bd. 1: *Erzählungen des Rheinländischen Hausfreundes; Vermischte Schriften*, Frankfurt am Main 1968, S. 104.

2 Wolfram Wette (Hrsg.), *Der Krieg des kleinen Mannes. Eine Militärgeschichte von unten*, München 1992.

3 Axel Honneth, *Kampf um Anerkennung. Zur moralischen Grammatik sozialer Konflikte*, Frankfurt am Main 1992.

4 Stéphane Audoin-Rouzeau und Annette Becker, *14–18, retrouver la guerre*, Paris 2000.

5 Heinrich von Stietenkron, *Töten im Krieg: Grundlagen und Entwicklungen*, in: ders. und Jörg Rüpke (Hrsg.), *Töten im Krieg*, Freiburg und München 1995, S. 17–56.

6 Martin H. Geyer, *Verkehrte Welt. Revolution, Inflation und Moderne, München 1914–1924*, Göttingen 1998.

7 Michael Jeismann, *Das Vaterland der Feinde. Studien zum nationalen Feindbegriff und Selbstverständnis in Deutschland und Frankreich 1792–1918*, Stuttgart 1992.

8 Hannah Arendt, *Elemente und Ursprünge totaler Herrschaft*, Frankfurt am Main 1955, S. 430.

9 Ich denke hier etwa an Jay Winter und Blaine Baggett, *The Great War and the Shaping of the 20th Century*, New York und London 1996.

10 Eric Hobsbawm, *The Age of Extremes. A History of the World, 1914–1991*, New York 1996.

11 Karl Kraus, *Die letzten Tage der Menschheit*, München 1964.

12 Arendt (wie Anm. 8); Raymond Aron, *The Century of Total War*, Boston 1954; Geoffrey Barraclough, *An Introduction to Contemporary History*, Harmondsworth, Middlesex 1967.

13 Harald Welzer, *Verweilen beim Grauen. Essays zum wissenschaftlichen Umgang mit dem Holocaust*, Tübingen 1997.

14 Als Beispiel eines Hebelschen »Mißverstandes« sei hier die Familienerinnerung an eine Urgroßtante erwähnt, die im November oder Dezember 1918 gesagt haben soll, »jetzt werden wir halt französisch«.

15 George F. Kennan, *Bismarcks europäisches System in der Auflösung. Die französisch-russische Annäherung 1875–1890*, Frankfurt am Main u. a. 1981, S. 12.

16 Hagen Schulze, *Die Wiederkehr Europas*, Berlin 1990, S. 5.

17 Michael Salewski, *Der Erste Weltkrieg*, Paderborn u. a. 2003, hier S. 8 und 10.

18 Ernst Schulin, *Die Urkatastrophe des zwanzigsten Jahrhunderts*, in: Wolfgang Michalka (Hrsg.), *Der Erste Weltkrieg. Wirkung, Wahrnehmung, Analyse*, München und Zürich 1994, S. 3–27, hier S. 5.

19 Niall Ferguson, *The Pity of War*, London 1998.

20 Wolfgang J. Mommsen, *Der Topos vom unvermeidlichen Krieg. Außenpolitik und öffentliche Meinung im Deutschen Reich im letzten Jahrzehnt vor 1914*, in: Jost Dülffer und Karl Holl (Hrsg.), *Bereit zum Krieg. Kriegsmentalität im wilhelminischen Deutschland 1890–1914*, Göttingen 1986, S. 194–224.

21 Michael Howard, *The Invention of Peace. Reflections on War and International Order*, New Haven und London 2000.

22 Achille Mbembe, *Necropolitics*, in: *Public Culture* 15.1 (2003), S. 11–40.

23 Alfred Rosenberg, *Der Weltkampf und die Weltrevolution unserer Zeit*, München 1944, S. 5f.

24 Ernst Nolte, *Der europäische Bürgerkrieg 1917–1945. Nationalismus und Bolschewismus*, Frankfurt am Main und Berlin 1987.

25 Hobsbawm (wie Anm. 10); François Furet, *Le passé d'une illusion: essai sur l'idée communiste au XXe siècle*, Paris 1995; François Furet und Ernst Nolte, *»Feindliche Nähe«. Kommunismus und Faschismus im 20. Jahrhundert*, München 1998.

26 Karl Binding und Alfred Hoche, *Die Freigabe der Vernichtung lebensunwerten Lebens. Ihr Maß und ihre Form*, Leipzig 1920.

27 Hans Ludwig Siemen, *Menschen blieben auf der Strecke ... Psychiatrie zwischen Reform und Nationalsozialismus*, Gütersloh 1987.

28 Karl Mannheim, *Mensch und Gesellschaft im Zeitalter des Umbaus*, Leiden 1935.

29 Johann Plenge, *Der Krieg und die Volkswirtschaft*, 2. Aufl., Münster 1915, S. 173, zit. nach Reinhard Rürup, *»Weltkrieg« – »Volkskrieg« – »Kulturkrieg«: Die Bedeutung des Ersten Weltkrieges für die deutsche Geschichte*, in: *Der Tod als Maschinist. Der industrialisierte Krieg 1914–1918*, hrsg. von Rolf Spilker und Bernd Ulrich, Ausst. Kat. Museum Industriekultur Osnabrück, Bramsche 1998, S. 23–31, hier S. 18f.

30 Hellmuth Rößler (Hrsg.), *Weltwende 1917. Monarchie, Weltrevolution, Demokratie*, Göttingen 1965. Darin besonders Erwin Hölzle, *Die amerikanische und bolschewistische Weltrevolution*, S. 169–184.

31 Dan Diner, *Das Jahrhundert verstehen. Eine universalhistorische Deutung*, München 1999, S. 35.

32 Wolfgang J. Mommsen, *Die Urkatastrophe Deutschlands. Der Erste Weltkrieg 1914–1918* (Gebhardt, Handbuch der deutschen Geschichte, 10., völlig neu bearb. Aufl., Bd. 17), Stuttgart 2002, S. 14.

33 Schulin (wie Anm. 18), S. 3.

34 Theodor Lessing, *Geschichte als Sinngebung des Sinnlosen, oder die Geburt der Geschichte aus dem Mythos*, 4. Aufl., Leipzig 1927.

35 Dan Diner, *Zivilisationsbruch. Denken nach Auschwitz*, Frankfurt am Main 1988.

36 Hans-Harald Müller, *Bewältigungsdiskurse: Kulturelle Determinanten der literarischen Verarbeitung des Kriegserlebnisses in der Weimarer Republik*, in: Bruno Thoß und Hans-Erich Volkmann (Hrsg.), *Erster Weltkrieg – Zweiter Weltkrieg. Ein Vergleich: Krieg, Kriegserlebnis, Kriegserfahrung in Deutschland*, Paderborn 2002, S. 773–781.

37 *Die letzten Tage der Menschheit. Bilder des Ersten Weltkrieges*, hrsg. von Rainer Rother, Ausst. Kat. Deutsches Historisches Museum Berlin 1994.

38 Siehe etwa den kleinen Aufsatz von Johann von Bloch, *Die Fortschritte der Waffentechnik müssen die Kriege verschwinden lassen*, in: *Deutsche Revue* 26 (1901), S. 83–94.

39 Karen Hagemann, *»Mannlicher Muth und teutsche Ehre«. Nation, Militär und Geschlecht zur Zeit der antinapoleonischen Kriege Preußens*, Paderborn und München 2002.

40 René Schilling, *»Kriegshelden«. Deutungsmuster heroischer Männlichkeit in Deutschland 1813–1945*, Paderborn 2002.

41 Annegret Jürgens-Kirchhoff, *Schreckensbilder. Krieg und Kunst im 20. Jahrhundert*, Berlin 1993.

42 Arendt (wie Anm. 8), S. 431f.

Stig Förster

Vorgeschichte und Ursachen des Ersten Weltkrieges

Schon lange vor 1914 vertraten in Europa vor allem Politiker und Militärs die Ansicht, dass ein Weltkrieg über kurz oder lang unvermeidlich sei. Natürlich gab es auch Gegenstimmen. Aber die Verbreitung dieser pessimistischen Stimmung deutete auf die Gefährlichkeit der Lage hin und trug schließlich dazu bei, den Krieg Wirklichkeit werden zu lassen. Der Glaube an die Unvermeidbarkeit des Krieges wurde durch eine Serie von internationalen Krisen, durch sich misstrauisch gegenüberstehende und bis an die Zähne bewaffnete Bündnissysteme, aber auch durch schwere innenpolitische Probleme der europäischen Großmächte gestärkt. Hier lagen denn auch die langfristigen Ursachen des Krieges.

DIE LANGFRISTIGEN KRIEGSURSACHEN
Imperialismus

Wiederholt ist die These vertreten worden, der Imperialismus sei eine der wesentlichen Wurzeln des Ersten Weltkrieges gewesen. Der mit den Auseinandersetzungen um die Aufteilung Afrikas in den 1880er Jahren einsetzende Wettlauf um Kolonien habe ein »Zeitalter des Imperialismus« eingeläutet und damit für massive internationale Spannungen gesorgt. In Europa habe sich »Prestigetaumel und Raumwahn ohne Beispiel« breit gemacht. Die internationale Atmosphäre sei wegen des Ringens um kolonialpolitische Vorteile nachhaltig vergiftet worden. Ein Klima der Missgunst und des Misstrauens habe sich aufgebaut und das Funktionieren des traditionellen »Konzerts der europäischen Mächte« immer stärker behindert. Eine aufgehetzte öffentliche Meinung nahm immer mehr Einfluss auf den Gang der internationalen Politik. Im Zuge der wachsenden Spannungen setzte schließlich ein verschärftes Wettrüsten ein, das militärischen Erwägungen ständig steigenden Einfluss verschaffte. Auf der anderen Seite wurde unter dem Eindruck des Imperialismus wirtschaftlichem Konkurrenzdenken ein hohes Gewicht in der internationalen Politik eingeräumt. Gleichzeitig entstanden Bündnissysteme, die nicht mehr nur der Kriegsverhütung, sondern eher dem Zweck des Sieges in einem zukünftigen Krieg galten. All dies und die zahlreichen internationalen Krisen hätten maßgeblich auf die Herausbildung des Syndroms vom unvermeidlichen Krieg eingewirkt.[1]

Tatsächlich waren es Gewaltakte wie der Burenkrieg und andere gefährliche militärische Abenteuer, die das schon von Zeitgenossen beklagte Klima des Misstrauens in der internationalen Politik erzeugten. Besonders negativ zu Buche schlug in diesem Zusammenhang jene Serie von internationalen Krisen, die von rabiater Macht- und Prestigepolitik sowie den verantwortungslosen Machenschaften von Lobbys und imperialistischen Interessenten an der Peripherie ausgelöst wurden, wobei chauvinistische Hetzkampagnen von Agitationsverbänden, rechts gerichteten Parteien und Presseorganen immer wieder Öl ins Feuer gossen. Seit den 1890er Jahren drehte sich das Krisenkarussell, das nach der Jahrhundertwende immer gefährlichere Fahrt aufnahm. Der Bogen spannte sich schließlich von der Faschodakrise 1898 über die erste Marokkokrise 1905/06, die bosnische Annexionskrise 1908/09, die zweite Marokkokrise 1911, die Adriakrise 1912 bis zur Liman-von-Sanders-Krise 1913/14. Es ist sicher richtig, dass keine dieser Krisen unmittelbar zum Krieg führte. Denn dem Krisenmanagement der europäischen Kabinette gelang es wiederholt, die tickende Bombe zu entschärfen, bevor sie ganz Europa in Brand setzen konnte. Doch jede dieser Krisen hinterließ nachhaltige Wirkungen. Obendrein war ein Trend zu erkennen, demzufolge die krisenhaften Spannungen von der Peripherie immer mehr ins europäische Zentrum rückten.

Auf diese Weise trug also der Imperialismus mittelbar durchaus zur Verursachung des Ersten Weltkrieges bei. In diesem Zusammenhang lassen sich persönliche Schuld ebenso festmachen wie strukturelle Unzulänglichkeiten einer elitären *classe politique*, die nicht auf den Gedanken kam, dass die von ihr häufig strapazierte und allzu oft missbrauchte Staatsräson auch mit der Verantwortung für das Schicksal von Millionen verbunden war.

Wirtschaftliche Rivalitäten

Viele Zeitgenossen betrachteten die gefährlichen imperialistischen Auseinandersetzungen als Ergebnis wirtschaftlicher Rivalitäten zwischen den Mächten. Harte Konkurrenzkämpfe gab es in der Tat. So bereitete die wachsende wirtschaftliche Stärke des Deutschen Reiches, das nach der Jahrhundertwende zur größten Industriemacht Europas avancierte, namentlich britischen Industriellen erhebliche Kopfschmerzen. Die dadurch hervorgerufenen Spannungen belasteten denn auch die deutsch-britischen Beziehungen.[2] Doch darf die Bedeutung der industriewirtschaftlichen Reibungen im deutsch-britischen Verhältnis nicht überbewertet werden. Im britischen Herrschaftsgefüge war die Rolle der Finanzoligarchie in der Londoner City ohnehin ungleich stärker als die der Industriekapitäne. Die weltweite Überlegenheit des britischen Finanzkapitals, auf welcher der Großmachtstatus des Inselreiches wesentlich beruhte, war jedoch von dem notorisch kapitalschwachen deutschen Imperialismus kaum bedroht. Auf dem Gebiet der Auslandsinvestitionen konnten die Deutschen einfach nicht mithalten. Selbst imperialistische Prestigeobjekte wie der Bau der Bagdadbahn ließen sich nur mit britischer und auch französischer Hilfe finanzieren. Überhaupt waren viele imperialistische Aktivitäten vor 1914 finanzwirtschaftlich betrachtet multinationale Unternehmungen. Ein Krieg zur Umverteilung von weltwirtschaftlichen Marktanteilen machte deshalb aus der Sicht der Hochfinanz keinen Sinn. Sowohl im Deutschen Reich wie auch in Großbritannien lehnten führende Finanzmagnaten wie Warburg und Rothschild einen Krieg deshalb strikt ab, ja versuchten ihn mitunter sogar aktiv zu verhindern. Doch fehlte selbst diesen angeblich so mächtigen Männern eben doch die Macht, die Kriegsfurie aufzuhalten.[3] Auch die führenden Industriellen hatten kaum Interesse an einem Krieg. Sicherlich verdiente eine ganze Reihe von ihnen kräftig an den Rüstungswettläufen. Das bedeutete jedoch noch lange nicht, dass sie den ruhigen Gang ihrer häufig internationalen Geschäfte dem unkalkulierbaren Risiko eines allgemeinen Krieges aussetzen wollten.

Wirtschaftliche Rivalitäten scheinen allerdings insofern mittelbar zum Kriegsausbruch beigetragen zu haben, als die Laienschar unter den Politikern sie zu nationalstaatlichen Machtfragen aufbauschte. Aus diesem Missverständnis resultierte ein großer Teil der deutsch-britischen Spannungen. Noch krasser trat dieses Phänomen im Hinblick auf die deutsch-russischen Beziehungen zutage. Auf beiden Seiten ging es hier nur noch sekundär um Handel und wirtschaftliche Probleme. Die russische Regierung trieb die Industrialisierung voran, um machtpolitisch mit dem Westen Schritt halten zu können. Genau dagegen aber richtete sich schon Bismarcks langfristig verheerende antirussische Wirtschaftspolitik vom Ende der 1880er Jahre, die dem Zarenreich den so dringend benötigten Zugang zum westlichen Kapitalmarkt verbauen sollte. Dadurch wurde Russland direkt in die Arme Frankreichs getrieben. Die russische Industrialisierung schritt zudem mit rasanten Wachstumszahlen weiter voran. Dies löste in der deutschen Führung Panik aus. So kam Reichskanzler Bethmann Hollweg bei einer Russlandreise im Sommer 1912 zu dem Schluss, dass die Industrialisierung das Zarenreich zu einer unüberwindbaren Macht aufsteigen lassen würde, wenn es nicht gelänge, den Rivalen vorher auf Dauer zu schwächen.[4] Es war dieses sachfremde machtpolitische Denken, das Problemen der internationalen Wirtschaftsbeziehungen einen friedensgefährdenden Impetus verlieh.

Artillerieübung 1913, Schwere Feldhaubitz-Batterie 1913 · Deutsches Historisches Museum, Berlin, F 63/1124

Bündnissysteme

Machtpolitische Erwägungen waren es auch, welche die Entwicklung der europäischen Bündnissysteme bestimmten. Im Jahre 1892 war es Frankreich gelungen, sich aus seiner seit 1871 andauernden Isolierung zu befreien und eine Allianz mit Russland zu schließen. Diese Konstellation stand nun dem Dreibund zwischen dem Deutschen Reich, Österreich-Ungarn und Italien gegenüber. Zwischen den Bündnissen existierten mehrere Spannungspotentiale. Österreich-Ungarn rivalisierte mit Russland auf dem Balkan. Das Deutsche Reich und Frankreich waren seit dem Krieg von 1870/71 und der Annexion von Elsass-Lothringen dauerhaft entfremdet. Trotz mehrerer Annäherungsversuche lebte die deutsche Führung in wachsender Sorge vor der angeblich zunehmenden russischen Bedrohung.

Es blieb noch Großbritannien, das seit dem Krimkrieg in *splendid isolation* verharrte. Nachdem die deutsche Politik bereits Frankreich und Russland zusammengebracht hatte, beging sie auch im Hinblick auf das Inselreich schwere Fehler. Im Jahre 1897 leitete die deutsche Führung unter dem »persönlichen Regiment« Wilhelms II. eine grandiose Offensivpolitik ein. Die

Gesandtschaftspolizeirevier in Peking, China 1900/01 · Deutsches Historisches Museum, Berlin, MK 85/129

neue Doppelstrategie hieß imperialistische »Weltpolitik« auf der einen Seite und herausfordernder Schlachtflottenbau auf der anderen. Ziel war es, Großbritannien durch militärischen Druck zur See nicht nur zu kolonialen Konzessionen, sondern sogar zur Anerkennung des Reiches als ebenbürtiger Weltmacht zu zwingen. Dabei war diese Machtpolitik keineswegs Selbstzweck, sondern besaß erhebliche innenpolitische Komponenten, sollten doch Prestigeerfolge und realer Machtgewinn die Öffentlichkeit und die nichtsozialistischen Parteien um den Kaiser und seine Regierung sammeln und damit das wacklige System stabilisieren.[5] Doch die britische Regierung ließ sich nicht erpressen. Gelegentliche Bündnissondierungen scheiterten zwischen 1898 und 1902 an deutscher Arroganz und mangelndem britischem Interesse.

Dabei beruhte die deutsche Politik auf einer fatalen Fehlkalkulation: Sowohl der Kaiser als auch seine Berater waren der

I/2 Carl Röchling, *The Germans to the Front!*, 1902 ·Wehrgeschichtliches Museum, Rastatt

festen Überzeugung, dass England sich niemals seinen kolonialen Rivalen Frankreich oder gar Russland annähern könne und deshalb früher oder später auf Deutschland zukommen müsse. Aus britischer Sicht stellte sich die Lage jedoch ganz anders dar. Gerade weil Franzosen und Russen in Übersee die gefährlicheren Gegner darstellten und das Deutsche Reich strategisch betrachtet für das Empire weniger bedrohlich erschien, suchte London den Ausgleich mit seinen Hauptrivalen.[6] Die Folge war eine Art Revolution der internationalen Politik, die 1904 zum Abschluss der *entente cordiale* mit Frankreich und 1907 zur Annäherung an Russland führte. Die deutsche Politik hatte nichts als die Selbstisolation erreicht, aus der sie bis 1914 nicht mehr herauskam.

Wettrüsten

Die Brisanz der bündnispolitischen Entwicklungen wird kaum verständlich, wenn man sie allein auf die diplomatischen Aspekte reduziert. Eine ganz wesentliche Rolle bei all dem spielte nämlich die Rüstungspolitik. Es stellt wohl keine Übertreibung dar, die Periode vor 1914 als eine Epoche bis dahin beispielloser Rüstungswettläufe zu betrachten. Dies lag zum Teil an der rasanten technologischen Entwicklung im Zuge der fortlaufenden Industrialisierung der Kriegführung, die alle paar Jahre sowohl zu Lande als auch zu Wasser und kurz vor dem Krieg schließlich sogar in der Luft ganze Waffensysteme veralten ließ und massive Umrüstungsprogramme auslöste. Die Einführung

von Repetiergewehren, Maschinengewehren, Rohrrücklaufgeschützen, mobiler schwerer Artillerie und rauchlosem Pulver etwa hatte für die Armeen nicht nur erhebliche taktische Konsequenzen, sondern zwang alle Großmächte früher oder später zu Nachrüstungsmaßnahmen. Zur See führte der Wettlauf zwischen Artillerie und Panzerplatten nach der Jahrhundertwende zum Bau von schnellen Großkampfschiffen, wobei die Entwicklung der Torpedowaffe und die Produktion erster U-Boote die Lage weiter komplizierte. In der neu erschlossenen dritten Dimension standen schließlich Luftschiffe in Konkurrenz zu Flugzeugen.

Doch technologische Rüstungswettläufe bestimmten bei weitem nicht allein das Geschehen. Vor allem die Armeen standen auch in quantitativer Hinsicht unter fast permanentem Konkurrenzdruck. So verwandelten sich die Armeen der kontinentalen Großmächte schon vor der Jahrhundertwende in Millionenheere. Grundlage hierfür bildete die nahezu überall eingeführte allgemeine Wehrpflicht, die bei zumeist wachsenden Bevölkerungszahlen immer neue Heeresvergrößerungen erlaubte. Da die Heeresverwaltungen und Generalstäbe mit Argusaugen die entsprechenden Entwicklungen bei den Nachbarn beobachteten, entstand auch auf diesem Gebiet ein unterschwelliger Sachzwang zur wechselseitigen Aufrüstung. Bei den Armeen kamen die Aufrüstungsrunden in größeren und kleineren Wellenbewegungen, während der Rüstungswettlauf der Flotten durch langfristige Bauprogramme eher verstetigt wurde.[7]

Natürlich verursachten die Rüstungsprogramme erhebliche Kosten. Die Finanzierung dieser Ausgaben stellte ein Dauerproblem für alle Beteiligten dar. Hierzu bedurfte es eines innenpolitischen Mehrheitskonsenses, denn die Parlamente mussten die Rüstungsbudgets verabschieden, Interessengruppen und Parteien den daraus resultierenden Steuererhöhungen zustimmen und die Mehrheit der Bürger hatte diese Maßnahmen wenigstens hinzunehmen. Die militärischen und politischen Führungsspitzen sahen sich daher genötigt, umfangreiche Überzeugungsarbeit zu leisten. Im Zeichen der wachsenden staatsbürgerlichen Partizipation am politischen Geschehen wurde die Epoche vor 1914 daher zur ersten großen Periode der Rüstungspropaganda. Chauvinistische Kampagnen, systematische Angstmacherei und militaristische Agitation waren dabei nicht nur weit verbreitete Begleiterscheinungen des Wettrüstens, sondern gewannen schnell ein Eigenleben, das die Rüstungsspirale beschleunigte. Hinzu kamen noch die Interessen von Rüstungsindustriellen an weiteren Aufträgen. Vor 1914 hatten die Rüstungswettläufe somit eine Eigendynamik entwickelt, die längst nicht mehr nur sicherheits-politische und militärfachliche Wurzeln besaß.[8]

Aus innenpolitischen und finanziellen Gründen heraus sah sich das Deutsche Reich allerdings auf Dauer nicht in der Lage, mit den Konkurrenten Schritt zu halten. Nach 1906 ging der maritime Rüstungswettlauf gegen Großbritannien verloren. Bis 1916/17 drohte das Reich aber auch zu Lande von Frankreich und Russland überrüstet zu werden. In militärischen Kreisen und sogar beim Kaiser wurden deshalb in den letzten Jahren vor 1914 Überlegungen angestellt, ob es nicht besser wäre, lieber früher als später einen Präventivkrieg zu führen. Die Rüstungs-wettläufe im Allgemeinen und die Unfähigkeit des Deutschen Reiches im Besonderen, das angeschlagene Tempo zu halten, trugen somit maßgeblich zur Erzeugung jener fatalistischen Stimmung bei, welche die Voraussetzung für den Kriegsausbruch im Sommer 1914 bildete.

Innenpolitische Probleme

Wie bereits angedeutet, standen die außen- und rüstungspoli-tischen Entwicklungen in einer engen Wechselbeziehung mit den jeweiligen innenpolitischen Verhältnissen. Außenpolitische

Aktivitäten und militärpolitische Maßnahmen lassen sich sogar häufig überhaupt nicht verstehen, wenn sie nicht mit innen-politischen Zusammenhängen und dem gesellschaftlichen Umfeld in Verbindung gebracht werden.

Es ist wohl kaum zu leugnen, dass alle europäischen Gesell-schaften vor 1914 mehr oder weniger stark ausgeprägte Klassen-gesellschaften waren. Klassenkampf von oben und von unten kennzeichnete die Beziehungen zwischen Bürgertum und Arbeiterschaft. Fast überall spielte der Adel immer noch eine starke, mitunter sehr starke Rolle, fühlte sich aber gleichwohl bedroht. Die verschiedenen kleinbürgerlichen Schichten sahen sich von mehreren Seiten unter Druck gesetzt, entwickelten aber auch eigene Forderungen und suchten häufig in nationalistischen Parolen Zusammenhalt. Hinzu kamen noch scharfe Gegensätze zwischen Stadt und Land, konfessionelle Spannungen und Nationalitätenkonflikte. All dem zugrunde lagen gesellschaftliche Umwälzungen, hervorgerufen durch die fortschreitende Indus-trialisierung, aber auch durch Veränderungen im landwirt-schaftlichen Produktionsprozess. Ganz Europa war im Umbruch begriffen, wobei sich allerdings die allgemeinen Lebensbedin-gungen im Vergleich zu früheren Zeiten besserten. Es wäre also übertrieben, von einer generellen Krise zu sprechen. Doch krisen-hafte Erscheinungen waren unverkennbar.[9] Die durch die Um-bruchphase ausgelöste, weit verbreitete Unsicherheit bewirkte jene Stimmungsschwankungen und Nervositäten bei Individuen und Gruppen, die für die Epoche kennzeichnend waren und maßgeb-lich zu katastrophalen Fehlentscheidungen beitrugen.[10]

Die politischen Autoritäten standen prinzipiell überall auf der Seite der gesellschaftlich dominierenden Schichten, wobei es allerdings zwischen diesen Schichten mitunter recht signifikante Differenzen gab. Parlamentarische Demokratien im heutigen Sinne gab es noch nicht. Wohl aber existierten parlamentarisch verfasste Oligarchien (Großbritannien) neben relativ offenen parlamentarischen Systemen (Frankreich), stark eingeschränkt parlamentarischen, halb-autoritären Strukturen (Deutsches Reich und Österreich-Ungarn) und beinahe unbegrenzten Autokratien (Russland). In Bezug auf die politischen Partizipationsmöglich-keiten für die Masse der männlichen Bevölkerung herrschte ein deutliches West-Ost-Gefälle. Aber Spannungen gab es überall. In Großbritannien bemühte sich die liberale Regierung seit 1906 um Reformen, führte dabei jedoch harte Auseinandersetzungen mit den Konservativen und geriet über die Irlandfrage kurz vor dem Krieg in eine schwere Krise. In Frankreich war das politische System instabil und steuerte 1913/14 wegen der Einführung der dreijährigen Dienstzeit auf eine massive Zerreißprobe zu. Öster-reich-Ungarn zeigte bereits erste Auflösungserscheinungen und war innenpolitisch kaum noch handlungsfähig. In Russland hatte das Regime des Zaren sich nicht wirklich von der Revolution des Jahres 1905 erholt und stand trotz wirtschaftlichen Wachstums und militärischer Kraftentfaltung auf tönernen Füßen. Zumindest in Österreich-Ungarn und Russland scheint die dortige innen-politische Dauerkrise die Bereitschaft unter den Eliten erhöht zu haben, der Endzeitstimmung durch den Schritt zum Krieg zu entkommen.

Auch das politische System im deutschen Kaiserreich litt unter erheblichen Legitimationsproblemen. Dabei erwies sich das halbautoritäre System Bismarcks in der Regierungszeit Wilhelms II. als immer weniger funktionsfähig. Der Reichstag gewann an Einfluss, aber nicht an Gestaltungskraft. Die einst so mächtige Regierung stand zwar über den Parteien, verfügte

I/1 Panzerplatte der Friedr. Krupp AG, Essen 1905 · Deutsches Museum, München

Parade beim letzten Kaisermanöver vor dem Ersten Weltkrieg, Angehörige eines preußischen Artillerie-Regiments, Deutschland 1913 · Deutsches Historisches Museum, Berlin, F 72/100

aber über so gut wie keinen parlamentarischen Rückhalt, weshalb Reichskanzler Bethmann Hollweg ab 1909 nur noch lavierte, was er beschönigend eine »Politik der Diagonale« nannte. Die innenpolitischen Machtzentren blockierten sich zu einem guten Teil gegenseitig. Zum Staatsstreich fehlte den herrschenden Eliten die Kraft, während das liberale Bürgertum zwischen Anpassung und Opposition pendelte und die Arbeiterbewegung trotz wachsenden Zulaufs politisch weitgehend gettoisiert blieb. Als dann auch noch die Sozialdemokratie im Jahre 1912 einen überwältigenden Wahlsieg errang, der ihr gleichwohl keine parlamentarische Mehrheit verschaffte, stand das System am Scheideweg.

Durchgreifende innenpolitische Reformen waren jedoch angesichts des konservativen Widerstandes bei Hofe, in Regierungskreisen, der Bürokratie, des Militärs und in wichtigen Teilen der Gesellschaft nicht zu haben. Blieb also nur der Krieg als Alternative, um aus der Krise herauszukommen? Rechts gerichtete Kreise, denen die gesellschaftliche und innenpolitische Entwicklung nicht passte und die mit der Art und Weise der fortschreitenden Modernisierung nicht zurechtkamen, vertraten tatsächlich derartige Ansichten. Gerade unter Militärs waren solche Vorstellungen weit verbreitet. Hetzkampagnen in der bürgerlichen Presse, teilweise von Regierungsstellen inspiriert, kamen noch hinzu. Insgesamt lässt sich kaum bezweifeln, dass strategische Cliquen unterhalb der Regierungsebene zumindest in den letzten Jahren vor 1914 verschärft zum Krieg trieben. Zugleich aber wuchs auch der Widerstand, wie gerade der sozialdemokratische Wahlsieg von 1912 demonstrierte. In dieser innenpolitischen Frontstellung kam die ganze Ambivalenz der Lage zum Ausdruck. Krieg war zwar nicht nötig, aber die Reichsleitung, der die rechts gerichteten strategischen Cliquen näher standen als die Sozialdemokratie, geriet in diesem Prozess enorm unter Druck.

Insgesamt zeigt die Untersuchung der längerfristigen Kriegsursachen, dass die Katastrophe des Jahres 1914 die Menschen nicht aus heiterem Himmel traf. Viele Faktoren trugen dazu bei, eine Situation entstehen zu lassen, in der es nur noch weniger Schritte bedurfte, um den allgemeinen Krieg auszulösen. Aber war der Krieg deshalb unvermeidlich? Sicher nicht. Es gab schließlich starke gegenläufige Tendenzen, die sich hätten durchsetzen können, wenn die politischen und militärischen Führungen Europas das nur gewollt hätten. Denn die Entscheidung über Krieg und Frieden lag immer noch bei ihnen.

DIE JULIKRISE 1914

Am 20. Mai 1914 nutzte Generalstabschef Moltke eine gemeinsame Fahrt von Potsdam nach Berlin zu einem längeren Gespräch mit dem Staatssekretär des Auswärtigen Amtes von Jagow. Laut von Jagows Aufzeichnungen hatte Moltke dabei Folgendes mitzuteilen:

»Die Aussichten in die Zukunft bedrückten ihn schwer. In 2 bis 3 Jahren werde Rußland seine Rüstungen beendet haben. Die militärische Übermacht unserer Feinde wäre dann so groß, daß er nicht wüßte, wie wir ihrer Herr werden könnten. Jetzt wären wir ihnen noch einigermaßen gewachsen. Es blieb seiner Ansicht nach nichts übrig, als einen Präventivkrieg zu führen, um den Gegner zu schlagen, solange wir den Kampf noch einigermaßen bestehen könnten. Der Generalstabschef stellte mir demgemäß anheim, unsere Politik auf die baldige Herbeiführung eines Krieges einzustellen.«[11]

Frühere Präventivkriegsforderungen des Generalstabs waren von der politischen Führung immer abgewiesen worden. Doch diesmal machten sie offenbar Eindruck. Bethmann Hollweg behauptete später jedenfalls, dass seine ganze Politik im Sommer 1914 auf diesem Versprechen des Generalstabs beruht habe.[12]

Am 28. Juni fielen dann die fatalen Schüsse von Sarajevo. Wenige Tage später, am 5. Juli, stellte Wilhelm II. gegenüber dem Botschafter der Donaumonarchie seinen Blankoscheck an Österreich-Ungarn aus. Mit Serbien, das für das Attentat auf Thronfolger Franz Ferdinand verantwortlich gemacht wurde, müsse nun abgerechnet werden. Das Deutsche Reich werde seinem Bündnispartner auch bei einer russischen Intervention treu zur Seite stehen. Noch am selben Tag segnete der Reichskanzler dieses Vorgehen ab. Die Zeitbombe begann zu ticken.

Doch nun ereignete sich etwas Merkwürdiges. Der Kaiser trat seine geplante Nordlandreise an, führende Minister und Militärs nahmen ihren Urlaub und der Generalstabschef blieb auf Kur. Sie alle glaubten offenbar nicht, dass der als schwächlich geltende Reichskanzler sich zu ernsthaften Schritten aufraffen würde. Bethmann Hollweg führte die Geschäfte somit in den folgenden Wochen allein. Er nutzte seinen plötzlichen Handlungsspielraum allerdings zu einer machiavellistischen Intrige. Während er die Wiener Regierung unablässig zum Losschlagen gegen Serbien drängen ließ, leitete er in Berlin Vorbereitungen für den Mobilmachungsfall ein. Doch es dauerte sehr lange, bis der Verbündete sich zu einer Aktion durchrang. Erst am 23. Juli erging ein Ultimatum an Serbien, das von dort auch noch geschickt ausweichend beantwortet wurde. Österreich-Ungarn rüstete gleichwohl zum Krieg und wurde dabei von Berlin unterstützt. Bethmann Hollweg hintertrieb nun alle Vermittlungsvorschläge des britischen Außenministers Grey, um dem Bündnispartner seinen Krieg gegen Serbien zu ermöglichen. Am 28. Juli erfolgte dann tatsächlich die Kriegserklärung. Europa stand am Rande der allgemeinen Katastrophe.

Über die Hintergründe von Bethmann Hollwegs Vorgehen wurde und wird in der Forschung heftig gestritten. Angesichts der erdrückenden, dokumentarisch belegten Beweislast kann zwar nicht mehr ernsthaft bezweifelt werden, dass Bethmann Hollwegs Politik entscheidend zur Heraufbeschwörung der Kriegskrise beitrug. Aber seine Motive bleiben unklar. Während einige Historiker glauben, Bethmann Hollweg habe nur einen begrenzten Waffengang auf dem Balkan angestrebt, sind andere der Meinung, er habe bewusst einen gesamteuropäischen Krieg vom Zaun gebrochen. Es besteht aber Einigkeit darüber, dass Bethmann Hollweg im Verlauf der Julikrise das Risiko eines großen Krieges nicht mehr scheute. Es würde aber zu kurz greifen, Bethmann Hollweg als Opfer der Zwänge seines Amtes darzustellen. Er verfügte durchaus über Wahlmöglichkeiten, denn trotz aller Probleme bestand keine unbedingte Notwendigkeit zu einem Krieg. Niemand hatte Bethmann Hollweg gezwungen, Europa an den Rand der Katastrophe zu treiben.

Im entscheidenden Moment konnte Bethmann Hollweg dann jedoch nicht mehr allein bestimmen. In den Tagen nach dem Ultimatum an Serbien waren die führenden Männer nach Berlin zurückgekehrt. Der Kaiser nahm wieder seine gewohnt schwankende Rolle ein und richtete viel Unheil an. Maßgeblichen Einfluss nahm nun die Armeeführung. Vom 28. Juli an drängten Generalstabschef Moltke und Kriegsminister Falkenhayn, den sich andeutenden russischen Kriegsvorbereitungen mit eigenen Mobilmachungsmaßnahmen zu begegnen, was angesichts der operativen Planungen die Auslösung des Krieges bedeutete. Bethmann Hollweg versuchte zu bremsen, um Russland als Angreifer erscheinen zu lassen. Nur so, meinte er, konnten die deutsche Öffentlichkeit und vor allem die Sozialdemokraten davon überzeugt werden, das Reich führe einen Verteidigungskrieg. Zwar gelang es ihm in der Tat, die Generäle solange hinzuhalten, bis Russland durch die Ausrufung der Generalmobilmachung den nötigen Vorwand lieferte. Doch durch sein prinzipielles Eingehen auf die Wünsche der Armee hatte der Kanzler bereits vorher jede Chance zur Umkehr verloren. Am 31. Juli

wurden der »Zustand drohender Kriegsgefahr« verkündet und ein Ultimatum an Russland sowie eine »Anfrage« an Frankreich gerichtet. Am nächsten Tag erging dann der Mobilmachungsbefehl. Die Sache war entschieden. Der Automatismus von Mobilmachung, Aufmarsch und Krieg war jetzt nicht mehr aufzuhalten. Doch zumindest Moltke war nicht wohl bei der Sache, wie er in kleinem Kreis wiederholt durchblicken ließ.

Auch im Lande war die Stimmung ambivalent. In der – häufig verklärten – Erinnerung an die frühen Augusttage 1914 ist das Bild von überwältigender Kriegsbegeisterung und der fast einstimmigen Kampfbereitschaft der Nation haften geblieben. Begeistert waren aber in erster Linie junge Männer, meist bürgerlicher Herkunft. Die große Masse der Bevölkerung stand dem Geschehen eher skeptisch gegenüber. Noch Ende Juli waren Hunderttausende dem Aufruf der Sozialdemokratie zu Anti-Kriegsdemonstrationen gefolgt. Mit Sicherheit kann keine Rede davon sein, die Masse der Deutschen habe 1914 den Krieg gewollt. Vielmehr wurden die Menschen nicht gefragt, sondern systematisch belogen.[13]

Nicht nur in Berlin, sondern auch in anderen europäischen Hauptstädten löste der Kriegsausbruch Jubelszenen aus. Überall wurde die Einheit der Nation oder der Untertanen im Angesicht angeblich unprovozierter Aggression beschworen. Überall wurde

Generalfeldmarschall Alfred Graf von Schlieffen, Chef des Generalstabes der preußischen Armee in den Jahren 1891 bis 1906 · Deutsches Historisches Museum, Berlin, F 63/126

zur Verteidigung des Vaterlandes aufgerufen. Wie im Deutschen Reich, so meldeten sich auch in anderen Staaten scharenweise junge Männer freiwillig zu den Waffen. Dennoch überwog hier ebenfalls die Skepsis. In Frankreich kam es sogar zu Massenprotesten gegen den Krieg, während in Großbritannien stummes Entsetzen weit verbreitet war. Aber wirksamer Widerstand ließ sich dann doch nicht organisieren, zumal die Sozialistische Internationale versagte, so dass kriegsbegeisterte Minderheiten die Oberhand behielten.[14]

Entscheidend war bei allen Großmächten, dass es den politisch-militärischen Führungsetagen gelang, die Bevölkerung ihrer Länder unter Kontrolle zu halten, sie über die wirklichen Kriegsursachen im Dunkeln zu lassen und den Verteidigungskrieg zu propagieren. Dabei hatten die Führungsspitzen sämtlicher Großmächte einen mehr oder weniger großen Anteil an der Auslösung des Krieges. In Österreich-Ungarn setzte sich der Generalstabschef durch, der unbedingt gegen Serbien losschlagen wollte und dafür sogar den allgemeinen Krieg in Kauf nahm. Dabei half ihm der Druck aus Berlin.[15] Auch in der russischen Führung gelang es den Scharfmachern allen Widerständen zum Trotz, den wankelmütigen Zaren davon zu überzeugen, dass das Maß voll und die Zeit der Zurückhaltung vorüber sei.[16] Die französische Staatsführung wurde von der Zuspitzung der Julikrise überrascht und war in der entscheidenden Phase kaum handlungsfähig, da die führenden Männer sich auf der Rückreise aus St. Petersburg befanden. Doch der französische Botschafter am Zarenhof handelte wohl in ihrem Sinne, als er die russische Kriegspartei in Sorge um den Zusammenhalt des Bündnisses noch bestärkte.[17] Zumindest die Führungen in Wien und St. Petersburg scheinen den Krieg letztlich gewollt zu haben. Aber sie wären wohl kaum so weit gekommen, wenn die deutsche Politik die Julikrise nicht forciert hätte.

Von allen beteiligten Großmächten hatte Großbritannien am wenigsten Interesse an einem allgemeinen Krieg. Doch die Vermittlungsversuche von Außenminister Grey fruchteten wenig. Als dann der Krieg auf dem Kontinent nicht mehr zu verhindern war, führte Grey einige seiner Kabinettskollegen, das Parlament, die Öffentlichkeit und seine Partei hinters Licht, um den britischen Kriegseintritt möglich zu machen. Der deutsche Überfall auf das neutrale Belgien bot hierfür einen glänzenden Vorwand.[18]

Gerade das britische Beispiel zeigt, dass selbst Politiker, die den Krieg nicht angestrebt hatten, sich seiner Sogkraft nicht entziehen wollten. Es wäre jedoch verfehlt, all dies aus den Zwängen der Bündnissysteme und der Logik der Aufmarschpläne heraus erklären zu wollen. Es gab keine Kraft, größer als Menschenmacht, die den Krieg unvermeidlich werden ließ. Die persönliche Entscheidung und damit die persönliche Verantwortung lagen trotz aller Zwänge immer noch bei den Beteiligten. Dass sie sich in dieser Lage von egozentrischen Machtspielen und abstrakten Ehrbegriffen statt von ihrer Verantwortung für das Leben von Millionen leiten ließen, mag vielleicht mit ihrer Geisteshaltung erklärbar sein, nicht aber unter Hinweis auf angeblich übergeordnete Interessen. Das Verhalten der deutschen Führung im Verlauf der Julikrise ist in der Forschung immer wieder unter Hinweis auf die operative Planung des Generalstabs erklärt worden. Maßgeblich sei der Schlieffen-Plan gewesen, der die überwältigende Anzahl der deutschen Truppen auf dem rechten Angriffsflügel gegen Westen konzentrierte und unter Bruch der belgischen Neutralität den französischen Festungsgürtel nördlich umgehen wollte, um die gesamte Armee Frankreichs in

einer gigantischen Kesselschlacht zu vernichten. Ziel war die Niederwerfung Frankreichs innerhalb weniger Wochen. Deshalb auch wurde die Ostfront weitgehend entblößt. Die drohende Niederlage im kontinentalen Wettrüsten und das Erstarken Russlands habe die Durchführung des Schlieffen-Plans jedoch gefährdet, was die Präventivkriegsforderungen Moltkes im Vorfeld der Julikrise erkläre. Die unbedingt notwendige Einhaltung des Zeitplans beim Aufmarsch, der den deutschen Armeen einen Vorsprung verschaffen sollte, habe dann am Ende der Krise die dringenden Forderungen des Generalstabs zum sofortigen Losschlagen hervorgerufen. Die mit dem Schlieffen-Plan verbundene Illusion des kurzen Krieges und die Hoffnung auf den Sieg im Zweifrontenkrieg habe aber auch der deutschen Führung die notwendige Zuversicht gegeben, es auf einen Krieg ankommen zu lassen.

Ein genauerer Blick auf die Arbeit des Generalstabs lässt hier allerdings Zweifel aufkommen. In den Jahren nach 1871 hatten sich führende deutsche Militärs mit dem Wandel des modernen Kriegsbildes auseinander gesetzt. Der ältere Moltke und einige seiner Schüler waren dabei zu dem Ergebnis gekommen, dass die Zeit der kurzen und kontrollierbaren Kabinettskriege vorüber sei. Der langwierige Volkskrieg sei der Krieg der Zukunft. Der zu erwartende Zweifrontenkrieg stellte für das Deutsche Reich eine massive strategische Bedrohung dar, da unter diesen Umständen wenig Aussicht bestand, wenigstens einen der beiden Gegner schnell niederzuwerfen. Gerade deshalb aber versuchte Schlieffen in seinem Aufmarschplan von 1905/06 um jeden Preis, den schnellen Sieg über Frankreich durch scheinbar exakte Vorausplanung doch noch zu ermöglichen.

Schlieffens Nachfolger, der jüngere Moltke, machte sich weniger Illusionen. Er glaubte nicht an die Möglichkeit eines schnellen Sieges. Dementsprechend akzeptierte er zwar einige operative Grundprinzipien des Schlieffen-Plans, doch grundsätzlich richtete er sich auf einen längeren Krieg ein. Die Großoffensive tief nach Frankreich hinein war demzufolge nur noch der Eröffnungszug in einem langwierigen Krieg, um das Kampfgeschehen so weit wie möglich von den wirtschaftlich so wichtigen westlichen Gebieten des Reiches fernzuhalten.

Moltke gelang es allerdings nicht, die systematische Vorbereitung auf einen langen Krieg durchzusetzen. Der größte Teil seiner dementsprechenden Forderungen blieb im bürokratischen Behördenwirrwarr des Kaiserreiches stecken. Das Kriegsministerium hintertrieb aus Sorge um die Homogenität der Truppe die vollständige Ausschöpfung des vorhandenen Potentials an Wehrpflichtigen. Gegen die Rüstungsforderungen des Generalstabs standen zudem lange Zeit die Interessen der Marine und die innenpolitische Unmöglichkeit einer durchgreifenden Reichsfinanzreform. An den Finanzen scheiterten auch Wünsche nach einer ausreichenden Munitionsvorsorge. Forderungen nach einer gründlichen wirtschaftlichen Kriegsvorbereitung wurden ebenfalls vom Ressortegoismus anderer Behörden blockiert.[19]

Unter diesen Umständen provozierte die Führung des Reiches im Sommer 1914 einen Krieg, für den es weder wirtschaftlich vorbereitet noch ausreichend gerüstet noch institutionell organisiert war. Nicht einmal konkrete Kriegsziele waren vorhanden. Vor allem aber existierte keinerlei irgendwie kohärente Gesamtkriegsplanung, die gewisse Siegesaussichten eröffnet hätte. Angesichts dessen bleibt einstweilen unerklärlich, wieso Moltke dennoch wiederholt zum Präventivkrieg drängte. Verständlicher wird allerdings, warum er in den letzten

Julitagen 1914 so sehr schwankte, sah er doch einen furchtbaren Krieg kommen.

Die merkwürdigen Widersprüche zwischen mangelnder Kriegsvorbereitung, dem Fehlen einer halbwegs stringenten militärischen Planung und dem gleichzeitigen Drängen nach möglichst sofortigem Losschlagen waren keineswegs eine deutsche Besonderheit. Auch der österreichische Generalstabschef verlangte den Krieg, ohne über ein brauchbares operatives Konzept, ausreichende Ressourcen, klare Ziele und ein kriegsbereites Land zu verfügen. Nicht viel anders sah es in Russland aus, wo die Armeespitze den Zaren zu einem fast aussichtslosen und schlecht vorbereiteten Krieg nötigte. Zumindest in diesen beiden Fällen wurden somit ähnliche Phänomene sichtbar wie im Deutschen Reich. Auch die operativen Planungen in Frankreich waren alles andere als überzeugend, was die Armeeführung nicht daran hinderte, Optimismus zu verbreiten. So hetzten schließlich alle Generalstäbe ihre Soldaten bei Kriegsbeginn in schlecht durchdachte Offensiven, die sämtlich unter großen Verlusten scheiterten.

Der Erste Weltkrieg hatte viele Ursachen, und seine Vorgeschichte war lang. Doch er war weder von langer Hand geplant noch gut vorbereitet worden. Unvermeidbar war dieser Krieg auch nicht. Gerade die eigenartige Geschichte der Julikrise 1914 zeigt vielmehr, dass dieser Krieg für niemanden wirklich Sinn machte. So sollte es auch die nächsten vier Jahre bleiben. Es war ein absurder Krieg.

Der vorliegende Beitrag beruht auf einem ausführlichen Aufsatz. Vgl.: Stig Förster, *Im Reich des Absurden: Die Ursachen des Ersten Weltkrieges*, in: Bernd Wegner (Hrsg.), *Wie Kriege entstehen. Zum historischen Hintergrund von Staatenkonflikten*, Paderborn 2000, S. 211–252.

1 So etwa Klaus Hildebrand, *Das vergangene Reich. Deutsche Außenpolitik von Bismarck bis Hitler*, Stuttgart 1995, S. 149f. Vgl. zudem Wolfgang J. Mommsen, *Der Topos vom unvermeidlichen Krieg. Außenpolitik und öffentliche Meinung im Deutschen Reich im letzten Jahrzehnt vor 1914*, in: Jost Dülffer und Karl Holl (Hrsg.), *Bereit zum Krieg. Kriegsmentalitäten im wilhelminischen Deutschland 1890–1914*, Göttingen 1986, S. 194–224.
2 Siehe Paul Kennedy, *The Rise of the Anglo-German Antagonism, 1860–1914*, London 1980.
3 Peter J. Cain und Anthony G. Hopkins, *British Imperialism*, 2 Bde., London 1993, Bd. 1, S. 449–465.
4 Fritz Fischer, *Krieg der Illusionen. Die deutsche Politik von 1911 bis 1914*, Düsseldorf 1969, S. 203.
5 Siehe hierzu Peter Winzen, *Bülows Weltmachtkonzept. Untersuchungen zur Frühphase seiner Außenpolitik, 1897–1901*, Boppard 1977 und Volker R. Berghahn, *Der Tirpitz-Plan. Genesis und Verfall einer innenpolitischen Krisenstrategie unter Wilhelm II.*, Düsseldorf 1971.
6 Niall Ferguson, *The Pity of War*, London 1998, S. 53f. und S. 72f.
7 Zu den Rüstungswettläufen allgemein vgl. Dieter Storz, *Kriegsbild und Rüstung vor 1914. Europäische Landstreitkräfte vor dem Ersten Weltkrieg*, Herford 1992 sowie David Stevenson, *Armaments and the Coming of War. Europe 1904–1914*, Oxford 1996.
8 Anthony J. A. Morris, *The Scaremongers. The Advocacy of War and Rearmament, 1896–1914*, London 1984 und Stig Förster, *Der doppelte Militarismus. Die deutsche Heeresrüstung zwischen Status-quo-Sicherung und Aggression*, Stuttgart 1985.
9 Eric J. Hobsbawm, *The Age of Empire, 1875–1914*, London 1987.
10 Für das Deutsche Reich siehe Joachim Radkau, *Das Zeitalter der Nervosität. Deutschland zwischen Bismarck und Hitler*, München 1998.
11 Aufzeichnungen Jagows zit. nach Fischer (wie Anm. 4), S. 584.
12 Eintragung von Kurt Riezler, dem engsten Mitarbeiter Bethmann Hollwegs, in sein Tagebuch, 25.05.1915. Siehe Karl Dietrich Erdmann (Hrsg.), *Kurt Riezler. Tagebücher, Aufsätze, Dokumente*, Göttingen 1972, S. 274f.
13 Jeffrey Verhey, *Der »Geist von 1914« und die Erfindung der Volksgemeinschaft*, Hamburg 2000.
14 Für Frankreich siehe Jean-Jacques Becker, *1914: Comment les Français sont entrés dans la guerre*, Paris 1977. Als differenzierenden Überblick vgl. Ferguson (wie Anm. 6), S. 174–211.
15 Siehe hierzu etwa Günther Kronenbitter, *Bundesgenossen? Zur militärischen Kooperation zwischen Berlin und Wien 1912 bis 1914*, in: Walther L. Bernecker und Volker Dotterweich (Hrsg.), *Deutschland in den internationalen Beziehungen des 19. und 20. Jahrhunderts*, München 1996, S. 143–168.
16 D. C. B. Lieven, *Russia and the Origins of the First World War*, London 1983, S. 141–151.
17 Vgl. Gerd Krumeich, *Aufrüstung und Innenpolitik in Frankreich vor dem Ersten Weltkrieg. Die Einführung der dreijährigen Dienstpflicht, 1913–1914*, Wiesbaden 1980, S. 256–271.
18 Ferguson (wie Anm. 6), S. 157–168.
19 Stig Förster, *Der deutsche Generalstab und die Illusion des kurzen Krieges, 1871–1914. Metakritik eines Mythos*, in: *Militärgeschichtliche Mitteilungen* 54 (1995), S. 61–95.

Stefan Kaufmann

Raumrevolution – Die militärischen Raumauffassungen zwischen dem Ersten und dem Zweiten Weltkrieg

Die beiden »bestimmenden Elemente des heutigen Krieges« waren für Friedrich von Bernhardi die »Massen« und die »Kriegstechnik«. Er hatte 1920 den Reigen zahlreicher Fachpublikationen eröffnet, die nach 1918 mehr oder weniger umfassende Bilder *Vom Kriege der Zukunft* entwarfen.[1] Vor allem die Massen waren dem General der Kavallerie ein in mehrfacher Hinsicht suspektes Phänomen. Sie umfassten die Millionen mobilisierter Soldaten, die aufgebotenen »Völkerschaften Europas«, die an der Westfront lückenlos den Raum von den Vogesen bis zum Ärmelkanal besetzten, die immer neuen Reserven, die entstandene Lücken füllen sollten. Massen hatten das Ende Schlieffenscher Umfassungsstrategie bedeutet. Sie standen für den ungeliebten Stellungskrieg und die Überlegenheit der Ententemächte. Der Einsatz von Massen erforderte einen logistisch durchorganisierten Krieg. Ein ununterbrochener Ressourcenfluss an die Front musste sichergestellt, für den stets notwendigen Nachschub an Munition, an Nahrung, an Waffen, an sonstigen Ausrüstungs- und Versorgungsgütern und schließlich auch an Soldaten gesorgt werden. Der Krieg war Verwaltungssache geworden, der schließlich der infrastrukturelle Ausbau des gesamten Kriegsraumes oblag – von den Stellungen bis zu den rückwärtigen Verkehrslinien.

Massen erzeugten jedoch nicht allein taktisch-operative Probleme und logistische Zwänge, ihre Mobilisierung verursachte auch disziplinarische Schwierigkeiten. Der notwendige Rückgriff auf »Ersatz«, auf Soldaten mithin, die nicht die langwierigen Prozeduren militärischer Disziplinierung durchlaufen hatten, galt als Risiko: Wo immer Soldaten sich weigerten, den Zumutungen des Krieges oder der Befehlshaber Gefolgschaft zu leisten, stempelte sie die militärische Ratio zum Teil einer nichtmilitarisierten Masse. Nicht allein die nackte Zahl, so bestimmte Bernhardi, mehr noch die »Seele«, die »Moral«, die »geistige Verfassung« seien die entscheidenden »Quellen militärischer Kraft«.[2] Trotz des Titels spricht Bernhardi eigentlich nur in einer Hinsicht explizit vom Krieg der Zukunft: Für Deutschland war der Krieg nicht zu Ende, der Frieden einzig eine Zeit, sich darauf vorzubereiten, ihn unter günstigeren Umständen wieder aufzunehmen.[3] Bernhardis Ausführungen stecken aber sehr wohl den Rahmen zukünftiger militärischer Diskussionen ab: Wie lässt sich der Stellungskrieg überwinden und damit vielleicht auch ein langer, ruinöser Krieg vermeiden? Wie können Massen diszipliniert, kontrolliert und mobilisiert werden?

Anders als bei Bernhardi, der auch die Kriegstechnologie noch ganz auf dem Stand des Weltkrieges abhandelt, wurden bereits in den frühen zwanziger Jahren diese Fragen zukünftiger Kriegführung nicht nur von deutscher Seite unter den Auspizien

einer technologischen Fortschreibung der neuen Mittel des Weltkrieges gestellt: U-Boote, Gas, vor allem aber Panzerwaffe und Luftwaffe rückten in ausführlichen Studien, in Militärzeitschriften und Publikationen, in der Tagespresse und auch innerhalb der Planungsstäbe in den Blick. Die Kriegführung im Zeitalter nationaler Massenmobilisierung wurde mit Verweis auf die Dynamik erwarteter, propagierter und geforderter Rüstungsentwicklung skizziert. Die implizierten zukünftigen Kriegsszenarien beriefen sich von heute aus betrachtet nicht selten auf prominente modernisierungstheoretische Topoi. Vor allem waren die Erwartungen wie auch die daraus resultierenden Doktrinen und technischen Entwicklungen auf taktisch-operativer, logistischer und disziplinarischer Ebene einer Raumrevolution verpflichtet, die im Ersten Weltkrieg eingesetzt hatte.

TAKTISCH-OPERATIVE RÄUME: VOM LINEAREN ZUM FLÄCHENKRIEG

Gegen Ende des Ersten Weltkrieges wurde der taktische Raum in neuer Weise entworfen. Kampfräume waren bis dahin noch in der Tradition des 18. Jahrhunderts als linear zusammenhängende Gebilde, als eine zusammenhängende Front gedacht worden. Angriffe erfolgten, exemplarisch 1916 durch die Briten in der Schlacht an der Somme, in mehreren Wellen; linear aufgereiht bewegten sich die Soldaten auf breiter Front vorwärts. Die 1918 unter Erich Ludendorffs Ägide herausgegebenen Vorschriften für den Angriff im Stellungskrieg sahen ein anderes Verfahren vor: Ein flexibler, tief gestaffelter und stoßförmiger Ansturm löste die linearen Ketten ab. Der Gegner sollte nicht mehr in ganzer Breite zurückgedrängt oder umfasst werden, vielmehr galt es, Schwachstellen ausfindig zu machen und dort soweit wie möglich durchzustoßen – zunächst ohne sich um den umgangenen Gegner zu kümmern, der von nachfolgenden Kräften bekämpft werden sollte. Die Infanterie sollte ihre Schlagkraft durch ein arbeitsteiliges Vorgehen von Maschinengewehr-, Gewehr- und Nahkampfgruppen erlangen. Feuerkraft und Stoßkraft, die zuvor beim einzelnen Schützen vereinigt waren, wurden auf unterschiedliche infanteristische Komponenten verteilt, die sich in kombinierter Aktion ergänzen sollten. Angelpunkt der taktischen Offensiven war, anstelle eines breit gefächerten Vernichtungsangriffs auf Überraschung und Geschwindigkeit zu setzen, die gegnerischen Linien an ihren Schwachstellen zu infiltrieren, den Gegner zu paralysieren. Ein schlagartig einsetzender

Artilleriebeschuss von rückwärtigen Befehlsstellen, Kommuni-kationslinien, Verkehrsknotenpunkten, Munitionsdepots, Gerä-telagern oder Flughäfen sollte nicht in erster Linie die gegneri-schen Soldaten töten, sondern die Infrastruktur des Gegners ausschalten.[4]

Was sich im allmählichen Ausbau der Grabensysteme ange-deutet hatte, trieben die Vorschriften von 1918 bis zur letzten Konsequenz voran: Der Raum wurde nicht mehr linear, son-dern netzförmig gedacht, die Front nicht mehr an vorderster Linie verortet, sondern als flächenhaftes Gebilde mit unterschied-lich starken Knotenpunkten konzipiert. Hatte der Grabenkrieg die Kämpfer unter die Erde getrieben und die Westfront über weite Landstriche in eine völlig verwüstete Landschaft verwan-delt, so folgte die deutsche Doktrin konsequent der Erfahrung, dass ein linear ausgerichteter (Kriegs-)Raum im Grabenkampf unter-gegangen war.

Das in taktischer Hinsicht neuartige Raumdenken hatte sich auf deutscher Seite durchgesetzt – die Waffe, die diesen Raum par excellence nutzen konnte, wurde auf französischer und britischer Seite entwickelt: der Panzer. Seit seinem ersten massen-haften Einsatz bei Cambrai 1917 schien der Panzer das Mittel, um dem Stellungskrieg ein Ende zu bereiten. Panzer erlaubten die Rückkehr zum Bewegungskrieg und nach Ende des Welt-krieges konnte in ihnen die entscheidende Waffe gesehen werden, einen in der militärischen Kritik als »geistlos« charakterisierten Stellungskrieg erst gar nicht entstehen zu lassen. In den zwanziger Jahren avancierten die britischen Theoretiker John Frederic Charles Fuller und in seinem Gefolge Basil Henry Liddell Hart zu den international führenden Protagonisten einer weitgehenden Forcierung der Panzerwaffe und der Motorisierung der Armee. Mit der Rezeption ihrer Veröffentlichungen setzte international eine Diskussion ein, die sich in taktischer und organisatorischer Hinsicht um die Frage drehte, inwieweit Panzerkräfte als selb-ständige Einheiten raumgreifend oder lediglich in enger Anleh-nung an Infanterie und Artillerie operieren sollten. In diesen Diskussionen spiegelten sich weitergehende Fragen des Kriegs-bildes und der strategischen Konzeptionen.[5]

Von Fuller in den frühen Zwanzigern bis zum häufig als »Schöpfer der deutschen Panzerwaffe« bezeichneten Heinz Guderian Mitte der dreißiger Jahre sollten die Protagonisten motorisierter, panzerzentrierter Operationsführung von einem radikalen Bruch in der Kriegführung sprechen. Der Panzer wurde ausdrücklich mit wissenschaftlich-technischem Fortschritt in Verbindung gebracht. Fuller etwa behauptete in seinem 1918 entworfenen *Plan für 1919*, dass der Panzer nicht einfach nur eine neue Waffe sei, sondern eine »Revolution in der Krieg-führung mit sich bringt«.[6] Geprägt durch ein positivistisch-wissenschaftliches Weltbild sah Fuller den Panzer als integralen Bestandteil des wissenschaftlich-technischen Fortschritts. Mit einer zweiten, durch Öl und Elektrizität bewirkten industriellen Revolution habe der Fortschritt eine Schwelle überschritten. Nun habe – wie Fuller 1920 zur Einführung mechanisierter Landkriegführung schrieb – »Wissenschaft die nackte Gewalt vom Antlitz der Erde gewischt, und Muskeln durch mechanische Energie ersetzt«.[7] Fuller gab damit das Argumentationsmuster vor, das nicht allein die Zwischenkriegsdebatten, sondern auch die Nachkriegsdebatten bestimmte: Wer immer Motorisierung und Mechanisierung – womit in der Regel die Automatisierung von Waffen und die Panzerung von Fahrzeugen bezeichnet wurde –, nicht entschieden vorantrieb und nicht auf die Schlag-kraft weitgehend unabhängig agierender Panzerkräfte setzte, wurde bezichtigt, einem veralteten Denken nachzuhängen. Im politischen Kampf um Rüstungsetats, Ressourcenvertei-lung und militärische Vorrangstellungen mobilisierten die

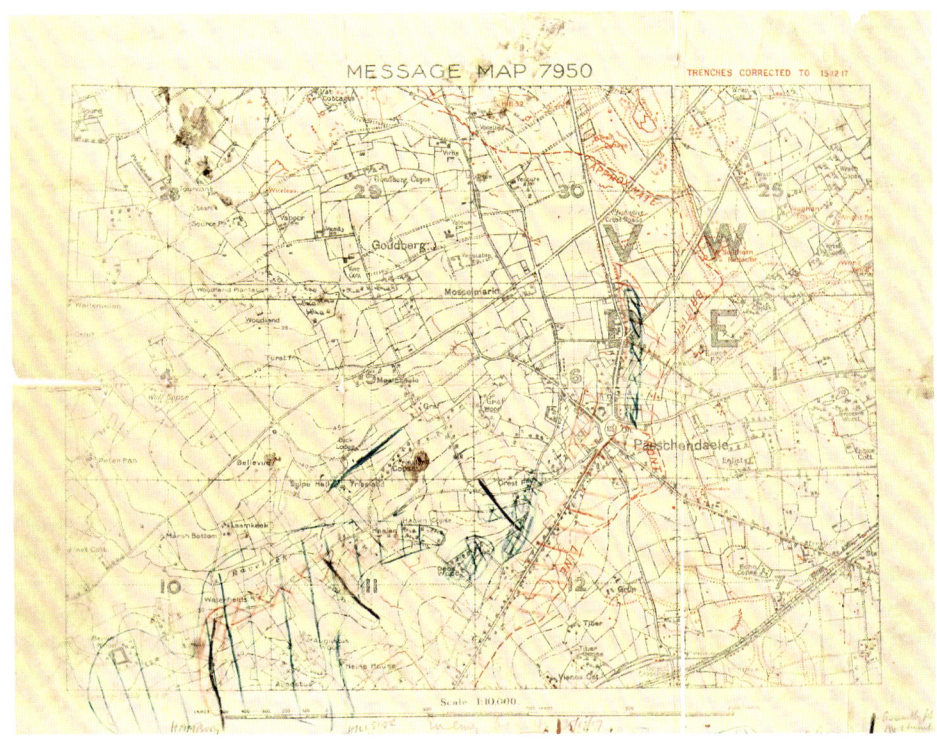

III/54 Message Map 7950 [Generalstabskarte von Passchen-daele], 25. Dezember 1917 · In Flanders Fields Museum, Ieper

Panzerbefürworter in den zwanziger Jahren im Wesentlichen Zukunftserwartungen und einen technologischen Fortschrittsglauben. Den Krieg völlig neu, gänzlich modern zu denken, hieß vor allem, ihn technisch und organisatorisch auf ein neues Fundament zu stellen. Fuller propagierte eine Armee, die dem neuen Zeitalter entsprechend »von Wissenschaftlern geführt wird und mit Mechanikern kämpft«.[8] Hatten schon die deutschen Vorschriften von 1918 eine arbeitsteilige Differenzierung der Infanterie vorgesehen, so werde nun eine tayloristische Spezialisierung den Einheitsinfanteristen der Massenheere ablösen. Mehr noch: Fuller wie Liddell Hart setzten auf eine entschiedene Professionalisierung des Landkrieges, um die Massenheere obsolet zu machen. Die Mechanisierung der Armeen sollte den klassischen Infanteristen weitgehend wegrationalisieren. Liddell Hart etwa präsentierte 1922 den Entwurf einer »New Model Army«, deren Divisionen aus Panzerkräften und vollständig motorisierten Infanterie- und Artillerie-, Nachrichten-, Versorgungs- und Transporteinheiten bestanden. Bei einer Reduktion des Personalbedarfs um 40 Prozent sollte eine solche Einheit weitaus schlagkräftiger sein als eine traditionelle Armee. Gerade in Großbritannien, das sich neben der Luftwaffe und der Marine eine starke Landstreitmacht weder leisten konnte noch wollte, wurde die Motorisierung als eine Möglichkeit lanciert, ein kampfstarkes und professionelles Expeditionskorps aufzustellen.[9]

Diese Konzepte spielten für konkrete Planungen zwar eine wegweisende Rolle, aber spätestens zu Beginn der dreißiger Jahre war klar, dass auch in einem zukünftigen Krieg entgegen Fullers Vorstellungen Massenarmeen mobilisiert werden würden. Entsprechende, eine kleinere motorisierte Armee favorisierende Konzepte der Heeresleitung unter Hans von Seeckt in Deutschland waren ebenso gescheitert wie Charles de Gaulles Vorschlag, in Frankreich eine (mechanisierte) Berufsarmee einzuführen. Trotz aller internationalen Rüstungsforcierung im Gefolge der nationalsozialistischen Machtübernahme wurde deutlich, dass es gänzlich unmöglich sein würde, eine weitgehende Motorisierung und Panzerrüstung durchzuführen. Dazu fehlten nicht allein finanzielle Mittel, sondern auch bei allen europäischen Großmächten die industriellen Fertigungskapazitäten.

Großbritannien etwa verfügte 1933 über 136 Infanterie- und lediglich vier Panzerbataillone, nur zwei von zwanzig Kavallerieregimentern waren motorisiert. In Frankreich scheiterte eine verstärkte Panzerrüstung immer wieder an technischen Mängeln der ausgelieferten Prototypen. In der Wehrmacht waren noch 1940, trotz einer um jeden Preis vorangetriebenen Hochrüstung, von den 141 Divisionen, die zum Westfeldzug antraten, lediglich 16 voll motorisiert.[10] Die Frage, ob Panzer als taktische Hilfswaffe der Infanterie zu betrachten seien oder als operative Waffe eingesetzt werden sollten, war von britischer Seite systematisch in groß angelegten Manövern durchgespielt worden. Lag die Reichweite der Weltkriegsmodelle noch bei ca. 45 Kilometern, die Geschwindigkeit unter 10 Kilometern, so verfügte man 1927 erstmals über weitaus schnellere und beweglichere Panzer, die als selbständige Brigade operierten. Zu Beginn der dreißiger Jahre traute man den Panzerkräften zu, Operationen mit einer Reichweite von 450 Kilometern durchzuführen. In einem Manöver von 1934 erhielten Panzerkräfte die Aufgabe, wichtige Objekte im gegnerischen Hinterland anzugreifen, mit dem Ziel, in drei Tagen 150 Kilometer durchzustoßen. Deutlich wurde in diesen Manövern aber auch, dass die Panzer gegen eine massive Verteidigung ohne artilleristische und infanteristische

Unterstützung nicht auskommen konnten. Während man in Großbritannien daraus den Schluss zog, Panzerbrigaden von den Infanterieeinheiten zu trennen, um die Truppen je nach Bedarf miteinander zu kombinieren, blieben in Frankreich die Verbände bis kurz vor Kriegsbeginn ausschließlich Infanterieeinheiten zugeordnet.[11] In Deutschland hingegen setzte sich das Konzept durch, motorisierte Infanterie- und Artillerie in die Panzerdivisionen einzubinden, um in enger Zusammenarbeit radikal raumgreifende Operationen zu ermöglichen.

Im Rahmen dieser engen Abstimmung in Doktrinen und in Übungen zwischen unterschiedlichen Waffengattungen kam es auf deutscher Seite zu zwei entscheidenden Entwicklungen. Zum einen entwarf die Luftwaffe mit den Sturzkampfbombern einen speziellen Flugzeugtyp, um in Bodenkämpfe einzugreifen. Zwar hatte man auch auf britischer Seite stets betont, dass die motorisierten Kräfte der Luftunterstützung bedürften. Die Royal Air Force stellte allerdings ihr Konzept im Wesentlichen auf strategisches Bombardement ab.

Zum anderen wurde die Mobilität und Schlagkraft der Panzerverbände entscheidend durch die Entwicklung von Funkverbindungen auf UKW gesteigert. Während bei allen anderen Heeren Kurzwellengeräte eingesetzt wurden und die Führung der Panzer im vordersten Bereich noch 1940 mit Sichtzeichen arbeitete, wurde auf deutscher Seite jeder einzelne Panzer mit UKW-Sprechfunk ausgestattet. Er war gleichsam das nachrichtentechnische Äquivalent zur motorischen Geschwindigkeit, indem er eine permanente Verbindung in der Bewegung ermöglichte. Dies war eine entscheidende Verknüpfung im Kommunikationsnetz der deutschen Befehlsstrukturen, in denen für nicht wenige Beobachter der Schlüssel für die taktisch-operative Vorgehensweise der Deutschen lag: Man arbeitete mit weitaus weniger hierarchisch organisierten Strukturen und auch im technischen Sinne mit direkteren Kanälen.[12] Wenn – wie auch Fuller immer wieder betonte – Geschwindigkeit das entscheidende Moment der Panzerwirkung war, so schien es logisch, wie dies auf deutscher Seite geschah, auch die Befehlswege zu beschleunigen. In Guderians Worten: »Denken, Befehlen und Handeln müssen der Schnelligkeit des Motors und den besonderen Bedingungen der Technik entsprechen, sonst gehen alle Vorteile verloren.«[13]

Tote Soldaten auf dem Schlachtfeld, 1914–18 · Deutsches Historisches Museum, Berlin, ohne Inv.-Nr.

Das Fort Douaumont, aufgenommen von einem deutschen Flieger vor Beginn der Offensive bei Verdun, Bild- und Film-Amt, Berlin 1916 · Deutsches Historisches Museum, Berlin, ohne Inv.-Nr.

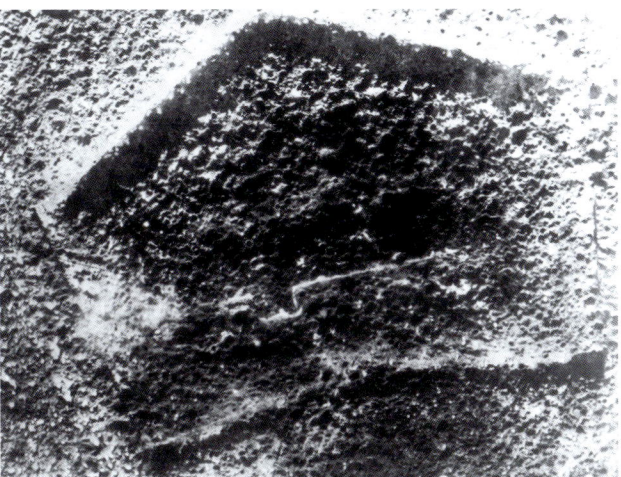

Das Fort Douaumont, aufgenommen von einem deutschen Flieger nach den schweren Kämpfen bei Verdun, Bild- und Film-Amt, Berlin 1916 Deutsches Historisches Museum, Berlin, ohne Inv.-Nr.

Fuller hatte 1932 in seiner Kritik britischer Manöver und Konzepte betont, dass der Panzer nicht die gegnerischen Truppen, sondern das Hinterland zum Hauptziel habe. Es gehe um eine »Strategie der Zerstörung der feindlichen Moral«, um die »Ablösung des linearen Kriegs durch einen Flächenkrieg«.[14] Liddell Hart merkte dazu an, dass es nicht allein darum ginge, den Krieg tief ins Hinterland zu tragen, sondern einen entscheidenden Schlag zu führen, »um die feindlichen Kommunikationslinien weit hinten abzuschneiden, wo ihre Hauptarterien getrennt werden können«.[15] Genau in diesem Sinne setzte sich auf deutscher Seite das Konzept durch, einen operativen »Flächenkrieg« zu führen, dessen Reichweite die Vernichtung der gegnerischen Führungs-, Kommunikations- und Versorgungszentren, die Zerstörung seiner Organisations- und Führungsstrukturen zum Ziel hatte. Das Kalkül, das sich 1918 in den deutschen Vorschriften manifestiert hatte, pflanzte sich fort: Gewalt sollte weniger durch physische Vernichtung als durch Geschwindigkeit, durch die Überrumpelung des Gegners erreicht werden. Ziel eines Angriffs

sollten die Knotenpunkte scin, die das Verteidigungsnetz zusammenhielten. Aus den 30 Kilometern, die Fullers *Plan für 1919* vorsah, um die gegnerischen Schaltzentralen lahm zu legen, sollte im deutschen Plan für 1940 schließlich ein Operationsraum werden, der sich über 400 Kilometer bis zur Kanalküste erstreckte.

Politisch-strategisch verbanden sich mit der Panzerfrage sehr unterschiedliche Konzepte. In Frankreich blieb eine Modernisierung der Panzerkräfte lange Zeit aus. Erst Mitte der dreißiger Jahre wurde in den Stäben ernsthaft überlegt, ob massierte Panzerkräfte mehr sein könnten als eine Hilfswaffe der Infanterie. Dies war kein Zufall: Die Republik hatte mit dem Ausbau der Maginotlinie rüstungstechnisch in ein defensives Konzept investiert, politisch rein auf Landesverteidigung gesetzt und sich strategisch auf einen Zukunftskrieg eingestellt, der in ähnlicher Weise die nationalen Kräfte mobilisieren würde wie der vergangene Weltkrieg.[16]

Mit dem Panzer hatte sich in den zwanziger Jahren eher ein technizistisches Konzept verbunden: Die Steigerung kriegerischer Gewalt sollte den Krieg begrenzen, ihn wieder führbar machen. Fuller wie auch Liddell Hart sahen in der Motorisierung genau diese Möglichkeit. Der Krieg würde nicht mehr die Vernichtung der gegnerischen Kräfte anstreben, das zermürbende Abschlachten im Stellungskrieg verhindern. Es wäre ein schnellerer Krieg, in dem es um psychische Schläge und Demoralisierung ginge. Strategisch verband Liddell Hard dies mit Konzepten, die zu einem moderaten Frieden führen sollten. Allerdings wurden Fuller und Liddell Hart in den dreißiger Jahren skeptischer, was die Offensivkräfte von Panzern anging: Mit den neuen Panzerabwehrkanonen und -minen sahen sie nun eher die Defensive im Vorteil. Technisierung konnte den Krieg verkürzen, die Kämpfe selbst aber würden nun härter werden.[17] Zu einem Zeitpunkt, als die britischen Theoretiker große Panzeroffensiven für ein fragwürdiges Unternehmen hielten, setzten die deutschen Praktiker für den Westfeldzug genau auf diese Karte. Von den unterschiedlichen Kriegführungskonzepten und Operationsplanungen, um die in der Wehrmachtführung gestritten wurde, sollte sich – wie noch häufig im Verlauf des Krieges – das radikalste, am weitesten reichende und militärisch riskanteste Konzept durchsetzen. 1940 hatte der Plan, bedingungslos auf eine Panzeroffensive zu setzen, bekanntlich Erfolg. Auch wenn er weiten Kreisen führender deutscher Militärs aus logistischen Gründen und wegen der Möglichkeit einer totalen Niederlage »abenteuerlich« erschien.[18]

LOGISTISCHE KRIEGFÜHRUNG: DER KRIEG AUS DER LUFT

Seit dem Amerikanischen Bürgerkrieg häuften sich im Krieg die Maßnahmen, den Unterschied von Front und Hinterland, von Zivilgesellschaft und Militär aufzuheben. Im Ersten Weltkrieg war die Löschung der Differenz endgültig militärisches Programm geworden. Als radikale Mobilisierung der Nationen wurde sie zum innenpolitischen Programm, als Radikalisierung der Kriegsziele und der Kriegführung zum außenpolitischen Kalkül. Die logistische Dimension des Krieges hatte sämtliche Lebensbereiche durchdrungen.

Ablesen lässt sich dies am technokratischen Kriegsmanagement, das sich am radikalsten auf deutscher Seite unter Ludendorffs

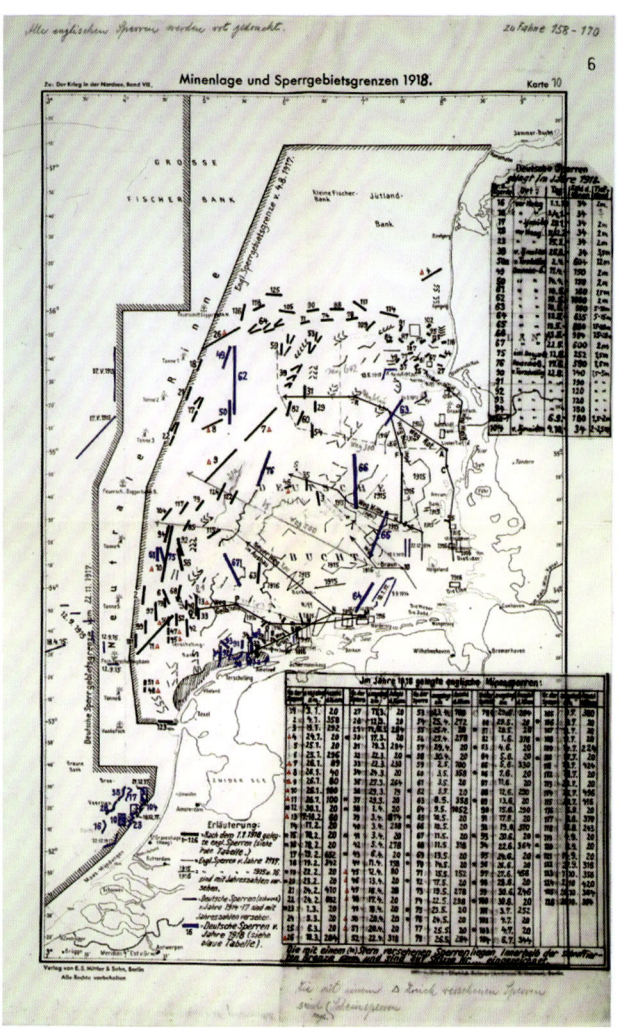

Minenlage und Sperrgebietsgrenzen 1918, Berlin 1941 · Bundesarchiv –
Militärarchiv, Freiburg, RM811737

Regie ausgebildet hatte. Militärische Kriegsleitung wurde mit
dem Hindenburg-Programm zum Versuch, sämtliche ökonomischen und sozialen Kräfte zur maximalen Entfaltung des nationalen Gewaltpotentials zu mobilisieren, materielle und menschliche Ressourcen zwischen Front und ›Heimat‹ einzig und allein
nach einem vom Militär interpretierten und koordinierten Bedarf
optimal zu verteilen.[19] Die Expansion der Logistik ließ den nationalen Raum aus innenpolitischer Konsequenz zum Kriegsraum
werden. Umgekehrt wurde er, oder genauer: die Bevölkerung,
auch Objekt der gegnerischen Kriegführung. Wirtschaftsblockade
und unbeschränkter U-Boot-Krieg zielten darauf ab, den Gegner
ökonomisch zu lähmen und auszuhungern. Weitaus prominenter für die Frage nach zukünftigen Kriegsformen sollten aber die
ersten Luftbombardements sein, die vor allem auf britische
Städte niedergegangen waren.

International avancierten die Ideen des italienischen Generals
Guilio Douhet, die er 1921 in *Il dominio dell'aria* (deutsch: *Luftherrschaft*) zusammenfaßte, zum Kernpunkt der Überlegungen
zukünftiger Luftkriegskonzeptionen. Mehr noch als mit Panzern
wurden mit der Luftwaffe Zukunft, Fortschritt und Modernität
assoziiert. Douhet, eng mit der künstlerischen Avantgarde Italiens

verbunden, selbst Maler und Dichter, übersetzte futuristische
Maschinenbegeisterung und Geschwindigkeitseuphorie in Kriegs-
vision, Rüstungsprogramm und Luftwaffentheorie. Während in
den Luftkämpfen an der Westfront eine neue Elite individueller
Heroen aufstieg, deren vielleicht populärste Figur der »rote
Baron« Manfred von Richthofen als Kommandant eines »Flie-
genden Zirkus« wurde, während der mit Douhet befreundete
Dichter Gabriele d'Annunzio sich in spektakulären Aktionen –
wie der Bombardierung des feindlichen Wiens mit Flugblättern
– in Szene setzte, plante Douhet eine andere Aufgabe für die
neue Waffenelite. Seit er sich mit dem Flugzeug beschäftigte,
glaubte er, dass sich damit eine ganz neue Möglichkeit der
Kriegführung eröffne. Nicht in der Aufklärung, in der Unterstützung von Bodenkämpfen oder in der Jagd auf gegnerische
Flugzeuge sah er dessen Aufgabe. Vielmehr war für ihn das
eigentliche Metier des Flugzeugs der Bombenkrieg. Wurde die
Art, in der Panzerverbände im Raum agieren, mit der von
Flottenverbänden verglichen, so sprach Douhet ganz explizit
von »Luftflotte«: Flugzeuge seien keine Waffen im Sinne eines
Hilfsmittels der Armee oder der Marine, vielmehr eröffneten sie
eine neue Kriegsdimension, sie würden den »völlig neuen Begriff
des Raumkrieges« schaffen.[20] Raumkrieg hieß für Douhet
Bombenkrieg – nicht an der Front, sondern über den städtischen
Zentren des Gegners. Raumkrieg hieß, der »begrenzten Kampf-
zone« ein Ende zu bereiten. Der moderne Krieg, so hatte er
schon vor Beginn der Grabenkämpfe gesagt, werde ein Maschi-
nenkrieg werden, in dem ganze Nationen nichts anderes als
Fabriken des Krieges, die Produktionsstätten für die Front
seien. Der Luftkrieg ist das Spiegelbild dieser Kriegsproduktion:
»Alle Volksgenossen der kämpfenden Volksgenossen sind
Kämpfer, da sie ausnahmslos den unmittelbaren Angriffen des
Feindes ausgesetzt sind.«[21] Wenn die Panzertheoretiker, wie
Liddell Hart, von einer indirekten Strategie sprachen, die
Nachschubwege der Armeen zu unterbinden, kehrt Douhet das
Verhältnis von Militär und Nation um: Bei ihm ist der Kampf
an der Front die indirekte Auseinandersetzung, »die Raum-
waffe« hingegen, »welche die Quellen des Widerstands zu errei-
chen vermag«, versucht diesen »direkt, also schneller und mit
größerer Wirksamkeit zu brechen«.[22] Krieg führend und zugleich
Kriegsziel ist die Nation, die Armee bildet nur deren Schutzschild, das der Bomber überfliegt. Was der mit Ludendorffs
Veröffentlichung von 1935 populär gewordene Begriff des
»totalen Krieges« implizierte: dass die Nation gänzlich in den
Dienst der Kriegführung tritt, das hatte Douhet aus den zu Ende
gedachten Möglichkeiten des Luftkrieges schon längst vorher
konzipiert. Aus der Luft gesehen sah man freilich klarer, dass –
noch bevor die Nation zum Täter werden konnte – die Bevölkerung immer schon Opfer war. Douhet setzte noch vehementer als die Panzerprotagonisten auf Überraschung und Geschwindigkeit: Ohne Vorankündigung sollte zuerst die gegnerische
Luftwaffe zerstört werden, solange sie sich noch am Boden
befand, dann systematisch die Industriezentren, bis der Gegner
aufgebe. Während am Boden die Defensive der Offensive überlegen sei, kehre sich dies in der Luft um: der Angreifer könne
seine Kräfte massieren, der Verteidiger müsse seine zerstreuen.

Douhets Szenario eines Blitzkrieges aus der Luft wurde zunehmend skeptisch beurteilt. Seit Anfang der dreißiger Jahre erachtete man die Wirkung der von Douhet wie auch von Fuller
in den zwanziger Jahren favorisierten Gasmunition für gering.
Analog zu den raumgreifenden Waffen wirkte Gas, anders als

Brisanzmunition, nicht punktuell, sondern ebenfalls auf einer größeren Fläche. Douhet glaubte an die Epochenverwandtschaft von Gas- und Luftwaffe, zunehmend aber verlor das Kampfmittel an Bedeutung. Neue Gaswaffen waren in den dreißiger Jahren nicht bekannt und mit den Mitteln des Ersten Weltkrieges hielt man es für unwahrscheinlich, durch Bombenabwurf eine große Gasdichte zu erzielen. Auch wenn die Angst vor Gaswaffen und (zumindest in Deutschland) die Geheimforschung an ihnen nicht beendet wurde: Das Mittel verschwand zunehmend aus dem militärischen Kalkül. Mehr noch aber wurde Douhets Annahme bezweifelt, dass sich die gegnerischen Luftstreitkräfte schnell ausschalten ließen. Ebenso bezweifelt wurde, dass in hochindustrialisierten Ländern mit der Bombardierung einiger Zentren die nationale Produktion zum Stillstand gebracht werden könne. Dennoch: Die Luftwaffe avancierte bei fast allen Mächten zur eigenständigen Streitkraft neben Armee und Marine, das von Douhet propagierte strategische Bombardement wurde zum selbstverständlichen Auftrag, und vor allem die US-amerikanische und die britische Luftwaffe bauten ihre Flotten im Wesentlichen für einen strategischen Bombenkrieg aus. Letztere setzte ab 1935 überdies verstärkt auf Jagdflugzeuge zur Bomberabwehr.[23]

Die geostrategische Bedeutung der Luftwaffe lag auf der Hand. Douhet sah seine Raumkriegsthese denn auch durch den berühmten Spruch des britischen Premiers Baldwin aus dem Jahre 1924 bestätigt: »Seit dem Auftauchen des Flugzeuges sind wir keine Insel mehr.«[24] Aber die Flugzeugentwicklung war nicht der einzige Zweig der Technisierung des Luftraumes. Als Antwort auf die deutsche Aufrüstung finanzierte die britische Regierung ein Programm von höchstem nationalen Interesse: die Radarentwicklung. Im Laufe des Krieges sollten in sie ähnlich umfangreiche finanzielle und personelle Mittel investiert werden wie später in das US-amerikanische Atombombenprogramm. Bis 1939 jedenfalls gelang es, das elektromagnetische Spektrum in eine Art zweiten Ärmelkanal zu verwandeln: Eine Kette von zwanzig Radarstationen bildete einen Schirm um die ganze Insel, der die Annäherung gegnerischer Flugzeuge frühzeitig anzeigte. Präzise aufeinander abgestimmt und direkt mit den Leitstellen der Jagdverbände der Royal Air Force vernetzt, waren die britischen Städte keineswegs schutzlos den deutschen Bombern ausgeliefert. Der nationale Raum hatte einen Schutzschild erhalten.[25] In der Folge wurde der Krieg aus der Luft, wie er erstmals aus dem Kreis der mit Mussolini eng verbundenen futuristischen Avantgarde heraus formuliert worden war, wieder zum Krieg in der Luft – nicht mehr als »Fliegender Zirkus«, sondern als industrialisierter Abnutzungskrieg: »Trotz der Annahmen seiner Theoretiker vor 1939 glich der Luftkrieg schließlich und sonderbarerweise den schlimmsten Zermürbungsschlachten des Ersten Weltkrieges, nur dass es nun um das Zermürben von teuren Maschinen, von Offizieren und Besatzungen ging.«[26]

DER DISZIPLINARRAUM: DIE INTENSIVIERUNG INDIVIDUELLER UND NATIONALER KRIEGSLEISTUNG

Fuller hatte, auf Gustave Le Bons Untersuchung[27] zur »Massenseele« fußend, das Problem militärischer Disziplin darin gesehen, dass sie ständig bemüht sein musste, das organisierte Heer nicht wieder in eine amorphe Masse zerfallen zu lassen, in einen unor-

ganisierten Haufen ohne Zusammenhang.[28] Diese eiserne Klammer der Disziplin und damit die Fähigkeit, den Befehlen und nicht dem eigenen Willen oder den eigenen Trieben zu folgen, ging im Ersten Weltkrieg häufig verloren: Zahlreiche Soldaten erlitten einen Nervenzusammenbruch. Die Angst, dass Soldaten und Offiziere die Nerven verlieren, galt im Grabenkrieg denn auch als das Kernproblem militärischer Disziplin. Seit 1914 hatte sich die Militärpsychiatrie in Stellung gebracht, um einen Feldzug gegen diese grassierende Form der Gehorsamsverweigerung aufzunehmen. Sie rückte den »Kriegsneurotikern« mit häufig brachialen, teils auch tödlichen Behandlungsmethoden – wie etwa massiven Elektroschocks – buchstäblich auf den Leib.[29]

In Fullers Nachkriegskonzeption bot der Panzer eine andere Möglichkeit: Die Masse, nichtprofessionelle Kämpfer, sollte zumindest von den Brennpunkten des Kriegsgeschehens ferngehalten werden. Für den General, der sich der faschistischen Bewegung in Großbritannien anschloss, wurde Kriegführung mit der Motorisierung die Sache einer professionellen Garde. Die Verbindung von Panzer und militärischer Avantgarde sollte noch in anderer Weise bedeutsam werden: Panzerung war das Modell elitärer Soldatenbilder. Die Konstellation des Stellungskrieges brachte ein spezifisches Soldatenideal, ein für den industriellen Krieg optimiertes soldatisches Selbstbild hervor: die stilisierte Figur des ›Frontsoldaten‹, den spezialisierten Arbeiter der Zerstörung. Die physischen und vor allem physiologischen und psychischen Eigenschaften, die ihn qualifizierten, schlossen an die Strukturen des technischen Krieges an. Der unterirdische Krieg hatte neue sinnesphysiologische Qualitäten hervorgelockt. Unabdingbar wurde eine Verfeinerung des Geruchssinns und vor allem des Gehörs, um aus dem »Schlachtengebrüll« die relevanten Geräusche herauszufiltern. Über Erfahrung und Sinnestraining musste der Soldat lernen, sich den Gegner aus Anzeichen und aus Geräuschen zu konstruieren. Zum einen war also sinnesphysiologische Verfeinerung geboten: Man musste sich quasi wie ein Jäger auf sein gespürtes und gehörtes Lagebild verlassen können. In gleichem Maße bedurfte es einer gnadenlosen Abstumpfung gegen das Chaos, das Grauen der Schlachtfelder. Die psychischen Eigenschaften, die den optimalen Soldaten auszeichneten, waren Hartnäckigkeit, Zähigkeit, Geduld und Indifferenz: das genaue Gegenteil des patriotisch-heroischen Kämpfers, der in den Stilisierungen von 1914 dominierte. Diese physiologischen und psychischen Eigenschaften sollten sich mit einer genauen Kenntnis der Kriegsmaterie verknüpfen. Für Soldaten und Offiziere rückte im Kampfgeschehen der kompetente Umgang mit den Kriegsmaschinen, die Kooperation im Rahmen des kampftechnischen Gefüges und ein sachliches Abwägen der Möglichkeiten an jene Stelle, an der zuvor der heroische Elan gestanden hatte.

Bernd Hüppauf hat diesen Typus, die »Stahlgestalt«, die der Freikorpsliteratur entsprang, in einer Paraphrase Ernst Jüngers charakterisiert: »Seine Wahrnehmung muß so objektiv und sein Auge so hart wie das Kameraobjektiv werden, seine Reaktionen müssen so schnell und präzise wie die Bewegung einer Maschine werden, von keinen Emotionen gestört, und seine Aktionen so machtvoll und beständig wie ein Präzisionsgewehr. Im Gegensatz zur Tradition, die Waffen als eine Verlängerung des Arms verstand, wird nun der Soldat in ein Element der technologischen Struktur des Schlachtfeldes verwandelt.«[30] Der Panzer sollte in den zwanziger Jahren zweifach zum Mittel avancieren, den

Stellungskrieg zu überwinden: als Kettenfahrzeug und als Stahlgestalt. Die anthropologische Optimierung des Kriegers ließ ihn in einer gänzlich funktionalen Verschmelzung in seinen Maschinen aufgehen. Wenn Liddell Hart die moralische Wirkung des Panzers betonte, so war die »Stahlgestalt« jene Figur, die der neuen technischen Härte gewachsen sein sollte. Jüngers Stahlgestalten sind denn auch technische Spezialisten: MG-Schützen, Panzerfahrer und schließlich auch Flieger. Der neue Mensch, der als Amalgam von Organismus und Technik der Souverän des Schlachtfeldes ist, erhebt sich letztlich vom Boden: »Der fliegende Mensch ist vielleicht die schärfste Ausprägung einer neuen Männlichkeit. Er stellt einen Typus dar, der sich bereits im Krieg angedeutet hat.«[31]

Die gezielte Produktion eines derartigen Kämpfertypus war kaum möglich, aber zumindest für die Reichswehr und die Wehrmacht war der Frontkämpfer durchaus Leitbild. Die Verfahren, einen entsprechenden Soldaten heranzuziehen, setzten auf mehreren Ebenen an. In den zwanziger Jahren hielt, zumindest für qualifizierte Laufbahnen, die Psychotechnik Einzug ins Militär: Eignungstests, wie sie innerhalb der tayloristischen Industrie entwickelt worden waren, sollten spezifische Fähigkeiten eines Bewerbers und vor allem charakteristische Merkmale prüfen. Ebenfalls im Offiziersbereich wurden die technischen Laufbahnen aufgewertet, Technik sollte generell bei der Ausbildung zum Offizier eine wichtigere Rolle einnehmen und das Leistungsprinzip gegenüber dem Anciennitätsprinzip gestärkt werden. Professionalität, das heißt eine funktionale Ausrichtung an Technisierungsprozessen, sollte die Laufbahnen bestimmen. Das zweite Moment, das gestärkt werden sollte, war die soldatische Moral. Nervenzusammenbrüchen und Militärstreiks (auf französischer Seite 1917, auf deutscher vor allem 1918) sollte zukünftig vorgebeugt werden. Modernes Feldherrentum und moderne militärische Führerschaft hätten daher nicht mehr in operativen Zügen zu denken, sondern in »seelischen Widerstandskräften«.[32] Nicht zuletzt aus massenpsychologischen Studien glaubte man ableiten zu können, dass die psychische Kraft eines Heeres dann am stärksten sei, wenn eine gemeinsame Identität hervorgerufen werde. Zum einen nahm dies den in der Freikorpsliteratur beschworenen »Frontgeist« unter den Soldaten auf, zum anderen wurde versucht, der ebenso viel zitierten »Frontdistanz« zu begegnen. Die Offiziere sollten das Frontleben mit den Soldaten teilen und unmittelbar als Vorbild agieren. Nach dem Ersten Weltkrieg, der als Durchbruch des Zeitalters der Massen und der Technik galt, setzte man verstärkt auf zwei sozialtechnologische Verfahren, um eine soldatische Disziplinierung zu erreichen: auf das Leistungsprinzip und auf psychologische Methoden. Mit ihnen sollten Sachkompetenz, Führungsfähigkeit und Gehorsam auf der Höhe motorisierter und mechanisierter Kriegführung garantiert werden.[33]

Eine einfache militärische Disziplinierung, das hatte Bernhardi schon betont, konnte im Zeitalter von Massenarmeen nicht mehr genügen. Zur Erzielung des gewünschten Kämpfertyps war man auf fundamentalere, in außermilitärischen Sozialisationsprozessen erzeugte Dispositionen angewiesen. Die Grundlagen von Disziplin und Kampfmotivation sollten in Erziehungsprozessen gebildet werden, die der militärischen Ausbildung vorausgingen. Die daraus folgende Konsequenz, die gesamte Nation zu militarisieren, begründete eine starke Affinität zwischen Militär und Nationalsozialismus, die den Typus des politisierten Soldaten in der Wehrmacht entstehen ließ. Der Nationalsozialismus

konnte vom Militär umstandslos als das begriffen werden, als was er sich selbst propagierte: als politische Praxis des Frontkämpfertums.[34]

Die Intensivierung des Disziplinarraumes als militärisches Kalkül endete nicht bei den Soldaten. Vom Luftkrieg her gedacht wird die Linie von der Kriegführung zur gesamtgesellschaftlichen Mobilisierung offensichtlich. Douhet hatte stets betont, dass ein strategisches Bombardement auch und vielleicht in erster Linie einen moralischen Effekt erzielt. Dies war ein Topos in der Theorie des strategischen Bombardements, der kaum umstritten war. Douhets Begründung lautete, der moralische Effekt sei deshalb so groß, weil sich Luftangriffe nicht gegen »moralisch gefestigt[e] und geschult[e]« Teile der Nation richteten.[35] In Reichswehr und Wehrmacht gehörte es geradezu zum institutionellen Selbstverständnis, dass das eigentlich verwundbare und schwache Element im Ersten Weltkrieg nicht das Heer, sondern die ›Heimat‹ gewesen sei. Bernhardi hatte die sozialen Figuren »vaterländischer Gesinnungslosigkeit« benannt: »Kriegsgewinnler«, »weit über Verdienst bezahlte Arbeiter« und »die Hydra der Parteipolitik«.[36] Sobald – und das sahen weite Militärkreise als das eigentliche Gehorsamsproblem – die Masse in den Krieg gezogen wird, bedarf es einer gesamtgesellschaftlichen Disziplinierung. Ganz im Duktus psychologischer Termini begriff man dies als moralischen Zusammenhalt. Genauer noch sollte Ludendorff Mitte der dreißiger Jahre formulieren, dass die »seelische Geschlossenheit«[37] der Nation den Ausschlag im Krieg gebe. Feldherrentum würde mithin psychologische Führerschaft nicht allein auf militärischer, sondern auch und vor allem auf nationaler Ebene bedeuten. In einer viel beachteten Schrift konzipierte der Offizier Kurt Hesse 1922 einen »Feldherrn Psychologos«, den die »Masse« aufgrund seines »Prestiges« anerkennen und der als »Herrscher der Seelen« das »Leben, das Schicksal, das Glück eines Volkes« verkörpern könne. Durch die Führung dieses Seelenbeherrschers sollten Heer und Gesellschaft als ein – so wiederholte er die Anthropologie des Frontkämpfers – »psychisches, physisches und sensomotorisches Ganzes« auf den erwarteten Krieg der Zukunft ausgerichtet werden.[38]

Mit den sozialen und räumlichen Mobilisierungen im Ersten Weltkrieg und danach konnte sich eine Mentalität entfalten, die aufnahmebereit für einen Führertypus schien, wie ihn Hesse beschrieben hatte. Neue Formen der Massenkommunikation und der Propaganda hatten eine neue Form von Öffentlichkeit entstehen lassen, in der ein solcher Führertypus wirken konnte. Bereits im Ersten Weltkrieg betrachtete man die Medien, die diesen öffentlichen Raum konstituierten, als Waffen, mit denen ›Propagandaschlachten‹ ausgetragen wurden. Nach dem Krieg sollte eine neues Medium die Konstellationen auf diesem Schlachtfeld gänzlich verändern: Die »Waffe Rundfunk«[39] erlaubte nicht nur einen gefahrlosen Grenzübertritt der eigenen Propaganda, vielmehr ermöglichte sie, einen nationalen Binnenraum in einem ganz neuen Sinne zu schaffen. Der Rundfunk konstituierte eine in seiner Gründungsphase außerordentlich stark empfundene und bewusst initiierte Gemeinsamkeit der Hörerschaft. Durch ihn wurde ein Hörraum erzeugt, ein Raum nationaler Kopräsenz, in dem alle zugleich derselben Sache, demselben Redner zuhören konnten. Die Gemeinsamkeit stiftende ästhetische Wirkung des Radios konnte eine Nation in einem neuen Sinne schaffen: als nationales Affiziertsein durch ein zur gleichen Zeit Gehörtes[40] – das optimale Medium für einen neuen Feldherrn Psychologos, der bekanntlich per Flugzeug über Deutschland und per Radio in die öffentlichen Säle und privaten Stuben kam.

Am Ende des Ersten Weltkrieges stand das Militär vor dem Problem, wie ein zukünftiger Krieg angesichts schwer prognostizierbarer »kriegstechnischer Entwicklung« und schwer kontrollierbarer ›Massen‹ geführt werden könne. Die Rüstungsprojekte und Kriegskonzepte trugen unverkennbar Spuren der modernen Massengesellschaft des 20. Jahrhunderts. Nicht mehr ein Hurra-Patriotismus wurde mobilisiert, sondern universelles Fortschrittspathos, moderner Avantgardismus und radikale anthropologische Optimierungsprojekte. Freilich haben weder Panzer noch Flugzeuge einen Massenkrieg verhindert, sondern eine Eskalationsspirale verursacht. Insofern korrespondierte die Expansion des Kriegsraumes – von einem linearen zu einem Flächen- und schließlich einem Raumkrieg – mit militärischen Projekten einer ungeheuren Intensivierung binnengesellschaftlicher Disziplinierung. Der nationale Anstaltsstaat sollte und hat sich in Deutschland per Radio und Gewalt in einen homogenisierten Mobilisierungsraum transformiert.

Der daraus resultierende totale Krieg ist ein eminent modernes Projekt. Er definiert keinen fixen Zustand, sondern vollzieht sich als umfassender Prozess, in dem erprobt wird, welche gesellschaftlichen Kräfte sich noch in den Strudel kriegerischer Gewalt ziehen lassen. Dennoch musste diese kriegerische Homogenisierungs- und Totalisierungslogik auch in Zeiten des Luftkrieges nicht zwangsläufig greifen. Darin irrte sich die Avantgarde der Theoretiker eines Luftbombardements: Auch in ziviler Form konnte der kriegerischen Totalisierungsbewegung begegnet werden, die terrestrische Masse ließ sich ihre Widerstandskraft so schnell nicht zerbomben.

1 Friedrich von Bernhardi, *Vom Kriege der Zukunft. Nach den Erfahrungen des Weltkrieges*, Berlin 1920.

2 Ebd., S. 149–160.

3 Vgl. v. a. »Einleitung« und »Schlußwort«; ebd., S. 1–7, 234–237.

4 Vgl. Martin Samuels, *Doctrine and Dogma. German and British Infantry Tactics in the First World War*, New York, Westport/Conn. und London 1992.

5 Vgl. zu Fullers und Liddell Harts Rolle in der Entwicklung von Konzepten des Panzerkrieges: Azar Gat, *British Armour Theory and the Rise of the Panzer Arm. Revising the Revisionists*, Houndmills, Basingstoke und New York 2000.

6 Abgedruckt in: John Frederick Charles Fuller, *Erinnerungen eines freimütigen Soldaten*, Berlin 1937, S. 282–295.

7 Abgedruckt in: ders., *On Future Warfare*, London 1928, S. 115.

8 Zit. nach Jehuda L. Wallach, *Kriegstheorien. Ihre Entwicklung im 19. und 20. Jahrhundert*, Frankfurt am Main 1972, S. 205.

9 Vgl. ebd., S. 204–207, 225–228; Azar Gat, *Fascist and Liberal Visions of War. Fuller, Liddell Hart, Douhet, and Other Modernists*, Oxford 1998, passim; Timo Baumann, *Die Entgrenzung taktischer Szenarien. Der Krieg der Zukunft in britischen Militärzeitschriften*, in: Stig Förster (Hrsg.), *An der Schwelle zum Totalen Krieg. Die militärische Debatte über den Krieg der Zukunft 1919–1939*, Paderborn u. a. 2002, S. 179–266, hier S. 232–234.

10 Vgl. Brian Bond und Martin Alexander, *Liddell Hart and De Gaulle: The Doctrines of Limited Liability and Mobile Defense*, in: Peter Paret, *The Makers of Modern Strategy. From Machiavelli to the Nuclear Age*, Princeton/NJ 1986, S. 598–623, hier S. 606; Robert Allan Doughty, *The Seeds of Desaster. The Development of French Army Doctrine, 1919–1939*, Hamden/Conn. 1985, S. 136–177; Wilhelm Deist, *Die Aufrüstung der Wehrmacht*, in: *Das Deutsche Reich und der Zweite Weltkrieg*, Bd. 1, hrsg. vom Militärgeschichtlichen Forschungsamt, Stuttgart 1979, S. 371–532.

11 Vgl. zu den britischen Manövern und Konzepten David French, *Raising Churchill's Army. The British Army and the War against Germany 1919–1945*, Oxford 2000, S. 28–35; Gat (wie Anm. 5), S. 6–11.

12 Vgl. French (wie Anm. 11), S. 19–22; Stefan Kaufmann, *Kommunikationstechnik und Kriegführung 1815–1945. Stufen telemedialer Rüstung*, München 1996, S. 302–313.

13 Heinz Guderian, *Panzer Marsch! Aus dem Nachlaß des Schöpfers der deutschen Panzerwaffe*, bearb. von Oskar Munzel, München 1956, S. 44.

14 Zit. nach Wallach (wie Anm. 8), S. 205, 206.

15 Zit. nach Gat (wie Anm. 5), S. 13 (Übersetzung S. K.).

16 Vgl. Doughty (wie Anm. 10); Daniel Marc Segeser, *Nur keine Dummheiten: Das französische Offizierskorps und das Konzept des Totalen Krieges*, in: Förster (wie Anm. 9), S. 113–177.

17 Vgl. Liddell Hart, *Europe in Arms*, London 1937, passim; Gat (wie Anm. 5), S. 20–24; ders. (wie Anm. 9), S. 146–265.

18 Vgl. Michael Geyer, *German Strategy in the Age of Machine Warfare, 1914–1945*, in: Paret (wie Anm. 10), S. 527–597, hier S. 584–594; Wilhelm Deist, *The Road to Ideological War: Germany 1918–1945*, in: Williamson Murray, MacGregor Knox und Alvin Bernstein (Hrsg.), *The Making of Strategy. Rulers, States, and War*, Cambridge 1994, S. 352–392, hier S. 373–380.

19 Vgl. Michael Geyer, *Deutsche Rüstungspolitik. 1860–1980*, Frankfurt am Main 1984, S. 98–117.

20 Guilio Douhet, *Luftherrschaft*, Leipzig 1935, S. 15.

21 Ebd., S. 16.

22 Ebd., S. 71.

23 Vgl. Klaus A. Maier, *Totaler Krieg und operativer Luftkrieg*, in: *Das Deutsche Reich und der Zweite Weltkrieg*, Bd. 2, hrsg. vom Militärgeschichtlichen Forschungsamt, Stuttgart 1979, S. 43–69; Gat (wie Anm. 9), S. 43–79; Baumann (wie Anm. 9), S. 207–227; Markus Pöhlmann, *Von Versailles nach Armaggedon. Totalisierungserfahrung und Kriegerwartung in deutschen Militärzeitschriften*, in: Förster (wie Anm. 9), S. 323–391, hier S. 342–344, 366–372.

24 Douhet (wie Anm. 20), S. 70.

25 Georg Schmucker, *Radartechnik in Großbritannien und Deutschland von 1918–1945*, in: *Technik und Kultur*, Bd. 10, Düsseldorf 1992, S. 379–398.

26 Williamson Murray, *Der Luftkrieg von 1914 bis 1945*, Berlin 2000, S. 131.

27 In deutscher Übersetzung erschienen unter dem Titel: Gustave Le Bon, *Psychologie der Massen*. Mit einer Einführung von Helmut Dingeldey, Stuttgart 1973 (1895), hier Vorw. zur 1. Aufl., S. XXIV–XXVII.

28 Vgl. Wallach (wie Anm. 8), S. 199f.; Gat (wie Anm. 9), S. 13–20.

29 Vgl. Ulrich Bröckling, *Disziplin. Soziologie und Geschichte militärischer Gehorsamsproduktion*, München 1997, S. 207–240.

30 Bernd Hüppauf, *Schlachtenmythen und die Konstruktion des »Neuen Menschen«*, in: Gerhard Hirschfeld und Gerd Krumeich (Hrsg.), *»Keiner fühlt sich hier mehr als Mensch ...«. Erlebnis und Wirkung des Ersten Weltkriegs*, Essen 1993, S. 43–84, hier S. 64. Vgl. auch Eva Horn, *Die Mobilmachung der Körper*, in: Transit 16 (1998/99), S. 92–106.

31 Ernst Jünger, »Einleitung«, zu ders. (Hrsg.), *Luftfahrt ist Not!*, Leipzig und Nürnberg 1929, S. 11f. Vgl. auch: Detlef Siegfried, *Der Fliegerblick. Intellektuelle, Radikalismus und Flugzeugproduktion bei Junkers 1914 bis 1934*, Bonn 2001, S. 95–104.

32 So George Soldan, *Der Mensch und die Schlacht der Zukunft*, Oldenburg 1925, S. 44.

33 Vgl. Kaufmann (wie Anm. 12), S. 294–302.

34 Grundlegend aufgearbeitet hat dies Manfred Messerschmidt, *Die Wehrmacht im NS-Staat. Zeit der Indoktrination*, Hamburg 1969, hier v. a. S. 157f.

35 Douhet (wie Anm. 20), S. 71.

36 Bernhardi (wie Anm. 1), S. 150f.

37 Erich Ludendorff, *Der totale Krieg*, München 1935, S. 11.

38 Kurt Hesse, *Der Feldherr Psychologos. Ein Suchen nach dem Führer der deutschen Zukunft*, Berlin 1922, S. 142. Derartige Konzeptionen standen keineswegs isoliert; vgl. Wilhelm Deist, *Die Reichswehr und der Krieg der Zukunft*, in: *Militärgeschichtliche Mitteilungen* 1 (1989), S. 81–92.

39 Oberstleutnant Seifert, *Waffe Rundfunk?*, in: *Wissen und Wehr* 9 (1928), S. 51–79.

40 Vgl. Dominik Schrage, *Psychotechnik und Radiophonie. Subjektkonstruktionen in artifiziellen Wirklichkeiten (1918–1936)*, München 2001, S. 225-231.

John Horne

Ein Laboratorium für den totalen Krieg – Heimatfronten 1914 bis 1918

Vor dem Ersten Weltkrieg herrschte die Auffassung vor, Massen-armeen würden einen europäischen Konflikt innerhalb von wenigen Monaten entscheiden können. Zwar vermuteten einige Militärplaner, ein solcher Krieg könne länger dauern. Fortschritte in der Waffentechnik und die Steigerung der Feuerkraft seit 1870, so erkannten andere Experten, würden die Zahl der Toten und Verletzten in die Höhe treiben. Doch dass ein solcher Krieg viereinhalb Jahre dauern, mithin eine Mobilisierung der Wissenschaft, der Industrie und der Kampfmoral der Zivilbevölkerung erforderlich machen würde, konnten sich nur wenige vorstellen. Die Entwicklung einer Heimatfront kam unerwartet.

TECHNOLOGIE, INDUSTRIE UND ARBEITSKRÄFTE

In den meisten europäischen Ländern galt im Jahr 1914 eine nahezu uneingeschränkte Wehrpflicht. Im Kriegsfall sollten auch Männer mittleren Alters als Reservisten in den aktiven Dienst einberufen werden. Mit dem Ausbruch des Ersten Weltkrieges ging somit ein Großteil der erwachsenen männlichen Bevölkerung an die Front; durch diesen Verlust an Arbeitskräften wurde die Wirtschaft der wichtigsten Mächte empfindlich gestört. Obwohl Frauen, Jugendliche und alte Menschen die Ernte einbrachten, kam das Alltagsleben beinahe zum Erliegen, während man den Ausgang der militärischen Ereignisse abwartete. Großbritannien war fast das einzige Land ohne Wehrpflicht, aber auch dort kam es zu wirtschaftlichen Beeinträchtigungen, nachdem sich wehrfähige Männer in Massen freiwillig zur Armee gemeldet hatten.[1]

Als bereits in den ersten Kämpfen gewaltige Mengen an Rüstungsgütern verbraucht wurden, konnte man erahnen, dass dieser Krieg einer anderen Logik folgen würde als von den Militärplanern vorgesehen. Frankreich, Deutschland und Russland erlebten im Herbst 1914 Munitionsengpässe und Großbritanniens *shell crisis* folgte bald darauf im Frühjahr 1915. Die Regierungen dieser Länder sahen sich gezwungen, Programme zur Produktion von Granaten zu improvisieren. Als die militärischen Ereignisse keine Entscheidung brachten und sich an jeder Front der Übergang zum Grabenkrieg abzeichnete, verfestigte sich die Krise des Munitionsnachschubs, mit den entsprechenden weit reichenden Auswirkungen auf die Heimatfront. Die nachfolgenden Offensiven verbrauchten riesige Mengen an Geschossen, denn die Artillerie wurde zur wichtigsten Waffe beim Versuch, die Pattsituation zu durchbrechen. Doch auch die verfügbaren

Arbeitskräfte wurden knapp, als hunderttausende von Soldaten in fruchtlosen Offensiven ihr Leben verloren. Der Krieg offenbarte immer mehr seinen industriellen Charakter. Die halbstädtische Zone, die beiderseits der Westfront entstand, war übersät mit Bahnanlagen, Lagerplätzen und Werkstätten. Im Zuge der parallel stattfindenden Mobilisierung der Industrie wurden die Soldaten mit den hoch entwickelten Werkzeugen ihrer Zunft beliefert. Gemäß der brutalen Algebra des modernen Krieges war Zerstörung gleich Produktion. Im Ergebnis entwickelte sich ein Zermürbungskrieg, aus dem mit Notwendigkeit jene Seite als Sieger hervorgehen musste, die über die größten materiellen Ressourcen verfügte.

Da ihnen die Kontrolle der internationalen Schifffahrtswege oblag, konnten die westlichen Alliierten ihre Kolonien und die Industriemacht USA ökonomisch in Anspruch nehmen.[2] Die dadurch offenbar werdende Bedeutung globaler Nachschubwege hatte auch auf den Seekrieg selbst Auswirkungen. Noch im Vorfeld des Krieges war erwartet worden, dass die entscheidenden Schlachten mit jenen Kriegsschiffen ausgetragen würden, in die man vor dem Krieg viel Geld investiert hatte. Zum Dreh- und Angelpunkt des Konflikts wurden jedoch stattdessen die Versuche deutscher U-Boote, die Grundlagen des alliierten Nachschubs zu gefährden. Deutschland hingegen fehlte die breitere ökonomische Basis der westlichen Alliierten. Für die Deutschen war die Basis zur Befriedigung der materiellen Erfordernisse der industrialisierten Kriegführung wesentlich schmaler. Statt wie Frankreich und Großbritannien die Ressourcen eigener Überseeimperien nutzen zu können, beutete Deutschland nun die Territorien und Völker der von seinen Truppen besetzten Teile Europas aus.

Zur Kriegführung der wichtigsten Mächte gehörte demnach mehr als die bloße Mobilisierung von Soldaten; ihre Anstrengungen mussten vielmehr an den Prinzipien der industriellen Ökonomie orientiert sein. Viele der Innovationen an der Heimatfront, insbesondere im Bereich der Technologie und der Industrie, lassen sich als Ergebnis dieser Einsicht erklären.

Wissenschaft und Forschung wurden unerlässlich für das Überleben der Nation und fast alle Krieg führenden Staaten bemühten sich, ihre wissenschaftliche und technische Infrastruktur in den Dienst der Kriegsanstrengungen zu stellen. Abgeschnitten von den Nitratimporten aus dem Ausland, fehlte es Deutschland an diesem entscheidenden Stoff für die Produktion von Sprengstoff. Weil jedoch der führende Chemiker Fritz Haber vor dem Krieg ein preiswertes Verfahren zum Fixieren von Stickstoff aus der Luft entdeckt hatte, konnte das deutsche

Munitionsprogramm gerettet werden. Später entwickelte Haber dann Chlorgas zur Verwendung als Kampfmittel. Im Bemühen, den im September 1914 verlorenen offensiven Vorteil zurückzugewinnen, setzte das deutsche Heer dieses Giftgas erstmalig im April 1915 in Ypern (Belgien) ein. Was folgte, wurde bald ein vertrautes Muster: Ein Durchbruch auf der einen Seite löste Gegenmaßnahmen und Nachahmung beim Gegner aus und so weiter, in einer Eskalation der Zerstörungstechnologien. Franzosen und Briten setzten bald Schutzmaßnahmen wie Gasmasken ein und entwickelten ihrerseits wirksame Gaswaffen.[3]

Flammenwerfer, Schallmessverfahren für die Artillerie, Panzer und Flugzeuge waren einige der bedeutendsten Beispiele dieser technischen ›Fortschritte‹. Sie alle verbrauchten knappe Ressourcen und erforderten wissenschaftliche und technische Programme, die der Staat ins Leben rufen oder zumindest gutheißen musste. Für sich genommen erwies sich keine dieser Innovationen als entscheidend in einem Krieg, dessen Ausgang letztlich bestimmt wurde von der kumulativen materiellen Dominanz der westlichen Alliierten auf dem Schlachtfeld. Aber sie ließen erahnen, welche Form die Kriegführung in Zukunft annehmen würde, und verdeutlichten, dass wissenschaftliches Know-how nunmehr nicht nur im Frieden, sondern auch in Kriegszeiten unerlässlich geworden war.[4]

Die industrielle Produktion von Rüstungsgütern für den Krieg erforderte auch neue Organisationsformen, die auf der Grundlage der improvisierten Reaktion auf die erste Munitionskrise entwickelt wurden. In Friedenszeiten wurden die Land- und Seestreitkräfte normalerweise aus den staatlichen Waffenarsenalen beliefert. Diese waren jedoch nicht in der Lage, die neuen Erfordernisse des Krieges zu befriedigen. Also musste sich der Staat an Privatfirmen wenden. Einige dieser Firmen – Krupp in Deutschland, Schneider in Frankreich, Vickers in Großbritannien, Putilow in Russland – hatten langjährige Erfahrung in der Rüstungsproduktion. Viele andere stellten ihre Produktion auf Rüstungsgüter um. Alle Firmen besaßen das notwendige Kapital, die erforderlichen Maschinen und das Expertenwissen. Der Staat hingegen kontrollierte den Rohstoffimport und einen Großteil der Arbeitskräfte, sprich: der Männer, die nun mobilisiert worden waren. Der Staat konnte

Einberufene Reservisten ziehen über die Schöneberger Brücke in Berlin, Deutschland, vor 1915 · Deutsches Historisches Museum, Berlin, F 64/878

Geld verleihen und Steuernachlässe gewähren. Sonderbefugnisse für den Notstand erlaubten Eingriffe in die Wirtschaft. Und der Staat war schließlich der einzige Abnehmer für den größten Teil der nationalen Erzeugnisse, die dem Krieg dienten.

Das Ergebnis war ein Experiment, das einem deutlichen Abrücken von der vorherrschenden Orthodoxie des ökonomischen Liberalismus gleichkam. Viele Zeitgenossen sahen darin einen »Staatssozialismus«; tatsächlich jedoch handelte es sich um einen »Staatskapitalismus«. Unternehmer organisierten die Produktion und teilten die knappen Rohstoffe ein, um die von der Regierung gesetzten Produktionsziele zu erreichen. Dabei arbeiteten sie eng mit dem Heer und mit der Regierung zusammen; dieses neue Beziehungsgeflecht wurde in der Regel von charismatischen Persönlichkeiten aus Politik und Wirtschaft koordiniert, die aus der Sicht des Militärs gleichsam Außenseiter waren. In Frankreich war der Reformsozialist Albert Thomas de facto von Ende 1914 bis 1917 der Rüstungsminister des Landes und stellte ein hochkarätiges Team von Beamten, sozialistischen Intellektuellen, Geschäftsmännern – darunter auch Louis Renault – und Gewerkschaftsführern zusammen, um ein Waffenproduktionsprogramm zu koordinieren, das Frankreichs Position als Industriemacht unter Beweis stellte. Lloyd George, ein liberaler Politiker mit wenig Erfahrung in der Wirtschaft, spielte in Großbritannien eine ähnliche Rolle. In Deutschland waren Industrielle – u. a. auch Walther Rathenau, jüdischer Direktor der AEG – entscheidend an der Arbeit der Kriegsrohstoffabteilung (KRA) beteiligt; von Rathenau initiiert, wurde diese bereits im August 1914 vom preußischen Kriegsministerium ins Leben gerufen, um kriegswichtige Rohstoffe für die industrielle Produktion zentral zu verwalten.[5]

Diese bürokratischen Strukturen bildeten den dynamischen Motor einer neuen, ›korporatistischen‹ Beziehung zwischen Staat und Wirtschaft. Theoretisch wäre es möglich gewesen, die Rüstungsindustrie zu verstaatlichen, praktisch war es sinnvoller, die Modernisierungsprozesse im Privatsektor mit staatlichen Maßnahmen zu stimulieren und die Preise zu kontrollieren. Sowohl Lloyd George als auch Albert Thomas förderten eine in diesem Sinne staatliche Produktion – im Falle Großbritanniens mit der Errichtung von mehr als fünfzig *national factories*. Man konnte die Privatunternehmer jedoch nicht völlig außen vor lassen, denn nur sie waren in der Lage, im erforderlichen Umfang Waffen zu entwickeln und zu liefern. Sie taten dies aus patriotischen Motiven, aber auch, weil sie hohe Profite erzielten, eine Tatsache, die häufig Anlass zur Kritik gab. Doch wie Albert Thomas gegenüber dem französischen Parlament betonte: »Wollten wir von der Privatindustrie den maximalen Ausstoß in der kürzest möglichen Zeit erhalten, gab es nur eine Methode – den Sinn der Industriellen für Eigeninitiative ansprechen.«[6]

Die Gewerkschaften waren die dritte Partei in diesem Experiment. Zwar wurde ihnen durch die allgemeine Wehrpflicht ein großer Teil der gewerkschaftlich organisierten Männer entzogen – wenn man einmal von Großbritannien absieht, wo die allgemeine Wehrpflicht erst 1916 eingeführt wurde – und dadurch die Interessenvertretung der Arbeiter gegenüber den Unternehmern zunächst geschwächt. Doch die Ausübung von Zwang auf Arbeitnehmer, die es tatsächlich gab, musste sich in Grenzen halten, wollte man Streiks, die die Produktionsabläufe gestört hätten, vermeiden. Die Gewerkschaften wurden von Anfang an in Fragen der industriellen Mobilisierung konsultiert und sie erreichten wichtige Zugeständnisse in eigener Sache. Dem

Kriegsversehrte im Roehampton Military Hospital, Großbritannien, undatiert · Imperial War Museum, London, Q108161

Militär unterstellte Arbeiter erhielten in der Regel dieselben Löhne wie Zivilisten und obwohl sie der Militärdisziplin unterstanden, gestattete man ihnen so zu leben wie andere Arbeiter. Sie durften sogar der Gewerkschaft beitreten, solange sie nicht in den Streik traten. Arbeiterführer wurden in Großbritannien, Frankreich, Deutschland und später in den USA auf beispiellose Weise zu Partnern – wenngleich zu Juniorpartnern – bei den nationalen Programmen zur Sicherstellung der Munitionsproduktion. Sie bildeten ein Gegengewicht zu den Vertretern der Industrie, äußerten Kritik und nutzten ihre neue Position, um soziale – und sozialistische – Reformen für die Zeit nach dem Krieg vorzubereiten. Mit anderen Worten: Die Waffenproduktionskampagnen in den höher entwickelten Ländern basierten auf einem gewissen Konsens. In Ländern, in denen die Industrialisierung noch nicht so weit fortgeschritten war, herrschten bei der Kriegsproduktion eher autoritäre Strukturen. Das war der Fall in Italien, wo der Militärführer General Dallolio die Macht der Arbeiter innerhalb der industriellen Mobilisierung zu beschränken suchte. Als in Russland die Unternehmer Versuche unternahmen, die Rüstungsproduktion mit Hilfe einer Reihe von Kriegsindustriekomitees unter Beteiligung der organisierten Arbeiterschaft zu koordinieren, bedrohten sie die zentrale Rolle des Zaren in ihrem Fundament. Das zaristische Herrschaftssystem erwies sich als unfähig, sich diesem industriellen Krieg anzupassen.[7]

Der Druck auf die Rüstungsproduktion ließ nicht nach und der Mangel an Arbeitskräften wuchs. Frauen wurden ermuntert, eine Arbeit in der Rüstungsindustrie anzunehmen. Die Franzosen riefen eine halbe Million Arbeiter aus Übersee zusammen, darunter auch Menschen aus den Kolonien. Da sie keinen Zugang zu derartigen Ressourcen besaß, unternahm die deutsche Regierung einen drastischen Schritt und brachte aus den besetzten Ländern Belgien und Polen Zwangsarbeiter nach Deutschland. Internationale Proteste zwangen Deutschland dazu, das Experiment im Falle Belgiens zu beenden. Für die Deutschen war die Situation zweifellos am schwierigsten, denn ihnen fehlten die Lebensmittel und Rohstoffe, die die westlichen Alliierten aus dem Ausland importieren konnten. Deshalb brauchten sie dringend einen Sieg, bevor das Gleichgewicht der Waffen sich endgültig zugunsten der Ententestaaten verschob.

In dieser Situation drängte die durch Ludendorff und Hindenburg verkörperte 3. Oberste Heeresleitung auf eine allumfassende Mobilisierung der Industrie. Auslöser dieses Prozesses waren der fehlgeschlagene deutsche Versuch, den Widerstand der Franzosen 1916 bei Verdun zu brechen, sowie der Schock, den die Schlacht an der Somme im selben Jahr ausgelöst hatte. Das zweite Ereignis hatte gezeigt, dass Großbritannien in der Lage war, sowohl ein Massenheer aufzustellen als auch seine große industrialisierte Wirtschaft in den Dienst des Krieges zu stellen.

In diesem Kontext entstand das Hindenburg-Programm. Forciert wurde es von radikalen Offizieren und von Unternehmern aus der Schwerindustrie, die neue Stahlwerke und Waffenfabriken bauen und die Infrastruktur modernisieren wollten, um den Ausstoß der deutschen Rüstungsindustrie zu erhöhen. Der Erfolg des Programms war letztlich abhängig von den verfügbaren Arbeitskräften, denn es mussten zusätzliche Arbeiter herangezogen, eine Schwächung des Heeres jedoch vermieden werden. Diese Quadratur des Kreises versuchte man mit Hilfe einer totalen Mobilisierung von Arbeitskräften zu erreichen. Mit dem im Dezember 1916 verabschiedeten Gesetz über den *Vaterländischen Hilfsdienst* erhielt der Staat in dieser Frage ein weit reichendes Machtinstrument: Er konnte nun über alle erwachsenen Arbeitskräfte verfügen. Doch das Programm blieb eine Utopie der Militärs. Angesichts des engen Arbeitsmarktes

Rüstungsindustrie, Deutschland 1914–18 · Deutsches Historisches Museum, Berlin, F 67/1406

waren die Gewerkschaften zu mächtig, als dass man sie hätte ignorieren können, und sie erreichten mehr Zugeständnisse, als sie selbst machen mussten. Zur Rekrutierung der erforderlichen Arbeiter wurden mehr als zwei Millionen Soldaten aus dem Militärdienst entlassen. Auf der Folie dieser Umverteilung von Arbeitskräften zeichneten sich indessen der Zusammenbruch des Eisenbahnbetriebs und damit zusammenhängende anhaltende Engpässe in der industriellen Produktion ab. Beides zeugte überdeutlich davon, dass die gesetzten Produktionsziele utopisch waren.[8]

Weder waren die materiellen Mittel, die dem deutschen Militär zur Verfügung standen, auf ähnlichem Niveau wie die der westlichen Alliierten noch hatten die Deutschen die Macht, Arbeitskräfte zu mobilisieren und eine autoritäre Befehlswirtschaft einzuführen. Eine Militarisierung der Wirtschaft und des Arbeitsmarktes war undenkbar ohne eine politische Transformation, wie Russland sie in der Oktoberrevolution von 1917 erlebte und aus der eine provisorische Kommandowirtschaft in Gestalt des ›Kriegskommunismus‹ hervorging. Anderswo herrschte weiterhin eine pragmatischere Form des Korporatismus vor.

PROPAGANDA, ZENSUR UND KULTUR

Die Mobilisierung der Wirtschaft war nur eine Anforderung an die Heimatfront. In einem langen Krieg war die öffentliche Meinung nicht weniger entscheidend. Entgegen der späteren Legendenbildung gab es im August 1914 keinen einheitlichen Hurra-Patriotismus. Die Menschenansammlungen, die sich bildeten, als die Mobilmachung bekannt gegeben wurde und die Soldaten mit ihren Regimentern davonzogen, ließen eine Mischung aus Patriotismus, Besorgnis und Entschlossenheit erkennen. Gleichzeitig führte die Angst vor einer Invasion zu Angriffen auf jeden, der als »innerer Feind« betrachtet wurde. In Paris und London wurden Unternehmen und Läden mit deutschem Firmennamen angegriffen ebenso wie britische und französische Geschäfte in Berlin demoliert wurden. Die »Spionagefurcht« griff um sich. Und als es zu Invasionen in ganz Europa kam, ließen sich die Menschen von Gerüchten und Legenden mitreißen.[9]

Diese Reaktionen auf den Krieg waren zum größten Teil nicht gesteuert. Wohl hatte die Presse ihren Beitrag zu den emotionalen Ausbrüchen vom August 1914 geleistet, doch letztlich verstärkte sie lediglich die in der Öffentlichkeit bereits vorherrschenden Gefühle. Obwohl sie der Zensur und teilweise auch einer Kontrolle ihrer Nachrichtenquellen unterlag, handelte die Presse keineswegs im Auftrag der jeweiligen Regierung. Viel zutreffender wäre hier von bereitwilliger Kooperation zu sprechen, zu der sich die in Privatbesitz befindlichen Zeitungshäuser in Zeiten eines nationalen Notstandes bereit fanden – von einigen wenigen Ausnahmen abgesehen. Gleiches galt für andere meinungsbildende Gruppen – Intellektuelle, Akademiker, die Kirchen, die Frauenverbände, die Gewerkschaftsbewegung und so weiter. Nach innen erlebte jedes Land einen politischen Waffenstillstand – es mochte ein Burgfrieden oder eine *Union sacrée* sein. Doch war er mehr als ein notgedrungenes Stillhalten; vielmehr war er begleitet von einer Übereinstimmung verschiedener kultureller und politischer Identitäten in der Idee der Nation, einer Idee, die jede Gruppe auf ihre Weise interpretierte.

Wie es in einem zeitgenössischen Vers hieß: »Mit gleichem Mute ziehn zum Kampf und Tod sie, der Adel und das Zentrum und die Sozi«. Der nationalistische französische Schriftsteller Maurice Barrès äußerte dieselbe Idee in einem Buch mit dem Titel *Les Diverses Familles Spirituelles de la France*. Darin waren Briefe von Soldaten – Republikanern, Katholiken, Sozialisten und Juden – abgedruckt worden. Barrès betonte, die Verfasser dieser Briefe seien alle Franzosen.[10]

Demnach mobilisierten sich die Gesellschaften in vielerlei Hinsicht selbst für den Krieg. Das Ergebnis war die Entstehung einer spezifischen ›Kriegskultur‹ in jedem Land. Die Friedensjahre hatten den Weg bereitet, denn einerseits fanden in dieser Zeit mächtige Prozesse der nationalen Integration statt, die mit so unterschiedlichen Mitteln wie der staatlichen Aufsicht über die allgemeine Schulpflicht oder der Schaffung nationaler Rituale und Feierlichkeiten – Sedantag in Deutschland, der 14. Juli als Nationalfeiertag in der Französischen Republik – umgesetzt wurden. Andererseits verschärften diplomatische Spannungen nach der ersten Marokkokrise 1905 nationale Antagonismen. Auch wenn sie zunächst eher latent blieben, wiesen sie in ihrer Unversöhnlichkeit bereits auf die ›Kriegskulturen‹ des Ersten Weltkrieges hin. Tatsächlich entstand innerhalb von Wochen, wenn nicht von Tagen, nach Ausbruch des Ersten Weltkrieges eine polarisierende Weltsicht, nach deren Lesart die je eigene idealisierte Nation und ihre Verbündeten gegen einen dämonisierten Feind kämpften. Jener Feind bedrohte nicht nur das nationale Territorium oder die nationalen Interessen, sondern schien das Überleben der nationalen Gemeinschaft insgesamt zu gefährden. So gesehen wurde der Krieg von Anfang an als ein »totaler« Krieg wahrgenommen. Jede Seite war der Ansicht, sie würde irgendeine Form von ›Zivilisation‹ gegen die Barbarei der Gegner verteidigen. Ideologisch gefärbt wurde diese einfache Polarität durch tatsächlich bestehende politische Unterschiede zwischen den wichtigsten europäischen Gesellschaften. Republikanische Franzosen sahen sich als Verteidiger der Zivilisation der Aufklärung und der Französischen Revolution gegen ein militaristisches Deutschland, in dem dieser Auffassung nach eine Art Absolutismus mit der industriellen Moderne verquickt wurde. Fortschrittliche wie auch konservative Deutsche sahen ihre ›Kultur‹ als Verkörperung eines kulturellen und spirituellen Projekts, das namentlich im Gegensatz zu den als seicht und oberflächlich wahrgenommenen Werten der Briten und Franzosen stand.

Verstärkt wurden diese Ideen durch die tumultartigen Ereignisse des Jahres 1914. Die öffentliche Meinung hielt den jeweiligen Gegner stets auch für den Aggressor. Von deutscher Seite war diese Lesart besonders schwer zu vermitteln, denn hier galt es, den Einmarsch von Truppen in das neutrale Belgien zu rechtfertigen. Doch der kurze russische Vorstoß nach Ostpreußen kaum zwei Wochen später löste eine Panik aus, in deren Folge sich das Selbstverständnis der deutschen Kultur als Bollwerk Europas gegen den asiatischen Despotismus zu bestätigen schien. Zugleich waren die Soldaten der in Frankreich und Belgien einfallenden deutschen Armeen davon überzeugt, dass die feindlichen Zivilisten einen Guerillakrieg gegen sie führen würden. Die Reaktion war ein brutales Vorgehen gegen unschuldige Franzosen und Belgier; solche »Vergeltungsmaßnahmen« wurden von den obersten Befehlshabern des Heeres gebilligt und vom Kaiser verteidigt. In der öffentlichen Meinung der Ententeländer einschließlich Russlands waren diese Aktionen »deutsche Gräuel«.[11]

Tatsächlich stellte das deutsche Vorgehen einen eklatanten Verstoß gegen die Haager Landkriegsordnung von 1905 dar. Die Alliierten jedoch werteten es darüber hinaus als Beweis für die angeborene Barbarei der Deutschen. Deutschland reagierte mit Gegenvorwürfen – etwa der Unterstellung, die alliierten Kolonialtruppen an der Westfront, wo indische Soldaten für die Briten und Afrikaner für die Franzosen kämpften, hätten Gräueltaten begangen. Dies konnte jedoch nicht verhindern, dass die alliierten Beschuldigungen von größerer Durchschlagskraft waren und es über den Krieg hinaus auch blieben.

Die ›Kriegskulturen‹ gaben zunächst noch einen schlüssigen Bedeutungsrahmen für den Konflikt ab. Die dafür eingesetzte Propaganda war dabei eher Ausdruck als eigentliche Ursache der Konfrontation. Überdies waren in der ersten Phase des Krieges eher private Institutionen denn staatliche Stellen propagandistisch tätig. Letztere konzentrierten ihre Bemühungen zu diesem Zeitpunkt darauf, die öffentliche Meinung in den noch neutralen Staaten, vor allem in den USA und in Italien, zu beeinflussen. Zwar wurden die Zivilisten aus feindlichen Ländern allein aufgrund ihrer Nationalität als potentielle Gefahr angesehen und interniert, doch generell waren die Staaten zu Beginn des Krieges zurückhaltend in der Anwendung von Repressalien. Der durch die öffentliche Meinung erzeugte moralische Druck, der abweichende Meinungen kaum zu tolerieren vermochte, verhalf der jeweiligen nationalen Wahrnehmung der Ereignisse aufs Wirksamste zur Durchsetzung. Das bekam auch der französische Schriftsteller Romain Rolland zu spüren. Seine 1914 im Schweizer Exil entstandene Schrift *Über dem Getümmel* griff die Intellektuellen aller Krieg führenden Nationen wegen ihrer unkritischen Haltung scharf an. In der französischen Presse wurde er daraufhin des Verrats geziehen.[12]

Doch je länger der Krieg dauerte, desto mehr gerieten die ›Kriegskulturen‹ unter Druck. Insbesondere die Schlachten des Jahres 1916 – Verdun, die Schlacht an der Somme, die Brussilow-Offensive – hatten massive Zermürbungserscheinungen an der Front zur Folge. Parallel dazu zeigten sich auch deutliche Risse im Zusammenhalt der Heimatfronten. Teils militant ausgetragene Arbeitskämpfe, die den Klassenstaatscharakter der Kriegsgesellschaften grell beleuchteten, markierten eine der Bruchlinien. Hinzu kamen ethnisch grundierte Gegensätze. Sie wurden besonders augenfällig in den multinationalen Reichen Österreich-Ungarn und Russland, aber auch in Deutschland (siehe das Elsass und die preußischen Teile Polens) sowie in Irland, wo die Lage für die Briten problematisch wurde. Eng mit den beiden anderen Kategorien verknüpft war das Geschlecht, da in der Zivilbevölkerung Frauen den Männern zahlenmäßig überlegen waren und sie eine bis dahin ungewohnte Unabhängigkeit erlangt hatten. Das heißt keineswegs, dass die ›Kriegskulturen‹ verschwanden, jedoch mussten die Staaten in der zweiten Phase des Konflikts explizite Strategien entwickeln, um mit Zwang, Überwachung und Überredung den Fortbestand der Heimatfront zu sichern. Und für eine derartige Intensivierung der Mobilisierung war der Umgang mit der öffentlichen Meinung entscheidend.

Alle Länder zensierten Zeitungen und Bücher, um Kritik zu unterdrücken und eine positive Sicht auf den Krieg zu begünstigen. Doch die Schärfe der Zensur variierte erheblich. So erschien 1916 Henri Barbusses Werk *Le Feu*, das die menschenunwürdigen Lebensbedingungen an der Westfront beschreibt, als Fortsetzungsroman in einer führenden französischen Zeitung; noch im

selben Jahr erhielt der Autor den renommierten *Prix Goncourt*. In Deutschland war die Lokalpresse in der Provinz oft erheblich freier als die Berliner Presse. Und als die Spannungen wuchsen und eine Debatte über Kriegsziele und darüber, wie der Krieg beendet werden könnte, entstand, erwies es sich in Ländern wie Großbritannien, Frankreich und Deutschland als sehr schwierig zu verhindern, dass sich diese Diskussionen auch in den Zeitungen abbildeten. Natürlich verfügten die Krieg führenden Staaten über ein ganzes Arsenal an Maßnahmen zur Überwachung und Unterdrückung abweichender Meinungen, einschließlich der Militärstrafgerichte, die bei bestimmten Vergehen zum Einsatz kamen. Doch auch hier gab es eine Diskrepanz zwischen der Reichweite solcher Befugnisse und ihrer tatsächlichen Umsetzung. Obwohl einige Pazifisten ins Gefängnis kamen und oppositionelle Arbeiterführer an die Front strafversetzt wurden, gab es keine Konzentrationslager für als Abweichler geltende Zivilisten. Im Gegenteil: Diejenigen, die den Krieg ablehnten, konnten machtvolle Organisationen wie die inoffiziellen Gewerkschaftsbewegungen und die Arbeiterräte bilden, die 1917/18 in Deutschland, Italien, Frankreich und Großbritannien entstanden. Und die Leichtigkeit, mit der es gelang, im März 1917 den Zaren zu stürzen, zeugt von den Schwächen des Kriegsregimes in Russland.

Überwachung und propagandistisch inspirierte Überredung wurden bereits von den Zeitgenossen als bedeutsame Innovationen in der Organisation der Heimatfront angesehen. Die Überwachung von subversiven Kräften war schon lange eine gängige staatliche Praxis; während des Ersten Weltkrieges kam ein neues Anliegen hinzu: das Beobachten der Stimmung in der Zivilbevölkerung. Stärker autokratische Staaten wie Italien oder Russland, die der öffentlichen Meinung weniger Bedeutung beimaßen, brauchten länger, um diese Lektion zu lernen. Länder mit einer hoch entwickelten Zivilgesellschaft wie zum Beispiel Großbritannien, Frankreich und Deutschland scheuten keine Mühe, um in Erfahrung zu bringen, was ihre Bürger dachten. In einer Zeit vor der Erfindung der Meinungsumfrage bedeutete das den Einsatz von Polizei, Heer und Beamten zum Ausforschen der Bevölkerung wie auch der Korrespondenz zwischen Soldaten und Zivilisten. Als sich die Stimmung der Zivilbevölkerung im Frühling und Sommer 1917 infolge der militärischen Pattsituation und der Russischen Revolution deutlich verschlechterte, versuchten die Regierungen mit längerfristigen Propagandakampagnen die einheimische Unterstützung für den Krieg zu remobilisieren. In Großbritannien aktivierten Konservative und Liberale ihre Wahlkampfmaschinerie in einem *National War Aims Committee*. In Frankreich arbeitete das nationale Volksschulsystem mit privaten Organisationen in einer Kampagne gegen »feindliche Propaganda« zusammen. Das Programm des *Vaterländischen Unterrichts* war der Versuch der deutschen Regierung und des Heeres, sowohl die Soldaten an der Front als auch die Bevölkerung an der Heimatfront zu erreichen. Österreich-Ungarn bemühte sich, allerdings erst sehr spät, der scharfen nationalistischen Propaganda entgegenzutreten, die den Zusammenhalt der Monarchie bedrohte. Die italienische Regierung lancierte erstmals eine groß angelegte Propagandakampagne, nachdem das militärische Desaster von Caporetto im Oktober 1917 zu einer österreichisch-deutschen Invasion des Veneto geführt hatte.[13]

Diese Kampagnen stellten eine Mischung aus neuen und traditionellen Elementen dar; Vorträge, Plakate – die vor allem für das Zeichnen von Kriegsanleihen warben –, aber auch das Kino, das im Krieg zum echten Massenmedium wurde, kamen zum Einsatz. Allerdings knüpften die Regierungen übertriebene Erwartungen an diese Kampagnen. Eine der Lehren aus den Erfahrungen mit der Propaganda lag in der Erkenntnis, dass sie nur dann positive Effekte zeitigte, wenn sie von günstigen militärischen und politischen Entwicklungen begleitet war. Für sich allein genommen konnte Propaganda die Einstellung der Zivilisten und Soldaten nicht ändern, denn die bildeten sich weiterhin ihr eigenes Urteil. Allerdings hatten die Regierungen ganz richtig erkannt, dass in den Gesellschaften, in denen die öffentliche Meinung und die politische Teilhabe zu zentralen Faktoren geworden waren, Überzeugen wichtiger war als Unterdrücken. Und diese Erkenntnis bedeutete letztlich, dass die Politik das Herzstück in der Mobilisierung der Heimatfront bildete.

DIE POLITIK DER HEIMATFRONT

»Mache einen König oder mache Frieden«, formulierte der französische Sozialist Marcel Sembat so geistreich wie treffend.[14] Denn in der Tat herrschte vor 1914 die Überzeugung vor, autoritäre Regime seien bei der Kriegführung effizienter als liberale Staaten oder parlamentarische Demokratien. Diese Ansicht wurde im Ersten Weltkrieg einer harten Prüfung unterzogen. Der Konflikt warf eine Reihe von moralischen Fragen auf, mit denen sich alle Krieg führenden Länder befassen mussten. Angesichts der hohen Verluste unter den Soldaten wurde ihr Opfer zum entscheidenden Faktor der Politik; die Ziele des Krieges sowie die Frage, wie er zu beenden sei, wurden dadurch buchstäblich zu einem Konflikt auf Leben und Tod. Doch auch an der Heimatfront wurde gelitten. Dies war zum Teil auf die nach wie vor notwendige Steigerung der industriellen Produktion zurückzuführen; bei gleichbleibend schlechten Arbeitsbedingungen und langen Arbeitszeiten förderte dies den Unmut unter den Beschäftigten. In deren Augen waren nicht nur die Unternehmer und deren exzessive Profite verantwortlich für ihre schlechte Lage, sondern auch die Bauern und Ladenbesitzer, die die Lebensmittelknappheit ausnutzten oder sogar herbeiführten. Andere soziale Gruppen einschließlich der Bauern und der Mittelschicht, deren Angehörige in den Schützengräben ihr Leben riskierten, hegten Groll gegen die »Drückeberger«, die fern der Front arbeiteten und ihren normalen Lohn erhielten. Weil Frauen nun eine maßgebliche Rolle im Leben in der Heimat übernommen hatten, waren sie auch diejenigen, die die Hauptlast der Trauerarbeit für die Kriegstoten zu tragen hatten. Daraus leitete sich ihre moralische Autorität ab, wenn sie an der Heimatfront Protest äußerten. In gewisser Weise hatte diese Seite der Fragen demokratisierende Auswirkungen. Zumindest zwang sie die Regierungen zu handeln, wollten sie diese Probleme – wie die zaristische Regierung – nicht um den Preis ihrer Macht ignorieren.

Die Bedeutung der Kriegsziele und der sozialen Ressentiments war jedoch nicht überall gleich groß. Die Ziele der Briten und Franzosen bestanden im Wesentlichen darin, Deutschland zu besiegen und den Status quo in Europa wiederherzustellen. Ergänzt werden sollte dies durch die Rückgabe Elsass-Lothringens an Frankreich und durch die Übernahme der deutschen Kolonien. Demgegenüber hatte die militärische und politische Führung in Deutschland, trotz ihrer Darstellung des Konflikts

Die erste städt. fahrbare Küche (Goulaschkanone) in den Straßen von Berlin, Deutschland 1914–18 · Deutsches Historisches Museum, Berlin, Do 75/289 (1392)

Lebensmittelrationierung in Deutschland während des Krieges, Deutschland 1914–18 · Deutsches Historisches Museum, Berlin, F 51/2380

als Verteidigungskrieg, 1914 die Ebene der Diplomatie verlassen, um ihre hegemonialen Ansprüche in Europa durchzusetzen. Spätestens 1917 hatten sich jedoch die am wenigsten integrierten politischen Kräfte der wilhelminischen Gesellschaft, die SPD und die katholische Zentrumspartei, gegen eine deutsche Expansionspolitik gestellt und bescheidenere Kriegsziele sowie demokratische und soziale Reformen gefordert, die sie für ihre Unterstützung des Krieges entschädigen würden. Unterschiedliche Auffassungen hinsichtlich der Kriegsziele führten in Deutschland, wie sonst kaum in Europa, zu einer politischen Spaltung.[15]

Auch die Lebensgrundlagen unterschieden sich im Alltag der kriegsbeteiligten Länder. Bei den westlichen Alliierten wurden soziale Ressentiments durch den Zugang zu internationalen Lebensmittellieferungen entschärft. Die Bevölkerungen dieser Länder mussten nicht nur keinen wirklichen Hunger erleiden, in Großbritannien und Frankreich verbesserte die Rationierung sogar die bis dahin noch kärglichere Versorgung der ärmsten Teile der Bevölkerung. In Deutschland führten demgegenüber die Engpässe in der Versorgung mit Nahrungsmitteln zu einer deutlichen Verschlechterung des Lebensstandards und zu einer Zunahme der Sterblichkeitsrate in der Bevölkerung; das Ergebnis war eine nachlassende Unterstützung der Kriegsanstrengungen in den Jahren 1917/18. In Russland bildete der Zusammenbruch der Versorgung sogar einen wichtigen Grund für die Revolution vom Februar 1917. Obwohl alle Krieg führenden Länder 1917/18 Streikwellen erlebten, gab es vor allem in den Ländern, in denen das Gefühl einer sozialen Ungerechtigkeit vorherrschte, eine gegen den Krieg gerichtete oder sogar revolutionäre Tendenz.[16]

Bedenkt man diese Unterschiede, so wird deutlich, dass ein wesentlicher Grund für die erfolgreichere Bewältigung dieser Lage in den liberalen und demokratischen Systemen der betroffenen Staaten lag. Die Regierungen in Großbritannien und Frankreich neigten eher dazu, die Meinung der Zivilbevölkerung ernst zu nehmen. Sie sorgten mit einem effizienten System der Nahrungsmittelverteilung und der Rationierung dafür, dass die Lebensstandards an der Heimatfront erhalten blieben. Das erforderte die Zusammenarbeit mit Freiwilligenorganisationen und politischen Parteien auf der lokalen Ebene. Dagegen zeigte die vom Militär dominierte deutsche Regierung wenig Gespür für die Bedürfnisse der Zivilisten. Eine Fülle von Ämtern mit unüberschaubaren Kompetenzen verschärfte die Lage, statt sie zu mildern; zur Lebensmittelknappheit gesellten sich Vorwürfe wegen Inkompetenz und mangelnder Fairness der Behörden.[17] Darüber hinaus war in Frankreich und Großbritannien die Frage der Kriegsziele weniger umstritten – allenfalls war strittig, ob die Ziele eher auf dem Verhandlungsweg oder mit einem Kampf bis zum bitteren Ende zu erreichen wären –, in Deutschland hingegen führte das starre Festhalten an den hegemonialen Kriegszielen zur endgültigen Krise des Kaiserreiches.

Bereits 1916, als Hindenburg und Ludendorff gegen den Willen des Kaisers die 3. Oberste Heeresleitung bildeten, wurde das fragile Gleichgewicht des wilhelminischen politischen Systems zerstört. Zunehmend griffen diese beiden Männer direkt in die Innenpolitik und Kriegswirtschaft ein, zum Nachteil von Kanzler Bethmann Hollweg, der zivilen Regierung und des Reichstags. Diese Militarisierung der politischen Herrschaft war gepaart mit einem regelrechten Personenkult um Hindenburg. Menschenmengen trafen sich zu »Nagelungen«, bei denen Eisennägel als Beitrag zu den Kriegsanleihen in hölzerne Hindenburg- Figuren gehämmert wurden. Allmählich verdrängte der »hölzerne Titan« den Kaiser als charismatische Autorität. Während die Opposition einen möglichen Weg aus der Krise entwarf – politische Reformen innerhalb einer konstitutionellen Monarchie (mit der Einführung des allgemeinen Wahlrechts in Preußen) –, bemühten sich die militärischen Führer mit einem Programm der expansionistischen Kriegsziele und des extremen Nationalismus, die Energien der Nation zu remobilisieren. Dieses Programm war das innenpolitische Pendant zum entgrenzten U-Boot-Krieg und zur letzten Offensive des Frühjahrs 1918. Beide militärischen Kampagnen zielten darauf, Großbritannien und Frankreich zu besiegen, bevor die USA mit ganzer Kraft intervenieren konnten. Die nach einem deutschen Sieg etablierte Hegemonie in Europa hätte alle Leiden kompensiert und eine scheinbar glorreiche Zukunft eröffnet. Das Misslingen dieses Plans führte nicht nur zur Niederlage, sondern auch unvermeidlich zu Reformen und schließlich zur Revolution.[18]

Großbritannien, Frankreich und die USA ließen sich in den Kriegsjahren auf solche radikalen politischen Experimente nicht ein. Das heißt nicht, dass deren politische Systeme gegen Veränderungen immun gewesen wären. Doch obwohl die Macht der Regierungen in diesen Staaten gestärkt wurde, blieben deren Verfassungsordnungen unangetastet. Man könnte sogar behaupten, dass mit den drei mächtigen Figuren Lloyd George (britischer Premierminister seit Dezember 1916), Clemenceau (französischer Premierminister seit November 1917), und Woodrow Wilson (der Präsident, der im April 1917 die USA in den Krieg führte) eine neue Form der politischen Autorität erfunden wurde. Dieser neue Typus war der demokratisch legitimierte Führer im Krieg, ein Zivilist, der die Massenmedien zu beherrschen verstand und die Energien seiner Nation für den Konflikt bündelte. Ein Vierteljahrhundert später wurde dieses Erfolgsrezept von Churchill und Roosevelt perfektioniert.

Weil das Überzeugen der Bürger wichtiger geworden war als das Ausüben von Zwang, war die entscheidende Schwäche der autoritären Regierungen, die einen langen, industrialisierten Krieg führten, ihr Mangel an Legitimität. Politische Autorität musste sich einen breiteren Rückhalt in der Bevölkerung verschaffen, aber genau diese Entwicklung bedrohte die alten sozialen und politischen Eliten. Die Unfähigkeit, eine Lösung dieses Problems zu finden, führte im Laufe des Ersten Weltkrieges zum Untergang konservativer Regierungen in Mittel- und Osteuropa und forcierte radikale Experimente am linken – die bolschewistische Revolution vom Oktober 1917 – wie auch am rechten Rand des politischen Spektrums. Mussolini, der im Ersten Weltkrieg Frontsoldat und Propagandist der Heimatfront gewesen war, bereitete mit seinen Kriegsschriften ein wirkungsvolles Selbstbild vor: Als Mann des Volkes würde er für die Erneuerung der Nation in einem neuen, allerdings von traditionellen, antisozialistischen und imperialistischen Grundsätzen geprägten Geist sorgen. Insofern war der italienische Faschismus ein Produkt des Ersten Weltkrieges. Auf ähnliche Weise wurde der 1917/18 von Ludendorff und der 3. Obersten Heeresleitung in Deutschland unternommene Versuch einer Remobilisierung von der *Deutschen Vaterlandspartei* begleitet, einer Massenorganisation, die den radikalen Nationalismus und Antisemitismus der extremen Rechten in der Weimarer Republik vorwegnahm.[19]

In einer paradoxen Wendung führte das Bedürfnis autoritärer Regierungen nach Verbreiterung ihrer Legitimationsgrundlagen im Krieg zu weiteren Repressionen. Die spontane Fremdenfeindlichkeit des Jahres 1914 verstärkte auf lange Sicht die zwar schon zuvor vorhandene, nun aber offener ausbrechende feindliche Haltung gegenüber den nationalen Minderheiten. Zwar wurde diese Tendenz von vielen Regierungen nicht explizit gefördert, so dass zum Beispiel die jüdischen Gemeinden in Großbritannien, Frankreich, Deutschland und Österreich den Ersten Weltkrieg im Allgemeinen als eine Zeit der nationalen Integration erlebten. Andererseits war es möglich, einen »inneren Feind« – in vielen Fällen eine nationale Minderheit – zum Sündenbock zu machen, um auf diese Weise eine negative Integration zu bewirken. So übernahm etwa die zaristische Regierung beim desaströsen russischen Rückzug 1915 die Führung bei einer Welle antisemitischer Ausschreitungen. Ludendorff initiierte

Ende 1916 eine »Zählung« der Juden im deutschen Heer, angeblich, um wegen des Vorwurfs der »Drückebergerei« zu ermitteln. Diese haltlosen Vorwürfe verletzten die patriotischen Empfindungen der deutschen Juden. Auch die »Dolchstoßlegende«, nach der Juden, Sozialisten, nationale Minderheiten und andere »fremde« Elemente die Heimatfront sabotiert hätten, war 1917/18 ein Teil der »Kriegskultur« der Rechten, lange bevor Hindenburg die Dolchstoßlegende im November 1919 als allgemeine Erklärung für die deutsche Niederlage anführte. In seiner tödlichsten Form vollzog sich eine solche Mobilisierung gegen den »inneren Feind« im türkischen Ottomanenreich, wo 1915/16 die christlich-armenische Minderheit wegen angeblicher Unterstützung des russischen Feindes von einer radikal-nationalistischen Regierung verfolgt wurde. Die türkische Regierung reagierte auf die gleichzeitige Invasion der Türkei durch Russland und die westlichen Alliierten im Jahr 1915 mit der Zwangsdeportation eines Großteils der armenischen Bevölkerung in die syrische Wüste. Dieser Akt des kalkulierten Massenmords endete mit dem Tod von 1,2 Millionen Menschen.[20] Mit der Mobilisierung der Heimatfront wurde ein ungeheures Potential für Exklusion und Repression heraufbeschworen.

SCHLUSSBEMERKUNG

Die während des Ersten Weltkrieges entstandenen Heimatfronten waren Laboratorien für groß angelegte Experimente, denn der Krieg verdeutlichte, dass ein Sieg mehr erforderte als Massenarmeen auf dem Schlachtfeld. Voraussetzung für die erfolgreiche Kriegführung waren auch neue, auf die Anforderungen des Krieges ausgerichtete Formen der Industriegesellschaft und der Beteiligung der Bürger am politischen Prozess. Diese Veränderungen stellten die Vorrangstellung militärischer Angelegenheiten in Frage und waren zugleich ein Beitrag zur totalen Logik, die der Krieg den feindlichen Gesellschaften aufzwang. Doch weil einzelne Nationen sehr unterschiedliche Bewältigungsstrategien wählten und diese im Rückblick ebenso unterschiedliche Lehren aus den gemachten Erfahrungen nahe legten, spielten die Heimatfronten eine wichtige Rolle in der Bestimmung der ökonomischen, kulturellen und politischen Entwicklungswege, die die Krieg führenden Gesellschaften in der Zwischenkriegsphase einschlugen. Und diese Wege sollten ein Vierteljahrhundert später zu noch radikaleren Formen der Mobilisierung führen.

Aus dem Englischen übersetzt von Paula Bradish

1 Jay Winter und Jean-Louis Robert (Hrsg.), *Capital Cities at War. London, Paris, Berlin 1914–1919*, Cambridge 1997, S. 135–163.
2 Avner Offer, *The First World War: An Agrarian Interpretation*, Oxford 1989.
3 Olivier Lepick, *La Grande Guerre chimique 1914–1918*, Paris 1998.
4 *Le Sabre et l'éprouvette. L'invention d'une science de guerre 1914/1939*, in: *14–18 aujourd'hui – today – heute* 6 (2003).
5 Gerd Hardach, *Der Erste Weltkrieg*, München 1973, hier Kap. 4.
6 *Journal Officiel, Chambre des Députés, Débats*, 1917, hier S. 497.
7 Mario Isnenghi und Giorgio Rochat, *La Grande Guerra 1914–1918*, Mailand 2000, hier S. 297–320; L. H. Siegelbaum, *The Politics of Industrial Mobilization in Russia, 1914–17. A Study of the War Industries Committees*, London 1983, hier S. 159–182.
8 Gerald D. Feldman, *Army, Industry and Labor in Germany 1914–1918*, Princeton/NJ 1966, Neuaufl. Providence/RI u. a. 1992, S. 301–348.
9 Jean-Jacques Becker, *1914. Comment les Français sont entrés dans la guerre*, Paris 1977, hier S. 269–328; Jeffrey Verhey, *Der »Geist von 1914« und die Erfindung der Volksgemeinschaft*, Hamburg 2000, S. 144f.
10 Vers zitiert nach: Peter Jelavich, *German Culture in the Great War*, in: Aviel Roshwald und Richard Stites (Hrsg.), *European Culture and the Great War. The Arts, Entertainment and Propaganda 1914–1918*, Cambridge 1999, hier S. 34; Maurice Barrès, *Les Diverses Familles Spirituelles de la France*, Paris 1917.
11 John Horne und Alan Kramer, *Deutsche Kriegsgreuel 1914. Die umstrittene Wahrheit*, Hamburg 2004.
12 Romain Rolland, *Über dem Getümmel*, in: *Der freie Geist*, Berlin 1966, S. 77–97; französische Erstveröffentlichung in: *Journal de Genève*, 29.08.1914.
13 John Horne (Hrsg.), *State, Society and Mobilization in Europe during the First World War*, Cambridge 1997, Neuaufl. 2002, Teil 4; David Welch, *German Propaganda and Total War, 1914–18*, London 2000.
14 Marcel Sembat, *Faites un roi, sinon faites la paix*, Paris 1913.
15 Fritz Fischer, *Griff nach der Weltmacht: Die Kriegszielpolitik des kaiserlichen Deutschland, 1914–1918*, Düsseldorf 1961; David Stevenson, *The First World War and International Politics*, Oxford 1988.
16 Leo Haimson und Giulio Sapelli (Hrsg.), *Strikes, Social Conflict and the First World War*, Mailand 1991.
17 Jay Winter und Richard Wall (Hrsg.), *Family, Work and Welfare in Europe, 1914–1918*, Cambridge 1988; Belinda Davis, *Home Fires Burning. Food, Politics and Everyday Life in World War I Berlin*, London 2000.
18 Gunther Mai, *Das Ende des Kaiserreichs. Politik und Kriegführung im Ersten Weltkrieg*, München 1987.
19 Paul O'Brien, *Mussolini and the First World War: the Journalist, the Soldier, the Fascist*, Providence/RI und Oxford (im Druck); Heinz Hagenlücke, *Deutsche Vaterlandspartei: Die nationale Rechte am Ende des Kaiserreiches*, Düsseldorf 1997.
20 Vahakn N. Dadrian, *The History of the Armenian Genocide. Ethnic Conflict from the Balkans to Anatolia to the Caucasus*, Providence/RI u. a. 1995.

Anne Lipp

Erfahrungsraum ›Front‹

Als wichtigste Akteure im Erfahrungsraum ›Front‹ agierten Millionen von einfachen Kriegsteilnehmern unterhalb des Offiziersrangs. Ihre Kriegserfahrungen wurden durch steigende Anforderungen an ihre physische und psychische Leistungsfähigkeit ebenso bestimmt wie durch wirtschaftliche und politische Entwicklungen in der deutschen Kriegsgesellschaft.[1] Je länger der Krieg dauerte und damit die Aussichten, bald auch die Hoffnungen auf ein absehbares Kriegsende schwanden, je stärker im gleichen Zeitraum die Kriegszieldiskussion entbrannte, umso eindrücklicher charakterisierten ›Kriegsmüdigkeit‹ und ›Friedenssehnsucht‹ den Zustand des Heeres. Dieser Entwicklung entgegen zu steuern, war naturgemäß ein dringendes und wichtiges Anliegen der militärischen Führung, eines anderen zentralen Akteurs im Erfahrungsraum ›Front‹. Mit zunehmender Kriegsdauer trat immer deutlicher zutage, dass nicht nur sämtliche materiellen, sondern vor allem auch ideelle Ressourcen für eine erfolgreiche Kriegführung mobilisiert werden mussten. Darauf reagierte die militärische Führung mit Deutungs- und Identifikationsangeboten, die als Gegengewichte zur ›Kriegsmüdigkeit‹ und ›Friedenssehnsucht‹ sowie als Movens des ›Durchhaltens‹ angelegt waren. Formuliert und verbreitet wurden sie nicht nur von der militärischen Führung, sondern ebenso von rekrutierten, in der Regel bürgerlichen Kriegsteilnehmern wie Journalisten und Schriftstellern, Studenten und Hochschullehrern, Ingenieuren und Staatsbediensteten. Sie wirkten in Vorträgen und Broschüren an der Ausgestaltung und Verbreitung der an die Soldaten gerichteten Deutungsangebote wesentlich mit.[2]

MATERIELLE RAHMENBEDINGUNGEN DER KRIEGSERFAHRUNG

Der erwartete kurze und siegreiche Bewegungskrieg erstarrte bekanntlich bereits nach wenigen Wochen. Überall an der Westfront – von den Vogesen über Flandern bis nach Nordfrankreich – und ab 1915 auch an der Ostfront gruben sich die feindlichen Armeen in ihren Stellungen ein.[3] Für die Kombattanten hieß es nun vor allem warten – warten auf den nächsten feindlichen Angriff oder auf den Befehl zum eigenen Vorgehen. In dieser statischen Kampfkonstellation kam der Artillerie eine zentrale Bedeutung zu. In bis dahin unbekanntem Ausmaß wurden die gegnerischen Stellungen mit Tod und Verwundung bringenden Granaten aller Kaliber belegt. Beide Seiten versuchten wiederholt, den erstarrten Krieg durch den massenhaften Einsatz von

Menschen und Material – dazu gehörte in der Sprache führender Militärs auch das »Menschenmaterial« – zu überwinden. Das ist an keiner Stelle gelungen.

Neben dem Stellungskrieg und dem massenhaften Einsatz von Material waren wissenschaftliche Fortschritte und technische Neuerungen weitere entscheidende Merkmale des Krieges. Ein völlig neues Kampfmittel war das Giftgas. Die deutsche Seite setzte es im April 1915 in der Schlacht bei Ypern zum ersten Mal ein. Für die Soldaten wurden Gasangriffe zu einer der unheimlichsten Bedrohungen des Krieges. Neu war auch die Ausdehnung des Kampfraumes in die Luft. Flugzeuge, Zeppeline und Heißluftballone wurden zunächst nur zur operativen Aufklärung, bald schon aber auch zum Abwurf von Bomben an der Front und im Hinterland eingesetzt. Die Tanks schließlich – die Vorläufer der Panzer – gehörten zu den wichtigsten kriegstechnischen Neuerungen. Im September 1916 erstmals an der Westfront erprobt, wurden sie vor allem bei den alliierten Gegenoffensiven 1918 erfolgreich eingesetzt und brachten ein wesentliches Element der Beweglichkeit in die Kampfhandlungen zurück.[4]

Unter diesen Bedingungen waren die Soldaten zum ersten Mal in der Kriegsgeschichte Teil eines Mensch-Material-Komplexes,

Vor unseren Feinden. Drahtverhaue vor engl. und frz. Stellungen bei Saloniki, Deutschland 1916 · Deutsches Historisches Museum, Berlin, Do 75/2891 (1358)

in dem die Überlegenheit und kriegstechnische Bedeutung des Materials außer Frage standen. Gleichwohl versperrten sich die militärischen Eliten auf deutscher Seite während des gesamten Krieges der Einsicht, dass Kriege von Waffen und vom Material und nicht mehr in erster Linie von Menschen gewonnen werden konnten – mit weitreichenden Folgen für die ausführenden Soldaten. Von ihnen erwartete man noch am Ende des Krieges maschinengleiche, ja, den Maschinen überlegene Leistungen. Die in den Augen führender Militärs zentrale Charakterinstanz des Willens beispielsweise galt nach wie vor als eine Art Zauberformel, mit der die materielle und waffentechnische Überlegenheit der Gegner gleichsam gebannt werden sollte. Der Wille – so etwa die Vorstellung Erich Ludendorffs – würde sogar Tanks besiegen können. Nach einer französischen Offensive, die nicht zuletzt durch den Einsatz von Tanks sehr erfolgreich verlaufen war, hielt Ludendorff im Juli 1918 der Truppe vor, den franzö-

nicht erhalten. Die Einheit bedürfe der »Ruhe und Auffrischung, wenn sie nicht in absehbarer Zeit versagen soll«. Trotz dieser Warnung blieb die Division in der vordersten Linie. Nach neunwöchigem Einsatz warnte der Kommandeur erneut vor den Folgen eines zu langen Fronteinsatzes, wiederum vergeblich. Erschwerend kam hinzu, dass auch der Stellungsbau nicht vorankam, so dass die Soldaten in unzureichenden und nassen Unterständen ausharren mussten. Zwei schwere und verlustreiche feindliche Gasangriffe taten ein Übriges, die Leistungsfähigkeit und Durchhaltebereitschaft der Division erheblich zu beeinträchtigen. Einzelne Urlaubsüberschreitungen und Weigerungen, in Stellung zu gehen, zeugen von der gesunkenen Leistungsfähigkeit der Soldaten. Im September 1917 meldete der Kommandeur schließlich resigniert, ein noch länger andauernder Einsatz sei schlicht zwecklos, nach vier Monaten an der schwierigen Arrasfront sei die Division »verbraucht«, Disziplin, Moral und vor allem die

Soldatenkino, Deutschland 1916 · Filmmuseum Berlin – Stiftung Deutsche Kinemathek, Berlin, ohne Inv. Nr.

sischen Erfolg nicht vermieden zu haben. Selbst die Tanks hätten nichts ausrichten können, wenn sich die Infanterie nicht hätte überraschen lassen, die Artillerie tief genug gestaffelt und die Truppe »von dem harten Willen zum Sieg« beseelt gewesen wäre.[5]

Während die personelle und technische Überlegenheit der Alliierten vor allem im letzten Kriegsjahr ihre Wirkung zeigte, beeinflusste ein anderer Faktor – die geringe Zahl an Ersatzmannschaften im deutschen Heer – bereits viel früher Einsatz- und (Über-)Lebensbedingungen der Soldaten an der Front. Was das für die Soldaten konkret bedeutete, mag das Beispiel einer bayerischen Infanteriedivision aus dem Sommer 1917 illustrieren. Zu diesem Zeitpunkt war die Einheit an der Arras-Front im Westen. Nach vierwöchigem Einsatz bat der Divisionskommandeur das übergeordnete Kommando darum, seine Truppen aus der Feuerlinie zurückzuziehen.[6] Die Division habe »einen Gesamtabgang von 700 Mann an Toten, Verwundeten und Kranken« zu beklagen und den hierfür angeforderten Ersatz

körperliche Leistungsfähigkeit seien stark zurückgegangen, besonders gering sei die Marschfähigkeit. Erst jetzt erhielt die Truppe die seit nunmehr drei Monaten dringend angeforderte Pause.

Das Beispiel der bayerischen Division veranschaulicht die personellen Bedingungen der Kriegführung in der zweiten Kriegshälfte. Dieser Truppenteil gehörte im Übrigen keineswegs zu den schwächeren Verbänden des Heeres, sondern – nach Einschätzung alliierter Nachrichtendienste – zu den durchschnittlichen bis sehr guten Formationen.[7]

Neben den Bedingungen des technisierten Krieges sowie der personellen Situation im deutschen Heer belastete ein weiterer Faktor das Durchhalten der Soldaten: Die ungleich verteilten (Über-)Lebenschancen zwischen Offizieren und Soldaten an der Front. Am meisten Konfliktpotential bot hier die sogenannte Verpflegungsfrage, aber auch der Zustand und die Sicherheit der Unterstände waren ein Bereich, in dem Soldaten Ungleichheiten zwischen sich und den Offizieren wahrnahmen.[8]

Helft uns siegen!

zeichnet
die
Kriegsanleihe

VII/18 Fritz Erler, *Helft uns siegen!*, Deutschland 1917 · Deutsches Historisches Museum, Berlin

bietende Unterkünfte, die »große Ansprüche an Anspruchslosigkeit« stellten.[9] An der Westfront waren die Soldaten vor allem nach den Frontveränderungen im Frühjahr und Sommer 1918 vielfach lediglich in so genannten Fuchslöchern untergebracht, die weder gegen die Witterung noch gegen feindlichen Artilleriebeschuss genügend Schutz boten. Die militärische Führung hatte – trotz ihrer Entschlossenheit, den Krieg nur nach einem umfassenden deutschen Sieg zu beenden – angesichts der personellen und materiellen Situation den überstrapazierten Soldaten wenig Konkretes, ihre Situation Verbesserndes anzubieten. Je weniger Spielraum sich ergab, die materiellen Bedingungen zu verbessern, desto mehr suchte man auf der sprachlichen und bildlichen Ebene einen Soldatentypus zu schaffen, der unter diesen Kriegsbedingungen bestehen konnte. Gefragt waren Soldaten, die die Feinde bezwingen und die Grenzerfahrungen physischer und psychischer Belastbarkeit bewältigen konnten.

Mit der Symbolisierung des idealen Soldaten im Bild des ›Frontkämpfers‹, eine der bedeutendsten und augenfälligsten kulturellen Hinterlassenschaften des Ersten Weltkrieges, reagierten die offiziellen Meinungsmacher im Militär auf die Erfordernisse des Fronteinsatzes. Kräftiger Körperbau und scharf konturierte Gesichtszüge bildeten seine physischen Merkmale. An äußeren Attributen schmückten ihn häufig Stahlhelm, Gewehr, Handgranate und Spaten. Standhaftigkeit und unbedingte Pflichterfüllung waren ihm als innere Haltungen eingeschrieben, die in einem ebenso festen wie entschlossenen Blick zum Ausdruck kamen. Zudem verfügte er über wichtige Eigenschaften der Affektkontrolle und Selbstbeherrschung, die sich vor allem mit den Begriffen ›Pflicht‹, ›Wille‹ und ›Nervenstärke‹ beschreiben ließen. Der ›Frontkämpfer‹ war zweifellos eine Ausdrucksform des technischen Krieges. Wie kein anderes Symbol beanspruchte der so stilisierte Soldatentypus, sowohl die Anforderungen der modernen Materialschlacht an die Soldaten als auch deren Kriegserfahrungen zu verkörpern.[10]

›HEIMATWAHRNEHMUNG‹ UND KRIEGSDEUTUNGEN

Die materiellen Seiten des Kriegseinsatzes waren zentrale, nicht jedoch die einzigen Elemente soldatischer Kriegserfahrungen. Alle Entwicklungen außerhalb der Front, die für den Krieg in irgendeiner Weise bedeutsam waren, gingen in die soldatische Kriegserfahrung ein und bestimmten ihre Einstellungen zu Krieg und Krieg führender Gesellschaft. Am meisten galt dies für die Wirkungen wirtschaftlicher und politischer Entwicklungen in Deutschland.

Als zentrales und beunruhigendes Problem der Kriegswirtschaft nahmen die Soldaten die Entwicklung auf dem Lebensmittelsektor wahr. Im Laufe des Krieges spitzte sich die Versorgungslage in Deutschland in bedrohlicher Weise zu. Eine rückläufige Produktivität im landwirtschaftlichen Bereich sowie verfehlte staatliche Lenkungsmaßnahmen reduzierten die Menge der zu verteilenden Konsumgüter zunehmend.[11] Bereits die ersten Anzeichen knapper werdender Lebensmittel in Deutschland, erst recht die Einführung der Brotkarte im Februar 1915, riefen unter den Soldaten erhebliche Irritationen hervor. Jede weitere Stufe der Lebensmittelverknappung von der Butter- und Fleischkarte im März bzw. August 1916 über den Tiefpunkt der Versorgungsschwierigkeiten im so genannten Steckrübenwinter 1916/17 bis

Die Verpflegung stellte während des gesamten Krieges ein ernstes Problem dar, das immer nur vorübergehend entschärft werden konnte. Soldaten klagten über gekürzte oder ganz gestrichene Fleischportionen, über die zeitweise Herabsetzung der Brotration auf täglich 500 Gramm, zu gering bemessene Getränkeversorgung und allgemein über eintöniges und fettloses Essen. Gleichzeitig unterstellten sie Offizieren und höheren Unteroffizieren, sie würden sich der Nahrungsmittelknappheit entziehen, ja, sie teilweise sogar erst herbeiführen, indem sie für sich mehr und bessere Nahrungsmittel zurückhielten. Die Nahrungsmittelknappheit erzeugte Gerüchte aller Art – von schwelgerischen Festessen der Offiziere in der Etappe über den Hauptmann, der das für die Mannschaften bestimmte Mehl an sein Hausschwein verfütterte, bis zu den Offizieren, die ihre Burschen schwer bepackt mit Lebensmittelpaketen auf »Dienstreise« zu ihren Familien schickten. Unabhängig davon, welchen Wahrheitsgehalt diese Gerüchte hatten, sie waren alle dazu angetan, die Moral der Truppe zu schwächen.

Bedeutsamer noch als die bessere Verpflegung erwiesen sich in der Wahrnehmung der Soldaten die besseren Überlebenschancen höherer Offiziere, ermöglicht etwa durch ihren Einsatz in der Etappe oder durch besser befestigte und sicherer gelegene Unterstände. Auch hier erwuchs das Konfliktpotential aus dem Vergleich mit den Unterkünften der Mannschaften, die in der zweiten Kriegshälfte häufig sehr mangelhaft waren. An der Ostfront klagte man über feuchte, gegen den Regen kaum Schutz

hin zu der besonders kritischen Ernährungssituation im Frühsommer 1918, als man sogar die Saatgutvorräte angriff, registrierten die Soldaten – zumal die Ehemänner und Familienväter unter ihnen – mit großer Sorge und wachsendem Unmut.

Hinzu kam die Erbitterung über die während des gesamten Krieges nicht gelingende Regulierung des Ernährungssektors, die eine gerechte Verteilung des Mangels ermöglicht hätte. Vielmehr zeigte sich schon bald nach Kriegsbeginn, dass die Kriegswirtschaft nicht nur Mangel und Lasten, sondern auch satte Gewinne zu verteilen hatte. Davon profitierten zum einen Unternehmer, höhere Angestellte und Aktieninhaber der rentablen Kriegsindustrien und zum anderen Agrarier. Sie vor allem verfügten über die immer knapper werdenden Lebensmittel. War schon überhaupt die Tatsache, dass der Krieg für manche Zeitgenossen eine durchaus lukrative Seite hatte, mit der von den Soldaten geforderten Pflichterfüllung und Opferbereitschaft schlecht vereinbar, so erst recht der gewinnbringende (Schleich-)Handel mit Lebensmitteln. Ein Drittel der verfügbaren Lebensmittel wurde dem öffentlichen Verteilungssystem entzogen und auf dem Schwarzmarkt ausschließlich zahlungskräftiger Kundschaft zugänglich gemacht, zu der Soldatenfamilien in der Regel nicht gehörten.[12]

Geradezu zum Symbol sowohl für die ungleich und ungerecht verteilten Kriegslasten als auch für die unpatriotische Einstellung jener, die sich am Krieg bereicherten, wurde der »Fall Daimler«. Das württembergische Unternehmen hatte im Februar 1918 mit einer Produktionseinschränkung gedroht, sollte der Abnehmer Staat nicht bereit sein, höhere Preise für Rüstungsgüter zu zahlen. Dieses Vorgehen fiel in der Öffentlichkeit als besonders kaltschnäuzig auf. Wer der Ansicht war, bestimmte Unternehmerkreise hätten ein gewinnbringendes Interesse an einer möglichst langen Fortsetzung des Krieges, sah sich durch diesen Vorfall in seiner Auffassung bestätigt. Alle militärischen Beobachter waren sich darin einig, dass sich die Wahrnehmung der Versorgungsschwierigkeiten in Deutschland auf die Stimmung der Soldaten außerordentlich ungünstig auswirke. Ein Offizier beobachtete: »Niederdrückend auf die Stimmung wirkt die bekannte Tatsache, daß der Mann an der Front außer an Leben und Gesundheit meist auch noch an seinem heimischen Geschäft geschädigt wird, während die Daheimgebliebenen, die oft in den Augen der Leute Drückeberger sind, sich auf ihre Kosten bereichern [...]. Bei dem Glauben, den der Mann in die Allmacht der Regierung hat, hält er es für einen Mangel an gutem Willen, daß sie hier nicht Wandel schafft.«[13] Auch die »Daimler-Sache« habe »viel böses Blut gemacht« und es herrsche »allgemeine Mißstimmung gegen die Fabrikanten und Aktionäre, die in völliger Sicherheit Riesengewinne einstreichen von dem Gelde, das die Leute bei der Kriegsanleihe zeichnen«.[14]

Fraglos bildete sich entlang der Versorgungsschwierigkeiten zwischen den Soldaten und ihren notleidenden Angehörigen eine Koalition der Unzufriedenen heraus. Familiäre Loyalitäten vermochten es, die getrennten Lebensbereiche zu überbrücken und zu einen. Das Gebaren von »Wucherern« und »Kriegsgewinnlern« hingegen sowie ein Staat, der sich diesen gegenüber handlungsunfähig oder -unwillig zeigte, schrieb der Kriegsgesellschaft schwerwiegende Konfliktlinien ein, von denen die militärische Führung befürchtete, sie würden die Kampfkraft des Heeres wesentlich erschüttern. Die Verteilungsproblematik ließ die Vorstellung einer insgesamt verteidigungswürdigen ›Heimat‹ sehr fragwürdig erscheinen. Ebenso wie die wirtschaftlichen fanden auch

Kaiser Wilhelm II. auf dem Titelblatt der *Deutschen Kriegszeitung*, Ergänzungsheft, 1915 · Deutsches Historisches Museum, Berlin, ZB 1676

die politischen Entwicklungen in Deutschland viel Aufmerksamkeit unter den Soldaten. Dazu zählte vor allem die Frage nach dem Charakter des Krieges – »Verteidigungs-« oder »Annexionskrieg« – und die Art des abzuschließenden Friedens – »Verständigungs-« oder »Siegfrieden«.

Die Überzeugung, von einer »Welt von Feinden« angegriffen worden zu sein, mobilisierte und einte im August 1914 in beispielloser Weise alle gesellschaftlichen Schichten und Gruppen in einer ausgeprägten Verteidigungsbereitschaft. Der Verteidigungstopos war nicht zuletzt für die Millionen Heeresangehörigen der wichtigste Impuls ihrer Kampf- und Durchhaltebereitschaft. Als der Krieg fortdauerte, obwohl deutsche Truppen weit auf fremdem Territorium standen und nicht umgekehrt fremde Armeen in Deutschland, schliff sich der Verteidigungstopos zusehends ab. Die schon kurz nach Kriegsbeginn aufflackernde und ab November 1916 öffentlich geführte Kriegszieldiskussion führte zu tiefen Rissen im nationalen Verteidigungskonsens.

Als der erwartete Krieg begonnen hatte, lautete die Herausforderung für die nationale Rechte nicht, Kriegszielkonzepte zu formulieren, sondern vielmehr, sie zurückzuhalten. Zwar war bis November 1916 mit Rücksicht auf den fragilen »Burgfrieden« die öffentliche Erörterung der Kriegsziele verboten, gleichwohl hatten konkrete Forderungen im halböffentlichen Raum schon kurz nach Kriegsbeginn deutliche Konturen angenommen. Sie zielten auf territoriale Erweiterungen in Frankreich und Belgien

sowie in Russland ab, beanspruchten umfangreicheren Kolonial-
besitz und forderten schließlich finanzielle Entschädigungen.[15]
Es waren keineswegs nur alldeutsch inspirierte Zeitgenossen,
die territoriale Erweiterungen für wünschenswert hielten. Selbst
als gemäßigt geltende Hochschullehrer wie Alfred Weber oder
Hans Delbrück mochten sich dem »Drang nach Osten« oder
einer Eingliederung Belgiens nicht verschließen.[16]

Umfangreiche Kriegszielforderungen widerlegten den propagierten Verteidigungscharakter des Krieges und waren mit dem
soldatischen Selbstbild des »Vaterlandsverteidigers« kaum vereinbar. Auf weitreichenden Kriegszielen zu beharren, bedeutete zudem – angesichts der festgefahrenen Kriegslage – einen auf unbestimmte Zeit hinausgezögerten Friedensschluss. Für viele Kriegsteilnehmer war das Grund genug, umfassenden Gebiets- und
Finanzforderungen skeptisch bis ablehnend gegenüberzustehen.

Selbst als während der Friedensverhandlungen mit Russland
Annexionen zum Greifen nahe waren, lehnte man sie weitgehend ab. Eine Befragung ergab für eine bayerische Infanterie-
division, die Mannschaften seien der Ansicht, »daß Deutschland
keinerlei Gebietserwerbungen anstreben soll, weder auf franzö-
sischem noch auf russischem Boden«.[17] Mit Russland müsse –
so die vorherrschende Anschauung – vielmehr um jeden Preis
Frieden geschlossen werden, damit die im Osten gebundenen
Divisionen für die erwartete Entscheidungsschlacht gegen England und Frankreich frei würden. An diesen Kriegsgegnern
könne man sich nach dem entscheidenden Sieg gegebenenfalls
finanziell schadlos halten, allerdings nicht um den Preis einer
Verlängerung des Krieges.

Anders lagen die Präferenzen vieler Offiziere. Ihre Vorstellungen von dem abzuschließenden Frieden entsprachen eher jenen
der militärischen Führung. Für die Offiziere war ein Friedensschluss ohne jegliche territorialen Kompensationen unbefriedi-
gend und auch nicht um den Preis einer raschen Beendigung
des Krieges anzustreben. Spätestens im Sommer 1918 – vor dem
Hintergrund einer katastrophalen militärischen Lage – mussten
weitreichende Kriegszielforderungen den Soldaten als abenteu-
erliches Draufgängertum erscheinen. Nachdem die deutsche
Frühjahrsoffensive von 1918 weitgehend erfolglos geblieben war
und stattdessen die Alliierten ihrerseits im Sommer mehrere
erfolgreiche Großoffensiven durchführten, machte sich unter
den Soldaten starker Pessimismus über den Kriegsausgang breit.
Überlegungen über deutsche Kriegsziele passten ganz und gar
nicht in dieses Szenario.

Angesichts der ablehnenden Haltung vieler Soldaten gegenüber annexionistischen Kriegszielen mag es nicht verwundern,
dass der Streik in der Rüstungsindustrie vom Januar 1918 – reichs-
weit kam es zu den größten Arbeitsausständen des Krieges[18] –
vielen Soldaten als folgerichtig erschien. Eine der wichtigsten
Forderungen der Streikenden war die nach einem »Frieden ohne
Annexionen und Kontributionen«. Für die Soldaten an der
Front war dies der Punkt, an dem sich ihre Interessen mit jenen
der Rüstungsarbeiter in Deutschland trafen. Entsprechend fielen die soldatischen Reaktionen auf die Nachricht von den Streiks
aus: »Allgemein sollen die heimatlichen Streiks zu Freuden-
äußerungen der Mannschaften Veranlassung gegeben haben.
Die Leute erblicken hierin die einzige Möglichkeit, den Krieg
rasch zu beenden.«[19] Aus einer anderen Einheit hieß es, es sei
»eine Massensuggestion, daß der Friede kommen müsse, wenn
wir keine Kriegsmittel mehr hätten«.[20] Aus Sicht der militärischen
Führung waren solche Äußerungen hochgradig beunruhigend

und ließen für die Überzeugungskraft von Kriegslegitimationen,
aber auch für die weitere Durchhaltebereitschaft der Soldaten
nichts Gutes ahnen. Dort, wo sich zwischen Soldaten und
Daheimgebliebenen eine Koalition der Unzufriedenen herausgebildet hatte – ob entlang der Versorgungs- oder der Kriegsziel-
frage – galt es, diese in jedem Fall aufzubrechen.

Der Weg dahin führte über die Konstruktion des duldenden,
pflichtbewussten Kämpfers in Abgrenzung zur verzagenden und
dann vorgeblich Verrat begehenden ›Heimat‹. Hierzu stellte man
einerseits die Entbehrungen der Zivilisten jenen der Soldaten
gegenüber. Damit ließ sich gleichermaßen die Pflichterfüllung
und Leistungsbereitschaft der Daheimgebliebenen in Zweifel
ziehen wie auch den Soldaten ein starkes und pflichtbewusstes
Selbstbild in Abgrenzung zur schwächlichen ›Heimat‹ vorgeben.

In Vorträgen und in Beiträgen der Feldpublizistik bemühte
sich die militärische Führung darum, den Soldaten den offiziell
gewünschten Standpunkt in dieser Angelegenheit nahe zu bringen. Namentlich für den Briefwechsel mit den Klage führenden
Soldatenfrauen wollte man die Kombattanten rüsten. »Die wei-
nerlichen Jammerbriefe einzelner Klageweiber gehören nicht ins
Feld«, lautete die Devise.[21] »Jammerbriefe«, legte man den Soldaten nahe, sollten sie den »Kleinmütigen« daheim verbieten,
schließlich seien deren Entbehrungen, gemessen an dem, was
die Soldaten zu ertragen hätten, völlig unbedeutend.

Die soldatischen Wahrnehmungen und Deutungen unterlagen
in der offiziellen Aufklärungsrhetorik einer vollständigen Umin-
terpretation: Was aus soldatischer Perspektive als gemeinsamer
Erfahrungsraum wahrgenommen und gedeutet wurde, fand sich
in den Deutungsangeboten aufgeteilt in zwei Bereiche, deren
Gemeinsamkeiten immer geringer und deren Gegensätze immer
schärfer wurden. Die Koalition der Unzufriedenen zwischen Soldaten und ihren Angehörigen auf diese Weise aufzubrechen, gelang wohl kaum. Auch wenn die publizistische Gegensatzbildung
zwischen ›Front‹ und ›Heimat‹ auf der Ebene der soldatischen
Erfahrungen keine Entsprechung fand, waren dennoch auf der
Ebene der Deutungen die Weichen für eine folgenträchtige
Aufspaltung der Kriegsgesellschaft in die versagende ›Heimat‹
und die durchhaltende Front gestellt. Sie erfuhr ihre endgültige
Ausgestaltung in der Auseinandersetzung mit den Januarstreiks
von 1918. Sie führten innerhalb der Armee zu einer massiven
›Aufklärungs‹-Kampagne, in der es darum ging, den Soldaten
die ›richtige‹ Deutung der Vorgänge in Deutschland nahe zu
bringen sowie die beobachteten und befürchteten Rückwirkungen
der Streikbewegung auf die Kriegsteilnehmer zu verhindern.

Nach einhelliger Meinung aller, die sich offiziell dazu äußerten, bedeutete der Streik einen ungeheuerlichen Verrat der Arbeiterschaft an den kämpfenden Soldaten. Formulierungen von
»Verrat«, »in den Rücken fallen« oder »Bruderkampf« standen
im Zentrum der Gegenkampagne. Nun, da angesichts der Entwicklungen in Russland die Bedingungen für einen Sieg endlich günstig seien, »füllen einige Tausend von deutschen Arbeitern und Arbeiterinnen die von den Russen verlassene Front
und fallen uns in den Rücken. Sie streiken! Sie weigern sich,
durch ihre Arbeit, die gut bezahlt wird, dem deutschen Heer
die Mittel zu schaffen, deren es zur Niederringung der Feinde
bedarf.«[22] Die Streikenden »schmieden den Feinden heimtückisch
Waffen gegen die kämpfenden Brüder«[23] oder würden sogar zu
»Mördern an [ihren] deutschen Brüdern«[24], lautete übereinstim-
mend an Ost- und Westfront die Auslegung der Vorgänge in
Deutschland. Die mit solchen Wendungen erhobenen Anschul-

Bei den großen Kämpfen im Westen gefallene Engländer vor unseren Stellungen, Deutschland 1914–18
Deutsches Historisches Museum, Berlin, Do 75/289 I (1238)

digungen wogen schwer, waren doch in dieser Lesart die Arbeitsniederlegungen vorrangig ein gegen die Kriegsteilnehmer gerichteter Akt. Die Verwerflichkeit der Streiks glaubte man mithin am wirkungsvollsten mit zwei zentralen Deutungsmustern – »Verrat« und »Dolchstoß« – herausheben zu können. Sie beschrieben unversöhnliche Gegensätze im Verhältnis zwischen Kombattanten und Nichtkombattanten.

Die Affinität zur »Dolchstoßlegende« der Weimarer Republik ist unverkennbar, wenn auch entscheidende Unterschiede nicht zu übersehen sind. Den argumentativen Kern der späteren Dolchstoßlegende bildete die Schuldzuweisung für die deutsche Niederlage. Im Gegensatz dazu bemühte man sich zu Beginn des Jahres 1918, die Dolchstoßrhetorik nicht in Vorhersagen über den Kriegsausgang einmünden zu lassen. Der Eindruck eines unheilvollen Automatismus zwischen den Ausständen in Deutschland und einem ungünstigen Kriegsausgang durfte nicht entstehen. Vielmehr galt es, den Soldaten zu versichern, ein deutscher Sieg sei nach wie vor möglich, selbst wenn die ›Heimat‹ ihre Unterstützung vorübergehend versage. Damit gab man den Soldaten das Selbstbild pflichtbewusster Vaterlandsverteidiger in Abgrenzung zur pflichtvergessenen ›Heimat‹ vor und erhärtete die Gegensatzbildung zwischen den beiden Erfahrungsräumen noch weiter.

Das Argumentationsmuster, das auf die Polarisierung zwischen ›Front‹ und ›Heimat‹ baute, wurde bis Kriegsende immer wieder bemüht. Wenn Deutschland den Krieg verlieren sollte – lautete die Botschaft –, dann einzig deswegen, weil die ›Heimat‹ das Heer bei seiner schweren Aufgabe nicht unterstütze, vielmehr die Zuversicht der Soldaten durch »Kleinmut und klägliche Zweifelsucht« zerstöre[25] oder sogar heimtückisch den Feinden die Tore zur »Festung Deutschland« öffne.[26] Ende Oktober 1918, als große Teile des Heeres sich bereits in Auflösung befanden,

hieß es in völliger Umkehrung der Gegebenheiten, der Feind sei im Begriff, die »innere Front zu durchbrechen, weil es ihm mit der äußeren nicht gelingen« wolle.[27] Je angespannter die Kriegslage war, je stärker man das Durchhaltevermögen der Soldaten für gefährdet hielt, umso entschiedener erfolgte die Auslagerung der Verantwortung für die Kriegslage aus der Armee hinaus in den zivilen Bereich.

Die in den Vorstellungen vom ›Dolchstoß‹ und vom ›Auseinandertreten‹ zwischen ›Front‹ und ›Heimat‹ enthaltenen Schuldzuweisungen ließen sich nach der Niederlage mühelos reaktivieren und ausweiten. Jene Deutungsmuster, mit denen die Schuld an einer späteren Niederlage vom militärischen in den zivilen Bereich abgeschoben werden konnte, wurden nicht erst in der Situation der Niederlage entwickelt. Lange vor Kriegsende lag die Vorlage bereit, aus der Paul von Hindenburg am 18. November 1919 vor dem Parlamentarischen Untersuchungsausschuss die ›klassische‹ Version der Dolchstoßlegende formulierte.

Auf einem anderen Feld des Durchhalte-Diskurses – in dem Bemühen nämlich, annexionistische Kriegsziele zu propagieren und vor allem zu legitimieren –, griff man auf bereitliegende weltanschauliche Konzeptionen wie die Germanen-Ideologie oder völkisches Denken zurück. Damit konstruierte man einen geschichtlichen Auftrag, den Deutschland im gegenwärtigen Krieg zu erfüllen habe. Auf diese Weise wurden expansionistische und völkische Welt- und Geschichtsbilder, wie sie um die Jahrhundertwende im Umfeld des *Alldeutschen Verbandes* entstanden waren, nicht nur popularisiert und in den Kontext eines nationalen Verteidigungs- bzw. Existenzkampfes gestellt, sondern sie wurden auch einer breiten Leserschaft zugänglich gemacht. Das galt insbesondere für die Erweiterung des deutschen »Lebensraumes« nach Osten.

Wenn in den Kriegszielvisionen zu Beginn des Krieges Siedlungsgebiete gleichermaßen im Westen wie im Osten gefordert wurden, konzentrierten sich völkische Begehrlichkeiten im Laufe des Krieges zunehmend auf den Osten. Daher bemühte man sich, insbesondere die Soldaten an der Ostfront für Expansionspläne im Sinne der »Lebensraum«-Ideologie zu gewinnen und sie für die anstehenden Veränderungen nach dem Krieg vorzubereiten.[28] Eher selten, aber doch hin und wieder, wurde dabei erwähnt, welche Folgen die deutschen Besiedlungspläne in Osteuropa für die dort ansässige Bevölkerung haben würden. In alldeutschen Kreisen stand fest, dass Siedlungsgebiete »geräumt von den Bewohnern« übernommen werden müssten.[29] Die Soldaten an der Front konnten zu diesem Thema lesen: »Gegen Rußland, das nur mit der Masse wirkt, kann nur mit Massenvernichtung etwas ausgerichtet werden. Auch hier verlangt unsere Friedenssehnsucht gründliche, rücksichtslose, wenn auch noch so blutige Kriegsarbeit.«[30] Die Nähe dieser Textpassage zu der deutschen Besatzungs- und Vernichtungspraxis in Osteuropa während des Zweiten Weltkrieges drängt sich geradezu auf. Auch wenn Ansätze gewaltsamer Besiedlungspläne für Osteuropa in den offiziellen Deutungen des Ersten Weltkrieges nur zaghaft angedeutet sind, verweisen sie gleichwohl auf ein Potential, das ansatzweise im zeitgenössischen Denkhorizont angelegt war und das sich im Zweiten Weltkrieg mit ungeheurer Destruktivität entladen sollte.

Wenngleich einfache Soldaten annexionistische Kriegsziele ablehnten, da sie unvermeidlich eine Verlängerung des Krieges bedeuteten, so gab es doch vor allem eine Perspektive, unter der auch ihnen Gebietserweiterungen im Osten attraktiv erscheinen konnten: Die Aussicht auf so genannte Kriegerheimstätten. Vorstellungen über die Ansiedlung ehemaliger Kriegsteilnehmer im landwirtschaftlichen Sektor – wie sie beispielsweise in der von bürgerlichen Sozialreformern geprägten *Kriegerheimstätten-Bewegung* anklangen –, ließen den individuellen Vorteil von Gebietserwerbungen hervortreten. Vor allem unter jenen Soldaten, die im Zivilberuf kleine Handwerker und Arbeiter waren und über Kenntnisse in der Landwirtschaft und im Gartenbau verfügten, bestand offensichtlich durchaus Interesse an Ansiedlungsmöglichkeiten im Osten.[31] So vermochten sich die persönlichen Interessen von einfachen Soldaten mit den Zielen einer annexionistischen Politik durchaus zu überschneiden. Die Propagierung weiteren massiven Landgewinns im Osten durch die Nationalsozialisten und vor allem die Rezeption und Akzeptanz dieser Politik in der Bevölkerung haben hier möglicherweise ihre Vorläufer.[32]

Auf die zunehmende ›Kriegsmüdigkeit‹ und ›Friedenssehnsucht‹ reagierte die militärische Führung insgesamt mit Deutungsmustern, die zwar allesamt entlang beobachteter soldatischer Erfahrungen entwickelt wurden, diese aber gleichwohl in ihr Gegenteil verkehrten. Die physischen und psychischen Grenz- und Ungleichheitserfahrungen im Heer wurden im Idealbild des ›Frontkämpfers‹ synthetisiert; die Opposition der Soldaten gegen erkennbar annexionistische Kriegsziele sowie ihr Wunsch nach einem raschen Friedensschluss, und sei es ein »Verständigungsfrieden«, führten zur Verbreitung völkisch-nationalistischer Vorstellungen und zu einer tief gehenden Gegensatzbildung zwischen ›Front‹ und ›Heimat‹.

Der Erfolg dieser Deutungsmuster während des Krieges ist eher als gering zu veranschlagen, denn die Deutungsangebote widersprachen in zu starkem Maße dem unmittelbar Erfahrbaren.

Dass sie sich dennoch während der Weimarer Republik durchzusetzen vermochten, mag seinen Grund darin gehabt haben, dass die Erfahrungen der Schwäche und des drohenden Versagens unter den Soldaten, aber auch ihre Ablehnung eines »Siegfriedens« und ihre Hoffnung auf einen raschen Friedensschluss so gut wie nicht zu konkurrenzfähigen Deutungsangeboten heranreifen konnten. Ein weiterer Anknüpfungspunkt für den Erfolg heroisierender und kriegsverherrlichender Deutungen nach Kriegsende ist in den soldatischen Durchhalteerfahrungen zu suchen.

DURCHHALTEN UND VERWEIGERN

Im Bewusstsein ›durchgehalten zu haben‹, konzentrierte sich die vorherrschende Erfahrung der Soldaten in den ersten drei Kriegsjahren. Diese zentrale Erfahrung überstrahlte gleichsam die immensen Anforderungen an die psychische und physische Leistungsfähigkeit des Heeres, die Ungleichheitserfahrungen im Frontalltag, aber auch die gewandelten Kriegslegitimationen und Rückwirkungen der Heimatwahrnehmung auf die Stimmung und Kriegseinstellung der Soldaten.

Bis zum Herbst 1917 gab es innerhalb der deutschen Armee – anders als im französischen Heer, in dem es im Mai 1917 zu Meutereien in einer Division am Chemin des Dames gekommen war – keine nennenswerten Verweigerungshandlungen. Selbst wer nicht im Entferntesten der Legende von dem »im Felde unbesiegten Heer« zuneigt, kommt um die Einsicht nicht herum, dass das ›Durchhalten‹ viel stärker als das ›Verweigern‹ den Erfahrungshorizont deutscher Kriegsteilnehmer prägte. So simpel die Feststellung auch ist, so schwierig bleibt es nachzuvollziehen, wie sich der Durchhaltewille auf die Selbstwahrnehmung und Deutungsdisposition der Soldaten ausgewirkt hat.

Durchhalteerfahrungen empirisch zu fassen ist schwierig, waren sie doch die Norm und wurden in den Militärakten – anders als Verweigerungshandlungen – nicht eigens festgehalten. Gleichwohl lassen sich Zugänge zu soldatischen Durchhalteerfahrungen finden. Dazu zählt die Rekonstruktion von Kriegssituationen, in denen das Durchhalten auf das Äußerste gefährdet war. Erinnert sei nur an die britisch-französische Offensive im Sommer 1916 an der Somme.

Vom 24. Juni bis zum 26. November 1916 standen sich dort auf einer Frontbreite von 70 Kilometern 2,5 Millionen alliierte und 1,5 Millionen deutsche Soldaten gegenüber. Etwa 624 000 englische und französische sowie fast 500 000 deutsche Soldaten starben, wurden verwundet oder gefangen genommen. Die gescheiterte englisch-französische Offensive bot sich förmlich an, zur deutschen Durchhalteerfahrung stilisiert zu werden. Hier lag das deutsche Pendant zur französischen, auf die Schlacht um Verdun bezogen Maxime »Ils ne passeront pas« (Sie werden nicht durchkommen).

›Durchhalten‹ war an der Somme keineswegs nur ein propagandistisches Konstrukt. Biographische Zeugnisse zeigen, an welche Selbstdeutungen öffentliche Deutungsmuster anknüpfen konnten. Die Tagebucheintragungen eines Leutnants sowie eines Artilleristen kurze Zeit nach ihrem Einsatz an der Somme lassen das Ausmaß von Durchhalteerfahrungen erahnen.[33] Beide Überlebenden verließen diesen Kriegsschauplatz nicht nur mit dem Gefühl, Dantes Inferno erlebt, sondern auch in dem Bewusstsein, durchgehalten zu haben. Im Tagebuch des Artilleristen klang das so: »Nur der, der selbst in diesem Kampfe gestanden hat, vermag nachzufühlen, welch übermenschliche Leistungen an Nervenkraft und Nervenanspannung […] verlangt wurde und unsere Tapferen in jenen Tagen vollbracht haben.«

Das Überleben war für die Betroffenen mit Sicherheit das Wichtigste. Durchgehalten zu haben hingegen bot den positivsten Anknüpfungspunkt für die Selbstwahrnehmung derer, die dabei gewesen waren. Das Bewusstsein, jegliche das Durchhalten und Überleben gefährdende Grenzsituationen gemeistert zu haben, bildete die Grundlage für Selbststilisierung und positive Selbstwahrnehmung. Als am 1. Juli 1916, nach einwöchigem Artilleriefeuer, der englisch-französische Infanterieangriff begann, grenzte es für die deutschen Soldaten an ein Wunder, dass sie ihren Abschnitt verteidigen konnten. Wenn derartige Extremsituationen wie der alliierte Angriff an der Somme nicht mit einem Misserfolg endeten, bildeten sie für die Erinnerung und die Sinngebung der mörderischen Fronterfahrung die Eckpfeiler einer positiven Selbstwahrnehmung. Noch unter dem Eindruck des Geschehenen beschreibt Leutnant Grün tief bewegt die ersten Stunden außerhalb der Todeszone: »Die Leute legten sich ins Gras und schliefen teilweise sofort. […] Die Gesichter totenblaß, voll Dreck, mager, kaum wiederzuerkennen. Die Augen eingefallen, zitternd Hände und Knie. Da lagen sie, die

armen Teufel, die durchgekommen waren, nur Schatten von dem was sie vor 14 Tagen gewesen. Und jeder einzelne ein braver Kerl, ein Held. Ergriffen betrachtete ich mir lange das zusammengeschmolzene Häuflein.«

Je mehr die Soldaten ertragen mussten, je näher sie an die Grenzen ihrer Leistungsfähigkeit gekommen waren, umso überzeugender symbolisierten sie das Durchhalten. Unter solchen Bedingungen durchgehalten zu haben, musste auch nach einem verlorenen Krieg noch als Erfolg erscheinen. Für die Überlebenden war es das Resultat ihres Einsatzes und der Kern dessen, was dem Erleben von Leiden, Grauen und Tod Sinn verleihen konnte.

Die Handlungsalternative zum Durchhalten lautete Verweigern.[34] Dazu kam es in nennenswertem Umfang erst im letzten Kriegsjahr. Betroffen waren vor allem Infanterieverbände und hier besonders Einheiten, die nach dem Waffenstillstand an der Ostfront in den Westen verlegt worden waren. Die Soldaten dieser Einheiten hatten mit dem Friedensschluss von Brest-Litowsk den Krieg bereits als beendet erlebt und akzeptierten es nur schwer, dem im Osten gerade entkommenen Krieg an der Westfront wieder zu begegnen. Bei Truppentransporten an die Front kam es wiederholt zu ernsthaften Ausschreitungen.

Die häufigste Form, sich dem Kampfeinsatz zu entziehen, war die so genannte unerlaubte Entfernung. Bei größeren Kampfhand-

XIV/21 *Patrouille de ravitaillement dans un boyau [Verpflegungstrupp in einem Laufgraben]*, Section Photographique de l'Armee, Frankreich 1915–18 · Établissement de la communication et de production audiovisuelle de la défense (ECPAD), Paris

lungen entfernten sich Soldaten vorübergehend von der Truppe, um nach dem Gefecht wieder zu erscheinen. Das »Wegdrücken« in verlassene Unterstände, Batterien oder Waldlager während der Kampfhandlungen, um danach wieder bei dem eigenen Truppenteil zu erscheinen, war die unverfänglichste Weise, den Gefahren des Kampfes zu entgehen und trotzdem disziplinarisch unbelangt zu bleiben.

Wichtig ist festzuhalten, dass die 1918 auftretenden Verweigerungshaltungen und die Auflösungserscheinungen im Heer zwar die Erfahrungen vieler, jedoch keine gemeinsamen Erfahrungen waren. Verweigerungen fanden selten in expliziter Gemeinschaft mit anderen statt, sondern waren lediglich die Möglichkeit vieler Einzelner, in einer hoffnungslosen Situation das Überleben zu sichern. Vorfälle wie bei einem bayerischen Infanterieregiment, dessen Mannschaften unerlaubte Entfernungen vereinbarten, blieben die Ausnahme.[35]

Auch gingen mit den Auflösungserscheinungen im Heer keine kollektiv erhobenen, politisch motivierten Forderungen einher. Politische Orientierungen, die sich unter den Soldaten im Laufe des Krieges herausgebildet hatten – etwa die Opposition gegen Annexionen –, wurden nicht zum Kristallisationspunkt einer kollektiven Verweigerungsbewegung. Ein gemeinsames Potential politischer Einstellungen war zwar vorhanden, nicht aber der institutionelle Rahmen, um daraus einen organisierten Konflikt entstehen zu lassen. Damit fehlte das Verbindende, um die Einzelerfahrungen zu einer gemeinsamen Handlung zusammenzuführen. Dies dürfte entscheidend dafür gewesen sein, dass aus den Erfahrungen der Verweigerung keine identitätsstiftende, kollektive Erinnerung erwuchs, mehr noch: Verweigerungshandlungen wurden nachträglich von den Betroffenen selbst verschwiegen.[36] Die späteren aggressiv-nationalistischen Identitätsstifter des Mythos vom heroischen ›Kriegserlebnis‹ hatten wohl nicht zuletzt deswegen leichtes Spiel.[37]

KULTURELLE HINTERLASSENSCHAFTEN DES KRIEGES

Innerhalb des Erfahrungsraumes ›Front‹ war während des Krieges ein Repertoire an Deutungen entstanden, aus dem die Protagonisten eines nächsten Krieges sich bedienen und das sie zu ihren Zwecken weiterentwickeln konnten. Dass sie an genau entgegengesetzten soldatischen Erfahrungen entwickelt wurden, musste ihren Erfolg nicht beeinträchtigen.

Zu den kulturellen Hinterlassenschaften des Krieges[38] zählt zunächst die Auslagerung der Verantwortung für den Kriegsausgang in Form der »Dolchstoßlegende«. Verantwortung und Schuld der Militärelite für Kosten und Folgen des Krieges ließen sich damit hervorragend kaschieren. Auch wenn die Dolchstoßlegende bereits während der Weimarer Republik formal als widerlegt galt, so war der Streit um sie doch aus Sicht der verantwortlichen Militärs eine nützliche Stellvertreterdebatte, die ihren Zweck erfüllte und die Aufmerksamkeit von den eigentlich wichtigen Kriegsschuldfragen ablenkte.

Die Popularisierung völkischer Ideen, insbesondere das Streben nach Siedlungsgebiet im Osten, ist als weitere kulturelle Hypothek des Ersten Weltkrieges anzusehen. Sie resultierte namentlich aus dem Krieg an der Ostfront. Die Ursachen für eine Radikalisierung völkischen Denkens in der Weimarer Republik sind mithin nicht nur in der Niederlage von 1918 oder dem

Versailler Vertrag zu suchen. Schlagworte wie »Herrenvolk«[39], »Rassenkampf«[40] oder »Massenvernichtung«[41], die später zur sprachlichen Munition des nationalsozialistischen Vernichtungskrieges gehören sollten, tauchten bereits in den Kriegsdeutungen des Ersten Weltkrieges auf.

Schließlich gehörte der ›Frontkämpfer‹ zu den bekanntesten und verbreitetsten Symbolisierungen des Krieges in der Weimarer Republik. Sollte er während des Krieges vor allem das Durchhalten verkörpern, so erhielt er in der Weimarer Republik eine in die Zukunft gerichtete Stoßrichtung. Er wurde zum Symbol für den wiederaufzunehmenden und mit anderem Ergebnis zu beendenden Krieg. Seine zentrale Folgewirkung ist darin zu sehen, dass er eine öffentlichkeitswirksame Auseinandersetzung mit den soldatischen Kriegserfahrungen blockierte.

Angesichts der heroisierenden Kriegs- und Soldatenbilder, in die die soldatischen Kriegserfahrungen übersetzt worden waren, und mangels konkurrierender öffentlicher Deutungen, die stärker den grauenvollen und mörderischen Charakter des Krieges betont hätten, standen die Chancen für eine kritische Auseinandersetzung mit dem vergangenen Inferno in der Weimarer Republik von Anfang an schlecht. Für den Erfolg kriegsverherrlichender und kriegsbejahender Deutungsmuster in der Weimarer Republik dürfen aber auch die möglichen Anknüpfungspunkte in der Selbstwahrnehmung der Soldaten nicht übersehen werden. Ihnen blieb nach überlebtem Krieg als positive Erinnerung ohnehin nur, ›durchgehalten zu haben‹. Mit Kriegsverherrlichung musste das aus Sicht der ehemaligen Kombattanten nichts zu tun haben, wohl aber mit nachträglicher Sinngebung für einen verlorenen Krieg.

1 Michael Salewski, *Der Erste Weltkrieg*, Paderborn 2002.

2 Anne Lipp, *Meinungslenkung im Krieg. Kriegserfahrungen deutscher Soldaten und ihre Deutung 1914–1918*, Göttingen 2003.

3 Zur Ostfront: William C. Fuller, *The Eastern Front*, in: Jay Winter, Geoffrey Parker und Mary R. Habeck, *The Great War and the Twentieth Century*, New Haven und London 2000, S. 30–68.

4 Michael Howard, *The First World War*, Oxford 2002.

5 Sächsisches Hauptstaatsarchiv, Dresden (SächsHStA) KA(P) 25769, Befehl Chef des Generalstabes des Feldheeres vom 4.08.1918.

6 Zum Folgenden vgl. Bayerisches Hauptstaatsarchiv, München (BHStA) 6. ID/49.

7 *Histories of two hundred and fifty-one divisions of the German Army which participated in the war (1914–1918)*, Washington 1920.

8 Martin Hobohm, *Soziale Heeresmißstände als Teilursache des deutschen Zusammenbruches von 1918*, WUA Bd. 11,1, Berlin 1929; Benjamin Ziemann, *Front und Heimat. Ländliche Kriegserfahrungen im südlichen Bayern 1914–1923*, Essen 1997; Bernd Ulrich, *Die Augenzeugen. Deutsche Feldpostbriefe in Kriegs- und Nachkriegszeit 1914–1933*, Essen 1997.

9 BHStA 14 ID/34, Stimmungsbericht der 8. Infanteriebrigade vom 24.07.1917.

10 Zur Entstehung des ›Frontkämpfers‹ im Ersten Weltkrieg vgl. D. Hoffmann, *Das Volk in Waffen. Die Kreation des deutschen Soldaten im Ersten Weltkrieg*, in: Annette Graczyk (Hrsg.), *Das Volk. Abbild, Konstruktion, Phantasma*, Berlin 1996, S. 83–100; Bernd Hüppauf, *Schlachtenmythen und die Konstruktion des »Neuen Menschen«*, in: Gerhard Hirschfeld und Gerd Krumeich (Hrsg.), *»Keiner fühlt sich hier mehr als Mensch …«. Erlebnis und Wirkung des Ersten Weltkriegs*, Essen 1993, S. 43–84.

11 Anne Roerkohl, *Hungerblockade und Heimatfront. Die kommunale Lebensmittelversorgung in Westfalen während des Ersten Weltkriegs*, Stuttgart 1991.

12 Jürgen Kocka, *Klassengesellschaft im Krieg. Deutsche Sozialgeschichte 1914–1918*, Göttingen 1973; Ute Daniel, *Arbeiterfrauen in der Kriegsgesellschaft. Beruf, Familie und Politik im Ersten Weltkrieg*, Göttingen 1989.

13 BHStA AOK 6/121, Stimmungsbericht der 18. Infanterie-Division vom 1.07.1918.

14 BHStA 14. ID/34, Bericht des 8. Infanterie-Regiments vom 31.03.1918.

15 Heinz Hagenlücke, *Deutsche Vaterlandspartei. Die nationale Rechte am Ende des Kaiserreiches*, Düsseldorf 1997; Roger Chickering, *We Men Who Feel Most German. A Cultural Study of the Pan-German League, 1886–1914*, Boston 1984.

16 Klaus Schwabe, *Die deutschen Hochschullehrer und die politischen Grundfragen des Ersten Weltkrieges*, Göttingen 1969.

17 BHStA 6. ID/49, 10. Infanterie-Regiment vom 30.12.1917.

18 Gerald D. Feldman, *Armee, Industrie und Arbeiterschaft in Deutschland 1914–1918*, Berlin und Bonn 1985.

19 BHStA 14. ID/34, Beobachtungen beim II/4. Infanterie-Regiment vom 4.02.1918.

20 BHStA 14. ID/58, I/25 an 25. Infanterie-Regiment betr. »Stimmung und Gesinnung der Mannschaften« vom 4.02.1918.

21 *Liller Kriegszeitung*, 2. Jg., Nr. 111, 27.06.1916, *Klageweiber*.

22 *Im Schützengraben*, Nr. 127, 03.02.1918, *Verrat!*

23 *Kriegszeitung der 10. Armee*, 3. Jg., Nr. 485, 05.02.1918, *Verlorenes Spiel*.

24 *Die Wacht im Westen*, Nr. 131, 10.02.1918, *Schämt Euch! Ein ernstes Wort an alle Quertreiber daheim.*

25 *IIIb Feldpressestelle*, Nr. 249, 02.10.1918, *Das Gift der Heimat.*

26 *IIIb Feldpressestelle*, Nr. 252, 10.10.1918, *Die Festung Deutschland ist uneinnehmbar.*

27 *IIIb Feldpressestelle*, Nr. 256, 30.10.1918, *Ist es denn wirklich soweit?*

28 Vejas Gabriel Liulevicius, *Kriegsland im Osten. Eroberung, Kolonisierung und Militärherrschaft im Ersten Weltkrieg*, Hamburg 2002.

29 So u. a. der Stellvertretende Vorsitzende des *Alldeutschen Verbandes*, Konstantin Freiherr von Gebsattel, in einer Rede während der Julikrise, zit. nach Michael Peters, *Der Alldeutsche Verband am Vorabend des Ersten Weltkrieges (1908–1914)*, Frankfurt am Main 1992.

30 *Der Landsturm*, Nr. 13, 25.05.1915, *Friede!*

31 BHStA AOK 6/121, Bericht über den »Vaterländischen Unterricht« im Monat Mai vom 7.06.1918.

32 Klaus Latzel, *Deutsche Soldaten – nationalsozialistischer Krieg? Kriegserlebnis – Kriegserfahrung 1939–1945*, Paderborn 1998.

33 Bundesarchiv – Militärarchiv, Freiburg (BA-MA) PH 12 II/57, Auszug aus dem Kriegstagebuch des Karl Eisler über die Großkampftage der Sommeschlacht 1916; BA-MA PH 12 II/58, Auszug aus dem Kriegstagebuch des Leutnants der Landwehr Richard Grün.

34 Christoph Jahr, *Gewöhnliche Soldaten. Desertion und Deserteure im deutschen und britischen Heer 1914–1918*, Göttingen 1998.

35 BHStA 14. ID/58, 8. Infanterie-Regiment betr. »Unerlaubte Entfernung« vom 8.06.1918.

36 Richard Bessel, *Die Heimkehr der Soldaten. Das Bild der Frontsoldaten in der Öffentlichkeit der Weimarer Republik*, in: Hirschfeld/Krumeich (wie Anm. 10), S. 221–239.

37 Kurt Sontheimer, *Antidemokratisches Denken in der Weimarer Republik. Die politischen Ideen des deutschen Nationalismus zwischen 1918 und 1933*, München 1962.

38 Jörg Duppler und Gerhard P. Thoß (Hrsg.), *Kriegsende 1918. Ereignis, Wirkung, Nachwirkung*, München 1999; Jost Dülffer und Gerd Krumeich, *Der verlorene Frieden. Politik und Kriegskultur nach 1918*, Essen 2002.

39 *Deutsche Kriegzeitung von Baranowitschi*, Nr. 1, 01.01.1916, *Worum es geht in diesem Kriege*.

40 *Liller Kriegszeitung*, 2. Jg., Nr. 1, 02.08.1915, *Zum 2. August*.

41 *Der Landsturm*, Nr. 13, 25.05.1915, *Friede!*

Gerd Krumeich

Konjunkturen der Weltkriegserinnerung

Die Erinnerung an den »Großen Krieg« wachzuhalten, war schon seit August 1914 ein weit verbreitetes Anliegen. Heute noch gibt es zahlreiche private Sammlungen etwa von zeitgenössischen Zeitungsausschnitten, aber auch von Tagebüchern einfacher Menschen, die im August 1914 begonnen wurden, immer mit der Absicht, den unvergesslichen Moment des gemeinsamen Aufbruchs für die Verteidigung Deutschlands und des unerwartet einmütigen, ja vermeintlich begeisterten Eintretens für die heilige Einheit Deutschlands festzuhalten und für die kommenden Generationen zu dokumentieren.[1] Wenige dieser Tagebücher sind allerdings über den Jahresbeginn 1915 hinaus weitergeführt worden. Denn entgegen allen Erwartungen waren die Soldaten nicht zum Weihnachtsfest wieder zu Hause. Sie mussten sich vielmehr in Stellungen eingraben, die im Wesentlichen während der folgenden vier Jahre unverändert blieben.

Mit der Erstarrung der Fronten ließ aber auch die Intensität der kollektiven emotionalen Anteilnahme nach. Der Krieg wurde immer stärker zur täglichen Mühsal – daheim wie im Feld. Die anfänglich noch publizierten Verlustlisten der »auf dem Feld der Ehre gefallenen Helden« verschwanden bald ganz aus den Zeitungen. Die Zensoren vermuteten nicht zu Unrecht, eine solche Präsenz des Massensterbens könne der Moral der Zivilbevölkerung abträglich sein. Die um ihre Angehörigen und Freunde trauernden Hinterbliebenen wurden mit ihrem Leid für den Rest des Krieges allein gelassen. An die Stelle des Aufbruchelans im Sommer 1914 traten Zensur und Propaganda sowie eine immer wieder aufs Neue vorgenommene Inszenierung des Krieges, von dem die wenigsten Deutschen, für die der Kampf weit von der eigenen Haustür entfernt stattfand, eine konkrete Anschauung haben konnten.

Aus diesem Grund wurde die Erfahrung des Krieges für die Nicht-Soldaten vollständig medialisiert. Die Wochenschauen etwa brachten im Wesentlichen stereotype Berichte über die Truppenbewegungen. Dabei rückten zwar auch Zerstörungen der Landschaft und von Gebäuden ins Bild. Aber der wirkliche Krieg war nicht zu sehen, da die Kameratechnik noch keine Nahaufnahmen des Geschehens zuließ. Angesichts früher Dokumentarfilme wie etwa des 1917 entstandenen Werkes *Bei unseren Helden an der Somme* merkten auch schon zeitgenössische Beobachter kritisch an, hier werde der Krieg zum Spaziergang verniedlicht.[2]

Als mediale Mittler zwischen Heimat und Front ebenso wichtig wie der Film, aber auch die Fotografie und die Malerei, wurden die Kriegsausstellungen. Beutewaffen, Alltagsutensilien der Front sowie natürlich auch – die Überlegenheit deutscher Rüstungstechnik dokumentierend – eigene Waffen konnten hier vom Publikum sre Musterschützengräben ausgehoben; die

vermeintlich sicheren Unterstände suggerierten den zivilen Besuchern, ihre »Söhne im Felde« wären rundum geschützt.

So war und blieb denn der Weltkrieg weniger Erlebnis und Erfahrung als eine von Propaganda überwucherte sprachliche und bildliche Inszenierung. Diese hatte erhebliche Konsequenzen für das Verhalten der Bevölkerung während des Krieges und in der Nachkriegszeit. Wenn auch gewiß die Ahnung vorherrschte, dass die Hurra-Meldungen über alle möglichen Schlachtensiege nicht

Kriegsaustellung in Stuttgart, Deutschland, undatiert · Bibliothek für Zeitgeschichte in der Württembergischen Landesbibliothek, Stuttgart, 94/9/39

der Realität entsprachen, so waren doch viele Deutsche im November 1918 zutiefst erschüttert, als bekannt wurde, die Oberste Heeresleitung habe einen sofortigen Waffenstillstand verlangt. Die »Siegfrieden«-Propaganda und die weit verbreitete Hoffnung auf einen Sieg hatten noch die 9. Kriegsanleihe vom März 1918 erstaunlich großen Zuspruch finden lassen. Waren nicht gerade die Russen geschlagen und mit ihnen ein unversöhnlicher Diktatfrieden geschlossen worden? Und bestand nun nicht die Chance, mit den frei werdenden Truppen der Ostfront zumindest die Franzosen zum Frieden zu zwingen, solange die Amerikaner noch nicht wirklich einsatzbereit waren? Kaum jemand wusste, in welch steigendem Ausmaß deutsche Soldaten seit dem Frühsommer 1918 damit begonnen hatten, den Krieg privat zu beenden, indem sie sich einem »verdeckten Militärstreik« anschlossen.[3]

GRUNDMUSTER DER WELTKRIEGSERINNERUNG

Die mangelnde Kenntnis der Kriegswirklichkeit und die zu guten Teilen auf reinem Wunschdenken basierende Propaganda – wirkungsvoll unterstützt durch die Zensur – hatten tief greifende Folgen für die Grundmuster der deutschen Weltkriegserinnerung. Ihr galt dieser Krieg als »gerecht« und »sauber«. Gerecht insofern, als eine Mehrheit ganz generell überzeugt war (und blieb), dass eine feindselige internationale Umgebung voller Neid auf das ökonomisch expandierende und mit seiner Bevölkerung explosiv wachsende Deutschland geblickt und sich endlich verbündet habe, um das Reich vom angestrebten »Platz an der Sonne« fernzuhalten. England, Russland und Frankreich hätten einen militärischen Angriff auf das von ihnen »eingekreiste« Deutschland geplant, mit dem Einverständnis des vorgeblich neutralen Belgiens. Deutschland habe daher zu Recht auf diese böswillige Politik der »Einkreisung« mit einem Akt der Selbstbefreiung reagiert. Dabei wurde der imperialistische Zugriff auf die globalen Ressourcen schon vor 1914 zur Lebensnotwendigkeit stilisiert. Alle politischen Lager, auch das der Linken, waren davon überzeugt, das Leben der Nation hinge am seidenen Faden, wenn die ökonomische Expansion ausbliebe. »Weltmacht oder Niedergang« – eine andere Weichenstellung war im damaligen Handlungskontext nicht vorgesehen.[4]

Die Kriegführung der deutschen Armee war im Bewusstsein vieler Deutscher »sauber« geblieben. Die erschütternden Berichte über die beim Durchmarsch durch Belgien begangenen Gräuel – etwa die Zerstörung der Bibliothek von Löwen oder die Beschießung der Kathedrale von Reims und die Ermordung unschuldiger Zivilisten – wurden umso leichter als reine Feindpropaganda abgetan, als sie dieser ja auch massiv dienten.[5]

Die Erinnerung an den Weltkrieg blieb – mit wenigen Ausnahmen – geprägt von einer unkritischen Übernahme des ›nationalen Standpunkts‹. Die darin sich offenbarende mangelnde Fähigkeit zur kritischen Reflexion ist ohne die Tatsache nicht zu verstehen, dass der Krieg auch nach 1918 immer stärker zu einem medialen Ereignis wurde und schließlich niemand mehr imstande war, Fakten und Fiktionen zu unterscheiden. Die daraus

resultierende Vernebelung jeder möglichen Erkenntnis und Kritik bestimmte indessen die Weltkriegserinnerung in allen Staaten, die ihre Soldaten in die Massenschlächterei geschickt hatten – ein Grund mehr, den »Krieg in den Köpfen« auch in den zwanziger und dreißiger Jahren noch fortzusetzen.[6] Schon der Versailler Friedensvertrag war trotz aller guten Absichten des amerikanischen Präsidenten Wilson Ausdruck des weiter schwärenden Krieges. Nach den Worten des französischen Präsidenten Poincaré bei der Eröffnung der Friedensverhandlungen ging es um die Bestrafung des »schlimmsten Verbrechens« in der Geschichte der Menschheit.[7] So hatte der Versailler Vertrag – in Deutschland ganz allgemein als »Schandfrieden« verachtet – als erster Friedensvertrag der Neuzeit keine Oblivions-Klausel mehr, das heißt, es fehlte jede beiderseitige Versicherung, dass mit Vertragsunterzeichnung der alte Streit ad acta gelegt und wirklicher Frieden geschlossen werde. Auf diese Weise konnte die Kriegsschuldfrage die Erinnerung an den Krieg und seine emotionale Bewältigung in den zwanziger Jahren dominieren. Das Auswärtige Amt richtete sogar eine für die Kriegsunschuldpropaganda zuständige Abteilung ein und die Wirtschaftsverbände gründeten einen Ausschuss für die Widerlegung der »Kriegsschuldlüge«. Viel Geld auch wurde an Historiker aus alliierten und neutralen Ländern gezahlt, um sie zu bewegen, für die Unschuld Deutschlands im Jahre 1914 zu votieren.

Viele Pamphlete entstanden auch unter Mitwirkung renommierter Historiker. Größten Bekanntheitsgrad erreichte die *Widerlegung der Kriegschuldlüge* von Max Graf Montgelas, einem der Mitherausgeber der großen deutschen Quellenedition zum Weltkrieg mit dem Titel *Die große Politik der Europäischen Kabinette*. Broschüren wie *Die Kriegsschuldfrage im Schulunterricht* oder Draegers *Taschenbuch zur Kriegsschuldfrage* zeitigten auch Wirkung im Erziehungsbereich.[8] Noch im Juli 1933 erfuhr Horst Draegers Büchlein eine Neuauflage von 150 000 Exemplaren, versehen mit einem Vorwort des Reichsjugendführers Baldur von Schirach, der hervorhob, das nationalsozialistische Deutschland sei gewillt, die »Wunde am Volkskörper«, womit die deutsche Kriegsschuld gemeint war, für immer zu schließen.

Maurice Antony, Sonnenuhr aus der Tuchhalle in Ypern, 19. Jahrhundert, gezeigt in einer Pariser Ausstellung mit Objekten, die aus den Ruinen gerettet wurden, 21. März 1916 · In Flanders Field Museum, Ieper

ERINNERUNGSKONJUNKTUREN

In Deutschland hatte die Kriegsschuldfrage quasi Dauerkonjunktur. Aber daneben gab es natürlich in den zwanziger und dreißiger Jahren auch noch andere ›Konjunkturen der Erinnerung‹. Dabei ist die Tatsache erstaunlich, dass in Deutschland Augenzeugenberichte über den Krieg erst einmal überhaupt kein Publikum fanden. Ernst Jüngers Roman *In Stahlgewittern*, veröffentlicht 1920 und noch heute als paradigmatischer Ausdruck des soldatischen Nationalismus bekannt und diskutiert, konnte zunächst nur in einem privat finanzierten Druck erscheinen. Erst ab 1924 wurde das Buch zum Fanal einer literarischen und politischen Richtung, die versuchte, Weltkriegserlebnis und -erinnerung mit dem herbeigesehnten »Aufbruch der Nation« (Franz Schauwecker) zu kombinieren. Schauweckers erstes Buch *Im Todesrachen*, bereits 1919 publiziert, ist genau wie der frühe Jünger geprägt von der Erfahrung, dass in der deutschen Gesellschaft der frühen zwanziger Jahre das soldatische Kriegserlebnis keine Resonanz fand. Im Grunde wollte Deutschland von diesem verlorenen Krieg nichts mehr wissen.

Die traumatisierende Wirkung des Ersten Weltkrieges auf die deutsche Gesellschaft steht in ihrer Erforschung erst am Anfang. Aber mir scheint, dass eine riesige Diskrepanz bestand zwischen den Bewältigungstechniken in der deutschen Verlierernation und in den alliierten Staaten. In Deutschland blieben die Trauernden mit ihrer Trauer allein. Die Kriegsversehrten hingegen, alltägliches Erscheinungsbild auf den Straßen und Gegenstand der Kunst – man denke an die »Kriegskrüppel«-Sujets bei Otto Dix oder George Grosz – wurden zwar viel besser versorgt als in den anderen europäischen Nationen, aber die deutsche Gesellschaft verfügte über keinen gemeinsamen Resonanzboden für deren Leid und Schmerz. Ihre traumatisierte Erinnerung blieb ohne Konjunktur in der Gesamtgesellschaft. Deshalb waren die Kriegsversehrten geradezu gezwungen, sich in die ebenso scharfmacherischen wie isolationistischen Agenturen der Erinnerung zu flüchten, in die Kriegervereine nämlich, deren *raison d'être* es war, die Erinnerung an den Krieg und den »Geist der Front« wachzuhalten.

In Frankreich war dies charakteristisch anders, weil der *in extremis* errungene Sieg eine Gemeinsamkeit der Erinnerung schuf und nicht zuletzt auch einen neuen Nationalfeiertag – den *Onze Novembre* (11. November) –, der bis heute besteht. Der Jahrestag des Waffenstillstandes am 11. November 1918 war nie ein Tag der Siegesfreude, sondern ein Tag der gemeinsamen Trauer und Erinnerung. Bis 1924 hatten alle französischen Gemeinden ihre steinernen *poilus*, also genormte Denkmäler des einfachen Frontsoldaten, oder andere Statuen aus Eisenguss oder Stein erhalten, versehen mit einem Verzeichnis der aus den Gemeinden stammenden Gefallenen. Im Jahre 1940, nach der Besetzung durch die deutschen Truppen, wurde der 11. November zu einem frühen Fanal der Résistance: Am 11. November 1940 kam es am Denkmal des Unbekannten Soldaten unter dem Triumphbogen der Place de l'Etoile zu einer ersten Demonstration studentischer Gruppen, die sich dann in den folgenden Jahren der deutschen Besetzung trotz aller Repression wiederholte. Für die Résistance war die Erinnerung an den Ersten Weltkrieg allgegenwärtig. Immer wieder erinnerte Charles de Gaulle in seinen Rundfunkaufrufen von London aus an den Sieg von 1918 und an die Fähigkeit Frankreichs, sich aus verzweifelten Situationen heraus stets neu zu erheben.[9]

Bis heute hat der Erste Weltkrieg in Frankreich ungebrochen Konjunktur. In der Diskussion, welcher der beiden Nationalfeiertage – der 8. Mai 1945 oder der 11. November 1918 – abgeschafft werden könnte, fiel das Votum immer einhellig für eine Beibehaltung jenes Tages aus, der an das Ende des *Grande Guerre* von 1914–18 erinnerte. Das Kriegserlebnis als der gemeinsame Erfahrungsraum einer angegriffenen und ihr Territorium heldenhaft verteidigenden Nation spiegelt sich in der Permanenz des öffentlichen Interesses an der soldatischen Kriegserinnerung. Noch vor wenigen Jahren konnte ein Taschenbuch mit Auszügen aus soldatischen Kriegsbriefen eine Millionenauflage erzielen.[10] Und der große Erfolg des bald auch verfilmten Romans über die *Chambre des Officiers* von 1998 zeigt, dass auch die literarische Aufarbeitung traumatischer Erfahrungen des Ersten Weltkrieges nach wie vor ein großes Publikum interessiert.

In Deutschland hingegen blieb die Erinnerung immer zeitgebunden, und – vor allem – zutiefst umstritten. Während der Weimarer Republik gelang es nicht, einen allen Gruppen gemeinsamen und damit mehrheitlich akzeptierten ›Erinnerungsort‹ zu schaffen. Das Tannenberg-Ehrenmal etwa blieb der Linken als Wahrzeichen der politischen ›Reaktion‹ und des fortbestehenden ›Militarismus‹ verhasst – nach Hindenburgs Tod im Jahre 1934 wurde es von den Nazis zum offiziellen »Reichsehrenmal« erhöht.

REMARQUE ALS BEISPIEL

Ende der zwanziger Jahre diente der Weltkrieg als Fokus für extreme innenpolitische und weltanschauliche Auseinandersetzungen. Ab 1928 – die zehnjährige Wiederkehr des Kriegsendes trug dazu bei – entwickelte sich eine regelrechte Welle literarischer, dokumentarischer und bildlicher Weltkriegserinnerung. Jetzt wurden die Schriften Ernst Jüngers einem großen Publikum kommensurabel, Bildbände wie *Der Weltkrieg in seiner rauhen Wirklichkeit*[11] verherrlichten das Frontkämpfererlebnis auch unter Zuhilfenahme grausigster Dokumentaraufnahmen von zerfetzten Körpern. Dagegen standen pazifistisch orientierte Kriegserlebnisschilderungen wie etwa der Bildband *Kamerad im Westen*.[12] Die Kriegsliteratur wurde jetzt zur Massenware. Genannt sei nur der 1928 veröffentlichte Roman *Krieg*, verfasst von dem ehemaligen sächsischen Gardeoffizier Arnold Vieth von Golßenau, der nach 1918 der KPD beigetreten war und sich unter dem Pseudonym Ludwig Renn als Schriftsteller etabliert hatte. Renn wurde schon 1932 wegen »literarischen Hochverrats« verhaftet und seine Bücher 1933 verbrannt – mit Ausnahme des Erfolgsromans *Krieg*, dessen Kriegserlebnisschilderung sogar noch unter der Herrschaft der Nazis als vorbildlich realistisch galt und weiterverbreitet werden konnte.[13]

Renns *Krieg* galt der Rechten als positives Gegenbeispiel zu dem ebenfalls 1928 erschienenen Roman *Im Westen nichts Neues* von Erich Maria Remarque. Sein Werk entfachte ein enormes Leseinteresse und einen ungeheuren Sturm nationalistischer Entrüstung. Dies umso mehr, als das Buch nicht unbedingt pazifistisch orientiert war und unter anderem die soldatische Kameradschaft idealisierte. Aber gerade das machte seine Wirkung und seine Gefahr für die Sachwalter eines nationalistischen Kriegserlebnisses aus. Denn im Unterschied zur Literatur des soldatischen Nationalismus löste Remarque das Kriegserlebnis und die Kameradschaft von nationalistischen Topoi. Der Text will, wie es im Motto heißt, »über eine Generation berichten, die vom Kriege zerstört wurde – auch wenn sie seinen Granaten entkam«. Ganz im Gegensatz zur heroischen Kriegserlebnisschilderung, die einer zu schaffenden, aus der Erfahrung der Front gewonnenen, »stahlgehärteten« Nation das Wort redete, geht es bei Remarque um einen regelrechten Zivilisationsbruch durch den Krieg. Im Mittelpunkt steht die Entmenschlichung und Perspektivlosigkeit des Soldaten, dem eigentlich nichts mehr bleibt als die Erinnerung an die Kameradschaft in einer kleinen Kampfgruppe. Der unvergleichliche Erfolg des Romans fügt sich nur schlecht in das vorherrschende Bild einer seit Ende der zwanziger Jahre einsetzenden nationalistischen Formierung der Kriegserinnerung. Binnen eines Jahres wurden von dem Roman allein in Deutschland über eine Million Exemplare verkauft. Vielleicht hat zu diesem Riesenerfolg auch die Tatsache beigetragen, dass die gerade bei den Reichstagswahlen von 1928 von einer Splitter- zur Massenpartei gewachsene Nazi-Bewegung sich in ihrer Agitation ganz besonders auf Remarque konzentrierte. Für die Nazis war und blieb Remarque der Hauptfeind, nicht zuletzt deshalb, weil sein Roman auch jene zu Tränen rüh-

Filmprogramm zu dem amerikanischen Spielfilm *Im Westen nichts Neues* nach dem Roman von E. M. Remarque, Berlin 1930 · Deutsches Historisches Museum, Berlin, Do 60/17.4

ren konnte, die seine kriegskritische Perspektive nicht teilten. Besonders krass wurde die Auseinandersetzung um diesen Autor, als das Buch 1930 zum ersten Mal verfilmt wurde – wobei der Eindruck, den diese amerikanische Produktion (Regie: Lewis Milestone) auf das Publikum ausübte, noch durch das 1930 eben erst eingeführte völlig neue Medium des Tonfilms erheblich verstärkt wurde. So groß war die Empörung und Erregung – nicht nur bei den Nazis, sondern im gesamten deutschnationalen Lager –, dass der Film zensiert, verboten und schließlich in veränderter Version wieder gezeigt wurde – wobei Joseph Goebbels als Berliner Gauleiter nichts unversucht ließ, selbst die Vorführungen noch zu stören. Es war in der Tat so, »als hätte der Dichter zu einem Staatsstreich aufgerufen«.[14]

WELTKRIEGSERLEBNIS UND NATIONALSOZIALISMUS

Gegenüber der literarischen Bewältigung und Instrumentalisierung des Weltkrieges scheint das Medium Film einen eigenen Platz gehabt zu haben. Es war nicht so sehr von den Erinnerungsinszenierungen abhängig, wie etwa der zum zehnten Jahrestag des Kriegsendes. Schon ab Mitte der zwanziger Jahre kam international eine große Zahl von Produktionen auf den Markt. So stammt *The Big Parade* (Regie: King Vidor), der den für einen Großteil der Produktionen gängigen Filmtyp repräsentierte,

bereits von 1925. Stärker als in der Literatur wurde im Spielfilm der zwanziger Jahre die Sinnlosigkeit des Weltkrieges und das Erlebnis des Sterbens und des Überlebens in der kleinen soldatischen Gruppe betont. Filme wie *Westfront 1918* (Regie: G. W. Pabst) »zielten nicht auf die Ursachen des Kriegsausbruchs oder die Gründe für seine Dauer; ihre Erzählungen konzentrierten sich in kritischer Absicht auf die unbarmherzige Abnutzungslogik im Stellungskrieg mit ihren Folgen für die Kriegserfahrung der Frontsoldaten«.[15] Dies galt sogar für viele national eingestellte Filme jener Zeit, etwa für *Douaumont* (Regie: Heinz Paul) von 1931.

Patriotische Sinngebung war eher im Genre der »Kompilations-Filme« zu finden, die aus einer Mischung dokumentarischen Materials mit Spielfilmsequenzen bestanden. Nach 1933 wurde in Deutschland insbesondere diese Filmvariante gezielt eingesetzt. Sie diente der Instrumentalisierung des Ersten Weltkrieges für das neue Programm der »Wehrhaftmachung« und für die Vorbereitung des nächsten Krieges. Stereotyp angeklagt fanden sich dabei die so genannten Novemberverbrecher und der angeblich von ihnen zu verantwortende »Dolchstoß« in den Rücken des siegreich kämpfenden Heeres. Die Botschaft lautete regelmäßig, dass erst Hitlers Machtergreifung den 1918 verräterisch abgebrochenen Krieg in der Erinnerung wieder zu einem Ereignis gemacht habe, das die Opfer der Millionen von Frontkämpfern rechtfertigte.

Tatsächlich war die Pflege und die dramatische Inszenierung der Weltkriegserinnerung ein wesentlicher Grund für die Popularität und Glaubwürdigkeit der Nazi-Bewegung sowohl in der Öffentlichkeit im Allgemeinen als auch innerhalb der deutschnational-monarchistischen Führungsriegen im Besonderen. In der historischen Forschung zum Machtaufstieg des Nationalsozialismus hat dieser Aspekt der Weltkriegserinnerung und der damit verknüpfte Anspruch, die »Ehre der Frontkämpfer« wiederherzustellen, noch nicht die genügende Aufmerksamkeit gefunden. Hitler selbst schien den erwünschten Typus des Frontsoldaten ideal zu verkörpern. Es gab überdies nicht viele Mannschaftsdienstgrade, die wie er mit dem Eisernen Kreuz Erster Klasse ausgezeichnet worden waren, ein Umstand, der gewiss zu seiner zweifellos vorhandenen Popularität beitrug und das Vertrauen stärkte, das viele in ihn setzten.

Nach der Machtübernahme wurde weiterhin der Kult des Frontsoldaten gepflegt, sinnfällig etwa in der von der NS-Regierung vorgenommenen Aufwertung der Kriegsbeschädigten. Sie wurden zwar ab 1933 nicht mehr so gut versorgt wie noch in der Weimarer Republik – so wurden die Freifahrscheine für die Eisenbahn gestrichen – aber das Regime wucherte mit dem ›symbolischen Kapital‹ ihrer puren Existenz: Fortan erhielten Kriegsversehrte beispielsweise freien Eintritt und einen Ehrenplatz in Stadien – besonders öffentlichkeitswirksam inszeniert während der Olympischen Spiele von 1936. Noch im Jahr der Machtergreifung hatte Hitler überdies in symbolischer Form die deutsche Unterschrift unter den Versailler Vertrag zurückgezogen und damit Skeptiker und Gegner beeindruckt.

Auch außenpolitisch wurde die Weltkriegserinnerung von den Nazis systematisch genutzt. Vordergründig aber diente sie vor allem als Folie für die scheinbare Friedfertigkeit des Regimes. Wenn ausländische Beobachter und Diplomaten den Verdacht hegten, Deutschland bereite einen neuen Krieg vor, so konterte Hitler stets mit dem Argument, dass er als Weltkriegsteilnehmer und kurzzeitig Kriegserblindeter sehr wohl die Grausamkeit des

Krieges kenne und alles tun werde, einen neuen Weltkrieg zu vermeiden. Unterstützt wurden solche Bekundungen, die im Ausland auf offene Ohren stießen, insbesondere durch die inszenierten Treffen deutscher und französischer Frontsoldaten, etwa in Berlin und – hochsymbolisch – in Verdun.[16]

DER ERSTE WELTKRIEG UND DIE HISTORISCHE FORSCHUNG

So blieb insgesamt der Erste Weltkrieg und die gelenkte Erinnerung an ihn ein wichtiges Element innerer Konsolidierung der Diktatur. Und vielleicht war dies ein Grund dafür, dass die Erforschung dieses Krieges in den ersten Jahrzehnten nach dem Zweiten Weltkrieg in Deutschland nahezu obsolet war. Heute mutet die Auffassung der Historiker in den fünfziger Jahren, dieses Thema bedürfe keines weiteren Forschungsaufwandes mehr, kurios an. Tatsächlich glaubte die westdeutsche Geschichtsforschung quasi ungebrochen an jene der zwanziger Jahre anknüpfen zu können. Die beiden einflußreichsten Historiker nach Kriegsende, Gerhard Ritter und Friedrich Meinecke, bestritten in ihren Reflexionen über die Gründe für das deutsche »Verhängnis« jede Kontinuität zwischen Weltkriegsbewältigung und Nachkriegsnationalismus einerseits und dem Dritten Reich andererseits. So fand bei den deutschen Historikern der fünfziger Jahre auch die

Weltkriegsforschung des Auslandes kaum Gehör. Die bahnbrechenden Arbeiten eines Luigi Albertini über den Ursprung des Ersten Weltkrieges wurden, obwohl auch in englischer Ausgabe greifbar, von der deutschen Historiographie weitgehend ignoriert. Man begnügte sich mit der auch in der deutsch-französischen Übereinkunft von 1951 festgelegten Formulierung, dass keine der europäischen Mächte den Krieg wirklich gewollt habe und beschwor weiterhin die militärisch-politische Zwangslage, in die im Juli 1914 die Diplomatie geraten sei.[17] Für die Historiographie schien der Erste Weltkrieg kein Forschungsthema mehr zu sein und in der Öffentlichkeit verschwand er weitgehend hinter der medialen und publizistischen Präsenz des Zweiten Weltkrieges.

Dies änderte sich schlagartig, als der Hamburger Historiker Fritz Fischer 1961 sein erstes großes Buch über den *Griff nach der Weltmacht* veröffentlichte und damit die ›Fischer-Kontroverse‹ auslöste. Sie wurde zum ersten ›Historikerstreit‹ der deutschen Nachkriegsgeschichte und sie schlug riesige Wellen in einer Öffentlichkeit, die sich seitdem mit der Frage nach der Kontinuität zwischen dem Ersten und dem Zweiten Weltkrieg auseinander setzen musste. Fischer betonte insbesondere die maßlosen Annexionsforderungen konservativer und alldeutscher Kräfte vor und nach 1914. Er glaubte, eine »Kontinuität des Irrtums« bzw. der Weltmachtsansprüche der Deutschen zwischen 1914 und 1945 nachweisen zu können. Außerdem vertrat er hartnäckig die These, dass der Krieg im Juli 1914 sehr wohl von den Verantwortlichen in Deutschland absichtsvoll ausgelöst worden sei.

Die darüber entstehende Kontroverse löste einen neuen Schub in der Weltkriegsforschung aus. Insgesamt ergab sich hieraus eine nicht mehr allein an Kriegsschuldfragen orientierte, sondern eine die Wirtschafts- und Sozialgeschichte des Krieges systematisch analysierende Forschungsrichtung, am nachhaltigsten repräsentiert durch Jürgen Kockas Studie über die *Klassengesellschaft im Krieg* von 1973. Allerdings spielte der Krieg als eine existentielle und gesellschaftliche Ausnahmesituation in dieser überwiegend sozialökonomisch orientierten Forschung keine Rolle mehr. Man diskutierte über Nominal- und Realeinkommen von Arbeitern, nicht aber über Trauer, Verletzung und Schmerz. Diese Fehlstelle ist dann seit Mitte der achtziger Jahre durch die neue ›Mentalitätsgeschichte‹ des Krieges gefüllt worden. Vor allem die verschiedenen Facetten des Kriegserlebnisses wurden nun zu einem zentralen Thema der Geschichtsschreibung. Man begann mit der systematischen Auswertung soldatischer Tagebücher und Briefe, untersuchte Bildpostkarten und so genannte Frontzeitungen.[18]

Dieser Trend hin zu einer Kulturgeschichte des Krieges jenseits der politischen Geschichte spiegelt sich auch in einem großen museologischen Interesse. Ausstellungen zum Ersten Weltkrieg hatte es in Deutschland nach dem verlorenen Krieg kaum noch gegeben. Eine Ausnahme bildete die Dauerausstellung der vom Stuttgarter Großkaufmann Franck begründeten »Weltkriegsbücherei«, die bis zu ihrer Zerstörung 1944 in der Stuttgarter Rosenburg eine reich dokumentierte Dauerexposition mit nationalistischen Vorzeichen präsentierte. In Erinnerung aber blieb vor allem das »Anti-Kriegsmuseum« von Ernst Friedrich in Berlin, das durch drastische Darstellungen der Kriegsverletzungen und -verwüstungen im Kreuzfeuer der Kritik stand und bereits im März 1933 in eine SA-Kaserne umgewandelt worden war.

Die erste nennenswerte Ausstellung zum Ersten Weltkrieg in der Bundesrepublik Deutschland wurde im Jahre 1977 vom

XVI/17 Elk Eber, *Die letzte Handgranate*, Deutschland 1937 · Deutsches Historisches Museum, Berlin

XI/35 Einrichtung einer alten Bibliothek in den Baracken des C.A.R.D. in Blérancourt (Rekonstruktion) · Musée national de la Coopération franco-américaine, Blérancourt

Frankfurter Stadtmuseum unter dem Titel *Ein Krieg wird ausgestellt* veranstaltet. Aber erst in den neunziger Jahren war – ähnlich wie in der Geschichtsschreibung – die Zeit offensichtlich reif für eine nicht mehr in erster Linie kriegskritisch argumentierende Darbietung, sondern für eine das Ereignis und seine Wirkungen vielschichtig auswertende Darstellung im Rahmen eines Museums. Dies hing natürlich auch damit zusammen, dass nunmehr die am Krieg beteiligten Generationen verstorben waren, so dass die Erinnerung an den Ersten Weltkrieg wirklich historisch werden konnte und sich insbesondere von der emotionalen Verknüpfung mit dem Zweiten Weltkrieg zu lösen vermochte. Das zeigen reich ausgestattete und stark beachtete Ausstellungen jener Zeit, insbesondere *Die letzten Tage der Menschheit* (Berlin 1994) oder *Der Tod als Maschinist* (Osnabrück 1998).

Museologie und Wissenschaft fanden schließlich eine zukunftsweisende Verbindung in der Institution des »Historial« in Péronne/Somme, einem international orientierten Ausstellungsprojekt inmitten der Schlachtfelder der Somme, das besonderen Wert auf die kulturgeschichtlichen Aspekte des Krieges legt und das Kriegserlebnis ebenso behandelt wie die religiösen und alltagskulturellen Konsequenzen des Ersten Weltkrieges. 100 000 Besucher hat dieses spezialisierte Museum im Jahre 2002 gehabt – ein nachdrücklicher Beweis für die nicht nachlassende, sich ständig anreichernde Konjunktur der Weltkriegserinnerung.[19]

1 Die »Bibliothek für Zeitgeschichte« in der Württembergischen Landesbibliothek Stuttgart verfügt über eine große Sammlung solcher und ähnlicher alltagsgeschichtlich bedeutsamer Quellen.

2 Vgl. hierzu insgesamt: Rainer Rother, *Vom »Kriegssofa« zum »Flug an die Front«. Anmerkungen zum deutschen Film im Ersten Weltkrieg*, in: *Die letzten Tage der Menschheit. Bilder des Ersten Weltkrieges*, hrsg. von Rainer Rother, Ausst. Kat. Deutsches Historisches Museum Berlin 1994, S. 197–206.

3 Vgl. Wilhelm Deist, *Verdeckter Militärstreik im Kriegsjahr 1918?*, in: Wolfram Wette (Hrsg.), *Der Krieg des kleinen Mannes. Eine Militärgeschichte von unten*, München 1992, S. 146–167.

4 Die damalige Diskussion zusammengefasst in: Fritz Fischer, *Weltmacht oder Niedergang. Deutschland im Ersten Weltkrieg*, Frankfurt am Main 1965.

5 Vgl. John Horne und Alan Kramer, *Deutsche Kriegsgreuel 1914. Die umstrittene Wahrheit*, Hamburg 2004.

6 Vgl. Gerd Krumeich, *Versailles 1919. Der Krieg in den Köpfen*, in: ders. (Hrsg.), *Versailles 1919. Ziele – Wirkung – Wahrnehmung*, Essen 2001, S. 53–64.

7 Vgl. Jost Dülffer und Gerd Krumeich (Hrsg.), *Der verlorene Frieden. Politik und Kriegskultur nach 1918*, Essen 2002.

8 Zur Kriegsschulddiskussion nach dem Ersten Weltkrieg vgl. v. a.: Ulrich Heinemann, *Die verdrängte Niederlage. Politische Öffentlichkeit und Kriegsschuldfrage in der Weimarer Republik*, Göttingen 1983.

9 Vgl. dazu insgesamt: Matthias Waechter, *De Gaulles 30jähriger Krieg. Die Résistance und die Erinnerung an 1918*, in: Dülffer/Krumeich (wie Anm. 7), S. 51–60.

10 Jean-Pierre Guéno und Yves Laplume (Hrsg.), *Paroles de poilus. Lettres et carnets du front 1914–1918*, Paris, Radio France 1998. Zur Erinnerungsliteratur insgesamt: Carine Trevisan, *Les fables du deuil. La Grande guerre: mort et écriture*, Paris 2001.

11 Hermann Rex (Hrsg.), *Der Weltkrieg in seiner rauhen Wirklichkeit. Kriegsbilder-Album mit 500 Bildern aus allen Fronten nach authentischen, wahrheitsgetreuen photogr. Orig. Aufnahmen*, Oberammergau 1926.

12 *Kamerad im Westen. Ein Bericht in 221 Bildern*, Frankfurt am Main 1930.

13 Vgl. den Artikel *Kriegsliteratur* von Bernd Hüppauf, in: Gerhard Hirschfeld, Gerd Krumeich und Irina Renz (Hrsg.), *Enzyklopädie Erster Weltkrieg*, Paderborn 2003, S. 177–191, mit weiterführender Literatur.

14 Bärbel Schrader (Hrsg.), *Der Fall Remarque. Im Westen nichts Neues – Eine Dokumentation*, Leipzig 1992, S. 5; vgl. Thomas F. Schneider (Hrsg.), *Erich Maria Remarque. Leben, Werk und weltweite Wirkung*, Osnabrück 1998.

15 Rainer Rother, *Filme (nach 1918)*, in: Hirschfeld/Krumeich/Renz (wie Anm. 13), S. 480.

16 Vgl. hierzu die Dissertation von Holger Skor, *Nationalsozialistische Propaganda und Frankreich 1933 bis 1939*, Düsseldorf 2004; Robert W. Mühle, *Frankreich und Hitler 1933–1935*, Paderborn 1995.

17 Vgl. zur Weltkrieg-Historiographie: Gerhard Hirschfeld und Gerd Krumeich, *Die Geschichtsschreibung zum Ersten Weltkrieg*, in Hirschfeld/Krumeich/Renz (wie Anm. 13), S. 304–315, mit weiterführender Literatur.

18 Vgl. Gerd Krumeich, *Kriegsgeschichte im Wandel*, in: Gerhard Hirschfeld u. a. (Hrsg.), *»Keiner fühlt sich hier mehr als Mensch …«. Erlebnis und Wirkung des Ersten Weltkrieges*, Essen 1990; Bernd Ulrich und Benjamin Ziemann (Hrsg.), *Frontalltag im Ersten Weltkrieg. Wahn und Wirklichkeit*, Frankfurt am Main 1994.

19 Homepage des Historial: www.historial.org; vgl. die seit 1998 jährlich erscheinende Zeitschrift des Historial: *14–18 aujourd'hui – today – heute*; vgl. auch den Sammelband: Jean-Jacques Becker u. a. (Hrsg.), *Guerre et cultures. 1914–1918*, Paris 1994.

Christoph Mick

Der vergessene Krieg – Die schwierige Erinnerung an den Ersten Weltkrieg in Osteuropa

Im kollektiven Gedächtnis Europas dominiert die Westfront die Erinnerung an den Ersten Weltkrieg. Verdun, Ypern, die Schlachten an Marne und Somme sind Begriffe, mit denen historisch interessierte Menschen in ganz Europa etwas anfangen können. Mit Ost- und Balkanfront hingegen assoziieren viele nur die Schlacht bei Tannenberg. Wer weiß etwas von der monatelangen russischen Belagerung der Festung Przemyśl oder davon, dass fast ganz Galizien bis Mai 1915 russisch besetzt war? Allein an der galizischen Front kämpften 1,3 Millionen Soldaten der Mittelmächte gegen 1,8 Millionen Soldaten des Russischen Reiches. Doch letztlich entschied sich der Krieg im Westen und nur in Westeuropa war der Krieg auch im November 1918 zu Ende. In Osteuropa gingen die Kriegshandlungen weiter. Hier wurde die Erinnerung an den Krieg überlagert vom Epochenereignis Russische Revolution, von den folgenden Nationsbildungs- und Bürgerkriegen, den gelungenen oder fehlgeschlagenen Staatsgründungen. Nach 1945 waren es die traumatischen Erfahrungen des Zweiten Weltkrieges, die die Erinnerung an den Ersten Weltkrieg unter sich begruben.

In Osteuropa wie anderswo auch wurde in der Zwischenkriegszeit die Erinnerung an den Krieg dadurch bestimmt, ob die erinnernde Gruppe sich auf Seiten der Verlierer oder Sieger befand und ob das Ergebnis des Krieges die an ihn geknüpften Hoffnungen wenigstens halbwegs erfüllt hatte. Sozialdemokraten zogen andere Konsequenzen aus dem Krieg als Nationalisten, Russen andere als Polen.

Eine umfassende Analyse der Weltkriegserinnerung müsste außerdem diskutieren, welche Rolle die Geschlechts-, Generations- oder Klassenzugehörigkeit für die Erinnerung an den Krieg spielte. Wichtig wäre auch eine geographische Differenzierung. Lebte die Gruppe auf einem Gebiet, in dem Kriegshandlungen stattfanden, war die Region vorübergehend besetzt oder lag sie weit von der Front entfernt? Die nationale Interpretation des Krieges wurde überall in Frage gestellt von Kommunisten, linken Sozialdemokraten und Pazifisten, die dem Krieg keinen Sinn abgewinnen konnten. Diese Auseinandersetzung wurde ausgetragen in historischen Schriften, in der Presse, in handfesten Materialisierungen wie Denkmälern und Monumenten, in der Festkultur und im politischen Totenkult.

Im Mittelpunkt dieses Beitrages steht aber die nationale Erinnerung an den Krieg, stehen öffentliche Sinngebung und Aneignung des Krieges. Ausgehend von Kriegsbeginn und Kriegsausgang können fünf Typen unterschieden werden:

Serbien, Montenegro, Rumänien und Griechenland waren als selbständige Staaten in den Krieg eingetreten und gehörten zu den Siegermächten. Große Gebietsgewinne wie im Falle Rumäniens oder die Dominanz in einer Föderation wie im Falle Serbiens ließen den Krieg retrospektiv sinnvoll erscheinen. Die staatliche Geschichtspolitik konnte dem Krieg leicht Sinn unterlegen und damit auch Deutungsmuster zur Verfügung stellen, die bei der privaten Trauer halfen.

Österreich, Ungarn, Bulgarien und die Türkei hatten als Verbündete oder Teil der Mittelmächte den Krieg verloren. Für diese Staaten war der Krieg nicht nur eine soziale und humane, sondern auch eine politische Katastrophe. Das Habsburger Reich löste sich auf, Österreich – der Kern des cisleithanischen Teils der Doppelmonarchie – hatte keinerlei Chancen, jemals wieder eine Großmacht zu werden. Den Anschluss an Deutschland hatten die Siegermächte verboten. Den deutsch-österreichischen Eliten bereitete es große Schwierigkeiten, mit diesem Bedeutungsverlust zurechtzukommen. Ungarn galt als gleichberechtigter Teil der k. u. k. Monarchie und gehörte damit ebenfalls zu den Verlierern des Krieges. Die gewaltigen Gebietsverluste führten dazu, dass nicht nur ein Großteil der nationalen Minderheiten, sondern auch drei Millionen Ungarn aus dem Reichsverband ausscheiden mussten. Bulgarien war 1915 mit dem Ziel in den Krieg eingetreten, die zuvor an Serbien, Rumänien und Griechenland abgetretenen Gebiete zurückzuerobern. Ungarn und Bulgarien gehörten zu den Staaten, die eine Revision der Nachkriegsordnung erreichen wollten.

Polen, Tschechen, Slowaken, Kroaten, Slowenen, Letten, Litauer und Esten verfügten vor 1914 über keinen Staat, sondern gehörten zu Vielvölkerreichen. Für diese Völker war der Erste Weltkrieg vor allem eine Auseinandersetzung zwischen den Großmächten. Allerdings verbanden die einzelnen Nationalbewegungen mit ihm die Hoffnung, die Lage der eigenen ethnischen Gruppe verbessern zu können. Im Großen und Ganzen waren sie anfangs loyal und kämpften als Soldaten in den Reihen der russischen, deutschen und österreichisch-ungarischen Armee. Staatliche Unabhängigkeit gehörte zunächst nicht zu ihrem Forderungskatalog, häufig aber die Erwartung, für die Loyalität mit Autonomierechten belohnt zu werden. Oft hatten so genannte Konnationale auf beiden Seiten der Front gekämpft. Dies machte es schwierig, die gefallenen Soldaten als Opfer für die eigene Nation in Anspruch zu nehmen. Nach dem Krieg erreichten diese Völker die staatliche Unabhängigkeit oder gingen Föderationen ein. In der Regel wurden diese Kämpfe zur Gewinnung oder Bewahrung der Unabhängigkeit zur ›Heldenzeit‹ dieser Nationen erklärt, nicht aber der Erste Weltkrieg.

Ukrainer und Weißrussen verfügten vor 1914 ebenfalls über keinen Staat. Ukrainer hatten auf beiden Seiten der Front gekämpft. Ihre Staatsgründungsversuche scheiterten und die ethnographisch mehrheitlich ukrainischen Gebiete wurden Teil der Zweiten Polnischen Republik und der Sowjetunion. In der Sowjetunion gab es keine Möglichkeit, das staatliche Deutungsmonopol zu unterlaufen und abweichende Deutungen des Krieges öffentlich zu artikulieren. In Polen dagegen entwickelten vor allem die Ukrainer eine eigene Erinnerungskultur, die sich der polnischen Deutungsdominanz erfolgreich widersetzte.

Russland bildet einen Sonderfall. Der Staat kämpfte auf Seiten der siegreichen Entente, schied aber nach der Oktoberrevolution aus dem Krieg aus. Das neue Sowjetrussland musste im Frieden von Brest-Litowsk auf die Westgebiete des Russischen Reiches verzichten, doch gelang es der Roten Armee, nach der deutschen Niederlage vieles davon zurückzuerobern. Dies geschah in einem blutigen Bürgerkrieg gegen antirevolutionäre russische Armeen, gegen Verbände neu ausgerufener Staaten und gegen ausländische Interventionstruppen. Revolution, Bürgerkrieg und die Abwehr der Intervention dominierten in der sowjetischen Geschichtspolitik und ließen dem Ersten Weltkrieg nur einen marginalen Platz in der Erinnerungskultur.

Deutsche Soldaten schmücken einen Weihnachtsbaum, Deutschland, undatiert · Bibliothek für Zeitgeschichte in der Württembergischen Landesbibliothek, Stuttgart 94/9/31

ÜBERLAGERUNG

Der Erste Weltkrieg spielte in vielen osteuropäischen Erinnerungskulturen nur eine untergeordnete Rolle. Zwar starben in ihm mehr Menschen als in den folgenden Nationsbildungs- und Revolutionskriegen, doch versperrte sich das Ereignis häufig positiver Sinngebung. Tschechen und Slowaken, Polen und Ukrainer, Kroaten und Slowenen, Letten und Litauer und viele andere Völker kämpften und fielen für ein ›Vaterland‹, das nicht das ihre war. Sie starben in Uniformen des Habsburger, Deutschen und Russischen Reiches. Ihrem Tod einen nationalen Sinn zu unterlegen, war außerordentlich schwierig.

Anders war dies bei den Siegerstaaten des Ersten Weltkrieges. In Ländern wie Serbien oder Rumänien, die auf Seiten der Entente gekämpft hatten, spielten die Weltkriegssoldaten und der Weltkrieg selbst eine zentrale Rolle in der Erinnerungskultur. In Serbien beispielsweise boten die Abwehr österreichischer Angriffe in der Anfangsphase des Krieges, die Rückeroberung Belgrads, der verlustreiche Rückzug der serbischen Armee an die nordalbanische Küste und ihr erneuter Einsatz an der griechischen Front Stoff für Heldengeschichten.[1]

Doch auch die Kriegsverlierer konnten dem Opfer einen nationalen Sinn abgewinnen. Der Krieg endete zwar mit einer Niederlage, aber die Soldaten waren doch wenigstens für die eigene Nation ins Feld gezogen und gestorben. So vergaß auch Ungarn seine Weltkriegstoten nicht. In einem eigenen Gesetz wurde die »Verewigung der für das Vaterland kämpfenden Helden« verordnet. Städte und Gemeinden waren nach Maßgabe ihrer finanziellen Möglichkeiten verpflichtet, Heldendenkmäler zu errichten. Mehr als 2 500 Kriegerdenkmäler entstanden so in der Zwischenkriegszeit. Seit 1924 wurde jährlich am letzten Sonntag im Mai der »Tag der Helden« gefeiert. Feiern und Denkmäler sollten das Gefühl, eine »verletzte Nation« zu sein wie auch den Revisionsgedanken wachhalten.[2] In Bulgarien wurde der Heroismus der Soldaten in den »nationalen Vereinigungskriegen« (Balkankriege 1912/13 und Erster Weltkrieg 1915–18) in der Massenpropaganda gefeiert und im Schulunterricht behandelt.[3]

In vielen neu entstandenen Staaten wurde gar nicht erst versucht, dem Ersten Weltkrieg selbst einen nationalen Sinn abzugewinnen. Auch die Literatur widmete sich lieber den Unabhängigkeitskriegen als dem Ersten Weltkrieg.[4] Eine literarisch bedeutsame Ausnahme ist der Tscheche Jaroslav Hašek, der sich in seinem Buch *Die Abenteuer des braven Soldaten Schwejk* auf subversive Art mit Soldatsein und Heldentum im Ersten Weltkrieg auseinander gesetzt hat. In Polen wurden lediglich die Soldaten der polnischen Legionen und der Haller-Armee in das nationale Pantheon aufgenommen, da diese – nach allgemeiner Auffassung – unmittelbar für das Wiedererstehen des polnischen Staates gekämpft hatten, während die regulären polnischen Soldaten ihr Leben für fremde Interessen riskiert oder gelassen hatten. Die von Józef Piłsudski gegründeten polnischen Legionen der k. u. k. Armee hatten ihren Krieg gegen Russland eigenständig begonnen. Als Deutschland die Legionen gegen Frankreich einsetzen wollte, verweigerten im Juli 1917 zwei Drittel der Offiziere und Mannschaften den Eid; viele von ihnen, darunter auch Piłsudski, wurden interniert. Nach dem Frieden von Brest-Litowsk im März 1918 wechselten tausende Legionäre bei Rarańcza die Seiten. Die Legionäre sahen die Bestimmungen des Vertrages als Verrat der Mittelmächte an

Teile der in Frankreich ausgebildeten tschechoslowakischen Legion kehren im Januar 1919 nach Prag zurück, 25. Januar 1919 · Bildarchiv Preußischer Kulturbesitz, Berlin, 30.0011.02

der polnischen Sache. Zusammen mit polnischen Kriegsgefangenen der Entente bildeten diese Truppen eigene Einheiten, die unter dem Kommando Józef Hallers nun gegen die Mittelmächte kämpften. Diese Soldaten und Offiziere eigneten sich als nationale Heldenfiguren, weil sie selbständig handelten und im polnischen Interesse und nicht im Interesse eines fremden Reiches kämpften. Die Veteranen der Legionen organisierten sich in zahlreichen Vereinen und unterstützten mehrheitlich Piłsudski, als dieser 1926 die Macht an sich riss. 1928 vereinigten sie sich in der »Föderation der Polnischen Bünde der Verteidiger des Vaterlandes« (Federacja Polskich Związków Obrońców Ojczyzny). Um die Legionäre und um die Gefallenen des Posener Aufstandes, der Schlesischen Aufstände, des polnisch-ukrainischen und des polnisch-sowjetrussischen Krieges und nicht um die Gefallenen des Ersten Weltkrieges entwickelte sich der politische Totenkult.[5]

Die Siege der Armee fanden Eingang in die polnische Festkultur. Ein Beispiel sind die Zehnjahresfeiern anlässlich der Abwehr der Roten Armee vor Warschau (Wunder an der Weichsel), die 1930 im ganzen Land begangen wurden. Die Feiern waren »vor allem eine nationale Manifestation« und sollten »Patriotismus und Liebe zum Vaterland« wecken und die Gesellschaft einen. Sie waren auch ein Propagandamittel der neuen autoritären Regierung, die den Sieg über die Rote Armee mit dem Kult um die Person Marschall Piłsudskis verband. In jedem polnischen Dorf sollte an hervorgehobenem Platz eine Tafel mit den Namen der in den »Kämpfen für die Freiheit und Unabhängigkeit Polens« Gefallenen angebracht werden: »Möge diese Tafel […] den Nationalgeist in der Gesellschaft wecken, möge sie bei der Ehrerbietung gegenüber den Helden die Gesellschaft für das Wohl und den Ruhm des Vaterlandes vereinen.«[6]

Auch die ukrainische Minderheit in den Ostgebieten der polnischen Republik (der heutigen Westukraine) heroisierte nicht hunderttausende von ukrainischen Soldaten der Vielvölkerarmeen, sondern die wenigen tausend ukrainischen Sitsch-Schützen der k. u. k. Armee – das ukrainische Äquivalent der Legionen. Sie bildeten den Grundstock der Ukrainisch-Galizischen Armee, die im Krieg gegen Polen zur (west-)ukrainischen Nationalarmee avancierte. Die nationale Idee sollte durch das

Gedenken an die gefallenen Helden in die Herzen der Massen eingepflanzt werden: »Die Erde, angehaucht von Erinnerungen, die die Lorbeerkränze der sterbenden Helden herbeirufen, lässt das Leben spendende Saatkorn wachsen gleich wie das Begräbnis des Lebens die Triebe der Nation gebar.«[7]

Die Erinnerung an den Kampf um Lemberg (heute Lwiw) zwischen der kurzlebigen Westukrainischen Volksrepublik und Polen in den Jahren 1918/19 wurde zu einem zentralen Bezugspunkt für Polen wie Ukrainer. Die Feiern zum Andenken an den polnisch-ukrainischen Krieg brachten diese unbewältigte Vergangenheit jährlich aufs Neue in die Tagespolitik. Die Trauer um die gefallenen Helden implizierte die Verpflichtung, deren Opfer nicht vergeblich sein zu lassen. Für die Polen wurde der Soldatenfriedhof dieses Krieges zu einem wichtigen Erinnerungsort.[8]

Nicht viel anders als in Polen sah es in der Tschechoslowakei aus. Der Erste Weltkrieg spielte in der Erinnerungskultur nur eine sekundäre Rolle. Vor allem die Waffentaten der tschechoslowakischen Legionen wurden erinnert. Diese Legionen waren im Russischen Reich aus Kriegsgefangenen gebildet und gegen die Mittelmächte eingesetzt worden. Zu einem inoffiziellen Nationalfeiertag wurde der Jahrestag der Schlacht bei Zborów am 2. Juli 1917, als sich 3 500 Legionäre gegen zahlenmäßig weit überlegene k. u. k. Truppen durchgesetzt hatten. Die Tschechoslowakische Republik ehrte jene, die ihr Leben im Kampf für die Unabhängigkeit gelassen hatten. Den Legionären wurden unzählige Denkmäler errichtet, sie wurden in Liedern besungen und ihre Taten in Schulbüchern gefeiert. 1921 gründeten Veteranen die Tschechoslowakische Legionärsgemeinde, die über eigene Gebäude, einen Verlag, eine eigene Bank, Pflegeheime und Sanatorien und sogar ein Hochseeschiff verfügte. Die Vereinigung hatte bis zu 80 000 Mitglieder, die für den Schutz und die Verteidigung der demokratischen Republik einstanden.[9]

Lettland und Estland mussten Kämpfe mit russischen gegenrevolutionären Kräften, der Roten Armee und deutschen Freikorps bestehen, bevor die Unabhängigkeit gesichert war. Litauen hatte zudem noch Polen als Gegner. Die Veteranen der Unabhängigkeitskämpfe verfügten über hohes gesellschaftliches Ansehen.

XV/33 *Vyties Kryžius [Vytiz-Kreuz mit Schwertern 1. Klasse]*, verliehen an Silvestras Bekasenas, Litauen 1919 · Nationalmuseum Litauen, Vilnius

Sie sammelten sich in Verbänden mit nationalistischer, oft anti-demokratischer Ausrichtung. In Estland verwandelte sich der Verband der Freiheitskämpfer in eine politische Organisation, der es in den dreißiger Jahren fast gelungen wäre, die Macht an sich zu reißen. Lettische Schützenbataillone hatten als Teil des russischen Heeres gegen deutsche Einheiten gekämpft. Weihnachten 1916 starb die Mehrzahl der eingesetzten Schützen bei der Verteidigung Rigas gegen deutsche Truppen. Später kämpften lettische Schützen gegen konterrevolutionäre russische Truppen, gegen deutsche Freikorps und baltendeutsche Bürgerwehren. Sie waren die »Märtyrer des lettischen Nationalismus«. Auf dem Brüderfriedhof in Riga können bis heute ihre monumentalen Grabmäler aufgesucht werden. Die ersten Denkmäler des neuen litauischen Staates waren den Gefallenen der Unabhängigkeitskriege gewidmet. Das im Oktober 1921 im Garten des Kriegsmuseums enthüllte Denkmal wurde zum Vorbild unzähliger nationaler Monumente in ganz Litauen.[10] In der Zwischenkriegszeit bildeten die Veteranen den nationalistischen rechten Flügel des lettischen politischen Spektrums.[11] Der litauische Schützenverband der Veteranen war ausgesprochen nationalistisch und ein Träger des Revanchegedankens gegen Polen. Denn der junge litauische Staat hatte 1920 seine Hauptstadt Wilna an Polen verloren. Dies vergiftete die polnisch-litauischen Beziehungen und blieb ein wichtiger Bezugspunkt der Kriegserinnerung in Litauen.

UNBEKANNTE SOLDATEN

Der Erste Weltkrieg brachte mit dem Kult um den Unbekannten Soldaten ein überaus erfolgreiches Modell des politischen Totenkultes hervor. Grabmäler des Unbekannten Soldaten verbreiteten sich, mit Ausnahme Deutschlands, in ganz Europa und wurden nach dem Zweiten Weltkrieg zu einer globalen Erscheinung.[12] Trotz seiner universellen Semantik war das Gedenken an den Unbekannten Soldaten keiner übernationalen Sinngebung verpflichtet. Im Gegenteil, die integrierende Funktion bezog sich bestenfalls auf alle Staatsbürger des jeweiligen Landes. Der Kult war wie kein zweiter geeignet, Partei- und Klassengrenzen zu überschreiten und die Nation zu integrieren. Grundsätzlich war diese Aufgabe in den konsolidierten Nationalstaaten Westeuropas aber einfacher zu bewältigen als im Osten des Kontinents. Die nach dem Krieg überall aufbrechenden sozialen und politischen Konflikte stellten die Integrationsfähigkeit nationaler Symbole zwar in allen Ländern auf die Probe, doch jenes des Unbekannten Soldaten zeigte sich diesen Anforderungen in Westeuropa gewachsen. In den jungen multiethnischen Staaten Osteuropas überforderten ethnische und religiöse Konflikte dagegen das, was man seine Leistungsfähigkeit nennen könnte.[13]

Der Unbekannte Soldat wurde als Repräsentant aller Vermissten und Verschollenen, ja aller Gefallenen in das Zentrum des politischen Totenkults gestellt. Anders als die Soldatengräber sollte das Grabmal des Unbekannten Soldaten einzigartig sein und durch seine Monumentalität oder durch seinen prominenten Ort die Wertschätzung des Vaterlandes zum Ausdruck bringen. Das Grab wurde zu dem Ort, an dem sich das Gedächtnis der Nation symbolisch verdichtete.[14] Der Kult um den Unbekannten Soldaten half auch bei der individuellen Trauerarbeit. Die Angehörigen vermisster Soldaten hatten die Möglichkeit, ihm stellvertretend für den eigenen Sohn, Ehemann oder Vater die letzte Ehre zu erweisen. Die Grabmäler des Unbekannten Soldaten wurden allerorts zu zentralen Orten nationaler Kundgebungen und Staatsakte. In der Tschechoslowakei und in Jugoslawien wurden entsprechende Grabmäler schon 1922 eingerichtet, 1923 folgten Rumänien und, als erster Verliererstaat, Bulgarien. Bis 1930 hatten auch Österreich, Ungarn, Polen und Griechenland Grabmäler des Unbekannten Soldaten errichtet. In der Sowjetunion wurde erst 1967 ein Unbekannter Soldat des Zweiten Weltkrieges im Alexander-Garten am Moskauer Kreml beigesetzt.[15]

Die Überlagerung des Ersten Weltkrieges durch die folgenden Kämpfe wurde auch bei der Auswahl eines Leichnams zur zeremoniellen Bestattung als Unbekannter Soldat deutlich. In Polen beispielsweise war es von Anfang an klar, dass der Unbekannte Soldat nicht aus einer Weltkriegsschlacht stammen durfte. Nur ein Schlachtfeld der folgenden Unabhängigkeits- und Grenzkriege kam in Frage, denn nur in ihnen hatte der Soldat ausschließlich für Polen gekämpft. Voraussetzung für die Nominierung war, dass der Ort der Schlacht jetzt auf polnischem Boden lag, dass sie wichtig, opferreich, siegreich und ehrenvoll für die kämpfende Truppe gewesen war.[16] Der Zufall wollte es, dass beim Auswahlverfahren im April 1925 der Zettel mit der Aufschrift »Bojowisko Lwowskie« (Lemberger Schlachtfeld) gezogen wurde. Ein unbekannter polnischer Kämpfer des polnisch-ukrainischen Krieges wurde auf dem Lemberger Soldatenfriedhof exhumiert, nach Warschau überführt und feierlich in einem Grabmal im Sächsischen Palais beigesetzt.

In Deutschland verhinderte der Föderalismus die Errichtung einer zentralen Gedenkstätte für den Unbekannten Soldaten.[17] Zwar wurden schließlich zwanzig Unbekannte Soldaten in der Denkmalsanlage bei Tannenberg beigesetzt, doch erfüllte dieses Denkmal nicht die Funktion eines Grabmals des Unbekannten Soldaten, sondern war zur Erinnerung an einen Sieg errichtet worden.[18] Die Siege bei Tannenberg und den Masurischen Seen über die russischen Narew- und Njemen-Armeen im August 1914 spielten eine große Rolle in der deutschen Gedenkkultur der zwanziger und dreißiger Jahre. Sie waren unauflöslich mit dem Kult um den damaligen Oberbefehlshaber Paul von Hindenburg verbunden.[19] Bei Tannenberg wurde das zentrale deutsche Nationaldenkmal für den Ersten Weltkrieg errichtet. Am 31. August 1924 fand in Anwesenheit Hindenburgs und seines früheren Generalstabschefs Erich Ludendorff die feierliche Grundsteinlegung statt. Insgesamt 60 000 Menschen, die meisten von ihnen Veteranen der Schlacht, nahmen daran teil. Am 18. September 1927 – seinem 80. Geburtstag – weihte der inzwischen zum Reichspräsidenten gewählte Hindenburg die monumentale Denkmalsanlage ein. Acht zwanzig Meter hohe Türme wurden im Achteck aufgestellt und durch eine Mauer verbunden. Das Zentrum der Gedenkstätte wurde erhöht und darauf ein Kreuz gesetzt. Darunter befand sich eine Gruft, in der zwanzig unbekannte Soldaten der Weltkriegsschlacht ihre letzte Ruhestätte finden sollten. Am 6. August 1934 wurden die sterblichen Überreste Hindenburgs und seiner Frau dort provisorisch beigesetzt. Am 2. Oktober 1935 wurden die Sarkophage im Rahmen einer großen Festinszenierung in eine spezielle »Hindenburggruft« in einem der Türme des Nationaldenkmals umgebettet. Die sterblichen Überreste der zwanzig unbekannten Soldaten mussten aus diesem Grund in zwei seitliche Grüfte verlegt werden. Hitler erhob das Nationaldenkmal Tannenberg zum einzigen »Reichsehrenmal« und zeigte damit, welche herausragende Bedeutung er ihm beimaß.[20]

Als die deutschen Truppen aus Polen vertrieben wurden, begannen sie, ihre eigenen Denkmäler, darunter auch das Reichsehrenmal Tannenberg, zu zerstören. Die Überreste standen bis 1949, dann wurde ein Teil der Granitplatten für das große sowjetische Siegesdenkmal in Olsztyn (Allenstein) verwandt, der Rest soll bei der Rekonstruktion der Warschauer Altstadt und dem Bau des Warschauer Kulturpalastes eingesetzt worden sein.[21]

Ein anderes Schicksal hatten die Grabmäler des Unbekannten Soldaten in Osteuropa. Während des Zweiten Weltkrieges wurden sie zu Monumenten des Widerstandes gegen die deutschen Besatzer. Viele Menschen legten heimlich Blumen vor den Grabmälern nieder und fassten Mut an diesem wichtigsten Symbol nationaler Opferbereitschaft. Nach dem Krieg versuchten die neuen kommunistischen Machthaber das Symbol in ihre Erinnerungspolitik zu integrieren und nationale und sozialistische Traditionen miteinander zu verbinden.

SONDERFALL RUSSLAND/SOWJETUNION

In der Sowjetunion überdeckten Revolution und Bürgerkrieg den Ersten Weltkrieg. Allein Russland verlor in diesem Krieg 1,7 Millionen Soldaten. Fast 5 Millionen Soldaten wurden verwundet und 2,5 Millionen gerieten in Gefangenschaft. Die Toten des Krieges spielten jedoch in der öffentlichen sowjetischen Gedenkpraxis keine Rolle. Ihren Platz nahmen die toten Revolutionäre und Bürgerkriegshelden ein. Schon die 238 Toten der Revolution in Moskau wurden in einem großen Demonstrationszug mit wehenden roten Fahnen zu Grabe getragen und als »Märtyrer der Revolution« in Ehren gehalten.[22] Seit 1924 konzentrierte sich der politische Totenkult auf Lenin, an dessen einbalsamierter Leiche im Mausoleum auf dem Roten Platz jährlich Hunderttausende vorbeizogen. Lenin absorbierte auch die Verehrung, die in anderen Ländern dem Unbekannten Soldaten entgegengebracht wurde. Für die Bolschewiki war der Erste Weltkrieg ein imperialistischer Krieg des alten Regimes, mit dem sie nichts zu tun hatten. Der einzige positive Sinn, den die Bolschewiki dem Krieg abgewinnen konnten, bestand in der Schwächung der Krieg führenden Großmächte. Ihn in einen revolutionären Krieg umzuwandeln, war die Aufgabe, die sich die Bolschewiki gestellt hatten. Der Erste Weltkrieg war zwar Voraussetzung der Revolution, taugte aber nicht zum Gründungsmythos der Sowjetunion und fiel öffentlichem Vergessen anheim.[23] Kein einziges Nationaldenkmal oder Ehrenmal wurde errichtet.

Zwischen Februar- und Oktoberrevolution erhielt der Petrograder Sowjet zehntausende Zuschriften, in denen Menschen um Hilfe bei der Suche nach vermissten Angehörigen baten oder über ihr Leiden und ihre Not berichteten. In einem anderen historischen Kontext hätte dies als Sinnbild des leidenden Volkes in die staatliche Mythenbildung eingehen können.[24] Denn wie in anderen europäischen Staaten auch hatten die bürgerlichen und adligen Eliten des Russischen Reiches 1914 den Krieg begeistert begrüßt. Die Kriegspropaganda lief auf Hochtouren. Bild- und Textmedien wurden eingesetzt, um den Krieg populär zu machen und die Opfer zu rechtfertigen. Gesellschaft und Staat zogen an einem Strang. Sie schufen Kriegshelden und reproduzierten ihr Bild und ihre Taten in Massenmedien. Millionen Propagandabildchen und Bildfeldpostkarten waren im Umlauf, in den Städten hingen tausende Plakate. Der Fall der Festung Przemyśl im März 1915 wurde in den russischen Städten noch begeistert gefeiert.[25]

Ohne die Revolution hätte ein siegreiches Russland hieran nahtlos anknüpfen können. Doch die Oktoberrevolution brach-

»Russengraben v. Hohenstein«, Deutschland, undatiert · Der Ort Hohenstein liegt wenige Kilometer nordöstlich von Tannenberg, die Aufnahme entstand vermutlich nach der nach diesem Ort benannten Schlacht. · Bibliothek für Zeitgeschichte in der Württembergischen Landesbibliothek, Stuttgart 94/9/37

te eine Umwertung der Werte: Die Helden des alten Regimes galten dem neuen Regime als Klassenfeinde und Verbrecher. Dies hatte auch Folgen für die Toten des Weltkrieges: Defätismus im Ersten Weltkrieg war aus bolschewistischer Sicht eine revolutionäre und damit positive Tat. Die Deklarierung des Krieges als imperialistisch entwertete damit auch die russischen Siege. Sie schadeten der Revolution, während die Niederlagen die Revolution voranbrachten. In Russland ging der Krieg gleitend in Revolution und Bürgerkrieg über. Erst jetzt begann das heroische Zeitalter der Bolschewiki. Das neue Regime stellte sich in die Tradition des revolutionären Kampfes im Zarenreich, der Revolution und des Bürgerkrieges.

Wie der Krieg privat erinnert wurde, ist schwer zu sagen. Wer den Krieg an der Front als Soldat überstanden oder wer Angehörige verloren hatte, musste sich in irgendeiner Weise damit auseinander setzen. Doch auch hier legten sich zwischen die Menschen und ihre Erinnerungen an den Ersten Weltkrieg die Revolution und der Bürgerkrieg. »Jeder hatte seine Erinnerungen, Millionen lebten mit den ständigen Folgen, körperlichen Einschränkungen […] Aber private Erinnerungen sind ohne einen öffentlichen Rahmen schwer unterzubringen, besonders in Zeiten des ständigen gesellschaftlichen Chaos. Das Problem war nicht nur, dass es kein greifbares, architektonisches Gedenken gab oder so wenig öffentliche Geschichte. Die kollektive Geschichte des Krieges war in den Jahren der Massenumsiedlung und des Bürgerkrieges verloren gegangen.«[26]

Nur in der russischen Emigration wurde Traditionspflege betrieben, wurden Siege und vergangene Heldentaten gefeiert und die tieferen Gründe der Niederlage diskutiert. In der Emigration und nicht im Land selbst ging der Krieg in eine russische Erinnerungskultur ein. Auch die Bolschewiki zogen ihre Lehren aus dem Krieg, doch waren diese militärischer oder kriegswirtschaftlicher Art. Der Krieg spielte aber keine wichtige Rolle in der Geschichtspolitik.[27]

Eine Modifikation des offiziellen Geschichtsbildes wurde in den dreißiger und vierziger Jahren vorgenommen, als mehr und mehr russisch-nationale Elemente in den Sowjetpatriotismus einflossen. Zwar wurde im einflussreichen Geschichtslehrbuch für die höheren Schulen weiterhin das »verrottete zaristische Regime« für die Niederlage verantwortlich gemacht, doch die Leistungen und Siege der russischen Weltkriegsarmee wurden nun positiv herausgestrichen und die Bündnistreue Russlands und die Opfer der russischen Armee der Unzuverlässigkeit der westlichen Verbündeten gegenübergestellt.[28] Der Zweite Weltkrieg überdeckte die Erinnerung an den Ersten Weltkrieg dann vollends. Der Sieg im »Großen Vaterländischen Krieg« war neben der Revolution die zentrale Legitimationsgrundlage des Sowjetsystems.[29]

KRIEGSGRÄBERPFLEGE UND ERINNERUNGSKONJUNKTUR

Der Erste Weltkrieg demokratisierte das Totengedenken.[30] Auf den Soldatenfriedhöfen des Ersten Weltkrieges spielten Standesunterschiede keine Rolle mehr. Das »Opfer für das Vaterland« sollte gleich gewichtet werden. Nach dem Krieg wurde die Sorge für die Soldatenfriedhöfe auf die Ebene der internationalen Politik gehoben. In den Paragraphen 225 und 226 des Versailler Vertrages verpflichteten sich die Unterzeichnerstaaten, die Soldaten-

XV/29 Regimentsfahne der 3. Eisenbahner-Schützen-Division der Armee der Ukrainischen Volksrepublik, Ukraine, um 1919 · Zentrales Museum der Streitkräfte der Ukraine, Kiew

gräber ohne Ansehen der Herkunft der Gefallenen zu pflegen und angemessen zu bewahren. Obwohl mehr Menschen als je zuvor in einem Krieg gefallen waren, hatte sich jeder das Recht erworben, erinnert zu werden. Sie waren gemäß dieser Logik für das Vaterland gestorben und die Nation war verpflichtet, dafür zu sorgen, dass ihre Namen nicht vergessen und ihre Körper angemessen bestattet wurden. In Ostpreußen wurden beispielsweise »symbolische Heldenhaine« eingerichtet, die in der Zwischenkriegszeit ebenso sorgfältig gepflegt wurden wie die Soldatenfriedhöfe.[31]

Nach der Rückeroberung Galiziens im Sommer 1915 richtete das Wiener Kriegsministerium eine Kriegsgräberabteilung ein und gründete Landesabteilungen, die mit den Armeekorps in Verbindung standen. Diese Behörden waren für die Identifizierung der Gefallenen, die Exhumierung und Überführung ebenso verantwortlich wie für den Bau und die Gestaltung der Soldatenfriedhöfe. Sie sollten ästhetisch ansprechen und die Dankbarkeit des Vaterlandes ausdrücken. Überall in Galizien finden sich solche Friedhöfe, an deren Gestaltung bedeutende Architekten, Bildhauer und Maler beteiligt waren. Allein die Kriegsgräberabteilung Krakau legte 400 Soldatenfriedhöfe für 60 000 gefallene oder gestorbene Soldaten an.[32] Schon in der Zweiten Polnischen Republik hatte die polnische Öffentlichkeit aber nur noch wenig Interesse an diesen Friedhöfen, auf denen Soldaten lagen, die nicht für Polen gefallen waren.

Nach dem Zweiten Weltkrieg blieb Galizien bei Polen und Ostpreußen wurde zwischen der Sowjetunion und Polen aufgeteilt. Die Soldatenfriedhöfe des Ersten Weltkrieges wurden vernachlässigt und ihr Zustand verschlechterte sich zusehends. Die schrecklichen Erfahrungen der deutschen Besatzung machten es auch schwerer, pietätvoll mit Kriegsgräbern der österreichisch-ungarischen Armee umzugehen. Die Massengräber des Zweiten Weltkrieges versperrten gleichsam den Blick auf die alten Soldatenfriedhöfe. Im offiziellen polnischen Kriegsgräberverzeichnis von 1970 tauchen Friedhöfe des Ersten Weltkrieges überhaupt nicht auf.[33] Doch bereits zu Beginn der 1980er Jahre begannen sich in Ostpreußen und Galizien lokale Initiativen um die Kriegsgräber des Ersten Weltkrieges zu kümmern. Erste Dokumentationen erschienen.[34] Nach 1989 verstärkten sich diese

Aktivitäten, die jetzt auch staatlich unterstützt wurden. In der Wojwodschaft Olsztyn (Allenstein) arbeitet die örtliche Initiative inzwischen ohne große Probleme mit dem Volksbund Deutsche Kriegsgräberfürsorge zusammen. Jugend-Workcamps wurden veranstaltet und 1993 ein Komitee zur Rettung alter Friedhöfe im Ermland und in Masuren (Komitet Ratowania Dawnych Cmentarze na Warmii i Mazurach) gegründet. Die Friedhöfe haben so nicht nur »den Rang von kulturell wertvollen Objekten wiedergewonnen, sondern sie sind nun aufs neue Orte des Gedenkens, Orte des kollektiven Erinnerns« geworden.[35] In Osteuropa fiel es leichter, sich zunächst der deutschen Kriegsgräber des Ersten Weltkrieges anzunehmen. Zu schmerzhaft waren die Wunden, die das nationalsozialistische Deutschland im Zweiten Weltkrieg geschlagen hatte.

Doch auch im Umfeld des Ersten Weltkrieges gibt es viele Konflikte, die noch nicht aufgearbeitet sind. In Serbien ist nicht vergessen, dass die serbische Armee auf ihrem Rückzug durch den Kosovo im Herbst 1915 permanent von albanischen Partisanen attackiert wurde.[36]

Wie in Jugoslawien, so waren nach dem Zweiten Weltkrieg auch im sowjetischen Hegemonialbereich schwierige Themen tabuisiert worden. Litauische, lettische und estnische Denkmäler aus der Zeit der Unabhängigkeitskriege wurden zerstört oder beschädigt. Die Erinnerung an die baltischen Nationalstaaten der Zwischenkriegszeit sollte buchstäblich ausgelöscht werden.[37] Dies betraf auch den polnisch-ukrainischen Krieg von 1918/19, der erst seit Ende der achtziger Jahre in Polen und in der Ukraine zum Gegenstand historischer Forschung wurde. Dieser Verdrängungspolitik entsprach der Umgang mit dem polnischen Soldatenfriedhof in Lemberg, der in sowjetischer Zeit dem Verfall preisgegeben war. Die verordnete Freundschaft zwischen der Ukrainischen Sozialistischen Sowjetrepublik und der Volksrepublik Polen verhinderte eine Aufarbeitung des durch beide Weltkriege schwer belasteten polnisch-ukrainischen Verhältnisses.

Ausgerechnet diesen Friedhof wählten der polnische und der ukrainische Staatspräsident nach dem Untergang der Sowjetunion aus, um ihn zu einem Symbol der Verständigung zwischen Ukrainern und Polen zu machen. Wie Mitterand und Kohl über den Gräbern von Verdun zu einer Geste der Versöhnung fanden, trafen sich 1997 der ukrainische und der polnische Staatspräsident in Lemberg und beschlossen gemeinsam den Wiederaufbau des ruinierten Friedhofs. Man könnte meinen, dass der November 1918 weit genug zurückliegt, um nicht mehr ganz so brisant zu sein. Das ist jedoch nicht der Fall. Einerseits wiederholte sich die gegenseitige Gewalterfahrung im Zweiten Weltkrieg in gesteigerter Form. Andererseits spielt die Gründung der Westukrainischen Volksrepublik und die Machtübernahme in Lemberg am 1. November 1918 eine zentrale Rolle für die Traditionsfindung des jungen ukrainischen Staates. Im Vorfeld der Feierlichkeiten des 80. Jahrestages der Ausrufung der Westukrainischen Volksrepublik hatten 1998 ukrainische Nationalisten auf dem Friedhof die erneuerten Inschriften zerstört, die in polnischer Sprache von der Verteidigung Lembergs durch die Polen kündeten. Sie trafen damit die Stimmung der ukrainischen Bevölkerung. Der Lemberger Bürgermeister hatte zuvor öffentlich erklärt: »Der Stadtrat tut alles, damit der Friedhof der Adler erneuert wird. Man kann jedoch der Nekropolis nicht ihr historisches Aussehen zurückgeben, denn das verletzt den Stolz der Ukrainer und bedroht ihre Souveränität.« Die ukrainische Stadtverwaltung ist entschlossen, sich die Deutungshoheit im öffentlichen Raum

nicht streitig machen zu lassen. Die polnischen Inschriften »Verteidigung/Verteidiger Lembergs« auf den Gräbern und Mauern wurden getilgt.

Gleichzeitig beschloss der Stadtrat, unmittelbar neben dem polnischen Soldatenfriedhof eine ukrainische Gedenkstätte zu bauen, die den Freiheitskämpfern der Jahre 1918/19 gewidmet ist. Auf ihr ist in ukrainischer Sprache von der Verteidigung Lembergs die Rede. Damit wird der ukrainischen Deutungshoheit Ausdruck verliehen. Die Gedenkstätte dient dazu, den Besuchern das ukrainische Geschichtsbild zu vermitteln. Es rächte sich, dass der Wiederaufbau nicht Ergebnis einer gemeinsamen polnisch-ukrainischen Bürgerinitiative war. Die ukrainische Stadtbevölkerung war weder bei der Entscheidungsfindung noch an der Ausführung beteiligt. Die gut gemeinte Demonstration der beiden Staatspräsidenten hat so bis jetzt in Lemberg mehr Unfrieden gestiftet, als dass sie zu einer sachlichen Aufarbeitung der gemeinsamen Vergangenheit beigetragen hätte.

In der Sowjetunion wurden die Soldatenfriedhöfe des Ersten Weltkrieges vernachlässigt, manche verschwanden sogar völlig.[38] Nach Wiedererlangung ihrer Unabhängigkeit ist in den baltischen Republiken öffentliches Erinnern an die Zeit der ersten Staatsgründungen zwischen 1918 und 1920 möglich. Überall wurden beschädigte Denkmäler restauriert, zerstörte Monumente erneuert und die Friedhöfe der Freiheitskämpfer wiederhergestellt.[39]

Auch in Russland hat sich nach 1990 einiges geändert. Man versuchte, an nationale Traditionen des alten Russlands anzuknüpfen. Dazu gehörte auch eine neue, historisch inspirierte Beschäftigung mit dem Ersten Weltkrieg, etwa in Ausstellungen. Die Niederlage wird jetzt häufig nicht mehr als Auftakt der Revolution, sondern als nationale Katastrophe gesehen, welche die bolschewistische Schreckensherrschaft erst möglich machte. Interpretationsmuster aus der russischen Emigration sind in dieses neue Bild des Ersten Weltkrieges eingeflossen. Parallel dazu existiert aber weiterhin ein Geschichtsbild, das stark ›sowjetisch‹ geprägt ist. Trotz einer Rückbesinnung auf die vorrevolutionäre Zeit ist der Erste Weltkrieg auch im heutigen Russland noch ein weitgehend vergessener Krieg.[40]

1 Tim Judah, *The Serbs. History, Myth and the Destruction of Yugoslavia*, New Haven und London 1997, S. 98ff.

2 Katalin Sinkó, *Zur Entstehung der staatlichen und nationalen Feiertage in Ungarn*, in: Emil Brix und Hannes Stekl (Hrsg.), *Der Kampf um das Gedächtnis. Öffentliche Gedenktage in Mitteleuropa*, Wien u. a. 1997, S. 251–272.

3 Nikolaj Poppetrov, *Schulbücher im Dienste des Patriotismus während der »autoritären Epoche« in Bulgarien (1934–1944)*, in: *Internationale Schulbuchforschung* 15 (1993), S. 31–53.

4 I. Maciejewska, *Rewolucja i niepodległość. Z dziejów literatury polskiej lat 1905–1920*, Kielce 1991; T. Burek, *Prozatorski obraz i bilans wojny: od notatnika zrpzeżyć do epickiego ujęcia tematu*, in: *Literatura polska 1918–1976*, Bd. 1: *1918–1932*, Warschau 1975, S. 460–463.

5 Agnieszka Proszyńska, *W kręgu problematyki heroizmu, czyli trzy strategie literatury legionowej*, in: *Literatury wobec I wojny światowej*, Warschau 2000, S. 141–153.

6 Der Wojewode von Lemberg an das Präsidium des Lemberger Magistrats, 20.9.1930; Staatliches Archiv des Lemberger Gebietes (DALO), f. 2, op. 26, spr. 565, ark. 7. Zum Piłsudski-Kult jetzt Heidi Hein, *Der Piłsudski-Kult und seine Bedeutung für den polnischen Staat 1926–1939*, Marburg 2002.

7 Die ukrainische Lemberger Tageszeitung *Dilo* am 01.11.1924.

8 Christoph Mick, *Wer verteidigte Lemberg?*, in: Dietrich Beyrau (Hrsg.), *Der Krieg in religiösen und nationalen Deutungen der Neuzeit*, Bonn 2001, S. 189–216.

9 Jiří Pokorny und Jiří Rak, *Öffentliche Festtage bei den Tschechen*, in: Brix/Stekl (wie Anm. 2), S. 171–187; Hans Mommsen, Dušan Kovac, Jiří Malir und Michaela Marek (Hrsg.), *Der Erste Weltkrieg und die Beziehungen zwischen Tschechen, Slowaken und Deutschen*, Essen 2000; Ivan Šedivý, *Velká válka 1914–1918*, in: *Český časopis historický* 96 (1998), S. 1–14; Josef Kalivoda, *The Genesis of Czechoslovakia*, New York 1986; Karel Pichlik, Bohumír Klipa und Jitka Zabloudilova, *Československí legionáři (1914–1920)*, Prag 1996; Jan Galandauer, *2.7.1917. Bitva u Zborova. Česká legenda*, Prag 2002.

10 Adomas Butrimas, *Denkmäler in Westlitauen: Errichtung (1928–1944), Zerstörung (1945–1954) und Wiederaufbau (1988–1991)*, in: *Nordost-Archiv* N. F. 6 (1997) H. 1, S. 167–183.

11 Vieda Skultans, *The Testimony of Lives. Narrative and Memory in Post-Soviet Latvia*, London und New York 1998, S. 167f.; Laila Bremša, *Denkmäler des Ersten Weltkrieges und der Freiheitskämpfe in Lettland aus den Jahren 1920–1940*, in: *Nordost-Archiv* N. F. 6 (1997) H. 1, S. 186–203.

12 K. S. Inglis, *Entombing Unknown Soldiers: From London and Paris to Baghdad*, in: *History and Memory* 5 (1993), S. 7–31.

13 Volker Ackermann, *»Ceux qui sont pieusement morts pour la France ...« Die Identität des Unbekannten Soldaten*, in: Reinhart Koselleck (Hrsg.), *Der politische Totenkult. Kriegerdenkmäler in der Moderne*, München 1993, S. 281–314; Jay Winter, *Sites of Memory, Sites of Mourning. The Great War in European Cultural History*, Cambridge 1995, S. 102–104; Bruno Tobia, *Die Toten der Nation. Gedenkfeiern, Staatsbegräbnisse und Gefallenenkult im liberalen Italien (1870–1921)*, in: Sabine Behrenbeck und Alexander Nützenadel (Hrsg.), *Inszenierungen des Nationalstaats. Politische Feiern in Italien und Deutschland seit 1860/71*, Köln 2000, S. 67–85; Christoph Mick, *Der Kult um den ›Unbekannten Soldaten‹ in Polen der Zwischenkriegszeit*, in: Martin Schulze-Wessel (Hrsg.), *Sakralisierung der Nation – Nationalisierung der Religion* (Tagungsband einer Konferenz im GWZO 30.11.–2.12.2000), erscheint voraussichtlich 2004.

14 Zum Begriff ›Gedächtnisort‹ vgl. Pierre Nora, *Zwischen Geschichte und Gedächtnis*, Frankfurt am Main 1998, S. 7. Zur Funktion von Gräbern und Beinhäusern als ›Gedächtnisorte‹ vgl. Daniel J. Sherman, *Bodies and Names: The Emergence of Commemoration in Interwar France*, in: *American Historical Review* 103 (1998), S. 443–466, hier S. 463–465; Annette Becker, *From Death to Memory. The National Ossuaries in France after the Great War*, in: *History and Memory* 5 (1993), S. 32–49; dies., *La guerre et la foi: De la mort à la mémoire, 1914–1930*, Paris 1994.

15 Inglis (wie Anm. 12), S. 7.

16 Joanna Hübner-Wojciechowska, *Grób Nieznanego Żołnierza*, Warschau 1991, S. 41–45.

17 Benjamin Ziemann, *Die Deutsche Nation und ihr zentraler Erinnerungsort. Das »Nationaldenkmal für die Gefallenen im Weltkriege« und die Idee des »Unbekannten Soldaten« 1914–1935*, in: Helmut Berding, Klaus Heller und Winfried Speitkamp (Hrsg.), *Krieg und Erinnerung. Fallstudien zum 19. und 20. Jahrhundert*, Göttingen 2000, S. 67–91.

18 George L. Mosse, *Fallen Soldiers. Reshaping the Memory of the World Wars*, New York und Oxford 1990, S. 97.

19 Heike Fischer, *Tannenberg-Denkmal und Hindenburgkult. Hintergründe eines Mythos*, in: Michael Hütt u. a. (Hrsg.), *Unglücklich das Land, das Helden nötig hat*, Marburg 1990, S. 28–49; Jürgen Tietz, *Denkmal zwischen*

den Zeiten: Das ostpreußische Tannenberg-Nationaldenkmal während der Weimarer Republik und des Nationalsozialismus, in: *Nordost-Archiv* N. F. 6 (1997) H. 1, S. 41–73; Frithjof Benjamin Schenk, *Tannenberg/Grunwald*, in: Etienne François und Hagen Schulze (Hrsg.), *Deutsche Erinnerungsorte*, Bd. 1, München ³2002, S. 438–454, hier S. 446ff.; Robert Traba, *Próby państwowej monopolizacji pamięci: Tannenberg 1927 (–1935) – Grunwald 1960*, in: ders., *Kraina tysiąca granic. Szkice o historii i pamięci*, Olsztyn 2003, S. 165f.

20 Jürgen Tietz, *Das Tannenberg-Nationaldenkmal. Architektur, Geschichte, Kontext*, Berlin 1999; ders., *Denkmal zwischen den Zeiten: Das ostpreußische Tannenberg-Nationaldenkmal während der Weimarer Republik und des Nationalsozialismus*, in: *Nordost-Archiv* N.F. 6 (1997) H. 1, S. 41–68. Detlef Hoffmann, *Die Grunwald/Tannenberg-Monumente. Zu den nationalen Denkmalkulturen in Polen und Deutschland*, in: Matthias Weber (Hrsg.), *Deutschlands Osten – Polens Westen. Vergleichende Studien zur geschichtlichen Landeskunde*, Frankfurt am Main u. a. 2001, S. 277–298.

21 *Pomnik po wojnie*. Http://www.geocities/Vienna/3978/p2.htm.

22 Catherine Merridale, *Steinerne Nächte. Leben und Sterben in Russland*, München 2001, S. 135.

23 Catherine Merridale, *Death and Memory in Modern Russia*, in: *History Workshop Journal* 42 (1996), S. 1–18, hier S. 11.

24 Merridale (wie Anm. 22), S. 139f.

25 Hubertus F. Jahn, *Patriotic Culture in Russia during World War I*, Ithaca und London 1995.

26 Merridale (wie Anm. 22), S. 139, 140.

27 Ebd., S. 140f.

28 Alexander Reviakin, *Die Darstellung des Ersten Weltkrieges in alten sowjetischen und neuen russischen Schulgeschichtsbüchern*, in: *Internationale Schulbuchforschung* 21 (1999), S. 315–332, hier S. 320f.

29 Dazu jetzt Andreas Langenohl, *Erinnerung und Modernisierung. Die öffentliche Rekonstruktion politischer Kollektivität am Beispiel des Neuen Russland*, Göttingen 2000, S. 153ff.

30 Thomas W. Laqueur, *Memory and Naming in the Great War*, in: John R. Gillis (Hrsg.), *Commemorations. The Politics of National Identity*, Princeton/NJ 1996, S. 150–167. Zu den Konsequenzen der Französischen Revolution und der napoleonischen Kriege für das Gefallenengedenken vgl. Mosse (wie Anm. 18), S. 15–28.

31 Robert Traba, *Der Friedhof im Kulturwandel. Ostpreußische Kriegsgräber aus dem Ersten Weltkrieg von 1915 bis 1995*, in: *Nordost-Archiv* N. F. 6 (1997) H. 1, S. 109–129, hier S. 111.

32 Jacek Kolbuszewski, *Cmentarze (A to Polska właśnie)*, Breslau 1996, S. 297f.; Pawel Pancakowski, *Vergangene Denkmäler heimatloser Helden* (http://www.cmentarze.gorlice.net.pl/pecakniemicki.htm).

33 *Cmentarze i grobownictwo wojenne 1969 r. Tablice statystyki Gospodarki Komunalnej I Mieszkaniowej*, Warschau 1970.

34 Urszula Oettingen, *Cmentarze I wojny światowej w województwie kieleckim*, Warschau und Krakau 1988; Roman Frodyna, *Cmentarze wojskowe z okresu I wojny światowej w rejonie Beskidu Niskiego i Pogórza*, Warschau 1985; K. Garduła und L. Ogórek, *Śladami I wojny światowej. Między Rabą a Dunajcem*, Krakau 1988.

35 Traba (wie Anm. 31), S. 127ff.; Roman Frodyma, *Galicyjskie cmentarze wojenne. Przewodnik*, Warschau 1995; Oktawian Duda, *Cmentarze I wojny światowej w Galicji Zachodniej 1914–1918*, Warschau 1995; Antoni Kroh, *Piękne odpoczywanie*, Nowy Sącz 1991.

36 Judah (wie Anm. 1), S. 99f.

37 Butrimas (wie Anm. 10), S. 180ff.

38 Merridale (wie Anm. 23), S. 11.

39 Butrimas (wie Anm. 10), S. 182f.

40 Merridale (wie Anm. 22), S. 141; Reviakin (wie Anm. 28), S. 326ff.

Jürgen Osterhammel

Staat und Nation nach dem Ersten Weltkrieg

Der Erste Weltkrieg begann als ein Krieg unter jenen Großmächten, die bereits das europäische Mächtesystem, die so genannte Pentarchie, im 19. Jahrhundert bestimmt hatten. Er endete als ein Konflikt, der auf drei Erdteilen – Europa, Asien und Afrika – ausgetragen wurde und der die menschlichen und materiellen Ressourcen sämtlicher Kontinente mobilisierte. Die neuen Großmächte der Jahrhundertwende, die Vereinigten Staaten und Japan, waren am Krieg beteiligt: die erste auf militärisch und wirtschaftlich entscheidende Weise, die zweite immerhin so, dass sie ihren Hegemonialanspruch in Asien symbolisch zur Geltung brachte und 1919 einen der vier permanenten Sitze im Völkerbundrat erhielt. Das Osmanische Reich, schon lange in Europa wegen seines andauernden ›Niedergangs‹ bespöttelt und bereits vor 1914 vom europäischen Festland nahezu ganz vertrieben, hatte sich als respektable Militärmacht erwiesen: Die einst gefürchtete russische Armee war zusammengebrochen, nicht die der Türken. Frankreich und Großbritannien hatten auf die Hilfsquellen ihrer Überseereiche zurückgreifen können. Für den britischen Fall ist es keine Übertreibung zu sagen, dass seit spätestens Ende 1916 nicht das Vereinigte Königreich den Krieg führte, sondern das Empire insgesamt – mit Kanada, Australien, Neuseeland und Südafrika als eigenwilligen Juniorpartnern.[1]

Nicht nur Flandern, Ostfrankreich, Oberitalien, die russischen Grenzgebiete und der Balkan waren verwüstete Kriegsschauplätze, sondern auch die Levante und Ostafrika. Das Deutsche Reich hatte versucht, Subversion und Aufwiegelung bis nach Zentralasien und Mittelamerika zu tragen. Wohin die direkten Kriegswirkungen sich nicht erstreckten, dort machten sich indirekte bemerkbar: In China, Indien und einigen Ländern Lateinamerikas öffnete der Rückzug Europas von überseeischen Märkten einzigartige Spielräume für eine einheimische Industrialisierung.

Im Jahre 1917 wurde es zumindest den politischen Eliten der Ententestaaten bewusst, dass sich die alte Ordnung des europäischen Machtgleichgewichts nicht durch Selbstheilungskräfte wiederherstellen würde. Denn diese alte Ordnung gab es nicht mehr. Russland hatte ihr nach der bolschewistischen Oktoberrevolution den Rücken gekehrt, Deutschland schon zuvor durch die Invasion des neutralen Belgiens und eine besonders rücksichtslose Behandlung der Zivilbevölkerung ihre normativen Grundlagen beschädigt. Das Habsburgerreich würde, wie viele erwarteten und wie die Ententemächte im Frühjahr 1918 beschlossen, den Krieg nicht überleben. Auch ohne den Willen des amerikanischen Präsidenten Woodrow Wilson zu einer globalen Friedensstiftung wäre es daher, anders als 1814/15 auf dem Wiener Kongress, der das nach-napoleonische Europa neu geordnet hatte, mit einer verbesserten Neuauflage des internationalen Systems der Vorkriegszeit nicht getan gewesen.

WILSONS ZIELE

Es war Wilson, der wie kein anderer die Art – wenn auch nicht unbedingt den Inhalt – der Friedensregelung bestimmte.[2] Wilson verstand den Weltkrieg nicht als Entgleisung. Er sah ihn als konsequentes Produkt der europäischen Staatenordnung mit ihren militarisierten Machtstaaten, ihrer Geheimdiplomatie und ihrer demokratiefernen Vernachlässigung der Wünsche und Bestrebungen vor allem kleinerer Völker. Der viel beschworene ›Idealismus‹ Wilsons bestand hauptsächlich in der Überzeugung, es könne aus der vernünftigen Einsicht der Staatsmänner – wohlgemerkt: nur derjenigen der Siegermächte – in die fatalen Konsequenzen egoistischer Interessenpolitik eine neue Weltordnung entstehen, die statt auf einem mechanischen Austarieren von Machtgleichgewichten auf vier weit stabileren Pfeilern ruhen würde: erstens dem Völkerrecht und einem System detailliert ausformulierter Friedensverträge und Grenzabkommen, zweitens einem Konsens über Grundwerte des internationalen Zusammenlebens, drittens einer begrenzten Möglichkeit der Staatengemeinschaft, Störenfriede zur Räson zu bringen, und viertens einer Weltorganisation als Garantin allgemein eingegangener Verbindlichkeiten.

Wilsons Ziele waren bereits vor Kriegsende allgemein bekannt. Die Weltöffentlichkeit war schon seit der Vierzehn-Punkte-Rede des Präsidenten vom 8. Januar 1918 darüber informiert, worauf sie sich einzustellen hatte. Wer Wilsons Ernst und Entschlossenheit unterschätzte, tat dies auf eigene Gefahr. Sehr genau las man den Text überall dort auf der Welt, wo Schwächere nach Befreiung aus kolonialen Zwangsverhältnissen oder auch nur aus der Umarmung eines stärkeren Nachbarn strebten. Keine Parole des frühen 20. Jahrhunderts hat für mehr Enthusiasmus und Hoffnung – aber auch Konfusion – gesorgt als die der »nationalen Selbstbestimmung«.

Wilson konnte und wollte den Frieden nicht diktieren. 1919 waren die USA noch keine Supermacht mit globalen Interventionsmöglichkeiten. Sie waren militärisch und politisch in der Welt schwächer als nach 1945 oder gar nach 1989/91. Wilsons ungeheures Prestige erklärt sich zu einem guten Teil aus der Neuartigkeit und Frische seiner Vision und aus der Tatsache, dass niemand in Europa ihr etwas Vergleichbares entgegenzusetzen hatte.

Für die Friedensstiftung selbst war aber auch Wilson auf

Personal und Mechanismen alter Machtpolitik angewiesen. Die juristischen, geographischen und ökonomischen Experten, die er über den Atlantik mitbrachte, um den Frieden, um vor allem die vielen neuen Grenzen, die gezogen werden mussten, wissenschaftlich abzusichern, konnten nur innerhalb des Rahmens jener großen Entscheidungen tätig werden, die im innersten Kreis der Ententeführer getroffen wurden. 33 Länder, darunter auch etliche im Krieg neutral gebliebene, waren nach Paris zur Friedenskonferenz, die am 18. Januar 1919 begann, geladen worden. Ein Zehnerrat grenzte den Kreis der wichtigeren unter ihnen bereits beträchtlich ein. Wer aber wirklich zählte, das waren die Großen Vier, die sich, oft mit kleinen Beraterstäben, mehr als zweihundert Mal trafen: Wilson selbst, der Brite David Lloyd George, der Franzose Georges Clemenceau und der Italiener Vittorio Emanuele Orlando. Wenn es darauf ankam, hörte man nicht unbedingt auf Orlando, und wenn Wilson und Clemenceau sich stritten, dann war es meist der undogmatische, blitzschnell reagierende britische Premierminister, der einen Kompromiss herbeimanövrierte.[3]

Das Pariser Friedenswerk bestand aus fünf Vertragsdokumenten, die nach den verschiedenen Pariser Vororten benannt sind, in denen sie unterzeichnet wurden: den Verträgen von Versailles

VIII/11 Sonderausgabe der Zeitung *Dresdner Anzeiger* zur Unterzeichnung des Waffenstillstandes, Dresden, 11. November 1918 · Deutsches Historisches Museum, Berlin

mit Deutschland (28. Juni 1919), von Saint-Germain mit Österreich (10. September 1919), von Neuilly mit Bulgarien (27. November 1919), von Trianon mit Ungarn (4. Juni 1920) und von Sèvres mit dem Osmanischen Reich (10. August 1920). Diese Verträge waren die dokumentarische Fassade eines viel komplizierteren Prozesses der tatsächlichen Neuordnung. Einige von ihnen, vor allem der Vertrag von Versailles, wurden zu einem großen Teil buchstabengetreu verwirklicht. In extremem Gegensatz dazu fiel der Vertrag von Sèvres Ereignissen zum Opfer, die niemand an den Konferenztischen vorausgesehen hatte. Keineswegs alle Neuerungen der Nachkriegszeit wurden in den Vorortverträgen geregelt. Die Grenzen zwischen den neuen Staaten im Nahen und Mittleren Osten waren teilweise bereits während des Weltkrieges in britisch-französischen Geheimabsprachen gezogen worden. Auch waren nicht sämtliche der neuen Staaten Schöpfungen diplomatischer Friedensstiftung. Jugoslawien zum Beispiel – genauer: das Königreich der Serben, Kroaten und Slowenen – war im Januar 1919 bereits eine Realität und ersuchte nur noch um Anerkennung des Bestehenden durch die Großmächte.[4]

Die durch Wilsons Vierzehn Punkte eingeleitete Neukonfiguration der Staatenwelt vollzog sich in einem Prozess, der im Jahre 1923 überwiegend abgeschlossen war. Danach änderte sich die politische Landkarte der Welt kaum noch, bis 1931 mit der japanischen Okkupation der Mandschurei die Epoche ihrer gewaltsamen Revision begann. Es ist wichtig, weder die Beschlüsse von Paris nur im Moment ihres Zustandekommens zu betrachten noch die Gesamtregelung der Friedenskonferenz zu ausschließlich unter dem Gesichtspunkt ihrer Unfähigkeit zu sehen, einen zweiten Weltkrieg zu verhindern. Eine mittelfristige Zeitperspektive muss sich auf die frühen Jahre der Neuordnung konzentrieren.

NEUORDNUNG

Diese Neuordnung war nach allen denkbaren Maßstäben spektakulär. Europas stabilste Demokratien, Frankreich und Großbritannien, hatten den Krieg unter außerordentlichen Opfern gewonnen. Beide verarbeiteten die Kriegsfolgen ohne eine krisenhafte Gefährdung ihrer politischen Systeme. Während andernorts jahrhundertealte Monarchien verschwanden, stürzte im Vereinigten Königreich 1922 nur der siegreiche Kriegspremier David Lloyd George. Stabil blieben auch die überseeischen Imperien der westeuropäischen Großmächte. Nur Irland erlangte in unmittelbarer Fortsetzung einer Kriegstendenz im Jahre 1922 seine Unabhängigkeit. Dank der Übernahme der früheren deutschen Kolonien sowie der außertürkischen Provinzen des Osmanischen Reiches in eine kolonieähnliche Treuhandschaft dehnten sich die imperialen Kontrollbereiche von Briten und Franzosen sogar auf ihr historisches Maximum aus.

Die spektakulären Veränderungen vollzogen sich östlich des Rheins. Die Monarchien der Hohenzollern und der Romanows wurden durch Revolutionen beseitigt. Das Imperium der Habsburger zerfiel – in Ungarn unter den dramatischen Umständen einer nur kurz existierenden Räterepublik. Im Osmanischen Reich hatte der Sultan bereits 1908 seine autokratische Stellung verloren. Nur symbolisch überbrückte das Sultanat den Übergang zur 1923 gegründeten Republik. Da in China bereits 1911 das Kaisertum einer Revolution zum Opfer gefallen war, gab es nach 1923 im gesamten kontinentalen Eurasien kein einziges

VIII/7 *The Signing of the Armistice [Die Unterzeichnung der Waffenstillstandsbedingungen]*, Frankreich nach 1918 · Deutsches Historisches Museum, Berlin

kaiserliches Ancien Régime mehr. Nirgendwo traten danach ernst zu nehmende Bewegungen monarchischer Restauration auf. Im Übrigen beschränkte sich die Diskreditierung von Vorkriegsordnungen nicht auf alteingesessene Herrscherhäuser. Auch das liberal-oligarchische System Italiens hatte während des Krieges in solchem Maße seinen Kredit in der Bevölkerung verloren, dass die faschistische Bewegung nach wenigen Jahren eine breite Unterstützung fand.

Nur ausnahmsweise entstanden aus Krieg und Pariser *peacemaking* neue Staaten ohne eine tiefe historische Verwurzelung. Das Problem der Neuordnung, sofern sie sich ganz konkret in Grenzen umsetzte, bestand eher darin, sich überlappende oder widersprechende historische und kulturelle Ansprüche, wie sie von einer ohrenbetäubenden Vielfalt von Stimmen geltend gemacht wurden, zu einem Ausgleich zu bringen. Dabei spielten Gesichtspunkte eine große Rolle, die in der ursprünglichen Vision Wilsons nicht vorgesehen waren, zum Beispiel Frankreichs extremes Sicherheitsbedürfnis an seiner Westgrenze und Wilsons eigenes, sich zusehends steigerndes Misstrauen gegenüber der Sowjetunion.

Mehrere Formen von Regimewechsel und Staatengründung lassen sich unterscheiden: Erstens wurde zumindest eine von der Landkarte verschwundene europäische Nation, nämlich Polen, in international garantierter Staatlichkeit wiederhergestellt. Dies geschah allerdings nicht allein als Gnadenerweis und Korrektur historischen Unrechts durch die großzügigen Pariser Staatenlenker, sondern wesentlich durch Zutun der Polen selbst. Während auf dem Pariser Konferenzparkett der große Pianist Jan Ignacy Paderewski, der später zum ersten Premierminister der polnischen Republik werden sollte, erfolgreich für sein Land warb, baute in Warschau General Józef Piłsudski einen polnischen Staat und eine polnische Armee auf, die er 1920 gegen die Bolschewiki erfolgreich ins Feld führte.

Eine zweite Konstellation ergab sich dort, wo Imperien zerfielen und nach dem Verlust ihrer Peripherien nur die alten Kernländer als Grundlagen für eine nationalstaatliche Neuformierung übrig blieben. Dies war in Österreich der Fall, wo viele allerdings eine Vereinigung mit dem nördlichen Nachbarn vorgezogen hätten und dessen politische Elite daher mit Problemen eines zunächst wenig stabilen nationalen Selbstbewusstseins zu kämpfen hatte. Ähnlich und doch anders verhielt es sich in der Türkei. Dort war ein Teil der Armee auch noch zum Zeitpunkt des Waffenstillstands intakt geblieben und hatte in General Mustafa Kemal, dem späteren Atatürk, einen fähigen und durch die Armeniermassaker der Kriegszeit wenig belasteten, daher international gesellschaftsfähigen Anführer gefunden. Für den kleintürkischen Nationalismus gab es keinen Grund, das Diktat von Sèvres, das mit erheblichen Gebietsverlusten verbunden gewesen wäre, widerstandslos zu akzeptieren. Dies umso weniger, als die britische Politik die militärisch expansiven Absichten Griechenlands gegenüber den Resten des Osmanischen Reiches unterstützte. Mustafa Kemal und seine Verbände schlugen, ganz aus eigenen Kräften, die griechische Invasion zurück. Ein neuer Vertrag wurde ausgehandelt und am 24. Juli 1923 in Lausanne unterzeichnet. Damit wurde die neue türkische Republik zu türkischen Konditionen in jenen Grenzen international anerkannt, die im Wesentlichen auch heute noch bestehen. Ein Verlierer des Krieges hatte sich damit gegen den gemeinsamen Willen der Siegermächte durchgesetzt. Die längerfristige Folge davon war eine politische Entwicklung, welche die für Europa in den dreißiger und frühen vierziger Jahren charakteristischen Extreme von Faschismus und Kommunismus vermied.[5]

Eine dritte Form staatlicher Neubildung trat dort auf, wo sich die Peripherien untergegangener Reiche verselbständigten. Auf dem Balkan war eine solche Verselbständigung bereits am Vorabend des Ersten Weltkrieges abgeschlossen. Nur die ehemals österreichischen Gebiete mit slawischsprachigen Bevölkerungen kamen neu hinzu. Jugoslawien wurde zu einem zunächst erstaunlich erfolgreichen Projekt der politischen Integration kulturell und ethnisch auseinander strebender Elemente. Es im Nachhinein als »Kunstprodukt« abzutun, wird dieser historischen Leistung nicht gerecht. Eine eigene Klasse verselbständigter Peripherien waren diejenigen arabischen Gebiete, über die das

Osmanische Reich noch bis zum Krieg eine im Großen und Ganzen effektive Kontrolle, meist in indirekter Herrschaftsteilung mit einheimischen Oberschichten, ausüben konnte. In einigen dieser Regionen, insbesondere in Syrien, machte sich bei Kriegsende eine von Intellektuellen und Honoratioren getragene Nationalbewegung bemerkbar.[6] Die Großmächte entschieden sich jedoch dafür, sämtliche orientalischen (und erst recht afrikanischen) Nationalismen zu ignorieren. Die Völker Arabiens, so hieß es, seien zur Selbstregierung noch nicht befähigt und bedürften für eine Übergangszeit der wohlwollenden Vormundschaft durch erfahrene Kolonialmächte. Dies war der Grundgedanke des so genannten Mandatssystems.[7]

Unter den neu geschaffenen Mandatsgebieten war keines von Anfang an in sich widersprüchlicher konzipiert als Palästina (einschließlich des späteren Jordaniens), das – ebenso wie der Irak – den Briten übertragen wurde, während Syrien an Frankreich fiel. In Palästina sollten bereits in den zwanziger Jahren die Ziele zionistischer Einwanderer, denen die britische Regierung in der Balfour-Erklärung vom November 1917 eine »jüdische Heimstätte« versprochen hatte, mit den Interessen der arabischen Bevölkerung heftig zusammenstoßen.[8] Diese Entwicklung lag außerhalb des Planungshorizonts der Pariser Friedensstifter, die sich mit den besonderen Problemen des Nahen Ostens ohnehin kaum befassten. Doch es darf nicht übersehen werden, dass auch der 1948 gegründete Staat Israel letzten Endes ein Produkt der politischen Verfügung über die Territorien der Kriegsverlierer ist.

Eine vierte, einzigartige und ebenfalls den Denkrahmen der Friedenskonferenz sprengende Entwicklung war schließlich die Wiedererrichtung des zaristischen Vielvölkerreiches in Gestalt einer von Moskau aus straff regierten Union sozialistischer Republiken, die sich selbst einer Rhetorik nationaler Selbstbestimmung befleißigte. Länder wie Georgien, Armenien oder Aserbaidschan sollten allerdings die Chance einer wirklichen Autonomie nicht um 1920, sondern erst siebzig Jahre später erhalten.[9]

In dem hektischen Jahr 1919 hatten sich ganze Schwärme von Abgesandten aller möglichen Länder, Völker und Interessen-

Ankunft der ersten Militärzüge mit den heimkehrenden Truppen, die die Freude und den Humor nicht verloren haben, Deutschland, 11. Januar 1918 · Deutsches Historisches Museum, Berlin, Do 75/290 I (2220)

gruppen in der französischen Hauptstadt niedergelassen, um die Aufmerksamkeit der ›Großen‹ auf sich zu ziehen. Besonders gut war dies den Tschechen gelungen, die bei Ententediplomaten ohnehin als die ›westlichsten‹ und loyalsten unter den Ostmitteleuropäern galten und die bereits eigene Truppen auf alliierter Seite eingesetzt hatten. Die großzügig gezogenen »historischen Grenzen« Böhmens waren denn auch mit besonderem Wohlwollen bestätigt worden. Aber auch viele andere hatten Grund zur Zufriedenheit. Dies galt nicht für die kleinen Trabanten der Mittelmächte, Ungarn und Bulgarien, die in der Zwischenkriegszeit unsaturierte und revisionistische Staaten bleiben sollten. Sie hatten auf Wilsons Großherzigkeit gehofft, doch nur die strikteren Friedensbedingungen Englands und Frankreichs erhalten. Kein anderes Land wurde in Paris strenger abgestraft als Ungarn. Unzufrieden mit dem Ergebnis der Friedenskonferenz waren aus einem ganz anderen Grunde auch die Japaner. Obwohl sie in ihrer faktischen Kontrolle des früheren deutschen Pacht- und Einflussgebietes in der nordchinesischen Provinz Shandong bestätigt worden waren, gelang es ihnen nicht, eine Klausel gegen rassische Diskriminierung in der Völkerbundsatzung durchzusetzen. Dies war eine schlimme symbolische Niederlage der japanischen Außenpolitik, die sich selbst eine Rolle als Fürsprecherin des kolonialen und halbkolonialen Asiens zugedacht hatte.[10]

Die größten Wirkungen hatte die Enttäuschung über Versailles in drei Gegenden der Welt, die in ganz unterschiedlichem Maße betroffen waren. In China löste die Nachricht, dass sich die Großmächte in der Shandong-Frage auf die Seite Japans gestellt hatten, Massenproteste gegen den westlichen wie den japanischen Imperialismus aus. Diese so genannte Vierte-Mai-Bewegung von 1919 leitete die radikale Phase von Chinas nationaler Revolution ein.[11] Ob die Mehrheit der Bevölkerung im arabischen Raum damals bereits deutliche nationale Ziele anstrebte, kann bezweifelt werden. Einige der arabischen Fürsten und Honoratioren mussten allerdings erbittert zur Kenntnis nehmen, dass sie im Krieg gegen die Türken – und unter Führung des legendären T. E. Lawrence alias Lawrence of Arabia – willkommene Hilfstruppen der Briten gewesen waren, sich 1920 unter Bruch früherer Versprechungen aber in kolonieartigen »Mandatsgebieten« wiederfanden.[12]

Nirgendwo war schließlich die Ablehnung von Versailles größer als in Deutschland. Sie wurde zu einer beherrschenden Stimmung nicht nur unter Reichsnostalgikern, die den Verlust Elsass-Lothringens, Posens und der afrikanischen Kolonien nicht verschmerzen wollten. Auch weniger maximalistisch gesinnten Kreisen der deutschen Bevölkerung schien es, dass die Siegermächte Deutschland eine Existenz als ›normalem‹ Nationalstaat nicht gönnen wollten. Die Großmut, mit der eine siegreiche Koalition 1814/15 das napoleonische Frankreich behandelt hatte, wiederholte sich nicht. Zusätzlich zu seinen territorialen Verlusten, der Begrenzung seines Militärpotentials, der Entmilitarisierung des Rheinlandes und der Internationalisierung seiner großen Flüsse musste Deutschland sich zu Reparationen verpflichten, die den Ruin seiner Wirtschaft zu bedeuten schienen. Dass die Reparationen tatsächlich weniger schädlich waren, erkannten erst spätere Wirtschaftshistoriker. Hinzu kam, dass der Verzicht der Siegermächte auf genuine Verhandlungen mit einer demokratisch legitimierten deutschen Regierung als schwere Demütigung empfunden wurde. Ausmaß und Ursachen der militärischen Niederlage blieben undurchsichtig und gaben bald Anlass zur »Dolchstoßlegende«. Dass Deutschland und

VIII/14 Pappschema des französischen Territoriums mit den Grenzen vom November 1918 · Historial de la Grande Guerre, Péronne

gezogen werden; schließlich umfassten sie allein in Europa 11000 Kilometer. Eine einfache Restauration des territorialen Vorkriegszustandes war ausgeschlossen, da die Imperien der Dynastien Habsburg, Romanow und der Osmanen bei Kriegsende nicht mehr bestanden. Gleichzeitig hatte sich im Denken aller politischen Machthaber und Eliten, zumindest in Europa, das Ideal eines souveränen, durch international anerkannte Grenzen definierten und geschützten Nationalstaates als Selbstverständlichkeit verbreitet. Dieser Nationalstaat bedurfte einer jeweils eigenen Legitimation, die sich nicht aus den Zufälligkeiten dynastischen Besitzes, aus dem Recht des Stärkeren oder aus der Verteilung der militärischen Kräfte zum Zeitpunkt eines Waffenstillstandes ergab. Besatzungsherrschaft konnte bestenfalls als Übergangszustand geduldet werden.

Der Zauberschlüssel zur Lösung dieser Probleme schien das Prinzip der »nationalen Selbstbestimmung« zu sein, das sowohl Woodrow Wilson als auch, unabhängig von ihm, Lloyd George sowie der große Gegenspieler der westlichen Staatsmänner, Lenin, bereits während des Krieges propagiert hatten. Dieses Prinzip, das, wie es in Wilsons Vierzehn-Punkte-Rede hieß, jeder »friedliebenden Nation« das Recht zugestand, ihr eigenes Leben zu leben und über ihre eigenen Institutionen zu entscheiden, war auf den ersten Blick von größter Einfachheit und Plausibilität. Wenn jede ›Nation‹ die Gelegenheit bekäme, ihren Wünschen freien Ausdruck zu verleihen, dann wäre die Harmonie des internationalen Zusammenlebens garantiert. So einfach sah es freilich selbst Wilson nicht, und Lloyd George und Clemenceau hatten niemals geglaubt, die stets unklaren, zwischen Gewinnern und Verlierern polarisierenden Realitäten der Machtpolitik ignorieren zu können.

In seiner praktischen Umsetzung war das Prinzip der Selbstbestimmung durch ein zweifaches Paradox belastet. Zum einen wurde es zwar als universales Prinzip formuliert, dann aber zugleich – auch bei Wilson – in seiner Gültigkeit durch eine Anthropologie eingeschränkt, die den Völkern der Erde in unterschiedlichem Maße die Fähigkeit zusprach, ihr Geschick in die eigenen Hände nehmen zu können. Am schlechtesten wurden dabei diejenigen gestellt, für die man eine Mandatsherrschaft vom Typ »C« vorsah, zum Beispiel die Bewohner der Pazifischen Inseln und Namibias, des früheren Deutsch-Südwestafrikas. Sie schienen auf unabsehbare Zeit zur Selbstbestimmung unfähig zu sein und wurden daher einer Form der Mandatsherrschaft unterworfen, die sich von kolonialer Annexion alten Stils so gut wie nicht unterschied. Selbstbestimmung wurde also durch ein Bild von den menschlichen Fähigkeiten entwertet, das seine Herkunft aus dem Rassismus des 19. Jahrhunderts nicht verleugnen konnte. Der zweite Widerspruch bestand in Folgendem: Auf der einen Seite konnte erst eine methodisch sorgfältige und von allem äußeren Druck freie, eine geradezu wissenschaftliche Befragung der einzelnen Staatsbürger deren politische Vorlieben ermitteln. Auf der anderen Seite setzte die Organisierung von Befragungen bereits ein Verständnis davon voraus, was die jeweils einzelne Nation charakterisierte. Dies wiederum hatte Konsequenzen für die Auswahl der Gebiete, in denen Befragungen durchgeführt werden sollten, welche Fragen dabei gestellt und welche Zugehörigkeitskriterien angelegt werden mussten usw. Diese Probleme stellten sich in ganz praktischer Weise überall dort, wo Plebiszite vorgesehen waren und abgehalten wurden, vor allem in Oberschlesien und Schleswig. Im polnisch-böhmischen Grenzgebiet von Teschen waren die Verhältnisse sogar derart verworren, dass

seine Alliierten, wie in Artikel 231 des Versailler Vertrages formuliert, die alleinige Schuld am Ausbruch des Weltkrieges tragen sollten, vermochten nur die wenigsten einzusehen.[13]

In den durch die Pariser Beschlüsse verstimmten Ländern setzten sich aus diesen Gründen unterschiedliche Versionen eines Verratsmythos fest. Sie nährten dort nationalistische Stimmungslagen, in denen die Vorstellung von einer ungerechten Behandlung und, daraus folgend, der Wille zur Korrektur dieser Ungerechtigkeiten eine zentrale Rolle spielte. Nur der Türkei war es gelungen, aus einer Position regionaler militärischer Stärke heraus das ihr zugedachte Schicksal abzuwenden. Atatürks Republik war denn auch keine revisionistische und expansive Kraft, sondern fügte sich nach 1923 friedlich in die neue Weltordnung ein. Dass die Pariser Friedenskonferenz als erster Ursprung von Staats- und Nationsbildung betrachtet wurde, war selten. Nationale Gründungsmythen greifen fast immer auf frühe, sich im Dunkel der Geschichte verlierende Fiktionen von Zusammengehörigkeit zurück. Die Verratsmythen wurden daher nicht durch Gründungsmythen von gleichem Gewicht ausgeglichen. Dort, wo die Friedenskonferenz einen Fortschritt in der nationalen Entfaltung gebracht hatte, schien sie nur der historischen Gerechtigkeit Genüge getan und älteren Prozessen des Übergangs von vorstaatlichen Nationen zu Nationalstaaten ihren Lauf gelassen zu haben.

»NATIONALE SELBSTBESTIMMUNG«

Kein früherer Friedenskongress hatte sich in ähnlicher Dringlichkeit mit Grenzen zu befassen. 1919 war es mit vertrauten Lösungen nicht getan. Neue zwischenstaatliche Grenzen mussten

X/5 Sergei I. Lukin, *Swerschilos
[Es ist vollbracht!]*, Leningrad 1960 ·
Staatliches Historisches Museum,
Moskau

sich das vorgesehene Plebiszit überhaupt nicht durchführen ließ.[14] Insgesamt gesehen wurde von dem Mittel der Volksbefragung viel seltener Gebrauch gemacht, als man es hätte erwarten können; Clemenceau hielt grundsätzlich wenig davon. In den meisten Fällen wurden Grenzen und Zugehörigkeiten durch Kommissionen definiert und mit politischen Repräsentanten ausgehandelt, nach deren demokratischer Legitimierung man mitunter besser nicht fragte.

In einer anderen Gruppe von Fällen fehlte selbst der Versuch, die Wünsche oft umfangreicher Bevölkerungen zu ermitteln. Wenn man sie ahnte, wurden sie zuweilen schlichtweg übergangen.

In multi-ethnischen Gemengelagen waren die Verhandlungsführer oft Vertreter der Mehrheitsnationalität. Die politischen Vorstellungen von Minderheiten wurden im Allgemeinen dann ignoriert, wenn sie dem auch für Woodrow Wilson vorrangigen Ziel der Friedensregelung zu widersprechen drohten: durch relativ einfache Lösungen stabile Nationalstaaten entstehen zu lassen.[15] Allzu kleine und nicht ohne Anlehnung an stärkere Nachbarn lebensfähige territoriale Einheiten waren nicht erwünscht. Die Versailler Konferenz sah sich bereits mit demselben Problem konfrontiert, das auch während der Dekolonisierung der europäischen Überseereiche und beim Zerfall der

Sowjetunion und Jugoslawiens wieder auftauchen sollte: Gibt es Kriterien dafür, wann man dem Unabhängigkeitsstreben einer sich als eigene Nation verstehenden Gruppe die internationale Anerkennung gewähren oder verweigern sollte? Die Türkei, die ansonsten den Übergang zum eigenen Nationalstaat so erfolgreich meisterte, muss sich selbst bis zum heutigen Tage mit Forderungen nach einem kurdischen Staat auseinander setzen. Der Vertrag von Sèvres hatte 1920 ein unabhängiges Kurdistan auf türkischem Boden vorgesehen; den Kurden im britischen Mandatsgebiet Irak war man freilich nicht in ähnlicher Weise entgegengekommen.

Ein Fall, bei dem Präsident Wilsons Idealismus und der machtpolitische Realismus Clemenceaus (mit Lloyd George in einer schillernden Mittelposition) in einen besonders deutlichen Gegensatz gerieten, war Österreich. Hier sprachen zwar viele gute Gründe dafür, die Entstehung eines um Österreich erweiterten »Großdeutschland« zu verhindern. Doch die österreichischen Vertreter auf der Friedenskonferenz erklärten offen, dass ihr Rumpfstaat nicht unabhängig sein wolle, und sie beriefen sich auf das Recht der Selbstbestimmung, das es ihnen ermöglichen müsse, sich Deutschland anzuschließen. Deutsche wie Österreicher wurden aber dazu verpflichtet, jeden Hinweis auf eine mögliche spätere Union aus ihren Verfassungen zu verbannen, und Frankreich setzte die Bestimmung durch, dass eine solche Vereinigung nur mit Zustimmung des Völkerbundrates gestattet sein würde. Dies bedeutete ein permanentes französisches Vetorecht. Der Rumpfcharakter der Österreichischen Republik hatte die unmittelbare Folge, dass die im Vertrag von Saint-Germain vorgesehenen Reparationen niemals gezahlt wurden. Österreich, nunmehr seines böhmischen Industriezentrums beraubt, stand wirtschaftlich auf noch viel schwächeren Füßen als Deutschland und bedurfte 1921 sogar einer finanziellen Rettungsaktion der Alliierten.

Die Stabilisierung Europas wurde durch die gigantischen Bevölkerungsbewegungen erschwert, die während des Krieges stattgefunden hatten. Vor allem in Belgien, Polen, im Baltikum, in Westrussland und Serbien hatten hunderttausende von Zivilisten ihre Heimat verloren. Die Oktoberrevolution hatte einen Strom von politischen Flüchtlingen ausgelöst. Viele Menschen überlebten Flucht und Vertreibung, Hunger und Krankheit nicht. Nach dem Ende des Krieges lösten sich die riesigen Heere unter mehr oder weniger geordneten Umständen auf; zahllose Zivilisten strebten in ihre Heimatregionen zurück. Die neuen Grenzen, wie sie in den Friedensverträgen festgelegt worden waren, verursachten den Wohnortwechsel von bis zu fünf Millionen Europäern.[16] Im Vergleich zu den Vertreibungen nach dem Ende des Zweiten Weltkrieges verlief diese erzwungene Mobilität in relativ gewaltarmer Weise. Dies lässt sich von der südöstlichen Flanke Europas nicht behaupten. Die von der jungtürkischen Führung des Osmanischen Reiches 1915 verfügte Deportation der Armenier in die mesopotamische Wüste, die mit Todesmärschen und grausamsten Massakern insgesamt einem Völkermord gleichkam, hörte mit dem Waffenstillstand nicht von heute auf morgen auf. Angriffe auf Armenier und ihr Eigentum zogen sich bis 1923 hin. Schätzungsweise 600 000 bis 1 Million Armenier verloren während acht schrecklicher Jahre ihr Leben. Viele der Überlebenden flohen, sobald und sofern dies möglich war, in alle Welt.

Die Attacke auf die Armenier war im 20. Jahrhundert das erste Beispiel einer »ethnischen Säuberung« großen Stils.[17] In der Absicht ähnlich und in der Durchführung nur um Grade weniger brutal war das, was sich Griechen und Türken gegenseitig antaten. Seit drei Jahrtausenden hatten Griechen in Kleinasien gelebt, im 19. Jahrhundert sogar unter einer Art von Protektion durch die europäischen Mächte. Der aufkommende kleintürkische Nationalismus begann, diese Minderheit feindselig zu betrachten. Umgekehrt hegte die politische Führung Griechenlands einen Traum von der Schaffung Großgriechenlands, zu dem ein umfangreicher Brückenkopf in Kleinasien sowie die alte byzantinische Hauptstadt Istanbul gehören sollten. Die momentane Schwäche der Türkei am Ende des Krieges schien, mit britischer Unterstützung, die Verwirklichung dieses Traumes in greifbare Nähe zu rücken. 1921 jedoch war Kemal Pascha entschlossen und militärisch stark genug, um zum Gegenangriff gegen die Griechen in Smyrna (Izmir) und anderen Orten an der anatolischen Westküste überzugehen. Der griechisch-türkische Krieg wurde auf beiden Seiten als ethnische Säuberung geführt. Eine Bilanz der Gräuel lässt sich kaum aufstellen. Das Ergebnis im Jahre 1923 war jedenfalls eine radikale Entmischung der Bevölkerungen: das Ende der muslimischen Präsenz im griechischen Siedlungsraum ebenso wie die Zerstörung der hellenischen Enklaven in Kleinasien. Allein 1923 wurden 1,1 Millionen Griechen ins griechische Königreich und in umgekehrter Richtung 380 000 Muslime in die Türkei umgesiedelt.[18] Der Erste Weltkrieg, der im östlichen Mittelmeer erst 1923 endete, forderte – durch Gewalt, Hunger und Seuchen – unter den Muslimen Anatoliens etwa 2,5 Millionen, unter den Griechen mindestens 300 000 zivile Todesopfer.[19]

VÖLKERBUND

Eine den Weltfrieden sichernde Weltorganisation war von Anfang an das wichtigste Element in Woodrow Wilsons Vision einer neuen internationalen Ordnung; in Großbritannien und Frankreich waren ähnliche, wenn auch im Detail anders akzentuierte Vorschläge erarbeitet worden. Der Völkerbund (League of Nations) fügte drei Elemente zusammen: ältere europäische Friedensutopien, die Praxis des »Konzerts der Mächte« und der Konsultationen unter den Großmächten sowie Erfahrungen mit der internationalen Zusammenarbeit im technischen und nichtpolitischen Rahmen (Weltpostverein, Vereinbarungen über Fahrpläne, Zeitzonen, Maße und Gewichte usw.).[20] Daraus wurde etwas Neuartiges geschaffen: ein fest institutionalisiertes Beratungs- und Vermittlungsorgan, eine Art von permanenter Konferenz der souveränen Staaten. Der Völkerbund besaß einen Generalsekretär und einen in Genf ansässigen Verwaltungsapparat. Dieser war im Vergleich zu dem der heutigen Vereinten Nationen sehr klein, stellte aber immerhin die erste übernationale Behörde mit weltweitem Tätigkeitsradius dar. Die maßgebenden Organe des Völkerbundes waren die Generalversammlung und der Rat, dem als ständige Mitglieder die USA, Großbritannien, Frankreich, Italien und Japan angehören sollten. Da sich der US-Senat weigerte, den Versailler Vertrag zu ratifizieren und Amerikas Mitgliedschaft im Völkerbund zuzustimmen, nahmen die Vereinigten Staaten jedoch keine der ihr zugedachten Aufgaben wahr. Man könnte sagen: Woodrow Wilson hatte Europa stärker verändert als das Denken amerikanischer Politiker.

Der Völkerbund wurde auch nicht zu dem, was sich Frankreich erhofft hatte: eine Garantiebehörde für die Friedensverträge. Er verfügte über keine eigenen Truppen und auch nicht über das Recht, »Friedensmissionen« unter eigener Flagge mit geliehenen Verbänden der Mitgliedsstaaten durchzuführen. Dass der Völkerbund, dem Deutschland seit 1926 und die Sowjetunion seit 1934 angehörten, in den dreißiger Jahren die militärischen Aggressionen Japans, Italiens und Deutschlands nicht verhinderte, ist oft als Beweis für sein Scheitern gewertet worden. In der Welt der unmittelbaren Nachkriegszeit spielte er, obwohl weithin ein Instrument britisch-französischer Überlegenheit, eine bescheidene, dabei aber konstruktive Rolle. Er überwachte die Mandate, regierte Danzig und das Saarland und sammelte Informationen über die Lage von Minderheiten. Der Internationale Gerichtshof in Den Haag und das Internationale Arbeitsamt (International Labour Office, ILO), das viel für einen minimalen Arbeiterschutz und für Gewerkschaftsrechte überall in der Welt erreichte, bedeuteten einen Fortschritt gegenüber der Vorkriegszeit, als ähnliche Institutionen gefehlt hatten. Ein solcher Gewinn sollte auch in den martialischen dreißiger und vierziger Jahren nicht verloren gehen. Vor allem öffnete die Genfer Weltorganisation ein neues Forum für die Verhandlung internationaler Angelegenheiten, das zuvor gefehlt hatte. In der Vergangenheit hatte sich ein militärischer Sieger vor keiner Instanz zu rechtfertigen. Dies änderte sich nach dem Ersten Weltkrieg. Japan, der erste Friedensstörer der Zwischenkriegszeit, hatte 1931/32 mit der Eroberung der Mandschurei weniger Mühe als mit deren Verteidigung vor dem Rat der Nationen. Der Völkerbund war immerhin ein halb erfolgreiches Experiment.

1   Robert Holland, *The British Empire and the Great War 1914–1918*, in: Judith M. Brown und Wm. Roger Louis (Hrsg.), *The Oxford History of the British Empire*, Bd. 4: *The Twentieth Century*, Oxford 1999, S. 125.

2   Vgl. als Einführung zu Wilson die alte Kurzbiographie von Klaus Schwabe, *Woodrow Wilson: Ein Staatsmann zwischen Puritanertum und Liberalismus*, Göttingen 1971.

3   Grundlegend zur Pariser Friedenskonferenz sind drei Bände: Margaret MacMillan, *Peacemakers: The Paris Conference of 1919 and its Attempt to End War*, London 2001; Manfred F. Boemeke, Gerald D. Feldman und Elisabeth Glaser (Hrsg.), *The Treaty of Versailles: A Reassessment after 75 Years*, Cambridge 1998; Gerd Krumeich (Hrsg.), *Versailles 1919. Ziele, Wirkung, Wahrnehmung*, Essen 2001. Nur das Buch von M. MacMillan berücksichtigt aber die Wirkungen der Friedensregelung außerhalb Europas.

4   John R. Lampe, *Yugoslavia as History: Twice There Was a Country*, 2. Aufl., Cambridge 2000, S. 113.

5   Über diese Umkehrung der türkischen Position in der Staatenwelt vgl. Andrew Mango, *Atatürk*, Woodstock und New York 1999, S. 306–347.

6   Vgl. das Standardwerk von Philip S. Khoury, *Syria and the French Mandate: The Politics of Arab Nationalism*, 1920–1945, London 1987.

7   Vgl. Wm. Roger Louis, *The Era of the Mandates System and the Non-European World*, in: Hedley Bull und Adam Watson, *The Expansion of International Society*, Oxford 1984, S. 201–213.

8   Gudrun Krämer, *Geschichte Palästinas. Von der osmanischen Eroberung bis zur Gründung des Staates Israel*, München 2002, S. 181ff., 244ff.; zum britischen Hintergrund der Balfour Declaration am besten: John Grigg, *Lloyd George: War Leader 1916–1918*, London 2002, S. 346–357.

9   Zur Wiederherstellung des russischen Imperiums als sowjetische Union vgl. jetzt die Fallstudie von Jörg Baberowski, *Der Feind ist überall. Stalinismus im Kaukasus*, München 2003, S. 163ff.

10 Vgl. Paul Gordon Lauren, *Power and Prejudice. The Politics and Diplomacy of Racial Discrimination*, Boulder 1988, S. 76–101.

11 Dass Empörung und Protest nicht nur die Studenten, sondern sogar die Arbeiterschaft auf die Straße gehen ließen, zeigt jetzt Stephen A. Smith, *Like Cattle and Horses: Nationalism and Labour in Shanghai, 1895–1927*, Durham 2002, S. 92–115.

12 Eine trotz einiger Dramatisierungen immer noch brauchbare Darstellung der Entwicklung im Nahen Osten ist David Fromkin, *A Peace to End all Peace: The Fall of the Ottoman Empire and the Creation of the Modern Middle East*, New York 1989.

13 Zur deutschen Reaktion auf die Niederlage vgl. Boris Barth, *Dolchstoßlegenden und politische Desintegration. Das Trauma der deutschen Niederlage im Ersten Weltkrieg, 1914–1933*, Düsseldorf 2003.

14 Alan Sharp, *The Versailles Settlement: Peacemaking in Paris, 1919*, Basingstoke 1991, S. 151.

15 Zu den Minderheitenregelungen in den Friedensverträgen vgl. zusammenfassend: Derek Heater, *National Self-Determination: Woodrow Wilson and His Legacy*, Basingstoke 1994, S. 82–89.

16 Dirk Hoerder, *Cultures in Contact: World Migration in the Second Millenium*, Durham 2002, S. 452.

17 Vgl. die neuere Literatur abgewogen zusammenfassend: Norman M. Naimark, *Fires of Hatred: Ethnic Cleansing in Twentieth-century Europe*, Cambridge, Mass. 2001, S. 17–42.

18 Richard Clogg, *A Concise History of Greece*, Cambridge 1992, S. 101.

19 Erik Jan Zürcher, *Turkey: A Modern History*, London 1993, S. 171; über die Leiden der muslimischen Bevölkerung unter christlicher Herrschaft vgl. Justin MacCarthy, *Death and Exile: The Ethnic Cleansing of Ottoman Muslims, 1821–1922*, Princeton 1995.

20 Als Überblick zum Völkerbund vgl. Frederick S. Northedge, *The League of Nations: Its Life and Times, 1920–1946*, Leicester 1986, für seine Vorgeschichte: Winfried Baumgart, *Vom europäischen Konzert zum Völkerbund. Friedensschlüsse und Friedenssicherung von Wien bis Versailles*, 2. Aufl., Darmstadt 1987.

Katalog

I. Prolog

»Nur wer vor 1914 gelebt hat, weiß eigentlich, was leben heißt.« Der Satz stammt von dem deutschen Historiker Friedrich Meinecke. Für ihn verdichtete sich darin die Erinnerung an eine Hochzeit bürgerlicher Kultur, deren Anfang vom Ende mit dem Ersten Weltkrieg einsetzte. Gewiss, wie alle europäischen Gesellschaften war auch die wilhelminische eine Klassengesellschaft, rigide gestuft nach Besitz, Vermögen und Prestige. Aber eine solche Sicht würde der von Widersprüchen und Ambivalenzen bestimmten Wirklichkeit kaum gerecht. In der wilhelminischen Gesellschaft agierte der zur Karikatur erstarrte, Monokel tragende preußische Leutnant neben dem effizienten Militärtechnokraten, sah sich der sozial-liberale Politiker in Russland mit feudal herrschenden, der Leibeigenschaft nachtrauernden Großgrundbesitzern konfrontiert.

In dieser Welt des Gleichzeitigen im Ungleichzeitigen herrschte Frieden seit über vierzig Jahren. Im lebendigen Austausch bewährte sich eine europäische Kultur, die auf weitgehend gleichen Traditionen fußte – und die sich insgesamt als Mittelpunkt der Zivilisation empfand. Internationale Abkommen schufen ein Rechtssystem, das schließlich auch dem Krieg Regeln und Grenzen zu setzen versprach.

Doch mehr und mehr traten soziale und ethnische Konflikte zutage, die im Zusammenspiel mit kolonialen und machtpolitischen Ansprüchen das prekäre europäische Gleichgewicht gefährdeten. Die Marokkokrisen 1906 und 1911, die Balkankriege 1911/12, aber auch die russische Revolution 1905 lieferten dafür die Belege und forcierten die zunehmende Militarisierung der Nationen. In dieser gefährlichen Mixtur von Moderne und Rückständigkeit wirkte der von Deutschland angestrebte »Platz an der Sonne« besonders anachronistisch. In der Triple-Entente, in der sich Frankreich, England und Russland im Kriegsfall zu gegenseitiger Hilfe verpflichtet hatten, formierte sich, was in Deutschland als »Einkreisung« empfunden wurde. Der »Dreibund« von Deutschland, Österreich-Ungarn und Italien stand der Entente gegenüber. Die Fronten hatten sich aufgebaut.

R. Rother

I/1 Panzerplatte

Friedr. Krupp AG · Essen 1905 · Eisen · 94 x 100 x 10 cm · Deutsches Museum, München · 3499 · Abb. S. 37

Panzerplatten wurden seit etwa 1860 entwickelt. Für Kriegsschiffe kamen spezielle Legierungen mit Metallzusätzen wie Nickel in Gebrauch, deren Materialeigenschaften besondere Härte mit Elastizität verbanden. Zusätzliche Härteverfahren erhöhten die Qualität des Stahls.
Unter den Lieferfirmen für die kaiserliche Kriegsmarine besaß die Firma Krupp eine Sonderstellung. Ihre Spitzenposition in der Produktion von Schiffsgeschützen war unangefochten. Die mittlere und schwere Schiffsartillerie für die neuen Schiffe, die infolge der Flottengesetze vom Stapel liefen, stammten ausschließlich aus der Essener Fabrik. Auch in der Herstellung von widerstandsfähigen Panzerungen war Krupp führend. Nach der Übernahme der finanziell angeschlagenen Kieler Germania-Werft – sie erfolgte auf ausdrücklichen Wunsch von Wilhelm II. – baute die Friedr. Krupp AG dann ab 1896 mit den in deren Werken erzeugten Materialien komplette Kriegsschiffe.
Für die Materialprüfung unterhielt die Krupp AG in Meppen einen eigenen Schießplatz. Dort wurden zur Qualitätskontrolle Platten aus verschiedenen Legierungen mit Artilleriegranaten beschossen. Die Geschossspuren oder -durchschläge gaben Aufschluss über die erreichte Widerstandsfähigkeit des Materials.
Die von Wilhelm II. unterstützte, durch den Großadmiral Alfred von Tirpitz forcierte Aufrüstung der deutschen Flotte zielte auf den Aufbau einer mit Großbritannien konkurrenzfähigen Streitmacht. Die strategischen Überlegungen der britischen Admiralität wiederum basierten auf der Forderung, ihre Flotte müsse jederzeit in der Lage sein, eine Auseinandersetzung mit den beiden nächstgrößeren Flotten zu führen. Als Reaktion auf die deutsche Aufrüstung legte daher auch Großbritannien ein aufwendiges Flottenbauprogramm auf. Dieses Wettrüsten vereitelte alle Bemühungen um einen Ausgleich zwischen dem Deutschen Reich und dem Vereinigten Königreich. *R. R.*

I/2 The Germans to the Front!

Ölskizze · Carl Röchling (1855–1920) · 1902 · Öl auf Papier, aufgezogen auf Leinwand und Faserplatte · 123,3 x 193,3 cm · Wehrgeschichtliches Museum, Rastatt · 100319 · Abb. S. 36

Das auf diesem Entwurf beruhende Gemälde *The Germans to the Front!* gehört zu den berühmtesten Historienbildern der wilhelminischen Zeit. Der Künstler Carl Röchling, einer der führenden deutschen Militärmaler der Vorkriegszeit, hatte das deutsche Expeditionskorps begleitet, das 1900 zusammen mit den Truppen anderer Kolonialmächte zur Bekämpfung des so genannten Boxeraufstandes entsandt worden war. Bei den »Boxern« – chinesisch *k'üan fei*, zu Deutsch etwa: »Faust-Rebellen« – handelte es sich um einen Geheimbund, der politische Ziele verfolgte und der sich um die Jahrhundertwende gegen die in China herrschende Mandschu-Dynastie wie auch gegen den Einfluss der Kolonialmächte erhob.
Während der Niederschlagung des Aufstandes soll der Kommandeur des britischen Expeditionskorps, Admiral Seymour, mit dem Aufruf »The Germans to the Front!« die deutschen Truppenteile in die Schlacht befohlen haben. Die deutsche Beteiligung an der Niederwerfung der Rebellion war jedoch unbedeutender als das Zitat und das Gemälde Röchlings vermuten lassen, denn das Expeditionskorps unter Führung von Alfred Graf von Waldersee traf erst nach Beendigung der Hauptkämpfe auf den Kriegsschauplätzen ein.
Der in Deutschland häufig kolportierte Befehl wurde auf zahllosen Postkarten, Gemälden und in Gedichten als Beleg für die weltweite Anerkennung und Überlegenheit deutschen Soldatentums propagandistisch aufbereitet. Eine andere Deutungstradition, die 1915 in einem Kriegsgedicht von Walter Flex gipfelte, kontrastierte deutschen Soldatenmut mit britischer Arroganz und geißelte den Verrat des »perfiden Albions« am ehemaligen Bundesgenossen Deutschland. *M. F.*

I/3 Berlin zur Kaiserzeit – Glanz und Schatten einer Epoche

Filmausschnitt · Produktion: Chronos-Film, Berlin · Buch, Regie: Irmgard von zur Mühlen · Deutschland 1987 · 35-mm-Tonfilm (als Videoeinspielung gezeigt) · Länge: 90 Min., Ausschnitt: ca. 5 Min. · Chronos-Media, Potsdam · Ohne Inv.-Nr.

Der Film der Regisseurin Irmgard von zur Mühlen kompiliert zeitgenössische Aufnahmen, wie sie um 1910 von den Kameramännern verschiedener Wochenschau-Firmen regelmäßig gemacht wurden. Der Eindruck blühenden Lebens im Berlin der Vorkriegszeit verdankt sich gewiss auch der kalkulierten Wahl der Sujets: Szenen des Elends aus den Hinterhöfen der Hauptstadt, realistische Aufnahmen von den Arbeitsbedingungen in den Fabriken erreichten die Kinozuschauer nicht. In den Aufnahmen von verkehrsreichen Prachtstraßen, von Paraden in eindrucksvollen Uniformen und prunkvollen gesellschaftlichen Ereignissen ist die prosperierende Seite des wilhelminischen Deutschlands vor 1914 aufgehoben. Das gilt vor allem für die Aufnahmen von der Hochzeit der Prinzessin Victoria Luise, der Tochter Wilhelms II., mit Ernst August von Braunschweig. Zu dieser Hochzeit, einem der großen gesellschaftlichen Ereignisse des Jahres 1913, reisten auch König Georg V. von Großbritannien sowie der russische Zar Nikolaus II. an. Die verwandtschaftlichen Bindungen zwischen den europäischen Dynastien konnten bei derartigen Gelegenheiten vorteilhaft herausgestellt werden. Auch das 25-jährige Regierungsjubiläum Wilhelms II. und die Feier zum 300-jährigen Thronjubiläum der Romanows boten im selben Jahr ein Schauspiel, das über die durch innere Krisen teils schon weitgehend aufgelösten Grundlagen der monarchischen Herrschaftsform hinwegtäuschen konnte. *R. R.*

I/4 Gosudari i prawiteli wsewo sweta [Herrscher und Regenten der ganzen Welt]

Bilderbogen · Verlag der Handelsges. I. D. Sytin · Moskau 1914 · Lithographie · 64 x 86 cm · Staatliches Museum für die politische Geschichte Russlands, St. Petersburg · FV 11648

»Lieber Willi, [...] Wir wünschen uns diesen Krieg nicht im Entferntesten [...]. Dein Dir zugetaner Nicki.« So schrieb Nikolaus II. am 31. Juli 1914 an seinen Cousin Wilhelm II., nachdem Deutschland die Einstellung der Generalmobilmachung Russlands gefordert hatte. Zu diesem Zeitpunkt lag die Zukunft der europäischen Politik schon nicht mehr in den Händen der Monarchen. Die Verpflichtungen des komplexen Bündnissystems hatten einen Krieg unausweichlich werden lassen. Auch die Hoffnung, die engen familiären Bindungen der Herrscherhäuser könnten stärker sein als der Automatismus von Mobilmachungen, wurde enttäuscht. Am 1. August erfolgte die Kriegserklärung des Deutschen Reiches an Russland.
Der Bilderbogen zeigt die europäischen Monarchen und Staatsoberhäupter friedlich vereint. Abgebildet sind der englische König Georg V., der deutsche Kaiser Wilhelm II., der französische Staatspräsident Raymond Poincaré, Zar Nikolaus II. und

I/4

Franz Joseph I., Kaiser von Österreich, sowie zahlreiche andere Angehörige europäischer Dynastien.

Viele waren durch die weit verzweigte Heiratspolitik miteinander verwandt. Die intensivsten Bande bestanden zwischen Deutschland und England. So war Wilhelm II. ein Enkel von Queen Victoria. Deren Tochter »Vicky« wurde die Gattin von Friedrich Wilhelm und Mutter von Wilhelm II. Die englische Königin hatte acht weitere Kinder, die durch Heirat mit den europäischen Herrscherhäusern verbunden waren. Man nannte sie mit Recht die »Großmutter Europas«. Auch Zar Nikolaus II. war einer ihrer Enkel.

Das letzte große Zusammentreffen der deutschen, englischen und russischen Monarchen hatte 1913 anlässlich der Vermählung von Prinzessin Victoria Luise, Tochter von Kaiser Wilhelm II., mit Herzog Ernst August von Braunschweig-Lüneburg, Sohn des Herzogs von Cumberland, in Berlin stattgefunden. *K. B.*

I/5a, b *Encyclopédie du siècle: L'exposition de Paris 1900. Publiée avec la collaboration d'écrivains spéciaux et de meilleurs artistes*
[Jahrhundert-Enzyklopädie: Die Weltausstellung von Paris 1900. Veröffentlicht unter Mitarbeit von Spezialautoren und besten Künstlern]

Buch · Montgrédien · Paris 1900 · 38 x 28 cm · Staatsbibliothek zu Berlin – Preußischer Kulturbesitz, Berlin · a) 2"Oo3390/80-1<b> und b) 2"Oo3390/80-3<b>

Seit 1851 überboten sich die Metropolen der westlichen Welt in regelmäßigen Abständen als Gastgeber technischer und kunsthandwerklicher Leistungsschauen, die vom Ideal eines friedlichen Wettstreits der Nationen getragen waren. Mit der Weltausstellung in Paris 1900 erreichten diese Leistungsschauen ihren Höhepunkt. Mehr als 50 Millionen Besucher strömten in die entlang der Seine errichteten Pavillons. Heute zeugen noch das Grand Palais und das Petit Palais von der überbordenden Pracht der damaligen, meist nur temporären Bauten. Auf 112 Hektar

Grundfläche erstreckte sich die Ausstellung über einen großen Teil der Pariser Innenstadt. Weit mehr als 50 000 Aussteller aus 43 Nationen waren auf dem globalen Jahrmarkt vertreten. Der französische Prachtband zur Weltausstellung von 1900 vermittelt etwas von dem späten Glanz des Großereignisses. Zahlreiche Druckgrafiken von hoher Qualität ermöglichen einen virtuellen Rundgang durch die Pariser Weltausstellung, wie sie sich den Besuchern darbot. Der farbige Einband zeigt das Ausstellungsgelände aus der Vogelperspektive. In die Darstellung sind historisierende und der damaligen Mode entsprechende exotische Bildelemente eingeflossen. Die Illustration zum Waffensaal, dem »Salle des armes«, vermittelt einen Eindruck von der in Paris ebenfalls präsentierten modernen Waffentechnik. Zu sehen ist, wie das elegant gekleidete, bürgerliche Publikum zwischen den Waffen flaniert. Die Darstellung bezeugt, dass für die Industrienationen aus aller Welt Aufrüstung am Beginn des 20. Jahrhunderts zu einer Normalität geworden war. *G. B.*

I/6 *Tänzer*

Skulptur · Georg Kolbe (1877–1947) · Berlin 1913, Guss um 1919–22 · Bronze, gegossen · 65 cm · Georg-Kolbe-Museum, Berlin · P 188

Die Skulptur stellt den russischen Tänzer Waslaw Nijinski (1890–1950) dar. Sie entstand nach dem Gastspiel des Russischen Balletts 1911/12 in Berlin, das Kolbe miterlebt hatte. Der Tänzer hatte den Künstler in seinem Atelier besucht, doch Kolbe orientierte sich für diese Figur an einem Foto aus dem Ballett *Les Orientales*, das 1910 in Paris aufgeführt worden war. Kolbes Arbeit wurde erstmals 1914 in der Berliner Secession ausgestellt, später in Mannheim zusammen mit Figuren anderer Künstler.

Nijinski galt zu seiner Zeit als Idealbild eines Tänzers. Er gehörte zum Ensemble des Russischen Balletts von Sergei Diaghilew. Dieser hatte das Ensemble 1909 gegründet und damit die Kunst des Balletts im virtuosen Stil des Petersburger Meisters Marius Petipa erneuert. Zunächst traten die russischen Tänzer mit großem Erfolg in Paris auf, später in allen europäischen Metropolen. Nicht nur das Publikum war begeistert. Auch zahlreiche Künstler ließen sich von den neuen Formen des Tanzes inspirieren. Es entstanden Gemälde, Skulpturen, Bühnenbildentwürfe und Kostüme, die speziell für Diaghilews Tänzer angefertigt wurden.
Das Beispiel des Russischen Balletts, für das der *Tänzer* hier steht, bezeugt auf ein-

1/6

drucksvolle Weise die grenzüberschreitende Annäherung auf dem Gebiet der Kunst im Europa vor dem Ersten Weltkrieg. Vor dem Hintergrund der Suche nach dem Gesamtkunstwerk wurde das Russische Ballett mit seiner avantgardistischen Choreographie und Musik zum Symbol eines neuen Kunst- und Kulturverständnisses. Diaghilews Streben nach einer Synthese von Kunst und Gesellschaft fiel in ganz Europa auf fruchtbaren Boden. Gerade von Russland erhoffte man sich jene unmittelbare Kraft, die heraufziehende Krise zu überwinden. *K. B.*

I/7 *Das Menschenschlachthaus*

Buch · Wilhelm Lamszus (1881–1965) · Georg Westermann · Braunschweig, Berlin, Hamburg 1913 · 18,5 x 12,6 cm · Deutsches Historisches Museum, Berlin · Do2 2003/169

1912 veröffentlichte der Hamburger Volksschullehrer und Schriftsteller Wilhelm Lamszus den Roman *Das Menschenschlachthaus*. In dem ursprünglich für jugendliche Leser bestimmten Buch werden »Visionen vom Krieg« beschrieben. In einfacher, aber sehr eindringlicher Sprache – »so werden sie unsere Millionen Leichen mit Grabmaschinen in die Erde schaufeln müssen« – schildert Lamszus die mörderische Wirkung moderner

1/5

Grand Roman d'Aventures inédit

N° 1

LA GUERRE INFERNALE

25 Cent.

Par Pierre GIFFARD — Illustrations de A. ROBIDA

LA PLANÈTE EN FEU

En pleine nuit, l'ambassadeur d'Angleterre avait été torpillé sous la mer par des garde-côtes allemands.

Waffen, etwa die des Maschinengewehr- und Trommelfeuers: »Jetzt ist es ein Maschinentod!« Lamszus demontiert die offizielle Propaganda von Heroismus und ritterlichem »Kampf fürs Vaterland« und schafft mit dem Ich-Erzähler eine Gegenfigur, die sich ihre Humanität und persönliche Eigenständigkeit bewahrt. Die Einsicht in Sinnlosigkeit und Schrecken der Schlachten lassen den Erzähler schließlich vor seinem schnellen Tod offen gegen den Krieg eintreten.

Der Roman verursachte im wilhelminischen Deutschland unmittelbar nach Erscheinen einen Skandal und wurde 1915 verboten. Ein zweiter Teil mit dem Titel *Das Irrenhaus*, ebenfalls 1912 geschrieben, konnte erst 1919 erscheinen und wurde zu einem großen Verkaufserfolg. *Das Menschenschlachthaus* gilt als Vorläufer von Erich Maria Remarques Welterfolg *Im Westen nichts Neues*, dessen wichtigste Antikriegsmotive es vorwegnimmt.

Wilhelm Lamszus stand linkssozialistischen Kreisen nahe. Zwischen 1919 und 1927 war er Mitglied der KPD. Als Lehrer und Erzieher vertrat er reformpädagogische Ansätze, die der kindlichen Phantasie größere Freiräume schaffen wollten. 1933 wurde er von den Nationalsozialisten als Lehrer zwangspensioniert und mit einem Schreibverbot belegt. *T. F.*

I/8 La Guerre infernale [Der höllische Krieg]

Broschüre · Text: Pierre Giffard (1853–1922) · Illustrationen: Albert Robida (1848–1926) · A. Mericant · Paris 1908 · 23,7 x 21,8 cm · Deutsches Historisches Museum, Berlin · RZA 5904-1908,1.2

Ein bevorstehender Weltkrieg war in den Jahren nach der Jahrhundertwende Gegenstand auch der populären Literatur. Ausgehend von den tatsächlichen zeitgeschichtlichen Konflikten und Interessengegensätzen beschrieben verschiedene Autoren ihre Vision eines kommenden Krieges. *La Guerre infernale* von Giffard und Robida erschien in Fortsetzungen ab 1908. Das erste Heft beginnt mit einer Friedenskonferenz, in deren Verlauf es zu einem Streit zwischen dem englischen und dem deutschen Botschafter kommt, der schließlich zum Krieg eskaliert. In ihn tritt Frankreich auf Seiten Großbritanniens ein. Eine bewusste Bezugnahme auf das Scheitern der Ersten Haager Friedenskonferenz 1899, in der vor allem wegen der Interessengegensätze zwischen den europäischen Großmächten keine Verständigung über die Abrüstung erzielt werden

konnte, darf unterstellt werden. Die illustrierten Umschläge der als Fortsetzungen veröffentlichten Hefte betonen vor allem zwei neue zukünftige Formen der Kriegführung: den Krieg in der Luft und unter Wasser. Robidas phantastische Bildwelt erinnert dabei an die Romane Jules Vernes. *R. R.*

I/9 Die Invasion von 1910 – Einfall der Deutschen in England (The invasion of 1910 with a full account of the siege of London)

Buch · William Le Queux · Übersetzung: Traugott Tamm · Concordia Deutsche Verlagsanstalt · Berlin 1906 · 21,5 x 14,1 cm · Bibliothek für Zeitgeschichte in der Württembergischen Landesbibliothek, Stuttgart · 31531

Le Queux' Zukunftsvision von einer deutschen Invasion der britischen Inseln erschien zunächst in Fortsetzungen in der Zeitung *Daily Mail*, aufgrund des enormen Erfolgs 1906 auch als Buch. Übersetzungen in mehr als 27 Sprachen ließen die Gesamtauflage auf eine Million ansteigen. Noch 1906 erschien auch eine deutsche Übersetzung von Traugott Tamm, die in 10 000 Exemplaren gedruckt wurde. 1914 folgte eine preiswertere Volksausgabe. Le Queux' Buch steht in der Tradition populärer (Spionage-)Romane der Zeit, die einen kommenden Krieg ausmalten. Sie werden zum Teil noch heute aufgelegt – so beispielsweise *The Riddle of the Sands* (deutsch: *Das Rätsel der Sandbank*) von Erskine Childers.

Die machtpolitische Konstellation im Vorkriegseuropa gab für Spekulationen über einen Krieg zwischen den Großmächten durchaus Anlass. Die Krisen um Kolonialfragen und jene auf dem Balkan verdeutlichten die Probleme der Diplomatie, zwischen den imperialen Interessen einen Ausgleich zu finden. Bereits vor 1914 war deshalb die Vorstellung weit verbreitet, es komme über kurz oder lang fast unvermeidlich zu einer Konfrontation. *R. R.*

I/10 Telegramm des Nobelpreiskomitees an Berta von Suttner

Oslo, 10. Dezember 1905 · Papier, maschinengeschrieben · 16 x 24,2 cm · Office des Nations Unies à Genève – Archives, Genève · IPM/FSP/BVS Box 31 file 14

Berta von Suttner (1843–1914) war seit der Veröffentlichung ihres Romans *Die Waffen nieder* (1889) eine der bekanntesten

Aktivistinnen der internationalen Friedensbewegung. Ihre Bekanntschaft mit Alfred Nobel reichte bis in das Jahr 1875 zurück, als sie als seine Sekretärin arbeitete. Suttners Engagement war mitentscheidend für Nobels Entschluss, einen internationalen Preis für Personen oder Organisationen zu stiften, die sich in hervorragender Weise für den Frieden einsetzen. Der 1895 gestiftete Friedensnobelpreis wurde wie die anderen Nobelpreise erstmals 1901 vergeben: Geehrt wurden Henri Dunant, der Gründer des Internationalen Komitees vom Roten Kreuz, und Frédéric Passy, Sekretär der Allgemeinen Interparlamentarischen Union und Ehrensekretär des Ständigen Internationalen Friedensbüros. 1905 erhielt Berta von Suttner als erste Frau den Friedensnobelpreis. *R. R.*

II. August 1914

Von einem Hineinschlittern in den »Welten-kampf«, wie manche Zeitgenossen befanden, kann keine Rede sein. Vor allem Deutschland und Österreich-Ungarn betrachteten den Krieg als die vielleicht letzte Gelegenheit, die eigene Position zu verbessern. »Jetzt oder nie«, solche Äußerungen des Kaisers oder des Generalstabchefs Moltke bestimmten das Handeln. Die langfristigen Ursachen für den Krieg lagen zwar in den imperialen Ansprüchen aller Großmächte begründet – kurzfristig aber wurde er durch die deutsche Spekulation provoziert, mit dem Schlieffen-Plan den Sieg im Zweifrontenkrieg erzielen zu können. Als der Krieg begann, war er ein vom irrationalen Kalkül beherrschter Gang in die Katastrophe. Die Ermordung des österreichisch-ungarischen Thronfolgerpaares am 28. Juni 1914 setzte dafür bloß den vergleichsweise harmlos wirkenden Anfang.

In der Bevölkerung überwog zunächst der Eindruck, der Krieg sei der je eigenen Nation aufgezwungen worden. Das »Augusterlebnis«, Chiffre für die nationale Einheit und Kriegsbegeisterung, war nur eine von vielen emotionalen Reaktionen. Ebenso weit verbreitet fanden sich Skepsis, Panik und Angst. Doch wurde über solche Stimmungsvarianten kaum und über ebenfalls anzutreffende entschiedene Protestbekundungen so gut wie nie berichtet. In der veröffentlichten Meinung überwog der nationale Überschwang, das diffamierende Feindbild, die bedingungslose Siegeszuversicht. Der deutsche »Burgfrieden« oder die französische »Union sacrée« trugen politischen und sozialen Unterschieden angesichts des Kriegszustandes keine Rechnung – ein nivellierender Einheitstaumel, von dem alle beteiligten Nationen ergriffen wurden. Der Nationalismus, Konstante der europäischen Politik schon vor 1914, erwies sich als mächtiger denn alle internationalen Verflechtungen oder Abhängigkeiten.

R. Rother

II/1 Beschädigte Autoscheibe des fünften Wagens der Autokolonne des österreichischen Thronfolgers Franz Ferdinand und seiner Gattin vom 28. Juni 1914

Glas, gerahmt · 25 x 15 cm · Heeresgeschichtliches Museum, Wien · 2001/36/43

Die durchschlagene Windschutzscheibe stammt aus dem Besitz des früheren Leibchauffeurs Max Thiel, der am 28. Juni 1914 das fünfte und letzte Fahrzeug der Autokolonne des Thronfolgers Franz Ferdinand und seiner Gattin während deren Besuchs in Sarajevo steuerte. Im Verlauf der Fahrt durch Sarajevo Richtung Rathaus stoppte die Kolonne vor dem Postamt, wo der Gemahlin des Thronfolgers ein Telegramm ihrer Kinder überreicht wurde. Kurz nach Wiederaufnahme der Fahrt schleuderte der Verschwörer Nedeljko Cabrinović vom Straßenrand eine Bombe gegen das Auto des Thronfolgers. Der Fahrer sah die fliegende Bombe und beschleunigte das Fahrzeug, so dass lediglich das zurückgeklappte Verdeck getroffen wurde. Die Bombe rutschte seitlich ab und detonierte an der linken Seite auf Höhe der Hinterachse des vierten Wagens. Dabei wurden die Insassen verletzt und das Fahrzeug beschädigt. Die Splitterwirkung war derartig groß, dass auch noch der in einem Abstand von rund dreißig Metern dahinter fahrende fünfte Wagen beschädigt wurde. Ein Splitter durchschlug die Windschutzscheibe, dem Beifahrer wurde die Kappe aufgerissen. *M. C. O.*

II/2 Briefumschlag mit Aufdruck zur Erinnerung an das Attentat in Sarajevo

1914 · Papier · 11,4 x 17,9 cm · Historisches Museum von Bosnien und Herzegowina, Sarajevo · 225

Das Attentat auf das Thronfolgerpaar Erzherzog Franz Ferdinand und Sophie Herzogin von Hohenberg erschütterte die k. u. k. Monarchie. Der Briefumschlag mit dem aufgedruckten Hinweis

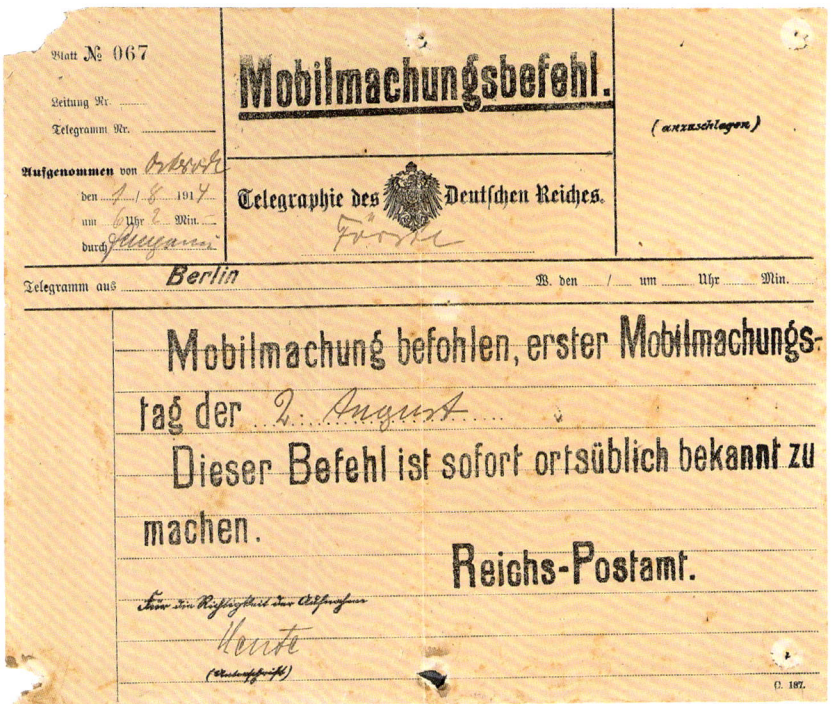

II/3

auf das Attentat gehört zu den vielfältigen Bekundungen des Patriotismus. Ziel der österreichisch-ungarischen Politik nach dem Attentat war es, die Lage im Balkan zu eigenen Gunsten und mit militärischen Mitteln zu ›konsolidieren‹. *R. R.*

II/3 Mobilmachungsbefehl

Telegramm des Deutschen Reiches von Berlin nach Fürth · Berlin, 1. August 1914 · 20,1 x 24,4 cm · Museum für Kommunikation, Berlin · Ohne Inv.-Nr.

II/4 Extra-Blatt der Zeitung *Berliner Tageblatt*

Berlin, 31. Juli 1914 · Jg. 43, Nr. 383a · 46,8 x 31,8 cm · Deutsches Historisches Museum, Berlin · Do 59/23.4 (MfDG) · Abb. S. 101

II/5–II/9

II/5 Teile zur Felduniform Modell 1915 für einen Gefreiten vom 3. Posenschen Infanterie-Regiment Nr. 58

Preußen 1915–18 · Deutsches Historisches Museum, Berlin · Abb. S. 100

bestehend aus:

Bluse Modell 1915

Tuch · 84,5 x 45 cm · U.64/143

Hose Modell 1907

Tuch · 112 x 39,5 cm · U.67/108

1 Paar Schaftstiefel (Knobelbecher)

Leder, Eisen · 33 x 30 cm · U.2003/7 a, b

II/6 Teile zur Felduniform eines Hauptmanns der Infanterie, 8. Infanterie-Regiment

Österreich-Ungarn 1868–1918 · Heeresgeschichtliches Museum, Wien

bestehend aus:

Waffenrock

Wollstoff · 64 x 42 cm · NI 133.738

Pantalon

Wollstoff · 107 x 75 cm · NI 133.741

II/2

II/5

II/7

II/8

II/9

II/7 Teile zur Felduniform für einen Fähnrich der 47. Artilleriebrigade

Russland 1917 · Zentrales Museum der Streitkräfte, Moskau

bestehend aus:

Uniformjacke
Tuch (Serge), Metall, Leder · 2/10537

Uniformhose
Tuch · 2/10538

1 Paar Schaftstiefel
Leder, Metall · 2/10643/1-2

II/8 Teile zur Felduniform für Mannschaften der Infanterie, 168. Infanterie-Regiment

Frankreich 1915–18 · Deutsches Historisches Museum, Berlin

bestehend aus:

Mantel Modell 1915
Baumwolltuch · 124 x 52 cm · 1990/1464.2

Hose Modell 1914 (Pantalon-Culotte)
Baumwollmischgewebe · 115 x 40 cm · 1990/1464.3

1 Paar Wickelgamaschen
Leinen · Breite: 7 cm · 1990/1464.4 a, b

1 Paar Knöchelschuhe
Leder · 17 x 11 x 30 cm · 1990/1464.5 a, b

II/9 Teile zur Felduniform für Mannschaften der Infanterie mit Abzeichen des Queen's Own Royal West Surrey Regiments

Großbritannien 1916–18 · Deutsches Historisches Museum, Berlin

bestehend aus:

Uniformjacke Modell 1902
Serge, Messing (Knöpfe) · 69 x 38 cm · U.99/42

Diensthose Modell 1902
Tuch · 101 x 41,5 cm · U.99/43

1 Paar Wickelgamaschen Modell 1902
Leinen · Breite: 12 cm · U.99/44 a, b

1 Paar Knöchelschuhe
Leder · 18 x 10 x 28 cm · U.99/52 a, b

Die Kolonialkriege erforderten nicht nur eine besondere Kampfweise. Auch die Uniformen mussten auf die jeweiligen geographischen und klimatischen Gegebenheiten abgestimmt werden. Die Erfahrungen aus dem Burenkrieg fanden hierbei international Berücksichtigung. Fast alle europäischen Staaten führten nach 1900 Felduniformen in gedeckten Farben ein. Für den Alltagsdienst und für Paraden wurden weiterhin die bunten Monturen verwendet. Hinsichtlich der Farbwahl fiel die Entscheidung in den einzelnen Ländern unterschiedlich aus: Die Palette reichte von Hechtblau über Erdbraun, Oliv, Khaki bis hin zu Grüngrau. Schnitt, Form, Ausstattung und Material ließen nationale Besonderheiten erkennen. Frankreich machte insofern eine Ausnahme, als es den seit dem Deutsch-Französischen Krieg von 1870/71 nahezu unverändert bestehenden farbigen Uniformtyp auch für den Feldgebrauch bis 1915 beibehielt. Über achtzig Jahre verlieh die kräftige rote Farbgebung der Hosen dem französischen Infanteristen ein markantes Äußeres. Der Stellungs- und Grabenkrieg machte erneut eine Anpassung der Bekleidung erforderlich. So wurde in Deutschland die Felduniform von 1907 bis 1910 ab 1915 durch eine vereinfachte Felduniform abgelöst. Hauptbekleidungsstück war die Bluse Modell 1915 mit verdeckter Knopfleiste. *K.-P. M.*

II/10 *Aufruf an das deutsche Volk*

Tondokument · Rede Wilhelms II. (1859–1941) · Berlin, 6. August 1914 (nachgesprochen 1918) · Deutsches Rundfunkarchiv, Frankfurt am Main · C 2108

In den ersten Kriegstagen wandte sich Wilhelm II. mehrfach an die Öffentlichkeit. Anlässlich der Mobilmachung am 1. August prägte er in einer Rede vom Balkon des Berliner Schlosses jenen Satz, der fortan als Losung des »Burgfriedens« galt: »Ich kenne keine Parteien und auch keine Konfessionen mehr; wir sind heute alle deutsche Brüder und nur noch deutsche Brüder.« Am 4. August hielt er vor dem Reichstag eine Thronrede, in der er den Krieg als einen dem deutschen Volk aufgezwungenen darstellte. Mit seinem Aufruf vom 6. August wandte sich Wilhelm II. dann an das ganze Volk. Auch hier stand die Betonung der Schuldlosigkeit im Mittelpunkt: »Mitten im Frieden überfällt uns der Feind. Darum auf! Zu den Waffen! […] Wir werden diesen Kampf bestehen, auch gegen eine Welt von Feinden. Noch nie war Deutschland überwunden, wenn es einig war.« Die Rolle, die das Deutsche Reich bei der Entfesselung des Krieges gespielt hatte, wurde systematisch verschleiert. Der weit verbreitete Eindruck, Opfer geworden zu sein, trug in der Bevölkerung zu der Bereitschaft bei, den Krieg zu unterstützen. Wilhelm II. sprach den Text seines Aufrufes vom 6. August 1914 im Jahr 1918 für eine Tonaufnahme nach. *R. R.*

II/11 Fähnchen in den Farben des Deutschen Reiches

Deutschland 1914–18 · Textilgewebe, Holz · 19 x 25,5 x 68 cm · Privatbesitz

Die patriotische Begeisterung vor allem bei der städtischen Bevölkerung und im Bürgertum manifestierte sich bei Kriegsausbruch in vielen Formen. Die Ausmarschierenden wurden oft unter großer Anteilnahme der Bevölkerung verabschiedet. Dabei kamen auch Fähnchen wie dieses zum Einsatz. *R. R.*

II/12 Assentierungssträußchen (Musterungssträußchen)

Östereich, um 1914 · Papier, Flitter und Glas · Heeresgeschichtliches Museum, Wien · HGM 2000/28/309

Vor dem Ersten Weltkrieg wurde die Assentierung der Stellungspflichtigen auf dem Lande und in den Städten, insbesondere deren Vorstädten, besonders festlich begangen. Der Bürgermeister oder Gemeindevorsteher begleitete »seine Burschen« auf einem oft von Musikern begleiteten Pferdewagen zur Musterung.

Wieder zu Hause, zogen dann die »Tauglichen« singend von Gasthaus zu Gasthaus oder besuchten in der Reichshaupt- und Residenzstadt Wien die zahlreichen »Heurigen«, meist in den Vororten gelegene gemütliche Schenken der Weinbauern. Vor den Musterungsstationen und den Wirtshäusern warteten schon die Marktfahrer, die den »Tauglichen« mit Papierblumen und Bändern geschmückte Hüte für teures Geld verkauften. Jeder wollte so einen »Buschen« haben und nur wenige wollten untauglich sein, denn das »schöne

Geschlecht« registrierte sehr wohl, wen sie beim Militär »g'halten« hatten. Es ist anzunehmen, dass dieser Brauch auf die bei vielen Völkern üblichen Jünglingsweihen zurückzuführen ist. In diesen Zeremonien wurden die Jünglinge feierlich in die Gemeinschaft der wehrfähigen Männer aufgenommen.

Nach dem Ersten Weltkrieg gab es mangels allgemeiner Wehrpflicht keine kollektiven Musterungen mehr. Diejenigen, die sich freiwillig zum Heer meldeten und tauglich waren, feierten jedoch in ähnlicher Form. Der Hauptgrund für das Feiern dürfte aber in der Tatsache zu suchen sein, dass mit einer Heeresanstellung für manchen das Ende seiner Arbeitslosigkeit gekommen war. Auch während der Zugehörigkeit Österreichs zum Deutschen Reich wurde in den Dörfern die Musterung festlich begangen, doch hörte dies mit Fortdauer des Krieges und der großen Verlustzahlen bald auf.

Als 1955 in Österreich wieder die allgemeine Wehrpflicht eingeführt wurde, lebte der alte Brauch auf dem Lande und in den Städten wieder auf. Er hat sich besonders in den ländlichen Gemeinden bis heute erhalten, wenn er auch infolge der Möglichkeit der Ableistung des Zivildienstes immer seltener anzutreffen ist. *W. A. S.*

LITERATUR Hanns Bächtold, *Deutscher Soldatenbrauch und Soldatenglaube*, Straßburg 1917; Walter Transfeldt, *Wort und Brauch in Heer und Flotte*, hrsg. von Hans-Peter Stein, 9. Aufl., Stuttgart 1986, S. 20.

II/13 *Woina Rossii s nemzami. Den objawlenija woini.*
[Der Krieg Russlands mit Deutschland. Der Tag der Kriegserklärung.]

Bilderbogen · Verlag des Handelshauses W. Krylow und Co. · Moskau 1914 · Lithographie · 40 x 53 cm · Staatliches Museum für die politische Geschichte Russlands, St. Petersburg · FV 11727

Eine begeisterte Menschenmenge hat sich nach der deutschen Kriegserklärung an Russland vom 1. August 1914 (respektive vom 20. Juli 1914 nach dem alten, Julianischen Kalender) vor dem Winterpalais in St. Petersburg versammelt. Hier, wo am 22. Januar 1905 eine friedliche Arbeiterdemonstration von zaristischen Truppen zusammengeschossen worden war und die erste russische Revolution ihren Anfang genommen hatte, strömen nun Männer, Frauen und Kinder zusammen. Dargestellt ist ein sozialer Querschnitt der Bevölkerung, erkennbar an der Kleidung der Personen im Bildvordergrund. Mit ausladender Geste geloben die Menschen dem auf dem Balkon stehenden Zaren Nikolaus II., ihn und das Land tapfer zu verteidigen.

Wie in allen anderen Staaten, wurde auch in Russland die – in einem gewissen Ausmaß tatsächlich vorhandene – Kriegsbegeisterung von der staatlichen Propaganda geschürt. *T. F.*

II/14 *Aufruf an die Kulturwelt!*

Flugschrift · Vermutlich Oktober 1914 · Papier · 26,6 x 21,1 cm · Bibliothek für Zeitgeschichte in der Württembergischen Landesbibliothek, Stuttgart · 1914–1918, Dokumente

Unter den diversen Aufrufen und Manifesten von Intellektuellen und Künstlern in der Frühphase des Ersten Weltkrieges ist jener, der sich von Deutschland aus »an die Kulturwelt« richtete, der bekannteste. Das Pamphlet erschien am 4. Oktober 1914 in den wichtigsten deutschen

Tageszeitungen und wurde als Sonderdruck in zehn Sprachen auch weltweit verbreitet. Unterzeichnet von 93 Schriftstellern, Künstlern und Professoren aller Fachrichtungen, verwahrte es sich gegen die Kriegsschuld Deutschlands, verteidigte den »deutschen Militarismus« als Schutzwall der »deutschen Kultur« und bestritt vor allem die beim Einmarsch in das neutrale Belgien nachweislich begangenen Gräueltaten. Der Aufruf entstand aus einer gemeinsam vom Chef des Nachrichtenbüros im Reichsmarineamt, Heinrich Löhlein, dem Schriftsteller Ludwig Fulda, dem Museumsdirektor Theodor Wiegand und dem Berliner Bürgermeister Georg Reicke entwickelten Propagandaaktion. Doch die Initiatoren verfehlten ihr Ziel, neben der öffentlichen Meinung im Reich insbesondere jene in den neutralen Staaten zugunsten Deutschlands zu beeinflussen. Die Reaktionen reichten von kühler Distanzierung, etwa in den USA oder in den Niederlanden, über Gelassenheit, wie in England, bis zu empörter Ablehnung namentlich in Frankreich. Insgesamt war die Wirkung im Ausland verheerend und der Aufruf galt bald als Schlüsseldokument einer ebenso arroganten wie naiven deutschen Überheblichkeit. Bereits kurz nach seiner Veröffentlichung zogen einige der Unterzeichner ihre Unterschrift zurück, darunter der Nationalökonom Lujo Brentano und der Physiker Max Planck. *B. U.*

II/15 *Ich habe dem König von Preußen geschworen*

Buch · Philipp Gretscher (1859–1937) · Eugen Diederichs · Jena 1915 · 31 x 24 cm · Deutsches Historisches Museum, Berlin · Do2 2002/101

Nationalhymnen breiteten sich im Gefolge der Französischen Revolution und der populären *Marseillaise* auch in anderen Staaten als Ausdruck des nationalen Selbstverständnisses aus. Sie wurden bei feierlichen Anlässen gesungen und gespielt.

II/12

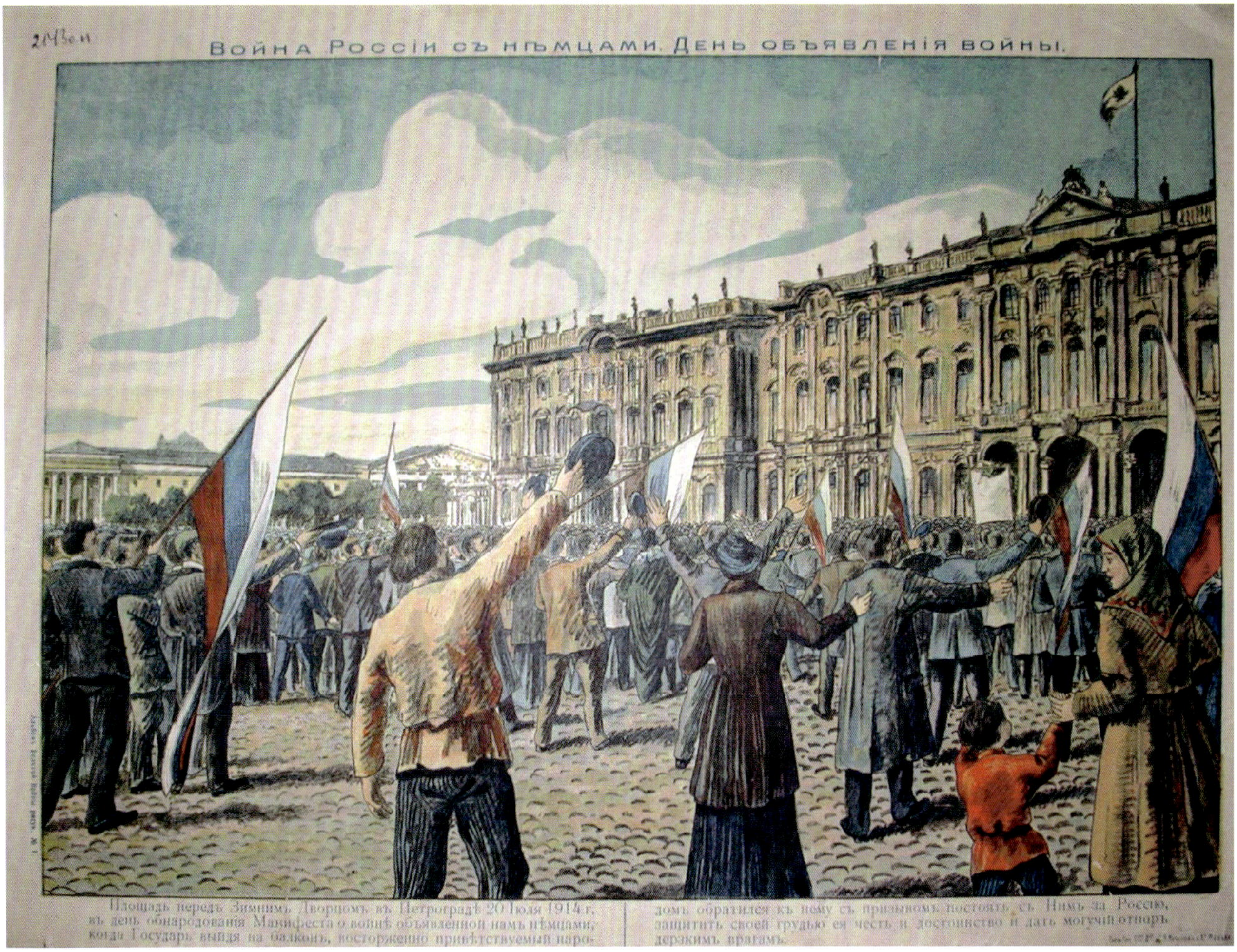

II/13

Kriegsflugblatt Nr. 25/26

Philipp Gretscher

Ich habe dem König von Preußen geschworen

4 Kriegslieder

op. 90

Walter Flex, Gelöbnis
Heinrich Harries, Heil dir im Siegerkranz
Ottomar Enking, Vorwärts!
Josef Huggenberger, Sturmwind

Dieses Heft enthält eine neue Melodie zu „Heil dir im Siegerkranz"

Verlegt bei Eugen Diederichs in Jena 1915

Preis 60 Pf.

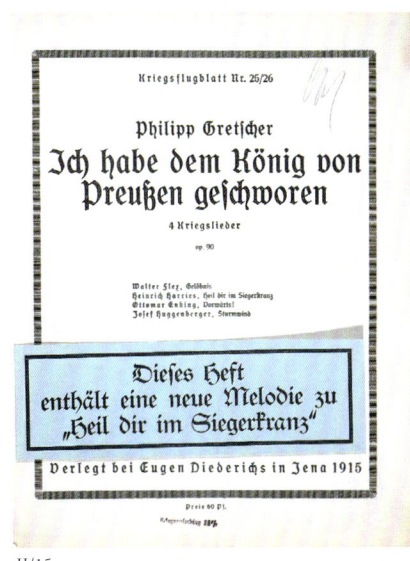

II/15

Die offizielle Festlegung auf eine Nationalhymne und ihre verbindliche Aufnahme ins Protokoll geschah meist erst im Laufe des 19. und 20. Jahrhunderts. Für das Deutsche Reich kam nach dem Deutsch-Französischen Krieg von 1870/71 *Deutschland, Deutschland über alles* nach den Versen von Hoffmann von Fallersleben und der Melodie von Joseph Haydn in Gebrauch. Ihre Melodie war mit dem österreichischen *Gott erhalte Franz den Kaiser* identisch.
Die preußische Hymne *Heil dir im Siegerkranz* mit dem Text von B. G. Schumacher wurde zur gleichen Melodie gesungen wie die der meisten deutschen Bundesstaaten (Text meist *Heil unserem Fürsten, Heil*) und die schweizerische (*Rufst du, mein Vaterland*). Ihrer aller Ursprung war das englische *God save the King*, komponiert und gedichtet von Henry Carey (1687–1743). Die Identität der Melodie mit der wichtigsten britischen Hymne und wohl mehr noch ihr englischer Ursprung veranlassten Philipp Gretscher zu einer Neukomposition. Diese war Ausdruck der weit verbreiteten chauvinistischen Tendenz, alle ausländischen Einflüsse und Anklänge aus dem Alltag in Deutschland zu entfernen. *R. R.*

II/16 *Verdeutschung entbehrlicher Fremdwörter*

Buch · Oskar Kresse · Verlag Wilhelm Rößler & Co · Berlin 1915 · 17,6 x 11,8 cm · Deutsches Historisches Museum, Berlin · Do2 1988/1774

Der nationale Überschwang nach Ausbruch des Krieges führte bei vielen beteiligten Staaten zu einer Welle von Umbenennungen: Der fremde Zungenschlag trivialer Alltagsbegriffe wurde nun als ebenso antinational aufgefasst wie der von Namen. Der englische Zweig der von Battenbergs beispielsweise benannte sich 1917 auf Wunsch des englischen Königs Georg V. in Mountbatten um, das britische Königshaus selbst benannte sich nach seinem

II/16

II/17

Hauptsitz Schloss Windsor und tilgte damit die Verbindung zum Hause Sachsen-Coburg-Gotha. Umgekehrt und im Kontext dieser geradezu hysterischen Entwicklung strebte Oskar Kresse mit seinem Wörterbuch der Synonyme eine systematische Verdeutschung an. *R. R.*

II/17 Zigarettenschachtel *Manoli* »Wimpel«

Fa. Manoli · Berlin 1914–18 · Eisenblech, gestanzt, Lackfarbe · 4 x 14,2 x 8,4 cm · Deutsches Historisches Museum, Berlin · 1988/668.2

Unmittelbar nach Kriegsausbruch wurden ausländische Markennamen eingedeutscht. Speisekarten wurden umgeschrieben, Fremdwörter ersetzt und Produkte umbenannt. Dies betraf auch die Zigarettensorten der Berliner Firma Manoli – so wurde aus der Marke *The Kaiser* nun Ma-

noli »Kaiser«, aus *Gibson Girl* nun *Manoli* »Wimpel«. Um die Bindung der Konsumenten an die Marke nicht zu zerstören, wurde das alte Verpackungsdesign weitgehend beibehalten. Eine aufgedruckte Banderole mit dem neuen Markennamen und der Verweis auf die frühere Bezeichnung sollten verhindern, dass allzu viele Verbraucher zu anderen Zigaretten griffen. *R. R.*

II/18 Nationalhymnen

Tondokument · Hochschule für Musik »Hanns Eisler« · Berlin 2004 · Deutsches Historisches Museum, Berlin · Ohne Inv.-Nr.

Die englische Hymne *God save the King* und das melodisch identische *Kaiserlied (Heil dir im Siegerkranz)* sowie dessen Neuvertonung durch Philipp Gretscher wurden im Frühjahr 2004 an der Hochschule für Musik »Hanns Eisler« in der Fassung für Klavier und Singstimme aufgenommen. Zum Vortrag kommen die drei Strophen der englischen Hymne sowie die Strophen 1, 2 und 5 – hierbei der Auswahl Gretschers folgend – von *Heil dir im Siegerkranz. R. R.*

II/19 Vortragstext *In dieser großen Zeit* in der Zeitschrift *Die Fackel*

Karl Kraus (1874–1936) · Wien, 5. Dezember 1914 · Nr. 404 · 19 x 12,5 cm · Schiller National-museum/Deutsches Literaturarchiv, Marbach am Neckar · Bibliothek von Franz Glück

Karl Kraus hielt am 19. November 1914 im Mittleren Konzerthaussaal in Wien diesen dann in der *Fackel* abgedruckten Vortrag. Kraus, dessen Satiren und Polemiken gefürchtet und dessen Vortragskünste berühmt waren, nahm darin gegen den Krieg und gegen jede Kriegsverherrlichung Stellung. Den Erlös aus dem Vortrag widmete er der Unterstützung invalider und wieder einrückender Soldaten. Seine pazifistische und kritische Position blieb während des ganzen Krieges unverändert. Die *Fackel* wurde zur kritischen Instanz, in der sowohl die österreichischen und deutschen Verhältnisse während des Krieges wie auch die publizistische Beschönigung scharf angegriffen wurden. Viele der in den Artikeln thematisierten Situationen und Missstände verarbeitete Kraus in seinem Drama *Die letzten Tage der Menschheit*, das 1919 erschien. *R. R.*

II/20a, b Brief einer Mutter an ihren Sohn

Flammersbach, 1. August 1914 · Papier · Brief: 18 x 11,5 cm; Umschlag: 9,5 x 12 cm · Bibliothek für Zeitgeschichte in der Württembergischen Landes-bibliothek, Stuttgart · Sammlung Schüling, Bd. 27

Die Nachricht von der Mobilmachung löste keineswegs nur patriotische Begeisterung aus. Vor allem in Kreisen der Industriearbeiter und in der Landbevölkerung überwogen Skepsis und auch Angst. Dieser Brief einer Mutter aus Hessen-Nassau an ihren in Frankfurt stationierten Sohn spricht von Furcht – »wenn Feindvolk ins Land kommt, dann sind wir auch dran« – und verleiht zugleich noch der Hoffnung Ausdruck, der Krieg möge nicht Wirklichkeit werden: »Der Herr wolle es verhüten, dass es zum Ausbruch kommt.« Inmitten eines kurzen Berichts über die Lage zu Hause und der guten Wünsche für den Sohn findet sich auch diese Mahnung: »Also lieber Karl schreibe gleich Nachricht, und solltest du in Feindesland kommen, keine Greueltaten verrichten, immer barmherzig, auch gegen den Feind.« *R. R.*

II/21 *Die Waffenruhe zu Weihnachten 1914. Deutsche Soldaten eines sächsischen Regiments verbrüdern sich mit einem Mitglied der Londoner Rifle Brigade*

Fotografie · R. Turner · Westfront 1914 · Reproduktion einer Glasplatten-Fotografie · 27,2 x 37,8 cm · Imperial War Museum, London · Q 50721

Am 24. Dezember 1914 kam es auf weiten Abschnitten der Westfront zu einer spontanen Waffenruhe. Meist fand diese Verbrüderung zwischen britischen und deutschen Truppen statt, doch waren auch französische Einheiten daran beteiligt. Ausgangspunkt war in der Regel die Weihnachtsfeier in den Schützengräben mit dem Aufstellen von Christbäumen und dem Absingen von Liedern. Da nach deutscher Tradition die Geburt Christi bereits am Abend des 24. Dezember gefeiert wird, waren es die Aktivitäten in den deutschen Schützengräben, die den Auftakt bildeten. Nachdem zwischen den Fronten Rufe gewechselt worden waren, kam es schließlich zu Treffen gegnerischer Soldaten und dem Austausch von Geschenken. Die Verabredung zur Waffenruhe erwies sich auch am folgenden Tag als tragfähig. Zwischen den Gräben fand ein reger Tauschhandel statt. Auch gab es gemeinsame Beerdigungszeremonien. In manchen Fällen währte die Waffenruhe

II/21

II/22

sche Offiziere (1. u. 2. v. r.) posieren zwischen den Schützengräben für ein gemeinsames Foto. Der Soldat links ist vermutlich der Fahrer der Deutschen, die er aus der Etappe an die Front chauffiert hat, während die britischen Offiziere offenbar kurz zuvor noch selbst im Graben lagen. Die Initiative zu den spontanen Verbrüderungen an den Weihnachtstagen 1914 ging zumeist von gemeinen Soldaten und Unteroffizieren aus. Höhere Offiziere erfuhren in ihren Kommandostellungen mit Verzögerung von der Ereignissen und mussten erst an die Front fahren, um sich selbst ein Bild zu machen.

Dies auch für die gezeigte Szene unterstellt, scheinen die Offiziere für diesmal sogar gute Miene gemacht und sich zu einem Gruppenfoto mit dem Feind bereit gefunden zu haben. Weihnachten 1915 jedoch unterbanden die Militärführungen beider Seiten derartige Massenverbrüderungen von Frontsoldaten. *T. F.*

II/23 Österreichische Kriegsführung in Serbien, deutsche Kriegsführung in Nordfrankreich und Belgien

Aus der Zeitschrift »Die Illustration« · Paris, 16. Januar 1915 · Ausgabe Nr. 3750 · 40 x 62,5 cm (aufgeschlagen) · Staatsbibliothek Preußischer Kulturbesitz, Berlin · 2"Krieg 1914/24441 73, 3750/3780.1915

Bereits in der Frühphase des Ersten Weltkrieges zeichnete sich eine Eskalation der Kriegführung ab. Der Erste Weltkrieg markiert in dieser Hinsicht einen Zivilisationsbruch. Heute ist erwiesen, dass die Deutschen bei ihrem Vormarsch nach Westen sowohl in Belgien als auch in Nordfrankreich im Sommer und Herbst 1914 brutal gegen die dortige Zivilbevölkerung vorgingen. Es kam zu Geiselnahmen, Deportationen, Plünderungen und Brandstiftung. Vor allem die Tötung von über 6 000 Zivilisten – zum großen Teil als Vergeltung für angebliche Angriffe von »Franktireurs« – führte auf der Seite der Alliierten zu einem Sturm der moralischen Entrüstung. Früh wurde auch die Brutalität der österreichisch-ungarischen Truppen insbesondere im Laufe der ersten Invasion in Serbien publik. Die *Illustration* war die erste Zeitung, die über die Kriegsverbrechen berichtete und dabei auch Fotos veröffentlichte. Bildliche Darstellungen einer spezifisch deutschen Grausamkeit blieben während der gesamten Kriegsdauer eines der wichtigsten Argumente der alliierten Propaganda. Den Deutschen gelang es nicht, das harte Vorgehen der Russen in Ostpreußen in vergleichbarer Weise propagandistisch zu instrumentalisieren. *G. B.*

bis in den Januar hinein. Berichte über das Ereignis erreichten über die Feldpost auch die Heimat. Sie erschienen in mehreren britischen Zeitungen sowie in wenigen deutschen. Die von den gemeinen Soldaten ausgehende Waffenruhe wurde im folgenden Jahr durch strikte Befehle unterbunden.

Von der Waffenruhe zu Weihnachten 1914 sind nur wenige Fotos überliefert. Dieses zeigt sächsische Soldaten mit einem Angehörigen der Londoner Rifle Brigade

im Niemandsland bei Plogsteert nahe Ypern. *R. R.*

II/22 Deutsche und britische Offiziere an Weihnachten 1914

Fotografie · Frankreich, Weihnachten 1914 · Reproduktion einer Glasplatten-Fotografie · 27,2 x 37,8 cm · Imperial War Museum, London · Q 11718

Weihnachten 1914: Deutsche und briti-

Die Erfahrung des Ersten Weltkrieges ist in ihrem radikal neuen, bis dahin undenkbaren Gehalt nur vor dem Hintergrund der Vorkriegsepoche zu verstehen. Überall in Europa galt es vor 1914 wie selbstverständlich als legitim, die Politik notfalls mit den Mitteln des Krieges fortzusetzen. Dessen Strategie und Taktik wurde vom Ideal der Offensive bestimmt, das in einem patriotischen Geist der Pflichterfüllung seinen Nährboden hatte. Die Erziehung in Elternhaus und Schule sowie nicht zuletzt die wehrertüchtigende Propaganda in nationalen Vereinen und Jugendbünden taten das ihre, um die Menschen auf einen kommenden Krieg vorzubereiten.

Als er in Gestalt des ersten globalen und alsbald totalen Krieges begann, verhieß er manchen – so seltsam es heute anmuten mag – auch Befreiung aus der Enge einer fest gefügten bürgerlichen Existenz, die Erfüllung einer anhaltenden Sehnsucht nach dem großen Abenteuer, die Auflösung politischer und gesellschaftlicher Konflikte im kollektiven, patriotischen Rausch: Keine Generation danach ist je wieder mit solchen Erwartungen in den Krieg gezogen. Die Gemeinschaftsideologien, unter deren Auspizien er begann, suggerierten Eindeutigkeit, wo oft Zerrissenheit vorherrschte, und verhießen das Ende eines »faulen Friedens«.

Alle gesellschaftlichen Gruppen machten zwischen 1914 und 1918 die Erfahrung der mit einem modernen Krieg seither untrennbar verbundenen Extensität (Roger Chickering). Dazu zählte die Zerstörungskraft neuer Waffen und die geografische Ausweitung der Kampfzonen ebenso wie eine bis dahin unbekannte Einbindung der Zivilgesellschaften in den Krieg. Die bald auftretende tiefe Kluft zwischen Kriegserwartungen und Kriegserfahrungen war unübersehbar. Die militärischen Führungsstäbe etwa mussten schnell einsehen, dass ihre auf raumgreifende Offensiven abzielenden Vorkriegspläne zum Scheitern verurteilt waren. Danach versuchten beide Seiten jahrelang vergeblich, einander mit den letztlich primitiven Mitteln der Materialschlacht zu besiegen. Die dafür so notwendige Mobilisierung und Disziplinierung der Gesellschaft gelang bis in die Spätphase des Krieges in einem erstaunlich hohen Maße. Dennoch entwickelte sich in der Nachkriegszeit vor allem in Deutschland als dem Land der Unterlegenen eine intensive Diskussion über das Versagen von Propaganda und psychologischer Kriegführung.

Gleichzeitig mussten Millionen von Männern ihre persönlichen Kriegserfahrungen bewältigen. Innere Zusammenbrüche, seelische Abstumpfung, politische Radikalisierung, aber auch die Hinwendung zu pazifistischen Überzeugungen gehörten zum Spektrum der

rung

Reaktionen auf diese Grenzerfahrungen. Für
die Zivilbevölkerung waren die kriegsbedingt
schlechte Versorgungslage und die damit verbundenen Verteilungskämpfe prägend. Gerade
in den Mittelmächten hatte man die Erfahrung des kriegswirtschaftlichen Versagens der
Obrigkeit gemacht. Der daraus resultierende
Vertrauensverlust war in Deutschland und
Österreich-Ungarn besonders extrem.
Der bereits im Krieg überbordende Nationalismus, die alsbald um sich greifende Xeno-
phobie und ein rasch für politische Zwecke
instrumentalisierter Antisemitismus setzten
sich nahtlos in die Nachkriegszeit hinein fort.
Damit kündigten sich spätere, noch extremere
Formen der Ausgrenzung bereits an.
Die Erfahrung von 1914/18 markierte das
Ende des bürgerlichen Zeitalters, forcierte die
Gewaltbereitschaft und bereitete den Boden
für die Ideologien des Kommunismus und
des Faschismus. Zu Recht ist der Erste Weltkrieg als »Urkatastrophe des 20. Jahrhunderts«
bezeichnet worden. In seinem Schlagschatten
wurde der Zweite Weltkrieg überhaupt erst
denkbar.

G. Bavendamm

III. Raum

Der Kampfraum des Ersten Weltkrieges wurde zunächst noch ganz traditionell als lineare, das heißt als zusammenhängende Front aufgefasst. Aus ihr heraus hatte die Infanterie, die in einem bedingungslosen Offensivgeist erzogen worden war, in dichten »Schwarmlinien« vorzurücken. Auch im Stellungskrieg an der Westfront änderte sich dieses verlustreiche Vorgehen nur allmählich. Erst ab 1918 begann sich eine neue, von den Deutschen entwickelte Kampftaktik durchzusetzen. Die Truppen operierten nun taktisch in höchstem Maße beweglich und elastisch in die Tiefe des Raumes. Im Angriff etwa konzentrierte man sich auf eine erkannte Schwachstelle der feindlichen Front und griff sie im Verbund aller Waffen überraschend und in hohem Tempo an. Die dadurch erzielten Erfolge verhinderten zwar nicht die deutsche Niederlage. Aber die in dieser Taktik zutage tretende Raumauffassung sowie die ebenfalls raumgreifende Kampfweise der hauptsächlich von den Alliierten eingesetzten Panzer sollten die Zukunftskriegsvisionen der zwanziger und dreißiger Jahre prägen.

An der Ostfront hingegen blieb im Allgemeinen der Bewegungskrieg bestimmend. Hier bildete allerdings die Größe des Raumes, den es zu besetzen und nach erfolgter Okkupation in deutschem Sinne zu »kultivieren« galt, ein andauerndes Problem. Dabei stellte die Niederlage im November 1918 aus deutscher Sicht den im Frieden von Brest-Litowsk zementierten Sieg im Osten in Frage. Das hatte zur Folge, dass die auf diesen Osten gerichteten Expansions-bestrebungen in den Jahren der Weimarer Republik nach wie vor virulent blieben. Ideologisch gründeten sie sich auf die neuen Wissenschaftszweige der Geopolitik und der so genannten Ostforschung. Sie lieferten mit ihren Konzepten von »Raum« und »Raumbewusstsein« die Stichworte für den vom nationalsozialistischen Deutschland nach dem Überfall auf die Sowjetunion geführten Rassen- und Vernichtungskrieg.

G. Bavendamm und B. Ulrich

Erstarrung

Der Erste Weltkrieg führte das bis 1914 geltende Ideal des großräumigen Bewegungskrieges ad absurdum. Im Westen kam der bewegliche Kampf Ende 1914 mit den letzten Durchbruchsversuchen in Flandern zum Erliegen. Alliierte wie Deutsche mussten erkennen, dass die eingegrabene Infanterie des jeweiligen Gegners unbesiegbar war. Bis Kriegsende beherrschte die Feuerkraft der Artillerie und des Maschinengewehrs das Geschehen. 1915 erstreckte sich die Westfront über 700 Kilometer von der Nordsee bis zu den Alpen. Rechnerisch kämpften dort 1915/16 pro Quadratkilometer 2 134 Soldaten. Weder die von den Alliierten eingesetzten Panzer noch die neuen Verteidigungs- und Angriffstaktiken des deutschen Heeres brachten den entscheidenden Durchbruch.

Im Osten war der Krieg insgesamt dynamischer. Wiederholt waren bedeutende Geländegewinne zu verzeichnen – wie im Mai 1915 bei Gorlice-Tarnów, als es der deutschen und österreichisch-ungarischen Armee immerhin gelang, die Frontlinie bis nach Lemberg im äußersten östlichen Zipfel des k. u. k. Territoriums vorzuschieben. 1916 erreichten die Truppen des russischen Generals Brussilow wiederum die Karpaten, zwei österreichisch-ungarische Armeen wurden dabei vernichtend geschlagen. Die relative Beweglichkeit des Krieges im Osten hing mit der Größe des Kriegsschauplatzes und den riesigen Entfernungen zusammen. Da die Zahl der Soldaten im Verhältnis zur Frontlänge gering war, kamen Umfassungsmanöver zustande. Hierbei spielte die Kavallerie eine Schlüsselrolle. Gleichzeitig bedingten die Geographie und die Länge der Ostfront, dass auch hier ein entscheidender militärischer Sieg ausblieb – bis schließlich Friedenssehnsucht und Revolutionsbereitschaft des russischen Volkes die Niederlage des zaristischen Russlands im Jahr 1917 besiegelten.

G. Bavendamm

III/1 Säbel der russischen Kavallerie

Russland 1907 · Messing, Holz, Leder · 1,8 x 3,2 x 99 cm · Deutsches Historisches Museum, Berlin · W 62/102 a,b

Säbel gehörten zur Bewaffnung der Kavallerie. Mit dem hier gezeigten Don-Typ waren die Kosaken der russischen Armee ausgerüstet. Am Beginn des Krieges kam der Kavallerie in den strategischen Planungen für den Bewegungskrieg eine wichtige Rolle zu. In der herkömmlichen Operationsführung waren ihre Aufgaben die Aufklärung sowie die Umfassung und Verfolgung des Gegners. An der Westfront zeichnete sich jedoch schon Ende 1914 die Erstarrung zum Stellungskrieg ab. Insbesondere an der Ostfront gab es gleichwohl auch später immer wieder Phasen, in denen die Kavallerie im Bewegungskrieg zum Einsatz kam. Doch aufgrund der operativen Rahmenbedingungen und der technischen Neuerungen auf dem Gebiet der Kriegstechnik verlor diese Waffengattung im Laufe des Krieges an Bedeutung. *K. B.*

III/2 Luftbildaufnahme von Stellungen bei La Vacquerie

Fotografie · La Vacquerie 1917 · 12,5 x 17 cm · Deutsches Historisches Museum, Berlin · Ph 2001/145

Dieses Foto der militärischen Luftaufklärung zeigt deutlich die parallelen, mäandernden Gräben der »Siegfried-Stellung«. Die Abbildung ist durch die vertikale Kameraperspektive frei von Verzerrungen und gibt, begünstigt durch die Aufnahmezeit am frühen Nachmittag, einen guten und detaillierten Eindruck der Situation bei La Vacquerie an der Somme. Sich in Richtung auf die feindlichen Stellungen vorschiebende Gräben sind ebenso zu erkennen wie die Verbindungen zu den rückwärtigen deutschen Stellungen, in die auch alte englische Positionen vermutlich aus Kämpfen des ersten Kriegsjahres integriert waren. Das gesamte von der Aufnahme erfasste Gebiet ist von Granattrichtern gezeichnet – die im März 1917 in einer überraschenden Rückzugsbewegung von den deutschen Truppen bezogene »Siegfried-Stellung« war zum Zeitpunkt der Aufnahme am 22. Dezember 1917 bereits seit längerem Ziel alliierter Vorstöße. Der strategische Rückzug vom März hatte die deutsche Frontlinie entscheidend verkürzt und die ursprünglichen Offensivplanungen der Alliierten hinfällig gemacht. Er war von der systematischen Zerstörung der Infrastruktur in den aufgegebenen Gebieten (Unternehmen »Al-

berich«) begleitet. Diese Politik der verbrannten Erde hatte heftige internationale Kritik ausgelöst. *R. R.*

III/3 Aufklappbares Panorama-Bild eines Frontabschnittes aus dem Ersten Weltkrieg

Rundbild, aufgenommen von der Beobachtungsstelle »Pfarrhaus« Beaurains (südöstl. Arras) · Vermessungsabteilung 11 (Topograph Kluck) · Nähe Arras, 24. April 1916 · Karton, Papier · 25 x 300 cm (ausgeklappt) · Deutsches Historisches Museum, Berlin · Do 64/3 (MfDG)

Dieses Rundbild entstand im Frühjahr 1916 südöstlich von Arras. Der Topograph der Vermessungsabteilung 11 nahm das Bild von einem Pfarrhaus bei Beaurains auf, das als Beobachtungsstelle der deutschen Truppen diente. Deutlich zu erkennen sind die Spuren der Verwüstung in den umliegenden Ortschaften. Die Bildlegende verzeichnet Wailly, Beaumetz, Agny, Berneville, Warlus, Habarcq, Achicourt, Wagnonlien, Hautes-Avesnes, Maroeuil und Beaurains. Am rechten Bildrand sieht man die Ruinen von Arras. Rundbilder sollten den Offizieren der Stäbe, die sich nicht an Beobachtungsstellen aufhielten, genaue Auskunft über das vom Beobachter einzusehende Gelände geben und somit die Orientierung erleichtern. Die Aufnahmen konnten auch für die Meldungs- und Befehlsübermittlung zwischen niederen und höheren Befehlsstellen genutzt werden. *G. B.*

III/4 Militärstrategische Karte vom Verlauf der Front in Frankreich im Februar 1917

Vermessungsabteilung 19 · Deutschland, 1. Februar 1917 · Papier, gedruckt · 79,8 x 65 cm · Deutsches Historisches Museum, Berlin · Do2 2002/79

Die Karte im Maßstab 1 : 25 000 zeigt den Frontverlauf bei Mühlhausen im Elsass zu Beginn des Jahres 1917. Eingezeichnet sind unter anderem die Grabensysteme, Unterstände, Lagerplätze und feindlichen Geschützstellungen. Anhand derartiger, laufend aktualisierter Karten entschieden die Befehlshaber über den Ausbau bzw. die Verlegung von Stellungen, die Ausrichtung der Artillerie oder darüber, an welcher Stelle ein Angriff unternommen werden sollte. Seit Ende 1914 war indes der Frontverlauf im Bereich der Karte sowie an fast der gesamten Westfront nahezu unverändert geblieben. *T. F.*

III/6

III/5 Reliefkarte

Modell · Canadian Expedition Corps · Frankreich 1917 · Papier · 80 x 118 x 78 cm · The Black Watch of Canada Regimental Museum and Archives, Montreal · 2004.008 (DHH)

An diesem Modell plante der Stab des kanadischen Korps unter dem Kommando von Generalleutnant Arthur Currie den Angriff auf Vimy Ridge, der am Ostermontag, dem 9. April 1917, stattfand. Der Angriff auf die circa 60 Meter hohe, etwa zwölf Kilometer nordöstlich der Stadt Arras beim Dorf Vimy gelegene Erhebung war die erste militärische Aktion, die das Canadian Corps selbst plante. In der Vorbereitungsphase wurden mehrere maßstabsgetreue Reliefkarten wie diese benutzt.
Die Erhebung bei Vimy war schon zuvor Ziel heftiger, aber jeweils gescheiterter alliierter Angriffe gewesen. Die kanadischen Planungen beruhten auf einer neuen Taktik. Die »Feuerwalze« – ein nach und nach vorverlegtes dichtes Artilleriefeuer, in dessen Schutz die Infanterie planmäßig vorrücken sollte – erwies sich hier als entscheidendes Mittel. Nach Wochen, in denen die deutschen Stellungen täglich mit 2 500 Tonnen Granaten beschossen worden waren, begann der eigentliche Angriff am Ostermontag, dem 9. April. Über 1 000 Geschütze eröffneten ein kontinuierliches Feuer und produzierten die »Feuerwalze«. Die vier kanadischen Divisionen verließen ihre Stellungen und rückten im Schutz der Artillerie gegen die deutschen Linien vor. Im Laufe dieses und des folgenden Tages wurde der gesamte Hügel unter großen Verlusten (3 600 getötete, 5 000 verwundete kanadische Soldaten) eingenommen. Dieser erste große Sieg kanadischer Einheiten spielt seither in der kollektiven Erinnerung des Landes eine bedeutende Rolle. An den Sieg in der Schlacht von Vimy Ridge knüpfte sich nach Kriegsende der Anspruch auf die nationale Eigenständigkeit Kanadas. *R. R.*

III/6 Diorama einer pioniermäßig ausgebauten Feldbefestigung (Ausschnitt)

PGH Modellbau Plauen · Deutschland, um 1971 · Holzpresspappe, Gips · 31 x 174 x 42 cm · Militärhistorisches Museum der Bundeswehr, Dresden · Ohne Inv.-Nr.

Dieses Modell zeigt Teile einer von Pionieren ausgebauten deutschen Stellung an der Westfront um 1916/17. Nicht nur die Konstruktion der Gräben und der Befestigungsbauten, auch die für den Ersten Weltkrieg so charakteristische Landschaftsvernichtung ist in Form kahler Baumstümpfe detailgetreu nachempfunden. Als Betrachter blickt man vom hinteren Graben aus in Richtung Feindesland. Deutlich sind einzelne Stützwände aus Holz zu erkennen. Im hinteren Graben lassen sich außerdem Unterstände sowie Unterkunfts- und Sanitärbereiche ausmachen. Ein Laufsteg überwölbt den Verbindungsgraben, der vom hinteren in den vorderen Graben führt, zur eigentlichen Frontlinie. Auch dort sind hölzerne Stützvorrichtungen sichtbar sowie die Schießscharten für die Infanteristen. Die Nachbildung führt schließlich in einen Streifen Niemandsland und endet an den Drahtverhauen des Gegners. *G. B.*

III/7–III/9

III/7 Deutsches Maschinengewehr M 08/15 mit Wassertank, Trommelmagazin und Munitionskasten

Erfurt 1917 · Stahl, Eisen · 51,5 x 140 cm · Deutsches Historisches Museum, Berlin · W 98/14

III/8 Österreichisches Maschinengewehr Schwarzlose M 07/12

Steyr 1912 · Stahl, Eisen, Holz, Leder · 64 x 140 x 52 cm · Militärhistorisches Museum der Bundeswehr, Dresden · BAAJ 0743

III/9 Französisches leichtes Maschinengewehr M 1915 CSRG

Chatellerault 1915 · Stahl, Eisen, Holz · 41,5 x 106,5 x 45 cm · Deutsches Historisches Museum, Berlin · W 99/1

Das erste funktionstüchtige Maschinengewehr wurde von dem Amerikaner Hiram Maxim (1840–1916) konstruiert. Dabei benutzte Maxim die Rückstoßenergie, die beim Schuss entstand, zur Betätigung der Verschlussteile sowie zum Laden und Abfeuern der nächsten Patrone. Bis zur Jahrhundertwende entstanden weitere MG-Modelle, darunter ein Gasdrucklader der französischen Firma Hotchkiss.
Der traditionelle Infanterieangriff der Vorkriegszeit hatte sich mit dem Einsatz der Maschinengewehre erledigt. Allerdings waren sich die führenden Militärs vieler Länder beim Ausbruch des Ersten Weltkrieges über die Zerstörungspotentiale der neuen Maschinenwaffen noch nicht im Klaren. Hunderttausende Soldaten sollten dann in dem mörderischen Maschinengewehrfeuer sterben. Bereits bei den ersten Einsätzen im Russisch-Japanischen Krieg 1904/05 sowie in den englischen und deutschen Kolonialkriegen gegen Aufständische war die Wirksamkeit der Maschinengewehre deutlich geworden. Angesichts des enormen zahlenmäßigen Unterschiedes zwischen Kolonialtruppen und einheimischen Kämpfern erwies sich das MG als eine besonders geeignete Waffe zur kolonialen Unterdrückung. In den Schlachten um Verdun im Frühjahr 1916 wurde das leichte französische MG mit großem Erfolg eingesetzt, denn die deutsche Armee besaß zu diesem Zeitpunkt noch kein leichtes Maschinengewehr. Sie war mit dem schweren wassergekühlten MG 08 ausgestattet, dessen Feuergeschwindigkeit etwa 500 Schuss pro Minute betrug. Nach dem gleichen Prinzip funktionierte das österreichische MG Schwarzlose M 07/12. Im Stellungskampf erwiesen sich das hohe Gewicht und der sperrige Schlitten des MG 08 als hinderlich. In den engen und verwinkelten Gräben ließ sich die Waffe oft nicht schnell genug in Stellung bringen. Abhilfe brachte das leichtere MG 08/15, das jedoch erst ab 1917 in größerer Stückzahl hergestellt wurde. Mit 21 Kilogramm war die Waffe immer noch ziemlich schwer und konnte gerade noch von einem Schützen allein bedient werden. Erst im letzten Kriegsjahr waren die deutschen Infanteriekompanien ausreichend mit dieser Waffe ausgerüstet. Die Bezeichnung »08/15« ging später in die Alltagssprache

ein und steht bis heute für etwas Einfaches, Alltägliches, aber auch Mittelmäßiges. G. Q.

III/10 Patronengurt für 250 Schuss zum Maschinengewehr M 08

Deutschland, ab 1908 · Leinen, Messing, Stahl · 4 x 612 cm · Deutsches Historisches Museum, Berlin · W 76/3

Die Diskussionen unter den Militärs über den Einsatz der Maschinengewehre bezogen sich auch auf Vor- und Nachteile des Massenfeuers. Konservative Militärs glaubten, dass die Schützen zu viel Munition verschwenden würden. Sie sollten die beweglichen Ziele möglichst mit einem kurzen Feuerstoß bekämpfen. So könnten sie auch die angreifende Infanterie besser unterstützen. Am Anfang des Krieges hatten Militärs, die so argumentierten, noch keine Vorstellung von der Wirkung eines Dauerfeuers.

Die MGs verschossen zwischen 400 und 500 Patronen in der Minute. Das speziell für das MG 08 entwickelte schwere Spitzgeschoss wog 13 Gramm, bei einem Kaliber von 7,92 Millimeter. Die Anfangsgeschwindigkeit betrug etwa 800 bis 900 Meter pro Sekunde, die maximale Reichweite 3 500 Meter. Der bisher übliche Bleikern wurde bei diesem Geschosstyp durch einen Stahlmantel ersetzt.

Da sich die Läufe bei der hohen Schussfrequenz stark erhitzten, hatten wassergekühlte MGs einen Vorteil aufzuweisen. Allerdings konnte der aufsteigende Wasserdampf vom Gegner bemerkt werden. Zur Führung von Munition waren Patronengurte sicherer als Trommeln oder Stangen-

magazine. Jedoch war die Zuführung der Patronen am deutschen MG allgemein sehr kompliziert. Beim leichteren MG 08/15 und den Flieger-MGs benutzte man vielfach Gurttrommeln. G. Q.

III/11 Schrapnellgranate der 8-cm-Feldkanone M 5 mit Doppelzünder M 8

Österreich 1914–18 · Weißmetall, Kupfer · Durchmesser 8 cm · Deutsches Historisches Museum, Berlin · W 57/13

Schon in den ersten Monaten des Stellungskrieges hatte sich gezeigt, dass in den Armeen aller beteiligten Länder mehr Artilleriemunition verbraucht wurde als zunächst angenommen. Bei der Massenfertigung der dünnwandigen Stahlhüllen von Schrapnells mussten schwere Zieh- und Schmiedepressen eingesetzt werden. Ihre aufwendige Herstellung ging deshalb gegenüber der Produktion von Granathüllen aus Gusseisen zurück. Die Schrapnelle waren mit mehr als 200 Hartbleikugeln gefüllt. Das Geschoss gelangte nach dem Abfeuern erst an einem bestimmten Punkt vor dem Ziel zur Explosion. Schrapnelle mit Doppelzünder besaßen sowohl einen Brenn- als auch einen Aufschlagzünder. Die Wirkung dieser Geschosse war verheerend. Granaten und Minen verwandelten das Schlachtfeld in eine Trichterlandschaft. G. Q.

III/12 Stacheldrahtrolle – Bodenfund aus Péronne (Somme)

1914–18 · Metall · 25 x 45 cm · Historial de la Grande Guerre, Péronne · Ohne Inv.-Nr.

Wie das Maschinengewehr prägte auch der Stacheldraht nachhaltig die Kampfformen des Stellungskrieges. Bald nach der Erstarrung der Fronten begannen beide Seiten, ihre Gräben mit permanenten und gestaffelten Stacheldrahthindernissen gegen die Angriffe der feindlichen Infanterie zu schützen. Gegnerische Patrouillen oder Attacken aus dem eigenen Graben heraus beschädigten die Drahtkonstruktionen ständig. Aufbau und Verstärkung der Stacheldrahtverhaue waren besonders gefährliche Aufgaben, da sie im Schussfeld des Gegners stattfinden mussten. Man bewältigte sie daher ausschließlich bei Nacht. Diese stark verros-

III/12

tete und etwa 50 Kilogramm schwere Stacheldrahtrolle wurde unlängst in unmittelbarer Nähe des Weltkriegsmuseums Historial de la Grande Guerre in Péronne/Somme gefunden. G. B.

III/13 Stacheldrahthalter

Italien 1914–18 · Eisen · 10 x 8 x 232 cm · Museo Storico Italiano della Guerra, Rovereto · Ohne Inv.-Nr.

Die Verdrahtungstrupps führten auch lange Haltestangen aus Eisen mit sich. Dieser Halter wurde im Alpenkrieg verwendet. Seine Form kann auch für die Westfront als typisch gelten. Um möglichst geräuschlos zu arbeiten, trieb man die Spirale unter Einsatz von mit Stoff

III/7 Deutsches Maschinengewehr Modell 08/15

umhüllten Holzhammern in das Erdreich. Die Schlingen am Schaft dienten der Befestigung des Drahtes. Zwischen zwei Haltern wurde der Draht mehrfach hin- und hergespannt, so dass ein regelrechtes Drahtgeflecht entstand. *G. B.*

ungeachtet ist insbesondere die Schlacht bei Passchendaele, die von Mai bis Dezember 1917 dauerte, als ein tödliches Inferno in Regen und Schlamm in die kollektive Erinnerung eingegangen. *G. B.*

III/16

III/14 A-förmige Balkenkonstruktion aus einem britischen Schützengraben

Nähe Boezinge (Westflandern), 1917 · Eichenholz · 138 x 104 x 9 cm · In Flanders Fields Museum, Ieper · Ohne Inv.-Nr.

Bei Bauarbeiten für ein Industriegelände entdeckte man im Jahr 1998 in der belgischen Provinz Westflandern im Ypern-Bogen Überreste aus den drei Flandern-Schlachten des Ersten Weltkrieges. Amateur-Archäologen legten unter anderem ein nahezu intaktes britisches Schützengrabensystem frei, zu dem auch diese Balkenkonstruktion gehört. Die Verwendung vorfabrizierter A-förmiger Stützbalken aus Eichenholz, von denen nur sehr wenige erhalten sind, war typisch für die britischen Gräben von 1917. In Kombination mit Holzbodenplatten sollten sie die Infanteristen davor bewahren, im aufgeweichten Untergrund zu versinken. Dessen

III/15 Ausgrabung von Überresten eines britischen Schützengrabens aus dem Jahr 1917

Fotografie · De Diggers · Nähe Boezinge (Westflandern), 1998 · 30 x 20 cm · De Diggers, Ieper

Dieses Foto entstand 1998 bei der Freilegung eines britischen Schützengrabens aus dem Jahr 1917. Amateur-Archäologen hatten ihn 1992 im Ypern-Bogen in der belgischen Provinz Westflandern entdeckt. Die drei »A-Rahmen«, die hier zu sehen sind, brachte man nach den Ausgrabungen nach Ieper (Ypern) in das Weltkriegsmuseum In Flanders Fields. 2002/03 wurde der so genannte Yorkshire-Graben über eine Strecke von 70 Metern restauriert und wieder aufgebaut. Die im Erdreich noch vorhandenen mehr als siebzig »A-Rahmen« beließ man an Ort und Stelle, um die Stabilität des Grabens nicht zu gefährden. *G. B.*

III/17

III/16 Grabenschild mit Aufschrift »Haig Street«

Westfront 1914–18 · Eisen · 113,5 x 21,3 cm · Imperial War Museum, London · FEQ 110

Im Laufe des Krieges waren die Schützengräben an der Westfront kontinuierlich zu einem hoch komplexen System ausgebaut worden. Die Benennung der Gräben diente der überlebensnotwendigen Orientierung. Wie in einer zivilen Stadt verwendete man dafür häufig allgemein bekannte Personen- oder Ortsnamen, in diesem Fall den Namen des britischen Feldmarschalls Sir Douglas Haig. Das aus Eisen gearbeitete Grabenschild »Haig Street« ist von einem normalen Straßenschild kaum zu unterscheiden. *G. B.*

III/17 Grabenschild mit Aufschrift »Ploegsteertstellung 1. Graben«

Westfront 1914–18 · Holz · 25 x 40 cm · Imperial War Museum, London · ACQ 127/87//FEQ 83

Seit die Deutschen im September 1914 an der Aisne damit begonnen hatten, kilometerlange Gräben für ihre Truppen auszuheben, entwickelten sich diese zu einem labyrinthischen System in Richtung Kanalküste. Um sich im Gewirr der stellenweise bis zu 500 Meter in die Tiefe des Geländes gestaffelten Gräben zu orientieren, waren Grabenschilder und

III/13   III/14

III/18

Grabenkarten unerlässliche Hilfsmittel. Das hier gezeigte Holzschild verweist auf die vorderste Linie deutscher Truppen in der Nähe der westflandrischen Ortschaft Ploegsteert, 16 Kilometer südlich von Ypern gelegen. G. B.

III/18 Feldspaten als Teil der Ausrüstung eines französischen Infanteristen

Frankreich 1914–18 · Stahl, Eisen, Holz · 16 x 53 cm · Deutsches Historisches Museum, Berlin · 1990/1464.7

Wie gut ein Soldat ausgerüstet war, konnte im Stellungskrieg über Leben und Tod entscheiden. Ein Spaten gehörte zu den wichtigsten Arbeitsinstrumenten eines Infanteriesoldaten und konnte verschiedene Funktionen erfüllen. Mit diesem Werkzeug hoben die Soldaten in mühevoller, harter Arbeit die Schützengräben aus. Der Spaten kam auch als Tötungsinstrument zum Einsatz. Im brutalen Zweikampf ersetzte er häufig genug die Keule. Schließlich diente ein Feldspaten auch dazu, provisorische Gräber für gefallene Kameraden auszuheben. Dieser Spaten gehörte zu der aus mehreren Teilen bestehenden Ausrüstung eines französischen Infanteristen. Zusammen mit

anderen Waffen und Utensilien wurde er an einem ledernen Leibriemen getragen. G. B.

III/19 Drahtschere

Deutschland, um 1915 · Metall, Holz · 13 x 5 x 52 cm · Wehrtechnische Studiensammlung der Bundeswehr, Koblenz · 0028309

Gerade zu Beginn des Stellungskrieges war es vor einem Angriff oft notwendig, mit einer Drahtschere die eigenen Drahtverhaue zu durchtrennen. Im weiteren Verlauf des Krieges wurde es für die angreifende Infanterie üblich, so genannte Sturmgassen zu schaffen, in denen die Drahtverhaue beseitigt waren. Die Stacheldrahtbarrieren bildeten Todeszonen von besonderer Grausamkeit. Allzu häufig musste die Schere dazu dienen, Soldaten zu befreien, die sich im Stacheldraht verfangen hatten und dort schmerzhaft und elend krepiert waren oder zu krepieren drohten. G. B.

III/20 Stielhandgranate Modell 18

Deutschland 1918 · Eisen, Holz · 35,5 cm · Deutsches Historisches Museum, Berlin · W 63/16

Zu Beginn des Krieges gehörten die Handgranaten in den europäischen Armeen noch nicht zur Ausrüstung der Soldaten. Der Stellungskrieg sorgte auch hier für einen Wandel, da man auf kurze Entfernung den Gegner nicht allein mit dem Gewehr bekämpfen konnte. In den Gräben und Trichtern erwies sich die Handgranate als geeignete Nahkampfwaffe mit tödlicher Wirkung. In Deutschland wurden die Kugelhandgranaten sehr bald zugunsten der Stielhandgranaten aufgegeben. G. Q.

III/21 Seitengewehr Modell 98/05

Deutschland 1898–1905 · Stahl, Eisen, Holz · 7 x 50 cm · Deutsches Historisches Museum, Berlin · W 59/1767

Ab 1917 gehörte das Seitengewehr M 98/05 mit dem Karabiner 98 zur Standardausrüstung der deutschen Truppe. Die hier ausgestellte Blankwaffe ohne Säge trug der Infanteriesoldat in einer schwarz lackierten Metallscheide an einem Koppelschuh am Uniformgürtel. Bei den Alliierten war insbesondere das von der Fußartillerie und den Pionieren getragene Modell mit Säge als *butcher*

bayonet berüchtigt, weil es im Nahkampf schreckliche Wunden zufügte. Dessen Produktion wurde daraufhin 1917 eingestellt. G. B.

III/22 Grabenkeule mit morgensternförmigem Schlagkopf

Deutschland 1917 · Stahl, Eisen, Holz · 36 x 6 cm · Deutsches Historisches Museum, Berlin · W 77/68

Viele Standardwaffen des Heeres erwiesen sich im Ersten Weltkrieg als untauglich. Für die Handhabung im schmalen, engen Graben waren sie oft zu lang. So machte man nach Beginn des Stellungskrieges aus der Not eine Tugend. Offizierssäbel beispielsweise wurden gekürzt, damit sie den Träger nicht mehr behindern konnten. Bei der Neuentwicklung von kurzen und handlichen Nahkampfwaffen griff man zum Teil auf Waffentypen zurück, deren Gebrauch schon lange unüblich geworden war. Entsprechend archaisch mutet das Arsenal der Grabenwaffen aus heutiger Sicht an. Dazu zählen Grabendolche, Schlagringe und Totschläger in unterschiedlicher Ausführung. Kampfgeräte wie diese Grabenkeule mit Morgenstern

III/22

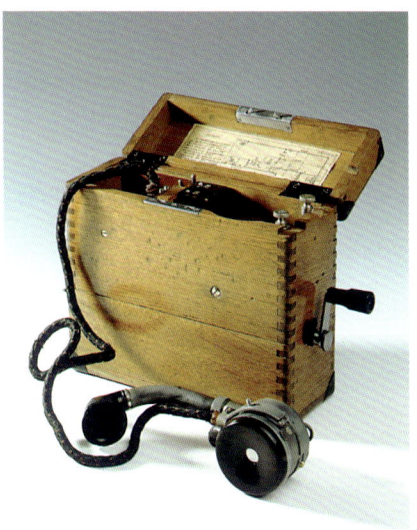

III/24

mengesetzten Verbände und die Waffengattungen, so etwa die Infanterie und die
Artillerie, immer präziser aufeinander
abstimmen. Tragbare Streckenfernsprecher
wie dieses Modell in einem mit Trageriemen versehenen Holzkasten konnten
an Fernmeldeleitungen auf freier Strecke
angeschlossen werden. Im Ersten Weltkrieg fanden sie in der deutschen Armee
Verwendung als Feldfernsprecher. Das
Gerät ist batteriebetrieben. Der Hand-
apparat vereinigt Fernhörer und Mikrofon
in einer einzigen Kapsel. *St. K.*

III/25 Schützengraben-Periskop

*Fa. Hensoldt · Wetzlar 1918 · Eisen, Messing ·
147 x 9 x 4 cm · Deutsches Historisches Museum,
Berlin · W 2002/2*

Wenige Gerätschaften des Krieges stehen
so emblematisch für die Besonderheit des
modernen Stellungskrieges wie das Schüt-
zengraben-Periskop. Es gibt verschiedene
optische Varianten des Periskops, Ausführungen in Holz und Metall, ausziehbare
und zusammenklappbare. Der genaue
Zeitpunkt seiner Erfindung ist nicht
bekannt; sicher ist, dass diese Geräte in
den Kämpfen an der Somme 1916 in
großer Zahl zum Einsatz kamen. Wegen
des flächendeckenden Geschützfeuers
waren die Soldaten gezwungen, sich in
ein immer weiter ausgebautes System von
Schützengräben zurückzuziehen. Dabei
lagen die feindlichen Gräben oft nur ein-
bis zweihundert Meter auseinander. Ein
Blick über den Rand des Schützengrabens
konnte den Tod bedeuten, Scharfschützen
warteten nur auf solche Nachlässigkeiten.
Mit Hilfe der Schützengraben-Periskope
war es möglich, den Feind zu beobachten
und schussbereit zu bleiben, ohne selbst
aus der Deckung hervortreten zu müssen.
G. K.

wurden nicht industriell gefertigt, sondern
vor Ort im Graben oder in der Etappe
individuell hergestellt. *G. B.*

III/23 Schützengrabengewehr Modell 98

*Elektrische Bogenlampen- und Apparatefabrik
GmbH · Nürnberg, um 1915 · Eisen, Stahl · 50 x
10 x 160 cm · Wehrtechnische Studiensammlung
der Bundeswehr, Koblenz · 18689*

Dieses Gewehr für den Kampf im Schützengraben ist eine Adaption des Karabiners
M 98. Die Waffe weist zwei 90-Grad-Win-
kel auf. Der Spiegelkolben mit einer peri-
skopischen Höhe von 30 Zentimetern
wurde während des Stellungskrieges an
der Marne entwickelt, um aus der Deckung
heraus zielen und schießen zu können.
Gegen Ende des Zweiten Weltkrieges
wurde ein ganz ähnliches Gewehr als
»Deckungszielgerät« für das Sturmgewehr
M 44 bzw. den Karabiner M 43 entwickelt. Es kam jedoch nicht mehr zur Einführung dieser Waffe. *G. B.*

III/24 Streckenfernsprecher Modell 15

*Deutschland 1915 · Holz, Metall · 30 x 21 x 10 cm ·
Museum für Kommunikation, Berlin · 3.0.3266*

Das Telefon wurde im Stellungskrieg zum
wichtigsten Kommunikationsmittel. Durch
eine stetig zunehmende Technisierung
der Kriegführung stieg auch der Bedarf
an Kapazitäten zur Nachrichtenübermitt-
lung. Im laufenden Kampfgeschehen
mussten sich die unterschiedlich zusam-

Besatzung

Gemäß der Haager Landkriegsordnung (Art. 42) gilt ein Gebiet als besetzt, »wenn es sich tatsächlich in der Gewalt des feindlichen Heeres befindet«. In der Realität des Ersten Weltkrieges war die Besetzung fremden Territoriums indessen eher durch Improvisation und unmittelbare Herrschaftssicherung geprägt als durch eine organisierte Besatzungsverwaltung.

Ausnahmen bildeten die von den Mittelmächten errichteten Generalgouvernements in Belgien (einschließlich angrenzender nordfranzösischer Gebiete), in Teilen von Kongress-Polen (Regionen um Warschau und Kielce, später auch um Lublin) sowie in Serbien und Montenegro. Als von Front und Etappe abgegrenzte und von zahlreichen zivilen und militärischen Instanzen durchsetzte Verwaltungseinheiten waren sie eigens ernannten Generalgouverneuren unterstellt. Diese wiederum unterstanden je nach Zuordnung dem deutschen Kaiser oder den k. u. k. Armeeoberkommandos. Systematischer noch als die militärische sollte die so etablierte zivile Verwaltung die wirtschaftlichen Ressourcen der besetzten Gebiete für die Kriegführung nutzbar machen.

Einen Sonderfall stellte der zwischen 1915 und 1918 existierende »Militärstaat« des »Oberbefehlshabers der gesamten deutschen Streitkräfte im Osten« (Ober Ost) dar. Er erstreckte sich über das gesamte Baltikum sowie die nördlichen Teile von Russisch-Polen (heute Weißrussland). Die wirtschaftliche Ausbeutung dieser Territorien verband sich mit einer als solche propagierten deutschen »Kulturmission« und einer langfristig konzipierten Germanisierung des europäischen Ostens.

G. Hirschfeld

III/26 Deutsch-französisches Wörterbuch für Soldaten des Ersten Weltkrieges

Buch · Langenscheidtsche Buchdruckerei · Berlin, um 1914 · 17,6 x 7,8 cm · Deutsches Historisches Museum, Berlin · 1990/5210

Dieses Wörterbuch verweist auf einen banalen Umstand: Deutsche Besatzungssoldaten befanden sich in Frankreich in der Fremde. Zur Orientierung und Verständigung trugen sie Hilfsmittel bei sich. Das Büchlein enthält Listen mit Vokabeln von »Schnaps« bis »Schützengraben« und führt französische Ortsnamen aus dem Grenzgebiet auf. Einzelne Graphiken zeigen die Münzen der französischen Währung. Auch die Bezeichnungen für die Bestandteile der Felduniform eines Infanteristen werden Wort für Wort übersetzt. *G. B.*

III/27 Deutsches Theater Lille vor der Eröffnung Weihnacht 1915

Graphik · Otto Josef Olbertz (1881–1953) · Lille, Dezember 1915 · Aquarell · 54 x 70,5 cm · Theaterwissenschaftliche Sammlung der Universität zu Köln, Köln · K 1938 (alt)

Louis-Marie Cordonniers prachtvoller Neubau der Oper in Lille war 1914 vollendet, jedoch noch nicht betriebsbereit. Die deutschen Besatzungstruppen stellten das Gebäude 1915 fertig, denn in der Garnison der 6. Armee unter Kronprinz Rupprecht von Bayern hatte man Bedarf an einem ständigen Theater. Das Aquarell des Bühnenbildners O. J. Olbertz hält eine Szene aus dieser Zeit fest. Als Deutsches Theater Lille eröffnete die Spielstätte am ersten Weihnachtsfeiertag 1915 mit einer vom Deutschen Theater Hannover produzierten Inszenierung von Goethes *Iphigenie auf Tauris*. Der bis auf den letzten Platz besetzte Saal bot einen eigenartigen Anblick: Zu den Gästen zählten ausschließlich Männer. Nach Kriegsende versuchten die Deutschen skurrilerweise, die in den Theaterbau investierte Arbeit bei den Reparationsverhandlungen in Abzug zu bringen. *G. B.*

III/28 Bekanntmachung über das Tragen von Zivilkleidung im Etappengebiet

General-Leutnant und Etappen-Inspekteur von Bockelberg · Frankreich, 7. September 1915 · Papier · 36 x 52 cm · Historial de la Grande Guerre, Péronne · N 127 P 26 A (25132)

Bekanntmachungen wie diese waren ein übliches Mittel, mit dem die deutschen Besatzer ihre Vollzugsgewalt geltend machten. Sie reichte in nahezu alle Bereiche des täglichen Lebens. Vor allem veröffentlichte man auf diese Weise administrative Maßnahmen sowie die Strafen, mit denen Personen zu rechnen hatten, die sich dem Besatzungsrecht nicht unterwarfen. Militärpersonen unterlagen der Militärgerichtsbarkeit, einer Sondergerichtsbarkeit, die zahlreiche Straftatbestände kennt, die im zivilen Strafrecht nicht vorgesehen sind. *G. B.*

III/29 Flugblatt mit der Ankündigung einer Hindenburg-Feier für die deutsche Armee im besetzten Belgien

Beverloo, 2. Oktober 1917 · Papier, gedruckt · 32,8 x 20,8 cm · Deutsches Historisches Museum, Berlin · Do 59/880.6 (MfDG)

Mit der Pflege deutscher Kultur zielte die Besatzungsmacht in Belgien darauf ab, die Stimmung und die Moral der eigenen Truppen stabil zu halten. An Feiertagen fanden daher häufig patriotische Theater- und Konzertaufführungen statt. Das von Hand gestaltete, gedruckte Programm für die Hindenburg-Feier am 2. Oktober 1917 auf dem Truppenübungsplatz Beverloo (Provinz Campine) führt Wortbeiträge, verschiedene Militärmärsche, eine Komposition von Beethoven und ein Theaterstück von Theodor Körner auf. *G. B.*

III/30 Meldekarte von Robert van der Swaelmen

Juli 1915 bis Oktober 1918 · Papier, gedruckt und mit Tinte beschrieben · 17,2 x 14,8 cm · In Flanders Fields Museum, Ieper · Ohne Inv.-Nr.

Der Gärtner Robert van der Swaelmen (1881–1953) wohnte in Gentbrugge, das wie der größte Teil Belgiens während des Ersten Weltkrieges deutsch besetzt war. Die Bewegungsfreiheit der Bürger wurde in der Folge immer stärker eingeschränkt. Ab Januar 1917 mussten sich alle männlichen Einwohner der Jahrgänge 1877 bis 1900 mindestens einmal im Monat bei den Meldeämtern einstellen. Diese von der Etappen-Kommandantur Gent ausgestellte Karte wurde beispielsweise vom 23. November 1917 bis zum 25. Oktober 1918 jeden Monat abgestempelt. *J. D. (Ü)*

Felduniform der Fußtruppen.

le manchon	Helmbezug
la garniture	Helmbesatz
la cravate	Halsbinde
le col (droit)	Kragen
(la capote	Mantel)
le porte-fusil	Lederwulst für Gewehr
la marmite individuelle	Kochgeschir
le sac	Tornister
la manche	Ärmel
le bidon	Feldflasche
la musette	Brotbeutel
le pantalon	Hose
le passepoil	Biese
les bandes molletières	Wickelgamasche
le brodequin	Schnürschuh

Kokarde la cocarde
Helm le casque
Sturmriemen la mentonnière
Helmschirm la visière
Patte m. Regimentsabzeichen l'écusson portant le numéro du régiment
Rockknopf le bouton
Trageriemen les bretelles
Koppel le ceinturon
Patronentasche la cartouchière
Rocktasche la poche
Rangabzeichen le galon
Ärmelpatte la patte
Aufschläge les parements
Feldrock la vareuse

Felduniform der Fußtruppen 47

III/26

Bekanntmachung

Jeder feindliche Soldat, der nach dem 12. September 1915 noch im Etappengebiet ganz oder teilweise in Zivilkleidern, z. B. Zivilanzug mit Uniform-Mantel, aufgegriffen wird, wird mit dem Tode durch Erschiessen bestraft.

den 7. September 1915.

gez. v. Bockelberg.

General-Leutnant
u. Etappen-Inspekteur.

AVIS

Tout soldat ennemi qui serait rencontré sur le territoire de l'Etape après le 12 Septembre 1915, habillé entièrement en civil ou en partie seulement, habit civil et manteau d'uniforme, par exemple, sera puni de la peine de mort.

Le 7 Sept. 1915.

Signé : v. Bockelberg.

Lieutenant-Général,
Inspecteur d'Etape.

— 1084 —

III/28

PROCLAMATION

Le Tribunal du Conseil de Guerre Impérial Allemand siégeant à Bruxelles a prononcé les condamnations suivantes:

Sont condamnés à mort pour trahison en bande organisée:

Edith CAVELL, Institutrice à Bruxelles.

Philippe BANCQ, Architecte à Bruxelles.

Jeanne de BELLEVILLE, de Montignies.

Louise THUILIEZ, Professeur à Lille.

Louis SEVERIN, Pharmacien à Bruxelles.

Albert LIBIEZ, Avocat à Mons.

Pour le même motif, ont été condamnés à quinze ans de travaux forcés:

Hermann CAPIAU, Ingénieur à Wasmes. - Ada BODART, à Bruxelles. - Georges DERVEAU, Pharmacien à Pâturages. - Mary de CROY, à Bellignies.

Dans sa même séance, le Conseil de Guerre a prononcé contre dix-sept autres accusés de trahison envers les Armées Impériales, des condamnations de travaux forcés et de prison variant entre deux ans et huit ans.

En ce qui concerne BANCQ et Edith CAVELL, le jugement a déjà reçu pleine exécution.

Le Général Gouverneur de Bruxelles porte ces faits à la connaissance du public pour qu'ils servent d'avertissement.

Bruxelles le 12 Octobre 1915

Le Gouverneur de la Ville,

Général VON BISSING

III/31 Bekanntmachung über die Hinrichtung Edith Cavells und anderer

Brüssel, 12. Oktober 1915 · Papier, gedruckt · 83,3 x 61 cm · Imperial War Museum, London · IWM:PST 3524

Am 19./20. August 1914 besetzten deutsche Truppen die belgische Hauptstadt Brüssel. Der deutsche Militärgouverneur gab am 12. Oktober 1915 bekannt, dass das Kaiserliche Kriegsgericht eine Gruppe um die aus England stammende Krankenschwester Edith Cavell wegen »Verrat in organisierter Bande« zum Tode verurteilt habe. Über das geheime Netzwerk waren alliierte Soldaten ins neutrale Holland geschleust worden. Obwohl das Urteil im Einklang mit dem Kriegsvölkerrecht stand, löste die Hinrichtung Cavells eine der erfolgreichsten Propagandakampagnen der Entente aus. Der Fall fand international große Beachtung. Zahlreiche Druckschriften, Graphiken und Gemälde sowie ein offizielles Staatsbegräbnis nach Kriegsende etablierten Cavell als Märtyrerin. Gleichzeitig schrieb die Entente-Propaganda damit den Topos von der Brutalität deutscher Kriegführung fort. *G. B.*

III/32 *La libre Belgique. Bulletin de propagande patriotique – Régulièrement irrégulier, ne se soumettant à aucune censure*
[Das freie Belgien. Blatt für patriotische Propaganda – Erscheint regelmäßig regelwidrig, unterwirft sich keiner Zensur]

Zeitschrift · Brüssel, April 1915 · Nr. 12 · 37 x 23 cm · Deutsches Historisches Museum, Berlin · Do 53/380.1 (MfDG)

Im von deutschen Truppen besetzten Belgien erschien am 1. Februar 1915 erstmals die Untergrundzeitschrift *La libre Belgique*. Mit dem Titel grenzten sich die Blattmacher und Geldgeber – die Brüder Victor und Louis Jordain sowie Eugène Van Doren – demonstrativ von der kollaborierenden Zeitung *La Belgique* ab. Spöttisch-sarkastisch spielte die Widerstandszeitschrift immer wieder auf ihre schwierigen Entstehungsbedingungen an. Das Blatt erschien in den folgenden Jahren nahezu wöchentlich. Die Auflage betrug anfänglich 2 000 Stück, spätere Nummern wurden in bis zu 20 000 Exemplaren gedruckt. Am 12. November 1918 riefen die Jordain-Brüder in der Ausgabe 171 ausdrücklich das Ende der Zeitschrift aus, die sie als typisches Kriegsprodukt betrachteten, für deren Zustandekommen einige Mitstreiter sogar ihr Leben gelassen

III/33

hatten. Die Jourdain-Erben setzten sich darüber hinweg, so dass es bis heute eine Zeitschrift *La libre Belgique* gibt. *T. F.*

III/33 Maueranschlag der deutschen Besatzungsmacht in Goldingen (Kuldigā)

Etappen-Kommandant Oberstleutnant Heller · Kurland (Kurzeme), 9. August 1915 · Papier · 34,6 x 24,2 cm · Lettisches Kriegsmuseum, Riga · 15573/2348 - hg

Mit diesem Maueranschlag fahndete die deutsche Besatzungsmacht in Kurland (Kurzeme) im Sommer 1915 nach russischen Spionen. Gesucht wurden zwei russische Studenten sowie ein Lehrer, die sich angeblich zu Spionagezwecken auf der Reise von Riga nach Libau (Liepāja) befanden. Gleichzeitig wurde die Zivilbevölkerung unter Androhung harter Strafen gewarnt, die gesuchten Personen in irgendeiner Weise zu unterstützen. *G. B.*

III/34

III/35

III/34/35

III/34 *Wilnaer Volksküchentypen*

Fotografie · Jan Bulhak (1876–1950) · Organisation Volksküchen der Stadt Wilna Graf Vincent von Zubenski · Wilna 1916 · Foto, aufgeklebt auf Pappe · 11,1 x 15,4 cm (31,2 x 23,5 cm) · Nationalmuseum Litauen, Vilnius · Emik 1904/2

III/35 *Wilnaer Volksküchentypen*

Fotografie · Jan Bulhak (1876–1950) · Organisation Volksküchen der Stadt Wilna Graf Vincent von Zubenski · Wilna 1916 · Foto, aufgeklebt auf Pappe · 11,1 x 16,2 cm (31,3 x 23,5 cm) · National-museum Litauen, Vilnius · Emik 1904/5

Diese zu Propagandazwecken aufgenommenen Fotos zeigen jüdische Einwohner Wilnas in einer Sozialeinrichtung. Die »Volksküche« versorgte die Armen unter der jüdischen Bevölkerung mit koscherem Essen. Die Stadt war seit 1915, also seit der deutschen Besetzung der im Osten eroberten Gebiete, Teil des »Militärstaates« Ober Ost (eine Abkürzung für »Oberbefehlshaber der gesamten deutschen Streitkräfte im Osten«). Dieser umfasste große Teile des heutigen Staatsgebietes von Estland, Lettland, Litauen sowie Teile von Weißrussland. Ziel der Besatzung war es, die Gebiete im Interesse der Armee wirtschaftlich auszubeuten. Sowohl das Land als auch seine multiethnische Bevölkerung blieben den Deutschen fremd. Eine intensiv betriebene »Kulturarbeit« sollte eine mentale Umerziehung herbeiführen. Insbesondere den Ostjuden, die teilweise in Ghettos lebten, begegneten die deutschen Soldaten mit Ressentiments bis hin zu offenem Antisemitismus. *K. B.*

III/36 Deutsches Reich: Postämter in dem Etappengebiet des Oberbefehlshabers Ost, Litauen und Kurland. Auf private Bestellung hergestellte Briefumschläge

Fa. Ferdinand Redwitz · Stuttgart 1916 · Papier · 27,4 x 23,5 cm · Bibliothek für Zeitgeschichte in der Württembergischen Landesbibliothek, Stuttgart · Ohne Inv.-Nr.

Der »Militärstaat« Ober Ost umfasste folgende Bezirke: Russland, Litauen, Swalki, Wilna, Grodno und Bidystok. Der Briefumschlag wurde auf private Bestellung von der Stuttgarter Firma Ferdinand Redwitz hergestellt. Als Dekor wird die Jahresangabe 1916 von einem bänderumwundenen Lorbeerkranz eingefasst. Zu sehen ist auch eine ›eiserne‹ Kriegerfigur, die ein Schild mit der Aufschrift »Deut-

III/36

nischen Bevölkerung die Errichtung eines selbständigen Königreiches Polen an. Vordringliche Aufgabe sei die Aufstellung einer polnischen Armee.

Zu Beginn des Weltkrieges existierte kein souveräner polnischer Staat, da das Land seit 1795 unter Russland, Preußen respektive dem Deutschen Reich und Österreich-Ungarn aufgeteilt war. Deutschland und Österreich-Ungarn errichteten nach ihrem Vormarsch in Russland 1915 in den besetzten Gebieten die Generalgouvernements Warschau und Lublin. Tatsächlich wurde am 5. November 1916 ein Königreich Polen proklamiert und im Januar 1917 ein polnischer Provisorischer Staatsrat mit stark eingeschränkten Befug-

nissen eingesetzt. Der von den Mittelmächten erhoffte Zulauf polnischer Freiwilliger für ihre Armeen – ein wichtiges Motiv für die formale Proklamation – blieb jedoch aus. Sowohl der Kriegsverlauf als auch politische Bedenken in Deutschland und Österreich-Ungarn verhinderten, dass die Verwaltung zügig in polnische Verantwortung überging. Erst nach Ende des Krieges entstand im November 1918 wieder ein unabhängiger polnischer Staat. *T. F.*

sche Post in Litauen und Kurland« hält. Sie erinnert an die ab 1915 vor allem in Österreich-Ungarn und im Deutschen Reich populären Holzfiguren, in die von der Bevölkerung Nägel eingeschlagen wurden. Die damit verbundenen Einnahmen dienten der Unterstützung von Kriegshinterbliebenen. *G. B.*

III/37 Deutsches Reich: Marken für die deutschen Postämter in den besetzten Gebieten in Russisch-Polen

Warschau 1915/16 · Papier, Handstempelaufdruck · 27,4 x 23,5 cm · Bibliothek für Zeitgeschichte in der Württembergischen Landesbibliothek, Stuttgart · Ohne Inv.-Nr.

Im besetzten Polen erschienen 1915 und 1916 Marken der Germania-Serie des Deutschen Reiches. Diese Marken wurden zum einen für den Feldpostverkehr ausgegeben, der in den Besatzungsgebieten – anders als der normale Feldpostverkehr zwischen Front und Heimat – zum Teil gebührenpflichtig war. Die Postwertzeichen kamen zum anderen im regulären Postverkehr der Zivilbevölkerung zum Einsatz. Die Postwertzeichen wurden mit einem Handstempelaufdruck versehen. Es gab zwei Ausgaben mit insgesamt 16 Marken: eine für »Russisch-Polen« sowie eine für die Gegend um Warschau mit dem Handstempelaufdruck »Gen.-Gouv. Warschau«. *G. B.*

III/38 *An die Bewohner der Generalgouvernements Warschau und Lublin!*

Maueranschlag · Warschau 1916 · 62,5 x 45,5 cm · Bibliothek für Zeitgeschichte in der Württembergischen Landesbibliothek, Stuttgart · 2.11/10

Auf einem Wandanschlag kündigen Mitte 1916 die deutschen und österreichisch-ungarischen Generalgouverneure der pol-

An die Bewohner
der Generalgouvernements Warschau und Lublin!

Die Beherrscher der verbündeten Mächte Deutschland und Oesterreich-Ungarn haben Euch ihren Entschluss kundgetan, aus den von der russischen Zwingherrschaft befreiten polnischen Landen ein neues selbständiges Königreich Polen aufzurichten. Euer heissester, mehr als ein Jahrhundert hindurch vergeblich gehegter Wunsch wird dadurch erfüllt.

Der Ernst und die Gefahren dieser schweren Kriegszeit und die Fürsorge für unsere vor dem Feinde stehenden Heere zwingen uns, einstweilen die Verwaltung Eures neuen Staates noch selbst in der Hand zu behalten. **Gern aber wollen wir Euch mit Euerer eigenen Hilfe schon jetzt allmählich die staatlichen Einrichtungen geben, die seine feste Begründung, seinen Ausbau und seine Sicherheit verbürgen sollen.**

Dabei steht Allem voran **ein polnisches Heer.** Noch ist der Kampf mit Russland nicht beendet; es ist Euer Wunsch, daran teilzunehmen. So tretet denn **freiwillig** an unsere Seite, um unsern Sieg über Euern Unterdrücker vollenden zu helfen. Tapfer und mit hoher Auszeichnung haben Euere Brüder von der polnischen Legion neben uns gefochten; tut es ihnen gleich in den neuen Truppenkörpern, die dereinst, mit jener vereinigt, **das polnische Heer** bilden sollen. Es wird Euerm neuen Staat einen festen Halt geben und ihm Sicherheit nach Aussen und Innen gewähren.

Unter den von Euch über Alles geliebten Farben und Fahnen Euerer Heimat sollt Ihr Euer Vaterland schirmen. Wir kennen Euern Mut und Euere glühende Vaterlandsliebe und rufen Euch auf zum Kampf an unserer Seite.

Euere wehrhaften Männer werden sich nach dem Beispiel der tapferen Kämpfer der polnischen Legion sammeln und zunächst in gemeinsamer Arbeit mit dem **deutschen** und dem ihm verbündeten **österreichisch-ungarischen** Heere den Grund legen zu einem **polnischen,** in dem die ruhmvollen Ueberlieferungen Euerer Kriegsgeschichte in der Treue und Tapferkeit Euerer Krieger wieder lebendig werden!

Warschau, 9. November 1916.

Der Generalgouverneur
v. Beseler.

Lublin, 9. November 1916.

Der Generalgouverneur
Kuk.

Die näheren Bestimmungen über den freiwilligen Eintritt in das polnische Heer werden baldigst bekannt gemacht werden.

III/38

III/39 *Hygienevorschriften für das Verrichten der Notdurft*

Zweisprachige Bekanntmachung · Etappen-Kommandantur 5, Garde Reserve, Major Kraehe · Sochaczew, 13. August 1915 · Papier · 20,6 x 32,4 cm · Deutsches Historisches Museum, Berlin · DG 90/624.84b (MfDG)

Die hygienischen Verhältnisse, wie sie die Truppen der Mittelmächte in den okkupierten Gebieten des Ostens vorfanden, entsprachen insbesondere auf dem Land oft nicht den westeuropäischen Standards. Zusätzlich verschärften Flüchtlingsströme und die rasch entstehenden Kriegsgefangenenlager die Infektions- und Seuchengefahr. Um ihr zu begegnen, ergingen zahlreiche Verordnungen der militärischen Besatzungsbehörden. Dazu zählt auch die »Bekanntmachung« der deutschen Etappenkommandantur im polnischen Städtchen Sochaczew bei Warschau. Unter Androhung einer Geld- oder Freiheitsstrafe wird den Einwohnern befohlen, »ihre Notdurft nur in Latrinen« zu verrichten. Der Tonfall derartiger Anordnungen sowie ihre rigide Umsetzung überschritten indes bald die Grenze rein medizinisch-hygienischer Argumentation. Vor allem im Bereich des Oberbefehlshabers der gesamten deutschen Streitkräfte im Osten (Ober Ost) wurde der Anti-Seuchenkampf mit einer deutschen »Kulturmission« verknüpft, in deren Wortwahl sich das Hygiene-Vokabular oft mit rassistischen und antisemitischen Stereotypen verband. *T. F.*

III/40 *Die Ukraine. Land u. Volk*

Plakat · Berlin 1918 · Lithographie · 56,5 x 76,5 cm · Deutsches Historisches Museum, Berlin · P 57/1219 (MfDG)

Am 9. Februar 1918 schlossen Deutschland, Österreich-Ungarn und die Türkei einen Separatfrieden mit der Ukraine und anerkannten sie als unabhängigen Staat. Nach ihrem Sieg über die Bolschewiki, die Kiew am 8. Februar kurzzeitig erobert hatten, besetzten im März und April 1918 deutsche und österreichisch-ungarische Truppen die Ukraine. Deutschland und seine Verbündeten erhofften sich aus dem fruchtbaren Land umfangreiche Getreide- und Rohstofflieferungen, um ihre schwierige Versorgungslage zu verbessern. Die Aussicht auf diese »Schätze« der Ukraine, die hier bereits »in ihren voraussichtlichen Grenzen« umrissen wurde, sollte bei den Mittelmächten nicht zuletzt die Moral von Soldaten und Zivilisten stärken. Zeitweise hatte Deutschland aus wirtschaftlichen Gründen sogar die Annexion der Ukraine erwogen. Im Dezember 1918 zogen die Besatzer ab. *T. F.*

III/41 *Verurteilte*

Graphik · Oskar Laske (1874–1951) · Undatiert (1914–18) · Radierung · Platte: 139 x 158 mm, Blatt: 243 x 340 mm · Heeresgeschichtliches Museum, Wien · BI 29142 · Abb. S. 27

Der in Czernowitz geborene Maler Oskar Laske stand ab August 1914 als Genieoffizier der österreichisch-ungarischen Armee im Felde und leitete Befestigungsarbeiten in Galizien, ab Mai 1915 an der Isonzofront bei Tolmein. Im November 1915 wurde er als Kriegsmaler in die Kunstgruppe des Kriegspressequartiers aufgenommen. Sein erster Auftrag war es, die »Durchbruchsschlacht bei Gorlice« darzustellen, die Erstürmung der Höhe Pustki durch die 12. Infanterie-Truppendivision. Danach wurde er auf dem rumänischen und russischen Kriegsschauplatz, an der Südwestfront, in Kiew und Odessa sowie an der Tiroler Front eingesetzt. Seine Motivwahl beschränkte sich jedoch vorwiegend

III/43

auf reizvolle Landschaftsausschnitte und den ›friedlichen‹ Soldatenalltag. Seine Bilder zeichnen sich durch einen unpathetischen Detailreichtum, ameisenartig kleine Figuren und einen extrem hohen Horizont aus. Diese Stilelemente mögen in Verbindung mit der Kriegsthematik manchmal als paradox erscheinen. Bei Laske setzte sich jedoch auch in dieser Schaffensperiode das Märchenhafte, Skurrile und Phantastische durch. Eines der wenigen Motive, das das Grauen der Kriegsrealität erahnen lässt, ist in der Radierung *Verurteilte* zu finden, die die künstlerische Verarbeitung eines schrecklichen Erlebnisses zum Ausdruck bringt. *I. K.*

LITERATUR Ilse Krumpöck, *Nicht größer als eine Ameise. Oskar Laske und der I. Weltkrieg*, Ausst. Kat. Heeresgeschichtliches Museum Wien 2002

III/42 *Pomogite beschenzam. 18 i 19 awgusta 1915 g* [Helft den Flüchtlingen. 18. und 19. August 1915]

Plakat · Verlag der Handelsgesellschaft A. A. Lewenson · Moskau 1915 · Lithographie · 97,7 x 68,7 cm · Staatliches Wissenschaftliches Forschungsmuseum für Architektur A. W. Schtschussew, Moskau · P III 9289

»Sie haben alles verloren [...], aber den Glauben an Moskau, das Herz Russlands, haben sie behalten.« Das Plakat des Mos-

kauer Slawischen Komitees unter dem Vorsitz von S. G. Reswoi bittet die Moskauer Bevölkerung um Unterstützung für Flüchtlinge. In Russland war ihre Zahl im November 1915 auf etwa 3 Millionen angewachsen, die meisten kamen aus den westlichen Frontgebieten im Baltikum und in Polen. Sie alle strebten nach Moskau. Wie die meisten Aufrufe zur Wohltätigkeit appelliert auch dieses Plakat an die Liebe zur Heimat und zum russischen Volk. *K. B.*

III/43 *Vluchtelingen, aan de kant van de weg* [Flüchtlinge, am Wegesrand]

Graphik · Eugeen van Mieghem (1875–1930) · Braune Kreide auf Papier · 20 x 26 cm · Eugeen van Mieghem Museum, Antwerpen · Ohne Inv.-Nr.

Am 2. August 1914 verlangte das Deutsche Reich von Belgien ultimativ die Genehmigung für den Durchmarsch seiner Truppen. Dies verletzte die belgische Neutralität, die seit 1830 auch von Deutschland als einer der Garantiemächte verbürgt wurde. Nach Ablehnung des Ultimatums marschierte die deutsche Armee am 4. August unter Völkerrechtsbruch in Belgien ein. Der Widerstand war stärker als erwartet. Mit der Aufgabe Antwerpens Anfang Oktober zog sich die belgische Armee an die Yser zurück. Am 7. Oktober

wurden die Ölvorräte im Antwerpener Hafen in Brand gesetzt, um sie nicht in die Hand der Besatzer fallen zu lassen. Große Teile der Bevölkerung verließen die Stadt. Der deutsche Vormarsch war von Übergriffen gegen die Zivilbevölkerung begleitet. Auch dies führte zu einer Flüchtlingsbewegung. Der Künstler van Mieghem, der selbst aus Antwerpen flüchten musste, hielt mehrfach das Elend der nur mit dem Notdürftigsten ausgestatteten Flüchtlinge fest. *R. R.*

III/44 Verzeichnis von Empfängern finanzieller Unterstützung durch das Komitee zur Unterstützung von Flüchtlingen von Cēsis

Cēsis 1916/17 · Papier · 37,5 x 23,4 cm · Historisches Museum Lettland, Riga · VN 1994

Als das heutige Lettland 1915 von deutschen Truppen teilbesetzt wurde, begab sich ein großer Teil der Bevölkerung auf die Flucht. Das 1915 gegründete Flüchtlingskomitee von Cēsis war eine von zahlreichen ähnlichen Organisationen, die während des Ersten Weltkrieges aus der lettischen Gesellschaft heraus entstanden. Die Komitees versorgten die Flüchtlinge mit Nahrungsmitteln und mit Geld und waren gleichzeitig ein Hort des erstarkenden lettischen Nationalbewusstseins. Die aus einer Hand stammenden Unterschriften auf dieser Liste in russischer Sprache legen nahe, dass es sich nicht um ein Original, sondern um eine Abschrift handelt. Vermutlich ist die Abschrift Teil einer umfangreicheren Liste, die aber nicht mehr erhalten ist. Unter der Nummer 25266 ist beispielsweise verzeichnet, dass Jānis Grīnblats für zwei Personen 1 Rubel und 20 Kopeken Unterstützung erhielt. *G. B.*

Schlachtfelder

Genaue geographische Orte und klar abgrenzbare Daten lassen sich für die Schlachten des Ersten Weltkrieges oft nicht nennen. Typisch waren andauernde Kämpfe mit nur geringen Geländegewinnen, die zumeist schon nach dem nächsten Gegenangriff wieder verloren gingen.

Dabei hatte der Krieg noch mit Entscheidungsschlachten begonnen. Zumindest wurden sie in der öffentlichen Meinung so charakterisiert. »Tannenberg« oder »das Wunder an der Marne« gehörten zu diesem Typus. Im weiteren Verlauf aber gewann der Stellungskrieg und mit ihm die Materialschlacht die Oberhand. In ihr trafen die modernen Massenheere mit dem Ziel aufeinander, einen Durchbruch zu erzielen oder doch dem Gegner so schwere Verluste zuzufügen, dass seine Kampfkraft eine womöglich entscheidende Schwächung erfuhr.

Erstmalig wurde – ermöglicht durch die in Schichten arbeitenden Artilleristen – das Angriffsgebiet mit einem tagelangen »Trommelfeuer« belegt. Die Verluste unter den Verteidigern waren immens. Immer tiefer in die Erde eingegraben, blieben sie jedoch oft in der Lage, die folgenden Angriffswellen der Infanterie abzuwehren. Kurz darauf mussten sie selbst, wiederum unter Einsatz des »Trommelfeuers«, zum Angriff antreten. Die Strategie aller kriegsbeteiligten Generalstäbe beharrte auf diesem Primat offensiver Operationen. Diese aber kannten keine Sieger. Die Sinnlosigkeit und Vergeblichkeit der Hekatomben von Toten prägte das Bild des Ersten Weltkrieges.

R. Rother

III/45 Kartuschenhülse des Großen Kreuzers »Seydlitz«

Skagerrakschlacht 1916 · Messing mit schwarzem Farbanstrich · 122 x 40 x 33 cm · Militärhistorisches Museum der Bundeswehr, Dresden · BAAL 7935

Im Zentrum des seestrategischen Konzeptes der Kaiserlichen Marine stand die Seeschlacht gegen die überlegene britische Flotte in der Nordsee. Die Royal Navy verweigerte jedoch die Schlacht, indem sie – gestützt auf ihre Heimatstützpunkte – eine Fernblockade durchführte. Auf diese Weise strategisch entwertet, lag die Hochseeflotte weitgehend untätig in den deutschen Häfen. Die Skagerrakschlacht vom 31. Mai 1916 war die einzige Seeschlacht zwischen der deutschen und der britischen Flotte während des Krieges. Sie war ein strategischer Sieg der Royal Navy, denn trotz taktischer Erfolge gelang es der Kaiserlichen Marine nicht, die englische Fernblockade zu brechen. Damit war das deutsche seestrategische Konzept endgültig gescheitert. Die Hochseeflotte diente bis Kriegsende nur noch als Rückhalt im 1917 beginnenden uneingeschränkten U-Boot-Krieg. *G. P. G.*

III/46 *Zur Erinnerung an meine erste Seeschlacht zwischen Skagerrack und Hornsriff am 31. Mai und 1. Juni 1916*

Tagebuch · Fritz Gruber (1896–1950) · 1916 · 15 x 9,3 cm · Barbara Fülle, Berlin

Fritz Gruber diente als Artilleriemechaniker auf der S.M.S. »Kaiser«. In seinem Tagebuch beschreibt er seine Erlebnisse während der Skagerrakschlacht. Alltägliche Abläufe wie die Einnahme der Mahlzeiten oder das Schreiben eines Briefes vor der Schlacht hält er ebenso fest wie deren Verlauf, den er im Geschützturm 3 des Kriegsschiffes erlebte. Die S.M.S. »Kaiser« war mit zehn Schnellfeuerkanonen vom Kaliber 30,5 cm und 22 weiteren Kanonen kleineren Kalibers bewaffnet. Das moderne, 1911 in Dienst gestellte Schiff versenkte zusammen mit anderen deutschen Schiffen die H.M.S. »Defence«, beschädigte die H.M.S. »Warrior« so stark, dass sie einen Tag später sank, und fügte auch der H.M.S. »Warstrike« schwere Schäden zu. Die »Kaiser« selbst erhielt lediglich zwei Treffer und verlor ein einziges Besatzungsmitglied.

In der Skagerrakschlacht waren die britische Grand Fleet und die deutsche Hochseeflotte aufeinander getroffen. Das Gefecht erstreckte sich über 48 Stunden, dabei verloren mehr als 3 000 deutsche und mehr als 6 000 britische Seeleute ihr Leben. 27 deutsche und 19 britische Kriegsschiffe wurden beschädigt. Die deutsche Flotte versenkte insgesamt drei Schlachtkreuzer, drei Panzerkreuzer und acht Torpedoboote, die britische Flotte einen Schlachtkreuzer, ein älteres Linienschiff, vier kleine Kreuzer und fünf Torpedoboote. In der deutschen Öffentlichkeit wurde die Schlacht als Erfolg angesehen. Die Überlegenheit der britischen Flotte war jedoch nicht verringert worden und die deutsche Marineführung verzichtete im Fortgang des Krieges auf jeden weiteren Versuch, den Gegner zu stellen. *R. R.*

III/47 Mützenband der S.M.S. »Kaiser« von Fritz Gruber

Deutschland 1916 · Schwarze Seide mit Silberstickerei · 3,3 x 140 cm · Barbara Fülle, Berlin

III/48 *Mechaniker-Personal S.M.S. »Kaiser« Kriegsjahr 1915* Fritz Gruber an Frieda Wartenberg

Fotografie, Brief · Deutschland 1915 (undatiert; Kais. Deutsche Marineschiffspost Nr. 59) · Papier, handgeschrieben · 8,9 x 13,3 cm · Barbara Fülle, Berlin

III/49 *Das Luftschiff »Hansa« überfliegt die S.M.S. »Kaiser« und »Hohenzollern«*

Postkarte · Postkartenvertrieb W. Sanke, Nr. 37 · Berlin 1914–18 · 8,5 x 13,6 cm · Barbara Fülle, Berlin

III/50 *Skagerrak! Der Ruhmestag der deutschen Flotte*

Plakat · Leon Lico Amar · Berlin 1916 · Lithographie · 52,5 x 23 cm · Deutsches Historisches Museum, Berlin · P 63/339

Dieses Werbeplakat für ein Buch aus dem Hause Ullstein wirbt mit der dramatisch gegen den nächtlichen Himmel abgehobenen Silhouette eines feuernden Schlachtschiffes. Als Nummer 19 der Ullstein'schen *Kriegsbücher* erschienen, reihte sich die Buchpublikation in die vielen Formen der Siegesfeier ein. Der scheinbare Sieg der deutschen Flotte, die in der Seeschlacht am Skagerrak mehr britische Schiffe versenkte als sie selbst verlor, wurde nach der Rückkehr der Schiffe in die Häfen emphatisch heraus-

gestellt. Wilhelm II. besuchte die Heimkehrer und sprach Admiral Scheer, dem
Kommandierenden der Hochseeflotte,
seinen Dank für den Erfolg aus. Ihr eigentliches strategisches Ziel, die Beweglichkeit
der deutschen Kriegsflotte zurückzugewinnen, hatte die Seeschlacht jedoch nicht
erreicht. Ungeachtet dessen blühte auch
in den Nachkriegsjahren der Mythos von
der gewonnenen Schlacht und Ullstein
brachte 1933 ein Buch gleichen Titels –
»neu bearbeitet und ergänzt von H. O.
Phillipp« – heraus. *R. R.*

III/51

III/51 Graflex Luftbildkamera

*Folmer & Schwing Division, Eastman Kodak Co. ·
Rochester, vor 1917 · Holz, Metall, Glas · 30 x 26
x 43 cm · F. Schröder, Berlin*

Luftbildaufnahmen gewannen im Ersten
Weltkrieg eine große Bedeutung für die
Aufklärung. Diese Schlitzverschlusskamera
der Marke »Graflex« ist für die manuelle
Bedienung durch einen Beobachter ausgerüstet und lieferte »Schrägaufnahmen«
aus dem Flugzeug heraus.
»Vertikalaufnahmen« hingegen erfordern
Kameras, die direkt im oder am Flugzeug-
rumpf angebracht sind und es so ermöglichen, aus größerer Höhe senkrecht nach
unten zu fotografieren. Solche Kameras
wurden erstmals nach Kriegsbeginn entwickelt. Die Graflex ist nicht – wie bei
diesem Modell sonst üblich – mit einem
Balgenauszug ausgestattet, sondern als
starre Version gebaut und damit den
Zwecken der Luftbildfotografie angepasst
worden. Ihre Bilder wurden auf doppelt
bestückte Planfilmkassetten im Format
4 x 5 Inch aufgenommen. Das Objektiv
trägt die Eigentumsmarke der englischen
Armee, die Kamera ist also auf britischer

III/50

Seite zum Einsatz gekommen. Luftbildaufnahmen wurden von eigens ausgebildeten Auswertern gesichtet, deren Aufgabe es war, Rückschlüsse auf die Lage feindlicher Stellungen, auf Artilleriepositionen oder Truppenbewegungen zu ziehen. Die regelmäßige Luftaufklärung gegnerischer Abschnitte diente dazu, sowohl eigene Offensivpläne auf gesicherte Informationen zu stützen, wie auch dazu, Aktivitäten des Gegners frühzeitig zu erkennen. *R. R.*

III/52 *Luftkrieg*

Puzzle · Frankreich 1914–18 · Papier, Holz · 32 x 30 x 1 cm · Historial de la Grande Guerre, Péronne · 28859

Der Luftkrieg spielte nach 1914 erstmals eine bedeutende militärische Rolle. Alle Nationen verstärkten die Zahl ihrer Flugzeuge und entwickelten in rascher Folge technische Verbesserungen. Zum idealisierten Helden wurde insbesondere das »As« – ein Pilot, der gegnerische Flugzeuge im Luftkampf abschoss. Die Popularität dieser »Ritter der Lüfte« beruhte auf der Vorstellung eines Kampfes »Mann gegen Mann«. Das Kinderpuzzle zeigt den Abschuss einer deutschen »Rumpler Taube«. *R. R.*

III/53 *Der Flieger*

Skulptur · Rudolf Belling (1886–1972) · 1917 · Aluminiumguss, patiniert · Höhe mit Plinthe 42,5 cm · Galerie von Finckenstein, Berlin · Ohne Inv.-Nr.

In der Skulptur des Fliegers verschmelzen Charakteristika einer zeitgenössischen Fliegermontur mit dem Motiv eines mittelalterlichen Ritters. Die Verbindung von modernster Technik mit dem Mythos des Kampfes »Mann gegen Mann« verschaffte den Jagdfliegern hohes Ansehen. Der Künstler, der in den Jahren 1915 bis 1918 selbst als Soldat in der Modellabteilung der Fliegertruppe Berlin-Adlershof tätig war, entwarf diese Figur im Auftrag der Fliegerinspektion. In Eisen gegossen wurde sie für besondere Verdienste in der Fliegertruppe verliehen.

Das gezeigte Exemplar ist ein auf der Plinthe hinten links mit »R. Belling 1917« signierter Aluminiumguss. Die Plinthe trägt die Widmungsgravur »Unserm Franz'l zum 200ten Fluge in Freundschaft zugeeignet. Schüler. Petzold. Heyne. Napoleon [Ortsangabe] 11.1.21«. Die Skulptur wurde dem Maler Franz Heckendorf, der schon im Ersten Weltkrieg als Kampfflieger an der Südostfront gedient hatte, von seinen Fliegerkameraden zum genannten Anlass geschenkt. *K. B.*

III/54 *Message Map 7950*

Generalstabskarte · Herausgegeben vom Field Survey Coy (Vermessungskompanie), mit handschriftlichen Erläuterungen von Hauptmann Geoffrey Thomas · 25. Dezember 1917 · Buntstift auf Papier · 33 x 41,7 cm · In Flanders Fields Museum, Ieper · Dauerleihgabe von Geoffrey Thomas, Sen., Simbabwe · Abb. S. 43

Geoffrey Thomas lebte zu Kriegsbeginn im damaligen Rhodesien und schloss sich dem Kriegsfreiwilligenverband Southern Rhodesia Volunteers an. Seine Einheit wurde dem King's Royal Rifle Corps angegliedert und im Jahr 1917 bei der dramatischen dritten Schlacht um Ypern (7. Juni bis 10. November) eingesetzt, die mit dem so genannten Inferno von Passchendaele endete. Am ersten Weihnachtsfeiertag 1917 versah Hauptmann Thomas in der Funktion eines Majors diese kleine Stabskarte mit erläuternden Anmerkungen. Auf der Karte ist die unmittelbare Umgebung des belgischen Passchendaele dargestellt. Die blau schraffierte Fläche unten links, die von »Berlin Wood« über »Hamburg« und »Hillside Farm« bis »Haalen Copse« reicht, zeigt das Gebiet, in dem Giftgas eingesetzt worden war. Die gedruckte rote Strichlinie mit der Beschriftung »approximate British front line«, zu Deutsch: »ungefähre britische Frontlinie«, weist darauf hin, dass die Briten das von deutschen Truppen besetzte Dorf tatsächlich erobert hatten – wenn auch unter großen Verlusten: Insgesamt gab es etwa 600 000 Opfer. Das Dorf Passchendaele wurde völlig zerstört. *J. D. (Ü)*

III/52

III/55

III/55 Sonnenuhr

*19. Jahrhundert · Metall, bemalt · 100 x 150 cm ·
Stedelijk Museum, Ieper · SM 3106*

Diese beschädigte Sonnenuhr stammt aus
den »Lakenhallen«, den Tuchhallen in
Ypern. Hierbei handelte es sich um das
größte weltliche Bauwerk des westeuropäischen Mittelalters. Am 22. November
1914 wurde der historische Gebäude-
komplex von deutschen Brandbomben
getroffen und ging in Flammen auf. Die
Sonnenuhr war zwischen dem Ostflügel
und dem benachbarten Nieuwerck angebracht und konnte aus dem Schutt gerettet werden. Ab 1915 war sie im Petit
Palais in Paris untergebracht, wo sie in
einer Ausstellung Beachtung fand, die
den an der belgischen Front geretteten
Kunstschätzen gewidmet war. *J. D. (Ü)*

Die Urne ist nach dem Vorbild der an
der *voie sacrée*, der 1916 für den Verlauf
der Schlacht so entscheidenden Straße
zwischen Bar-le-Duc und Verdun, aufgestellten Kilometersteine geformt. Über
diese Straße musste der Nachschub für
das seit dem Februar mit Eisenbahnen
nicht mehr erreichbare Verdun transportiert werden. Ein endloser Zug von LKWs,
beladen mit Munition und Soldaten, brachte den benötigten Ersatz. Die später aufgestellten Kilometersteine tragen die Jahreszahlen »1914« und »1918« sowie die
Inschrift »Verdun«. Ein französischer Helm
Modell »Adrian« krönt den Stein. Urnen
in dieser Form, gefüllt mit Erde von diversen Schlachtfeldern, wurden zur Unterstützung der Kriegsversehrten verkauft.
Die gezeigte Urne erinnert an die Schlachten am Kemmelberg bei Ypern. *R. R.*

III/56 Urne, gefüllt mit der Erde eines Schlachtfeldes

*Union des Cassés de la Face et de la Tête »Les
Gueules Cassées« Frankreich 1929 · Terrakotta ·
13,5 x 6 x 3,5 cm · Deutsches Historisches Museum,
Berlin · AK 2001/396.1-2*

III/57 Kanadische 10-$-Note

*Bank of Canada/Banque du Canada · Ottawa
2001 · Papier · 15,2 x 7 cm · Privatbesitz*

Als erste Note der neuen, besonders fäl-
schungssicheren Serie wurde von der

Bank of Canada/Banque du Canada 2001
der Zehndollarschein in Umlauf gebracht.
Seine Rückseite ist programmatisch den
Themen ›Gedenken‹ und ›friedenserhalten-
de Missionen‹ gewidmet. Im Mittelpunkt

III/56

der Komposition ist ein Soldat zu sehen, der an einem internationalen Einsatz zur Friedenssicherung teilnimmt. Die rechte Hälfte der Banknote zeigt eine Szene von den Zeremonien des 11. Novembers, des »Rememberance Day«, die von einer Gruppe, bestehend aus einem Veteranen, einer jungen Frau und einem Jungen, beobachtet wird: Vor einem Monument der Erinnerung an den Ersten Weltkrieg stehen je ein Angehöriger der Armee und der Marine Ehrenwache. Die linke Hälfte zeigt das Friedenssymbol aufsteigender weißer Tauben, einen Kranz aus Klatschmohnblüten und die erste Strophe von John McCraes Gedicht *In Flanders Fields* – sowohl in der Originalfassung wie in der französischen Übersetzung von Jean Pariseau. Die ungewöhnliche Dichte der Symbole, die Verschränkung von Vergangenheit und Gegenwart, belegt die eminent politische Bedeutung, die der Erinnerung an den Ersten Weltkrieg heute in Kanada beigemessen wird. *R. R.*

III/58 Flaschenpost aus dem Ersten Weltkrieg

117. Hessisches Infanterie-Regiment · Chaulnes (Somme) 1915 · Glas, Kork, Papier · Flasche: Länge 27,3 cm, Durchmesser 9,3 cm · Historial de la Grande Guerre, Péronne · 32154

1990 wurde bei Arbeiten zur geplanten Verlegung des alliierten Kriegerdenkmals in Chaulnes eine Flaschenpost entdeckt, die dort 1915 deponiert worden war. Damals errichtete das 117. Hessische Infanterie-Regiment, das bis zu diesem Ort

vorgedrungen war, zum Gedenken an die gefallenen Kameraden einen Friedhof und ein Monument. In dessen Fundament befand sich die Flaschenpost. *R. R.*

III/59 British take 2,000 Yards of Trenches
[Briten nehmen 2 000 Yard ein]

Plakat zur Extraausgabe der »Evening News« · London, 5. August 1916 · Lithographie · 76,4 x 51,2 cm · Imperial War Museum, London · PST 6317

Die als Somme-Schlacht bekannt gewordene Offensive der Alliierten war eine gemeinsame Aktion der französischen und der britischen Armee. Nach siebentägiger Artillerievorbereitung traten am 1. Juli 1916 19 britische und drei französische Divisionen auf einem Frontabschnitt von ca. 20 Kilometern zum Angriff an. Die französischen Kräfte griffen südlich der Somme an, die britischen nördlich. Wegen der Schlacht um Verdun, die noch immer die Kräfte band, konnten von französischer Seite nicht mehr Truppen eingesetzt werden.
Die deutschen Einheiten, die zum Teil schon seit langem in den entsprechend gut ausgebauten Stellungen lagen, blieben trotz des auf sie hereinbrechenden Trommelfeuers verteidigungsfähig. Am ersten Tage erlitten die britischen Truppen Verluste von 60 000 Mann, darunter ca. 20 000 Tote. In den folgenden Wochen wurden die Angriffe unvermindert fortgesetzt, mit nur geringen Geländegewinnen. Das Plakat, mit dem die Extraaus-

III/59

gabe der *Evening News* angekündigt wurde, zeugt davon.
Mitte September setzten die Briten an der Somme erstmals im Ersten Weltkrieg eine neue Waffe ein: 36 geländegängige Panzerkraftwagen, so genannte Tanks. Mit ihnen erzielten sie Vorstöße von einigen Kilometern. Weitere Geländegewinne konnten wegen des Ausfalls der meisten Panzer nicht gemacht werden. Als die Offensivbemühungen am 19. November offiziell abgebrochen wurden, hatten die angreifenden Truppen einen maximalen Geländegewinn von wenig mehr als zehn Kilometern zu verzeichnen. *R. R.*

III/60–III/61

III/60 Die andere Seite

Buch · Robert Cedric Sherriff (1896–1975) · Drei Masken Verlag · Berlin 1929 · 19,1 x 11,8 cm · Privatbesitz

III/61 Die andere Seite

Filmprogramm aus dem »Illustrierten Film-Kurier« Nr. 1658 · Heinz Paul (1893–1983) · August Scherl Verlag · Berlin 1931 · Papier · Deutsches Historisches Museum, Berlin · Do 64/57.129 (MfdG)

Im Jahr 1928 wurde die Premiere des Theaterstücks *Journey's End* im Londoner Apollo Theatre zu einem sensationellen Erfolg. Die Aufführung kam auf

III/58

Empfehlung von George Bernard Shaw zustande, in der Hauptrolle trat Laurence Olivier auf. Der bis dahin weitgehend unbekannte Autor war R. C. Sherriff, der selbst als Offizier am Ersten Weltkrieg teilgenommen hatte und schwer verwundet wurde. Sein kriegskritisches Stück spielt in den englischen Stellungen bei St. Quentin in den Tagen unmittelbar vor der deutschen Frühjahrsoffensive 1918 (»Unternehmen Michael«). Sherriff richtete das Augenmerk auf die psychischen Auswirkungen, die die Schlachten an der Westfront auf die Soldaten und Offiziere hatten. Nach der Londoner Uraufführung wurde das Stück in fünf anderen europäischen Ländern sowie in New York gespielt. Die Buchausgabe erfuhr Übersetzungen in neunzehn Sprachen. Für eine ganze britische Generation war Sheriffs Werk das Theaterstück, in dem die Erfahrung des Ersten Weltkrieges einen gültigen Ausdruck fand. Eine erste Verfilmung in britisch-amerikanischer Koproduktion (Regie: James Whale) entstand 1930. Auch in Deutschland war das Interesse an dem Stück groß, eine Übersetzung erschien bereits 1929. Wenig später griff der deutsche Film das Thema auf; die kleine Produktionsfirma Candofilm brachte ihre Version mit Conrad Veidt in der Hauptrolle 1931 in die Kinos.

Die am 21. März 1918 beginnende letzte deutsche Offensive an der Westfront sollte die militärische Entscheidung erzwingen, bevor große Truppenkontingente aus den USA wirkungsvoll in die Kämpfe eingreifen konnten. Im Gebiet der Somme wurde der Angriff aus der »Siegfried-Stellung« heraus geführt, erneut wurde die Region zum Schauplatz schwerster Kämpfe. Die anfänglichen Erfolge der deutschen Armee brachten die Alliierten an den Rand der Niederlage. Aber hartnäckiger Widerstand verhinderte den entscheidenden Durchbruch. Der deutsche Angriff brach zusammen, als keine ausreichende Verstärkung herangeführt werden konnte. *R. R.*

III/62 Statue aus einer zerstörten Kirche

Bei Verdun, ohne Datierung · Holz · 88 x 38 cm · Ossuaire de Douaumont, Douaumont · Ohne Inv.-Nr.

Wen diese Holzstatue darstellt und in welcher Kirche sie einmal stand, bevor sie infolge des Krieges zerstört wurde, ist nicht bekannt – wohl aber, dass sie aus einer der Ortschaften um Verdun stammt. Die Statue gelangte vermutlich noch in den zwanziger Jahren in die Sammlung

des Beinhauses von Douaumont, die in den Jahren ab 1920 zunächst in einem provisorischen Holzbau untergebracht war. In seiner jetzigen Gestalt wurde das Ossuaire zwischen 1920 und 1932 von den Architekten Léon Azéma, Max Edrei und Jacques Hardy entworfen und erbaut. Es bewahrt die sterblichen Überreste von ca. 130 000 unbekannten Soldaten auf. Die monatelange Schlacht um Verdun wurde auf einem vergleichsweise kleinen Raum ausgefochten. Offensiven und Gegenoffensiven zielten auf die immer gleichen strategischen Punkte. Die fast unvorstellbare Menge von geschätzten 26 Millionen Artilleriegranaten, die während der Schlacht auf eine Fläche von nur wenigen Quadratkilometern niedergingen, vernichtete die Dörfer der Umgebung vollständig. Heute erinnern Gedenkkapellen an die neun zerstörten und nie wieder aufgebauten Dörfer, die *villages détruites*: Beaumont, Bezonvaux, Cumières, Douaumont, Fleury, Haumont-les-Samogneux, Louvemont, Ornes, Vaux-devant-Damloup. *R. R.*

III/63 *Verdun, die Weltblutpumpe 1916*

Medaille · Walther Eberbach (1866–1944) · Heilbronn 1916 · Eisen, gegossen · Durchmesser: 6,8 cm · Staatliche Museen zu Berlin – Münzkabinett, Berlin · Ohne Inv.-Nr.

Walther Eberbach, Metallbildhauer und Gymnasialprofessor in Heilbronn, schuf für das Editionsprogramm der Freunde der deutschen Schaumünze 1916 eine Reihe von Spottmedaillen auf die Kriegsgegner Deutschlands. Das Kernstück bildete dabei ein *Totentanz* auf elf Medaillen. Der personifizierte Tod versenkt Schiffe, würgt Gegner, bombardiert Industriestädte, schleudert Handgranaten. Die letzte Medaille aus Eberbachs patriotisch verzerrtem Totentanzzyklus thematisiert den Stellungskrieg 1916 vor Verdun. Der Tod pumpt dem französischen Volk und seinen Verbündeten das Blut aus: Mit der Inschrift »Dem General Pétain und seinen Hilfsvölkern aus aller Welt« auf der Rückseite der Medaille wird die Schuld hierfür dem französischen General Henri Philipp Pétain angelastet. Gewissermaßen unfreiwillig kann Eberbachs Medaille als ein eindrucksvoll traumatisches Bild für die Sinnlosigkeit des Krieges aufgefasst werden. *M. K.*

III/64–III/65

III/64 Aus einer französischen Wochenschau über ein Veteranentreffen in Verdun im Jahr 1936

Filmausschnitt · Éclair-Journal 1936/29. Pour la Paix du Monde: Cérémonie Verdun (ancien combattant) · Produktion: Éclair-Journal, Paris · Frankreich 1936 · 35-mm-Tonfilm (als Videoeinspielung gezeigt) · Länge: 1 Min. 3 Sek. · Cinémathèque Gaumont, Neuilly-sur-Seine · 3629EJ26059

III/65 Deutsch-französische Gedenkfeiern in Verdun, 22. September 1984

Filmausschnitt · Deutschland 1984 · 1-Zoll-MAZ (als Videoeinspielung gezeigt) · Länge: 2 Min. 42 Sek., Ausschnitt: ca. 17 Sek. · Tagesschau-Archiv, Hamburg · 0220984

Zwanzig Jahre nach der Schlacht von Verdun fand am 11. April 1936 auf dem ehemaligen Kriegsschauplatz eine Gedenkfeier in Anwesenheit von rund 20 000 Überlebenden aus Frankreich, Deutschland, Großbritannien, den USA und anderen Staaten statt. In einem nächtlichen Fackelzug begaben sich die Kriegsveteranen zum Ossuaire, dem Beinhaus in Douaumont bei Verdun, wo sie gemeinsam den Friedensschwur »Pour la paix du monde« sprachen. Am folgenden Tag nahm eine offizielle Abordnung deutscher Kriegsveteranen an der feierlichen Kranzniederlegung auf dem Place de la Nation in Verdun teil, mit welcher der Gefallenen gedacht wurde. Dabei traten sie in Zivil, jedoch mit Hakenkreuzfahne und Hitler-Gruß auf.

Schon während des Ersten Weltkrieges war »Verdun« zum Inbegriff für das Massensterben in den Materialschlachten geworden. Von Februar bis Dezember 1916 starben während der Kämpfe um Verdun nach groben Schätzungen 315 000 französische und 285 000 deutsche Soldaten. Nach Kriegsende wurde auf dem Gelände um das Fort Douaumont ein riesiger Soldatenfriedhof angelegt und ein Beinhaus für die sterblichen Überreste von 130 000 gefallenen Franzosen und Deutschen errichtet.

Am 22. September 1984, 68 Jahre nach dem Ende der Schlacht, trafen sich der französische Staatspräsident François Mitterand und Bundeskanzler Helmut Kohl in Verdun zu einer gemeinsamen Gedenkfeier. Höhepunkt war eine Zeremonie am Beinhaus von Douaumont. Mitterand und Kohl standen hinter einem mit der französischen und der deutschen Fahne bedeckten Katafalk. Während die *Marseillaise* ertönte, reichten sich die

beiden Staatsmänner die Hand und verharrten einige Minuten in dieser Versöhnungsgeste. Kohl und Mitterand wollten ihr gemeinsames Gedenken in Verdun als Zeichen für die endgültige Aussöhnung zwischen Franzosen und Deutschen verstanden wissen.

Während die Reaktionen in der Bundesrepublik Deutschland überwiegend positiv ausfielen, gab es in Frankreich auch kritische Stimmen. So fragte die konservative Tageszeitung *Le Figaro*, »ob es wirklich nötig war, einmal mehr auf die Opfer des deutsch-französischen Krieges einzugehen«, da doch die Aussöhnung zwischen beiden Völkern schon seit zwanzig Jahren vollzogen sei. *Le Figaro* vermutete, dass die gemeinsame Gedenkfeier in Verdun Helmut Kohls Irritation darüber beschwichtigen sollte, dass er zu den Feierlichkeiten aus Anlass des 40. Jahrestages der alliierten Landung in der Normandie am 6. Juni 1944 nicht eingeladen worden war. *T. F.*

III/66 Eispickel, Schneeschuhe und Seil

Österreich-Ungarn 1915–18 · Holz, Jute, Metall · Eispickel: 101 x 29,5 cm · Schneeschuhe: 45 x 20 cm · Seil (Nachfertigung): 10 m · Heeresgeschichtliches Museum, Wien · NI 103.693; 2004/04/1

Als am 23. Mai 1915 das Königreich Italien Österreich-Ungarn den Krieg erklärte, eröffnete sich in den Gebirgsregionen eine völlig neue Front, die an die Soldaten beider Seiten extrem hohe Anforderungen stellte. Während Italien bereits über gut ausgebildete Alpineinheiten verfügte, war man auf österreichischer Seite erst nach und nach in der Lage, speziell ausgerüstete Gebirgstruppen an die Südwestfront zu verlegen. In dem stark zerklüfteten, schwer zugänglichen Gelände kam es zu äußerst hartnäckigen Kämpfen um einzelne Berggipfel und Felsennester, wobei gerade in

den Wintermonaten den Soldaten schier Unmögliches abverlangt wurde. In dieser Zeit war es der »weiße Tod«, der an der Front aus Fels, Eis und Schnee die meisten Opfer forderte. *C. H.*

III/67 Am Isonzo

Buch · Alice Schalek (1874–1956) · Seidel Verlag · Wien 1916 · 14,4 x 10,5 cm · Staatsbibliothek zu Berlin – Preußischer Kulturbesitz, Berlin · Krieg 1914/13542

Alice Schalek war vor Kriegsbeginn eine bekannte Reiseschriftstellerin. Sie beschrieb in populären Büchern unter anderem ihre Reisen nach Japan, China und Indien. Nach Kriegsbeginn berichtete sie für die Wiener *Neue Freie Presse* von den Kämpfen in den Alpen. Sie präsentierte ihre Erlebnisse auch in Vorträgen in der Wiener Urania. Ein erstes Buch mit ihren Kriegsdarstellungen erschien 1915 unter dem Titel *Tirol in Waffen*. Mit ihren patriotischen Kriegsfeuilletons wurde Schalek zur Zielscheibe der satirischen Glossen von Karl Kraus. Er bewahrte ihrem nationalistischen Überschwang auch mit einigen Szenen in seinem Drama *Die letzten Tage der Menschheit* ein unrühmliches Angedenken. *R. R.*

III/68 Berge in Flammen

Filmausschnitt · Buch, Regie: Karl Hartl (1899–1977), Luis Trenker (1892–1990) · Produktion: Marcel Vandal & Charles Delac Tonfilmproduktion · Deutschland/Frankreich 1931 · 35-mm-Tonfilm (als Videoeinspielung gezeigt) · Länge: 98 Min., Ausschnitt: ca. 3 Min. · Movieman Productions, München · Ohne Inv.-Nr.

Ende der zwanziger Jahre entstanden in Deutschland eine Reihe von Filmen über den Ersten Weltkrieg, die im Vergleich zu den wenigen früheren Versuchen deutlich ambitionierter ausfielen. Wie im Falle der Literatur kann von einer Konjunktur der Kriegsfilme gesprochen werden. *Berge in Flammen*, von Karl Hartl begonnen und nach dessen Unfall von dem Hauptdarsteller Luis Trenker als Regisseur fortgesetzt, gehört zu den Filmen, in denen der Krieg als eine unvermeidliche Prüfung aufgefasst wird. Dennoch kann man den Film nicht als ein ausschließlich nationalistisches Werk bezeichnen. Sein Thema ist auch die Freundschaft eines italienischen und eines österreichischen Bergsteigers, die sich im Krieg als Gegner gegenüberstehen, nach seinem Ende aber wieder

gemeinsame Touren unternehmen. Der Alpenkrieg mit seinen besonders harten Bedingungen lässt sich als Kampf um bloße Felsen begreifen. Ein strategischer Wert kam dem Kampfgebiet kaum zu, die Härte der Kämpfe minderte dies nicht, wie der Film in eindrücklichen Montagen zeigt. Seinen Höhepunkt bildet die von italienischen Bersaglieri vorbereitete Sprengung eines Gipfels, der von österreichischen Truppen behauptet wird. Solche Sprengungen, mit denen nicht einnehmbare und beherrschende Stellungen des Gegners vernichtet werden sollten, wurden im Alpenkrieg mehrfach vorgenommen. *R. R.*

III/69 Der türkische Thronfolger auf einer Inspektionsreise auf Gallipoli

Fotografie · Paul Hoffmann & Co. · Berlin 1915 · Barytpapier · 23 x 27,5 cm · Deutsches Historisches Museum, Berlin · Do 75/289 I (1253) (MfDG)

Fotografien, die zur Auslage in Geschäften bestimmt waren, gehörten zu den gängigen Propagandamitteln nicht nur im Deutschen Reich. Bis zur Gründung des Bild- und Filmamtes (BUFA) im Januar 1917 waren vor allem private Fotoagenturen in diesem Bereich tätig. Die Fotos unterlagen der Zensur. Typische Motive waren das Alltagsleben der Soldaten, Szenen aus der Etappe, in der Regel gestellte Fotos von der Front oder auch, wie hier, Aufnahmen von den Verbündeten. Das Motiv zeigt den türkischen Thronfolger Prinz Jussuf Effendi im Kreise seiner Offiziere. Der Misserfolg der alliierten Landungsoperation auf Gallipoli und der erfolgreiche Widerstand des Armee des Osmanischen Reiches waren für die Propagandaanstrengungen der Mittelmächte ein willkommenes Thema. Die Bildlegende vor allem vermittelt dabei die Botschaft: Wenn der türkische Thronfolger eine Inspektionsreise auf Gallipoli unternehmen kann, dann dürfte die Situation auf dem Kriegsschauplatz unter Kontrolle sein. *R. R.*

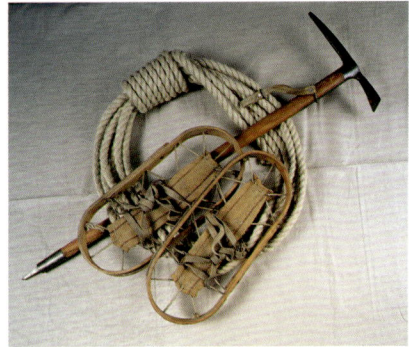

III/66

ВОЙНА РОССІИ СЪ ГЕРМАНІЕЙ И АВСТРІЕЙ. – ВЗЯТІЕ ПЕРЕМЫШЛЯ.

III/74

III/70 *Mondsüchtige auf Gallipoli*

Medaille · Karl Goetz (1875–1950) · München 1916 · Bronze, gegossen · Durchmesser 5,7 cm · Deutsches Historisches Museum, Berlin · N 78/63 (MfDG)

Schlafwandelnd marschieren ein Brite, sein Schiff unter dem Arm, und ein Franzose, das Gewehr im Anschlag, auf der Mondsichel voran; doch die Wirklichkeit holt sie schon bald aus dem Traum zurück. Skelettiert liegen beide auf dem Schlachtfeld von Gallipoli. Als Karl Goetz diese satirische Medaille im Januar 1916 zum Preis von 12 Mark in den Vertrieb brachte, war die Dardanellenoperation der Entente gescheitert. Begonnen hatte sie, als See- und Landstreitkräfte der Alliierten vom Februar 1915 an versuchten, die Kontrolle über die strategisch bedeutsame Meerenge zwischen Mittelmeer und Schwarzem Meer zu erringen, um den territorialen Interessen des von Deutschland unterstützten Osmanischen Reiches im Kaukasus und in Ägypten entgegenzutreten. Nachdem im März 1915 eine erste britische Marineoperation gescheitert war, landeten Infanterieeinheiten im April des Jahres auf

Gallipoli. Die türkische Armee leistete erbitterten Widerstand. In den folgenden Monaten kam es zu einem für beide Seiten verlustreichen Stellungskrieg. Von den mehr als 800 000 auf Gallipoli kämpfenden Soldaten fanden 97 000 den Tod, 392 600 wurden verwundet. Im Dezember 1915 brach die britische Führung die Dardanellenoperation ab und evakuierte bis in den Januar 1916 hinein rund 120 000 britische, neuseeländische, australische und französische Infanteristen. *M. K.*

III/71–III/72

III/71 *Gallipoli – Salonika St. Barnabas*

Buch · London 1926 · 20,5 x 28 cm · Imperial War Museum, London · Misc 81, Box 53

III/72 *Passagierliste St. Barnabas*

Broschüre · London 1926 · 20,4 x 12,2 cm · Imperial War Museum, London · Misc 81, Box 53

Die erste Reise britischer Veteranen und Hinterbliebener zu den ehemaligen Schlachtfeldern auf Gallipoli konnte im Jahr 1926 organisiert werden. In der unmittelbaren Nachkriegszeit waren derartige Reisen nicht möglich. Die Politik der Alliierten, die auf eine Zerstückelung des türkischen Staatsgebietes zielte, die Besetzung von Teilen des Landes durch fremde Truppen und der Unabhängigkeitskrieg verhinderten derartige Unternehmungen. Nachdem die Türkei im Unabhängigkeitskrieg gesiegt, sich die türkische Republik etabliert hatte und die zwangsweise Aussiedlung der türkischen und griechischen Ethnien aus dem jeweils anderen Staat vollzogen war, begann sich die neue Türkei unter Mustafa Kemal (später: Atatürk) zu konsolidieren. Das würdige Gedenken der ehemaligen Kriegsgegner zu ermöglichen, war Bestandteil seiner Politik. Der ersten Reise von Veteranen nach Gallipoli sollten zahlreiche weitere folgen. Die Halbinsel ist bis heute ein beliebtes Ziel für britische, neuseeländische und australische Touristen, die dort vor allem die ehemaligen Schlachtfelder, die Monumente, Friedhöfe und Museen des Ersten Weltkrieges aufsuchen. *R. R.*

III/73 Festungskommandobefehl Nr. 281

*General Hermann Kusmanek von Burgneustädten ·
Przemyśl, 6. November 1914 · Papier, gedruckt ·
34 x 21,5 cm · Staatliches Museum für die politische
Geschichte Russlands, St. Petersburg · 9959*

Przemyśl, oberhalb des Flusses San gelegen, war die österreichisch-ungarische
Hauptfestung in Galizien. Vor 1914 war
sie nur ungenügend modernisiert worden, wurde aber im September für die im
Osten und Norden geschlagene k. u. k.
Armee zum Rückzugsort. Nach dem
Scheitern einer ersten russischen Belagerung im Herbst 1914 verblieb eine Garnison von ca. 130 000 Mann in der
Festung – mit dem Auftrag, sie zu halten.
Seit Ende Oktober 1914 war die Garnison
auf sich allein gestellt und sah dem russischen Angriff entgegen. Die Einkreisung
konnte nicht verhindert werden, die russischen Truppen drangen schließlich so
weit nach Westen vor, dass Przemyśl
100 Kilometer vor den österreichischen Linien lag. Der Versuch, die Festung zu entsetzen, war entsprechend schwierig. In
schweren, verlustreichen Winterkämpfen
in den Karpaten wurden die österreichischen Truppen, die die bedeutendste
Festung der k. u. k. Monarchie erreichen
sollten, aufgerieben. Im März 1915 unternahmen die von Epidemien und Hunger
gezeichneten Festungstruppen einen letzten Ausfallversuch. Nach seinem Scheitern kapitulierten sie am 22. März. Etwa
120 000 Mann gingen in russische Kriegsgefangenschaft. Przemyśl, das zu einem

für die Propaganda beider Seiten besonders
wichtigen Ort geworden war, konnte im
Zuge der für die Mittelmächte erfolgreichen Durchbruchsschlacht von Gorlice-
Tarnów am 4. Juni 1915 zurückerobert
werden. *R. R.*

III/74 Woina Rossii s Germanijei i Awstrijei. Wsjatije Peremyschlja [Der Krieg Russlands mit Deutschland und Österreichs. Die Einnahme Przemyśls]

*Bilderbogen · I. T. Gubanow · Kiew 1915 · Litho-
graphie · 28,5 x 45,5 cm · Staatliches Museum für
die politische Geschichte Russlands, St. Petersburg ·
F V-11849 Kn. Pr. 1998 · Abb. S. 133*

Der Bilderbogen berichtet von der Einnahme der Festung Przemyśl durch russische Truppen und nennt die Anzahl der
Gefangenen, darunter neun Generäle. Im
Vordergrund sind in naiver Manier die
Kämpfe um die Festung dargestellt. Die
Festung selbst, die teilweise in Flammen
steht und von Artillerie beschossen wird,
füllt den Bildhintergrund. *R. R.*

III/75 Den Helden von Przemyśl

*Kriegsbilderbogen · Münchener Künstler, Mappe 3 ·
Erich Thum (Pseudonym für Elfriede Lauckner-
Thum, 1886–1952) · München 1915 · Litho-
graphie · 43,8 x 34,9 cm · Deutsches Historisches
Museum, Berlin · Gr 93/79.33*

Die strategisch wichtige Rückeroberung
der Festung Przemyśl wird in diesem
Blatt durchaus nicht enthusiastisch gefeiert. Die zentrale Figur ist ein Mann,
der ein weißes Tuch umfasst hält, ja sich
daran anzulehnen scheint. Das Tuch, das
in der Bildaufteilung gleichsam endlos
zu sein scheint und sich sowohl in den
Erdboden wie in den Himmel hinein
erstreckt, bedeckt auch einige der Toten.
Sowohl das vergossene Blut wie auch die
brennende, ebenfalls in Rottönen dargestellte Stadt vermitteln eher Schrecken
und Angst als Triumph. Der Titel – *Den
Helden von Przemyśl* – gewinnt angesichts
der Dominanz des Todes und des völligen
Fehlens heroischer Elemente eine sarkas-
tische Bedeutung. *R. R.*

III/76 Vorwärts. Zentralorgan der sozial-demokratischen Partei Deutschlands

*Zeitung · Berlin, 31. August 1914 · 47 x 31 cm ·
Deutsches Historisches Museum, Berlin · Do 74/1341
(MfDG)*

Die deutsche Sozialdemokratie hatte mit
der Bewilligung der Kriegskredite einen
polititischen Weg eingeschlagen, der
ihren internationalistischen und pazifistischen Verlautbarungen aus der Vorkriegszeit widersprach. Die Überzeugung, einen
Verteidigungskrieg zu führen, sowie die
Konfrontation mit dem als besonders
rückständig und brutal eingeschätzten
zaristischen Regime beförderten die Unterstützung des »Burgfriedens« seitens der
SPD. Der Sieg über die russischen Truppen
bei Tannenberg rief auch bei vielen Par-
teimitgliedern eine patriotisch gefärbte
Begeisterung hervor. *R. R.*

III/77 Automatendose

*Hartwig und Vogel A.G. · Dresden, um 1914/15 ·
Eisenblech · 1,6 x 6,7 x 4,8 cm · Deutsches Historisches Museum, Berlin · AK 94/516.1975*

Die mit dem Porträt Erich Ludendorffs
versehene Blechdose der Dresdener Scho-
koladenfabrik Hartwig und Vogel A.G.
erinnert an den Sieg der deutschen Armee
in der Schlacht bei Tannenberg (26.–30.
August 1914). Mit ihr und dem nachfolgenden Sieg in der Winterschlacht in
Masuren (7.–21. Februar 1915) war die
Gefahr einer russischen Besetzung Ostpreußens gebannt. Der anfängliche
Einmarsch des russischen Heeres wurde in
zeitgenössischen Berichten wie auch auf
dieser Dose immer wieder mit Kriegsgräu-
eln vor allem der Kosaken in Verbindung

III/77

III/78

gebracht. Die Benennung der Schlacht
nach dem vom eigentlichen Geschehen
etwas entfernt liegenden Ort Tannenberg
geschah in bewusster propagandistischer
Anknüpfung an eine historische Schlacht.
Bei Tannenberg hatte der deutsche Ritter-
orden im Jahr 1410 eine entscheidende
Niederlage erlitten – die Schlacht im August 1914 wurde dergestalt zu einer Art
Revanche stilisiert. Ludendorff war als
Stabschef Hindenburgs für die Planung
der Schlachten verantwortlich. In der
öffentlichen Wahrnehmung war er, wenn
auch nicht im gleichen Maß wie Hindenburg selbst, seit Ende 1914 sehr präsent.
Mit der Einrichtung der 3. Obersten
Heeresleitung im August 1916 erhielt er
den eigens hierfür geschaffenen Titel eines
Ersten Generalquartiermeisters und gewann
in der Folge auch erhebliche politische
Macht, so dass er im Rückblick der »heim-
liche Diktator« genannt werden konnte.
R. R.

III/78 Tannenberg-Denkmal

Wandbehang · Deutschland, um 1929–35 · Baum-
wolle, Gobelinweberei · 65 x 135 cm · Ostpreußi-
sches Landesmuseum, Lüneburg · 5532/85

Zur Erinnerung an die siegreiche Schlacht
bei Tannenberg im August 1914 wurden
in Deutschland seit 1919 regelmäßig
Gedenkveranstaltungen abgehalten. Aus
diesem Ritual erwuchs die Initiative, ein
monumentales Denkmal der Schlacht zu
errichten. 1924 fand die Grundsteinlegung
statt, drei Jahre später weihte Paul von
Hindenburg, der »Sieger von Tannenberg«,
die Anlage ein. Das Dritte Reich erkor sie
1935 schließlich zum »Reichsehrenmal«.
Der Wandbehang zeigt das sechstürmige
Denkmal in einer hügeligen Landschaft
mit Bäumen und Blumen. Drei Kinder
im Vordergrund links betrachten die Er-
innerungsstätte aus der Ferne. Zwar hatte
die Schlacht von Tannenberg nicht die
erhoffte Entscheidung an der Ostfront
herbeigeführt, doch begründete sie einen
nationalen Mythos, in dem Hindenburg
als der »Retter Ostpreußens« geradezu
kultisch verehrt wurde. *K. B.*

Weltkrieg

Der im August 1914 in Europa ausbrechende Landkrieg eskalierte unmittelbar nach seinem Beginn zu einem weltweit geführten Konflikt. Entscheidend forciert wurde diese globale Entgrenzung durch die Existenz der Kolonien. Zwar war von den Kolonialmächten, die zu diesem Zeitpunkt schon einen großen Teil der außereuropäischen Welt unter sich aufgeteilt hatten, 1884/85 beschlossen worden, namentlich ihre afrikanischen Besitzungen in zukünftigen Konflikten nicht in die Kriegshandlungen einzubeziehen. Doch schon am 5. August 1914 ordnete Großbritannien den Angriff auf die afrikanischen Kolonien des Deutschen Reiches sowie auf dessen Besitzungen im pazifischen und asiatischen Raum an. Allein in Deutsch-Ostafrika waren in diesem Krieg Truppen aus den britischen Dominions Indien und Südafrika sowie unter belgischer, britischer, portugiesischer und deutscher Fahne kämpfende Soldaten beteiligt, die sich vornehmlich aus den Einheimischen rekrutierten. Zugleich wurden britische und französische Kolonialtruppen auf den europäischen Schlachtfeldern eingesetzt.

Von ähnlicher Tragweite für den globalen Charakter des Krieges erwies sich der am 29. Oktober 1914 erfolgende Kriegseintritt des Osmanischen Reiches. Seine von Deutschland unterstützten Eroberungspläne, die auf die Errichtung eines großtürkischen Staates abzielten und damit wiederum den britischen Großmachtinteressen in diesem Bereich zuwiderliefen, stürzten nach und nach den gesamten Nahen Osten in das Chaos des Krieges. Mit den amerikanischen Kriegserklärungen an die Mittelmächte im Verlaufe des Jahres 1917 trat schließlich die erste außereuropäische Großmacht auf den Plan. Die USA besiegelten mit ihrem militärischen Engagement die endgültige Wandlung eines europäischen zum weltumfassenden Krieg.

B. Chawkin

III/79–III/91

III/79 Mütze (Krätzchen) zur Felduniform Modell 1907 für Mannschaften der Infanterie

Preußen 1907–18 · Baumwolltuch, Leinen · 9 x 22 x 22 cm · Deutsches Historisches Museum, Berlin · U.53/553

III/80 Feldkappe M 1916 für Mannschaften der Infanterie

Österreich-Ungarn 1916–18 · Filztuch, Leder · 12,5 x 15 x 25 cm · Deutsches Historisches Museum, Berlin · U.95/89

III/81 Tschako für Mannschaften der Reitenden Jäger-Regimenter mit Wachstuchüberzug, 1. Regiment

Belgien, 1890 bis um 1914/15 · Filz und Leder, Wachstuch · 15 x 20 x 26 cm · Deutsches Historisches Museum, Berlin · U.53/95

III/82 Käppi (Kepi) Modell 1884 für Mannschaften der Infanterie, 91. Linien-Regiment

Frankreich, 1884 bis um 1915 · Baumwolltuch und Leder, geschwärzt · 10,5 x 17,5 x 23,5 cm · Deutsches Historisches Museum, Berlin · U.1121

III/83 Feldmütze (Czapka) von Kazimierz Reychman, einem Feldwebel der polnischen Armee in Frankreich

Frankreich 1918 · Baumwolltuch, Leder · Höhe: 11,5 cm, Durchmesser: 25,5 cm · Museum der Polnischen Armee, Warschau · MWP 33731/2*

III/84 Pelzmütze (Papacha) Modell 1910 für Mannschaften

Russland, 1910 bis 1917/18 · Fell, Wollfilz · 20 x 20 x 21 cm · Deutsches Historisches Museum, Berlin · U.53/662

III/85 Schirmmütze für Mannschaften
Bulgarien, um 1914 · Baumwolltuch, Leder · 12,5 x 24 x 23 cm · Deutsches Historisches Museum, Berlin · U.1044

III/84

III/91

III/86 Feldmütze für Mannschaften

Osmanisches Reich (Türkei), 1909 bis 1916–18 · Baumwolltuch, Leinen · 22 x 24 x 22 cm · Deutsches Historisches Museum, Berlin · U.1095

III/87 Käppi (Schiffchenmütze) zur Felduniform für Mannschaften der Infanterie

Serbien, um 1914/15 · Baumwolltuch · 16 x 27 cm · Militärmuseum, Belgrad · 12516

III/88 Käppi für Offiziere der Infanterie

Italien, 1908 bis um 1915–18 · Baumwolltuch, Leder · 14 x 21 x 27 cm · Deutsches Historisches Museum, Berlin · U.99/40

III/89 Feldhut Modell 1912 für Mannschaften der Infanterie

USA 1912–18 · Filz, gepresst · 13 x 32 x 34,5 cm · Deutsches Historisches Museum, Berlin · U 93/32

III/90 Tarbusch zur Tropenuniform für Mannschaften und Unteroffiziere (Askaris) der Schutztruppe

Deutsch-Ostafrika, um 1914 · Khakidrell, Pappe, Neusilber (Adler) · 13,7/40 x 19,5 x 19,5 cm · Privatbesitz

III/91 Khakifarbener Filzhut des australischen Soldaten Frederick Montague Clarke (mit Metallabzeichen)

C. Anderson & Co Ltd. · Australien 1917 · Filz, Leder, Metall · Höhe 14,5 cm, Durchmesser 38,7 cm · Australian War Memorial, Canberra · REL 29295.001

Das Erscheinungsbild der Soldaten wurde in allen Armeen durch die Uniform bestimmt, zu der natürlich auch eine Kopfbedeckung gehörte. Mützen, Kappen, Tschakos und Helme zeichneten sich durch Formen- und Materialunterschiede, durch Farben- und Ausstattungsvielfalt aus. Die Waffengattung sowie die Rangstellung bzw. mitunter auch der Dienstgrad waren an der Kopfbedeckung ablesbar. Der Mützentyp und die Formgebung ließen Rückschlüsse auf die Landeszugehörigkeit der Soldaten zu. Beispiele dafür sind die russische Pelzmütze (Papacha) oder die polnische Czapka mit dem viereckig gestalteten Mützendeckel. Länderwappen und Landesfarben in Form von Kokarden sowie Namenszüge der Herrscher lassen eindeutig die Armee und somit das Land erkennen. Das trifft nicht nur auf die farbigen Vorkriegsuniformen zu, sondern auch auf die Kopfbedeckungen der Uniformen in Feldgrau. Embleme und Wappen sind meistens im gedeckten Farbton der Uniform gehalten und mattiert oder lackiert. *K.-P. M.*

III/92–III/94

III/92 Porträt Paul von Lettow-Vorbecks aus der Mappe *Auf Wiedersehen Askari*

Graphik · Walter von Ruckteschell (1882–1941) · Deutsch-Ostafrika und Dachau, um 1918 · Bleistift, Tusche · 41,9 x 30,9 cm · Deutsches Historisches Museum, Berlin · 1990/40.15 · Abb. S. 138

III/93 *Deutsche und afrikanische Soldaten an einem Geschützstand in Rhodesien (Simbabwe)*
Letztes deutsches M.G. der 21. F. Kp.

Graphik · Walter von Ruckteschell (1882–1941) · um 1918 · Bleistift auf Papier · 23,4 x 31,3 cm · Deutsches Historisches Museum, Berlin · 1990/40.14 · Abb. S. 138

III/94 Porträt des Askaris Manangoma

Graphik · Walter von Ruckteschell (1882–1941) · Bismarckburg und Dachau, 30. November 1918 · Kreidelithographie · 47,7 x 34,5 cm · Deutsches Historisches Museum, Berlin · 1990/40.8

Aus strategischen Gründen dehnten Frankreich und England den Krieg auf die Kolonien aus. Man wollte die wichtigsten Häfen für die deutsche Marine blockieren und gleichzeitig die dortigen deutschen Funkstationen stören. Die Eroberung Deutsch-Ostafrikas geriet zum längsten und verlustreichsten Feldzug des Kolonialkrieges. Die deutsche Schutztruppe unter Oberstleutnant Paul von Lettow-Vorbeck (1870–1964) bestand zum größten Teil aus afrikanischen Askaris und leistete den weit überlegenen britischen Truppen bis 1918 erfolgreich Widerstand. Walter von Ruckteschell nahm als Adjutant an den Kämpfen in Afrika teil. In dieser Zeit hielt er seine Eindrücke künstlerisch fest und schuf unter anderem eine Serie von zehn Einzelporträts, die neben Lettow-Vorbeck in verklärender Manier die Gesichter von Askari-Männern und -Frauen zeigen. Des weiteren stellte er eine Kampfszene mit deutschen und afrikanischen MG-Schützen dar. *G. B.*

III/94

III/92

Sowohl der Schauplatz des Gefechts als auch die daran Beteiligten verdeutlichen die globale Dimension des Krieges. Im Oktober 1914 trat das Osmanische Reich als Verbündeter der Mittelmächte in den Krieg ein. Dadurch wurden auch Ägypten, Palästina, die Dardanellen sowie der heutige Iran, Irak und Syrien zum Kriegsschauplatz. Die Streitkräfte des British Empire umfassten auch kanadische, australische und indische Truppenkontingente, die der Franzosen unter anderem afrikanische Soldaten aus den Kolonien. *T. F.*

III/95 *Gefecht der Türken mit indischen Kamelreitern am Suezkanal*

Postkarte · Curt Schulz · Reichsverband zur Unterstützung deutscher Veteranen e.V. für Kriegsteilnehmer des Heeres und der Marine · Berlin 1915 · 9,1 x 13,5 cm · Deutsches Historisches Museum, Berlin · 1988/1188.102

Die Bildpostkarte zeigt türkische Reiter, die am Suezkanal indische Kamelreiter angreifen.

nungsbildes waren die *tirailleurs sénégalais* als Motiv in der Konsumwerbung sehr gefragt. Das gezeigte Plakat jedoch fordert zu Spenden für die Truppenkontingente aus Afrika auf. *G. B.*

III/96 *Journée de l'Armée d'Afrique et des Troupes Coloniales* *[Tag der Afrika-Armee und der Kolonialtruppen]*

Plakat · Devambez Imp. · Frankreich 1917 · Lithographie · 120 x 80 cm · Deutsches Historisches Museum, Berlin · P73/1708 (MfDG)

Der globale Charakter des Ersten Weltkrieges zeigte sich auch darin, dass Soldaten aus allen Kontinenten an den Kampfhandlungen beteiligt waren. Frankreich als Kolonialmacht über den Senegal (Französisch-Westafrika) setzte zur Truppenverstärkung insbesondere auf die Fähigkeiten der senegalesischen Schützen. Mit ihrer typischen, farbenfrohen Tracht und insbesondere durch den roten Fez fielen sie in der nationalen Armee sofort auf. Wegen ihres exotisch wirkenden Erschei-

III/93

JOURNÉE DE L'ARMÉE D'AFRIQUE
ET DES TROUPES COLONIALES

DEVAMBEZ, PARIS

IV. Entscheidungsträger

Clemenceau und Lloyd George, Bethmann Hollweg und Hindenburg, Lenin und Trotzki – sie alle haben die politische Entwicklung der Kriegszeit zweifellos in entscheidender Weise beeinflusst. Zugleich waren diese Entscheidungsträger maßgeblich durch ihr gesellschaftliches und politisches Umfeld geprägt und aus ihm hervorgegangen.

In den seit langem parlamentarisch regierten Ländern England und Frankreich etwa verkörperten zivile Politiker den militärischen Siegeswillen ihrer Nationen. Zwar wurde auch hier der zivile Führungsanspruch durch politisierende Militärs in Frage gestellt. Doch in Frankreich hatte das Parlament schon früh eine strenge Kontrolle der Militärführung durchgesetzt, die Georges Clemenceau – der »Père-la-Victoire« (Vater des Sieges) – zu nutzen wusste. Der britische Premierminister Lloyd George etablierte in England Anfang 1918 endgültig den Primat der Politik, als er nach scharfen Konflikten zwischen Regierung und Militärführung Generalstabschef Robertson und Kriegsminister Derby entließ.

Das zaristische Russland brachte bis zur Revolution weder im militärischen noch im zivilen Bereich eine herausragende Führungspersönlichkeit hervor. Die konstitutionelle Monarchie des Deutschen Reiches hingegen ließ der zivilen Politik kaum Entwicklungsmöglichkeiten. Das lag zum einen an der Tradition der preußischen Militärmonarchie, in der Zivilisten als Entscheidungsträger nicht vorgesehen waren. Zum anderen geriet der als »Zauderer« bekannte Reichskanzler Bethmann Hollweg seit 1916 immer stärker unter Druck. Im Sommer 1917 wurde er von Wilhelm II. fallen gelassen. Von nun an ging die politische Führung zunehmend in die Hände der Generäle Hindenburg und Ludendorff über. Als Leiter der 3. Obersten Heeresleitung drückten sie der deutschen Politik bis Kriegsende ihren militaristischen Stempel auf.

W. Kruse

IV/1 Briséfächer

*Hermes Buch und Kunstdruckerei GmbH · Wien
1914–16 · Pappe, Holz, Baumwolle; Offsetdruck ·
17,5 x 29,5 cm · Deutsches Historisches Museum,
Berlin · KT 94/419*

Die Porträts von Kaiser Wilhelm II. und
Kaiser Franz Josef I. schmücken die Mitte
des geöffneten Fächers. Die Regenten der
Bündnispartner Deutschland und Österreich-Ungarn werden beidseitig von hoch-
rangigen Militärs flankiert. Dazu zählen
Kronprinz Wilhelm und Feldmarschall
Paul von Hindenburg sowie österreichisch-
ungarische Offiziere wie Erzherzog Friedrich, Erzherzog Eugen oder Generäle wie
Conrad von Hötzendorf, Svetozar Boroević
von Bojna, Wiktor Dankl und Eduard von
Böhm-Ermolli. Sie alle haben sich – entsprechend einer Mode der Zeit – auch
durch ihre Unterschriften verewigt.
Bei Bällen oder in Tanzstunden sammelten Damen auf den Fächerstäben ihrer
Briséfächer (von frz. *brisé* – gebrochen)
Unterschriften oder Sprüche, die häufig
durch kleine kunstvolle Zeichnungen ergänzt wurden. Der patriotische Fächer war
gegen eine Spende zugunsten des Roten
Kreuzes erhältlich. *R. F.*

IV/2 Wilhelm II., Hindenburg und Ludendorff bei einer Lagebesprechung im Großen Hauptquartier

*Postkarte · Pleß, Januar 1917 · 8,9 x 13,4 cm ·
Deutsches Historisches Museum, Berlin · PK 99/392*

Wankelmütig und risikobereit, war Wilhelm II. (1859–1941) mitverantwortlich
für den Ausbruch des Ersten Weltkrieges.
Der deutsche Kaiser verkörperte in der
Ententepropaganda den brutalen Kriegs-
treiber. Im Schatten einer starken Militärführung füllte er die Rolle des Obersten
Kriegsherren de facto jedoch kaum aus.
Schon wenige Wochen nach Kriegsbeginn
klagte er: »Ich trinke Tee und hacke Holz
und gehe spazieren und dann erfahre ich
von Zeit zu Zeit, das und das ist gemacht,
ganz wie es den Herren beliebt.« Nach dem
Thronverzicht am 28. November 1918
ging Wilhelm II. ins holländische Exil. *G. B.*

Paul von Beneckendorff und von Hindenburg (1847–1934) war preußischer Generalfeldmarschall und seit 1916 Chef
des Generalstabs des Feldheeres. Elf Jahre
nach seiner Pensionierung wurde Hindenburg 1914 an die Spitze der 8. Armee be-
rufen. Hindenburgs Autorität verschaffte

seinem Stabschef Ludendorff den nötigen
Handlungsspielraum, der zu einer Folge
von deutschen Siegen an der Ostfront
führte und Hindenburg zum Volkshelden
machte. 1916 zum Chef der 3. Obersten
Heeresleitung ernannt, stand sein Name
mit »Hindenburg-Programm« und »Hin-
denburg-Frieden« für die politischen Forderungen des Militärs. Sein mythischer
Ruf als »Sieger von Tannenberg« wurde
durch die Kriegsniederlage nicht beschädigt. *B. v. H.*

Erich Ludendorff (1865–1937) war preußischer General und seit 1916 Erster
Generalquartiermeister im Generalstab
des Feldheeres. Vor dem Krieg hatte er
sich als Modernisierer des Heeres ins
politische Abseits manövriert. Mit der
Versetzung an die Ostfront als Hindenburgs Stabschef begann seine steile Karriere im Krieg. Seine Siege schafften die
Grundlage für den weiteren Aufstieg der
beiden Militärs bis zur 3. Obersten Heeresleitung. Als »heimlicher Diktator«
griff Ludendorff zunehmend in kriegs-
wirtschaftliche und innenpolitische
Belange ein. Im Zuge der Auseinandersetzung um den Waffenstillstand vom

IV/1

IV/2

IV/5 Mehmed Talât Pascha

*Fotografie · Vermutlich Konstantinopel, 1913–17 ·
29,5 x 21 cm · Informations- und Dokumentationszentrum Armenien, Berlin · Ohne Inv.-Nr.*

Mehmed Talât Pascha (1874–1921) war
maßgeblich an der jungtürkischen Revolution von 1908/09 beteiligt. Als Innen-
minister (1913–1917) und als Großwesir,
das heißt Regierungschef (1917/18) des
Osmanischen Reiches befürwortete er das
Bündnis mit Deutschland. Talât Pascha
gilt als einer der Hauptverantwortlichen
für den Völkermord an den Armeniern
in den Jahren 1915/16. Als türkischer
Verhandlungsführer in Brest-Litowsk gelang ihm 1918 die Rückgewinnung sämtlicher Gebiete, die das Osmanische Reich
seit 1878 an Russland verloren hatte. Im
November 1918 floh Talât Pascha nach
Deutschland, wo er 1921 in Berlin von
einem Armenier ermordet wurde. *T. F.*

Kaiser entlassen, gilt Ludendorff als
Autor der »Dolchstoßlegende«. *B. v. H.*

IV/3 Franz Freiherr Conrad
von Hötzendorf

*Fotografie · Um 1914 · 29,5 x 21 cm · Ullstein
Bilderdienst, Berlin · 5 10685 –n0*

Franz Freiherr Conrad von Hötzendorf
(1852–1925) war bis 1917 Chef des
Generalstabs der k. u. k. Armee, danach
Heeresgruppenkommandant und Feldmarschall. Er blieb als einziger an den
Kriegsvorbereitungen maßgeblich betei-
ligter Militär auch militärischer Entscheidungsträger im Krieg. Gleich zu Beginn
des Krieges erlitt er eine vernichtende
Niederlage. Damit benötigte die k. u. k.
Armee zunehmend deutsche Unterstützung. Durch eigene Entscheidungen mit-
verursachte Niederlagen versuchte Conrad
von Hötzendorf durch prestigeträchtige
Pläne und Aktionen zu kompensieren.
Außerdem wehrte er sich erfolglos gegen
die immer stärker werdende deutsche
Dominanz gegenüber der k. u. k. Armee
auf allen Kriegsschauplätzen. *B. v. H.*

IV/4 Reichskanzler Theobald
von Bethmann Hollweg

*Fotografie · Deutschland, nach 1909 · 29,7 x 21 cm ·
Deutsches Historisches Museum, Berlin · F 55/972*

Die Zusicherung unbedingter Bündnistreue von Seiten der deutschen Regierung
gab Österreich-Ungarn im Juli 1914 die
nötige Rückendeckung, um gegen Serbien
vorzugehen. Die Risikopolitik Theobald
von Bethmann Hollwegs (1856–1921),
seit 1909 deutscher Reichskanzler, trug
maßgeblich dazu bei, dass ein zunächst
regionaler Konflikt bald eskalierte. Im
Laufe des Krieges verlor der liberale Politiker gegenüber der Militärführung immer
mehr an Einfluss. Am 13. Juli 1917 wurde
er auf Druck der Obersten Heeresleitung
von Kaiser Wilhelm II. entlassen. *G. B.*

IV/6 Ismail Enver Pascha, türkischer
Großwesir und Kriegsminister

*Fotografie · R. Sennecke, Internationaler Illustrations-
verlag · Berlin, um 1916 · 29,5 x 21 cm · Ullstein
Bilderdienst, Berlin · 509903 ko*

Ismail Enver Pascha (1881–1922), ein
Absolvent der Generalstabsakademie,
wurde Anfang 1914 Kriegsminister des
Osmanischen Reiches und setzte sich für
den Kriegseintritt an der Seite der Mittel-
mächte ein. Seine Kooperation mit
Deutschland ging so weit, dass er wichtige
Truppenkommandos an deutsche Offi-

IV/3

IV/4

IV/5

IV/6

Diese Schale hat zwei Lochgriffe, die mit einem stabartigen Durchbruchmuster verzierte Wandung steigt schräg an. Von einer ovalen Linie umgrenzt, zeigt der Schalenboden – der so genannte Spiegel – die Porträts der vier Heerführer der Mittelmächte: Es handelt sich dabei um den deutschen Kaiser Wilhelm II., den österreichisch-ungarischen Kaiser Franz Josef I., den bulgarischen Zaren Ferdinand sowie den türkischen Kriegsminister Ismail Enver Pascha. Die Porträts werden von Lorbeerlaub mit Krone, den jeweiligen Staatswappen und Nationalflaggen sowie den Jahreszahlen 1914 und 1916 umrahmt.

Die Konterfeis der eigenen oder verbündeten ›großen Männer‹ hatten während des Ersten Weltkrieges als patriotisches Dekorationselement Konjunktur. Auf Schalen, Platten, Trinkbechern, Zigarettendosen oder Halscolliers waren die Herrscher und Heerführer abgebildet. *G. B.*

ziere übertrug. Als Vizegeneralissimus leitete Enver Pascha die osmanischen Militäroperationen, wobei seine Fixierung auf die Offensive zu hohen Verlusten führte. Nach seiner Flucht im Oktober 1918 beteiligte sich Enver Pascha in Tadschikistan am Guerillakrieg gegen die Bolschewiki. 1922 wurde er im Kampf gegen sowjetische Truppen getötet. *T. F.*

wurde allerdings von der Provisorischen Regierung sofort rückgängig gemacht. *K. B.*

IV/8 Schale mit vier Herrscherporträts

Deutschland 1914–16 · Porzellan, bemalt · 7 x 30,8 x 19,5 cm · Deutsches Historisches Museum, Berlin · 1989/912

IV/7 Zar Nikolaus II. und Großfürst Nikolai Nikolajewitsch in der Stawka (Hauptquartier)

Fotografie · Russland 1915 · 20 x 25 cm · Zentrales Museum der Streitkräfte, Moskau · 3/B 16268 · Abb. S. 144

Mit Kriegsausbruch wurde Großfürst Nikolai Nikolajewitsch (1856–1929) zum Oberbefehlshaber der russischen Streitkräfte ernannt. Auf Drängen der Zarin, die unter dem Einfluss des Mönches Grigori Rasputin stand und die wachsende Popularität des Großfürsten fürchtete, setzte sich Zar Nikolaus II. (1868–1918) gegen den Rat seiner Minister im September 1915 selbst als »Höchstkommandierender« an die Spitze der Armee. Er ignorierte die zunehmende Revolutionsbereitschaft im Land und machte sich von zum Teil unfähigen Ratgebern abhängig. Der Ausbruch der Februarrevolution 1917 zwang ihn schließlich zur Abdankung. Seine letzte Amtshandlung bestand in der Wiederernennung Nikolai Nikolajewitschs zum Oberbefehlshaber. Diese Entscheidung

IV/8

IV/7

IV/10

IV/9 *Werchownyje woschdi sojusnych armi*
[Die Oberbefehlshaber der alliierten Armeen]

Bilderbogen · Verlag der Handelsgesellschaft I. D. Sytin · Moskau 1914 · Lithographie · 84,5 x 62 cm · Staatliches Museum für die politische Geschichte Russlands, St. Petersburg · FV 11650

Das russische Plakat zeigt die Staatsoberhäupter respektive Oberbefehlshaber der gegen Deutschland und Österreich-Ungarn verbündeten Staaten. Ihrer Machtstellung entsprechend sind die Staatsoberhäupter von Russland, Frankreich und Großbritannien in der obersten Reihe platziert. Nicht abgebildet ist König Viktor Emanuel III. von Italien, das erst im Mai 1915 an der Seite der Alliierten in den Krieg eintrat. *T. F.*

Von links nach rechts und von oben nach unten:
Raymond Poincaré (1860–1934), französischer Staatspräsident · Nikolaus II. (1868– 1918), Zar von Russland · George V. (1865–1936), König von Großbritannien und Irland · Nikola I. Petrović (1841–1921), König von Montenegro · Albert I. (1875–1934), König von Belgien · Petar I. (1844–1921), König von Serbien · Danilo (1871–1939), montenegrinischer Kronprinz · Nikolai Nikolajewitsch (d. J.) (1856–1929), Großfürst von Russland und Oberbefehlshaber· Aleksandar (1888–1934), serbischer Kronprinz (ab Mitte 1914 Regent)

IV/10 Alexei Alexejewitsch Brussilow am Schreibtisch

Fotografie · 1916 · 21 x 29,5 cm · Ullstein Bilderdienst, Berlin · 1-02-002438-1-10-0001

General Alexei Alexejewitsch Brussilow (1853–1926) war seit August 1914 Oberbefehlshaber der 8. Armee. Anfang Juni bis Anfang September 1916 leitete er die nach ihm benannte Offensive in Galizien und Wolhynien. Mit einem Geländegewinn von 80 Kilometer Tiefe stellte sie den größten Schlachtsieg im Ersten Weltkrieg dar, brachte aber nicht die erhoffte Entscheidung. Weniger erfolgreich waren die zweite und dritte Brussilow-Offensive, die sich bis in den Dezember des Jahres erstreckten. Unter der Provisorischen Regierung 1917 war Brussilow für einen Monat vom 4. Juli bis zum 1. August oberster Befehlshaber des russischen Heeres. 1920 stellte er sich in den Dienst der Roten Armee, wurde aber später seines Amtes enthoben. *K. B.*

IV/11 Ferdinand Foch

Fotografie · 29,5 x 21 cm · Ullstein Bilderdienst, Berlin · 500058i1 · Abb. S. 146

Ferdinand Foch (1851–1929) war französischer Marschall und seit 1918 Oberbefehlshaber der alliierten Streitkräfte. 1918 machte die deutsche Märzoffensive den Alliierten das Fehlen einer zentralen militärischen Führung an der Westfront bewusst. Sie betrauten Foch mit dem Oberbefehl, obwohl ihm das Misslingen der Somme-Schlacht Ende 1916 angelastet wurde. Foch galt als stur und rücksichtslos im Umgang mit dem Leben der Soldaten. Er führte auch die alliierte Delegation bei den Waffenstillstandsverhandlungen an, geriet aber bald in Opposition zu Georges Clemenceau, dem er zu große Kompromissbereitschaft gegenüber Deutschland vorwarf. *B. v. H.*

IV/11

im Amt und mit weitgehenden Vollmachten ausgestattet, richtete er seine gesamte Politik auf den Krieg aus. Clemenceau trat bei den Friedensverhandlungen in Versailles gegenüber Deutschland hart auf. In der französischen Geschichte hat der Staatsmann als »der Tiger« und »Vater des Sieges« einen festen Platz. *G. B.*

IV/14 David Lloyd George

Fotografie · Agentur Atlantic-Photo Companie H. Sanden · Berlin, um 1922 · 29,5 x 21 cm · Ullstein-Bilderdienst, Berlin · 00650500

David Lloyd George (1863–1945) war im Ersten Weltkrieg der maßgebliche britische Politiker und er verkörperte einen entschlossenen Kriegswillen. Zunächst an der Spitze des Rüstungsministeriums, dann

IV/12 Sir Douglas Haig und Vizeadmiral Sir Roger Keyes inspizieren die Ehrenwache bei der Landung in Dover anlässlich der Rückkehr der Truppen

Fotografie · Dover 1918 · 29,5 x 21 cm · Ullstein Bilderdienst, Berlin · 5-1-2-2-74000000-01400

Sir Douglas Haig (1861–1928) war britischer Generalfeldmarschall und Oberbefehlshaber an der Westfront. Er kommandierte die größte Armee und führte die verlustreichsten Kämpfe in der Geschichte Großbritanniens. Besonders die horrenden britischen Verluste wurden ihm später persönlich angelastet. So steht Haig für das Konzept der »Abnutzungsschlachten«, in denen die materielle Überlegenheit der Entente zum Tragen kam. Entsprechend warfen ihm seine Gegner geringes Interesse für die Belange der Soldaten vor. Die britischen Erfolge bei Organisation, Ausbildung und Versorgung werden ihm dagegen seltener zugeschrieben. *B. v. H.*

IV/14

IV/13 Georges Clemenceau an der französischen Front zu Beginn des Ersten Weltkrieges

Fotografie · Frankreich 1914 · 29,5 x 21 cm · Ullstein-Bilderdienst, Berlin · 61598, 01

Georges Clemenceau (1841–1929) war seit Kriegsbeginn ein scharfer Kritiker von Regierung und Armee. Zahlreiche Reisen ins Frontgebiet machten den über 70-jährigen Politiker populär. Seit 1917 als Ministerpräsident und Kriegsminister

als Kriegsminister (Juli bis Dezember 1916) und als Premierminister (Dezember 1916 bis Oktober 1922) drückte er der britischen Kriegführung seinen Stempel auf. Nach Kriegsende forderte Lloyd George harte Friedensbedingungen für Deutschland, nahm bei den Pariser Friedensverhandlungen jedoch eine vermittelnde Position ein. *T. F.*

IV/12

IV/13

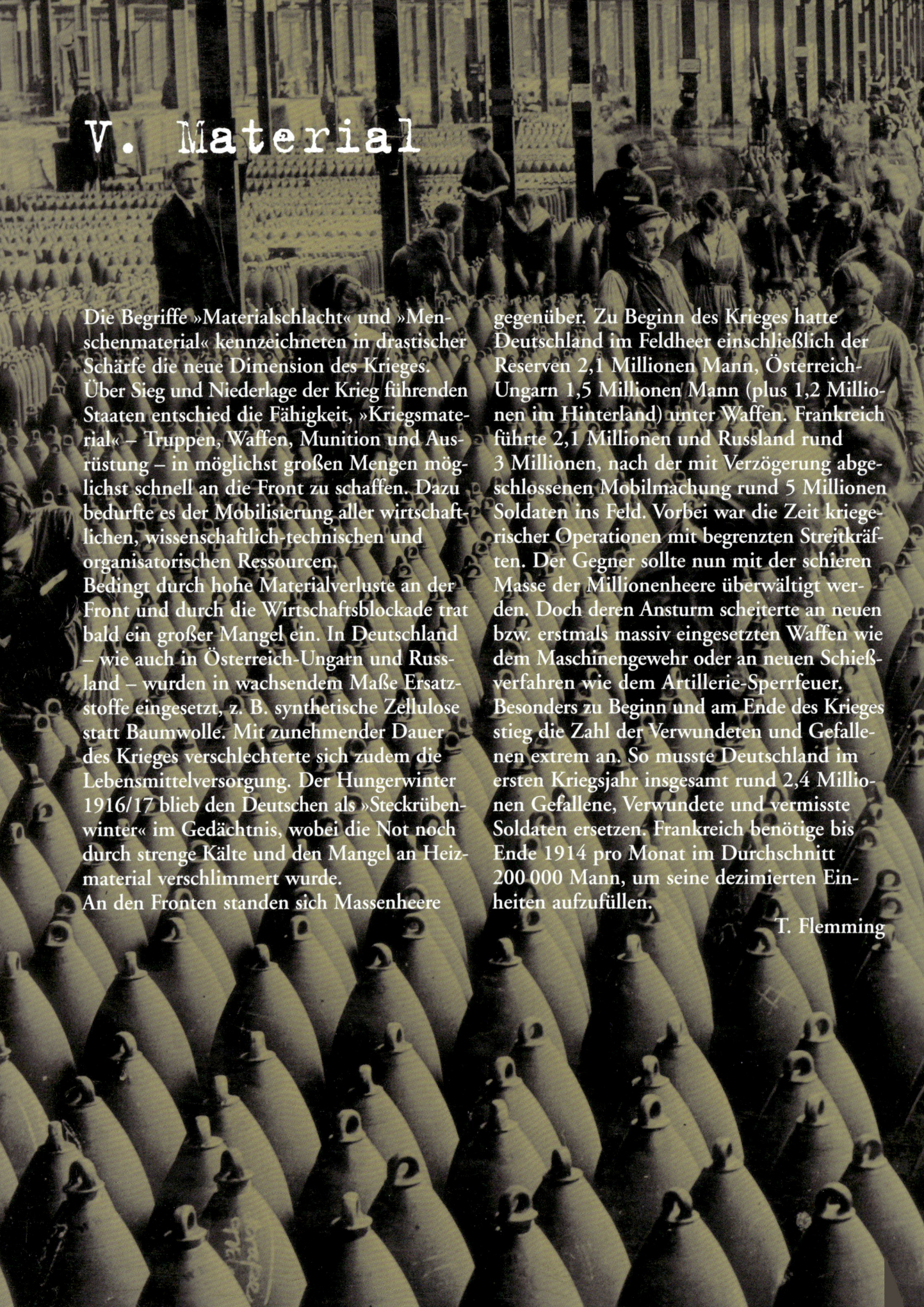

V. Material

Die Begriffe »Materialschlacht« und »Menschenmaterial« kennzeichneten in drastischer Schärfe die neue Dimension des Krieges. Über Sieg und Niederlage der Krieg führenden Staaten entschied die Fähigkeit, »Kriegsmaterial« – Truppen, Waffen, Munition und Ausrüstung – in möglichst großen Mengen möglichst schnell an die Front zu schaffen. Dazu bedurfte es der Mobilisierung aller wirtschaftlichen, wissenschaftlich-technischen und organisatorischen Ressourcen.

Bedingt durch hohe Materialverluste an der Front und durch die Wirtschaftsblockade trat bald ein großer Mangel ein. In Deutschland – wie auch in Österreich-Ungarn und Russland – wurden in wachsendem Maße Ersatzstoffe eingesetzt, z. B. synthetische Zellulose statt Baumwolle. Mit zunehmender Dauer des Krieges verschlechterte sich zudem die Lebensmittelversorgung. Der Hungerwinter 1916/17 blieb den Deutschen als »Steckrübenwinter« im Gedächtnis, wobei die Not noch durch strenge Kälte und den Mangel an Heizmaterial verschlimmert wurde.

An den Fronten standen sich Massenheere gegenüber. Zu Beginn des Krieges hatte Deutschland im Feldheer einschließlich der Reserven 2,1 Millionen Mann, Österreich-Ungarn 1,5 Millionen Mann (plus 1,2 Millionen im Hinterland) unter Waffen. Frankreich führte 2,1 Millionen und Russland rund 3 Millionen, nach der mit Verzögerung abgeschlossenen Mobilmachung rund 5 Millionen Soldaten ins Feld. Vorbei war die Zeit kriegerischer Operationen mit begrenzten Streitkräften. Der Gegner sollte nun mit der schieren Masse der Millionenheere überwältigt werden. Doch deren Ansturm scheiterte an neuen bzw. erstmals massiv eingesetzten Waffen wie dem Maschinengewehr oder an neuen Schießverfahren wie dem Artillerie-Sperrfeuer. Besonders zu Beginn und am Ende des Krieges stieg die Zahl der Verwundeten und Gefallenen extrem an. So musste Deutschland im ersten Kriegsjahr insgesamt rund 2,4 Millionen Gefallene, Verwundete und vermisste Soldaten ersetzen. Frankreich benötige bis Ende 1914 pro Monat im Durchschnitt 200 000 Mann, um seine dezimierten Einheiten aufzufüllen.

T. Flemming

Ressourcen

Nach dem Scheitern der deutschen Offensive 1914 erstarrte an der Westfront der Bewegungs- zum Stellungskrieg. Sein Alltag war durch den massiven Einsatz von Material und Soldaten bestimmt. Um den dafür unablässig notwendigen Nachschub zu gewährleisten, kam es in allen beteiligten Nationen zu staatlichen Regulierungen der Industrie und Wirtschaft. Die Umverteilung von Vorräten, letztlich sogar deren Beschlagnahmung und Enteignung, die zentral gelenkte Organisierung der Rohstoffversorgung sowie Eingriffe in die industrielle Produktion waren bald an der Tagesordnung.

In Deutschland gestalteten sich die Engpässe in der Rohstoffversorgung und den davon abhängigen Industrien besonders dramatisch – und das schon in den ersten Tagen des Krieges. Abhilfe sollte die am 13. August 1914 gegründete, von Walther Rathenau geleitete und dem preußischen Kriegsministerium unterstehende Kriegsrohstoffabteilung schaffen. Dies gelang trotz großer Erfolge nur unzureichend.

Während deutsche U-Boote die Versorgung der Ententestaaten allenfalls behindern konnten, schnitt vor allem die britische Seeblockade das deutsche Kaiserreich erfolgreich von der Rohstoff- und Nahrungsmittelzufuhr ab. Seit Kriegsbeginn in der Nahrungsmittel- und Industrieproduktion unterlegen, vermochten die Mittelmächte es nicht, diese Ressourcenknappheit auszugleichen. Die Überlegenheit der Ententestaaten auf diesem Gebiet wurde im Verlaufe der Kampfhandlungen zum entscheidenden Kriegsfaktor.

G. P. Groß

V/1 *Podpisywajtes na wojenny 5 $^1/_2$ % sajom. Tschem bolsche deneg, tem bolsche snarjadow*
[Zeichnet Kriegsanleihen. Je mehr Geld, desto mehr Maschinengewehre und Kanonen]

Plakat · Russland 1916 · E. Zepzow · Lithographie · 101,8 x 68,7 cm · Deutsches Historisches Museum, Berlin · P 96/930 · Abb. S. 150

Geradezu flehentlich blickt der russische Soldat in Richtung des Betrachters. Er hofft dringend auf Nachschub, wie die auf Granathülsen deutende rechte Hand zeigt. Der Mangel vor allem an Artilleriemunition stellte 1914/15 für alle Armeen ein Problem dar. Eine Erhöhung der Produktion, der Einsatz von Frauen in Rüstungsbetrieben und die Finanzierung durch Kriegsanleihen waren die Gegenmaßnahmen. Im Fall der russischen Armee führten sie – trotz der öffentlichkeitswirksamen Propaganda gerade für Anleihen – nicht zu einer Lösung der Nachschubprobleme. Die Bildsprache des Plakates drückt dies unwillentlich in der letztlich hilflosen Haltung des Soldaten aus. *R. R.*

V/2 *Send more men*
[Schickt uns mehr Männer]

Plakat · Stone Ltd. · Toronto 1914–18 · Lithographie · 96,5 x 63 cm · Deutsches Historisches Museum, Berlin · P 95/206 · Abb. S. 151

Ein kanadischer Frontoffizier fordert auf diesem Rekrutierungsplakat über Feldtelefon zusätzliche Soldaten an. Der eigentliche Adressat des suggestiven Appells sind junge Kanadier, die sich in ihrer Heimat zum Militärdienst melden sollen. Als autonomes Dominion im British Empire stellte Kanada mehrere zehntausend Mann für den Kampf gegen die Mittelmächte. Während bei den Mittelmächten die Versorgung mit Material rasch zum zentralen Problem wurde, war für die Alliierten die Anwerbung von Soldaten vordringlich. Der Nachschub an Waffen und Material war durch die Industriekapazitäten der USA gewährleistet, die auch vor ihrem Kriegseintritt 1917 die Entente unterstützten. *T. F.*

V/3

Mit eindringlicher Geste und entschlossener Miene forderte Uncle Sam seine männlichen Landsleute auf, sich zur Armee zu melden. Bei ihrer Kriegserklärung an Deutschland im April 1917 verfügten die USA nur über eine Berufsarmee mit offiziell rund 110 000 Soldaten. Innerhalb kürzester Zeit musste nun ein Massenheer aufgestellt werden. Die Wehrpflicht wurde eingeführt und binnen weniger Wochen im ganzen Land ein hoch effektives Rekrutierungs- und Ausbildungssystem geschaffen.

Das von James Montgomery Flagg entworfene Bildmotiv ist eine Ikone der aggressiven Plakatwerbung, die seit damals in unzähligen Variationen in der politischen und kommerziellen Werbung zitiert und plagiiert wurde. Es geht seinerseits auf das Vorbild eines englischen Plakats zurück, auf dem Lord Kitchener mit gleicher Gestik Freiwillige zum Eintritt in die Armee auffordert. *T. F.*

V/3 *I want you for U.S. Army*
[Ich will Dich für die US-Armee]

Plakat · James Montgomery Flagg (1877–1960) · USA 1917 · Lithographie · 102,5 x 76,3 cm · Deutsches Historisches Museum, Berlin · P 93/778

V/4

V/5 Granate eines deutschen 42-cm-Mörsers

Friedr. Krupp AG · Essen 1914–18 · Metall · Länge 157 cm, Durchmesser 42 cm · Wehrtechnische Studiensammlung der Bundeswehr, Koblenz · Ohne Inv.-Nr.

Die Firma Krupp entwickelte im Auftrag des preußischen Generalstabs ein schweres Steilfeuergeschütz, das in der Lage sein sollte, auch starke Panzerungen von Festungsanlagen zu durchbrechen. 1909 wurde eine 42-cm-Kanone vom Typ L/16 gebaut, die noch mit der Eisenbahn transportiert werden musste. 1913 dann ging eine Weiterentwicklung vom Typ L/12 in die Testphase. Sie war für den Straßentransport geeignet, in fünf Geschützlasten zerlegbar und innerhalb von vier Stunden feuerbereit. Berühmt wurde sie unter dem Namen »Dicke Bertha« – der Volksmund hatte das Geschütz nach der ältesten Tochter Friedrich Alfred Krupps benannt. Die deutschen Anfangserfolge mit der Zerstörung belgischer und französischer Festungen gingen nicht zuletzt auf den Einsatz dieses Mörsers zurück. Entsprechende Bemühungen der deutschen Propaganda machten die »Dicke Bertha« zum Symbol deutscher Waffentechnik. Im Verlauf des Krieges verlor dieses Geschütz jedoch an Bedeutung, bis 1918 wurden nur zehn Exemplare fertig gestellt. *R. R.*

V/6–V/8

V/6 Wasserkessel

Hamburg, vor 1918 · Messing · Höhe 14 cm, Durchmesser 26 cm · Altonaer Museum in Hamburg/ Norddeutsches Landesmuseum, Hamburg · 1915/51

V/7 Blumenschale

Hamburg, vor 1918 · Messing · 10,5 x 32 x 27 cm · Altonaer Museum in Hamburg/Norddeutsches Landesmuseum, Hamburg · AB 6902

V/8 Stövchen

Hamburg, vor 1918 · Messing · 9 x 27 x 11,8 cm · Altonaer Museum in Hamburg/Norddeutsches Landesmuseum, Hamburg · AB 6943

Ab 1916 wurde dazu aufgefordert, Buntmetalle abzuliefern. Die gezeigten Gegenstände stammen von einer Sammelstelle in den Schuppen der Hamburg-Amerika-Linie. Dort trafen Schüler der Kunstgewerbeschule auf Initiative des damaligen

V/4 So hilft dein Geld Dir kämpfen!

Plakat · Lucian Bernhard (1883–1972) · Berlin 1917 · Lithographie · 87,5 x 57 cm · Deutsches Historisches Museum, Berlin · P 62/193.2 (MfDG)

Das Werbeplakat für die 6. deutsche Kriegsanleihe stammt aus dem Jahr 1917. Im Schulterschluss mit einem Frontsoldaten weist ein Zivilist auf einen sinkenden Munitionstransporter am Horizont, der von einem deutschen U-Boot torpediert wurde. Finanziert – so unterstellt das Plakat – wurde das U-Boot durch eine Kriegsanleihe. Alle Krieg führenden Staaten finanzierten ihre Rüstung zu großen Teilen mit dem Geld ihrer Bevölkerungen. Allein in Deutschland erbrachten neun Kriegsanleihen insgesamt 97 Milliarden Mark. Die hohe Summe verdankte sich nicht zuletzt einem beispiellosen Werbefeldzug mit Plakaten und tausenden von Zeitungsanzeigen. Nach Kriegsende mussten die Deutschen allerdings feststellen, dass ihre Anleihen wertlos waren. *T. F.*

Leiters des Altonaer Museums, Otto Lehmann, eine Auswahl. Ihr Ziel war es, künstlerisch oder kulturell unersetzliche Stücke zu retten. Insgesamt wurden auf diese Weise Gegenstände aus Bronze, Kupfer oder Messing mit einem Gewicht von um die 18 Tonnen vor der Weiterverwertung zu militärischen Zwecken gerettet. Dieser Bestand ging nach Kriegsende zunächst an das Museum über. Zu amtlich festgesetzten Preisen konnten Objekte später von Museen, aber auch von Privatleuten erworben werden. Andere Gegenstände wurden ihren Besitzern zurückgegeben, ein Restbestand verblieb in Altona. *R. R.*

V/9–V/10

V/9 Eheringe

Deutschland 1918 · Messing mit hohem Kupferanteil · Breite 0,2 und 0,3 cm, Durchmesser 2,0 und 3,5 cm · Deutsches Historisches Museum, Berlin · MK 84/85a, b

V/10 Ring mit der Inschrift »Vaterlandsdank«

1918 · Leichtmetalllegierung · Breite 0,5 cm, Durchmesser 1,7 cm · Deutsches Historisches Museum, Berlin · AK 92/156

Die Abhängigkeit des Deutschen Reiches vom Außenhandel in Bezug auf Lebensmittel, aber auch auf kriegswichtige Rohstoffe führte zu Sammlungsaktionen, bei denen die Bürger begehrte Materialien ablieferten. Dazu gehörten die zur Munitionsherstellung dringend benötigten Buntmetalle sowie Edelmetalle zur Devisenbeschaffung, die in Aktionen unter dem Motto »Gold gab ich für Eisen« gesammelt wurden. Für die von Privathaushalten abgelieferten Materialien gab

V/10

es als Anerkennung mit verschiedenen Losungen versehene Gegenstände wie diesen Ring. *R. R.*

V/11 *Die Organisation der Rohstoffversorgung*

Vortrag gehalten in der »Deutschen Gesellschaft 1914« am 20. Dezember 1915 von Walther Rathenau (1867–1922) · Berlin 1915 · Privatdruck · 22 x 14,3 cm · Staatsbibliothek zu Berlin – Preußischer Kulturbesitz, Berlin · HS 203948R

Walther Rathenau betrachtete 1914 die Wirtschaft als den »Kriegsgott unserer Tage«. Zwar trat der Begründer und erste Chef der Kriegrohstoffabteilung bereits im März 1915 von seinem Amt zurück. Doch den »wirtschaftlichen Generalstabschef hinter der Front«, so eine Zeitung, ließ das Thema »Kriegswirtschaft« nicht los.
Davon legt auch die vorliegende Rede Zeugnis ab. Er hielt sie im Dezember 1915 in der *Deutschen Gesellschaft 1914*, die kurz zuvor, am 28. November, gegründet worden war. Es handelte sich um einen Klub, in dem sich Führungskräfte aus Wirtschaft und Politik zusammenfanden. »Vorurteilsfrei und zwanglos«, so ein erster Rundbrief, sollten Gegenwartsprobleme und Visionen diskutiert werden. Oberstes Ziel war es dabei, worauf schon der Zusatz »1914« hinweist, den »Geist von 1914«, mithin vor allem die innere Geschlossenheit der Nation zu bewahren. *T. F.*

V/12 *Patrie! Journal non censuré paraissant comme, où et quand il peut [Vaterland! Unzensierte Zeitung, die wie, wo und wann immer möglich erscheint]*

Zeitung · Belgien, Dezember 1916 · Jg. 2, Nr. 23 · 30,3 x 20,8 cm · Deutsches Historisches Museum, Berlin · Do 65/964.1 (MfDG)

Der Appell auf der Titelseite der illegalen und daher unzensierten Zeitung ruft die Bevölkerung auf, sich gegen die Deportationen belgischer Arbeiter nach Deutschland zu erheben. Bereits seit November 1916 waren die deutschen Besatzer dazu übergegangen, Arbeitskräfte aus den Generalgouvernements Belgien und Warschau zwangsweise nach Deutschland zu transportieren. Im Falle Belgiens betraf diese Maßnahme bis Februar 1917 ca. 60 000 Männer. Viele starben unter den katastrophalen Bedingungen der Arbeitslager. Gegen die anfängliche Absicht, nur gesunde und qualifizierte Arbeiter zu

deportieren, wurde schon bald verstoßen. Viele der Zwangsarbeiter versuchten, passiven Widerstand zu leisten, so dass der erhoffte wirtschaftliche Erfolg für die Deutschen ausblieb. Hinzu kamen heftige internationale Proteste. In der Folge ging man 1917 wieder zu der bereits zuvor praktizierten »freiwilligen Anwerbung« über. *K. B.*

V/13 Massenheere, Rüstungsproduktion, Kriegsgefangene

Filmstation · Frankreich, Österreich, Deutschland 1914–29 · 35-mm-Stummfilme (als Videoeinspielung gezeigt) · Etablissement Cinématographique et Photographique des Armées (ECPAD), Paris; Bundesarchiv/Filmarchiv, Berlin (Rechte: Filmmuseum der Landeshauptstadt Düsseldorf; Transit Film, München) · Ohne Inv.-Nr.

Zu den gängigen Sujets der Wochenschauen in allen Ländern gehörten abmarschbereite oder in ihre Stellungen vorrückende Soldaten, wobei vor allem der Aspekt der mobilisierten Massen zur Betonung der eigenen Stärke hervorgehoben wurde. Häufig gezeigt wurden auch Aufnahmen aus den heimischen Rüstungsbetrieben mit Bildbelegen der produzierten Mengen, zu deren Steigerung zunehmend auch Frauen beschäftigt wurden. Solche Szenen vermittelten indirekt eine Vorstellung von den beispiellosen Kämpfen, in denen Munition in fast unvorstellbaren Mengen verbraucht wurde. Bilder von Tod und Zerstörung sprachen eine deutlichere Sprache, standen aber zugleich immer im Dienst der Propaganda, wie im Fall des französischen Films *L'Œuvre de la kultur*. Das Ausmaß eigener Erfolge verdeutlichten Propagandafilme, wie sie nach einer gewonnenen Schlacht regelmäßig in den Kinos gezeigt wurden: In ihnen sollten Aufnahmen von der großen Anzahl von Kriegsgefangenen die Erfolge der eigenen Streitkräfte veranschaulichen. *R. R.*

Mangel

»Brot wird dünner, die Butter breiter, wann werden die Herren gescheiter!« So lautete ein von deutschen Soldaten auf eine Ruinenwand gekritzelter Spruch. Er wirft ein Licht auf die Verpflegung an der Front, die ebenso vom Mangel bestimmt war wie die in der Heimat. Namentlich die englische Seeblockade gegen die importabhängigen Mittelmächte und die gravierend zurückgehende Agrarproduktion verursachten in Deutschland und Österreich-Ungarn die rapide Verknappung von Rohstoffen und Lebensmitteln. Hinzu kam das Unvermögen, die noch vorhandenen Vorräte angemessen und schnell zu verteilen.

Bereits 1915 fanden in Wien und Berlin erste Hungerproteste statt. Aber auch in anderen kriegsbeteiligten Ländern kam es zur Lebensmittelrationierung: 1915 in Frankreich, 1917 in Italien, England und Russland. Besonders bei den Mittelmächten bestimmte der Mangel das Alltagsleben. Vor den Lebensmittelgeschäften bildeten sich regelmäßig lange Schlangen. In der so genannten Kriegsküche kamen häufig nur noch gestreckte Lebensmittel wie mit Kartoffeln versetzter Brotteig oder Ersatzstoffe wie Zichorienkaffee auf den Tisch. Wegen Stoffmangels produzierte man Kleidung aus Papierfasern und Säuglinge wurden mit holzfaserstarkem Zeitungspapier gewickelt.

In Deutschland erreichte die Ernährungslage im »Steckrübenwinter« 1916/17 den absoluten Tiefpunkt. Die tägliche, längst nicht mehr bedarfsdeckende Ration wurde auf rund 1 000 Kalorien reduziert. Solchem prekären Mangel wohnte eine enorme politische Sprengkraft inne. Die Unfähigkeit der russischen Regierung etwa, die Nahrungsmittelversorgung zu gewährleisten, war ein Grund für den Ausbruch der Februarrevolution 1917.

G. Bavendamm

V/14

V/14 Was? Uns will England aushungern lassen? Ach nee!

Postkarte zur englischen Seeblockade · Ed. Krömer · Verlag Oswald-Elsner · Leipzig 1914/15 · 13,9 x 8,9 cm · Deutsches Historisches Museum, Berlin · 1987/189.282

Die mit Kriegsbeginn von England verhängte Seeblockade, das Handelsverbot gegen Deutschland und die Erklärung der gesamten Nordsee zum Kriegsgebiet im November 1914 schwächten Deutschlands Wirtschaft im Laufe des Krieges erheblich. Vor allem die Versorgung der Bevölkerung mit Lebensmitteln wurde immer problematischer, Rationierungen waren die Folge: So gab es Brot bereits seit Frühjahr 1915 nur noch auf Lebensmittelmarken. Auch das im Mai 1916 eingerichtete Kriegsernährungsamt und die Rationierung aller Lebensmittel konnten einen »Steckrübenwinter« 1916/17 nicht verhindern. Zu Beginn des Krieges jedoch, als man in Deutschland noch von einem schnellen Sieg ausging, bot die Blockade Stoff für antienglische Propaganda: Die beiden wohlgenährten Landsturmmänner geben die englische Politik der Lächerlichkeit preis. *C. J.*

V/15 *Brodkarte aus Libau*

Postkarte · Libau 1915 · 13,7 x 8,7 cm · Historisches Museum Lettland, Riga · VN 9263:1

V/16–V/19

V/16 Milchmarke

Budapest 1918 · 17 x 23 cm · Ungarisches Nationalmuseum, Budapest · Ohne Inv.-Nr

V/17 Brotmarke für Mateescu Marcu

Bukarest, 29. Februar 1918 · 12,2 x 6 cm · Historisches Museum der Stadt Bukarest, Bukarest · 85443 · Abb. S. 156

V/18 Brotmarke

Sarajevo 1915 · 21,6 x 17 cm · Historisches Museum von Bosnien und Herzegowina, Sarajevo · 271 · Abb. S. 156

V/19 Zuckermarke

Petrograd 1917 · 9 x 12 cm · Staatliches Museum für die politische Geschichte Russlands, St. Petersburg · 55314 · Abb. S. 156

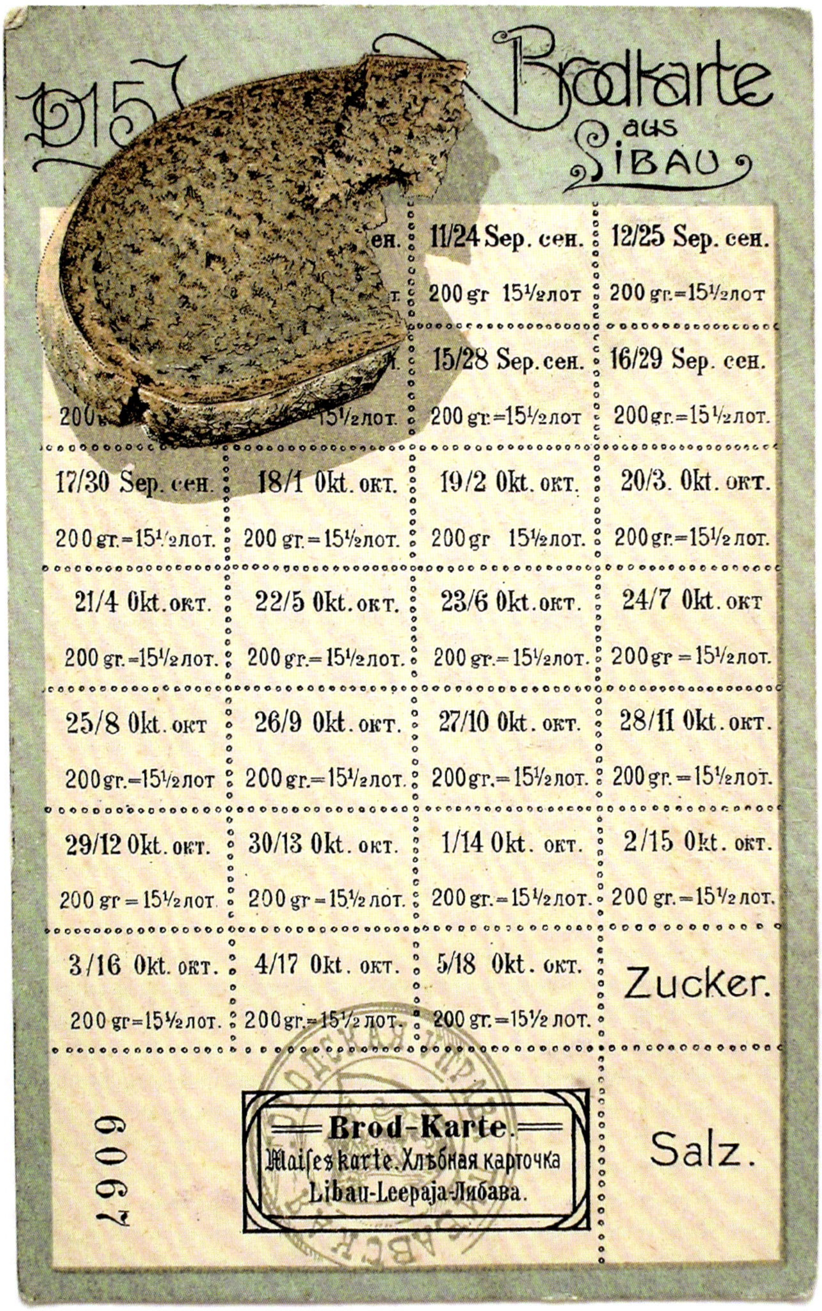

Der kriegsbedingte Mangel an Lebensmitteln machte sich insbesondere in den Städten bemerkbar. Um eine einigermaßen gleichmäßige Versorgung der Bevölkerung sicherzustellen, wurden bestimmte Produkte rationiert und – sofern über

V/15

V/16

haupt vorhanden – nur gegen Lebensmittelmarken ausgegeben. Die jeweiligen Mengen wurden pro Kopf zugeteilt und waren abhängig von der allgemeinen Versorgungslage. Die behördliche Festlegung von Preisen wirkte sich insofern auf das Angebot aus, als bestimmte Waren von den Erzeugern oder Händlern zurückgehalten, auf dem Schwarzmarkt verkauft oder durch Beimischung minderwertiger Zutaten gestreckt wurden. Marken gab es außer für Grundnahrungsmittel auch für Seife und andere Dinge des täglichen Bedarfs. Sie wurden bei Güterknappheit noch nach dem Krieg, teilweise bis 1923, ausgegeben. In den von Deutschland während des Krieges besetzten Gebieten im Osten wurde die Situation zudem dadurch erschwert, dass die Militärverwaltung eine streng regulierte Kriegswirtschaft einführte. Ein Großteil der Produktion aus Industrie und Landwirtschaft musste an die militärischen Einrichtungen übergeben werden. *K. B.*

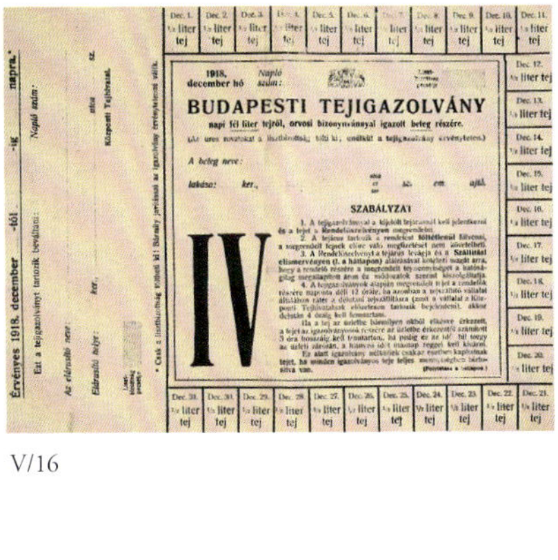

V/17

V/18

V/19

V/20 Tee-Ersatz der Marke »Herbar« in Originalverpackung

Deutschland 1915–30 · Papier, Karton, Tee-Ersatz-stoff · 7 x 19 x 19 cm · Deutsches Historisches Museum, Berlin · 1990/66.6267.1–133

Weil die Versorgung der Front mit Lebensmitteln absoluten Vorrang hatte, litten die Menschen in der Heimat immer größeren Mangel. Hinzu kam, dass die Qualität der Nahrungsmittel rapide schlechter wurde. Zunehmend kamen Ersatz-stoffe etwa für Tee, Kaffee oder Honig auf den Tisch. Diese wurden vor allem auf der Basis von Steckrüben oder Kartoffeln, aber auch unter Beimischung von Kastanien und Eicheln, etwa bei Brot, hergestellt. Der Nähr- und Genusswert dieser Ersatzstoffe war nicht vergleichbar mit dem ›echter‹ Lebensmittel. *T. F.*

V/21 *Patentschrift über ein Verfahren zur Herstellung eines dem rheinischen Schwarzbrot ähnelnden Schrotbrotes*

Kaiserliches Patentamt, 19. Februar 1917 · Papier · 30 x 20 cm · Stiftung Bundeskanzler-Adenauer-Haus, Bad Honnef · StBKAH VI-B 5

Der spätere Bundeskanzler Konrad Adenauer war im Ersten Weltkrieg als städtischer Beigeordneter für die Ernährungsversorgung der Stadt Köln zuständig. Er entwickelte mehrere Vorschläge zur technologischen Verbesserung der Lebensmittelherstellung. Dazu zählte das zusammen mit zwei Kölner Bäckern entwickelte Verfahren zur Herstellung eines »Notbrotes« mit hohem Maisanteil. Am 2. Mai 1915 wurde es vom Kaiserlichen Patentamt eingetragen. Die Erfinder wollten der Bevölkerung ein wohlschmeckendes, lockeres und haltbares Brot zur Verfügung stellen. Aus Geschmacksgründen wurde das aus geschältem Mais gemahlene Mehl vor der Teigbereitung im Ofen gedörrt. Das Brot wird heute wieder nach der Originalrezeptur aus dem Ersten Weltkrieg von einer Rhöndorfer Bäckerei hergestellt und verkauft. *G. B.*

V/22 Zwei Brotpräparate

Versuchsanstalt für Getreideverarbeitung nach Dr. A. Fornet · Berlin, 21. Oktober 1916 · Glas, Roggenmehl · Je 18 x 15 cm · Kölnisches Stadtmuseum, Köln · HM 1929/193 und HM 1929/194

Diese Brotscheiben bestehen aus Roggenmehl, bei einer der beiden Scheiben sind 20 Prozent Kartoffelwalzmehl hinzugefügt worden. In Kriegszeiten waren solche

V/22

Beimischungen minderwertiger Mehl-
sorten keine Seltenheit. Gerade Getreide
war sehr schnell knapp geworden. Das
auf diese Weise hergestellte Kriegsbrot
gab es in Deutschland schon seit 1915.
In diesem Jahr sank die wöchentliche
Mehlration von 1 575 auf 1 400 Gramm.
Im Laufe des Krieges verschlechterte sich
die Ernährungslage weiter. Den Höhepunkt bildete der Winter 1916/17, als es
für die Landwirte zum Teil einträglicher
war, Getreide und Kartoffeln an die Tiere
zu verfüttern als an die Bevölkerung weiterzugeben. In Deutschland starben im
Krieg über 800 000 Menschen an den Folgen von Unterernährung. *K. B.*

**V/23 *Économisons le pain en mangeant
des pommes de terre*
*[Sparen wir das Brot durch den Verzehr
von Kartoffeln]***

*Plakat · Yvonne Verner · Union Française/Comité
de Prévoyance et d'Économies pour la Guerre · Paris
1918 · Lithographie, aufgezogen · 50,9 x 33,5 cm ·
Conseil Géneral de la Meuse (Collection Dior),
Bar-le-Duc · 993.0004.7*

Die französische Bevölkerung wird mit
diesem Plakat dazu aufgerufen, statt der
Nationalspeise Weißbrot verstärkt Kartoffeln zu essen. Der für französisches Brot
benötigte Weizen stand während des Krieges nicht mehr in ausreichender Menge zur
Verfügung.
Wie in allen Krieg führenden Staaten
herrschte auch in Frankreich ein zunehmender Mangel an Lebensmitteln. Verschärft wurde die Lage dadurch, dass
größere Landesteile und damit landwirtschaftliche Anbauflächen von deutschen
Truppen besetzt waren. Durch die Rationierung von Zucker, Fleisch, Mehl und
anderen Lebensmitteln ab März 1917
sowie durch die Umstellung der Essge-
wohnheiten sollte die Ernährung gesichert
werden. Der Kartoffel kam dabei aufgrund ihres hohen Nährwertes und der
guten Transport- und Lagerfähigkeit eine
zentrale Rolle zu. Je länger jedoch der
Krieg andauerte, umso schlechter wurde
auch die Versorgung mit Kartoffeln. *T. F.*

**V/24 *Eat more corn, oats and rye products
[…] Eat less wheat, meat, sugar and fats
[…]*
*[Esst mehr Mais, Haferflocken und
Roggenprodukte […] Esst weniger Weizen,
Fleisch, Zucker und Fett […]]***

Plakat · L. N. Britton · U.S. Food Administration ·

V/23

*USA 1917 · Lithographie · 73 x 53 cm · Deutsches
Historisches Museum, Berlin · P 73/2234 (MfDG)*

Nach dem Kriegseintritt der USA am
4. April 1917 appellierte die US-Regierung
an die Bevölkerung, auf den Verzehr besonders energiereicher Lebensmittel zu
verzichten: Weizen, Fleisch, Zucker und
Fett sollten vor allem den Soldaten zugute kommen, deren Kampfkraft es zu
erhalten galt. Zugleich ist der Selbstbe-
schränkungsappell an die Bevölkerung
aber auch Ausdruck der privilegierten
Versorgungslage der USA. Als das Plakat

der U.S. Food Administration der Zivilbevölkerung die Umstellung auf eine
Ernährung mit Getreide, Fisch, Geflügel,
Obst und Gemüse nahe legte, waren die
seit Jahren Krieg führenden europäischen
Staaten aufgrund der Lebensmittelknappheit schon längst zu Rationierungen übergegangen. *T. F.*

V/27

»für meine Frau« belegt. Einzelne Posten wie »Innungsbeitrag« oder »Kostgeld für Lehrling« legen nahe, dass es sich um einen Handwerksmeister gehandelt hat. Neben den Aufwendungen für den Lebensunterhalt erübrigte die Familie – auch in den Kriegsjahren – Geld für Fleisch, Zigaretten und Klavierstunden. Offensichtlich gelang es dank der akribischen Auflistung und der damit verbundenen Kontrolle der Ausgaben, die von Mangel und Entbehrungen geprägten Jahre zu überstehen. *K. B.*

V/27 Hosenträger »Viel Feind viel Ehr!«

1915–17 · Papier: köperbindig (Ableitung); Baumwolle: leinwandbindig, maschinenbestickt; Leder; Metall · 85 x 8 cm · Deutsches Historisches Museum, Berlin · KTe 74/120

Die systematische Erfassung kriegsnotwendiger Güter war Sache der Kriegsrohstoffabteilung, die Walther Rathenau im August 1914 initiiert hatte und seitdem leitete. Ab 1916 war das Spinnen und Weben von Baumwolle nur noch für Heereslieferungen gestattet. Ein Teil der Textilbetriebe begann daraufhin, für den zivilen Verbrauch Garne aus Ersatzfasern wie Brennnessel, Ginster oder Papier herzustellen. Mit der Verarbeitung von Zellulose erzielte die Industrie gute Erfolge: Große Spinnpapierbahnen wurden in schmale Bänder geschnitten und mit dem so genannten Optimaldrall versponnen. Das gewonnene Garn war so fest, dass die Gewebe ohne Nachteil geblichen, gefärbt und bedruckt werden konnten. Arbeitshosen, Schürzen, Säcke, Möbelstoffe u. v. m. ließen sich mehrfach waschen, nicht aber einweichen oder kochen. Ab Herbst 1917 beschlagnahmte die Kriegsrohstoffabteilung auch Papiergarngewebe. *R. F.*

V/25 *War-time cookery [Die Kriegsküche]*

Buch · Nellie R. de Lissa · Simpkin, Marshall, Hamilton, Kent & Co. · London 1915 · 16 x 9,5 cm · Staatsbibliothek zu Berlin – Preußischer Kulturbesitz, Berlin · Krieg 1914/2666

Anders als bei den Mittelmächten wurde eine Lebensmittelrationierung in England erst 1917 erforderlich. Vor diesem Hintergrund unterschieden sich auch die Kriegskochbücher. In Deutschland wurden Rezepte auf der Grundlage äußersten Mangels angeboten und Vorschläge gemacht, wie Lebensmittel gestreckt oder welche Ersatzprodukte verwendet werden konnten. Ein Blick auf die Zutaten in dem vorliegenden englischen Kochbuch

dagegen spiegelt die weitaus entspanntere Versorgungslage in Großbritannien wider. Die Autorin hält Rezepte für drei Wochen bei täglich zwei Mahlzeiten für eine achtköpfige Familie bereit. *K. B.*

V/26 Haushaltsbuch

Berlin 1916–30 · 21,5 x 18 x 2,3 cm · Deutsches Historisches Museum, Berlin · Do2 99/1804

Dieses Haushaltsbuch einer Berliner Familie zeigt über einen langen Zeitraum die Entwicklung der Versorgung mit Lebensmitteln und verschiedenen Produkten des täglichen Bedarfs. Das Buch wurde vom Familienvater geführt, wie der Eintrag

V/28 Kinderstrümpfe aus Naturfasern und Ersatzstoff

Österreich-Ungarn 1917/18 · Brennnesselfaser, Ersatzstoff, auf Karton aufgenäht · 52 x 13 cm · Heeresgeschichtliches Museum, Wien · NI 2003/03/817

Mit Ausbruch des Ersten Weltkrieges entstand in Österreich-Ungarn ein großer Mangel an Rohstoffen, welchem anfangs nur durch verstärkte Zulieferungen aus dem neutralen Ausland begegnet werden konnte. Im Verlauf des Krieges spitzte sich die Lage jedoch dramatisch zu. Im Bereich der Textilindustrie verarbeitete man schließlich sogar die wild wachsende Brennnessel. Zwar eignete sich diese Pflanzenfaser kaum zur Erzeugung von

Uniformstoffen, jedoch konnte man sie beispielsweise mit in die Winterwäsche einarbeiten. *C. H.*

V/29 Fahrradreifen mit Spiralfedern als Ersatz für Gummireifen

Deutschland 1914–18 · Stahl · Tiefe an der Nabe 13,5 cm, Durchmesser 71 cm · Deutsches Museum, München · 58210.000

Bei diesem Vorderrad eines Fahrrades sind über die gesamte Metallfelge Spiralfedern gelegt. Als Ersatz für die übliche Gummibereifung sollten sie für einen Federungseffekt sorgen. Der Fahrkomfort war jedoch weit geringer als bei einem Fahrrad mit Gummireifen. Die Erfindung des luftgefüllten Gummischlauchs durch John Dunlop im Jahr 1888 hatte die Fahreigenschaften des Fahrrades deutlich verbessert. Es war seither zu einem überaus beliebten Fortbewegungsmittel geworden. Seit Kriegsbeginn war Deutschland aufgrund der britischen Blockade von Kautschukeinfuhren und damit vom Grund-

stoff für die Gummiherstellung weitgehend abgeschnitten. Die Importmenge von Naturkautschuk fiel von 30 000 Tonnen im Jahr 1913 auf 260 Tonnen 1915 und 668 Tonnen im Jahr 1916. 1916 begann man in Deutschland mit der Herstellung von synthetischem Methylkautschuk, von dem bis Kriegsende rund 2 000 Tonnen produziert wurden. Der militärische Bedarf konnte damit jedoch bei weitem nicht gedeckt werden. *T. F.*

V/30 *Trauer-Anzeige*

Postkarte zur Lebensmittelversorgung im Ersten Weltkrieg · Verleger: K. Essig · Basel, Oktober 1917 · 14 x 9 cm · Deutsches Historisches Museum, Berlin · Do 60/307 (MfDG)

Die neutrale Schweiz blieb im Ersten Weltkrieg von militärischen Angriffen verschont, war aber ein Opfer des Handelskrieges. Aufgrund ihrer Rohstoffarmut litt die Schweiz unter einer schlechten Versorgungslage: Immerhin 40 Prozent

V/30

ihrer Nahrungs- und Energieversorgung waren importabhängig. Nachdem die Regierung schon 1915 das Getreidemonopol übernommen hatte, musste sie 1917 die Lebensmittelrationierung einführen, und trotz verstärkter Anbaumaßnahmen lebte im Juni 1918 ein Sechstel der Bevölkerung unter dem Existenzminimum. Schon 1916 und – ausgelöst durch die Russische Revolution – 1917 kam es zu erheblichen Unruhen, die mit Hilfe der Armee niedergeschlagen wurden. Im Gegensatz dazu zeigt die Postkarte noch einen humorvoll-ironischen Umgang mit dem Thema Versorgungsmangel. *C. J.*

V/29

Innovation

Der Weltkrieg zu Lande und zur See hatte eine Fülle von Erfindungen und Modernisierungen im militärtechnischen Bereich zur Folge. Zugleich erforderte er tief greifende taktische und operative Neuausrichtungen.

Alle diese sich wechselseitig beeinflussenden Innovationen dienten zu Lande dem Ziel, den Stellungskrieg zu beenden und zum Bewegungskrieg überzugehen. Im Seekrieg sollten U-Boote den Durchbruch durch die britische Blockade und damit den Handelskrieg ermöglichen. Die Luftkriegführung schließlich wurde durch den Einsatz von Ganzmetallflugzeugen revolutioniert. Überdies gelang es ab Mitte 1915, den Takt des Maschinengewehrs mit dem des Flugzeugpropellers zu synchronisieren, so dass in Flugrichtung geschossen, also gleichsam mit dem ganzen Flugzeug gezielt werden konnte. Innovationen aus anderen Bereichen – wie etwa aus dem der Rundfunktechnik oder der Uhrenentwicklung (Armbanduhren, die mehr und mehr die Taschenuhren ablösten) – hielten nach Kriegsende Einzug in das Alltagsleben.

Materiell und personell deutlich unterlegen, führte die deutsche Armee zur Schonung der eigenen Kräfte in der Verteidigung ein elastisches und taktisch bewegliches Kampfverfahren ein. Zugleich entwickelte sie mit dem Einsatz so genannter Stoßtrupps und Eingreiftruppen ein neues erfolgreiches Angriffsverfahren. Auf Seiten der Ententestaaten sollte der Panzerkampfwagen den operativen Durchbruch durch die Front erzwingen. Diese taktisch-operativen Neuausrichtungen bildeten die Grundlage für die Kriegführung im Zweiten Weltkrieg.

G. P. Groß

V/31 Modell eines leichten Panzers Renault M.17 F.T. (männlich)

Berlin 1916/17 · Blech, lackiert · 15 x 11,5 x 33 cm, Maßstab 1 : 15 · Deutsches Historisches Museum, Berlin · W 68/7

General Jean-Baptiste Estienne überzeugte im Juli 1916 den französischen Industriellen Louis Renault (1843–1918) von seiner Idee eines leichten, kleinen und kostengünstigen Panzers. Nach der Fertigung eines Holzmodells entstand der Prototyp – noch ohne offizielle Zustimmung der Militärs. Im Januar 1917 wurde der neue Panzer öffentlich präsentiert. Es handelte sich um den ersten serienmäßig und in Massenfertigung produzierten Typ, der mit einem Drehturm ausgestattet war. Die so genannte männliche Variante verfügte über eine 37-mm-Panzerkanone und wurde daher auch *char mitrailleur* genannt. Bis Kriegsende produzierten französische Unternehmen über 3 000 Exemplare des M.17 F.T. Nach 1918 stellte Renault weitere 570 Exemplare zu Exportzwecken her. Sie kamen weltweit zum Einsatz, viele von ihnen sogar noch im Zweiten Weltkrieg. *G. B.*

V/32 Modell eines Panzers vom Typ Mark V (weiblich)

Günter Voigt · Berlin, um 1968 · Blech, lackiert · 17,5 x 25 x 66 cm, Maßstab ca. 1 : 15 · Deutsches Historisches Museum, Berlin · W 68/5

Im Panzerbau waren die Alliierten den Deutschen qualitativ und quantitativ weit voraus. Diese Waffe ermöglichte es ihnen, die deutschen Linien zu durchbrechen und ab Spätsommer 1918 zum Bewegungskrieg überzugehen.

Kampfwagen, zur Tarnung Tank genannt, entwickelten zuerst die Engländer, um so dem gegnerischen Maschinengewehrfeuer zu trotzen, Drahtverhaue zu überwinden und die eigene Infanterie beim Vormarsch zu unterstützen. Oberst John Fuller, der Stabschef des Tankkorps, war überzeugt, dass man mit Hilfe dieser Maschinen den Krieg gewinnen könne. Im Frühjahr 1917 verfügten die Engländer über circa sechzig Panzerfahrzeuge. Bei dem Panzerangriff bei Amiens am 8. August 1918 waren bereits 342 Mark V im Einsatz. Mit einem verbesserten Funkgerät und einer neuen Schaltung hatte dieser Typ eine Fahrgeschwindigkeit von acht Stundenkilometern und konnte erstmalig von nur einem Mann gesteuert werden. Zu sehen ist hier das Modell eines »weiblichen« Mark V, der an der Seite mit Maschinengewehren

ausgerüstet ist. »Männliche« Modelle waren seitlich mit Kanonen bestückt. *G. B.*

V/33 Gesichtsmaske eines britischen Panzerführers

Großbritannien 1916 · Metall, Leder, Baumwolle · 13,5 x 15,5 x 6,5 cm · Historial de la Grande Guerre, Péronne · 3695

Trotz der Panzerung der Tanks waren die Besatzungen großen Gefahren ausgesetzt. Nicht nur Stahlhelme, auch Gesichtsmasken aus Metall mit einem Geflecht für die Nasen- und Mundpartie sollten vor eindringenden Granatsplittern und Projektilen schützen. In den engen Türmen der Tanks dienten sie außerdem zum Schutz bei Stößen gegen die Wand oder vor dem Kontakt mit heißen Maschinenteilen.

Im Juli 1918 erwog die französische Armee, die mittelalterlich anmutende Gesichtsmaske – eine britische Innovation – zu übernehmen, entschied sich schließlich aber dagegen. *T. F.*

V/34 *The battle of the Ancre and the advance of the tanks* [Die Schlacht an der Ancre und der Vormarsch der Tanks]

Filmausschnitt · Produzent: William F. Jury · Kamera: Geoffrey H. Malins und J. B. McDowell · Großbritannien 1917 · 35-mm-Stummfilm (als Videoeinspielung gezeigt) · Länge: 76 Minuten, Ausschnitt: ca. 2 Minuten · Imperial War Museum, London · IWM 116

V/33

V/31

V/32

V/35

Die Aufnahmen des vom British Topical Committee for War Films produzierten und vom War Office finanzierten Propagandafilms zeigen unter anderem den Einsatz von Tanks in der Schlacht an der Ancre im November 1916.

Seit Herbst 1914 suchten die Militärführungen nach Möglichkeiten, die im Stellungskrieg erstarrten Fronten aufzubrechen, um zum Bewegungskrieg zurückkehren zu können. Dabei setzte die Entente große Erwartungen in die so genannten Tanks (britische Tarnbezeichnung für Panzer), die sich allerdings nur teilweise erfüllten.

Die neu entwickelte Offensivwaffe kam erstmals am 15. September 1916 an der Somme zum Einsatz. Von 32 verfügbaren Tanks fiel rund die Hälfte wegen technischer Probleme aus, so dass der Erfolg dieses ersten Panzerangriffs der Militärgeschichte begrenzt war. Erst am 20. November 1917 gelang 474 britischen Panzern bei Cambrai ein spektakulärer Durchbruch durch die deutschen Linien. Aber auch diesmal zeigte sich, dass die Panzer mit etwa sechs Stundenkilometern zu langsam und zudem in ihrem Aktionsradius zu eingeschränkt waren, um den Geländegewinn zu sichern. Großbritannien entwickelte daraufhin den leichteren und mit 13 Stundenkilometern auch schnelleren Tank »Medium A«. Auch Frankreich intensivierte die Panzerproduktion. Die deutsche Militärführung hingegeben ignorierte die neue Waffe weitgehend. Der Effekt der neuen Waffe blieb insgesamt begrenzt und enttäuschte die Erwartungen der Militärs. Dennoch zählte der Panzer zu den wichtigsten militärischen Innovationen des Ersten Weltkrieges. Nach Kriegsende wurde in allen Staaten

die Entwicklung und Produktion vorangetrieben. Im Zweiten Weltkrieg erlangten Panzer eine zentrale strategische Bedeutung. So stellte etwa die deutsche Wehrmacht eigenständige Panzerdivisionen auf, die in der ersten Kriegsphase einen erfolgreichen Bewegungskrieg führten. *T. F.*

V/35 Modell Ganzmetallflugzeug Junkers D-1 (J-9)

Unbekannter Modellbauer, 1976 · Metall · 29,5 x 36,5 x 13 cm, Maßstab 1 : 25 · Deutsches Museum, München · 1976/829

Die Junkers D-1 ist ein Symbol für den technischen Fortschritt im Flugzeugbau während des Ersten Weltkrieges. Es handelt sich bei diesem Typ um das erste Jagdflugzeug der Welt aus Ganzmetall, von dem ein Prototyp 1917 zum ersten Mal flog. Die Höchstgeschwindigkeit der Maschine betrug 220 Stundenkilometer, ihre Gipfelhöhe 6 700 Meter und ihre Spannweite neun Meter. Das Flugzeug war über sieben Meter lang, wog 625 Kilogramm und war mit einem Mercedes-Motor DIII mit 160 PS ausgestattet. Die Bewaffnung bestand aus zwei MGs 08/15. Hugo Junkers hatte Rumpf und Tragflächen des freitragenden Tiefdeckers aus einem Gerüst von Dural-Aluminiumrohren gefertigt, das von Aluminiumwellblech überzogen war. Damit erwies sich die Maschine als erheblich widerstandsfähiger gegen Beschuss und Witterungseinflüsse als die stoffbespannten Flugzeuge alter Bauart. Insgesamt wurden bis zum Waffenstillstand lediglich 41 D-1 hergestellt, von denen nur noch wenige an der Front zum Einsatz kamen. *S. N.*

V/36 Empfängerkasten mit Kleinempfänger E 40, E 160 und C 1916 der Flieger-Bodenempfangsstation J. d. Flg.

Telefunken AG · Berlin 1916 · Holz, Kunststoff, Messing · 36 x 37 x 45 cm · Museum für Kommunikation, Berlin · 3.2003.172

Die Wirkung des Artilleriefeuers war im Ersten Weltkrieg entscheidend für den Angriffserfolg der Infanterie. Zur Leitung der »Feuerwalze« kamen Artillerieflugzeuge zum Einsatz, die im Winter 1914/15 erstmals mit Funkgeräten ausgerüstet wurden. In größter Eile entwickelte man im Laufe des Jahres 1915 geeignete Flieger-Boden-Empfangsstationen, die von Funkern bedient wurden. Der Empfängerkasten war Teil einer solchen Station, die von etwa fünf Mann durch die Schützengräben getragen werden konnte. Die Apparate dienten der drahtlosen Nachrichtenkommunikation mit Artillerieflugzeugen und ermöglichten eine Funkverbindung zu den jeweiligen Flughäfen. *G. B.*

V/37 Semikograph

F. L. Löbner · Berlin 1914–18 · Metall, Glas · Durchmesser 6 cm, über Krone 7,4 cm · F. Schröder, Berlin

Die nur in geringer Stückzahl produzierten Kurzzeitmesser dienten der möglichst exakten Bestimmung von Geschossflugzeiten oder Zündbrennzeiten. Auf diese Weise ließ sich auch Aufschluss über die Entfernung zur gegnerischen Artilleriestellung gewinnen. *R. R.*

V/38 *Schießvorschrift für die Artillerie vom 1. Dezember 1917*

Hg. vom Chef des Generalstabes des Feldheeres im Einvernehmen mit dem Kriegsministerium · Druckerei des Chefs des Generalstabes des Feldheeres · Berlin 1917 · Papier · 15,1 x 11,9 cm · Militärhistorisches Museum der Bundeswehr, Dresden · W 597 (1917)+2

Das stundenlange Trommelfeuer tausender Geschütze wurde zum Inbegriff der Materialschlachten des Ersten Weltkrieges. Im Deutsch-Französischen Krieg von 1870/71 wurden lediglich 8,4 Prozent der deutschen Gefallenen durch Artilleriefeuer getötet – im Ersten Weltkrieg stieg diese Zahl auf über 58 Prozent an. Die genaue Planung und Konzentrierung des Artilleriefeuers und vor allem die exakte Abstimmung auf den Ansturm der eigenen Infanterie waren für den Angriffserfolg entscheidend. Die Oberste Heeresleitung hatte Ende 1917 neue Schießverfahren entwickelt, über die auch die Schießvorschrift vom 1. Dezember 1917 Auskunft gibt. Diese steigerten die Effizienz der Artillerie erheblich. Seit Herbst 1917 gelang es den deutschen Truppen daher am Nordabschnitt der Ostfront sowie in Italien und in Frankreich immer wieder, die feindlichen Linien zu durchbrechen. *S. N.*

V/39 Modell eines Pressgasminenwerfers mit Zweikammersystem und Munition (Kaliber 7,7 cm)

Fa. Erhardt und Sehmer · Saarbrücken, um 1916 · Metall, Holz · 43 x 47 x 17 cm · Historisches Museum Saar, Saarbrücken · 1699

Der Pressgasminenwerfer war eine Spezialwaffe für den Stellungskrieg. Sein Zielgebiet war der gegnerische Schützengraben. Die Saarbrücker Firma Erhardt und Sehmer nutzte ihre jahrzehntelangen Erfahrungen im Bau von Antriebsmaschinen für die Gas- und Hüttenindustrie

V/37

V/41

zur Entwicklung dieses Minenwerfers, bei dem die Abschussenergie nicht durch das Verbrennen von Pulver, sondern durch die Verwendung von Pressluft erzeugt wurde. Der Vorteil bestand darin, dass so der Standort des Minenwerfers vom Feind weder durch einen lauten Knall noch durch Rauch- oder Feuerentwicklung zu lokalisieren war.

Der Pressgasminenwerfer ging im Ersten Weltkrieg in Produktion. In welcher Stückzahl die Waffe zum Einsatz kam, lässt sich heute nicht mehr rekonstruieren. Eine Festschrift des Herstellers aus dem Jahr 1926 erwähnt zwar den Minenwerfer, nicht jedoch die Kriegsproduktion. *G. B.*

V/40 Maschinenpistole Bergmann

Modell 1918/I, System Schmeißer · Suhl 1918 · Stahl, Eisen, Holz · 12,5 x 43,5 x 82 cm · Deutsches Historisches Museum, Berlin · W 69/24

Für ihr neues Angriffsverfahren benötigte die deutsche Armee leichte und bewegliche Maschinenwaffen, die vor allem in den Grabenkämpfen über eine hohe Feuerkraft verfügten. Neben leichten Granat- und Flammenwerfern sowie MGs zählte die Maschinenpistole (MP) gegen Ende des Krieges zur Standardausrüstung der Stoßtrupps – kleine, gut ausgebildete Kampfgruppen. Entwickelt von dem Waffenbaumeister Hugo Schmeißer, kamen erste Prototypen im März 1918 zur Truppe. Bis Kriegsende konnten aber lediglich 10 000 Exemplare geliefert werden. *G. P. G.*

V/41 Schützengrabenuhr

American Waltham Watch Co · Waltham (MA) 1913 · Stahl, Glas · 4,3 x 3,8 x 1,1 cm · Deutsches Uhrenmuseum, Furtwangen · 147-3409

Als militärischer Ausrüstungsgegenstand setzte sich die Armbanduhr im Ersten Weltkrieg weltweit durch. Es war ein taktischer Vorteil, die Zeit am Handgelenk zu tragen. Man musste nun nicht mehr umständlich die Uniform aufknöpfen, um auf die Taschenuhr schauen zu können. Die eigens für die Schützengräben produzierten Modelle besaßen wie diese Waltham-Uhr ein Schutzgitter aus Metall. Meistens konnte man das Gitter abnehmen, um die Uhr auch für zivile Zwecke nutzen zu können.
Der Erste Weltkrieg markiert auch eine entscheidende Wende im Image der Armbanduhr. Noch wenige Jahre zuvor hatte die Uhr am Handgelenk als typisch

für Frauen gegolten, und das weniger wegen ihres schmückenden Charakters. Schließlich wies die damalige Kleidung auch berufstätiger Frauen kaum Taschen für die Aufbewahrung von Uhren auf. Um 1920 hatte sich dieses Bild verändert. Die Armbanduhr war nun nicht mehr nur Statussymbol der sich emanzipierenden Frau, sondern ebenso ein modernes männliches Accessoire, mit dem man Abenteuer, Sport und moderne Verkehrsmittel verband. *J. G.*

V/42–V/44

V/42 Empfängerröhre EVN 171 NR. 109369/4 DRP

Telefunken AG · Berlin 1914 · Glas, Metall · 11,5 x 4,7 cm · Museum für Kommunikation, Berlin · 3.0.6573

V/43 Empfängerröhre EVN 94 EZ 98 17781 – RRB 403

Telefunken AG · Berlin 1915 · Glas, Metall · 17,3 x 4,9 cm · Museum für Kommunikation, Berlin · 3.0.6517

V/44 Empfängerröhre EVE 173 – RBS 403

Telefunken AG · Berlin 1917 · Glas, Metall · 11,4 x 4,4 cm · Museum für Kommunikation, Berlin · 3.0.6519

Diese drei Röhren sind vergleichbar mit den Apparaten, die Heinrich Bredow (1879–1959) und Alexander Meissner (1883–1958) für ihre Funkexperimente im Ersten Weltkrieg verwendeten. Sie sind jedoch nicht identisch. Den beiden leitenden Technikern der Telefunken AG gelang die erste analoge Hörfunkübertragung. Der Funk war damit für Unterhaltungszwecke entdeckt. Die Voraussetzung für diese kommunikationstechnologische Errungenschaft waren Fortschritte in der Röhrentechnik. Die Firma Telefunken erkannte die Bedeutung dieses Technologiesektors und gründete 1914 ein Speziallabor. Zu Kriegsbeginn verfügte die Firma über das erste Exemplar eines selbst gebauten Zweikaskaden-Tonfrequenzverstärkers mit Röhren eigener Fertigung. Ihre Typenbezeichnung lautete EVN 94. Die erste Ausführung erbrachte bereits eine Hörbarkeitsverstärkung des Faktors 70 und stieß auf die ungeteilte Bewunderung der Fachwelt. Die EVN 171 und

V/45

die EVE 173 waren die mechanisch zweck-
mäßigeren und elektrisch wirksameren
Nachfolgemodelle. *G. B.*

V/45 *Alexander Meissner und Hans Bredow bei Funkversuchen im Ersten Weltkrieg*

Fotografie · Rethel 1917 · Reproduktion · Deutsches Rundfunkarchiv, Frankfurt am Main · M000022132

Hans Bredow und Alexander Meissner
führten im Frühsommer 1917 an der
Westfront drahtlose Telefonieexperimente
mit Röhrensendern und Rückkoppelungs-
empfängern durch. Diese Versuche gelten
als Geburtsstunde des deutschen Rund-
funks. 1956 erinnerte sich Bredow an die
Übertragungen, die in Rethel beim Ar-
meefunkerkommando der 1. Armee stattfanden: »Niemals werde ich vergessen,
welchen Eindruck es bei den Besatzungen
der in tiefen Stollen untergebrachten Funkstationen machte, wenn sie in Ruhepausen
unseren Darbietungen lauschen konnten
[...]. Damals trat zum ersten Male in Erscheinung, was Rundfunk für die von der
Außenwelt abgeschlossenen Menschen

bedeuten kann, und noch heute werde ich
gelegentlich von damaligen Funkern und
Fliegern an das Fronterlebnis ihrer ersten
Rundfunkkonzerte im Graben oder Flugzeug erinnert.« *G. B.*

V/46 Aktivkohlefilter (Teil einer Selinski-Kumant-Maske)

Nikolai Dmitriewitsch Selinski (1861–1953) · Russland 1915 · Metall · 16,2 x 11,3 x 7,4 cm · Kriegsmedizinisches Museum, St. Petersburg · 21275

Am 22. April 1915 setzten die Deutschen
bei Ypern zum ersten Mal Giftgas ein.
Dieser kriegsvölkerrechtliche Tabubruch
hatte zur Folge, dass bald alle Krieg führenden Staaten dieses Kampfmittel verwendeten. Gleichzeitig arbeitete man
international fieberhaft an den notwendigen Schutzvorrichtungen. Doch weder
die in der Industrie üblichen Luftfilter
noch herkömmliche Stoffmasken kamen
für den Kriegseinsatz in Frage. Der russische Chemiker Selinksi fand 1915 heraus, dass aktivierte Holzkohle einen optimalen Schutz vor fast allen damals bekannten Giftstoffen darstellte. So entstand die Zelinski-Kumant-Maske, die

aus einer roten Gummihaube (entwickelt
von dem russischen Ingenieur Kumant)
und einem angeschlossenen Metallbe-
hälter mit eingebautem Filter bestand.

V/46 Historische Abbildung der Selinski-Kumant-Maske

Die Maske schützte ihren Träger für einen Zeitraum von 30 bis 60 Minuten. Sie wurde ab 1916 in der russischen Armee und später auch von der Entente verwendet. *G. B. und O. G.*

V/47 Schautafel 51/52 zum Gaskrieg

Herbert von Stumm (1885–1943) · Deutschland, nach 1918 · Karton, Papier, Fotos · 49 x 66 cm · Wehrgeschichtliches Museum, Rastatt · 017087

Der Oberstleutnant der Reserve Herbert von Stumm gehörte von April 1915 bis Juli 1917 den Pionier-Regimentern 35 und 36 an, die unter der zeitweiligen Leitung des Chemikers Fritz Haber (1868– 1934) den Gaskrieg vorbereiteten und später durchführten. Für die Beratungen über den Einsatz deutscher Gaskampf-mittel bereiste Stumm zwischen 1915 und 1917 die Ost- und die Westfront, später auch Palästina. Nach Kriegsende

hielt er seine Tätigkeit auf rund fünfzig beidseitig beklebten Schautafeln fest. Von der hier erstmalig gezeigten Tafel geht eine irritierende Spannung aus: Sie dokumentiert persönliche Kriegserinnerungen und den Einsatz einer neuen Waffe mit besonders verheerender Wirkung. Zu sehen sind unter anderem ein privates Erinnerungsfoto von Haber, ein französischer Zeitungsbericht über den Einsatz von Gas durch deutsche Truppen sowie eine Auflistung der Befugnisse und Aufgaben des Inspekteurs der Gasregimenter. *G. B.*

V/48 Modell des U-Boot-Kreuzers U 140 »Kapitänleutnant Weddigen«

Berlin 1917/18 · Holz · 25 x 10,5 x 92,5 cm · Deutsches Historisches Museum, Berlin · W 68/57

In den ersten Kriegsmonaten gelang es der deutschen Marine wiederholt, mit Hilfe von Tauchbooten englische Kriegs-

schiffe zu versenken. Als besonders spektakulär galt die Versenkung dreier englischer Panzerkreuzer am 22. September 1914 durch das U-Boot U 9 unter Kapitänleutnant Otto Weddigen (1882–1915). Dieser Erfolg am Ärmelkanal war nach den schweren Verlusten, die die deutsche Marine vor Helgoland erlitten hatte, vor allem psychologisch bedeutsam. Kaiser Wilhelm II. zeichnete Weddigen als ersten Marineoffizier mit dem Orden »Pour le mérite« aus. Der Geehrte und seine Mannschaft wurden als Seehelden gefeiert. Sogar ein Boot wurde nach Weddigen benannt: Die U 140 lief am 4. November 1917 in der Kieler Germaniawerft vom Stapel und nahm am 28. März 1918 ihren Dienst auf. Nach Kriegsende wurde die U 140 als Beute an die USA ausgeliefert und später bei Schießversuchen versenkt. *G. B.*

V/47

Kriegsgefangene

Nach neuesten Schätzungen gerieten bis zu acht Millionen Kombattanten in Feindeshand. Bei etwa 60 Millionen Soldaten entsprach dies mehr als zehn Prozent aller Mobilisierten. Bis Ende 1918 kamen fast eine Million Menschen in österreichisch-ungarische, über zwei Millionen in russische und fast 2,5 Millionen aus insgesamt 13 Staaten in deutsche Gefangenschaft.

Der Umgang mit den Kriegsgefangenen war durch die Haager Landkriegsordnung geregelt. Es galt die Pflicht zur menschlichen Behandlung. Der Einsatz von Gefangenen für Arbeiten unabhängig von Kriegszwecken war erlaubt. Doch mit Kriegsbeginn entbrannte ein Propagandastreit um die angebliche Misshandlung der Gefangenen. Die Alliierten und die Entente drohten sich gegenseitig mit Repressalien, die zum Teil auch durchgeführt wurden. Waren die Behörden zunächst von den hohen Gefangenenzahlen überfordert, entstanden bis 1915 allein in Deutschland 100 Mannschaftslager. Zum Lagerleben gehörten Krankheiten, Depressionen – etwa aus Heimweh – und Fluchtversuche wie auch ein mitunter lebendiges Kulturleben.

Seit 1916 betrachtete man die Kriegsgefangenen zunehmend als wirtschaftliche Ressource. Durch den industrialisierten Krieg ging der Arbeitseinsatz in ein System der Zwangsarbeit über. Harte Arbeit bei schlechter Ernährungslage führte bei einzelnen Gefangenengruppen, die nicht auf Zusatzlieferungen aus der Heimat zurückgreifen konnten, zu teilweise hohen Todesraten. Deutsche Kriegsgefangene aus alliierten Lagern kehrten erst im Januar 1920 nach der Ratifizierung des Versailler Vertrages zurück. Die letzten russischen Gefangenen verließen Deutschland 1922.

G. Bavendamm

V/49 Extrablatt *Leipziger Tageblatt* und *Handelszeitung, Amtsblatt des Rates und des Polizeiamtes Leipzig*

Zeitung · Leipzig, 4. September 1915 · 47,7 x 32,2 cm · Deutsches Historisches Museum, Berlin · Do 74/2581.14 (MfDG)

Die demonstrative Meldung der im Ersten Weltkrieg besonders hohen Gefangenenzahlen sollte den Patriotismus der Heimatfront stärken. In Fettdruck verkündete das *Leipziger Tageblatt* im Herbst 1915 die neuesten Gefangenenzahlen: Nach Angaben der Zeitung hatten deutsche Truppen bis zum 1. April des Jahres 812 808 Gefangene gemacht. Die Nationalität der Gefangenen ging ebenso in die Statistik ein wie die Aufteilung nach Offizieren und Mannschaftsgraden. Von der Karpatenfront des Verbündeten Österreich-Ungarn wurden 1 600 gefangene Russen gemeldet. *G. B.*

V/50 Sonderblatt *Dresdner Anzeiger*

Zeitung · Dresden, 22. Februar 1915 · 31 x 24 cm · Deutsches Historisches Museum, Berlin · Do 56/2053.24 (MfDG)

Während die Westfront Anfang 1915 erstarrte, war der Krieg an der Ostfront von einer gewissen Dynamik gekennzeichnet. Mit patriotischem Pathos listet der *Dresdner Anzeiger* die Kriegsbeute nach den siegreichen Winterkämpfen in Masuren auf. Die 100 000 russischen Kriegsgefangenen werden ebenso angeführt wie die gefangenen Generäle und Divisionskommandeure sowie das erbeutete Kriegsgerät. *G. B.*

V/51 Modell eines englischen Kriegsgefangenenlagers in Ägypten

Vermutlich Ägypten, 1914–18 · Holz, Pappe, bemaltes Papier, Streichhölzer, Draht, Nähgarn; mit Originalkiste · 4,5 x 78,7 x 70 cm · Deutsches Historisches Museum, Berlin · 1989/208

Weder der Ursprungsort dieses Modells noch die Umstände seiner Entstehung lassen sich genau rekonstruieren. Laut Beschriftung, die vermutlich aus den fünfziger Jahren stammt, handelt es sich um die Arbeit eines deutschen Kriegsgefangenen, der in einem britischen Lager in der Nähe von Kairo einsaß. In vielen Kriegsgefangenenlagern wurden während des Ersten Weltkrieges Kunst- und Gewerbeausstellungen organisiert. Gut möglich, dass das Modell bei einer solchen Gelegenheit gezeigt wurde. Anfang der fünfziger Jahre war es dann auf der Welser Industriemesse in Österreich zu sehen. Mit viel Liebe zum Detail hat der Gefangene das Miniaturlager aus den verschiedensten Materialien gefertigt: Zu erkennen sind die doppelte Drahtumzäunung, das Lagertor und drei Wachtürme, über einhundert Zelte, zwei Baracken, Waschgelegenheiten sowie Latrinen. *G. B.*

V/52 Armbinde eines Kriegsgefangenen

Vermutlich Deutschland, 1914–18 · Wolle · 12 x 21 cm · International Red Cross Museum, Geneva · COL-1991-100-7

Rechtlich behielten alle Offiziere und Mannschaften nach der Gefangennahme ihren militärischen Status und Rang. De facto wurden die Kriegsgefangenen einem rigiden Zwangssystem unterworfen. Zur weithin sichtbaren Kenntlichmachung, vielleicht auch um Fluchtversuche zu erschweren, mussten die Lagerinsassen Armbinden tragen. Der leuchtend gelb gefärbte Stoff sowie die aufgedruckte Frakturschrift dieses Exemplars, dessen genaue Herkunft nicht mehr rekonstruiert werden kann, sind sehr gut erhalten. *G. B.*

V/53 Verpflegungsplan für das Kriegsgefangenenlager Parchim vom 15. bis 21. August 1915

Küchenverwaltung des Kriegsgefangenenlagers Parchim · Parchim, August 1915 · Papier, handgeschrieben und gestempelt · 32,5 x 21 cm · Deutsches Historisches Museum, Berlin · 1989/240

Bereits in den ersten Kriegsmonaten entstand in der Nähe der mecklenburgischen Stadt Parchim ein großes Kriegsgefangenenlager, aus dem dieser Speiseplan stammt. In säuberlicher Handschrift und mit Gewichtangaben bis auf das Gramm verzeichnete die Lagerküche die tägliche Speisefolge. Wie die drei Spalten illustrieren, war die Verpflegung in Parchim außerordentlich kärglich. Am 19. August 1915 etwa bestand das Frühstück nur aus Tee mit Zucker. Die tägliche Brotration belief sich für jeden Gefangenen auf 300 Gramm. *G. B.*

V/51

V/54–V/65

V/54 Geld der Inspektion der Kriegsgefangenenlager im Bereich des XVIII. Armee-Korps (1 Pfennig)

Frankfurt am Main, 1. Juni 1917 · Papier, gedruckt · 4,8 x 8,2 cm · Deutsches Historisches Museum, Berlin · N 90/4195 (MfDG)

V/55 Geld des Kriegsgefangenenlagers Groß-Poritsch (2 Pfennig)

Johannes Pässler, Dresden-Neustadt · Groß-Poritsch, 1. Februar 1916 · Papier, gedruckt · 5 x 8,5 cm · Deutsches Historisches Museum, Berlin · N 90/4196 (MfDG)

V/56 Geld des Kriegsgefangenenlagers Golzern (Mulde) (5 Pfennig)

Johannes Pässler, Dresden-Neustadt · Golzern, 1. Februar 1916 · Papier, gedruckt · 5 x 8,6 cm · Deutsches Historisches Museum, Berlin · N 90/4197 (MfDG)

V/57 Geld des Kriegsgefangenenlagers Golzern (Mulde) (10 Pfennig)

Johannes Pässler, Dresden-Neustadt · Golzern, 1. Februar 1916 · Papier, gedruckt · 6 x 9,4 cm · Deutsches Historisches Museum, Berlin · N 90/4198 (MfDG)

V/58 Gutschein des Kriegsgefangenenlagers Minden (20 Pfennig)

Minden, 1. Dezember 1917 · Papier, gedruckt · 5 x 8,6 cm · Deutsches Historisches Museum Berlin · N 90/4199 (MfDG)

V/59 Geld des Offiziers-Gefangenenlagers Saarlouis (25 Pfennig)

Saarlouis 1915–18 · Papier, gedruckt · 5,8 x 9,2 cm · Deutsches Historisches Museum Berlin · N 90/4200 (MfDG)

V/60 Geld des Offizier-Gefangenenlagers Blankenburg i. Mark (50 Pfennig)

Blankenburg 1917/18 · Papier, gedruckt · 7 x 10,8 cm · Deutsches Historisches Museum, Berlin · N 90/4201 (MfDG)

V/61 Geld des Mannschaftsgefangenenlagers Stendal (1 Mark)

Stendal, 1. Januar 1916 · Papier, gedruckt · 6,3 x 10,1 cm · Deutsches Historisches Museum, Berlin · N 90/4202 (MfDG)

V/62 Geld des Kriegsgefangenenlagers Langensalza (2 Mark)

Langensalza 1915–18 · Papier, gedruckt · 7,3 x 11,5 cm · Deutsches Historisches Museum, Berlin · N 90/4203 (MfDG)

V/63 Geld des Mannschaftsgefangenenlagers Salzwedel (5 Mark)

F. Kauffmann, Zerbst · Salzwedel, 1. Januar 1916 · Papier, gedruckt · 7,5 x 11,5 cm · Deutsches Historisches Museum, Berlin · N 90/4204 (MfDG)

V/64 Geld der Inspektion der Kriegsgefangenenlager im Bereich des III. Armeekorps (10 Mark)

Ambrosius et Co. G.m.b.H., Kirchhain N.L. · Berlin, 1. Oktober 1917 · Papier, gedruckt · 8,4 x 12,1 cm · Deutsches Historisches Museum, Berlin · N 90/4205 (MfDG)

V/65 Geld des Kriegsgefangenenlagers Chemnitz (20 Mark)

Chemnitz 1915–18 · Papier, gedruckt · 8,1 x 12,9 cm · Deutsches Historisches Museum, Berlin · N 90/4206 (MfDG)

Um den Kriegsgefangenen die Möglichkeit zu nehmen, das an sie ausgezahlte Geld außerhalb des Lagers zu benutzen, wurde im Ersten Weltkrieg spezielles Lagergeld ausgegeben. Es handelte sich dabei um eine Form von Notgeld, das jedoch nicht auf einem Mangel an staatlichen Zahlungsmitteln beruhte. In Deutschland gab es Ende 1915 einige tausend verschiedene Scheine dieser Art für militärische Lager, Industrielager und Arbeitskommandos. Ähnlich war es in Frankreich. In Österreich-Ungarn wurden ab 1915 ebenfalls zahlreiche Lagerscheine ausgegeben. Meist von den Gefangenen in den Lagern selbst hergestellt, gab es in Russland um die 200 verschiedene Scheine. Auch Großbritannien, Holland, Italien und die USA kannten Lagergeld. Typisch für das deutsche Lagergeld waren die einheitlichen Scheine der Armee-Korps, die sich durch den Lagerstempel unterschieden. Lagergeld wurde in aller Regel in kleinen Werten ausgegeben. Auf den Scheinen wurde vermerkt, ob sie in Mannschafts- oder in Offizierslagern Verwendung fanden. *G. B.*

V/66 *Faust. Eine Tragödie mit Gesang und Tanz in 10 Bildern von Alex Goethe*

Spielplan für eine Aufführung im Kriegsgefangenenlager Irbit (Sibirien) · Irbit, um 1918 · Karton, Foto · 32 x 21,5 cm · Deutsches Historisches Museum, Berlin · 1988/155

In einem abgelegenen Lager in Sibirien fanden sich deutsche Kriegsgefangene zusammen, um die heimatliche Kultur zu

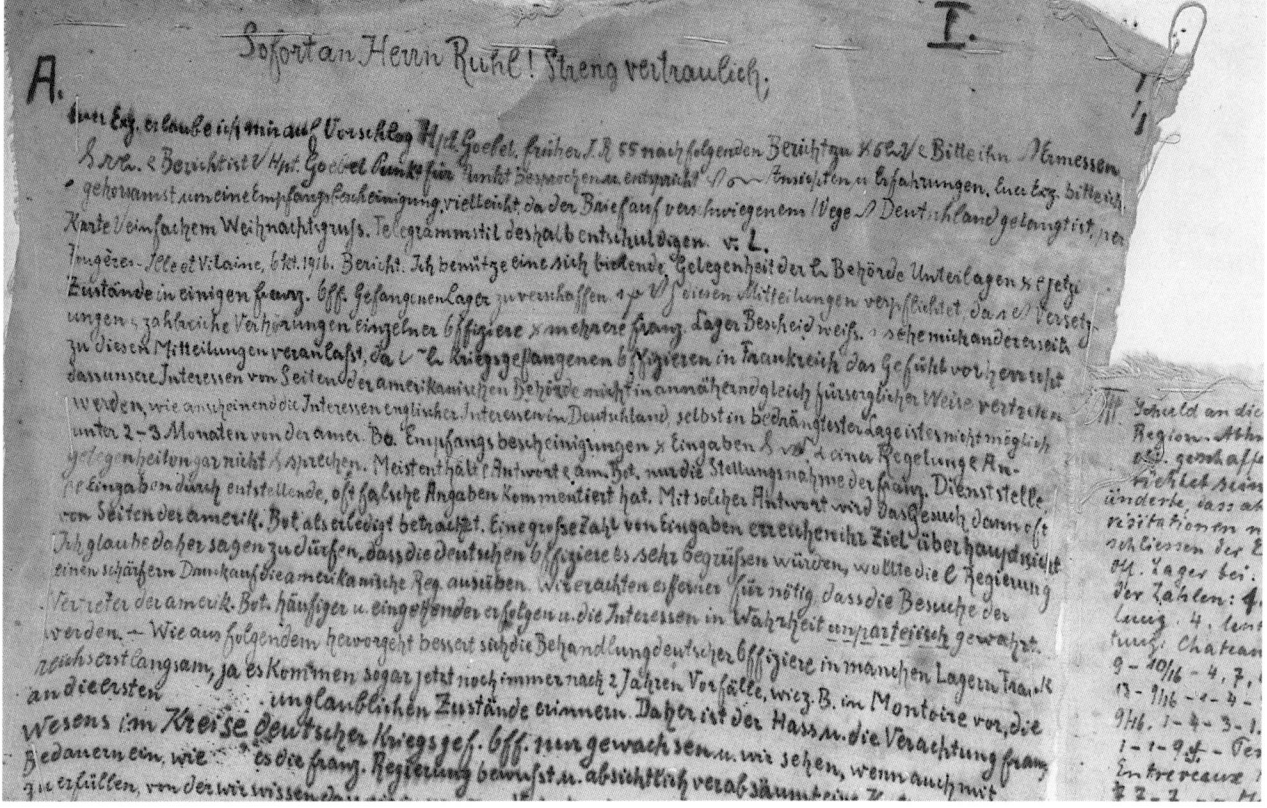

V/69

pflegen. Der Versuch, das triste Lagerleben durch selbst organisierte Unterhaltungsangebote aufzuhellen, war im Ersten Weltkrieg weit verbreitet. In Irbit probte die Theatertruppe für eine parodistische Fassung des Faust-Stoffes. Der Spielplan hätte kaum programmatischer formuliert sein können: »Der Prolog spielt in einem Zauberland, das Vorspiel im Mittelalter, die Tragödie im 20. Jahrhundert.« Die Fotografie zeigt die kostümierten Komödianten und einige Musiker. Rechts und links posieren liegend zwei in Fell gehüllte Gestalten, vermutlich die Erdgeister. Als eine Hauptattraktion des »Männertheaters« an der Front und in den Lagern galt der Auftritt von Damenimitatoren, von denen hier zwei in der ersten Reihe zu sehen sind. *G .B.*

V/67 *El Dschihad. Zeitung für die muhammedanischen Kriegsgefangenen*

Wünsdorf, 27. Juli 1918 · Nr. 86, turkotatarische Ausgabe · 48 x 31,5 cm · Deutsches Historisches Museum, Berlin · Do 57/168.4 (MfDG)

Die aus den britischen und französischen Kolonien stammenden muslimischen Insassen des so genannten Halbmond-

lagers bei Wünsdorf erfuhren eine Vorzugsbehandlung. In dem Lager waren neben Nord- und Westafrikanern auch Afghanen und muslimische Inder untergebracht, die zumindest teilweise nach ihren religiösen und heimatlichen Bräuchen leben durften. Mittels gezielter Propaganda wollte man die Gefangenen gegen ihre Kolonialherren indoktrinieren und zu einem »heiligen Krieg« gegen die Ententemächte aufstacheln. Fernziel dieser Maßnahmen war es, weitere Verbündete zu gewinnen und die deutsche Wirtschaftsexpansion im Osmanischen Reich, in Indien und in Persien zu fördern. Die kostenlose, zweiwöchig erscheinende Zeitung *El Dschihad* wurde seit März 1915 von der »Nachrichtenstelle für den Orient« in einer Auflage von zunächst 15 000 Exemplaren herausgegeben. Sie erschien in tatarischer, arabischer und russischer Sprache. In dem nach außen streng geheim gehaltenen Blatt wurden die Kolonialherren als brutale Ausbeuter und die Aufstände gegen sie als heilige Pflicht dargestellt. *G. B.*

V/68 *Unter Kriegsgefangenen in Rußland und Sibirien 1914–1920*

Buch · Elsa Brändström (1888–1948) · Berlin 1922 (2. Aufl.) · 23 x 32 cm · Staatsbibliothek zu Berlin – Preußischer Kulturbesitz, Berlin · Krieg 1914-26312 <2a>

Elsa Brändström, Tochter des schwedischen Gesandten in St. Petersburg, kümmerte sich in den Jahren 1914 bis 1920 zunächst um russische Verwundete, später um deutsche Kriegsgefangene in Rusland. Sie besuchte die Lager teils privat, teils im Dienst des Roten Kreuzes. Große Verdienste erwarb sie sich besonders während der Typhus-Epidemie. Man nannte sie den »Engel von Sibirien«. 1920 nach Deutschland übergesiedelt, gründete sie mit dem Erlös ihres 1921 in erster Auflage erschienen Buches in Sachsen ein Sanatorium für ehemalige Kriegsgefangene. 1934 emigrierten sie und ihr Mann in die USA. *K. B.*

V/69 Bericht eines deutschen Kriegsgefangenen aus dem französischen Offizierslager Fougères

Freiherr von Lersner · Fougères 1916 · Tinte auf Stoff · 65 x 50 cm (Karton) · Deutsches Historisches Museum, Berlin · 1989/220

Der Offizier Freiherr von Lersner zeichnete diesen Bericht im Offizierslager von Fougères auf zwei Textilbahnen auf. Die Botschaft gelangte – in eine Reiterhose eingenäht – nach Deutschland. Ihren Inhalt wollte der Verfasser als »streng vertraulich« behandelt und umgehend an die zuständige Behörde weitergeleitet wissen. Lersner kritisierte die seiner Meinung nach schlechten Unterbringungsverhältnisse in Fougères und in anderen französischen Lagern. Der »Hass und die Verachtung fran. Wesens« (sic) habe deswegen im Kreise deutscher kriegsgefangener Offiziere stark zugenommen. Mit seinem Bericht wollte Lersner die deutschen Stellen in die Lage versetzen, dem Ententevorwurf einer besonders schlechten Behandlung der Kriegsgefangenen in Deutschland entgegenzuwirken. *G. B.*

V/70 Ich war gefangen und Ihr seid zu mir gekommen
Ein Trost- und Gebetbüchlein für die Gefangenen des Völkerkrieges

Buch · P. Thomas Jüngt O.S.B. · Mit Imprimatur der kirchlichen Aufsichtsbehörde in Einsiedeln vom 21. September 1915 · Chur 1915 · 12 x 8 cm · Deutsches Historisches Museum, Berlin · 1989/463

Das katholische *Trost- und Gebetbüchlein* nimmt Bezug auf ein Gleichnis Jesu (Mt. 25, 36): »Ich war gefangen und Ihr seid zu mir gekommen.« Diese Worte finden im Frontispiz eine bildliche Umsetzung:

In Fesseln gelegt, neigt der leidende Jesus sein Haupt, das von einem Heiligenschein umkränzt ist. Das Gebetbuch stand im Dienst der Seelsorge für die kriegsgefangenen deutschen Soldaten, die insbesondere unter der Ungewissheit ihrer Lage zu leiden hatten. Ihnen sollte bedeutet werden, dass sie nicht vergessen waren. *T. F.*

V/71 Zigarrenkiste

Holzarbeit eines Kriegsgefangenen · Frankreich 1914–18 · Holz, Intarsien, Farbe · 55 x 74 x 19,5 cm · Conseil Général de la Meuse (Collection Dior), Bar-le-Duc · Ohne Inv.-Nr.

Über die Provenienz und die Entstehungsumstände dieser Kriegsgefangenenarbeit aus der Zeit des Ersten Weltkrieges ist leider nichts bekannt. Vermutlich war es ein handwerklich und künstlerisch geschulter Mensch, der die außergewöhnlich dekorative Zigarrenkiste gefertigt hat. Der Korpus der Holzarbeit besteht aus drei übereinander gelagerten Schubladen. Rechts und links des Schubladenturms befindet sich jeweils ein Fach. Beide Fächer lassen sich mittels kleiner, mit kunstvollen Intarsienarbeiten verzierter Läden verschließen. Eine vierte Schublade ist als Aufsatz oben auf der Kiste angebracht. Die Einlegearbeit scheint ein Barackengebäude eines Kriegsgefangenenlagers abzubilden. Erkennbar sind außerdem drei Bogenlampen und ein Stück Drahtzaun. *G. B.*

V/70

V/72 Perlenschlange

Handarbeit von türkischen Gefangenen · Vermutlich England, 1919 · Filz, mit Glasperlen bestickt · 535 x 2 cm (Kopf 5 cm) · International Red Cross Museum, Geneva · COL-1992-19-1

Diese Arbeit eines Kriegsgefangenen aus der Zeit des Ersten Weltkrieges wurde 1980 auf einem Genfer Flohmarkt entdeckt. Die perlenbestickte Schlange ist über fünf Meter lang. Ihre Inschrift legt nahe, dass sie 1919 in einem englischen Kriegsgefangenenlager von türkischen Kriegsgefangenen angefertigt wurde. Für die Gefangenen war handwerkliches Arbeiten nach landestypischen Traditionen eine Möglichkeit, emotional mit der Heimat in Verbindung zu bleiben und Abwechslung in den einförmigen Lageralltag zu bringen. *G. B.*

V/73 Wandhalter für Tabakspfeifen

Deutschland 1914–17 · Hartholz, Beize · 8,5 x 48,5 x 7 cm · Deutsches Historisches Museum, Berlin · MK 64/28

Dieser Pfeifenhalter ist aus einem Stück Holz geschnitzt. Die Nischen für die Pfeifen sind in Form von sieben Männerköpfen gestaltet, die Kapuzen tragen und teils Grimassen schneiden. Die Holzarbeit lässt an Schnitzereien an mittelalterlichen Fachwerkhäusern oder am Gestühl mittelalterlicher Kirchen denken. Eine Inschrift auf der Rückseite weist darauf hin, dass der Wandhalter während des Ersten

V/71

V/76

Weltkrieges von einem belgischen Kriegsgefangenen zu Erinnerungszwecken gefertigt wurde. *G. B.*

V/74 Zwei Baumscheiben mit Darstel-
lungen eines Kriegsgefangenenlagers

*Russland 1914–18 · Birkenholz, sägerauh geschnit-
ten und bemalt · Je 19 x 7,5 cm · Badisches Landesmuseum, Karlsruhe · 90/359–1 und 90/359–2*

Diese beiden Ansichten der Soldatenheime
Goduzischki und Leonki stammen mit
hoher Wahrscheinlichkeit von einem
badischen Soldaten, der sie während seiner
Kriegsgefangenschaft in Russland malte.
Zu sehen sind jeweils Lagergebäude in
einer winterlichen Landschaft. Auf die
Baumscheiben griff er vermutlich zurück,
weil er kein Papier besaß. *K. B*

V/75 Neun Namensschilder von
Grabkreuzen

*August 1917 bis Februar 1918 · Metall · Je 5 x
8 cm · In Flanders Fields Museum, Ieper · Ohne
Inv.-Nr.*

Diese Erkennungsmarken stammen von
Holzkreuzen, die auf den Gräbern der
folgenden russischen Kriegsgefangenen
standen: Ywan Jarzew († 19.8.1917) ·
Pawel Rosenzow († 21.9.1917) · Dimi
Kolbasew († 22.9.1917) · Wasili Kusnozow
(† 16.10.1917) · Jegor Andrejew († 22.10.
1917) · Grigori Gladki († 8.11.1917) ·
Ilia Nikandrow († 21.12.1917) · Pawel
Saigenow († 9.1.1918) · Piotr Schumilow
(† 12.2.1918).
Die Erkennungsmarken sind höchstwahr-
scheinlich der letzte greifbare Beleg ihrer
Teilnahme am Ersten Weltkrieg. *J. D. (Ü)*

V/76–V/78

V/76 Karteikasten Nr. 871 der Kriegs-
gefangenenkartei des Internationalen
Roten Kreuzes mit 15 Leitkarten

*Genf 1914 · Pappe, Papier · Kasten: 13,5 x 9,5 x
39,5 cm, Leitkarten: je 9,2 x 13,5 cm · Archiv des
Internationalen Komitees vom Roten Kreuz, Genf ·
ACICR C G1, Services de l'Entente, Fichier militaire
français, no 871*

V/77 Fünf Karten aus der Kriegsgefan-
genenkartei des Internationalen Roten
Kreuzes, ausgestellt auf Charles de Gaulle

*Genf, um 1916 · Papier, vier Originalkarten, ein
Faksimile · 13 x 9 cm · Archiv des Internationalen
Komitees vom Roten Kreuz, Genf · ACICR C G1, Ser-
vices de L'Entente, Fichier militaire français, no 871*

V/78 Listenregister der Kriegsgefan-
genenkartei des Internationalen Roten
Kreuzes

*Königlich Preußisches Kriegsministerium, Zentrales
Nachweis-Bureau · Berlin 1916 · Papier, Pappe,
Textil · 47 x 37 cm · Archiv des Internationalen
Komitees vom Roten Kreuz, Genf · ACICR C G1,
Services de l'Entente, Liste P, vol. 206 · Abb. S. 172*

Ab August 1914 leistete das Internationale
Rote Kreuz bis in die Nachkriegszeit hinein Hilfe für Millionen von Kriegsopfern.
Teil dieser Hilfe war die in Genf aufge-
baute Kartei der Auskunftsstelle für
Kriegsgefangene und Zivilpersonen, die
Ende 1917 bereits acht Millionen Karteikarten umfasste. Jede steht für ein indivi-
duelles Schicksal.

Auch Charles de Gaulle, der spätere französische Staatspräsident, geriet als Offizier am 2. März 1916 in Douaumont bei Verdun schwer verletzt in deutsche Kriegsgefangenschaft. Er wurde in unterschiedlichen Lagern interniert, so auch im Offiziersgefangenenlager in Neisse. In einem vom Zentralen Nachweis-Bureau des Königlich Preußischen Kriegsministeriums erstellten Verzeichnis ist de Gaulle mit Datum vom 14. Juni 1916 als Insasse dieses Lagers aufgeführt. Im Verlauf seiner Kriegsgefangenschaft unternahm de Gaulle fünf vergebliche Fluchtversuche, bis er am 3. Dezember 1918 schließlich nach Frankreich zurückkehren konnte. Seine Karten, die sich mit einer Ausnahme original erhalten haben, stammen aus einer gesonderten Militärkartei, dem so genannten »Fichier militaire français«. Diese Kartei bestand aus 2 249 Karteikästen mit insgesamt etwa zwei Millionen Karteikarten. Viele Familien in ganz Europa erfuhren erst durch das Rote Kreuz, dass Angehörige noch lebten. Das Rote Kreuz organisierte Briefkontakte und Hilfslieferungen, die etwa für Kriegsgefangene zu einer lebensnotwendigen Stütze in jahrelanger Gefangenschaft wurden. Mit seiner Hilfstätigkeit im Ersten Weltkrieg setzte das Rote Kreuz Maßstäbe für die Weiterentwicklung des humanitären Völkerrechts. 1917 erhielt es dafür den einzigen im Krieg vergebenen Friedensnobelpreis. *U. H.*

V/79 *Kriegsgefangenenlager 1916*

Filmausschnitt · Rudolf Pöch (1870–1921) · Österreich 1916 · 35-mm Stummfilm (als Videoeinspielung gezeigt) · Länge: 15 Min., Ausschnitt: ca. 2 Min. 10 Sek. · Filmarchiv Austria, Wien · 7617/0110

Kriegsgefangene wurden nicht nur von deutschen, sondern auch von österreichischen Wissenschaftlern als Probanden für die Beschäftigung mit fremden Kulturen, Sitten und Gebräuchen betrachtet. Der

aus der Ukraine stammende Anthropologe Rudolf Pöch führte in den Lagern umfangreiche Studien und Messungen an den Gefangenen durch. Parallel dazu entstand dieser Film, der die russischen Kriegsgefangenen aus völkerkundlicher Sicht beobachtet. Man sieht Männer beim Theaterspiel und beim Ringkampf. Kleine Gruppen spielen traditionelle Musikinstrumente und führen Volkstänze vor. Auch ein islamisches Gebetsritual ist zu sehen. Der zweite Teil des Films dokumentiert

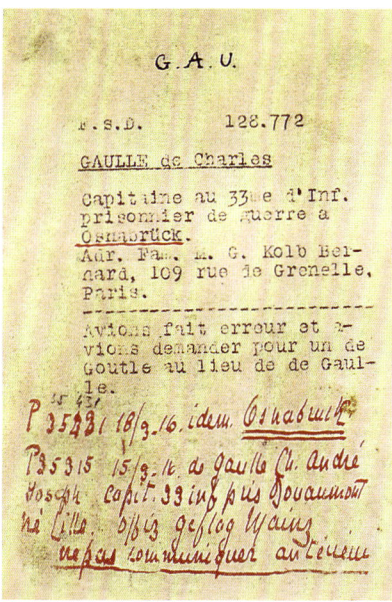

V/77

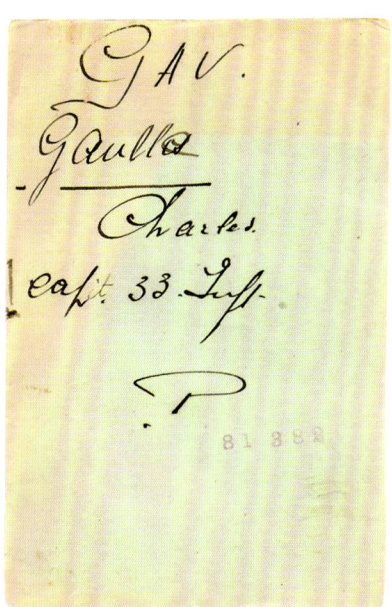

V/77

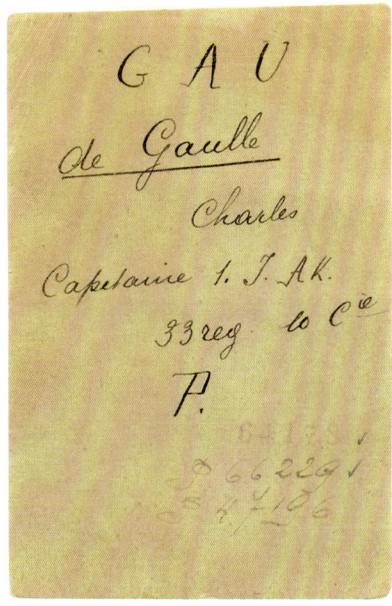

V/77

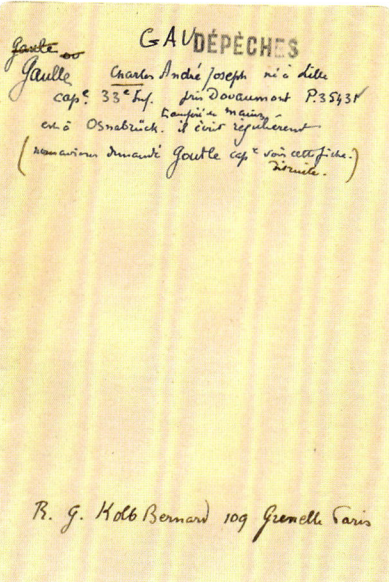

V/77

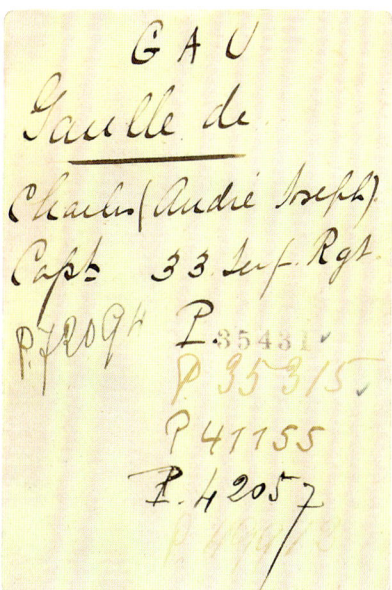

V/77

V/78

handwerkliche Tätigkeiten der Kriegsgefangenen wie die Herstellung von Strohschuhen, Schmuckstücken, einer Balalaika und eines Gipskopfes. *G. B.*

V/80–V/83

V/80 Phonograph mit Walze und Trichter

Marke Excelsior · Köln, um 1902 · 66 x 31,5 x 22 cm · Staatliche Museen zu Berlin – Ethnologisches Museum, Berlin · MV Musikethnologie, R 686 e 16-5

V/81 Drei Walzen mit Aufbewahrungsdosen

Schwarze Wachsmischung, Pappe und Papier · Länge 12 cm, Durchmesser 6,8 cm · Beschriftung: a) »Phon.Komm. 33«, b) »Phon.Komm. 34«, c) »Phon.Komm. 809« · Staatliche Museen zu Berlin – Ethnologisches Museum, Berlin · a) VII W-0033, b) VII W-0034, c) VII W-0809

V/82 Abbildung von Tataren

Walzenaufnahme der Phonographischen Kommission zwischen 1915 und 1919 in deutschen Kriegsgefangenenlagern · Frankfurt an der Oder 1915 · Glasplatte · 13 x 18 cm · Beschriftung: »Phon. Komm. 34« · Deutsches Rundfunkarchiv, Frankfurt am Main · F 9901 (Sammlung Wilhelm Doegen)

V/83 Tatarengesänge

Tondokument · Mucharam Iskakof und Rashiman Churmatulin (Gesang) und Batrashan Chakinoff (Geige), alle aus Ufa (Russland) · Aufgenommen 1915 im Kriegsgefangenenlager Frankfurt an der Oder · Staatliche Museen zu Berlin – Ethnologisches Museum, Berlin · VII-W 0034 »Phon.Komm. 34«

Die Anwesenheit von Kriegsgefangenen wurde sowohl in Österreich als auch in Deutschland zu wissenschaftlichen Forschungen genutzt. Die 1915 ins Leben gerufene Königlich Preußische Phonographische Kommission hatte das Ziel, die Sprachen und die Musik der Kriegsgefangenen in Deutschland zu dokumentieren. Für die Aufnahmen von Sprache und Dialekten wurde das Grammophon eingesetzt, die Platten fanden Eingang in das spätere Lautarchiv (heute an der Humboldt-Universität). Für das bereits im Jahr 1900 gegründete Berliner Phonogramm-Archiv machte Georg Schünemann mit einem Phonographen Musikaufnahmen, die sich heute zusammen mit den entsprechenden Protokollen im Ethnologischen Museum befinden. In den Kriegsgefangenenlagern bot sich die Möglichkeit, die Musik fremder Völker zu dokumentieren, ohne dafür weite Reisen unternehmen zu müssen.

Der Phonograph, 1878 von Thomas A. Edison in den USA erfunden, eignete sich gleichermaßen für Aufnahme und Wiedergabe von Schallereignissen. Auf diese Weise konnte Musik erstmals repro-

duziert und damit wissenschaftlich untersucht werden. Mit den frühen Tonaufnahmen der Musik fremder Völker entstand ein neuer Zweig der Musikwissenschaft: die Vergleichende Musikwissenschaft oder Ethnomusikologie.

Als Tonträger dienten Wachswalzen mit etwa zwei Minuten Laufzeit. Die originalen Wachswalzen wurden später galvanisiert und in Kopien verfügbar gemacht. Auf über 1 000 Walzen ist Musik aus den Herkunftsländern der Kriegsgefangenen dokumentiert, dabei handelt es sich oftmals um einzigartige historische Tondokumente.

Das Foto zeigt Carl Stumpf (1848–1936), den Vorsitzenden der Phonographischen Kommission (rechts), und den Musikwissenschaftler Georg Schünemann (1884–1945) (Mitte) bei phonographischen Aufnahmen im Gefangenenlager Frankfurt an der Oder: Mit einem tragbaren Phonographen werden drei tatarische Musiker, zwei Sänger und ein Geigenspieler aufgenommen. Die Namen, das Alter und die Herkunft der Musiker wurden ebenso im Protokollheft vermerkt wie genauere Angaben zu den vorgetragenen Stücken. *S. Z.*

V/84–V/88

V/84 Onis Gem Mahmud

Gemälde · Hans Looschen (1859–1923) · Wünsdorf, 23. Juni 1916 · Öl auf Leinwand · 78 x 63 cm · Deutsches Historisches Museum, Berlin · 34/316 (Zeughaus-Nr.) · Abb. S. 175

V/85 Hamed Ben Nadi Abo El Kader

Gemälde · Hans Looschen (1859–1923) · Wünsdorf, 27. Juni 1916 · Öl auf Leinwand · 78 x 63 cm · Deutsches Historisches Museum, Berlin · 43/322 (Zeughaus-Nr.) · Abb. S. 174

V/81 Zwei Walzen mit Aufbewahrungsdosen

V/82

V/86 *Aman Ben Hadi aus Schellala*

Gemälde · Hans Looschen (1859–1923) · Wünsdorf,
21. Juli 1916 · Öl auf Leinwand · 78 x 63 cm ·
Deutsches Historisches Museum, Berlin · 34/323
(Zeughaus-Nr.) · Abb. S. 174

V/87 *Othmani Hussein aus Constantin*
(Algier)

Gemälde · Hans Looschen (1859–1923) · Wünsdorf,
7. Oktober 1916 · Öl auf Leinwand · 78 x 63 cm ·
Deutsches Historisches Museum, Berlin · 34/317
(Zeughaus-Nr.) · Abb. S. 174

V/88 *Marokkaner aus Marrakesch*

Gemälde · Hans Looschen (1859–1923) · Wünsdorf,
18. Juli 1916 · Öl auf Leinwand · 78 x 63 cm ·
Deutsches Historisches Museum, Berlin · 34/318
(Zeughaus-Nr.) · Abb. S. 174

Auf Anordnung des Auswärtigen Amtes
öffnete im Februar 1915 das so genannte
Halbmond-Lager in Zossen bei Wünsdorf seine Tore. Dort wurden etwa 4 000
Kriegsgefangene überwiegend islamischen
Glaubens aus den Kolonien Englands
und Frankreichs untergebracht. Die An-
sammlung exotisch anmutender Menschen
in ihren traditionellen, farbenfrohen Trachten weckte nicht zuletzt das Interesse von
Künstlern. Dabei spielte sicher eine
Rolle, dass auch im militärischen Bereich
die Kleidung der von Frankreich koloni-
sierten Nordafrikaner noch kaum euro-
päisiert war. Im Sommer 1916 saßen dem
renommierten Berliner Maler Hans Looschen mehrere nordafrikanische Gefangene
Modell. Looschen war vor allem für seine
ausgeprägt koloristische Malweise bekannt.
Sein ›Blick auf die Fremden‹ ist der damaligen Zeit verhaftet, doch wirken die
intensive Farbigkeit der Bilder und die
Individualität der Gesichter noch heute
frisch und unmittelbar. *G. B.*

V/85

V/86

V/87

V/88

V/84

VI. Körper

Die Soldaten waren beispiellosen körperlichen Belastungen und Gefahren ausgesetzt. Im Grabenkrieg mussten sie ihren Dienst bei Nässe und Kälte und oft buchstäblich bis zu den Knien im Schlamm stehend versehen. Besonders im Sommer hatten sie unter schlechten hygienischen Verhältnissen zu leiden. Diese führten nicht zuletzt zur Verbreitung von Läusen, den Überträgern des gefürchteten Fleckfiebers.

Es galt ganz neuartige Gefährdungen abzuwenden. Zwar wurden altertümlich wirkende Schutzvorrichtungen wie Brustpanzer oder Helmvisiere entwickelt. Aber sie konnten nicht verhindern, dass etwa Granatsplitter und Schrapnellgeschosse klaffende Kopfverletzungen verursachten und ganze Gesichtspartien wegrissen. Überlebte der Verwundete, musste er oft mehrere Operationen über sich ergehen lassen, um fortan mit entstellten Gesichtszügen sein Leben zu fristen. Vielfach wagten derart Gezeichnete sich nicht mehr zurück zu ihrer Familie und vegetierten abgeschirmt von der Öffentlichkeit in speziellen Heimen.

Im Granathagel wurden Gliedmassen abgerissen oder so schwer verletzt, dass sie amputiert werden mussten. Eine zunehmende Zahl von »Kriegskrüppeln« zeugte seit 1915 auf den Straßen von den Schrecken des Krieges. Ihre Versorgung und gesellschaftliche Integration führte nach Kriegsende zu Problemen und Konflikten, etwa wegen Rentenzahlungen. Insgesamt gab es bei allen Krieg führenden Parteien rund 20 Millionen Verwundete. Allein auf deutscher Seite waren es vier Millionen Verwundete, um die sich 9 000 Militärärzte kümmerten. Bis Juli 1918 verzeichnete der »Sanitätsbericht über das deutsche Heer« rund 700 000 als »dienstunbrauchbar« Entlassene, darunter fast 40 000 Bein- und Armamputierte.

Ein makabrer Aspekt des millionenfachen Leidens bestand darin, dass die Medizin auf diese Weise in Teilbereichen große Fortschritte erzielen konnte.

T. Flemming

Versorgung

In den Stellungssystemen lebten die Soldaten unter teilweise unbeschreiblichen hygienischen Bedingungen. In ihren oft verschlammten Unterständen und Schützengräben waren sie der Witterung mehr oder weniger schutzlos ausgesetzt. Läuse und anderes Ungeziefer verursachten Krankheiten, denen viele Soldaten zum Opfer fielen. Andauernder Artilleriebeschuss konnte die regelmäßige Versorgung mit Nahrung und Munition verhindern. Mitunter war wochenlang an Ablösung nicht zu denken. Todesangst verbunden mit dem Gefühl der Verlassenheit führte zu hohen psychischen Belastungen.

Physisch und psychisch Not leidend, sehnten sich die Soldaten nach materieller und seelischer Versorgung. Neben der regelmäßigen Verpflegung waren vor allem »Liebesgaben« Pakete aus der Heimat sowie die Briefe der Angehörigen von entscheidender Bedeutung für die Moral der Stellungstruppe.

In der Etappe wurde den Frontsoldaten kulturelle, sportliche und sexuelle Zerstreuung geboten. Hier gab es aber auch den verhassten Drill und Formaldienst. Der spärlich bewilligte Urlaub wurde zum zentralen Ereignis. Er zeigte den Frontsoldaten allerdings, dass die »Heimatfront« ebenfalls unter Versorgungsproblemen zu leiden hatte. Auch Frauen und Kinder hungerten. In den letzten Kriegsjahren kam es vereinzelt zu Hungerrevolten. Auch die Streikbereitschaft in den Rüstungsbetrieben nahm zu.

G. P. Groß

VI/1 Nähzeug der Deutschen Armee und der Deutschen Marine

Deutschland 1914–18 · Eisen · 1,8 x 10,8 x 5,8 cm · Deutsches Historisches Museum, Berlin · Ak 94/516.7

Nähzeug wie dieses hatten viele Soldaten der Armee und der Marine im Gepäck. Auch im Krieg musste die Uniform stets in Ordnung gehalten werden. Feuerpausen und die oft langen Phasen des Routinedienstes wurden von den Soldaten unter anderem überbrückt, indem sie ihre Uniform mit Nadel und Faden ausbesserten. Die Militärpropaganda setzte Fotografien von lesenden, Briefe schreibenden oder nähenden Soldaten für ihre Zwecke ein – beispielsweise als Postkartenmotiv. Auf diese Weise sollte in der Heimat ein verharmlosendes Bild vom Frontalltag vermittelt werden. *T. F.*

VI/2–VI/3

VI/2 Zusammenklappbare Reiselaterne mit Kerze

Deutschland, Ende 19./Anfang 20. Jh. · Kupfernickellegierung, gestanzt, vernickelt; Glimmer, Wachs · 9 x 5 x 1,6 cm · Staatliches Historisches Museum, Moskau · GIM 104404/3 BM 974

VI/3 Reisetintenfass mit Schreibfeder

Russland, Anfang 20. Jh. · Kupfernickellegierung, gestanzt, vernickelt; Glas, Leder · 2,9 x 4,4 x 4,4 cm · Staatliches Historisches Museum, Moskau · GIM 104404/2 BM 973 1-2

Der technische Fortschritt zu Beginn des 20. Jahrhunderts erreichte auch den Offiziersalltag. Praktische, kompakte und tragbare Gegenstände brachten etwas Komfort und erleichterten das Leben der niederen Offiziersränge in den aktiven Einheiten. Auf Knopfdruck verwandelte sich ein kleines, flaches Metallgehäuse in eine Laterne: Die Flamme der Kerze war mit den durchsichtigen Glimmerflächen des zusammenklappbaren Lampenschirms vor Wind geschützt. Die Metallflügel dienten als feste Unterlage für die improvisierte Leuchte. Das Tintenfass wurde ebenfalls technisch durchdacht hergestellt. Seine Glasflasche ist durch doppelte Wände vor Erschütterungen geschützt. Der breite Boden verleiht Standfestigkeit. Drei Abdeckungen – der Pfropfen (er fehlt heute), die ihn von innen andrückende Flaschenkapsel und der Klappdeckel – verhinderten das Auslaufen der Tinte selbst unter schwierigsten Bedingungen. Mit Hilfe dieser perfektionierten Hilfsmittel konnte ein rus-

VI/2–VI/3

sischer Offizier Meldungen an den Stab oder Briefe nach Hause sowohl im Eisenbahnwaggon als auch im Unterstand oder im Schützengraben während der Feuerpause schreiben. *J. J. (Ü)*

VI/4 Brotbehälter

Serbien 1914–18 · Aluminiumblech · 37,3 x 11 x 7 cm · Historisches Museum Serbien, Belgrad · 942

Dieser Brotbehälter gehörte dem einfachen serbischen Soldaten Nikola Jorgovanović. Vermutlich war ein solches Behältnis Bestandteil der Grundausstattung eines jeden serbischen Frontkämpfers. Im Ersten Weltkrieg wurde auch die Ernährung der Soldaten und ihr Gesundheitszustand unter militärischen Gesichtspunkten gesehen. Für die Zusammenstellung der Frontkost, aber auch für ihre Verteilung waren Ärzte verantwortlich. Damit oblag ihnen zugleich die Kontrolle. Ziel war es, die »Kriegsarbeitsleistung der Körper« zu steigern. *K. B.*

VI/5 *Brocak* [Brotbeutel, Brotsack]

Kroatische Kriegszeitschrift · Redakteur: »Mitar« (wahrscheinlich Vladimir Horvat, 1891–1962) · Zeichnungen: Pjer (Petar) Križanić (1890–1962) · Druck und Verlag des 96. Carlstädter Infanterie-Regiments · Kriegsausgabe, 1916 · 29,3 x 21,2 cm, 8 Blätter · Kroatisches Historisches Museum, Zagreb · HPM/PMH 29430

Die illustrierte Soldatenzeitschrift mit humoristischen Texten wurde während des Krieges vom 96. Carlstädter Infanterie-Regiment herausgegeben. Die Erstausgabe erschien Weihnachten 1915. Die Zeitschrift wurde wahrscheinlich von Vladimir Horvat unter dem Pseudonym »Mitar« (in der Zeitschrift *Brocak* bezeichnet dieses Wort den Soldaten) redigiert.

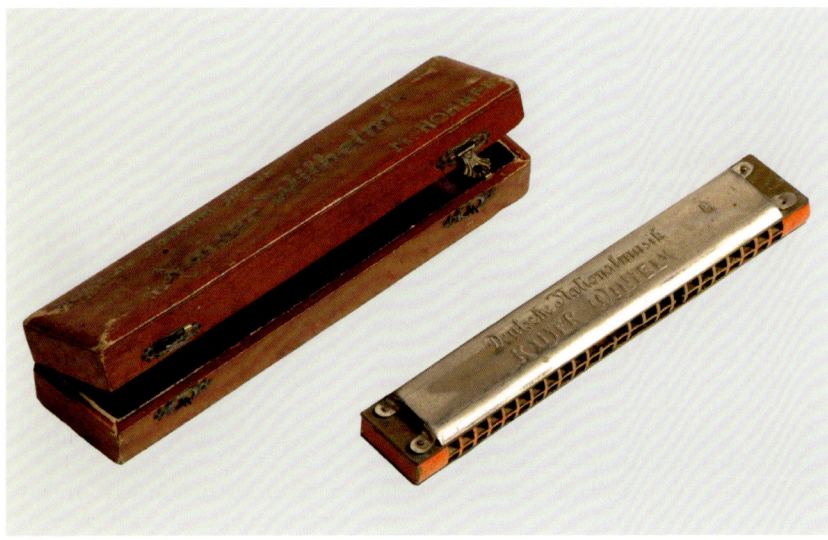

VI/8

Horvat war Militärschriftführer und Regimentspostunteroffizier, später Journalist und Fotograf. Der Illustrator Pjer Križanić war Maler, Kritiker und Karikaturist. *M. B. P.*

VI/6 Fotoalbum eines Artillerie-Regiments, mit losen Luftbildaufnahmen

Hans Schäperclaus (1891–1976) · 1916–19 · Foto, Papier, Textil, Kordel, Perlen · 15 x 35 x 2 cm · Deutsches Historisches Museum, Berlin · 2003/4958

Hans Schäperclaus wollte ursprünglich als Auslandsvertreter einer Getreidehandelsgesellschaft nach Belgien gehen, da wurde er zu Kriegsbeginn eingezogen. Seine Erlebnisse und Eindrücke als Soldat an der Front hielt er seit 1916 in Fotografien fest, die er zusammen mit einer detaillierten Dokumentation in einem Album sammelte. Schäperclaus hat sowohl an der Ost- wie auch an der Westfront gedient und insbesondere Alltagsszenen abgelichtet. *K. B.*

VI/7 Erinnerung an meine Berufstätigkeit im Westen und Osten während des Weltkrieges

Erinnerungsalbum · Willy Riedel · Leipzig, nach 1918 · Papier, Foto, Kreide, Druckfarbe · 21 x 33 cm · Theaterwissenschaftliche Sammlung der Universität zu Köln, Köln · KTH 336

Theatralische Darbietungen an der Front, in der Etappe und in Kriegsgefangenenlagern waren ein Novum sowohl in der Kriegs- als auch in der Bühnengeschichte.

Im Ersten Weltkrieg bereisten fahrende Ensembles aus dem deutschen Heimatgebiet oder aus Soldaten gebildete Laienspielgruppen die insgesamt 760 Spielstätten, von denen sich 520 im Gebiet der Westfront befanden. Zu den bekannten Darstellern der Kriegstheatergruppen gehörte unter anderem der sächsische Komiker Willy Riedel. Nach Kriegsende stellte der Schauspieler in diesem Erinnerungsalbum Bühnenfotos, Programme und Zeitungsausschnitte zusammen. *G. B.*

VI/8 Mundharmonika *Kaiser Wilhelm* in Verpackung

Fa. Hohner · Deutschland 1914–18 · Holz, Metall, Seide · 3,2 x 19 x 4,5 cm · Historial de la Grande Guerre, Péronne · 006647

Mundharmonikas der deutschen Firmen Hohner, Koch und Weiss entwickelten sich im Ersten Weltkrieg zum beliebtesten Musikinstrument und wurden millionenfach verkauft. Verziert waren sie in dieser Zeit mit Kriegsmotiven und so fungierten sie auch als Propagandamittel. Über Scheinfirmen in der Schweiz wurden selbst die Alliierten mit Mundharmonikas beliefert, deren Motive für diese Zwecke abgewandelt worden waren. Dieser Handel trug Hohner beinahe eine Anklage wegen Hochverrats ein.
Den Soldaten verschaffte das Spiel auf der Mundharmonika Ablenkung und es half ihnen, Angst und Heimweh zu überwinden. Die kleinen und leichten Instrumente waren überall zur Hand. In der Heimat wurden sie in einer Feldpostverpackung angeboten. 1916 stellte Hoh-

ner den Antrag auf Anerkennung des Instruments als »Heeresbedarfsartikel«. Seit 1917 war die Produktion als Kriegsindustrie anerkannt. *K. B.*

VI/9 Dame-Mühle für den Schützengraben

Sala-Spiele · Berlin 1914 · Papier, Karton, Holz, bedruckt, kaschiert, gedrechselt · Karton: 2,3 x 12,5 x 12,5 cm · Deutsches Historisches Museum, Berlin · 1991/216

Als dieses Spiel für den Schützengraben 1914 hergestellt wurde, war noch nicht abzusehen, dass der Krieg zum Stellungskrieg und der Schützengraben zur ›Heimat‹ vieler Frontsoldaten werden würde. Um die Soldaten vom Kriegsgeschehen abzulenken, in Phasen der Untätigkeit und Langeweile in der Stellung für Abhilfe zu sorgen und ganz allgemein ein Stück Normalität zu vermitteln, stellten Spielzeugproduzenten spezielle Gedulds- und Gesellschaftsspiele im Kleinformat her, die auch als »Liebesgaben« an die Front geschickt wurden. *C. J.*

VI/10 Sechs Handzeichnungen

Graphik · Paul Wegner (1873–1944) · 1914–18 · Bleistift auf Papier · 29 x 48,5 cm · Helga Wegner, Berlin

Paul Wegner war während des Krieges an der Ostfront eingesetzt. Von Beruf Bildhauer, lenkte er sich vom Kriegsalltag dadurch ab, dass er seine Eindrücke künstlerisch festhielt. Er zeichnete Ansichten der Umgebung oder Szenen aus dem Soldatenalltag wie den Weihnachtsbaum oder eine Grabstätte. Die Zeichnungen verschickte er als Feldpostkarten an seinen Sohn. In einem Album zusammengestellt, befinden sie sich bis heute als Andenken im Besitz der Familie. *K. B.*

VI/11 Feldkiste mit Briefen und Postkarten von und an Hermann Kränzlein

Frankreich und Deutschland 1914–18 · Holz, Stahl, Papier · Feldkiste: 42 x 75 x 27 cm · Deutsches Historisches Museum, Berlin · (Schenkung Otmar Kränzlein) Do2 95/3275

Bei Kriegsausbruch war der aus Erlangen stammende Hermann Kränzlein (1888–1943) Konstruktionsingenieur bei Siemens und mit der Berlinerin Eva Thier (1891–1918) verlobt. Kränzlein, der zunächst beim Bayerischen Feldartillerie Regiment

Nr. 10 diente, heiratete am 20. Dezember 1915 seine Eva. 1916 meldete er sich beim Preußischen Pionier Regiment 36, 2. Bat., welches 1917 als Preußisches Pionier Bat. 38 (Gastruppen) selbständig wurde. Die meisten in der Feldkiste gesammelten Briefe und Postkarten haben sich Eva und Hermann Kränzlein geschrieben. Bereits am Tag seines Einzugs zur Armee, am 9. August 1914, schrieb Kränzlein der »lieben Eva« eine Postkarte, der in den folgenden Jahren viele Zeilen folgten. Es sind Liebesbriefe, kurzweilige und ernste Berichte, Buchbestellungen, Dankschreiben und Besuchsanmeldungen, wie die vom 15. Oktober 1916: »Ich habe nämlich Urlaub, und zwar einen gaaanz kurzen, kleinen von 24 oder 36 Stunden, und wenn nichts dazwischen kommt, bin ich am Mittwoch, den 18., (also ›heute‹ wenn du Blauäugerin den Brief erhältst) nachmittags um 6 1/4 h, vielleicht aber auch erst um 7 3/4 h am Bhf. Zoo.« Um einen besseren Überblick über abgeschickte und empfangene oder auf den verschlungenen Wegen der Feldpost vermisste Briefe zu haben, gingen die beiden dazu über, alle Sendungen zu nummerieren. Eva, die im November 1918 Opfer einer Grippe-Epidemie werden sollte, war Fotografin. Als moderne Frau benutzte sie in ihren letzten Briefen bereits eine Schreibmaschine. *H. A.*

VI/12 Postkarte eines kroatischen Soldaten vom Kriegsschauplatz Galizien

Živko Pintar · Galizien, 10. Februar 1916 · Birkenrinde, handschriftlich beschrieben · 5,2 x 7,8 cm · Kroatisches Historisches Museum, Zagreb · HPM/MRNH 984

Aus Mangel an Papier schrieb der kroatische Soldat Živko Pintar aus Zagreb seinen Eltern eine Postkarte aus Birkenrinde. Auf der einen Seite steht auf Kroatisch: »Schöner Gruss vom Schlachtfeld 10/II 1916 Ihr Sohn Živko Pintar«. Auf der anderen: »Meinen Eltern zur Erinnerung aus Galizien, 1914–1916«. Die galizische Front blieb den kroatischen Soldaten als ein Ort der Tapferkeit und des Leidens in Erinnerung und ist als ein solcher auch in die Geschichtsschreibung eingegangen. *L. B.*

VI/13 Feldpostkarte mit dem Stempel des k. u. k. 53. Infanterie-Regiments

Österreich-Ungarn 1914–18 · 8,8 x 14 cm · Kroatisches Historisches Museum, Zagreb · HPM/PMH 6005

Diese Feldpostkarte ist ein Beispiel für eine gezielte Zensurmaßnahme. Auf ihr ist der Text »Ich bin gesund und es geht mir gut« zu lesen, verbunden mit der Warnung »Auf dieser Karte darf sonst nichts mitgeteilt werden« – in sämtlichen neun Sprachen, die in Österreich-Ungarn gesprochen wurden. Aus Sicherheitsgründen und um die Stellung der jeweiligen Militäreinheit geheim zu halten, durfte der

Soldat nur den Satz in seiner Muttersprache mit seinem Namen unterschreiben. *E. J.*

VI/14 Scène au Bordel de Beauvais [Szene aus dem Bordell in Beauvais]

Graphik · Jean Hugo (1894–1984) · 1918 · Aquarell · 26 x 34 cm · Musée national de la coopération franco-américaine, Blérancourt · MNB 2000-72 · Abb. S. 180

Am 4. September 1914 wurde Jean Hugo, ein Enkel Victor Hugos, zum 36. Regiment der 5. Infanterie-Division eingezogen. Er blieb bis zu seiner Demobilisierung am 6. September 1919 im Dienst. Mehrfach ausgezeichnet (Croix de guerre, 1916; Distinguished Service Cross, 1918) und verwundet, wurde er aufgrund seiner Sprachkenntnisse im Juli 1917 zum Verbindungsoffizier beim amerikanischen Expeditionscorps ernannt. Mit ihm nahm er Ende Mai an der Schlacht bei Cantigny teil. Aus seinen Tagebuchaufzeichnungen geht hervor, dass er ab Ende April des Jahres mehrfach mit Kameraden das Bordell in Beauvais besuchte. Hugo, der während seiner Urlaubsaufenthalte in engem Kontakt mit avantgardistischen Künstlerkreisen stand, hielt seine Kriegserfahrungen in Skizzen, Zeichnungen und luftigen Aquarellen fest. Dazu gehört auch diese Bordellszene, die unzweideutig auf eigene Anschauung zurückgeht. Der auf dem Sofa sitzende (französische) Soldat scheint an seiner Uniform militärische Auszeichnungen zu tragen. Über die Existenz von Bordellen wurde während und auch nach dem Krieg weitgehend geschwiegen. *R. R.*

VI/15 Duitse soldaat in een bordeel [Deutscher Soldat in einem Bordell]

Graphik · Eugeen Van Mieghem (1875–1930) · Antwerpen 1916 · Rötel auf Papier · 7,6 x 10,8 cm · Eugen Van Mieghem Museum, Antwerpen · Ohne Inv.-Nr. · Abb. S. 180

Van Mieghems Zeichnung vom Besuch eines deutschen Soldaten in einem Bordell hält eine während des Krieges massenhaft verbreitete Praxis fest. Während die Soldatenfrauen in der Heimat bei außerehelichen Kontakten gesellschaftlich ausgegrenzt wurden oder sogar, wie in Großbritannien, unter finanziellen Sanktionen zu leiden hatten, regelten die militärischen Führungen aller Nationen mehr oder weniger konsequent die Prostitution. Gelegentlich wurden Bordelle zu Sperrzonen erklärt, etwa durch die US-Armee,

VI/12

VI/14

VI/15

meist aber stand die Vermeidung von Geschlechtskrankheiten, d. h. die Kontrolle der Prostituierten und die Prophylaxe bei den Soldaten, im Vordergrund. *R. R.*

VI/16 *Spendet Liebesgaben für unsere tapferen Truppen im Felde*

Plakat · Lina von Schauroth (1875–1970) · Frankfurt am Main 1915 · Lithographie · 70,5 x 46 cm · Deutsches Historisches Museum, Berlin · P 64/436 (MfDG)

»Liebesgaben« nannte man die Pakete, die den Soldaten per Feldpost aus der Heimat an die Front geschickt wurden. Sie enthielten selbst gestrickte Wollsachen, Wäsche, Lebensmittel, Süßwaren und Tabak. Doch anders als es die Bezeichnung nahe legt, setzten diese Geschenke nicht die persönliche Bekanntschaft mit den Empfängern voraus. Sie stellten vielmehr eine organisierte Maßnahme dar, die zum einen der Ergänzung und Sicherung der materiellen Versorgung der Soldaten diente. Zum anderen stiftete man so an der Heimatfront eine Opfergemeinschaft, die insbesondere Frauen mit einbezog. Vom Roten Kreuz oder wohltätigen Vereinen initiiert, wurden die Geschenke oft gemeinsam in Schulen oder Büros hergestellt und verpackt. Ein eigens aufgebautes System von Sammelstellen sorgte für die Weiterleitung an die Front. *K. B.*

VI/18

VI/17

VI/17 *Princess Mary's Gift Box [Geschenkbox der Prinzessin Mary]*

Großbritannien 1914 · Kupfer · 2,5 x 13 x 8 cm · In Flanders Fields Museum, Ieper · Ohne Inv.-Nr.

Zum Weihnachtsfest 1914 wurden die Soldaten an der Front mit Geschenken

überhäuft. Zu den Paketen von der Verwandtschaft kamen »Liebesgaben« hinzu, deren Versendung in der Heimat zur patriotischen Pflicht gemacht wurde. Princess Mary, die einzige Tochter des englischen Königspaares, initiierte drei Monate nach Kriegsbeginn einen Fonds. Von den eingehenden Spenden sollte jedem britischen Soldaten und Matrosen ein Weihnachtsgeschenk zukommen. Es wurde als »Princess Mary's Gift Box« populär. *R. R.*

VI/18 **Klappweihnachtsbaum für die Front**

Deutschland 1917 · Holz, Kunststoff, Metall, Wachs · 22,5 x 9 x 8 cm · Historial de la Grande Guerre, Péronne · 009057

Mit diesem rührend anmutenden Klappweihnachtsbaum beschenkte eine Frau Sydow aus Torgau ihren Mann zu Weihnachten 1917. Oberst Maximilian Sydow war zu jener Zeit im Reserveinfanterieregiment Nr. 72 an der Westfront im Einsatz. Nicht nur das fragile, mit Kerzenhaltern

und sieben kleinen Wachskerzen bestückte Gebilde hat sich erhalten. Daneben ist hier die Originalverpackung ausgestellt, die von der Ehefrau akkurat beschriftet wurde. Sie scheint Wert darauf gelegt zu haben, dass ihr Mann auch im Feld gewisse Rituale pflegte. Jedenfalls ist die Bitte »am 24. Dec. zu öffnen« doppelt unterstrichen.
Weihnachtliche Szenen von der Front sind in zahlreichen Kriegstagebüchern überliefert. Der Erste Weltkrieg trug mit dazu bei, dass sich die deutschen Weihnachtssitten – insbesondere das Aufstellen eines Tannenbaumes – seither auch in Frankreich verbreitet haben. *G. B.*

VI/19–VI/21

VI/19 Maschinenschriftliches Rundschreiben des Chefs des Generalstabs zu Missständen im Verhältnis zwischen Vorgesetzten und Mannschaften

Paul von Hindenburg (1847–1934) · Großes Hauptquartier, Spa, 18. September 1918 · 33,5 x 21,2 cm · Deutsches Historisches Museum Berlin · Do 60/212(MfDG)

VI/20 Speisekarte aus dem Offizierskasino Plauen

Hoflieferant Matheus Müller · Plauen, 11. Juni 1916 · 22,4 x 13,9 cm · In Flanders Fields Museum, Ieper · Ohne Inv.-Nr.

VI/21 Becher mit silbernem Besteck für einen Offizier

Zwei Teelöffel, zwei Messer, eine Gabel, ein Salzstreuer, ein Korkenzieher, ein Rasierer · Aus dem Besitz von Generalmajor Minolescu George, im Krieg Unterleutnant der Kavallerie · 1914–18 · Silber · 14 x 9 cm · Historisches Museum der Stadt Bukarest, Bukarest · 106 124

Der Stellungskrieg beseitigte traditionelle und erzeugte neue innermilitärische Hierarchien. Die voranschreitende Individualisierung der Taktik in der deutschen Armee trug zu dieser Entwicklung bei. Kleine Kampfgruppen, geführt von jungen Offizieren und erfahrenen älteren Unteroffi-

zieren, wurden mehr und mehr Träger des Kampfes. Damit verringerten sich die Möglichkeiten der höheren Führung, auf Gefecht und Fronttruppe Einfluss zu nehmen. Die jungen Offiziere lebten als »Frontkämpfer« in engem Kontakt mit ihren Soldaten, kämpften und starben gemeinsam mit ihnen.

Parallel dazu und doch völlig anders entwickelte sich die Etappenwelt der höheren Offiziere. Der »Etappenhengst« pflegte weit ab vom Schuss häufig einen Lebensstil, der ihn der Fronttruppe entfremdete. Als Beispiele für seine bessere Ausstattung stehen hier eine Speisekarte und silbernes Besteck. Der Dienst des Offiziers in relativer Sicherheit, bei guter Verpflegung und Bekleidung, erregte Unmut bei jenen, die im Schützengraben lagen. Spannungen zwischen Vorgesetzten und Untergebenen blieben nicht aus, wie das Rundschreiben zeigt. *G. P. G.*

VI/22 Zigarrenetui mit der Aufschrift »Woina 1914–1916«

Fabergé · Unter der Geschäftsführung von Peter Karl Fabergé (1846–1920) · Moskau 1916 · Silber, gestanzt, innen vergoldet · 2,3 x 9,9 x 6,1 cm · Moskauer Eichstempel 1908–17, Hoflieferant K. Fabergé, K. F · Staatliches Historisches Museum, Moskau · GIM 72228 OK 6899/1-2

Den Deckel dieses Zigarrenetuis schmückt im Kreis der zweiköpfige Adler mit Krone als Relief. Darunter steht zu lesen »Krieg 1914–1916«. Die Gravur im Innern lautet »Dem Baron de Bay von W.P.K. Moskau 1918/6/19 111«. Dem Zigarrenetui ist ein Futteral aus grauem Kunstleder beigegeben, welches innen mit weißem Samt ausgelegt ist. Darauf befindet sich das Firmensymbol in Form einer ovalen Vignette mit einem zweiköpfigen Adler und der Aufschrift »Hofjuwelier K. Fabergé Petrograd Moskau Odessa London«.

Gegenstände, die das Wappen des russischen Reiches bzw. das Monogramm oder Porträt des herrschenden Zaren trugen, stellten Auszeichnungen des zaristischen Kabinetts dar. 1842 in St. Petersburg gegründet, war Fabergé ab 1885 offizieller Lieferant des russischen Zarenhofes. Nach dem Ausbruch des Ersten Weltkrieges begann Fabergé Zigarrenetuis, Tassen und Becher mit dem Wappen des Russischen Reiches herzustellen. Sie trugen die Daten des Krieges sowie den Tag der Übergabe, da sie als Geschenk des Zaren überreicht wurden.

Josephe de Bay (1853–?), der Empfänger dieses Zigarrenetuis, war ein französischer

Archäologe und erforschte die Geschichte, Archäologie und Ethnographie Russlands. Seine Sammlung, die den russisch-französischen Beziehungen gewidmet war, übergab er dem Staatlichen Historischen Museum. *G. S. (Ü)*

VI/21

Verwundung

Insgesamt etwa 20 Millionen verwundete Soldaten waren im Ersten Weltkrieg zu verzeichnen. Kein Bereich ihrer Körper und Seelen, der verschont blieb. Allein im Juli und August 1918 erlitten im deutschen Westheer durchschnittlich in jeder Stunde 168 Männer eine Verletzung. Die meisten Verwundungen gingen auf Artilleriegeschosse zurück. Der Schrecken der wie wahllos zuschlagenden Artillerie war auch für die seelischen Verheerungen verantwortlich. Überlebende von Trommelfeuer und Verschüttungen brachen – nervlich zerrüttet – zusammen und waren als Kriegsneurotiker oftmals brutalen Behandlungsmethoden in der Kriegspsychiatrie ausgesetzt.

Unterstützt vom Roten Kreuz und von Freiwilligen widmete sich das Militärsanitätswesen der Versorgung der Verwundeten. Ein ausgeklügeltes System von Sammelstellen, Front- und Heimatlazaretten, der Einsatz von Operationszügen sowie neue oder unter dem Druck des Krieges weiterentwickelte Behandlungstechniken wie die Bluttransfusion retteten das Leben vieler.

Die Ärzte sahen sich überdies mit Erkrankungen und Seuchen konfrontiert. Das Fleckfieber etwa oder auch Magen-Darm-Erkrankungen waren auf die unhygienischen Zustände in den Gräben oder in Gefangenenlagern zurückzuführen. Viren, Bakterien und Keime trafen in den zunehmend vom Hunger ausgemergelten Soldatenkörpern kaum noch auf ein intaktes Immunsystem. Das zeigte sich überdeutlich, als im Sommer 1918 eine pandemische Influenza, die so genannte Spanische Grippe, um die Welt zog; allein in Europa waren 2,2 Millionen Menschenleben zu beklagen, darunter besonders viele körperlich geschwächte Soldaten und Zivilisten.

K. Burchardi

VI/23–VI/24

VI/23   Lazarett im Wald

Fotografie · Russland 1914–18 · 24 x 35 cm · Kriegsmedizinisches Museum, St. Petersburg · 39091/5 · Abb. S. 184

VI/24   Operationssaal im Sanitätszug »Großfürstin Olga Nikolajewna«

Fotografie · Russland 1914–18 · 18,8 x 23,5 cm · Kriegsmedizinisches Museum, St. Petersburg · FBF 17504

Um die medizinische Versorgung der verletzten Soldaten zu gewährleisten, war ein schneller Abtransport hinter die Frontlinie nötig. Er oblag den Krankenträgern, deren Aufgabe zu den gefährlichsten im Heer gehörte, weil sie sie zu einem leichten Ziel für die gegnerische Seiten machte. Die hohe Zahl der Verwundeten sowie die logistische Herausforderung, die Verletzten zur Behandlung ins Hinterland zu bringen, stellte das medizinische Personal vor große Schwierigkeiten. Um die Versorgung zu verbessern, errichtete man provisorische Lazarette daher so frontnah wie möglich, beispielsweise in einem geschützten Waldstück. Von diesen Sammelstellen erfolgte der Weitertransport der Verwundeten teils mit Sanitätskraftwagen. Sehr viel professioneller als in den Waldlazaretten konnten die Ärzte in den Sanitätszügen arbeiten, wo Offiziere und Soldaten getrennt behandelt wurden. Zusätzlich zu den Zügen des militärischen Sanitätswesens stellten in Russland weibliche Angehörige der Zarenfamilie solche mobilen medizinischen Einheiten zur Verfügung. *K. B.*

VI/25   Päckchen mit Originalverbandsmaterial des Roten Kreuzes »Mussola Idrofila«

1917 · Papier, Baumwolle · 7,5 x 7,5 x 7,5 cm · Historisches Museum der Stadt Bukarest, Bukarest · 138624/ 60553

Neben den eigentlichen Verletzungen von Soldaten wurde die Wundinfektion zu einem gravierenden Problem. Gefahr bestand insbesondere im Falle einer Verwundung durch Artilleriegeschosse. 85 Prozent aller Verwundungen gingen darauf zurück. Einer möglichst schnellen antiseptischen Wundbehandlung vor Ort dienten die individuellen Verbandspäckchen, die jeder Soldat bei sich trug. Diese breite Versorgung mit Erste-Hilfe-Material

des einzelnen Soldaten gab es erstmals im Ersten Weltkrieg.

Das rumänische Verbandsmaterial wurde von der zentralen Militärapotheke ausgegeben. Dieses Päckchen enthält fünf Meter Baumwollverband und gehörte dem Radiologen Dr. Severeanu. Als Kunstsammler wurde er später der erste Direktor des Bukarester Stadtmuseums. *K. B.*

VI/26   Chirurgisches Besteck

Deutschland 1914–18 · Holz, Metall · 49 x 72 x 45 cm · Wehrgeschichtliches Museum, Rastatt · 015414

Der Standard medizinischer Bestecke änderte sich im Laufe des Krieges mehrfach. Sowohl die Anzahl als auch das Sortiment der Instrumente wurden verringert. Insbesondere Instrumente für die Durchführung von Amputationen wie auch für andere große und komplizierte ärztliche Eingriffe wurden bald nicht mehr mitgeliefert. Dies lässt sich mit den Bedingungen an der Front erklären, unter denen solche Eingriffe zu gefährlich wurden. Die Aufgabe der Sanitäter bestand nun allein in einem schnellen Abtransport der Verwundeten in die Feldlazarette. *K. B.*

VI/27–VI/28

VI/27   21 Geschossteile in einer Zigarrenschachtel

Aus dem Nachlass des Militärarztes Dr. Werner Schmidt-Hackenberg (1876–1962) · Februar 1916 bis März 1917 · Metall, Leukoplast · 7,2 x 14,5 x 2,5 cm · Privatbesitz, Dauerleihgabe im Deutschen Historischen Museum, Berlin · LD 2003/256.1-20

VI/28   Patientenverzeichnis mit detaillierten Aufzeichnungen der Schussverletzungen

Aus dem Nachlass des Militärarztes Dr. Werner Schmidt-Hackenberg (1876–1962) · Februar 1916 bis März 1917 · Papier, Leder · 17,3 x 45 x 3 cm · Privatbesitz, Dauerleihgabe im Deutschen Historischen Museum, Berlin · LD 2003/255

Dr. Werner Schmidt-Hackenberg war als Stabsarzt an der Westfront südöstlich von Laon eingesetzt und seit 1916 Leiter der 25. Sanitätskompanie. Im Rahmen seiner ärztlichen Tätigkeit behandelte er auch Soldaten mit Kopfverletzungen, denen er Granatsplitter aus den Wunden entfernte. Einen Teil dieser Granatsplitter hat der

VI/23

Militärarzt aufgehoben und mit der laufenden Nummer seines Operationsbe-
richtes versehen. Diese Berichte finden
sich in einem Notizbuch, in dem
Schmidt-Hackenberg die Anzahl und den
Verlauf der Operationen sowie medizinische Details festhielt. Von seiner Leiden-
schaft für den Beruf zeugt schließlich die
Tatsache, dass er auch die Feldpostbriefe
sammelte, die ehemalige Patienten ihm
schrieben, um ihm für seine Hilfe zu
danken. *K. B.*

VI/29 *Ognestrelnoje ranenie
[Schussverletzung]*

*Fotografie · Gomel 1915 · 25 x 24 cm ·
Kriegsmedizinisches Museum, St. Petersburg ·
OF 2933/30076 · Abb. S. 186*

Das Foto zeigt die durch ein Geschoss
verursachte Armverletzung eines Soldaten.
Der behandelnde Arzt, D. Trozki, hat alle
medizinischen Daten akribisch notiert. Der
verwundete Soldat W. E. Roschkow aus
der 6. Kompanie des Schützenregiments
10 wurde am 16. März 1915 bei Kämpfen

in den Karpaten verletzt. Zehn Tage später, am 26. März, wurde er in das »Lazarett
Nr. 2 des Allrussischen Landesverbandes«
in Gomel eingeliefert und dort am 28.
März als Patient aufgenommen. Die Behandlung verlief erfolgreich, der Soldat
wurde als geheilt entlassen. *K. B.*

VI/30 **Gesichtsmoulage auf Grund-
brett, Gesicht mit schwerer Verletzung
am Kinn**

*Fritz Kolbow · Wachsmischung, bemalt, Holz,
Gewebe, Acrylglas · 20 x 21 x 31,5 cm · Stiftung
Deutsches Hygiene-Museum, Dresden · 1991/257*

Zur Behandlung der durch Gewehrschüs-
se und Artilleriegeschosse erzeugten
Gesichtsverletzungen entwickelte die
Kriegschirurgie neue Diagnose- und The-
rapiemethoden. Begleitend entstand eine
umfassende visuelle Dokumentation, die
dazu diente, medizinische Sammlungen zu
vervollständigen und junge Mediziner zu
instruieren. Wachsabgüsse waren eine der
Darstellungsformen. Die Arbeit des Moula-
geurs war handwerklich hoch anspruchs-

voll und für den Verwundeten eine Tortur.
Dieser Abguss demonstriert einen unver-
sorgten Kieferbruch.
Der schreckliche Anblick der Entstellten
wurde nicht zuletzt politisch instrumentalisiert. So konfrontierte der französische
Ministerpräsident Georges Clemenceau
die deutsche Delegation bei der Unterzeichnung des Friedensvertrages in Versailles mit der Anwesenheit einiger französischer Gesichtsverletzter. *G. B.*

VI/31 *Ranenyje w Moskwe
[Verwundete in Moskwe]*

*Plakat · Moskau 1914 · Lithographie · 86,5 x 64
cm · International Red Cross Museum, Geneva ·
BBT-1988-4-13*

Der russische Bilderbogen von 1914 zeigt
die Versorgung und Betreuung von Verwundeten. Er vermittelt einen Eindruck
von der Vielfältigkeit der Aufgaben und
Anforderungen an die Pflegekräfte, sei es
auf dem Verbandsplatz hinter der Front,
sei es im Speisesaal eines Lazaretts. Typisch für die Rote-Kreuz-Schwestern in

weißer Tracht ist dabei ihre den Hilfsbe-
dürftigen zugeneigte Haltung.
Mit dem Kriegseintritt Russlands im
August 1914 sah sich das russische Rote
Kreuz auch in der Verantwortung für den
Sanitätsdienst und die Truppenbetreuung.
1867 von Marija Alexandrowna (1824–
1880), der Gattin von Zar Alexander II.,
gegründet, hatte es sich bis dahin vor
allem der Krankenpflege gewidmet. Nun
betätigte sich das Rote Kreuz im Sinne
seines Stifters Henry Dunant (1828–1910)
auch in der Verwundetenfürsorge.
Die realen Bedingungen, unter denen in
den kommenden Kriegsjahren Hilfe geleistet wurde, sahen jedoch meist anders aus
als in dieser idealisierten Darstellung aus
der Anfangsphase des Krieges. Im Gefecht
konnten viele Verletzte nicht oder erst
spät geborgen werden. Häufig mangelte
es an Verbandszeug und Medikamenten.
Morphium-Knappheit führte oftmals
dazu, dass die Lazarette vom Stöhnen der
Schwerverwundeten erfüllt waren. *T. F.*

VI/32 Impfung gegen Bauchtyphus in den Schützengräben

Graphik · Russland 1914–18 · Aquarell · 53 x 55 cm ·
Kriegsmedizinisches Museum, St. Petersburg ·
Of 7770

Typhus in seinen unterschiedlichen Arten
gehörte unter den unhygienischen Bedingungen in Zeiten des Krieges überall zu
den besonders gefürchteten Epidemien.
Angesichts hoher Sterblichkeitsraten war
es dramatisch, dass eine eindeutige dia-
gnostische Unterscheidung der spezifischen Typhuserkrankung nicht immer
frühzeitig möglich war und die Krankheit
in solchen Fällen nicht wirkungsvoll
bekämpft werden konnte. Dem »echten«,
durch Bakterien verursachten Typhus,
auch Bauchtyphus genannt, versuchte
man mit Impfungen zu begegnen. Das
Aquarell stellt eine solche Maßnahme in
einem russischen Schützengraben dar.
Verbreiteter war jedoch der Flecktyphus.
Hier zeitigten Impfkampagnen erst gegen
Ende des Krieges entscheidende Erfolge.

Da der Erreger in diesem Fall durch Läuse
übertragen wird, waren Entlausungsmaß-
nahmen probat. In Russland, aber auch
an der Nordostfront und insbesondere
auf dem Balkan litten die Armeen und
die Kriegsgefangenen besonders stark
unter Flecktyphus. Deutschland hatte einer Ausbreitung durch Entlausungsmaß-
nahmen weitgehend entgegenwirken
können. *K. B.*

VI/33 *Na peredowych posizijach rabo-tajet tolko krasny krest [In den vordersten Linien arbeitet nur das Rote Kreuz]*

Plakat · Abram Jefimowitsch Archipow (1862–1930) ·
Verlag der Handelsgesellschaft A. A. Lewenson ·
Moskau 1914 · Farblithographie · 124,5 x 94,5 cm ·
Staatliches Wissenschaftliches Forschungsmuseum für
Architektur A. W. Schtschussew, Moskau · R III 9265

Ernst blicken die Schwestern in Richtung
des Kampfgeschehens in der Ferne. Im
Namen des Roten Kreuzes bitten sie um
Spenden. Die Zahlen auf dem Plakat
machen Angaben zum Personal und den
medizinischen Einrichtungen des russischen Roten Kreuzes. Die Hilfsorganisa-
tion entlastete das militärische Sanitäts-
wesen in der medizinischen Versorgung,
bei der Wohlfahrtspflege an der Heimatfront, bei der Betreuung von Flüchtlingen
und bei der Kriegsgefangenenfürsorge. In
den muslimischen Ländern wurden diese
Funktionen vom Roten Halbmond übernommen. *K. B.*

VI/34 Armbinde des Roten Kreuzes mit zwei Stempeln

Bukarest 1914–18 · Textilgewebe · 14,5 x 49,5 cm ·
Historisches Museum der Stadt Bukarest, Bukarest ·
74418

Die Armbinde des rumänischen Roten
Kreuzes gehörte der Familie Constantin.
Der Enkel des Besitzers übergab sie 1961
an das Museum. Das Band trägt zwei
Stempel von Armeeeinheiten. *K. B.*

VI/35 *Verhandlungen der Gesellschaft deutscher Nervenärzte 8. Jahresversammlung (Kriegstagung), gehalten zu München 22. und 23. September 1916*

Zeitschrift · Leipzig 1917 · 22,5 x 15,5 cm ·
Staatsbibliothek zu Berlin – Preußischer Kultur-
besitz, Berlin · Kh 49/130a

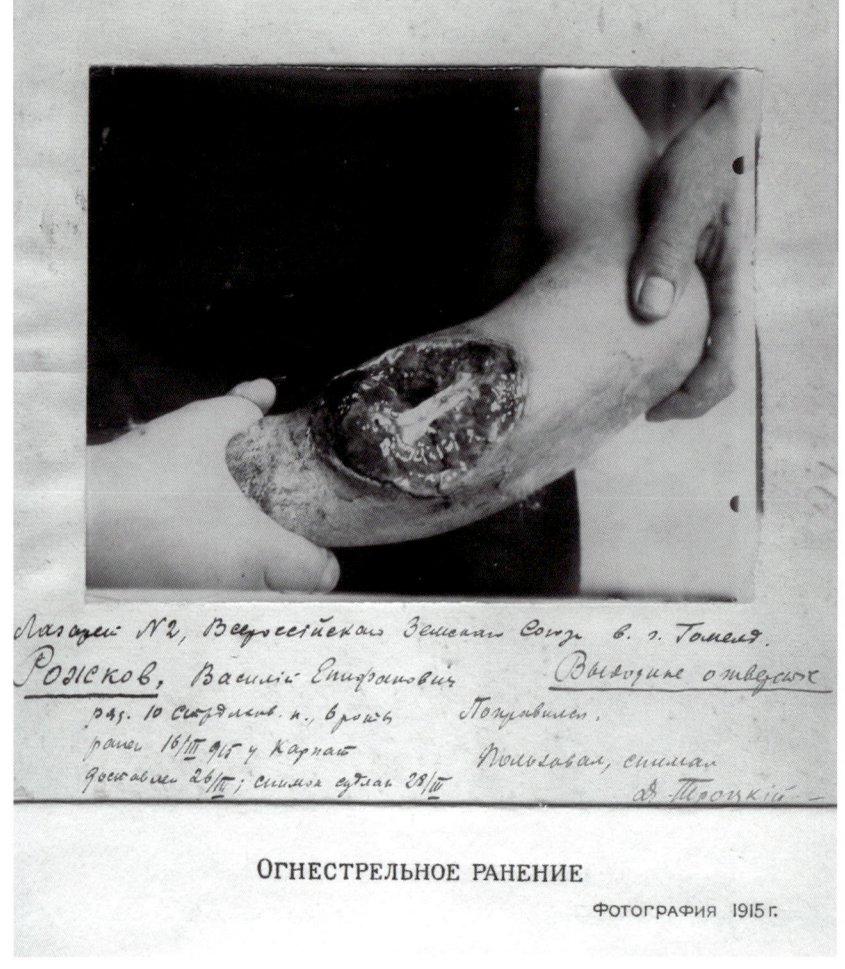

VI/29

VI/32

Die dokumentierte Tagung widmete sich verschiedenen Behandlungsformen der »Kriegsneurose«. War man bis dahin mehrheitlich noch von einer organischen Verursachung der Krankheitssymptome bei den so genannten Kriegszitterern ausgegangen, so setzte sich nach der Jahresversammlung der deutschen Nervenärzte eine neue Sicht durch: Ursächlich für die

neurotische Ausprägung einer traumatischen Erfahrung sei die persönliche Disposition des Patienten. Damit konnten die Kranken rassen- oder klassentypisch eingeordnet werden: Offiziere glaubte man weniger betroffen als Soldaten, Deutsche seltener als Juden. Es verwundert nicht, dass die Tagung der »Kaufmann-Kur« zum Druchbruch verhalf, nach der den

Patienten die »Kriegshysterie« mit Hilfe von Elektroschocks ausgetrieben werden sollte. *K. B.*

VI/36 *Medical Case Sheet [Medizinische Einzelfallstudie über den britischen Offizier Siegfried Sassoon]*

Erstellt von William H. R. Rivers (1864–1922) · Craiglockhart, 23. Juli 1917 · Papier · 33 x 20,6 cm · Imperial War Museum, London · P444 (Nachlass Siegfried Sassoon)

Siegfried Sassoon, der später als Schriftsteller berühmt werden sollte, wurde im April 1917 an der Westfront verwundet und zur Behandlung nach England zurückgeschickt. Im Juli verfasste er eine Aufsehen erregende öffentliche Erklärung gegen die Weiterführung des Krieges. Sie bedeutete das Ende seiner Offizierslaufbahn. Sassoon wurde zur Behandlung

VI/34

— 8 —

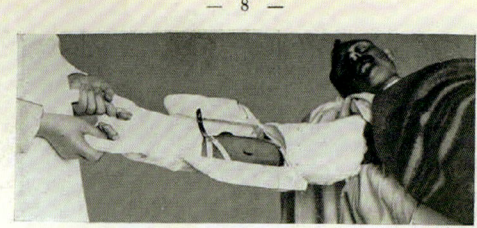

Fig. 8. Zerschmetterter Unterarm, der durch Eisenbügel in den feststellenden
Gipsverband mit einbegriffen ist, aber frei liegt und durch hängemattenartige
Lagen der Binde von Bügel zu Bügel getragen wird. Um die Hand ein Griff
zum Festhalten beim Lagern oder Verbinden.

C. Unblutige Verfahren.

Sowie die Wadenmuskulatur durchschossen ist, bildet sich sofort eine für das Gehen sehr hinderliche Spitzfußhaltung des Fußes
aus, deren Überwindung ebenfalls große Schwierigkeiten bereitet.
Auch hier wird schon während des Verbandes eine Schiene getragen, welche den Fuß in rechtwinkliger Stellung hält (Fig. 32).
Besteht nach beendeter Wundheilung diese Spitzfußstellung noch
fort, so ist es möglich, sie durch eine außen am Stiefel getragene
Schiene mit Spirale allmählich zu beseitigen (Fig. 33).

Ähnlich stellen sich die Finger in Krampfstellung, wenn die

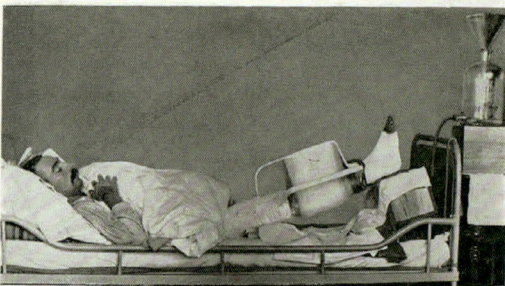

Fig. 9. Zerschmetterter Unterschenkel durch hängemattenartige Bindenlagen an den
Eisenbügeln des Gipsverbandes aufgehängt zur Freiluftbehandlung oder zur Dauer-
durchspülung aus der danebenstehenden Flasche. Sofort nach der Ruhigstellung und
dem Beginn der Durchspülung hörte das wochenlange Fieber auf, das Bein blieb erhalten. Eine Schale wird untergeschoben.

— 9 —

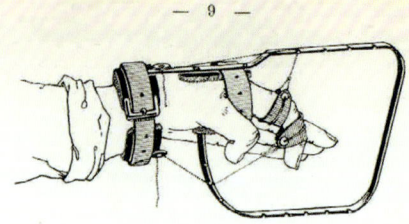

Fig. 10. Apparat zur Verhütung oder Beseitigung
von Fingerversteifungen.

Fingerbeugemuskeln durchschossen sind. Um das gründlich zu bekämpfen, kann man mittels eines Handschuhes, an dessen Finger-
enden elastische Züge angebracht sind, die Finger, während noch
die Wunde heilt, schmerzlos und allmählich strecken (Fig. 34—36).

Ein wichtiges Mittel um Knochenverletzungen und den Sitz
von Geschossen und Heilerfolge zu erkennen, ist die Röntgen-
lehre, die wir auch erst seit 20 Jahren besitzen, und die uns den

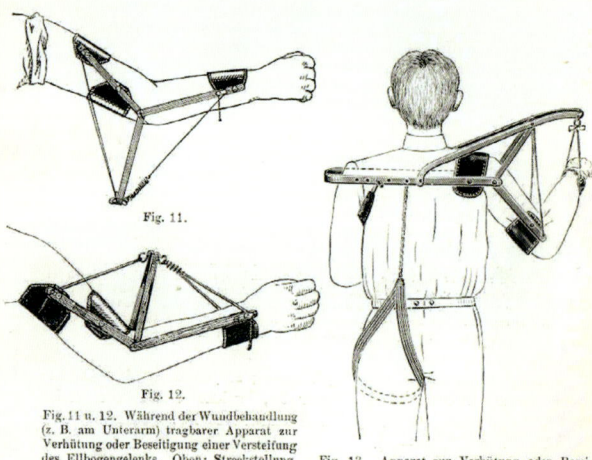

Fig. 11.

Fig. 12.

Fig. 11 u. 12. Während der Wundbehandlung
(z. B. am Unterarm) tragbarer Apparat zur
Verhütung oder Beseitigung einer Versteifung
des Ellbogengelenks. Oben: Streckstellung.
Unten: Beugestellung. (Sinngemäß ist der
Handgelenk- und Knieapparat).

Fig. 13. Apparat zur Verhütung oder Beseitigung der sehr hinderlichen Schulterver-
steifung.

einer ›Nervenschwäche‹ ins Lazarett Craiglockhart eingeliefert. William Rivers, in
Fachkreisen hoch angesehen, nahm sich
seiner als behandelnder Arzt an und hielt
erste Eindrücke in einer Studie fest: »Es
gibt keine physischen Zeichen einer Stö-
rung des Nervensystems. […] Er sieht ein,
dass seine Ansichten über den Krieg gefärbt
sind von seinen Gefühlen im Hinblick auf
den Tod von Freunden und von Männern,
die er in Frankreich befehligt hat.« *S. W.*

VI/37 *Funktionellmotorische Reiz- und
Lähmungszustände bei Kriegsteilnehmern
und deren Heilung durch Suggestion in
Hypnose*

*Filmausschnitt · Produktion: Bild- und Filmamt
(BUFA) · Deutschland 1919 · 35-mm-Stummfilm
(als Videoeinspielung gezeigt) · Länge: 17 Min.,
Ausschnitt: ca. 3 Min. · Bundesarchiv/Filmarchiv,
Berlin · 15756*

Die Filmaufnahmen stammen aus dem
Allgemeinen Krankenhaus Hamburg-Ep-
pendorf und zeigen die Behandlung von
Soldaten, die unter Muskelkrämpfen,
Stotterkrämpfen, funktionellen Lähmungen
nach Granateinschlägen oder Verschüttungen litten. Wenngleich die demonstrierte Behandlungsmethode – Heilung
durch Suggestion in Hypnose – vom
Betrachter heute als außergewöhnlich
wahrgenommen wird, lässt sich der Film
in durchaus übliche zeitgenössische Darstellungen einreihen, die einen unkom-
plizierten Heilungsverlauf suggerieren
sollten. *W. K.*

VI/38 *Kriegskrüppelfürsorge –
Ein Aufklärungswort zum Troste und
zur Mahnung*

*Broschüre · Konrad Biesalski (1868–1930) · Leip-
zig und Hamburg 1915 · 22,8 x 31 cm · Staatsbibliothek zu Berlin – Preußischer Kulturbesitz, Berlin ·
Krieg 1914-1923 <2>*

»Es gibt kein Krüppeltum, wenn der eiserne Wille vorhanden ist, es zu überwin-

den!«, so der Autor im Vorwort seiner
Broschüre. Mit seinen Erfahrungen in
der damals so genannten Krüppelfürsorge
wurde der Orthopäde Prof. Dr. Biesalski
zum Vordenker der Kriegsbeschädigten-
fürsorge. Er verfolgte das Konzept der
möglichst vollständigen Wiederherstellung
von Verletzten und der gesellschaftlichen
Integration von Kriegsbeschädigten. Auf
diese Weise handelte er in Übereinstimmung mit den Zielen des Militärsanitäts-
wesens. Sein Ratgeber fand große Verbreitung und wurde in mehrere Sprachen
übersetzt. *K. B.*

Schutz

Die deutschen Truppen zogen 1914 noch mit der traditionellen »Pickelhaube« aus Leder, Filz und Messingblech an die Front. Briten und Franzosen trugen in der ersten Kriegsphase sogar nur Stoffmützen. Der Schutz, den diese gegen Granatsplitter und Kugeln boten, erwies sich als völlig unzureichend. Die Realität des Grabenkrieges und der Materialschlachten verlangte nach wirksameren Maßnahmen. Der Körper des Soldaten musste ›gepanzert‹ werden.
So wurde im britischen Heer im September 1915 der Stahlhelm »MK I« mit breitem Rand als Splitterschutz eingeführt. Die französische Variante verfügte über keinen seitlichen Schutz, war dafür aber leichter. Der deutsche Stahlhelm hatte einen tief heruntergezogenen Stirn- und Nackenschirm und wurde erstmals im Januar 1916 an der Westfront ausgegeben. Als weitere Schutzmaßnahme für den Grabenkampf diente der Anfang 1917 im deutschen Heer eingeführte mehrteilige Brustpanzer aus Metall, der den gesamten Oberkörper umschloss.
Der Einsatz von Giftgas eröffnete im Ersten Weltkrieg eine neue Dimension des Schreckens. Dabei wurde die unmittelbare körperliche Wirkung dieser heimtückischen Waffe durch ihre psychischen, Angst und Entsetzen verbreitenden Folgen noch verstärkt. Gasmasken schützten relativ sicher, sofern sie in ausreichender Stückzahl vorhanden waren und sachgerecht gehandhabt wurden. Die deutschen Gasmasken gewährten allerdings wegen unzureichender Materialien – Leder statt des passgenaueren Gummis – nur ein Mindestmaß an Schutz.

T. Flemming

VI/39–VI/44

VI/39 Ziehstufe vom Herstellungsprozess des Stahlhelms Modell 16

Deutschland 1916–18 · Stahl · Höhe 11,3 cm, Durchmesser 41 cm · Deutsches Historisches Museum, Berlin · W 1282.b

VI/40 Ziehstufe vom Herstellungsprozess des Stahlhelms Modell 1916

Deutschland 1916–18 · Stahl · 19,8 x 30,7 x 34 cm · Deutsches Historisches Museum, Berlin · W 1282.h

VI/41 Stahlhelm Modell 16 mit Splitterdurchschlag

Deutschland 1916 · Stahl, Farbe, Leder · 17 x 24 x 30 cm · Deutsches Historisches Museum, Berlin · U 59/214

VI/42 Stahlhelm Modell 1915 »Adrian« mit Emblem der 2. Infanterie

Frankreich 1915 · Stahl, Lack, Leder · 15 x 21,5 x 28,5 cm · Deutsches Historisches Museum, Berlin · U 62/121

VI/43 Stahlhelm Modell MK 1

Großbritannien 1917 · Stahl, Farbe, Leder · 11,5 x 29,5 x 31 cm · Deutsches Historisches Museum, Berlin · U 61/132

VI/44 Stahlhelm Modell 1916 für die türkische Armee

Deutschland 1916–18 · Stahl, Leder · 17 x 23,5 x 27 cm · Deutsches Historisches Museum, Berlin · U 780

In den Schützengräben des Stellungskrieges erwies sich die Schutzwirkung der traditionellen Soldatenmützen oder Lederhauben, wie sie in den europäischen Feldheeren getragen wurden, als völlig unzureichend. Der sprunghafte Anstieg schwerer, vor allem durch Granatsplitter verursachter Kopfverletzungen in den ersten Kriegsmonaten machte einen wirksameren Kopfschutz notwendig. Als erste führte die französische Armee im September 1915 einen Helm ein. Er trug die Typbezeichnung »Adrian« und wurde zweiteilig aus einer relativ weichen Stahllegierung hergestellt. Seine Form mit dem charakteristischen, längs laufen-

VI/39

den Kamm war dem Messinghelm der Pariser Feuerwehr nachempfunden. Aufgrund der geringen Materialstärke und der zweiteiligen Konstruktion war jedoch die Stabilität und damit die Schutzfunktion eingeschränkt. Vorteilhaft war das geringe Gewicht des französischen Stahlhelms.
Britische Frontsoldaten erhielten im Herbst 1915 die ersten, sehr flach geformten Stahlhelme. Eine verbesserte Version wurde Mitte 1916 unter der Modellbezeichnung »Mark I« (MK I) ausgegeben. Dieser bestand aus hartem Manganstahl und hatte einen knapp 5 cm breiten, umlaufenden Rand zum Schutz gegen Granatsplitter. Verglichen mit den französischen und deutschen Stahlhelm war das Modell MK I besonders stabil. Es wurde von den Dominions Kanada, Australien, Neuseeland u. a. sowie von den USA übernommen.
In der deutschen Armee wurden die ersten Stahlhelme im Februar 1916 ausgegeben. Das oval geformte »Modell 16« war über der Stirn, im Nacken und an den Seiten herabgezogen und leicht ausgestellt. Der Stahlhelm wurde in einem neunstufigen Kaltpressverfahren aus Chromnickelstahl hergestellt. Er wog je nach Größe zwischen 1 200 und 1 400 Gramm, besaß ein Lederfutter und eine Polsterung. Seitlich sorgten zwei durchbohrte Bolzen für Belüftung und dienten auch zur Anbringung einer zusätzlichen Stirnpanzerung für besonders gefährdete Soldaten, etwa vorgeschobene Posten.
Vom deutschen Stahlhelm »Modell 16« wurden bis Kriegsende rund 7,5 Millionen Stück produziert. Das Modell kam auch in den Streitkräften der Verbündeten

VI/47

VI/48

zum Einsatz: 486 000 Stück aus eigener Fertigung wurden in der österreich-ungarischen Armee ausgegeben, 170 000 aus deutscher Produktion gingen an die bulgarische und 5 400 an die türkische Armee. Die türkische Ausführung war vorne abgewandelt und besaß mit Rücksicht auf islamische Vorschriften keinen Schirm. Dies sollte es den Soldaten beim Gebet ermöglichen, mit der Stirn den Boden zu berühren. *T. F.*

VI/45 Schutzmaske mit Behälter

1915–18 · Metall, Gummi, Leinen · Höhe 17 cm, Durchmesser 13,5 cm · Deutsches Historisches Museum, Berlin · U 62/112

Seit ihrer Einführung im September 1915 gehörten Gasmasken zur Ausrüstung der Infanterie- und Artilleriesoldaten, da sich die Angriffe mit verschiedenen Kampfstoffen gegen beide Waffengattungen

richteten. Nachdem die ersten Gasangriffe – wie der am 22. April 1915 vor Ypern, als die deutsche Armee erstmals Chlorgas einsetzte – die Einheiten ohne jegliche schützende Vorkehrung getroffen hatten, boten die Masken zwar einen zunehmend besseren Schutz, sie behinderten den Träger jedoch deutlich. Der Einsatz von Artilleriemunition mit Gasfüllung bekam im Verlauf des Krieges eine immer größere Bedeutung und betrug 1917/18 etwa 30 Prozent der Gesamtmunition. *R. R.*

VI/46 Deutscher Brustpanzer für Infanteriesoldaten Modell II

Friedr. Krupp AG · Essen 1917–18 · Nickelstahl, lackiert, Filz, Leinen · Höhe gesamt 65 cm, Höhe Brustteil 35 cm, Breite 40 cm, Tiefe 29,5 cm; 9 500 g · Deutsches Historisches Museum, Berlin · W4331

Seit Anfang 1917 wurden an deutsche Soldaten spezielle Brustpanzer für den Dienst im Schützengraben ausgegeben. Dieser an spätmittelalterliche Ritterrüstungen erinnernde Infanteriepanzer sollte den Oberkörper des Soldaten vor Geschossen und Granatsplittern schützen. Seine Entwicklung war 1916 von der Obersten Heeresleitung angeordnet worden. Der Infanteriepanzer besteht aus einem großen Brustteil und drei beweglich angebrachten Schürzenstücken zum Schutz von Bauch und Unterleib. Im Unterschied zum Modell I verfügt das Modell II an der rechten Seite über einen aufgenieteten Winkel zur Auflage des Gewehrkolbens. Nur so konnte sichergestellt werden, dass das Gewehr beim Einziehen in die Schulter einen festen Halt hatte und gezielte Schüsse abgegeben werden konnten. Der Infanteriepanzer wurde in den Essener Werken der Friedr. Krupp AG in einer Stückzahl von 500 000 gefertigt. Brustpanzer gehörten zur stationären Ausstattung der Schützengräben an vorderster Front: Sie wurden von den abrückenden Soldaten in den Laufgräben, auch »Sappen« genannt, zurückgelassen respektive an die neue Grabenbesatzung übergeben. Davon leitet sich auch die Bezeichnung »Sappenpanzer« ab. *T. F.*

VI/47–48

VI/47 Schutzhelm zum Sappenpanzer

Gusseisen · Museo Storico Italiano della Guerra, Rovereto · DM-B/13

VI/48 Italienischer Brustpanzer für Infanteriesoldaten

Stahl · Länge unten 38 cm, oben 45 cm, Höhe 47 cm; 9 kg · Museo Storico Italiano della Guerra, Rovereto · DM-B/12

Im Unterschied etwa zum deutschen »Sappenpanzer« war der Brustpanzer für die italienischen Schützengrabenbesatzungen mit zusätzlichen Schutzplatten für die Schultern ausgestattet. Diese sind mit dem Brustpanzer so vernietet, dass sie die Bewegungsfreiheit des Soldaten möglichst wenig einschränkten. Ihre Form wie auch die des zugehörigen Helmes erinnert an die Schutzkleidung römischer Legionäre.
Zum Einsatz kamen derartige Sappenpanzer insbesondere an der Alpen- und der Isonzofront, wo sich italienische und österreichisch-ungarische Einheiten in den Jahren 1915 bis 1917 in fest ausgebauten Stellungen gegenüberlagen. Als Italien im Mai 1915 an der Seite der Entente in den Krieg eintrat, waren seine Streitkräfte vergleichsweise schlecht ausgerüstet. Es fehlte an modernen Gewehren und Maschinenwaffen sowie an Stahlhelmen, Brustpanzern und anderen Schutzausrüstungen. Erst im Verlauf des Jahres 1917 konnten diese Mängel weitgehend beseitigt werden. *T. F.*

VI/49 Grabenschild mit Schuss- und Sichtöffnung und beweglicher Blende

Deutschland 1916–18 · Stahl, Eisen, gewalzt, genietet · 44,5 x 60 x 0,6 cm; 1,32 kg · Deutsches Historisches Museum, Berlin · W 94/52

Der Abstand zum gegnerischen Schützengraben betrug zumeist nicht mehr als 200 Meter. Und so konnten Soldaten beim Beobachten oder Beschießen der feindlichen Stellungen selbst Opfer feindlicher Geschosse werden. Um hier einen besseren Schutz zu bieten, wurden rechteckige Grabenschilder aus Metall auf den obersten Rand des Schützengrabens, die Schulterwehr, gestellt. In der gezeigten Ausführung besitzt das Grabenschild eine Schuss- und eine Sichtöffnung mit beweglicher Blende. Mit rund 1,3 Kilogramm ist es relativ leicht, so dass es sich innerhalb des Grabensystems gut transportieren ließ. *T. F.*

VI/46

Tod

»Acht bis zehn Millionen Soldaten werden sich untereinander abwürgen und dabei ganz Europa so kahlfressen, wie noch nie ein Heuschreckenschwarm.« Diese Prophezeiung über den kommenden Weltkrieg formulierte Friedrich Engels im Jahre 1887. Er sollte Recht behalten.

Über die Toten des Weltkrieges gab es lange Zeit keine genaueren Zahlen. Die statistischen Grundlagen erwiesen sich als ungenau oder Vermisste mussten schließlich doch zu den Toten gezählt werden. Im Durchschnitt aller Berechnungen ergibt sich aus heutiger Perspektive eine Zahl von 9,5 Millionen Toten auf Seiten der Alliierten und der Mittelmächte. Damit war etwa ein Siebentel der insgesamt ca. 70 Millionen mobilisierten Männer getötet worden. Fast 125 000 Soldaten verloren ihr Leben als Angehörige der Luft- und Seestreitkräfte. Nahezu 99 Prozent der Toten waren auf Seiten der Feldheere zu beklagen. Denn der Erste Weltkrieg wurde primär noch im Bodenkampf geführt und entschieden. Das sollte sich im Zweiten Weltkrieg ändern. Der Tod an der Front kannte keinerlei Gesetz, er schlug wahllos zu »wie mit einer Fliegenklatsche«, wie es in einem Feldpostbrief hieß. Es war zumeist ein Tod ohne Grab und Grabstein, der noch die Leichen durch neuerliche Granattreffer schändete, so sie nicht gar auf immer und ewig unauffindbar blieben. Die Zahl der Massengräber nahm ebenso zu wie das Bedürfnis der Hinterbliebenen, dem Kriegstod einen Sinn zu geben. Dessen Unerbittlichkeit abzumildern, darauf zielten die national unterschiedlichen Legitimationsversuche, die sich der Religionen und der Propaganda bedienten.

B. Ulrich

VI/50 Französischer Schützengraben

Fotopostkarte · Deutschland 1914–18 · 13,9 x 8,8 cm · Deutsches Historisches Museum, Berlin · PK 90/4139

Fotos von Leichen auf dem Schlachtfeld waren weitgehend tabu. Eine Ausnahme machten die Bilder, auf denen die Toten des Gegners abgebildet waren. Sie gelangten, wie in diesem Fall, als Postkarte auch in die Heimat. *R. R.*

VI/51 Der Morgengruß

Postkarte · Verlag Hans Erich Hartmann · Olbersdorf, um 1917 · Koloriert · 8,5 x 13,7 cm · Deutsches Historisches Museum, Berlin · 1988/1193.17 · Abb. S. 194

Die sentimentale Darstellung des Todes blieb ungeachtet der realen Kriegserfahrungen populär, wie diese im November 1917 verschickte Postkarte zeigt. Angesichts der Massenheere und Schützengrabenlinien war ihre Bildsprache anachronistisch. Sowohl der Ulan mit seinem Pferd wie auch das gepflegte Einzelgrab, dem in der rötlich kolorierten Morgendämmerung ein Gruß entboten wird, spielten an allen Fronten keine Rolle mehr. Die patriotische gefärbte Verklärung des massenhaften Sterbens war konfektionierte Trostgebärde geworden. *R. R.*

VI/52 Weltkrieg 1914–1915. Limanowa. Schaufeln von Gräbern für die Gefallenen

Fotopostkarte · Österreich 1915 · 9 x 14 cm · Museum für Sepulkralkultur, Kassel · F 1132

In der Nähe der Front konnten gefallene Soldaten zumeist nicht angemessen bestattet werden. Die Postkarte dokumentiert, dass die Toten in diesem Fall ohne Särge in einem Massengrab beigesetzt werden mussten. *R. R.*

VI/53 Wochenbeilage der Bischofswerda-Neukircher Nachrichten mit Abbildungen nicht identifizierter Gefallener

Zeitung · Verlag Karl Haubold · Österreich, August 1915 · Nr. 15 · 32 x 23,7 cm · Deutsches Historisches Museum, Berlin · Do 56/343.8 (MfDG)

Der deutsche Gefallenen-Suchdienst, das »Kgl. Pr. Zentral-Nachweise-Bureau« in der Berliner Dorotheenstraße, veröffentlichte 1915 in Zeitungsbeilagen Fotos von unbekannten Gefallenen. Auf diese Weise versuchte man, deren Identität mit Hilfe von Angehörigen in der Heimat zu ermitteln. Bei den hier abgebildeten Gefallenen handelte es sich um Soldaten, die man schwer verwundet in Lazarette gebracht hatte und die dort verstorben waren. Angesichts der großen Masse an Verwundeten und der daraus resultierenden oft chaotischen Zuständen in den Lazaretten kam es immer wieder vor, dass bewusstlose Soldaten eingeliefert wurden, deren Identität später nicht festgestellt werden konnte. In den ersten Kriegsjahren unternahm das deutsche Militär noch große Anstrengungen, die Namen der Toten zu ermitteln, widersprach doch die Bestattung in einem anonymen Soldatengrab der Ideologie vom »Heldentod«. Die mörderischen Materialschlachten mit hunderttausenden von Toten hatten indes zur Folge, dass immer mehr Gefallene in anonymen Massengräbern bestattet werden mussten. *T. F.*

VI/54 Telegramm an Margaret E. Brennan

Department of Militia and Defence · Ottawa, 30. Mai 1918 · Papier · 35,3 x 20,5 cm · The Royal Montreal Regiment Museum, Montreal · 2004.005 (DHH)

Die Nachricht vom Tod ihres Sohnes William Henry erreichte Margaret E. Brennan per Telegramm. Sie lebte in Belfast. Von den kanadischen Freiwilligen der ersten Kriegsjahre, aber auch von den später eingezogenen Wehrpflichtigen stammte ein besonders großer Prozentsatz

VI/56

russischer Schützengraben

Der Morgengruß.

VI/51

aus jenen Familien, die aus dem Vereinigten Königreich nach Kanada eingewandert waren. *R. R.*

VI/55 Postkarte mit Todesmitteilung

Thekla Imping · Bochum 1916 · 9,6 x 14,2 cm · Helga Jelinski, Goslar

Der Text der Karte lautet: »Lieber Willi, Paul in Flandern gefallen. Ich wollte, ich wäre auch tot. Deine Mutter«. Die Karte wurde vom Sohn und wird nun von den Enkeln der tief verzweifelten Mutter als Erinnerungsstück aufbewahrt. *R. R.*

VI/56 Kokarden als Grabschmuck

Frankreich 1914–18 · Bemaltes Metall · 35 x 17 cm · Historial de la Grande Guerre, Péronne · 25087 (USA), 25088 (England), 2448 (Frankreich), 25089 (Belgien)

Die Toten des Weltkrieges wurden, sofern die Leichen geborgen werden konnten, auf Soldatenfriedhöfen hinter den Linien bestattet. Diese Anlagen waren je nach den örtlichen Gegebenheiten, den Möglichkeiten der Truppe und der

Härte der Kämpfe ausgestaltet. Zum Teil entstanden schon während des Krieges auf Dauer angelegte große Friedhöfe. Bei Grabstätten, die eher provisorische Zwecke erfüllten und mit Holzkreuzen versehen waren, dienten in Frankreich Grabzeichen mit den Farben der Alliierten zum Schmuck und zur Kennzeichnung der Nationalität der Gefallenen. *R. R.*

VI/57 Metallplatte mit Namen von Gefallenen

Canadian Expedition Corps · Frankreich 1914–18 · Messing · 25 x 25,5 cm · The Royal Montreal Regiment, Westmount · 2004.003 (DHH)

Diese Metalltafel war an einem großen weißen Kreuz angebracht, das die Grabstätte kanadischer Soldaten markierte, die in Cagnicourt, Frankreich, gefallen waren. Die Tafel ist von Hand gestanzt und dokumentiert die Dienstnummern und Namen der hier begrabenen Soldaten aus dem 14. Bataillon des kanadischen Expeditionskorps, dem Royal Montreal Regiment. *S. H.*

VI/58 Grabstein

Bousbecque, 1918 · Stein · 45 x 45 x 12 cm · Volksbund Deutsche Kriegsgräberfürsorge e. V., Kassel · Ohne Inv.-Nr.

Die Gräber gefallener Kämpfer auf Soldatenfriedhöfen wurden mit Grabsteinen versehen, die der Konfession des Toten entsprachen. Für jüdische Soldaten wurde der Davidsstern auf den Grabstein gesetzt. Der gezeigte Stein erinnert an Dr. Adolf Jacobsohn (* 18.4.1886, † 17.3.1918), der als Leutnant der Reserve im Reserve-Infanterieregiment 226 diente. *R. R.*

VI/59 Grabstein

Reserve Infanterie Regiment 66 · Bei Blérancourt, um 1917 · Kalkstein · 58 x 39 x 21 cm · Privatbesitz · Abb. S. 196

Der gemeinsame Grabstein zweier gefallener Soldaten – Alfred Kolle und Rich. Winter – stammt von einem deutschen Militärfriedhof in der Nähe von Blérancourt. Der Friedhof wurde nach dem Abrücken der deutschen Truppen im Jahr 1917 vernachlässigt, der Grabstein selbst später beim Wiederaufbau eines zerstörten Hauses verwendet. Bei Renovierungsarbeiten wurde er kürzlich entdeckt und in die Obhut des Musée national de la Coopération franco-américaine übergeben. *R. R.*

VI/60 Grabstein für den deutschen Hauptmann Salman

Frankreich 1914 · Stein · 80 x 55 x 12 cm · Historial de la Grande Guerre, Péronne · Ohne Inv.-Nr.

Der Grabstein trägt die Inschrift »Hier ruht Hauptmann Salman, Kompanieführer 8. L.I.R 12, gefallen am 17.9.1914. Er starb beim Sturm auf Cuts den Heldentod«. Vermutlich gehörte der Stein zu einer Einzelgrabstelle, wie sie auch später noch als Ausdruck besonderer Wertschätzung errichtet wurden. *R. R.*

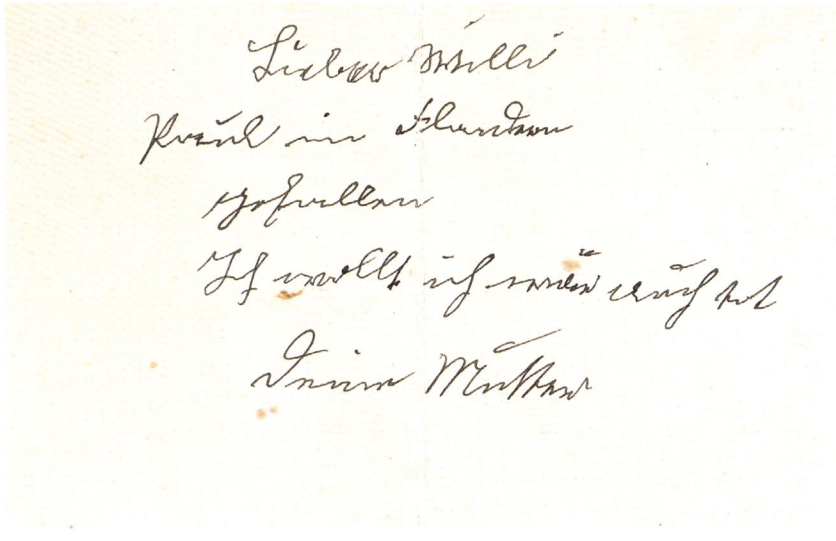

VI/55

VI /61 Holzkreuz »In Gedenken an Friedrich Forkel«

Deutschland 1918 · Holz · 125 x 60 x 2,5 cm · Museum für Sepulkralkultur, Kassel · M 1984/71

VI/62–VI/64

VI/62 Holzkreuz mit dachförmigem Überbau vom Kriegerfriedhof in Gladyszów

Gladyszów 1917 · Holz · 133 x 71,5 cm · Heeresgeschichtliches Museum, Wien · HGM 1999/28/628

VI/63 Schwarzes, verziertes Kreuz aus Gusseisen, mit runder, unleserlicher Blechnamenstafel, vom Kriegerfriedhof in Staszkówka

Staszkówka, um 1917 · Gusseisen, Blech · 85,5 x 48 cm · Heeresgeschichtliches Museum, Wien · HGM 1999/28/629 · Abb. S. 196

VI/64 Eisernes Patriarchenkreuz vom Kriegerfriedhof in Staszkówka

Staszkówka, um 1917 · Eisen · 96 x 50 cm · Heeresgeschichtliches Museum, Wien · HGM 1999/28/630

Während des Ersten Weltkrieges mussten die Krieg führenden Mächte bald Überlegungen hinsichtlich der Sammlung, Identifizierung und Bestattung ihrer gefallenen Soldaten anstellen. Insbesondere nach den immensen Verlusten, welche die k. u. k. Armee bei der Verhinderung des russischen Durchbruchs nach Ostdeutschland im Oktober und November 1914 auf den Schlachtfeldern Galiziens erleiden musste, ergab sich die Notwendigkeit, die vorerst nur provisorisch bestatteten Soldaten auf richtige Friedhöfe umzubetten und dabei auch ihre Identität möglichst zweifelsfrei festzustellen. Orts-

VI/56

VI/63

gerfriedhöfe errichtet. Insgesamt konnten so etwa 61 000 Gefallene bestattet werden. *W. A. S.*

LITERATUR *Österreichisches Schwarzes Kreuz/ Kriegsgräberfürsorge.* Dokumentation, Wien 1987; Major Rudolf Proch und Hauptmann Hans Hauptmann, *Die Westgalizischen Heldengräber aus den Jahren des Weltkrieges 1914–1915,* hrsg. vom Militärkommando Krakau 1918, Wien 1918 (Reprint Tarnów 1994).

VI/65 Zwei Statuetten trauernder antiker Krieger

Wilhelm Wandschneider (1866–1942) · Deutschland 1915 · Bronze · 49,5 x 16 cm und 50 x 12 cm · Stichting Huis Doorn, Doorn · HuD 7588, HuD 7577

Die beiden Statuetten sind verkleinerte Nachbildungen lebensgroßer Bronzen eines Kriegerdenkmals in St. Quentin bei Paris. Kaiser Wilhelm II. persönlich veranlasste im Herbst 1914 die Errichtung des Denkmals, nachdem deutsche Truppen die Stadt St. Quentin eingenommen hatten. Da die Entwürfe des Bildhauers Wilhelm Wandschneider nicht seinen Vorstellungen entsprachen, skizzierte Wilhelm II. die Figuren selbst. Durch den Rückgriff auf antike Kriegerfiguren

sollte das Denkmal eine ›überzeitliche‹ Aura erhalten. Zudem hegte der Kaiser eine Vorliebe für einen antikisierenden Stil in Kunst und Architektur.
Das Denkmal wurde im Oktober 1915 in Anwesenheit Wilhelms II. eingeweiht. Mit der einem dorischen Tempel nachempfundenen Anlage wurden ausdrücklich die »Gefallenen von Freund und Feind« geehrt. Die verkleinerte Version der Krieger-Bronzen wurde von einer Gießerei in Lauchhammer vertrieben. *T. F.*

friedhöfe kamen dafür schon infolge der großen Zahl an Toten nicht in Frage und so mussten eigene Kriegerfriedhöfe geschaffen werden. Das k. u. k. Militärkommando Krakau, in dessen Bereich die westgalizischen Schlachtfelder an der russischen Front gelegen waren, stellte daher im November 1915 eine eigene Kriegsgräberabteilung auf. Zur gleichen Zeit wurde auch im k. u. k. Kriegsministerium eine Kriegsgräberabteilung geschaffen, welche sich vordringlich mit der Errichtung von Kriegerfriedhöfen in Galizien zu beschäftigen hatte.
Wie penibel und aufwendig man beim Militärkommando Krakau an diese Aufgabe heranging, zeigt die Gliederung dieser Organisationseinheit. Es gab unter anderem eine Konzeptgruppe, einen künstlerischen Leiter sowie eine Maler-, Bildhauer-, Gärtner-, Geometer-, Fotografen- und Vertriebsgruppe. Unter einer Baugruppe wurden ein Baubüro, drei Steinbrüche, drei Brettsägen und die Kontrolle über vier Fabriken zur Herstellung von guss- und schmiedeeisernen Grabkreuzen geführt. In eigenen Werkplätzen, so beispielsweise in Olmütz, wurden Holzkreuze hergestellt. Im Jahre 1916 wurde unter dem Protektorat Kaiser Franz Joseph I. die »Aktion zum Schutz und zur Pflege der Kriegsgräber« geschaffen, deren Tätigkeit sich auf das damalige Staatsgebiet der österreichisch-ungarischen Monarchie erstreckte. Außer für die k. u. k. Gefallenen wurden auch für deutsche und russische Soldaten Krie-

VI/59

VII. Psyche

Der Erste Weltkrieg war die Geburtsstunde der Idee vom totalen Krieg. Zwei ihrer Grundprämissen stellen im Kern ein psychologisches Problem dar: die Mobilisierung der gesamten Kriegsgesellschaft an Front und Heimatfront sowie die absolute Kontrolle dieser Mobilisierung durch Politik und Militär. Diese beiden Teilziele der totalen Kriegführung sind in pluralistischen, arbeitsteilig organisierten Gesellschaften naturgemäß nur schwer zu verwirklichen. Umso vehementer strebte man im Ersten Weltkrieg nach der dauerhaften inneren Mobilisierung von Individuum, Gruppe und Nation. Im »Kampf um die Herzen und Seelen« ging es an der Front um die anhaltende Disziplinierung des Truppenkörpers. Das Bedürfnis nach religiöser Sinnstiftung zu befriedigen, war ein Weg. Ein anderer bestand darin, von der Norm abweichendes Verhalten wie Desertion, Meuterei oder psychische Zusammenbrüche hart zu bestrafen. Im gleichen Zeitraum entwarf die Propaganda das idealtypische Bild eines körperlich und seelisch unanfechtbaren Frontkämpfers.

Angesichts der wachsenden Bedeutung des Nachschubs an »Menschenmaterial« für die Front ging es zum anderen um die Disziplinierung der Heimatfront. Dazu dienten beispielsweise Appelle im Geist einer patriotischen Einheitsfront, wie sie der deutsche »Burgfrieden« oder die französische »Union sacrée« darstellten. Die Kriegssituation erforderte nicht nur dringend eine möglichst umfassende innere Mobilisierung. Sie steigerte zugleich die Angst vor deren Scheitern. Eine typische kollektivpsychologische Reaktion auf diese Angst war die Suche nach ›Sündenböcken‹, denen man die Schuld am Scheitern der inneren Mobilisierung anlasten konnte. Vor diesem Hintergrund waren zu Kriegsbeginn in vielen Krieg führenden Nationen überzogene Ängste vor den angeblichen Machenschaften feindlicher Spione verbreitet. Im weiteren Verlauf des Krieges wurde dieses Szenario – beispielsweise in Frankreich – von der Furcht vor Verrat aus den eigenen Reihen überlagert.

G. Bavendamm

Glaube

Alle Nationen zogen 1914 im Namen Gottes in den Kampf. Jede Seite war davon überzeugt, einen gerechten Krieg zu führen, während der Feind zum Inbegriff des Bösen erklärt wurde. In Kriegspredigten flammten über territoriale und konfessionelle Grenzen hinweg religiös gefärbte Nationalismen auf, die einer regelrechten Kreuzzugsmentalität entsprangen. Zahlreiche geistliche Würdenträger der verschiedenen Konfessionen stellten sich in den Dienst der Propaganda und entwickelten von der Kanzel herab oder in entsprechenden Publikationen eine spezifische Kriegstheologie. Nicht so das Oberhaupt der Katholiken: Papst Benedikt XV. strebte konsequent den Frieden an und versuchte wiederholt zwischen den Kriegsparteien zu vermitteln. Die Opferzahlen und die Realität des industrialisierten Massenkrieges steigerten das Bedürfnis nach religiöser Sinngebung. »Not lehrt beten«, das alte Sprichwort erwies auch in dieser Situation seine Richtigkeit. Protestantische, katholische, orthodoxe, muslimische und jüdische Militärseelsorger walteten zumeist in der Etappe, aber auch in unmittelbarer Frontnähe ihres Amtes. Unter oft schwierigsten Bedingungen hielten sie Feldgottesdienste ab, betreuten Sterbende, Verwundete und Gefangene und segneten an die Front abziehende Truppen. Der Krieg stellte den individuellen Glauben millionenfach auf den Prüfstand. Zwar wuchsen bei vielen die Zweifel, doch gleichzeitig kam es auch zu einer Renaissance des Religiösen – an der Front und im Heimatgebiet. Dazu zählten auch Formen des Aberglaubens. In allen Armeen trugen Soldaten Amulette und Glücksbringer bei sich, auf deren Schutzmacht sie im Angesicht des Todes ebenso hofften wie auf die Wirkung von »Schutzsalben« oder »Schießzaubern«.

G. Bavendamm

VII/1 Tragbarer österreichischer Feldaltar

Wien 1915 · Holz, Messing, vergoldet · 27 x 70 x 40 cm · Museo Storico Italiano della Guerra, Rovereto · DM-B/10 · Abb. S. 200

Dieser Altar entspricht der Ordonnanz-Kassette der österreichischen Armee, die mit wasserdichtem und feuerfestem Blech verkleidet ist und die notwendigen Utensilien für die Heilige Messe und die Erteilung der Sakramente enthält.
Der Altar wurde am 17. April 1915 vom Apostolischen Vikar Monsignore Emericus Bielik geweiht. Am 23. April 1915 weihte Monsignore Josef Blugger, der damalige Weihbischof von Wien, den Kelch und den Hostienteller. Am 4. November 1918, während des Rückzugs der österreichisch-ungarischen Armee, ließ man den Altar in der Kapelle des Priesterseminars von Trient zurück, das als österreichisch-ungarisches Lazarett gedient hatte. Der Altar wurde während des Zweiten Weltkrieges von dem katholischen Militärseelsorger Don Giuseppe Tonetta benutzt und gelangte auf Umwegen in dessen Privathaus in Cazzano bei Rovereto. Tonetta schenkte ihn 1993 dem Weltkriegsmuseum in Rovereto. C. Z. (Ü)

VII/2 Kleine Herz-Jesu-Figur

Frankreich 1914–18 · Messing · 4 x 1 cm · Historial de la Grande Guerre, Péronne · 016718 - BIS

Die allgegenwärtige Nähe des Todes der anderen und die Angst vor dem eigenen Tod ließen das Bedürfnis nach transzendenter Sinnstiftung wachsen. Tausende von Soldaten suchten seelischen Beistand. Feldgeistliche aller Konfessionen waren an der Front und in der Etappe im Einsatz. Die kleine Herz-Jesu-Figur für den Schützengraben ist in ein Messingrotationsrohr montiert, das möglicherweise aus einer Geschosshülse gefertigt wurde. Auf den Deckel des Röhrchens ist ein strahlender Stern gestanzt. Die Miniaturstatue gehörte vermutlich zur Ausstattung eines katholischen Militärpfarrers und ließ sich leicht im Innenfutter eines Soldatenmantels tragen. G. B.

VII/3 Missel du Miracle de la Marne. Préface de M. l'abbé Coubé [Messbuch über das Wunder an der Marne]

Buch · P. Mellottée Éditeur · Limoges, September 1916 · koloriert · 15,5 x 9,5 x 2,5 cm · Historial de la Grande Guerre, Péronne · 011578 · Abb. S. 200

Dieses patriotische Messbuch entstand nach dem Sieg der Entente über Deutschland in der ersten Marne-Schlacht vom September 1914. Von anderen Messbüchern seiner Art unterscheidet es sich durch zahlreiche kriegsverherrlichende Illustrationen und ein emphatisches Vorwort über das »Wunder an der Marne«. Das plötzliche Scheitern des deutschen Vormarsches, der auf eine schnelle Entscheidung des Krieges gezielt hatte, war nach der Überzeugung des Verfassers Gott selbst zu verdanken. Er habe den Geist der französischen Generalität erleuchtet, den Mut der Soldaten angefacht und gleichzeitig die gegnerischen Armeen in die Niederlage getrieben. G. B.

VII/4 Kette mit Kruzifix, gefertigt aus Patronenhülsen und Schrapnellkugeln

Katzenau 1914–18 · Messing, Blei, Kupfer · Länge 180 cm; Kreuz: 11 x 6 cm · Museo Storico Italiano della Guerra, Rovereto · DM-B/11

Dieser Rosenkranz wurde von Kriegsgefangenen aus den Bleikugeln von Schrapnellgranaten gefertigt, die sich mit Patronenhülsen und Geschossen des Kalibers 6,5 mm für Gewehre des Typs Mannlicher-Carcano, Modell 91, abwechseln. Das Kupferkreuz wurde aus den Splittern des Kupferrings von detonierten Granaten hergestellt. C. Z. (Ü)

VII/5 Gott führt uns zum Siege! 1914–16

Abzeichen der Katholischen Kirche für eine Kriegsspende 1916 · Deutschland 1916 · Leichtmetall, Kunststoff, Papier · 2,6 x 2 cm · Deutsches Historisches Museum, Berlin · A 90/1204 (MfDG)

Auf dem medaillonartigen Spendenabzeichen ist eine Marienfigur mit Christusfigur abgebildet. Die Umschrift auf dem Rand des Ovals bringt religiös motivierte

VII/4

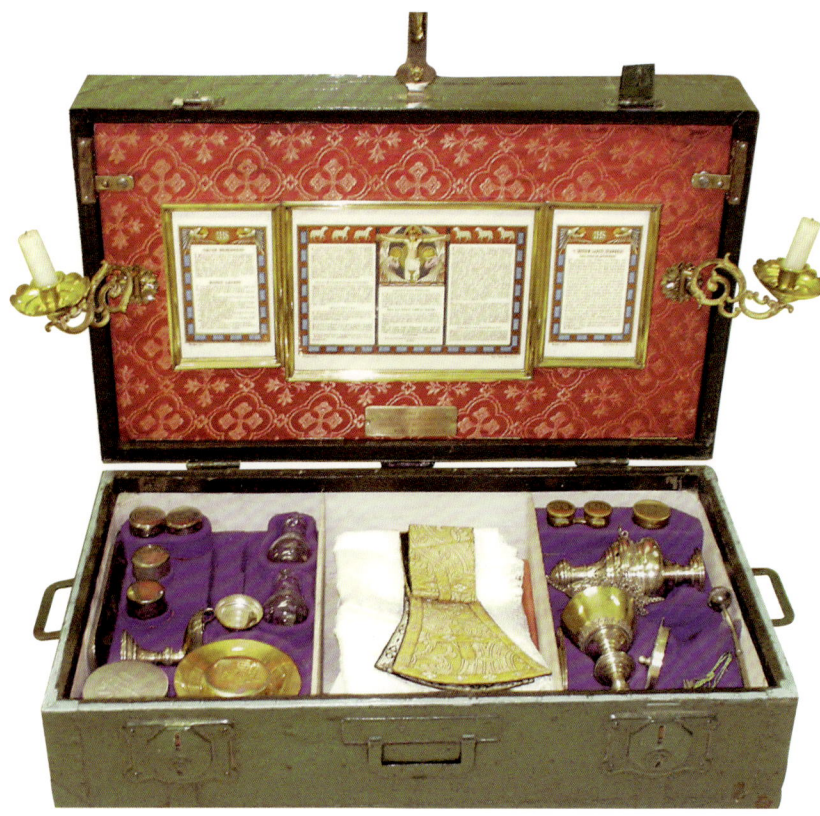

VII/1

Siegeszuversicht zum Ausdruck. Dies illustriert, dass im Ersten Weltkrieg der Glaube an Gott und an das Vaterland eng miteinander verbunden waren. Insbesondere für patriotische Katholiken resultierte daraus ein Konflikt: Fühlten sie sich doch einerseits dem Vaterland verpflichtet, das mitten im Krieg stand, und andererseits dem Papst, der die Völker wiederholt dazu aufforderte, Frieden zu schließen. *G. B.*

VII/6 *Im Schützengraben*

Postkarte mit Bibelvers · Wahler und Schwarz, Inh. L. Messing · Stuttgart 1914/15 · 9 x 14 cm · Deutsches Historisches Museum, Berlin · 1988/1197.183

Zum festen Repertoire deutscher Kriegspropaganda gehörte, dass Gott im Ersten Weltkrieg auf Seiten der Deutschen sei. Dies suggerierte, der Krieg sei heilig und gerecht, sogar gottgewollt. Gott als höchste Instanz, die noch über dem Kaiser stehe, lenke letztlich das Schicksal der Nation, entscheide über Sieg und Niederlage. Die Botschaft dieser Postkarte, Jesus selbst halte seine schützende Hand über die Soldaten, zielte darauf, Zweifel an der Rechtmäßigkeit des Krieges gar nicht erst aufkommen zu lassen. *C. J.*

VII/7 *Betender Soldat*

Skulptur · Deutschland, um 1914/15 · Holz, bemalt · 100 x 47 x 70 cm · Deutsches Historisches Museum, Berlin · 1990/1077

Ein deutscher Soldat in feldgrauer Ausmarschuniform hat sich zum Gebet niedergekniet. Mit bittender Miene richtet er den Blick gen Himmel. Dabei hält er die Hände über dem Herzen gefaltet. Man kann davon ausgehen, dass im August 1914 tausende Soldaten vor dem Abschied von Heimat und Familie so oder ähnlich gebetet haben. So wenig Konkretes über die Entstehungsgeschichte dieser aus Holz geschnitzten Rundskulptur bekannt ist, so sicher lässt sich doch sagen, dass sie eine typische Szene darstellt. Denn Erfahrungen wie die vorübergehende Trennung durch den Kriegseinsatz und die Angst vor Verwundung oder Tod belebten die Frömmigkeit vieler Menschen. *G. B.*

VII/3

VII/8 Eisernes Kreuz des Feldrabbiners Leo Baeck

Deutschland 1918 · Geschwärztes Gusseisen, Rips-band · 4 x 4 cm · Marianne C. Dreyfus, New York

Die Einführung des Armeerabbinats war im Ersten Weltkrieg keine Selbstverständlichkeit, sondern erfolgte erst nach intensiven Verhandlungen. Eine federführende Rolle spielte dabei der Verband der Deutschen Juden, der durch eine Eingabe beim Preußischen Kriegsministerium schließlich erreichte, dass am 6. September 1914 sechs Rabbiner ihren Dienst aufnehmen konnten. Zu ihnen zählte auch Leo Baeck (1873–1956). Aus zahlreichen Quellen ist überliefert, dass Baeck seiner Aufgabe große Bedeutung beimaß und sich durch seine Tätigkeit als Feldgeistlicher allgemeine Anerkennung erwarb. Seit März 1915 leitete er die regelmäßig stattfindenden Kriegsrabbinerkonferenzen. Für seinen Kriegseinsatz wurde er mit dem Eisernen Kreuz ausgezeichnet. *G. B.*

VII/9 *Feldgebetbuch für die jüdischen Mannschaften des Heeres*

Buch · Druckerei H. Itzkowski · Berlin 1914 · 12,8 x 9,4 cm · Deutsches Historisches Museum, Berlin · Do2 1989/2670

Im Verband der Deutschen Juden genoss Leo Baeck (1873–1956), seit September 1914 als Feldrabbiner im Einsatz, eine große Autorität. Es dürfte daher kaum ein Zufall gewesen sein, dass man ihn mit der Zusammenstellung des offiziellen *Feldgebetbuches für die jüdischen Mannschaften des Heeres* beauftragte. Es beinhaltet Gebete, Psalmen und vaterländische Lieder in deutscher Sprache sowie die wichtigsten hebräischen Gebete. Das Büchlein erschien noch im ersten Kriegsjahr in einer Auflage von 17 000 Stück und wurde an alle jüdischen Soldaten ausgegeben. Die Verteilung organisierten die Gemeinden, die auch für die Finanzierung des Gebetbuches aufkamen. *G. B.*

VII/7

VII/6

VII/10–VII/13

VII/10 Abendmahlskelch für den Feldeinsatz

Russland, Ende 19. Jh. · Messing, beschlagen, gestanzt, gedreht, verzinnt · 8,4 x 5,4 x 5,4 cm · Staatliches Historisches Museum, Moskau · GIM 68257 BM 598 · Abb. S. 202

VII/11 Pinsel für die Letzte Ölung im Feldeinsatz

Russland, Ende 19. Jh. · Kupfernickellegierung, gestanzt, versilbert, Haar · 13,5 x 1,9 x 0,6 cm · Staatliches Historisches Museum, Moskau · GIM 93012 BM 503

VII/12 Abendmahlslöffel für den Feldeinsatz

Russland, zweite Hälfte 19. Jh. · Kupfer, plattiertes Silber, gestanzt · 8,1 x 1,3 cm · Staatliches Historisches Museum, Moskau · GIM 68257/55 BM 558

VII/13 Weihwassergefäß für den Feldeinsatz

Russland, zweite Hälfte 19. Jh. · Kupfernickellegierung (Neusilber), gestanzt, versilbert, graviert · 16,5 x 4 x 9 cm · Staatliches Historisches Museum, Moskau · GIM 68257 BM 143

Wichtiger Bestandteil des Alltags der russischen Armee waren auch im Feld russisch-orthodoxe Gottesdienste, die unter freiem Himmel an regimentseigenen Feldaltären abgehalten wurden. Zu den

VII/10–VII/13

religiösen Handlungen gehörten Fürbitt-
gebete für den Sieg des eigenen Heeres
und Liturgien sowie Sakramente wie das
Abendmahl, die Krankensalbung und die
Letzte Ölung. Die Regimentsgeistlichen
hatten die schwere Aufgabe, den Sterbenden in den Hospitälern und auf den
Schlachtfeldern beizustehen, sie zu seg-
nen und ihnen die heiligen Sakramente
(Weiheöl und Myrrhe) zu spenden. Zu
diesem Zweck führten sie besondere
Abendmahlsgeräte bei sich: einen kleinen
Kelch, einen Löffel, ein Weihwassergefäß
sowie einen Pinsel für die Letzte Ölung.
J. J. (Ü)

VII/14 *Die Gottesmutter von Awgustow*

Ikone · Russland 1914–15 · Holz, Kreidegrun-
dierung, Öl · 106,5 x 71,5 x 3,5 cm · Mit der
Aufschrift »Wundersame Erscheinung vor dem
russischen Heer« · Staatliches Historisches Museum,
Moskau · GIM 85918 I VIII 4981

Einer Legende zufolge erschien einer
Einheit russischer Soldaten im September
1914 in einem Wald bei Awgustow, das
heute in Polen liegt, die Gottesmutter.
Eine Zeitung zitierte am 25. September

einen Augenzeugen mit den Worten:
»[…] Nach unserem Zurückweichen sah
unser Offizier mit dem gesamten Halb-
eskadron die Erscheinung. Sie wollten
gerade biwakieren. Es war elf Uhr abends.
Ein Soldat kam mit verwirrtem Gesicht
angelaufen und sagte: ›Euer Hochwohl-
geboren, kommen Sie!‹ Der Oberleutnant
machte sich auf und sah am Himmel die
Gottesmutter mit Jesus Christus auf den
Armen. Mit einer Hand wies sie gen
Westen. Alle niederen Ränge knieten und
beteten. Er betrachtete lange die Erscheinung. Dann verwandelte sich diese in ein
großes Kreuz und verschwand […]«.
Kurz darauf kam es bei Awgustow zu
einer großen Schlacht, bei der die russischen Streitkräfte den Sieg davontrugen.
Im starken Glauben an die Verknüpfung
beider Ereignisse entstand zur Erinnerung
eine Ikone, die die Bezeichnung *Gottes-*
mutter von Awgustow erhielt. Während
des Krieges gelangten Kopien dieser
Ikone in alle Teile Russlands. Eine von
ihnen wird im Historischen Museum
aufbewahrt. *I. C. (Ü)*

Motivation

Die Millionenheere des Ersten Weltkrieges wären ohne die Unterstützung
der Bevölkerung nicht zu mobilisieren
gewesen. Die Propaganda diente dazu,
diese Unterstützung zu organisieren
und zu erhalten. Ein schlagendes
Beispiel dafür bot die notwendige
Finanzierung des sich länger als geplant
hinziehenden Krieges, für die so genannte Kriegsanleihen zum üblichen
Mittel wurden. Umfangreiche Werbe-
kampagnen bereiteten die Auflage
der jeweils neuesten Anleihe vor.
Allein im Deutschen Reich erbrachten die insgesamt neun Kriegsanleihen
die gigantische Summe von 97 Milliarden Reichsmark.
Anderen Aufgaben sah sich die Propaganda etwa in England und in den
USA gegenüber. In Großbritannien
und seinen Dominions war das stehende Heer der Vorkriegszeit vergleichsweise klein. Aufrufe zur freiwilligen Meldung machten hier einen
beträchtlichen Teil der Arbeit aus.
Ähnliches galt seit 1917 für die USA,
die in kurzer Zeit eine Armee auf-
bauen mussten.
Nie zuvor gab es ähnlich intensive
Bemühungen im Propagandakrieg.
Er zielte auf alle Bereiche des gesellschaftlichen Lebens und entwarf vor
allem in der Bildsprache extreme
Feindbilder. Doch in dem Maße, in
dem die Belastungen für jeden Einzelnen wuchsen und das Kriegsende
unabsehbar wurde, nahmen Akte der
Verweigerung zu. Dennoch blieb,
auch dank der Bemühungen der verschiedenen Institutionen zur ›Information‹ der Bevölkerung, in nahezu
allen Ländern die Unterstützung für
den Krieg fast bis zum Ende erhalten.
Nach dem Weltkrieg eignete dem
Begriff Propaganda eine neue, negative Schattierung. Sie war auf die
Unhaltbarkeit, ja, Verantwortungslosig-
keit vieler Behauptungen und Kampagnen zurückzuführen.

R. Rother

VII/16 *Sajom swobody*
[Freiheitsanleihe]

Plakat · Boris M. Kustodijew (1878–1927) · Petro-
grad 1917 · Chromolithographie · 100,5 x 69,5 cm ·
Deutsches Historisches Museum, Berlin · 1988/2104

Wie viele andere war auch der bekannte
Künstler Boris M. Kustodijew nach dem
Sturz des Zaren von dem Versprechen
einer neuen politischen Freiheit begeistert.
Für die Provisorische Regierung entwarf
er im Rahmen einer Kriegsanleihe-Kam-
pagne ein Plakat. Dabei griff er auf die
erfolgreiche Plakatserie von 1916 zurück.
Die politische Motivation dieser Kriegsan-
leiheplakate hatte eine neue Form künst-
lerischer Publizistik hervorgebracht – die
bildhafte Umsetzung der Botschaft. Das
Motiv hier zeigt einen einfachen, aber
starken und unbeugsamen russischen In-
fanterie-Soldaten, der sein Gewehr vom
Typ 1891/30 quer vor seinem Körper hält
und so eine unüberwindliche Barriere
gegen die Feinde errichtet. Die Banner
transportieren seine Botschaft: »Krieg bis
zum Sieg.« *K. B.*

VII/17 *On ne passe pas!*
[Sie kommen nicht durch!]

Plakat · Union des grandes associations françaises
contre la propagande ennemie · Maurice Neumont
(1868–1930) · Paris 1918 · Lithographie · 115 x
80 cm · Deutsches Historisches Museum, Berlin ·
P 95/226

Die bildbeherrschende Figur verkörpert
die Idealvorstellung von einem entschlossenen französischen Frontsoldaten, einem
poilu. In teilweise schon zerrissener Uniform, inmitten eines von vielen Kämpfen
gezeichneten Schlachtfeldes, verwehrt er
mit grimmiger Entschlossenheit und Stärke
jedem Gegner den Durchbruch. Das Plakat wurde zu einer Zeit veröffentlicht, als
die französische Armee die deutschen
Offensiven an der Marne im Herbst 1914
und im Sommer 1918 erfolgreich abgewehrt hatte. Der Text ruft auch die Zivilisten zu Standhaftigkeit bis zum Sieg auf
und warnt vor einem vorzeitigen Friedensschluss. *R. R.*

VII/18 *Helft uns siegen!*

Plakat · Fritz Erler (1868–1940) · Deutschland
1917 · Lithographie · 58,1 x 43,7 cm · Deutsches His-
torisches Museum, Berlin · P 57/1438.4 · Abb. S. 60

Für die Werbung zur sechsten Kriegsanleihe entschied sich die Reichsbank,
erstmalig ein Bildplakat zuzulassen. Nachdem der ausgeschriebene Wettbewerb
kein zufrieden stellendes Ergebnis gebracht
hatte, wählte man ein Gemälde Fritz
Erlers als Vorlage für das Plakat. Er
zeigt einen Infanteristen mit Stahlhelm
und Gasmaske.
Die zeitgenössische Kritik lobte die »fast
übersinnlichen, ins Weite blickenden
Augen […], die von Grauen erfüllt in die
Ferne schauen, und in denen doch wiederum stolze Zuversicht und unüberwind-
liches Vertrauen liegt«, als künstlerische
Meisterleistung. Erler hatte mit diesem
Motiv offenbar die Stimmung der deutschen Bevölkerung getroffen. Jedenfalls
lag der finanzielle Erfolg mit gezeichneten Anleihen im Wert von 13,1 Milliarden Mark weit über dem bisherigen und
auch den noch folgenden Ergebnissen.
A. v. H.

VII/19 *Verwundetentransport*

Freiplastische Figurengruppe · Robert Franges
Mihanović (1872–1940) · Undatiert (1914–18) ·
Bronze, gegossen · Höhe mit Sockelplatte 43,5 cm,
Breite 71 cm, Tiefe 25 cm · Heeresgeschichtliches
Museum, Wien · KBI 887

Der kroatische Bildhauer dieser freiplasti-
schen Gruppe stammt aus Mitrovice in
Syrmien und ist in Zagreb (Agram)
gestorben. Seine Ausbildung erhielt er an
der Akademie der bildenden Künste in
Wien. Danach leitete er die Kunstgewerbeschule in Zagreb. Am 15. September
1915 wurde er als Kriegsbildhauer in die
Kunstgruppe des Kriegspressequartiers
Österreich-Ungarns aufgenommen und
kam zum 5. Armeekommando. 1917
wurde Franges Mihanović zum Ersatzba-
taillon des k. u. k. Landwehrinfanterie-
Regiments Nr. 25 überstellt und nahm
1918 an einer Exkursion in die Bocche di
Cattaro teil. Im selben Jahr noch wurde er
vom Landsturmdienst auf unbestimmte
Zeit enthoben und außer Stand gebracht,
da er seit März die kroatische Invaliden-
schule in Zagreb eingerichtet und auch
seine Funktion als Direktor der Kunstgewerbeschule beibehalten hatte. Die frei-
plastischen Gruppen in Bronze, die er in
dieser Zeit anfertigte und in den diversen
Kriegsausstellungen der Jahre 1917 und
1918 präsentierte, sind vorwiegend durch
die Betonung der Horizontalen charakterisiert. *I. K.*

LITERATUR Ilse Krumpöck, *Bestandskatalog der*
Plastik des Heeresgeschichtlichen Museums
(erscheint voraussichtlich 2004).

VII/20 *Soldat Français*
[Französischer Soldat mit seiner Ausrüstung]

Skulptur · Charles Gir (1883–1941) · Frankreich 1914–18 · Bronze · 45 x 27 x 22 cm · Historial de la Grande Guerre, Péronne · 010740

Mit vollem Marschgepäck voranschreitend, den Mantel gebläht wie vom Marschieren gegen starken Wind, so stellt der Künstler Charles Gir den unbeugsamen französischen Soldaten dar. Der *poilu* (zu Deutsch eigentlich: haarig, behaart), der vom Fronteinsatz gezeichnete Soldat, wurde in verschiedenen Darstellungen zur Ikone des Krieges. Mehr noch als selbst die populärsten Generäle verkörperte dieser Typus die Kraftanstrengungen zur Verteidigung der ganzen Nation. *R. R.*

VII/21 *Alter Kriegsfreiwilliger*

Statuette · Friedrich Gornik (1877–1943) · 1916 · Höhe mit Sockelplatte 28 cm, Breite 12 cm, Tiefe 18 cm · Bronze · Heeresgeschichtliches Museum, Wien · EB 2003/20/16

Der Kärntner Bildhauer dieser Statuette modellierte Tierdarstellungen, Vasen, Schalen und Beleuchtungskörper, ehe er ab dem 4. Januar 1916 der Kunstgruppe

VII/20

VII/21

des Kriegspressequartiers Österreich-Ungarns zugeteilt wurde. Seine Werke wurden auf den jeweiligen Kriegsausstellungen und im Wiener Künstlerhaus präsentiert. Für das damalige Heeresmuseum fertigte er 1916 ein 50 m² großes Relief des Kampfgeländes der Isonzofront im Maßstab 1 : 2 500 an. Es umfasst den Brückenkopf von Görz bis zur Küste. Der bärtige k. u. k. Infanterist, den er ebenfalls 1916 schuf, zeigt einen jener Kriegsfreiwilligen, die trotz überschrittenen Alters ihrem Kaiser und dem Vaterland dienen wollten. Auch in der Kunstgruppe fanden sich vorwiegend Künstler der älteren Generation oder zum Frontdienst Untaugliche, und je länger der Krieg dauerte, umso strengere Kriterien galten für die Aufnahme, da jeder verfügbare Mann an der Front gebraucht wurde. *I. K.*

LITERATUR Ilse Krumpöck, *Bestandskatalog der Plastik des Heeresgeschichtlichen Museums* (erscheint voraussichtlich 2004).

VII/22–VII/24

Russland gegenüber Deutschland. Das ineinander übergehende Wechselspiel nationalstaatlicher und weltpolitischer Interessen der Kriegsgegner wurde aus deutscher Sicht und in propagandistischer Absicht bis zur völligen Verzerrung der tatsächlichen Geschehnisse karikiert. Laut eines erhaltenen Theaterplakates wurde »das lustige Kriegspuppenspiel« 1917 mehrmals in Berlin »am Zoo« aufgeführt. *M. W.*

VII/25 Puppe des erhängten Franz Joseph, Kaiser von Österreich und König von Ungarn

1914–18 · Holz, bemalt · 35 x 32 x 5 cm · Museo Storico Italiano della Guerra, Rovereto · DM-B/7

Das Bild von Österreich-Ungarn als einem Land der Folterknechte und Scharfrichter, das sich nach der Hinrichtung des Irredentisten Guglielmo Oberdan (1882) und besonders nach der Hinrichtung des sozialistischen Abgeordneten aus Trient, Cesare Battisti (12. Juli 1916) weiter festigte, wurde in Italien sehr häufig zu Zwecken der Kriegspropaganda eingesetzt. Die ausgestellte Puppe nimmt auf diesen Ruf des Landes Bezug. Gemäß der Maxime, Gleiches mit Gleichem zu vergelten, wird Kaiser Franz Joseph in dieser Darstellung auf die gleiche Weise hingerichtet, wie er die italienischen Widerstandskämpfer hinrichten ließ. *C. Z. (Ü)*

VII/22–VII/24

VII/22 *Fürst Wodkasoff*
Marionette zu *Grey & Co. oder King Edward's unselige Erben*

Entwurf: Olaf Gulbransson (1873–1958) · Inszenierung: Paul Brann (1873–1955) · München 1917 · Höhe 66 cm · Puppentheatermuseum im Münchner Stadtmuseum, München · 35007

VII/23 *Lord Edward Grey*
Marionette zu *Grey & Co. oder King Edward's unselige Erben*

Entwurf: Olaf Gulbransson (1873–1958) · Inszenierung: Paul Brann (1873–1955) · München 1917 · Höhe 75 cm · Puppentheatermuseum im Münchner Stadtmuseum, München · 35005

VII/24 *John Bull*
Marionette zu *Grey & Co. oder King Edward's unselige Erben*

Entwurf: Olaf Gulbransson (1873–1958) · Inszenierung: Paul Brann (1873–1955) · München 1917 · Höhe 63 cm · Puppentheatermuseum im Münchner Stadtmuseum, München · 35006

Mit dem »lustigen Puppenspiel aus ernster Zeit«, so der Untertitel der Inszenierung des Marionettentheaters Münchner Künstler, griff der Regisseur Paul Brann eine seinerzeit in München erschienene politi-

sche Satire des *Jugend*-Autors Fritz von Ostini auf. Die Protagonisten sind Nationalcharaktere wie John Bull und typische Politiker der Zeit wie Lord Edward Grey, der ehemalige britische Außenminister. Brann brachte das Stück in der Ausstattung des *Simplicissimus*-Zeichners Olaf Gulbransson auf die Bühne. Gegenstand der Handlung war die Politik der Ententemächte Großbritannien, Frankreich und

VII/25

VII/26

VII/26–VII/27

VII/26 Kaiser Karl I.

Handpuppe · Vallagarina 1918 · Textil, Holz, bemalt · 75 x 30 x 12 cm · Museo Storico Italiano della Guerra, Rovereto · DM -B/8

VII/27 Wilhelm II.

Handpuppe · Vallagarina 1914–18 · Textil, Holz, bemalt · 75 x 30 x 12 cm · Museo Storico Italiano della Guerra, Rovereto · DM-B/9

Diese Puppen aus Holz und Stoff wurden im August 1918 von den in Vallagarina stationierten Truppen für ein kleines Feldtheater angefertigt. Die Puppen stellen den deutschen Kaiser Wilhelm II. und den österreichischen Kaiser Karl I. dar. Beide Puppen sind aus Holzblöcken und Zeltleinwand hergestellt. Sie wurden dem Museo Storico Italiano della Guerra im Dezember 1925 von Rechtsanwalt Ugo Alfonso Mazzoni überlassen. Er erinnerte sich, dass die Puppen in Aufführungen eingesetzt wurden, in denen »der große Wilhelm und der kleine Karl, Verschwörer gegen das schöne Italien, vom unbesiegbaren Soldaten eine Tracht Prügel bezogen«. *C. Z. (Ü)*

VII/28

VII/27

VII/28 Französischer Stahlhelm mit Aufsatz in Form eines Schweinekopfes

Frankreich 1914–18 · Metall, Holz, Stoff · 34 x 30 x 20 cm · Historial de la Grande Guerre, Péronne · 017648

Vermutlich wurde diese ungewöhnliche Arbeit von einem französischen Soldaten im Graben oder in der Etappe gefertigt. Sie besteht aus einem Stahlhelm des Typs »Adrian«, wie ihn die französischen Soldaten im Ersten Weltkrieg trugen. Diesem aufgesetzt ist ein aus Holz geschnitzter Schweinekopf mit einer Art Nackenschutz aus Stoff, vermutlich aus einem alten Brotsack herausgeschnitten. Auf dem Tierkopf ist die verkleinerte Nachbildung einer deutschen Pickelhaube platziert. In ihrer spannungsreichen Kombination versinnbildlichen die beiden Helme in Verbindung mit dem herabsetzenden Motiv des Schweinekopfes in extremer Weise den Hass auf den deutschen Feind. Das Motiv des Schweins mit Pickelhaube findet sich in zahlreichen bildlichen Darstellungen der französischen Weltkriegspropaganda. *G. B.*

VII/29 *Wsjo dlja wojny! Sapisywajte na 5 ½ % wojenny sajom*
[Alles für den Krieg. Zeichne für 5 ½ % Kriegsanleihe]

Plakat · Russland 1916 · Chromolithographie · 98,5 x 71 cm · Staatliches Museum für die politische Geschichte Russlands, St. Petersburg · FV 9496

Zur Deckung der Kriegskosten wurde in Russland – später als in vielen anderen europäischen Kriegsnationen – 1916 eine Staatsanleihe aufgelegt. Mit günstigen Konditionen, aber auch mit einem Appell an den Patriotismus wollte man die Bevölkerung zum Zeichnen von Anleihen bewegen. Das zuständige Skobelew-Komitee warb mit dreißig verschiedenen Motiven aus dem Front- und Kriegsalltag. So wurde auch auf die zahlreichen Frauen in der Rüstungsindustrie verwiesen, die dort die Arbeitsplätze der an die Front abkommandierten Männer eingenommen hatten. Mit dem Ziel einer massiven Produktionssteigerung, die zwischen 1914 und 1916 eine Vervierfachung erreichen konnte und gleichwohl hinter den Erfordernissen zurückgeblieben war, wurden Frauen in diesem Bereich noch verstärkt eingesetzt.
Seine Wirkungsabsicht verfolgt das Plakat nicht mehr – wie bis dahin üblich – mit einem ausführlichen Text, sondern mit einem kurzen Slogan. Zur Verbreitung zusätzlicher Informationen gab es alle Anleihe-Plakate auch als Postkarten mit einem propagandistischen Text auf der Rückseite. *K. B.*

VII/30

VII/30 *On her their lives depend*
[Von ihr hängen ihre Leben ab]

Plakat · Clarke & Sherwell Ltd. · London, um 1916 · Lithographie · 75,8 x 48,8 cm · Musée royal de l'Armée et d'Histoire militaire, Brüssel · 55500015

Die Geste, mit der die Frau in der Arbeitskleidung einer Munitionsarbeiterin ihre Kappe aufsetzt, changiert zwischen Koketterie und Diensteifer. In ihrem Blick liegt der Appell, sich für die Soldaten einzusetzen, von denen einer stellvertretend für viele im Bildhintergrund beim Umgang mit schwerer Munition gezeigt wird. Die Botschaft, mit der das Plakat dazu auffordert, sich in den Munitionsfabriken zu melden, findet sich rechts unten: »Enrol at once«. In einer Situation, in der viele Männer an der Front waren und die Waffenproduktion zugleich enorm gesteigert wurde, beschäftigte die Rüstungsindustrie verstärkt auch Frauen. Das patriotische Plakat beschreibt ihre Aufgabe als die von Lebensretterinnen. *R. R.*

VII/31 Lederrahmen mit Porträtfoto einer Frau in Schwesterntracht

Frankreich 1914–18 · Leder, Fotografie · 8 x 9 x 10 cm · Historial de la Grande Guerre, Péronne · 8836

Die Idolisierung der Krankenschwestern war charakteristisch für den Ersten Weltkrieg. Für die Frontsoldaten waren sie – neben den Zivilistinnen in den Dörfern der Einquartierung und den Prostituierten in der Etappe – oft die einzigen weiblichen Wesen, die diese über Wochen, manchmal Monate zu Gesicht bekamen. Sowohl die Pflege, die sie Verwundeten zukommen ließen, wie auch die Tatsache, dass sie ebenfalls im Kriegsdienst standen, beförderten ihren besonderen Status. Die Zuneigung und Schwärmerei für die Krankenschwestern artikulierte sich in vielfältiger, auch sehr persönlicher Weise.
Das Porträt der jungen Frau in Schwesterntracht, ihr Name ist Hélène Garnier, steht für ein auch erotisch aufgeladenes Bild, das wiederum in der Propaganda vor allem der Alliierten eine große Rolle spielte. *R. R.*

VII/32 Rot-Kreuz-Schwester

Statuette · Johanna Meier-Michel (1876–1972) · Undatiert (1914–18) · Hartsteinzeug, bemalt und glasiert · Höhe mit Sockelplatte 29 cm, Breite 11,5 cm, Tiefe 9 cm · Heeresgeschichtliches Museum, Wien · BI 35 159

Die Pflege der Kranken, Verwundeten und Kriegsgefangenen im Ersten Weltkrieg stellte an das weibliche Personal ungeheure Anforderungen. Dies galt sowohl für die Schwestern des Roten Kreuzes als auch für die des Malteserordens oder des Deutschen Ordens. Auch Ärztinnen, die im militärischen Sanitätsdienst tätig waren, hatten unter denselben Gefahren, Schwierigkeiten und Belastungen wie ihre männlichen Kollegen zu leiden. Dies ist erwähnenswert, weil in Österreich Frauen erst aufgrund eines Gesetzes vom 3. September 1900 zum Studium der Medizin zugelassen waren. Das Krankenpflegepersonal folgte der kämpfenden Truppe mit den Feldspitälern überall hin und erleichterte ihr durch medizinisches Wissen und Zuspruch die physischen und psychischen Strapazen an der Front. Die in Böhmisch Leipa (heute: Česká Lípa) geborene Künstlerin Johanna Meier-Michel arbeitete zusammen mit der Vereinigung bildender Künstlerinnen Österreichs von 1915 bis 1920 in der Keramischen Werkgenossenschaft, die Nippesfiguren und kleinere kunstgewerbliche Gegenstände anfertigte. *I. K.*

LITERATUR Brigitte Holl, *Die Frau im Krieg,* Ausst. Kat. Heeresgeschichtliches Museum Wien 1986; Ilse Krumpöck, *Bestandskatalog der Plastik des Heeresgeschichtlichen Museums* (erscheint voraussichtlich 2004).

VII/33 Kriegsandenken der Miss Smith

Taschentuch · Großbritannien, 1914 · Baumwolle, bedruckt und signiert · 52 x 52 cm · In Flanders Fields Museum, Ieper · Ohne Inv. Nr.

Eine britische Krankenschwester, von der heute nur noch ihr Nachname Smith bekannt ist und die im »War College«, einem Lazarett in Davenport, Dienst tat, bewahrte dieses Taschentuch zur Erinnerung an ihren Einsatz im Krieg auf. Es war von dankbaren belgischen Soldaten signiert worden, die in den Schlachten des Jahres 1914 verwundet und in Davenport von ihr gepflegt worden waren. Auf dem Taschentuch notierten die Soldaten ihr Regiment und das Datum ihrer Verwundung. Der Rand ist von den Flaggen der Alliierten gesäumt. Unter ihnen befindet sich, für die Jahre 1914/15 überraschend, auch jene der Vereinigten Staaten von Amerika. *R. R.*

VII/32

VII/34 *Podwig sestry miloserdija R. I. Iwanowoi*
[Der Sieg der Krankenschwester R. I. Iwanowa]

Graphik · P. Franz · Russland 1915 · Tusche auf Papier · 23,5 x 29,7 cm · Kriegsmedizinisches Museum, St. Petersburg · OF 29288

Die Krankenschwester Rimma Iwanowa arbeitete in der 10. Kompanie des Infanterie-Regiments 105 Orenburg. Als der Kommandeur und die Offiziere des Regiments tödlich verwundet wurden, führte Iwanowa die Soldaten zu einem Angriff gegen die feindlichen Schützengräben. Zwar gelang es dabei, die gegnerischen Stellungen einzunehmen, doch die Rot-Kreuz-Schwester wurde schwer verletzt und erlag sofort ihren Verwundungen. Für ihren heldenhaften Einsatz erhielt Rimma Iwanowa postum das Georgskreuz 4. Klasse. *K. B.*

VII/35 *Weibliche Angehörige der Ukrainischen Legion an der Front*

Schwarz-Weiß-Fotografie · K. u. k. Kriegsministerium, Pressedienst · 13 x 18 cm (Reproduktion) · Heeresgeschichtliches Museum, Wien · Fotosammlung, S 15.518

In den ersten zwei Kriegswochen hatten sich zur Ukrainischen Legion bereits über 15 000 Freiwillige gemeldet. Sie waren einem Mobilisierungsaufruf des Ukraini-

VII/34

VII/35

schen Hauptrates und der Ukrainischen Kampfleitung gefolgt. Von Seiten Österreichs wurden vorerst bloß 2 000 Kombattanten bewilligt, die dem XXV. Korps (ehemals »Korps Hofmann«) unter dem Kommandanten Feldmarschalleutnant Peter Freiherr von Hofmann unterstellt wurden. In dieser Freiwilligenformation durften ausschließlich die österreichisch-ungarischen Ukrainer dienen, die in Wien und Budapest offiziell als »Ruthenen« bezeichnet wurden. Eine weitere Einschränkung wurde festgesetzt: Zu Beginn wurden offensichtlich nur jene Ukrainer aufgenommen, die unter oder über dem Wehrpflichtsalter standen, die also zur österreichischen (k. k.) Armee noch nicht oder nicht mehr einberufen wurden.
Aus den mehr als 2 000 ukrainischen Soldaten wurden zehn Kompanien gebildet, die anfangs gesondert zum Kampf eingesetzt wurden. Später durften sie auch bataillonsweise kämpfen. Ihre Stärke überschritt jedoch nie zwei Bataillone.
Großes Aufsehen erregte die Besonderheit, dass in die Reihen der Ukrainischen Legion auch Frauen, vorwiegend Studentinnen,

als reguläre Kombattanten eingegliedert waren. Gerade in der k. u. k. Armee und ihren ›nationalen‹ Pendants, der k. k. Landwehr und der kgl. ung. Honvéd – der Armee der ungarischen Reichshälfte –, war der bewusste Einsatz von Frauen unmöglich. Aufgrund ihrer Tapferkeit wurden die Ukrainer auch als »Tiroler des Ostens« bezeichnet. Auch die ukrainischen Soldatinnen zeichneten sich durch ihren Mut aus. Mehrere von ihnen wurden mit Tapferkeitsmedaillen ausgezeichnet. *R. H.*

LITERATUR Österreichisches Kriegsarchiv (Hrsg.), *Österreich-Ungarns letzter Krieg 1914–1918*, Registerband, Wien 1938, S. 166; Sokrates Iwanýckyi, *Die Ukrainische Legion und ihre Rolle im Kampf für die Freiheit der Ukraine* (Arbeits- und Förderungsgemeinschaft der ukrainischen Wissenschaften e. V., Mitteilungen Nr. 2), München 1965, S. 7, 9–10; Wolfdieter Bhil, *Einige Aspekte der österreichisch-ungarischen Ruthenenpolitik 1914–1918*, in: *Jahrbuch zur Geschichte Osteuropas* 1966, S. 540–541, 548–549; Brigitte Holl, *Die Frau im Krieg*, Ausst. Kat. Heeresgeschichtliches Museum Wien 1986, S. 68.

VII/36 *Rosa Zenoch*

Künstlerpostkarte · Adolf Karpellus (1869–1919) · A. Berger, Wien VIII · 14 x 9 cm · Heeresgeschichtliches Museum, Wien · Postkartensammlung, LBI 13.676

Die Bildpostkarte, die bereits um die Jahrhundertwende den Stellenwert eines Massenmediums inne hatte, wurde während des Ersten Weltkrieges zu einem der Hauptträger der (Kriegs-) Propaganda. Die große Verbreitung ist vor allem in der Modernisierung der Drucktechnik (Lichtdruck und Autotypie) und der damit verbundenen Erschwinglichkeit für nahezu jedermann begründet.
Auch das Schicksal der galizischen Bauerntochter Rosa Zenoch wurde von der Kriegspropaganda instrumentalisiert und zur Geschichte vom »Heldenmädchen von Rawa Ruska« verklärt und stilisiert. Tatsache ist, dass während der Kämpfe um Lemberg die zwölfjährige Rosa Zenoch die Soldaten im unmittelbaren Frontbereich, der in der Nähe ihres Elternhauses bei der Ortschaft Rawa Ruska lag, mit frischem Wasser zu versorgen suchte. Dabei wurde ihr linkes Bein durch ein

·ROSA·ZENOCH·

Offizielle Karte für das Rote Kreuz – Kriegshilfsbüro – Kriegsfürsorgeamt

VII/36

Sprengstück so schwer verletzt, dass es amputiert werden musste. Die Motive ihres Handelns können heute nur vermutet werden: Menschlichkeit und Hilfsbereitschaft, wohl gepaart mit jugendlicher Abenteuerlust. Für ihr Engagement wurde das junge Mädchen mit der Silbernen Ehrenmedaille mit Kriegsdekoration für Verdienste um das Rote Kreuz ausgezeichnet. Gestaltet wurde die Postkarte vom Maler Adolf Karpellus, der an der Wiener Aka-

demie der Bildenden Künste unter Christian Griepenkerl und Josef Mathias Trenkwald studiert hatte. Der Künstler widmete sich neben der Malerei auch der Illustration und der Plakatkunst, die im Zuge einer Kollektivausstellung im Wiener Künstlerhaus der Öffentlichkeit präsentiert wurden. *R. H.*

LITERATUR Brigitte Holl, *Die Frau im Krieg*, Ausst. Kat. Heeresgeschichtliches Museum Wien

1986, S. 15, 67; Brigitte Holl und Walter Lukan, *»... und Friede den Menschen« – Weihnachten und Jahreswechsel im 1. Weltkrieg. Postkarten, Fotos, Erinnerungen*, Ausst. Kat. Heeresgeschichtliches Museum Wien 1992, S. 10–11; Hans Vollmer (Hrsg.), *Allgemeines Lexikon der bildenden Künstler von der Antike bis zur Gegenwart*, Bd. 19, Leipzig 1929, S. 568.

VII/37 Silberne Ehrenmedaille vom Roten Kreuz mit der Kriegsdekoration, in Etui

Vinzenz Mayer's Söhne Wien · 1914–18 · Silber · Heeresgeschichtliches Museum, Wien · 1995/26/420

Anlässlich der 50. Wiederkehr der Gründung der Genfer Konvention stiftete Kaiser Franz Joseph I. mit Allerhöchstem Handschreiben vom 17. August 1914 das Ehrenzeichen für Verdienste um das Rote Kreuz. Oberster Inhaber des Ehrenzeichens war der Kaiser selbst. Als Protektorstellvertreter setzte er den General der Kavallerie Erzherzog Franz Salvator (1866–1939) ein, der die administrativen Angelegenheiten der Verleihungen zu besorgen hatte. Franz Salvator war auch Protektorstellvertreter des Vereins vom Roten Kreuze der Länder der ungarischen heiligen Krone. Als Generalinspektor der freiwilligen Sanitätspflege leitete er die Hilfsaktion für die Kriegsgefangenen in Russland.

Das Ehrenzeichen für Verdienste um das Rote Kreuz gliederte sich in den Verdienststern, das Ehrenzeichen I. Klasse, ab 1915 das Offiziers-Ehrenzeichen sowie das Ehrenzeichen II. Klasse. Dem Ehrenzeichen angeschlossen waren die silberne und die bronzene Ehrenmedaille. Alle Stufen und Medaillen konnten mit der »Kriegsdekoration«, einem grün emaillierten Kranz aus Lorbeer- und Eichenlaub, verliehen werden, das Offiziers-Ehrenzeichen wurde ausschließlich mit »Kriegsdekoration« verliehen. *W. A. S.*

LITERATUR Walter A. Schwarz, *Die Ehrenzeichen und Medaillen des Österreichischen Roten Kreuzes von 1914–2004*, Ausst. Kat. der Österreichischen Gesellschaft für Ordenskunde im Heimatmuseum Deutsch-Wagram 2004.

VII/38 *Waffenbrüderschaft*

Halsband · Hauptmünzamt Wien · Wien, um 1917 · Gold, Email · Heeresgeschichtliches Museum, Wien · HGM 1993/28/19a

Dieser Halsschmuck zeigt auf seinen sieben runden Anhängern die farbigen Bilder folgender Persönlichkeiten: Erzherzog Eugen von Österreich, Zar Ferdinand I. von Bulgarien, den deutschen Kaiser und König von Preußen Wilhelm II., Erzherzog Karl Franz Joseph von Österreich (den späteren Kaiser Karl I.), Kaiser Franz Joseph I., den Kaiser der Osmanen Ghazi

VII/38

VII/39

Muhammed Reschad Chan V. und Erzherzog Friedrich von Österreich.

Zu Beginn und während des »Großen Krieges« wurden unzählige an den Patriotismus und die »Waffenbrüderschaft« zwischen den Verbündeten der Mittelmächte appellierende Objekte erzeugt und verkauft. Doch diese im Verlauf und auch nach dem Krieg so viel beschworene »Waffenbrüderschaft« war beispielsweise zwischen Deutschland und Österreich-Ungarn in Wirklichkeit gar keine so innige gewesen. Der deutsche Verbündete, insbesondere dessen oberste militärische Führung, brachte für die in der k. u. k. Armee herrschende Sprachenvielfalt und die damit verbundenen Führungsschwierigkeiten nur wenig Verständnis auf. Auch war die k. u. k. Armee für einen Krieg im Vergleich zu ihrem deutschen Verbündeten weniger gut gerüstet, weswegen man auch vom »Kamerad Schnürschuh« sprach. Und so mussten immer wieder deutsche Verbände als »Korsettstangen« k. u. k. Truppen unterstützen. Nach dem Krieg wurde die »Waffenbrüderschaft« auch als politisches Argument für den Anschluss Österreichs an Deutschland herangezogen. *W. A. S.*

LITERATUR Johann Christoph Allmayer-Beck, *Das Heereswesen in Österreich und in Deutschland,* in: Robert A. Kann und Friedrich E. Prinz (Hrsg.), *Deutschland und Österreich. Ein bilaterales Geschichtsbuch,* Wien und München 1980, S. 490–517.

VII/39 Zierteller mit vier Porträts von Heerführern

Limoges 1914 · Porzellan · 27,5 x 3,7 cm · Historial de la Grande Guerre, Péronne · 016545 – BIS

Zierteller dieser Art stellten im Ersten Weltkrieg in den Ententestaaten und bei den Mittelmächten keine Seltenheit dar, im Gegenteil: Geschirr, Haushaltsgegenstände, aber auch Schmuck mit patriotischem Dekor waren Massenware. Auch namhafte Firmen beteiligten sich an der Produktion von Waren, die uns heute als ›Kriegskitsch‹ erscheinen.
Dieser in kräftigen Farben gehaltene Teller aus hochwertigem Limoges-Porzellan zeigt die Porträts der französischen Generäle Joseph Joffre und Paul Pau, des englischen Generals Sir John French sowie des russischen Zaren Nikolaus II. *G. B.*

VII/40

VII/41

VII/40 *Billard de la Victoire*

Patriotisches Gesellschaftsspiel · Frankreich 1915 · Holz, Papier · 35,5 x 51,5 x 5,5 cm · Historial de la Grande Guerre, Péronne · 24958

Die Produktion patriotischer Spiele war eine in allen Ländern praktizierte Form, die Kriegsunterstützung zu erhalten und zu befördern. Dieses Billardspiel verweist unter anderem mit der Wiedergabe der Flaggen der Alliierten auf die »Waffenbrüderschaft«, deren Betonung zu einem der wesentlichen Mittel der Propaganda gehörte. *R. R.*

VII/41 Skatkarten mit Porträts

Deutschland, 1914/15 · Karton, Lithographie · 9,2 x 6 cm · Deutsches Historisches Museum, Berlin · MK 89/22(MfDG)

Die Karten spiegeln die Hierarchie der wilhelminischen Gesellschaft im Krieg: An der Spitze befinden sich Kaiser und Könige. Ihnen stehen die »Buben« zur Seite: Die Regierung wird repräsentiert durch Reichskanzler Bethmann Hollweg, die Flotte durch Alfred von Tirpitz, die Luftflotte durch Graf Zeppelin, das Heer

VII/43–VII/47

sich in eine Vielzahl von Symbolfiguren ein, an denen so genannte Nagelungen vollzogen wurden. Die Bevölkerung im Heimatgebiet sollte veranlasst werden, sich durch den Kauf eines Eisen- oder Messingsnagels, der dann in eine solche Figur eingeschlagen wurde, finanziell am Krieg zu beteiligen.

Von Wien ausgehend, hatte sich die Sitte ab 1915 rasch im restlichen Österreich, im Deutschen Reich und bei den Verbündeten verbreitet. Ging es ursprünglich darum, den Erlös aus den Nagelungen der Hinterbliebenenfürsorge zukommen zu lassen, so erkannten die offiziellen Regierungsstellen schnell den gemeinschaftsstiftenden Nutzen dieser Aktionen. Vielfach ging man dazu über, die Figuren nach der Nagelung in öffentlichen Gebäuden aufzustellen. Das Nagelkreuz aus

durch Paul von Hindenburg. Unterstützt werden sie von den »Assen«, von kämpfenden Kriegshelden wie Otto von Weddigen. Die »Damen« Wissenschaft und Gewerbe stehen für kulturelle und wirtschaftliche Überlegenheit. Die Botschaft des patriotischen Bildprogramms ist eindeutig: Es propagiert die Stärke Deutschlands auf allen Gebieten. *C. J.*

VII/42 Trench Football [Schützengraben-Fußballspiel]

Großbritannien 1914–18 · Holz, Papier, Glas · 24,5 x 16,4 cm · Imperial War Museum, London · EPH 2579

Der deutsche Kaiser Wilhelm II. diente der alliierten Propaganda als Zielscheibe zahlloser Angriffe. So auch in diesem satirischen Spiel, das darüber hinaus Karikaturen von deutschen Militärs sowie von Enver Pascha, dem Kriegsminister des Osmanischen Reiches, zeigt. *R. R.*

VII/43–VII/47

VII/43 Flugzeug

Christbaumschmuck · Deutschland 1914–18 · Karton, bemalt, Engelshaar · 5 x 14 cm · Sammlung Margot Schach, Leonberg

VII/44 Zeppelin

Christbaumschmuck · Deutschland 1914–18 · Glas, bedampft, Engelshaar · 5 x 12,5 cm · Sammlung Margot Schach, Leonberg

VII/45 Dampfer

Christbaumschmuck · Deutschland 1914–18 · Papier, Textil, Watte, Metall, Engelshaar · 19 x 14 cm · Sammlung Margot Schach, Leonberg

VII/46 Feldpostwagen

Christbaumschmuck · Deutschland 1914–18 · Papier, Textil, Stanniol, Engelshaar · 6 x 9 cm · Sammlung Margot Schach, Leonberg

VII/47 Pickelhaube

Christbaumschmuck · Deutschland 1914–18 · Glas, bedampft, Stanniol · 10 x 7 cm · Sammlung Margot Schach, Leonberg

In Zeiten des Krieges wurde auch das Weihnachtsfest zum Anlass, nationale Gesinnung zu demonstrieren. Kleine Flugzeuge, Feldpostwagen oder Pickelhauben ersetzten den traditionellen Baumschmuck. Auch Tannenzapfen und Kugeln in den deutschen Reichsfarben zierten den Weihnachtsbaum. Doch viele lebten – trotz aller Kriegspropaganda – in großer Sorge, weil sie einen geliebten Menschen im Krieg wussten: Für sie verband sich das Weihnachtsfest mit der Hoffnung, er möge von der Front nach Hause kommen. *K. B.*

VII/48 Nagelkreuz aus Blankenburg

Deutschland 1915–18 · Holz, Eisen, Messing · 100 x 100 x 2,5 cm · Deutsches Historisches Museum, Berlin · MK 73/195 (MfDG)

Das Nagelkreuz aus Blankenburg reiht

VII/48

Blankenburg – es ist mit den Initialen Wilhelms II., darüber der Kaiserkrone und darunter der Jahreszahl 1914 verziert – gelangte ins Rathaus der Stadt. *G. B.*

VII/49 Daheim. Illustrierte Kriegschronik, Jahrgang 1914–18

Zeitschrift · Velhagen und Klasing · Leipzig 1914–18 · 32 x 23 cm · F. Schröder, Berlin

Das Bedürfnis, über den Kriegsverlauf informiert zu sein, war bei der Bevölkerung sehr groß. Nicht nur die Berichterstattung in Zeitungen und Zeitschriften wurde nachgefragt, auch für Sonderpublikationen fanden sich Käufer. Es kamen einige Periodika neu auf den Markt, die ausschließlich den Krieg zum Thema hatten und als Sammelwerke angelegt waren. Dazu gehörte auch die Kriegschronik der Zeitschrift *Daheim*, die während des gesamten Krieges erschien. *R. R.*

VII/50 The Battle of the Somme [Die Schlacht an der Somme]

Filmausschnitt · Produzent: William F. Jury, im Auftrag des War Office, London · Kamera: Geoffrey H. Malins, J. B. McDowell · Großbritannien 1916 · 35-mm-Stummfilm (als Videoeinspielung gezeigt) · Länge: 79 Min., Ausschnitt: ca. 3 Min. 50 Sek. · Imperial War Museum, London · IWM 191

The Battle of the Somme ist der erste große Dokumentarfilm der Filmgeschichte. Er enthält Aufnahmen, die die britischen Kameramänner Geoffrey H. Malins und J. B. McDowell vor, während und nach dem 1. Juli 1916 an der Somme-Front machten. Produziert wurde der Film vom British Topical Committee for War Films im Auftrag des War Office. Aus diesem Grund auch unterlagen die Kameramänner erstmals nicht den sonst üblichen Einschränkungen und so gelangen ihnen nie zuvor gesehene Aufnahmen von den Kämpfen. Der abendfüllende Film ist die einzige Kriegsdarstellung von offizieller Seite, die es vermochte, Einfluss auf die damalige wie auch auf die aktuelle Geschichtsbetrachtung zu nehmen. Die Resonanz beim Publikum war überwältigend; in den ersten Wochen sahen allein eine Million Londoner den Film. Er enthält neben den zahlreichen authentischen Aufnahmen auch inszenierte Sequenzen, die beim Training oder weit abseits der Front entstanden. Hierzu gehört auch die damals wohl wirkungsmächtigste Szene, in der britische Soldaten beim Verlassen des Schützengrabens gezeigt werden. *R. R.*

VII/51 Die Fackel

Zeitschrift · Karl Kraus (1874–1936) · Verlag Die Fackel · Wien 1916 · Heft 426–430 · 19 x 12,5 cm · Schiller Nationalmuseum/Deutsches Literaturarchiv, Marbach · Bibliothek von Franz Glück

In allen kriegsbeteiligten Staaten suchte die Zensur unliebsame Stimmen zu unterdrücken. Dies geschah auch bei der *Fackel*, deren am 15. Juni 1916 erschienene Nummer 426–430 mit sechseinhalb weißen Seiten begann. Der zum Abdruck vorgesehene Artikel war verboten worden. Karl Kraus ließ den vorgesehenen Platz frei und machte damit den Zensureingriff kenntlich. Dies praktizierten auch andere Zeitungen und Zeitschriften. *R. R.*

VII/52 Spielwarenkatalog der »Galerie des Printemps«

Galerie des Printemps · Paris 1917 · 26 x 17,5 cm · Historial de la Grande Guerre, Péronne · 013052 VT

Die Umschlagabbildung des Katalogs zeigt eine für die Darstellung des ›Krieges der Kinder‹ typische Szene. Die siegreich angreifende Gruppe vertritt die Alliierten. Ein Junge trägt eine englische Mütze, im Hintergrund erinnert ein offenkundig verletzter schwarzer Junge an die Rolle der Kolonialtruppen. Der Blick wird auf Sacre Coeur gelenkt, die Szene ist also auf dem Montmartre angesiedelt. Der Verkauf von Spielzeug mit Kriegsbezug war für alle beteiligten Nationen typisch. *R. R.*

VII/53 Spielwarenkatalog des Kaufhauses »Au bon Marché«

Francisque Poulbot (1879–1946) · Au bon Marché · Paris 1918 · 26 x 19,5 cm · Historial de la Grande Guerre, Péronne · 037315

VII/52

VII/53

Die Fülle der für Kinder hergestellten Kriegsspielzeuge verblüfft den heutigen Betrachter. Ein Blick in das Angebot des Warenhauses zeigt, dass neben Uniformen, Spielzeugsoldaten und -gewehren weiteres Spielzeug produziert wurde, das fast alle Aspekte moderner Kriegstechnik aufgriff. R. R.

VII/54 Schultüte mit militärischen und einigen zivilen Motiven

Deutschland 1915 · Papier · Länge 54 cm, Durchmesser ca. 19 cm · Deutsches Historisches Museum, Berlin · AK 2001/395

Die Sitte, Schulanfängern am ersten Schultag eine mit Süßigkeiten gefüllte Tüte zu schenken, geht auf das 19. Jahrhundert zurück. Sie entstand um 1810 in Sachsen und Thüringen und verbreitete sich von dort über das ganze Deutsche Reich. Weit entfernt davon, solch süße Kinderfreuden zu bereiten, belegt die Fülle der militärischen Motive auf dieser Schultüte, dass der Krieg auch die Lebenswelt der Kinder prägte. R. R.

VII/55 Spielzeug-Feldlazarett

Deutschland 1914–19 · Papier, Sperrholz, Zinn, textiles Material, kaschiert, gegossen, bemalt, genäht · Karton: 5 x 36,2 x 25,4 cm · Deutsches Historisches Museum, Berlin · 1988/1664

Die gesellschaftliche Wertschätzung des Militärs spiegelte sich auch in der Spielzeugproduktion des Kaiserreiches wider.

Zinnsoldaten und Spielzeugwaffen bevölkerten wie selbstverständlich die bürgerlichen Kinderzimmer. Dass Soldaten im Krieg auch verwundet wurden und gepflegt werden mussten, vermittelte dieses realistisch mit Patienten, Rotkreuz-Schwester und -Fahne ausgestattete Spielzeug. Auf die brutale Wirklichkeit des Krieges, den verletzten oder gefallenen Vater, Großvater, Bruder, konnte jedoch kein Spiel vorbereiten. C. J.

VII/56 Soldatenpuppe

Käthe Kruse (1883–1968) · Kösen, um 1916 · Filz · 28 cm · Altonaer Museum in Hamburg/Norddeutsches Landesmuseum, Hamburg · 1977/570

Diese klassische Stoffpuppe in deutscher Uniform führte Käthe Kruse bis 1918 im Sortiment. Sie folgte auf ein aufwendigeres, aber weniger haltbares Modell und wurde zur Puppen-Inkarnation des »feldgrau« gekleideten einfachen Soldaten. R. R.

VII/57 Käthe-Kruse-Puppe

Käthe Kruse (1883–1968) · Kösen 1917 · Bisquit, Pappmaché, Leder, Textil · 42 cm · Altonaer Museum in Hamburg/Norddeutsches Landesmuseum, Hamburg · 1978/1207

Diese Puppe bekam ein neunjähriges Mädchen von seiner Mutter 1917 zu Weihnachten geschenkt. Die Mutter hoffte, ihre drei Töchter mit diesem und anderen Geschenken über die Abwesenheit des Vaters hinwegtrösten zu können. Er war Berufsoffi-

zier und galt zu dieser Zeit als vermisst, wenn nicht gar als gefallen, was sich aber nach Kriegsende glücklicherweise als Irrtum erwies. Das Mädchen spielte etwa sieben Jahre lang recht intensiv mit der Puppe. Ihre ältere Schwester stattete »Bubi« mit einer ungewöhnlich reichen Kleiderkollektion aus, darunter auch mit einem Matrosenanzug. Das echte Mützenband der »SMS Emden« ist extra für ihn gekauft worden. R. R.

VII/58 Krankenschwester-Puppe

Simon et Halbig · Deutschland 1914–18 · Holz, Porzellan, Stoff, Echthaar · 57 x 16 x 13 cm · Historial de la Grande Guerre, Péronne · 011251

Kriegsspielzeug besitzt in ganz Europa eine lange Tradition. Während es für Jungen seit jeher ein ganzes Arsenal an Zinnsoldaten, Holzgewehren und Schiffsmodellen gab, existierte Entsprechendes für Mädchen in weit geringerer Menge und Vielfalt. Mit Kriegsausbruch brachte die Spielwarenindustrie allerdings auch verstärkt Puppen in Uniform auf den Markt.
Die Krankenschwester-Puppe mit deutlich sichtbarem Rotkreuz-Symbol steht zugleich für eine typische Rollenzuschreibung: Diese verwies Frauen in den Bereich der Pflege. Andererseits wurden mit der Krankenschwester-Puppe – ob von Herstellern und Schenkenden beabsichtigt oder nicht – Verwundung und Tod ins kindliche Bewusstsein gerufen und dort wach gehalten. T. F.

VII/54

VII/59 Nesthäkchen und der Weltkrieg. Eine Erzählung für Mädchen von 8–12 Jahren

Buch · Else Ury (1877–1943) · Meidingers Jugend-schriftenverlag · Berlin 1916 · 20,8 x 15,9 cm · Privatbesitz

Die *Nesthäkchen*-Geschichten, die zwischen 1913 und 1925 erschienen, begeisterten ganze Generationen junger Mädchen. Die Titel sind in stark überarbeiteten Fassungen noch heute im Buchhandel – allerdings nicht der Band 4 der Reihe, in dem Nesthäkchen mit dem Krieg konfrontiert wird. Else Ury wob in die chronologische Erzählung eines Mädchenschicksals vor allen in den ersten Bänden viele Bezüge zur Zeitgeschichte ein. Ihr Nesthäkchen ist ein durchaus selbstbewusstes, gewitztes und bisweilen kokettes Geschöpf.
Die Nationalsozialisten beraubten die bei ihren Lesern so beliebte jüdische Schriftstellerin jeder Möglichkeit zur Veröffent-

Édition de la »Semaine de Suzette« – Gautier et Languereau · Paris 1917 · 31,5 x 22,7 cm · Historial de la Grande Guerre, Péronne · 015513 · Abb. S. 218

Die Bildergeschichten um das bretonische Bauernmädchen Bécassine, das in der Stadt als Kindermädchen arbeitet, waren beliebter Lesestoff französischer Kinder. In zwei Geschichten – *Bécassine mobilisée* und *Bécassine chez les Alliés* – die 1917 erschienen, wird ein unmittelbarer Bezug zum Krieg hergestellt. *R. R.*

VII/61 The Child's ABC of the War [Das Kinder-ABC des Krieges]

Buch · Text: Geoffrey Whitworth (1883–1951) · Illustrationen: Stanley North · London, 1914 · 25 x 38 cm (aufgeschlagen) · In Flanders Fields Museum, Ieper · MI 3220 · Abb. S. 218

Ende 1914 veröffentlichte Geoffrey Whitworth dieses eigentümliche Kinderbuch:

VII/58

VII/55

Ulanen vorgeführt. Whitworth widmete sein Buch einem Dreijährigen namens Robin und beschloss es mit einer mahnenden Zueignung an einen weiteren kleinen Jungen mit Namen Paul: »Doch bevor du die Augen schließt, spende jenen Männern Dank, die England mutig schützen, während die Kinder schlafen.« Auch in Frankreich und Deutschland stand die Kinderliteratur im Dienste der Propaganda. *J. D. (Ü)*

VII/62–VII/64

VII/62 Wosduschnoje sraschenije [Luftschlacht]

Kinderzeichnung · Russland 1914–17 · Blei- und Buntstift · 26,5 x 34,6 cm · Staatliches Historisches Museum, Moskau · GIM 52088/1919 III 5071-41 · Abb. S. 219

lichung. Am 12. Januar 1943 wurde Else Ury zusammen mit weiteren 1 100 Berliner Juden nach Auschwitz deportiert und dort ermordet. *R. R.*

VII/60 Bécassine chez les Alliés [Bécassine bei den Alliierten]

Buch · Text: Leon Caumery (1867–1941) · Illustrationen: Joseph Porphyre Pinchon (1871–1953) ·

Das Kinder-ABC des Krieges. Jedem Buchstaben des Alphabets wird in einem kurzen Reim ein Aspekt des Krieges zugeordnet. Die Illustrationen stammen von Stanley North. Das Bilderbuch ist beispielhaft für die Propagandamaßnahmen der Alliierten und sollte offensichtlich sämtliche Bevölkerungsschichten erreichen. In ihm werden das tapfere kleine Belgien, Österreich, Lord Kitchener, das Rote Kreuz sowie – auf der hier aufgeschlagenen Seite – ein Torpedo und die

VII/63 Ja chotschu byt russki soldat [Ich möchte ein russischer Soldat sein]

Kinderzeichnung · Russland 1914–17 · Blei- und Buntstift · 34,2 x 25,6 cm · Staatliches Historisches Museum, Moskau · GIM 52088/1919 III 5072-746 · Abb. S. 219

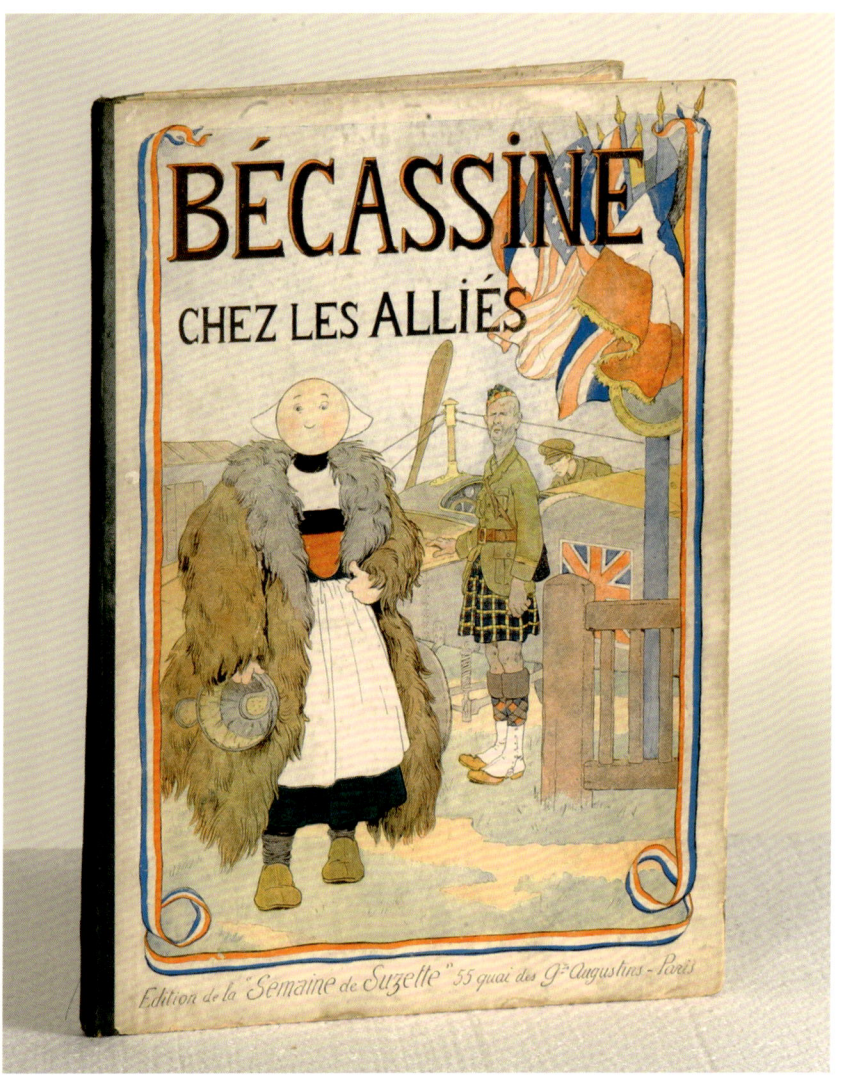

VII/60

VII/64 *Bratskaja m[o]gila [Massengrab]*

Kinderzeichnung · Russland 1914–17 · Bleistift, Aquarell · 26 x 33 cm · Staatliches Historisches Museum, Moskau · GIM 52088/1919 III5072-313

Wassili Sergejewitsch Woronow (1887–1940) war in der Sowjetunion der Begründer der Wissenschaft von der »darstellenden Volkskunst«. Seine Werke haben bis heute nichts an Aktualität eingebüßt. Von 1919 bis 1936 war er Mitarbeiter im Staatlichen Historischen Museum in Moskau. Schon während seines Studiums an der Stroganow'schen Lehranstalt gab er Kindern Zeichenunterricht. Ab 1914 sammelte er Zeichnungen aus Kinderhand. Zwischen 1915 bis 1917 organisierte er einige Ausstellungen mit seinen Sammelstücken. Woronow war einer der ersten, die die historiographische Bedeutung von Kinderzeichnungen erkannten. Die Sammlung des Staatlichen Historischen Museums enthält Zeichnungen von Kindern im Vorschulalter sowie von Grundschülern verschiedener städtischer Moskauer Lehranstalten. Die Kinder zeichneten zu Hause und konnten ihre Themen frei auswählen. Die in den Zeitungen oder frühen Filmen dargestellten Schlachtszenen wurden zu Hause diskutiert und fanden ihren Widerhall in der kindlichen Seele. Teils erweckten sie offenbar patriotische Gefühle, wie sie etwa in der Aufschrift »Ich möchte ein russischer Soldat sein« zum Ausdruck kommen. Die Zeichnungen erschienen in Moskau 1919 als Teil einer Sammlung, in der Woronow die künstlerischen Arbeiten von Kindern zusammentrug, die die Oktoberrevolution und den Ersten Weltkrieg erlebt hatten. *J. P. (Ü)*

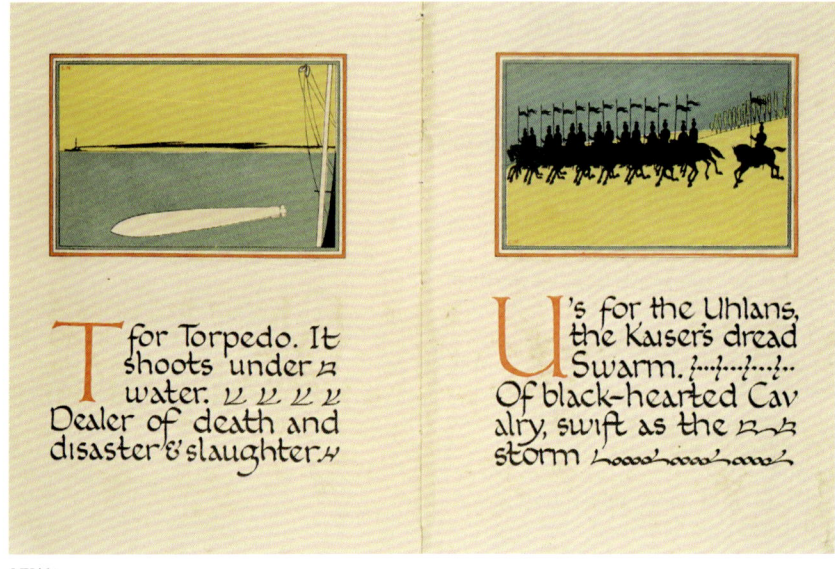

VII/61

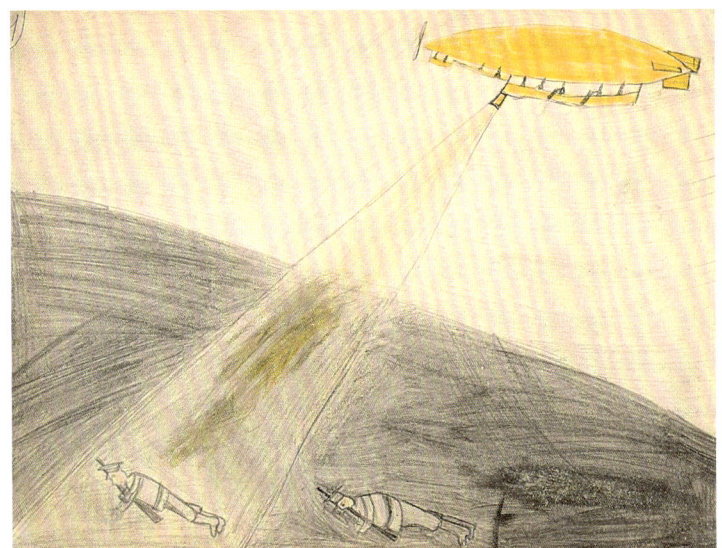

VII/62

VII/63

VII/64

Innerer Feind

Die notwendige Mobilisierung der gesamten Gesellschaft rief bei den Verantwortlichen, aber auch innerhalb der Bevölkerung massive Ängste vor jeder Gefährdung der nationalen Einheit hervor. Diese Befürchtungen schufen eine Atmosphäre des Misstrauens, das sich vor allem auf einen »inneren Feind« kaprizierte. Exzessive Formen nationalistischer Kriegsbegeisterung, Fremdenfeindlichkeit und eine verbreitete Spionagefurcht gingen dabei gerade in den ersten Wochen und Monaten des Jahres 1914 eine verhängnisvolle Allianz ein.

Im Verlauf des Krieges verschärften nahezu alle kriegsbeteiligten Nationen ihre Ausländergesetzgebung, die auf Verhaftungen, Deportationen und Internierungen abzielte. Sondergesetze galten Pazifisten, Kriegsdienstverweigerern oder Defätisten. Dabei agierte die (Militär-)Rechtsprechung in Deutschland zurückhaltender als die in England oder Frankreich. Aufsehen erregte allerdings die im Herbst 1916 vom preußischen Kriegsministerium angeordnete so genannte »Judenzählung« in Armee, Etappe und Heimatheer. Die Verantwortlichen reagierten mit ihr auf die antisemitisch motivierten Verdächtigungen, die von rechtsnationalen Kreisen und Teilen des Offizierskorps geäußert wurden.

In Paris gipfelte die Jagd auf den ›inneren Feind‹, etwa in Gestalt von vermeintlich deutsch-freundlichen Propagandisten und von prominenten liberalen Politikern in einer Reihe von Schauprozessen, die zu harten Gefängnisstrafen und sogar Todesurteilen führten.

G. Bavendamm

VII/65 Petition an Se. Exzellenz den Herrn Reichskanzler Dr. v. Bethmann-Hollweg

Vorstand der Sozialdemokratischen Partei Deutschlands · Berlin, August/September 1916 · Papier, Druck, handgeschrieben · 33,6 x 21,5 cm · Deutsches Historisches Museum, Berlin · Do2 562026 (MfDG)

Als der SPD-Abgeordnete Karl Liebknecht (1871–1919) Anfang Dezember 1914 im Reichstag gegen die Bewilligung weiterer Kriegskredite stimmte, machte er sich mit seinem einsamen Votum zum Außenseiter in der eigenen Partei. Im Laufe des Krieges gewann die pazifistische Strömung dann jedoch zunehmend an Einfluss. Im Sommer 1916 sammelte die SPD Unterschriften für eine Petition, die einen für alle Krieg führenden Staaten akzeptablen Frieden forderte. Die Unterzeichnenden wiesen alle Annexionspläne zurück, machten aber die »territoriale Unversehrtheit« des Deutschen Reiches zur Bedingung. Damit stand die Petition im grundlegenden Widerspruch zu dem erklärten Kriegsziel Frankreichs, das 1871 verlorene Elsass-Lothringen zurückzugewinnen. *G. B.*

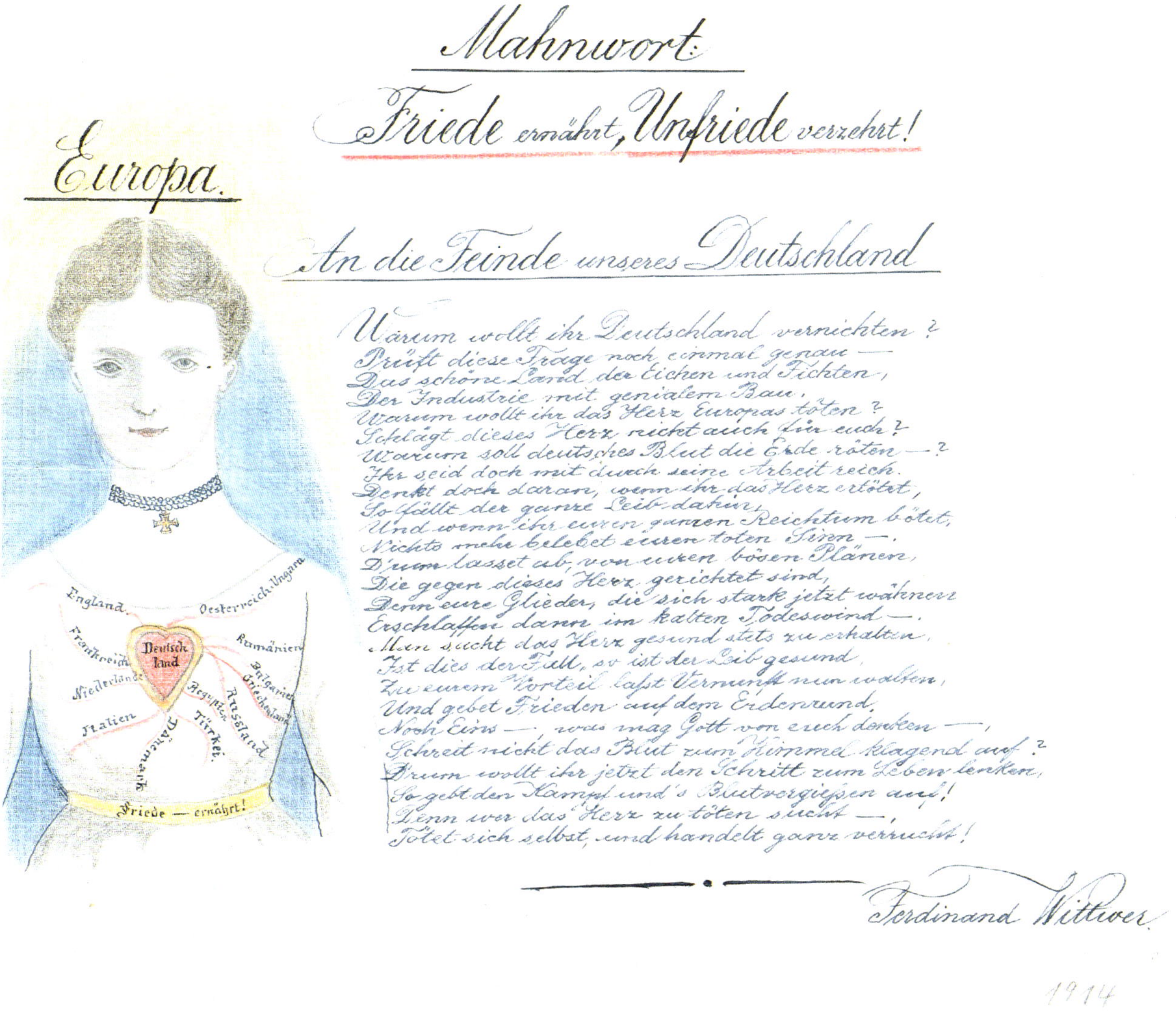

Mahnwort:
Friede ernährt, Unfriede verzehrt!
Europa.
An die Feinde unseres Deutschland
Warum wollt ihr Deutschland vernichten?
Prüft diese Frage noch einmal genau —
Das schöne Land der Eichen und Fichten,
Der Industrie mit genialem Bau.
Warum wollt ihr das Herz Europas töten?
Schlägt dieses Herz nicht auch für euch?
Warum soll deutsches Blut die Erde röten —?
Ihr seid doch mit durch seine Arbeit reich.
Denkt doch daran, wenn ihr das Herz ertötet,
So fällt der ganze Leib dahin,
Und wenn ihr euren ganzen Reichtum bötet,
Nichts mehr belebet euren toten Sinn —.
Drum lasset ab, von euren bösen Plänen,
Die gegen dieses Herz gerichtet sind,
Denn eure Glieder, die sich stark jetzt wähnen
Erschlaffen dann im kalten Todeswind —.
Man sucht das Herz gesund stets zu erhalten,
Ist dies der Fall, so ist der Leib gesund,
Zu eurem Vorteil laßt Vernunft nun walten,
Und gebet Frieden auf dem Erdenrund.
Noch Eins —, was mag Gott von euch denken —,
Schreit nicht das Blut zum Himmel klagend auf?
Drum wollt ihr jetzt den Schritt zum Leben lenken,
So gebt den Kampf und's Blutvergießen auf!
Denn wer das Herz zu töten sucht —,
Tötet sich selbst, und handelt ganz verrucht!
Ferdinand Wittwer
1914
England
Oesterreich-Ungarn
Frankreich
Rumänien
Deutschland
Niederlande
Bulgarien
Griechenland
Belgien
Russland
Italien
Dänemark
Türkei
Friede — ernährt!

VII/66

VII/66 *Friede ernährt, Unfriede verzehrt!*

Mahnwort · Ferdinand Wittwer · Deutschland 1914 · Papier · 22,4 x 25,4 cm · Deutsches Historisches Museum, Berlin · 1990/5249

Dieses mit einer kolorierten Handzeichnung versehene, gedichtete Mahnwort demonstriert nicht nur die Friedenssehnsucht seines Verfassers, sondern auch dessen ausgeprägten Patriotismus. An der führenden Rolle Deutschlands in Europa gab es für Ferdinand Wittwer keinen Zweifel. So erscheint das Kaiserreich als pochendes Herz der Europa-Allegorie in Frauengestalt. Die übrigen europäischen Mächte sind als dessen Arterien und Venen dargestellt. Wittwer betonte die wechselseitige Verflechtung der europäischen Nationen, die alle durch die Fortdauer des Krieges Schaden nehmen. Das Gedicht transportiert einerseits ein europäisches Wir-Gefühl, andererseits den Topos der Einkreisung. Deutschland erscheint als Hort intakter Natur und gelungener Zivilisation, dem angeblichen Vernichtungswillen Resteuropas begegnet Wittwer mit Unverständnis und Ablehnung. *G. B.*

VII/67 *Jar ne amenința Razboiul – Circul Sidoli [Und wieder droht uns ein Krieg – Zirkus Sidoli]*

Aufruf des Exekutivkomitees der Sozialdemokratischen Partei · Bukarest, 5. Juni 1916 · Papier · 32 x 22,5 cm · Historisches Museum der Stadt Bukarest, Bukarest · 41350

Rumänien war über die Frage einer Kriegsbeteiligung tief zerstritten. Unter dem liberalen Ministerpräsidenten Ionel Brătianu (1864–1927) dominierte lange Zeit die Politik der »abwartenden Neutralität«. Seit dem Frühjahr 1916 drängten besonders Frankreich und Russland verstärkt auf ein rumänisches Engagement.

VII/71

Im Sommer rief Rumäniens Sozialdemokratische Partei die Bukarester Bevölkerung zu einer Demonstration gegen den Eintritt des Landes in den Weltkrieg und für den Erhalt des Friedens auf. Als Treffpunkt war auf dem Flugblatt der Zirkus Sidoli angegeben. *G. B.*

wurde im Januar 1916 in Großbritannien die allgemeine Wehrpflicht eingeführt. Wie drei Millionen andere Männer erhielt auch Thomas Harold Visick einen Einberufungsbefehl. Er stellte daraufhin einen »Antrag auf absolute Befreiung aus Gewissensgründen«. 750 000 Anträge auf Wehrdienstbefreiung gingen allein von Januar bis Juli 1916 bei den Behörden

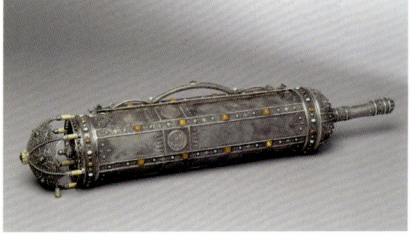

VII/71

VII/68–VII/70

VII/68 Bescheid mit der Ablehnung des Antrages auf absolute Befreiung von der Wehrpflicht – Thomas Harold Visick

Redruth, 7. März 1916 · Papier · 21,4 x 17 cm · Imperial War Museum, London · 81/35/1 (Nachlass T. H. Visick)

VII/69 Ablehnung des Einspruchs – Thomas Harold Visick

Redruth, 25. März 1916 · Papier · 34,2 x 21,6 cm · Imperial War Museum, London · 81/35/1 (Nachlass T. H. Visick)

VII/70 Einberufungsbefehl – Thomas Harold Visick

Redruth, 31. März 1916 · Papier · 34,2 x 22 cm · Imperial War Museum, London · 81/35/1 (Nachlass T. H. Visick) · Abb. S. 220

Da sich die Stärke der Berufs- und Freiwilligenarmee als unzureichend erwies,

VII/71

ein. Dabei wurden unterschiedlichste Gründe geltend gemacht. Gewissensgründe führten nur die wenigsten Betroffenen an, ihre genaue Zahl lässt sich jedoch nicht mehr ermitteln. Visick erhielt in erster und zweiter Instanz einen negativen Bescheid, dem bald darauf ein Einberufungsbefehl folgte. Aus anderen Unterlagen geht hervor, dass er sich bei seinem Regiment meldete, sich aber weigerte, eine Waffe zu tragen. Nach einem kurzen Gefängnisaufenthalt wurde er in der Landwirtschaft als Arbeiter eingesetzt. *S. W.*

VII/71 Huldigungsadresse galizischer Juden aus Palästina anlässlich der Thronbesteigung Kaiser Karls I.

Silberreliefs: M. Horodezki und E. Eidem · Silberarbeit: S. Persow und M. Weiss · Pergamentmalerei: S. Bendawid · Kunstakademie Bezalel 1916 · Holz, Marmor, Textil, Pergament, Metall · Holzschrank: 70 x 25 x 25 cm; Esterrolle: 58 x 13 cm; Pergament: 29 x 90 cm · Österreichische Nationalbibliothek, Wien · PK 1737

Ein großer Teil der galizischen Juden innerhalb Österreich-Ungarns empfand gegenüber der Vielvölkermonarchie und dem Herrscherhaus ein Gefühl der Loyalität. Dies galt auch für jene galizischen Juden, die im Zuge der erstarkenden zionistischen Bewegung nach Palästina ausgewandert waren. Beispielhaft für einen spezifisch jüdischen Patriotismus steht diese kostbar gearbeitete Huldigungsadresse. Eine Abordnung galizischer Juden aus Palästina überbrachte das Geschenk im Oktober 1916 anlässlich der Thronbesteigung von Kaiser Karl I. nach Wien. Das Kästchen ist aus Olivenholz gefertigt und auf allen Seiten mit Holz- und Perlmutteinlagen verziert. Aus der Silberrolle lässt sich ein aquarelliertes Pergament herausziehen (zum Schutz ist es mit gelber Seide überspannt), das mit einem kalligraphierten hebräischen Text versehen ist. Die reich verzierte Umrahmung zeigt unter anderem ein gemaltes Kaiserporträt und zahlreiche Veduten, Stempel und Unterschriften. Ungeachtet aller Assimilationsbestrebungen hatten gerade die galizischen Juden in der österreichisch-ungarischen Gesellschaft eine Sonderstellung. Ihre äußerlich sichtbare Religiosität, ihre auffallende Kleidung und Haartracht und die jiddische Sprache machten die häufig abfällig als »Ostjuden« bezeichneten Menschen zum Ziel antisemitischer Anwürfe. Durch den kriegsbedingt vermehrten Zuzug galizischer Juden nach Wien verschärfte sich die durch Ressenti-

VII/75

ments aufgeladene Situation. Dagegen galt im Umfeld der Zionisten gerade das »Ostjudentum« als unverfälschte, authentische Form des Judentums. Für viele galizische Juden war die Stadt Wien mit Hoffnungen auf Assimilierung und Wohlstand verknüpft – Hoffnungen, die sich zumeist nicht erfüllen sollten. *G. B.*

VII/72–VII/74

VII/72 *Käufen'se Semmele*

Fotografie aus einem Kriegslazarett · Vermutlich deutsche Ostfront, 1914–18 · 13,8 x 8,8 cm · Sammlung Karl Stehle, München

VII/73 *Mosesdragoner*

Postkarte · Unbekannter Künstler [THMZ] · Dr. Mertens-Serie, Nr. 7 · Verlag Ferdinand Morawetz · Salzburg, 1917 · 14,2 x 9 cm · Sammlung Karl Stehle, München

VII/74 *Mosesdragoner!*
Feldpostkorrespondenzkarte von
Hermann Grier an Fräulein Hedwig Grier

Österreich-Ungarn, 27. Juni 1918 · handgemalte Kopie des Postkartenmotivs »Mosesdragoner«, Buntstift · 14,2 x 9,2 cm · Sammlung Karl Stehle, München

Dieses Ensemble aus einer Postkarte, ihrer handgezeichneten Kopie und einem Originalfoto spiegelt unterschiedliche Ausprägungen antisemitischer Ressentiments. Vor dem Ersten Weltkrieg waren

Karikaturen verschiedener Soldatentypen unter Postkartenkünstlern ein beliebtes Motiv. Wenn dabei auch Juden dargestellt wurden, waren die Karikaturen nicht immer im eigentlichen Wortsinn antisemitisch motiviert. Vielmehr ging es primär um eine volkstümliche, soziale Typisierung von Rängen innerhalb der Armee. Die Karte *Mosesdragoner* stammt aus dem Jahr 1917. Sie ist Teil einer österreichischen Serie mit Soldatenkarikaturen, die während des Krieges entstand. Abgebildet ist ein jüdischer Offizier, am Offiziersportepee erkennbar. Die übertriebene Darstellung seiner Gesichtszüge hat unübersehbar denunziatorischen Charakter. Im Sommer 1918 entstand die handgezeichnete Kopie dieser Karte, die Hermann Grier an seine Schwester schickte und mit dem Kommentar »Herzlich grüßt Dich Dein Bruder Hermann« versah. Das Kopieren von Postkartenmotiven war im Ersten Weltkrieg durchaus üblich. Oft waren es zeichnerisch begabte Militärs, die sich damit ihre freie Zeit vertrieben. Ein Einzelstück hingegen ist das Originalfoto von drei deutschen Soldaten aus einem vermutlich an der Ostfront gelegenen Soldatenheim. Dem Fotografen zuprostend sitzen die Männer vor einer Wandmalerei. Sie zeigt eine bäuerlich gekleidete, ostjüdische Familie, die aus großen Henkelkörben Brötchen verkauft. Der jiddische Titel der Wandmalerei lautet »Käufen'se Semmele«. *G. B.*

VII/74

VII/75 Postkarte an einen Herrn Rosenberg

Cambridge, August 1915 · 8,8 x 13,7 cm · Imperial War Museum, London · Misc. 206 (2984) · Abb. S. 223

Obwohl diese Postkarte an sich eher eine Seltenheit sein dürfte, bringt sie auf sehr anschauliche Weise Vorurteile zum Ausdruck, die besonders in den ersten Kriegsmonaten in England weit verbreitet waren. Dazu gehörten starke antideutsche Ressentiments, die häufig mit der Angst vor Spionen und Verrätern einhergingen. Die handgemachte, anonym verfasste Karte ist an einen Herrn Rosenberg in Cambridge gerichtet. Sie wurde allerdings nicht direkt an diesen, sondern an einen Albert Humphreys gesendet, der als Hilfspolizist bezeichnet wird und dem Rosenberg vielleicht bekannt war. Auf der Karte

sind eine Reihe von denunziatorischen und teilweise antisemitisch gefärbten Sprüchen und Sätzen zu lesen. Sie suggerieren, dass Rosenberg nicht nur ein Drückeberger, sondern auch ein Handlanger und Agent des deutschen Kaiserreichs ist. Auf der linken Seite hat der Absender die Form des Eisernen Kreuzes ausgespart und tituliert Rosenberg als Empfänger der populärsten deutschen Kriegsauszeichnung, die dieser für seine Gefälligkeiten von Wilhelm II. persönlich bekommen haben soll. *S. W.*

VII/76–VII/78

VII/76 *Anweisung zur Aufstellung von Nachweisungen bzg. der jüdisch-männlichen Bevölkerung*

Preußisches Kriegsministerium · Berlin, 11. Oktober

1916 · Reproduktion · 30 x 21 cm · Bundesarchiv, Berlin-Lichterfelde · R 43/908-150

VII/77 *Nachweisung der beim Heere befindlichen wehrpflichtigen (einschl. der noch vorhandenen vertraglich angenommenen Ärzte) Juden*

Preußisches Kriegsministerium · Berlin, 11. Oktober 1916 · Reproduktion · 30 x 21 cm · Bundesarchiv, Berlin-Lichterfelde · R 43/908-161/1

VII/78 *Nachweisung über noch nicht zur Einstellung gelangte, auf Reklamation zurückgestellte und als kr.u. befundene Juden*

Preußisches Kriegsministerium · Berlin, 11. Oktober 1916 · Reproduktion · 30 x 21 cm · Bundesarchiv, Berlin-Lichterfelde · R 43/908-161/2

Der preußische Kriegsminister Adolf Wild von Hohenborn (1860–1925) richtete am 11. Oktober 1916 einen Erlass an alle militärischen Dienststellen, in dem er befahl, einen Nachweis über die Verwendung wehrpflichtiger jüdischer Soldaten im deutschen Heer zu erbringen. Insbesondere die Begründung des Erlasses – er ist unter dem Begriff »Judenzählung« bekannt geworden – sorgte für Empörung bei deutschen Juden. In ihr wurde nämlich auf die angeblich andauernden Klagen aus der Bevölkerung über die »Drückebergerei« jüdischer Soldaten vor dem Dienst an vorderster Front verwiesen. Vor allem infolge einer viel beachteten Reichstagsdebatte vom 3. November 1916 milderte das Kriegsministerium den Erlass wenig später ab. Eigenmächtige Versetzungen jüdischer Heeresangehöriger aus ihren bisherigen beruflichen Positionen an die Front durften demnach nicht erfolgen. Zu einer öffentlichen Würdigung der Kriegsleistungen jüdischer Soldaten ließ sich das Kriegsministerium jedoch nicht bewegen. Das Brandmal der Drückebergerei blieb. Die Debatte ging auch nach 1918 weiter und stand fortan ganz im Zeichen des wachsenden Antisemitismus. *G. B.*

VII/79 Brief von Gustav Stresemann an Justizrat Meyer

Berlin, 4. Januar 1917 · Papier, hand- und maschinengeschrieben · 24,8 x 20,6 cm · Deutsches Historisches Museum, Berlin · Do2 93/104

Mehrere prominente Vertreter der deut-

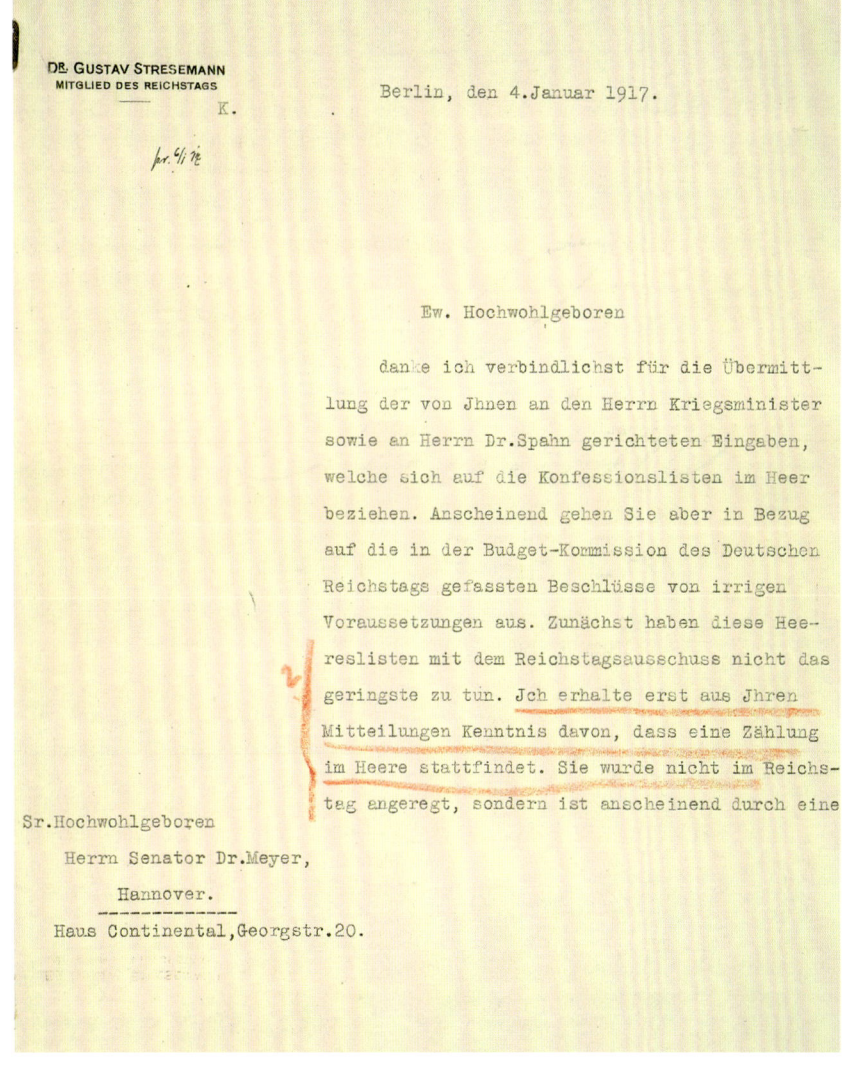

schen Juden, darunter auch Justizrat Meyer aus Hannover, äußerten sich kritisch und empört über die Anordnung des preußischen Kriegsministeriums vom 11. Oktober 1916, eine »Judenzählung« im deutschen Heer durchzuführen. Der nationalliberale Reichstagsabgeordnete Gustav Stresemann (1878–1929) erhielt erst durch das Schreiben Meyers Kenntnis von der statistischen Erhebung. In seinem Antwortbrief – den er eigenhändig unterschrieb – brachte der Politiker die Sorge zum Ausdruck, »dass wir im Lande vor einer antisemitischen Bewegung stehen, wie sie noch nie dagewesen« ist. *G. B.*

VII/80 *La Vermine du Monde [Das Gift der Welt]*

Plakat · Georges Jeanniot (1848–1934) · Frankreich, 1916 · Lithographie · 119,5 x 79,3 cm · Deutsches Historisches Museum, Berlin · P 73/1939

Der Feind ist enttarnt. Ein mutiger Polizist hat sich dem Übeltäter entgegengestellt und den wohlhabenden Bürger als Spion des deutschen Kaisers entlarvt. Dieser trägt eine Pistole und ein Eisernes Kreuz. Die Menge sucht das Weite.
Der bekannte französische Künstler Georges Jeanniot setzte bei dieser Arbeit auf starke Farben und ein für die Weltkriegsjahre in Frankreich typisches Motiv. Das Plakat warb für den Spionageroman *Das Gift der Welt*, den der Journalist und Romancier Léon Daudet (1867–1942) im Dienst der nationalistischen Bewegung *L'Action française* geschrieben hatte. Diese war während des Krieges maßgeblich daran beteiligt, die Angst vor der angeblichen Gefahr durch deutsche Spione zu schüren. Durch die geschickte Instrumentalisierung dieser Thematik gelang es den Nationalisten, ihren politischen Einfluss in Frankreich deutlich zu steigern. *G. B.*

VII/80

VII/81 *Verzeichnis von Personalakten und Berichten von Agenten der 8. Armee*

Kurland 1915/16 · Papier; bedruckt, handgeschrieben, maschinengeschrieben · 39 x 25 cm · Lettisches Kriegsmuseum, Riga · LKM 2-73663/2030-VII – 2 – 73747/2114 – VII · Abb. S. 226

In begrenztem Umfang setzten die militärischen Nachrichtendienste der Entente und der Mittelmächte während des Ersten Weltkrieges auch Agenten zu Spionage- und Aufklärungszwecken ein. Die im damaligen Kurland stehende 8. Armee des deutschen Heeres versuchte ihre Agenten hinter die russischen Linien zu bringen.

Dieses Buch ist als Dokument der Weltkriegsspionage eine Seltenheit. Es wurde vom Oberkommando der 8. Armee geführt und versammelt Personalakten von Geheimagenten. Von dem Rigaer Alfred Maschek beispielsweise erfasste man am 18. November 1915 genaue erkennungsdienstliche Angaben und nahm eine Serie von Fingerabdrücken.
Wie die ebenfalls enthaltenen Berichte zeigen, hatten die Agenten zumeist die Aufgabe, Informationen über die Aufstellung, Stärke und die Bewegungen feindlicher Truppen zusammenzutragen. *G. B.*

VII/82 *Verzeichnis der in der hochverräterischen Bewegung der Südslaven beteiligten und im Auslande tätigen Personen*

Gericht des k. u. k. Militärkommandos Graz, Landwehrgruppe II., Maifredygasse Nr. 12 · K. u. k. Hof- und Staatsdruckerei · Wien, abgeschlossen Anfang Oktober 1916 · Papier · 33 x 25 cm · Kroatisches Historisches Museum, Zagreb · HPM/ PMH 7542

Diese Liste nennt 701 Personen vorwiegend kroatischer Nationalität, denen von einem österreichisch-ungarischen Militärgericht verschiedene staatsgefährdende

Aktivitäten gegen die Doppelmonarchie vorgeworfen wurden. Kroatien gehörte damals zu Österreich-Ungarn. Die genannten Personen galten als verdächtig, Teil jener Bewegung zu sein, die auf die Errichtung eines südslawischen Nationalstaates zielte. Verzeichnet sind die Namen der Angeklagten, darunter Männer und Frauen, die Herkunft und der Beruf sowie der Anklagegrund nebst Beweismaterial. Namentlich genannt werden unter anderem Ante Trumbić, der Präsident des Südslawischen Komitees in London, und der Bildhauer Ivan Mĕstrović. Unter dem weiten Begriff der »feindlichen Tätigkeiten« subsumierte das Tribunal so unterschiedliche Betätigungen wie ein konkretes politisches Engagement – so die Pflege von Kontakten zu Diplomaten der Entente –, aber auch die gewöhnliche Mitgliedschaft von Emigranten und Auswanderern in unpolitischen Vereinen und Gesellschaften. Die Statistik verweist auf einen typischen Aspekt

der k. u. k. Gesellschaft in den Kriegsjahren 1914 bis 1918: ein sich beständig ausbreitendes Klima des Misstrauens, in dem besonders Personen südslawischer Herkunft schnell in den Verdacht von Verrat und Subversion gerieten. *E. J.*

heuchlerischen, abgefeimten Deutschen, der hinter der Maske von Freundlichkeit und Servilität angeblich nichts anderes im Sinn hat, als auf die Niederlage der Franzosen hinzuarbeiten. *G. B.*

VII/83 *Le Garçon d'Hôtel Boche [Der deutsche Hoteljunge]*

Klappkarte · Verger Frères · Paris 1914–18 · 12,1 x 6,7 cm · Historial de la Grande Guerre, Péronne · 027397-BIS

Diese Klappkarte veranschaulicht einen in Frankreich zur Zeit des Ersten Weltkrieges sehr populären Topos: Der deutsche Hoteljunge ist in Wirklichkeit ein Spion, der während der Arbeit heimlich die militärischen Planungsgespräche französischer Generäle belauscht. Der Text auf der Rückseite warnt den Leser vor dem

VII/84 *Der Feind hört mit! Vorsicht am Fernsprecher!*

Plakat · E. Weber · Deutschland, um 1916 · Lithographie · 41,1 x 30,5 cm · Deutsches Historisches Museum, Berlin · P 57/279

Für dieses Anti-Spionage-Plakat existierte offenbar eine Vorlage, in die – je nach Einsatzgebiet an der Front – das Bild des jeweiligen militärischen Gegners eingesetzt wurde. Im vorliegenden Fall ist es das Bild eines Engländers, wie an der typischen Schiffchenmütze mit dem schachbrettartig gemusterten Besatzstreifen zu erkennen ist. In welchem Ausmaß die

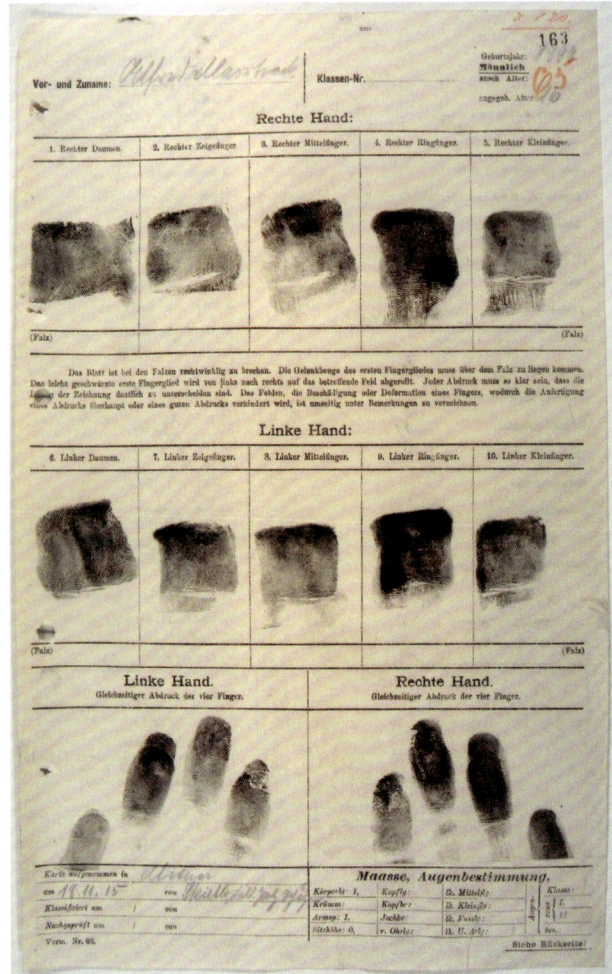

VII/81

VII/81

VII/84

VII/86

Feldtelefone an der Front tatsächlich vom Gegner abgehört wurden, ist schwer zu ermitteln. *A. v. H.*

VII/85 Postkarte von Herbert Smith aus dem »Engländerlager«

Ruhleben, Dezember 1917 · 14,4 x 9 cm · Imperial War Museum, London · 01/55/1 (Nachlass H. Smith)

Vom Beginn des Ersten Weltkrieges wurden viele Briten überrascht, die in Deutschland lebten oder sich zu Kriegsbeginn hier aufhielten. Zu ihnen gehörte auch Herbert Smith: Der Vertreter einer englischen Textilfirma war mit einer Deutschen verheiratet und lebte in Zittau. Im November 1914 wurde er als britischer Staatsangehöriger im »Engländerlager« auf der Rennbahn in Ruhleben interniert. Insgesamt wurden in den Jahren 1914 bis 1918 ca. 5 500 Männer dorthin verbracht. Die Lagerinsassen lebten in den verschiedenen Rennbahngebäuden, in Pferdeställen und in eigens errichteten Baracken. Viele wurden schon bald repatriiert. Doch befanden sich bei Kriegsende noch mehr als 1 000 Internierte in Ruhleben. Auch Herbert Smith kam erst nach der Novemberrevolution 1918 frei. *S. W.*

VII/86 *The Ruhleben Camp Magazine*

Zeitschrift · Ruhleben, April 1916 · Nr. 2, Spring Number · 20,7 x 14,2 cm · Imperial War Museum, London · (Nachlass H. Smith)

Im Lager Ruhleben bauten die internierten Briten ein gut organisiertes Gemeinschaftsleben auf. Als eine von mehreren Lagerzeitschriften gaben sie das *Ruhleben Camp Magazine* heraus, das neben Nachrichten auch Vermischtes brachte. Im Leitartikel der Ausgabe vom April 1916 heißt es: »Beiträge zu dieser Zeitung sollten so scherzhaft sein, wie es die Umstände erlauben […]. Die Artikel sollten sich mit Ruhleben befassen. Gleichwohl darf uns jeder, der sich an die Welt außerhalb des Lagers erinnert, auch mit solchen Berichten beehren.« *S. W.*

VIII. Waffenstillstand

Das Deutsche Reich war nach dem Scheitern des Schlieffen-Plans in einen Zweifronten-Krieg verwickelt – eine Situation, die eigentlich durch einen schnellen Sieg im Westen hatte vermieden werden sollen. Umso interessierter waren die Verantwortlichen, die erkennbar revolutionäre Entwicklung im zaristischen Russland zu unterstützen. Tatsächlich war die russische Armee nach der Revolution am 24./25. Oktober 1917 (nach dem Gregorianischen Kalender am 6./7. November 1917) kaum noch handlungsfähig. Volkskommissar Leo D. Trotzki schlug allen Krieg führenden Mächten eine Friedenskonferenz vor. Die westlichen Bündnispartner Russlands lehnten das Angebot ab, weil sie die Ostfront erhalten wollten, um dort deutsche Truppen zu binden. Die Mittelmächte, die das gegenteilige Ziel verfolgten, akzeptierten Trotzkis Angebot. Am 22. November/15. Dezember 1917 unterzeichneten Deutschland und Russland einen Waffenstillstand. Bereits sieben Tage später begannen die Friedensverhandlungen von Brest-Litowsk, in denen Deutschland harte Bedingungen diktierte. Der Kampf zwischen den Bolschewiki und den »Weißen«

dauerte unterdessen mit Unterstützung der Alliierten noch bis 1920 an.

Obwohl nun Truppen für die angestrebte Entscheidung im Westen frei geworden waren, scheiterten nach anfänglichen Erfolgen die im Frühjahr 1918 begonnenen Offensiven. In aussichtsloser Lage überließ die militärische Führung die Initiative zum Waffenstillstand den Politikern. Sie hatten nun in der Wahrnehmung des Militärs und bald auch der Öffentlichkeit die Niederlage zu verantworten. Der Mythos des »im Felde unbesiegten Heeres« war geboren und der Boden für die »Dolchstoßlegende« bereitet. Am 8. November begann eine Waffenstillstandskommission unter Leitung des Zentrum-Politikers Matthias Erzberger die Verhandlungen mit Ferdinand Foch, dem Oberbefehlshaber der Alliierten. Im Wald von Compiègne trafen sich beide Parteien in einem bereitgestellten Eisenbahnwaggon, um am 11. November 1918 um fünf Uhr morgens den Waffenstillstand zu unterzeichnen. Sechs Stunden später schwiegen an der Westfront die Waffen.

G. Bavendamm

VIII/1 *Dekret o mire*
[Dekret über den Frieden]

Flugblatt · Petrograd, 26. Oktober 1917 · 28,9 x 20,4 cm · Deutsches Historisches Museum, Berlin · Do 57/237 (MfDG)

Am 25. Oktober 1917 – damals galt noch der Julianische Kalender – fand in Petrograd der bolschewistische Umsturz statt, welcher zur Ablösung der ententetreuen Provisorischen Regierung Russlands führte. Der erste außenpolitische Akt der auf dem II. Allrussischen Rätekongress gebildeten »Arbeiter- und Bauernregierung« unter Führung von Wladimir Lenin war das *Dekret über den Frieden* vom 26. Oktober 1917. Die Sowjetregierung erklärte den Austritt Russlands aus dem als imperialistisch aufgefassten Krieg und wandte sich an alle Krieg führenden Staaten mit dem Vorschlag, unverzüglich einen Frieden ohne Annexionen und Reparationen zu schließen. Zur Vorbereitung der Friedensverhandlungen sollten alle Regierungen und Völker der Krieg führenden Seiten für drei Monate ein Waffenstillstandsabkommen schließen. Diesem Vorschlag folgten die Ententemächte nicht, da ihnen daran gelegen war, die Ostfront aufrechtzuerhalten. Am 15. November forderte Leo Trotzki, der Volkskommissar für Äußeres, erneut einen Waffenstillstand. Wieder lehnten die Alliierten ab, die Mittelmächte aber gingen darauf ein, um den Krieg im Osten baldmöglichst zu beenden. Daraufhin schloss Lenin am 2. Dezember einen Waffenstillstand mit der deutschen Koalition und trat in Brest-Litowsk in Friedensverhandlungen ein. *B. C. (Ü)*

Annexionen« oder »Frieden jetzt!«. Befehle der deutschen Militärführung belegen, dass für die Kriegsmüdigkeit auf deutscher Seite auch sozialistische Flugblätter und Zeitungen, die von Urlaubern aus der Heimat mitgebracht worden waren, eine Rolle spielten. Nach dem Waffenstillstand an der Ostfront vom 22. November 1917 (respektive vom 5. Dezember 1917 nach dem Gregorianischen Kalender), der dem Frieden von Brest-Litowsk vorausging, kam es zu regelrechten Verbrüderungsszenen deutscher und russischer Soldaten. *B. C. (Ü)*

VIII/3 Vollmacht und Legitimation der österreichisch-ungarischen Waffenstillstandskommission

29. Oktober 1918 · Papier, maschinenschriftlich · Legitimation: 29,2 x 20,9 cm; Vollmacht: 29,2 x 21,3 cm · Heeresgeschichtliches Museum, Wien · 2003/28/52

Kaiser Karl I. befahl der österreichisch-ungarischen Waffenstillstandskommission am 28. Oktober 1918, die Verhandlungen mit den alliierten Kriegsgegnern sofort aufzunehmen. Der Leiter der Kommission, General Viktor Weber Edler von Webenau (1861–1932), sollte alle Bedingungen annehmen, »die die Ehre der k. u. k. Armee nicht berührten und die nicht einer Kapitulation gleichkamen«. Er sandte in der Nacht auf den 29. Oktober den zur Kommission gehörenden Hauptmann des Generalstabs Kamillo Ruggera mit

einem weiteren Mann zu den gegnerischen italienischen Linien südlich von Rovereto, um den Weg für die Kommission zu öffnen.

Die Alliierten, und hier vor allem die Italiener, ließen sich jedoch bewusst Zeit, die österreichisch-ungarische Waffenstillstandskommission auf italienisches Staatsgebiet vorzulassen und einen Vertrag auszuhandeln. Es dauerte Stunden, bis Ruggera das Schreibens seines Vorgesetzten General Weber, in dem der Wunsch nach dem Abschluss eines Waffenstillstandes formuliert worden war, den italienischen Vertretern übergeben konnte. General Weber selbst und die ihm zugeteilten Offiziere durften die italienischen Linien erst am 30. Oktober 1918 überschreiten. Bedingt durch weitere Verzögerungen kam es schließlich am 3. November 1918 in der Villa Giusti bei Padua zur Unterzeichnung des Abkommens. Es galt für alle Fronten, an denen k. u. k. Truppen standen. Das k. u. k. Armeeoberkommando gab den österreichisch-ungarischen Truppen den Abschluss des Waffenstillstands noch vor dessen tatsächlicher Unterzeichnung bekannt, worauf die Alliierten keine Rücksicht nahmen und über 300 000 Angehörige der k. u. k. Armee gefangen nahmen. Zu diesem Zeitpunkt hatte sich die Doppelmonarchie Österreich-Ungarn bereits aufgelöst. Der Krieg war zu Ende. *R. H.*

LITERATUR Österreichisches Kriegsarchiv (Hrsg.), *Österreich-Ungarns letzter Krieg 1914–1918*, Bd. 7, Wien 1938, S. 706–735; *1918–1968*:

VIII/2 *Der Waffenstillstand an der Ostfront. Leben und Treiben zwischen den Stellungen. Russen beim Einkauf von Gebrauchsartikeln.*

Postkarte · Zensiert von Paul Hoffmann & Co, Berlin-Schöneberg · Bild und Filmamt · Ostfront 1917 · 12 x 17 cm · Deutsches Historisches Museum, Berlin · 1989/2047.9

»Hypnotisiert von den deutsch-bolschewistischen Reden vergaß der russische Soldat alles: Ehre, Pflicht und Heimat sowie die Berge von Leichen seiner Brüder [...].« Die polemisch gefärbte Einschätzung des russischen Generals Anton I. Denikin galt den seit Anfang 1917 und seit der Februarrevolution immer häufigeren Waffenruhen in einigen Abschnitten der deutsch-russischen Front. Bolschewistische Agitatoren forcierten diese Entwicklung mit Parolen wie »Frieden ohne

*Der Waffenstillstand an der Ostfront.
Leben und Treiben zwischen den Stellungen.
Russen beim Einkauf von Gebrauchsartikeln.*

VIII/2

Die Streitkräfte der Republik Österreich, Ausst.
Kat. Heeresgeschichtliches Museum Wien 1968,
S. 103–108; Manfried Rauchensteiner, *Der Tod
des Doppeladlers: Österreich-Ungarn und der Erste
Weltkrieg*, Graz, Wien, Köln 1993, S. 616–619.

VIII/4 Trompete

*Österreich 1914–18 · Metall · 36 x 20 x 12 cm ·
Museo Storico Italiano della Guerra, Rovereto ·
DM-B/1*

Mit dieser Trompete signalisierte ein österreichischer Infanterist am Morgen des
29. Oktober 1918 vor der italienischen
Front in Serravalle all'Adige (Trient) das
Waffenstillstandsgesuch im Namen des
Oberbefehlshabers der österreichisch-
ungarischen Armee. Eine Delegation, bestehend aus dem Generalmajor Kamillo
Ruggera und zwei Infanteristen, hatte den
Auftrag, erste Verhandlungen zur Einstellung der Kampfhandlungen aufzunehmen. Diese führten schließlich am 4. November zu dem in der Villa Giusti bei
Padua unterzeichneten historischen Vertrag.
Die Trompete wurde dem Museo Storico
Italiano della Guerra im August 1922
vom damaligen Oberst der Artillerie
Lodovico Graziani gestiftet, der den Verhandlungen beigewohnt hatte. *C. Z. (Ü)*

VIII/5 Tafel mit dem *Bollettino della Vittoria*

*Italien, nach 1918 · Bronze · 113 x 73 x 13 cm ·
Museo Storico Italiano della Guerra, Rovereto ·
DM-B/2*

In diese Metalltafel ist der Text des berühmten *Bollettino della Vittoria* ein-
grviert. Die offizielle Siegesmeldung über
die feindliche Armee wurde am 4. November 1918 um 12 Uhr von dem italienischen Generalstabschef Armando Diaz
veröffentlicht. In feierlichem Ton beschrieb Diaz die Erfolge der letzten italienischen Militäraktionen gegen die
österreichisch-ungarische Armee, insbesondere den entscheidenden Sieg in der
zwölften Isonzo-Schlacht bei Vittorio
Veneto im Oktober 1918. Der Text diente in den folgenden Jahrzehnten als offizielle und allgemeingültige Formel, mit
der man auf öffentlichen Plätzen, in
öffentlichen Gebäuden, in Schulen und
Lehrbüchern an den Sieg der italienischen Armee über die Streitkräfte Österreich-Ungarns erinnerte. *C. Z. (Ü)*

VIII/6 *Dietrich Reimers Übersichtskarte zu den Waffenstillstands-Bedingungen der Entente*

*Verlag Dietrich Reimer (Ernst Vohsen) · Berlin
1918/19 · Papier · 67 x 50 cm · Deutsches Historisches Museum, Berlin · Do 90/70 (MfDG)*

Die kolorierte Karte bildet die territorialen
Konsequenzen des Waffenstillstandsab-
kommens zwischen der Entente und dem
deutschen Kaiserreich ab. Diese sahen
unter anderem die Besetzung des linksrheinischen Gebietes durch belgische und
französische Truppen sowie die Errichtung einer neutralen Zone auf dem rechten Rheinufer vor. Sämtliche deutsche
Truppen mussten Elsass-Lothringen, Belgien und Luxemburg innerhalb von 14
Tagen räumen. Im selben Zeitraum sollte
die vor den deutschen Besatzern geflohe-
ne einheimische Bevölkerung in die
jeweiligen Gebiete zurückkehren. *G. B.*

VIII/7 *The Signing of the Armistice [Die Unterzeichnung der Waffenstill-standsbedingungen]*

*Signiert: Pillard · Frankreich, nach 1918 · Papier,
gedruckt · 46,4 x 64,7 cm · Deutsches Historisches
Museum, Berlin · Gr 2002/11 · Abb. S. 84*

Nachdem die deutsche Oberste Heeresleitung am 29. September 1918 die Regierung aufgefordert hatte, um einen
Waffenstillstand bei den Alliierten nach-
zusuchen, kam es am 8. November zu
der auf diesem – in Frankreich heute
noch populären – Bild dargestellten
Szene: Die deutsche Delegation unter
Leitung des Abgeordneten Erzberger und
des Generals von Winterfeldt wurde im
Wald von Rethondes bei Compiègne
vom Oberkommandierenden der alliierten und assoziierten Armeen, dem französischen Marschall Foch, empfangen.
Die Atmosphäre war betont eisig. Der
Bitte um Waffenstillstand folgte die Übergabe der Bedingungen. Nach dreitägigen
Verhandlungen akzeptierte die Reichsregierung unter Ebert die äußerst harten
Bedingungen – sofortige Räumung Frankreichs und Belgiens sowie des linksrheinischen Gebietes, Übergabe von Brücken-
köpfen auf dem rechten Rheinufer, Aus-
lieferung der deutschen Flotte –, die den
Waffenstillstand einer bedingungslosen
Kapitulation gleichkommen ließen. Die
Waffenruhe begann am 11. November
1918 um 11 Uhr und löste riesige Siegesfeiern in den alliierten Ländern aus. Noch
heute ist der Armistice in Frankreich und
England Gedenktag respektive offizieller
Feiertag. *G. K.*

VIII/8 Notizzettel von Marschall Foch

*Compiègne 1918 · Tinte und Bleistift auf Papier ·
37,8 x 22,8 cm · Musée de l'Armée, Paris · 2004.1.3*

Ferdinand Foch war seit dem 14. April
1918 der Oberbefehlshaber der alliierten
Streitkräfte. Damit gab es – wenn auch
sehr spät – eine zentrale militärische
Führung an der Westfront, die von britischer Seite bis zur deutschen Frühjahrsoffensive immer abgelehnt worden war.
Foch, dem am 6. August der Ehrentitel
eines »Marschalls von Frankreich« verliehen wurde, leitete die Waffenstillstandsverhandlungen in Compiègne. Auf dem
vorliegenden Blatt errechnete er in der
Nacht zum 11. November die Zeit, die
für die Benachrichtigung aller Truppenteile erforderlich war, und legte die allgemeine Feuereinstellung daraufhin für
11 Uhr fest. *R. R.*

VIII/9 Niederschrift des Befehls zur Feuereinstellung

*11. November 1918 · 18,2 x 13 cm · Imperial War
Museum, London · Misc 93 (1382)*

Um 7.30 Uhr am Morgen des 11. Novembers 1918 erhielt die 20. britische Infanteriedivision eine Nachricht, die sie so-
gleich an alle untergeordneten Einheiten
weiterleitete. Ihr Inhalt war der Befehl
zur Feuereinstellung wegen des unmittelbar bevorstehenden Waffenstillstands:
»[...] Kriegshandlungen werden heute,
den 11. November, um 11 Uhr eingestellt.
Die Truppen werden an der Linie festste-
hen, die sie zu dieser Stunde erreicht haben
[...]. Verteidigungsvorkehrungen werden
aufrechterhalten. Umgang jeder Art mit
dem Feind wird strengstens untersagt.«
Ursprünglich vom Kriegsministerium in
London abgeschickt, sollte der Befehl alle
im Felde stehenden Heereseinheiten bis
auf Bataillonsebene erreichen. Tatsächlich
jedoch ging er bei vielen Truppenteilen
erst einige Zeit nach dem offiziellen Waffenstillstand ein. Die 20. Division befand
sich zu dieser Zeit im Norden Frankreichs
an der Sambre östlich von Cambrai. *S. W.*

VIII/10 *Graphical record of the End of the War [Graphische Aufzeichnung des Kriegsendes]*

*U.S. Army, 29th Engineers · USA, nach 1918 ·
Papier · 22,8 x 34,4 cm · Smithsonian Institution,
National Museum of American History, Behring
Center, Washington · NASAM Feb. 2, 1979,
1979.0220.17*

Die graphische Wiedergabe der letzten Tonaufzeichnung von Artilleriegefechten im amerikanischen Frontabschnitt nahe der Mosel macht anschaulich, wie sich der Eintritt des Waffenstillstands am 11. November um 11 Uhr auswirkte. In der vorliegenden Druckfassung sind sechs Sekunden einer Tonaufzeichnung abgebildet. Auf die Wiedergabe einer längeren Phase des der »Stunde Null« vorangehenden und folgenden Zeitraumes wurde in der Veröffentlichung verzichtet, um den Unterschied zwischen Krieg und Frieden umso stärker hervortreten zu lassen. Der Amplitudenausschlag auf der linken Seite (10^h $58''$ $56''$ bis 10^h $58'$ $59''$) zeigt noch eine starke Artillerieaktivität an, der nahezu geradlinige Verlauf der Aufzeichnung auf der rechten Seite (ab 11^h $01'$ $00''$) verbildlicht die mit der Feuereinstellung eingetretene Stille. Zwei kleine Amplitudenausschläge mögen auf die nahe eines Mikrophons abgefeuerten Pistolenschüsse zurückgehen, mit denen ein Soldat seiner Freude über den Waffenstillstand Ausdruck verlieh. Dies jedenfalls ist die Erklärung, die einer weiteren, in den National Archives in Washington aufbewahrten Druckfassung beigegeben ist.

Tonaufzeichnungen, wie sie der graphischen Wiedergabe hier zugrunde liegen, dienten nicht allein dem Nachweis der Artillerieaktivität. Sie konnten auch genutzt werden, um die Positionen der gegnerischen Stellungen durch den Vergleich der Aufzeichnungen von mehreren räumlich voneinander entfernten Mikrophonen zu bestimmen. Das Engineers Corps stellte sie für die Zwecke der militärischen Aufklärung her. *R. R.*

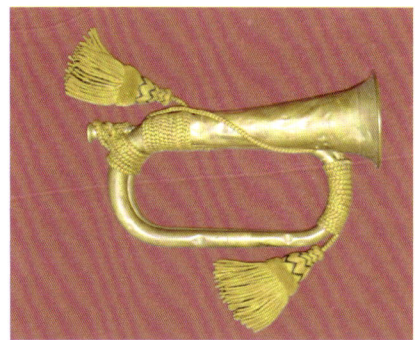

VIII/4

VIII/5

VIII/11 Sonderausgabe des *Dresdner Anzeigers* zur Unterzeichnung des Waffenstillstandes

Zeitung · Dresden, 11. November 1918 · 30,3 x 22,5 cm · Deutsches Historisches Museum, Berlin · Do 57/1135.2 · Abb. S. 83

Mit dieser Sonderausgabe machte der *Dresdner Anzeiger* die Unterzeichnung des Waffenstillstandes vom 11. November 1918 bekannt. Das Abkommen war für Deutschland in mehreren Punkten von weitreichender Bedeutung: Es machte jede Wiederaufnahme der Kämpfe unmöglich. Seine Bestimmungen hinsichtlich der Besetzung westdeutscher Gebiete nahmen die Erfüllung französischer Territorialansprüche durch den Friedensvertrag vorweg. Schließlich gab der Waffenstillstand auch die Rahmenbedingungen für einen zukünftigen Friedensschluss im Sinne von Woodrow Wilsons »Vierzehn-Punkte-Programm« vom 8. Januar 1918 vor. Der amerikanische Präsident hatte sich darin gegen den von England und Frankreich favorisierten »Vergeltungsfrieden« ausgesprochen und einen für alle Beteiligten akzeptablen »Frieden ohne Sieg« favorisiert. Diese Vorgabe wurde in Compiègne unter zwei Vorbehalten akzeptiert: Die Auslegung der »Freiheit der Meere« wurde enger gefasst, der Reparationsbegriff hingegen erweitert. *G. B.*

VIII/12 *Waffenstillstandsbedingungen*

Medaille · Karl Goetz (1875–1950) · München 1918 · Bronze, gegossen · Durchmesser 5,85 cm · Deutsches Historisches Museum, Berlin · N 82/144 (MfDG)

Am 11. November 1918 unterzeichnete der Vertreter der deutschen Reichsregierung, Matthias Erzberger, in einem Eisenbahnwaggon im Wald bei Compiègne das Waffenstillstandsabkommen mit der Entente. Der Entwurf der Bedingungen für die Landstreitkräfte stammte aus der Feder des alliierten Oberbefehlshabers Ferdinand Foch. Der Waffenstillstandsvertrag kam einer Kapitulation des Deutschen Reiches gleich. Seinen Protest gegen das Verhandlungsergebnis setzte der Medailleur Karl Goetz sofort in eine Spottmedaille um. Er konnte sich sicher sein, dass nicht nur konservative Kreise seine Sicht der Dinge teilten: Uncle Sam (USA), John Bull (Großbritannien) und Marschall Foch (Frankreich) fesseln den am Boden liegenden Michel (Deutschland). Auf der Medaillenrückseite recken Deutsche protestierend die Fäuste empor. Die Nachfrage nach Weltkriegsmedaillen hatte in den Jahren 1917 und 1918 merklich nachgelassen. Doch die satirischen Arbeiten des Karl Goetz fanden noch immer einen guten Absatz. Mit seiner nunmehr 84. Kriegsmedaille festigte der Medailleur seinen Ruf, der wohl produktivste Künstler dieses Genres zu sein. *M. K.*

VIII/13 *Tickling stick [Kitzelstock]*

Um 1918 · Eisen, Fasern · 41 x 3 cm · Imperial War Museum, London · 195/77

Nachdem am 11. November 1918 der Waffenstillstand bekannt gegeben worden war, strömten die Menschen in London auf die Straßen. Und schon sehr bald wurde ein reger Handel getrieben mit Fahnen, Flaggen, Rasseln und allem, womit man seiner Freude sonst noch Ausdruck verleihen konnte. Dazu gehörte auch der Kitzelstock, wie er als Requisite in Slapstick-Komödien Verwendung fand und der seinerzeit am Trafalgar Square verkauft wurde. Wer diese Kitzelstöcke hergestellt hat und in welchen Mengen, das ist leider nicht bekannt. *S. W.*

VIII/14 Pappschema des französischen Territoriums mit den Grenzen vom November 1918

Kartograph S.G.E. · Karton · 16 x 15,5 cm · Historial de la Grande Guerre, Péronne · 029491 · Abb. S. 86

»Kind, hier ist Dein Land« – dieser zutiefst patriotische Ausspruch steht in der Mitte des so schlichten wie augenfälligen Lehrmittels, das einer Schülerin namens Christiane Sarda gehörte. Das Pappschema spielt auf die französischen Waffenstillstandsbedingungen vom November 1918 an, zu denen die Räumung der noch von deutschen Truppen gehaltenen

VIII/15

ner Familie und hohen Offizieren der Alliierten, zog er am 13. November in die Hauptstadt ein, wo er von einer begeisterten Menge empfangen wurde. Albert I. war als einziges Staatsoberhaupt während des gesamten Krieges bei den eigenen Truppen geblieben, die den äußersten nördlichen Frontabschnitt bis zum Meer hielten. Das von der Propaganda aufgegriffene Bild des »Soldatenkönigs« steigerte seine Popularität enorm. Zu ihr trug auch seine »Politik der Verhältnismäßigkeit« bei. Albert I. sah in den Alliierten die Garanten der belgischen Souveränität. Den großen Offensiven jedoch verweigerte er lange eine militärische Unterstützung, was seinen Truppen einen hohen Blutzoll ersparte. *R. R.*

Gebiete Frankreichs sowie der linksrheinischen Teile Deutschlands zählte. Die Umrisse des Pappschemas sind so gewählt, dass sie eben diese Gebiete miteinschließen. Die Erfinder der Schülerhilfe erhielten 1923 die Goldmedaille einer Ausstellung in Millau und die »Médaille de Vermeille« des Concours Lepine. *G. B.*

VIII/15 *Armistice Night [Die Nacht des Waffenstillstands]*

Gemälde · Sir William Nicholson (1872–1949) · 1918 · Öl auf Leinwand · 54 x 59,1 cm · Fitzwilliam Museum, Cambridge · 1498

Feiernde Menschen, die auf Geschützen stehend ihre Mützen schwenken, eine ausgelassene Menge auf den Straßen Londons, ein Feuerwerk, das die Nacht des 11. Novembers erhellt – diesem Ausdruck ausgelassener Freude über das Kriegsende stellt Nicholson die beiden vom Geschehen weghumpelnden Invaliden entgegen. In die Freude über die endlich erreichte Waffenruhe mischt sich bei ihm die Trauer über die Opfer. Nicholson, dessen Sohn einen Monat vor Kriegsende gefallen war, schlägt bei aller Erleichterung einen melancholischen Ton an. *R. R.*

VIII/16 *L'Armistice, 11 Novembre 1918 [Der Waffenstillstand, 11. November 1918]*

Graphik · André Fraye (1888–1963) · Frankreich 1918 · Aquarell, Buntstift · 43 x 35 cm · Musée d'histoire contemporaine – BDIC, Paris · Or F2 652

In einer skizzenhaften, dynamischen Komposition hielt André Fraye die Freudenbekundungen fest, wie sie nach dem Waffenstillstand auf den Straßen von Paris zu beobachten waren. Französische Flaggen dominieren in der Straßenschlucht, die sich perspektivisch auf den sich lichtenden Himmel hin zu öffnen scheint. Die Menschenmenge ist von einer spontanen Freude bewegt, so vermittelt es die mitunter abstrakte Formensprache. *R. R.*

VIII/17 *Les troupes belges, la famille royale et les officiers étrangers [Die belgischen Truppen, die königliche Familie und die ausländischen Offiziere]*

Graphik · Heins Armand (1856–1938) · Brüssel 1918 · Aquarell · 35,5 x 47,5 cm · Musée royal de l'Armée et d'Histoire militaire, Brüssel · 10100035 (Heins/1)

Die Skizze zeigt den feierlichen Einmarsch von Albert I. in Brüssel. Begleitet von sei-

VIII/16

VIII/17

Entgegen allen Hoffnungen gelang es nicht, den Zusammenbruch des europäischen Mächtesystems durch die Friedensverträge aufzufangen. Namentlich die angestrebte »nationale Selbstbestimmung« blieb unter Siegern und Verlierern kaum durchsetzbar. Kaum ein Staat in Mittel- und Osteuropa – wie Ungarn, die Tschechoslowakei, das spätere Jugoslawien, Polen, Bulgarien oder Rumänien – vermochte es auf lange Sicht, die auf seinem Territorium lebenden Völker als gleichberechtigt anzuerkennen.

Revolutionen und Bürgerkriege prägten die ersten Nachkriegsjahre ebenso wie die oft vergeblichen Versuche, demokratische und nationale Emanzipationsprozesse einzuleiten. Radikalisierende Tendenzen gewannen dabei die Oberhand. Der Krieg hatte zur Ablösung alter Eliten und Herrschaftssysteme geführt. Dies manifestierte sich insbesondere in dem Untergang der Monarchien in Russland, Deutschland und Österreich-Ungarn.

Die Schaffung einer stabilen Nachkriegsordnung gestaltete sich vor diesem Hintergrund äußerst schwierig. Der Krieg hatte neue Formen internationaler Beziehungen geschaffen und leitete das Ende einer auf Europa konzentrierten politischen Ordnung ein. Als übergeordnetes Instrument der Konfliktvermeidung und Friedenssicherung wurde 1919 der Völkerbund gegründet. Doch erschwerten die unterschiedlichen Interessen von Siegern und Verlierern seine Arbeit. Während die Politik Frankreichs von einem starken Sicherheitsbedürfnis beherrscht wurde, zielte die Politik Deutschlands – auch noch nachdem es 1926 Mitglied des Völkerbundes geworden war – auf eine Revision der als ungerecht empfundenen Nachkriegsordnung. Der im Krieg entscheidende Einfluss der Vereinigten Staaten von Amerika spielte infolge eines erneuten Isolationismus kaum mehr eine Rolle.

Dennoch gelang im Laufe der zwanziger Jahre eine politische und ökonomische Stabilisierung in Westeuropa. Auch die neuen und wiedergegründeten Staaten in Ost-, Süd- und Ostmitteleuropa vermochten ihre politischen Unruhen zu überwinden, allerdings oft unter Preisgabe der parlamentarischen Demokratie. Alle kriegsbeteiligten Gesellschaften standen überdies vor der Aufgabe, die Kriegsfolgen zu bewältigen. Die Integration von Invaliden und Heimkehrern und die der politischen Flüchtlinge und Vertriebenen musste ebenso geleistet werden wie der Aufbau der zerstörten Städte und Regionen. Schließlich läutete der Erste Weltkrieg auch das Ende der europäischen Kolonialordnung ein. Wirtschaftlich und politisch entwickelten sich die Kolonien zunehmend selbständig. Dabei darf indessen nicht übersehen werden, dass Großbritannien

anung

und Frankreich durch die Übernahme ehemals deutscher Kolonien und türkischer Provinzen außerhalb des türkischen Kernlandes (zum Teil als Protektorate des Völkerbundes) ihren kolonialen Machtbereich nochmals vergrößern konnten.

Im gleichen Zeitraum verfestigte sich die Herrschaft der Bolschewiki, die noch immer die Weltrevolution verfolgten und im eigenen Land ein brutales Terrorregime errichteten, das später im GULAG-System seine perfideste Ausformung erfuhr. In Westeuropa gewannen hingegen mit dem Ende des Ersten Weltkrieges der Faschismus in Italien und ab Ende der zwanziger Jahre der Nationalsozialismus in Deutschland immer mehr an Boden. Obwohl hier der Wunsch nach einer Revision der Versailler Friedensverträge quer durch alle politischen Lager ging, vermochte es vor allem die NS-Bewegung, diese Ablehnung des »Schanddiktates« für ihren Aufstieg zu nutzen. Die Stilisierung Hitlers als eines einfachen Gefreiten einer angeblich ungeschlagenen Armee verband sich dabei in den Wahlkämpfen aufs Wirksamste mit der Forderung, Deutschland müsse aus den »Fesseln von Versailles« befreit werden, um den Weg zu neuerlicher nationaler Größe beschreiten zu können. Was nach der »Machtergreifung« mit der Wiedereinführung der Wehrpflicht (1935) und der Besetzung des entmilitarisierten Rheinlandes begann, endete in einem neuerlichen Weltkrieg. Sein Ziel erschöpfte sich für das nationalsozialistische Deutschland nicht in einer bloßen Revision von Versailles. Spätestens der Überfall auf die Sowjetunion offenbarte vielmehr seinen Charakter als rassistisch begründeter Vernichtungskrieg.

K. Burchardi

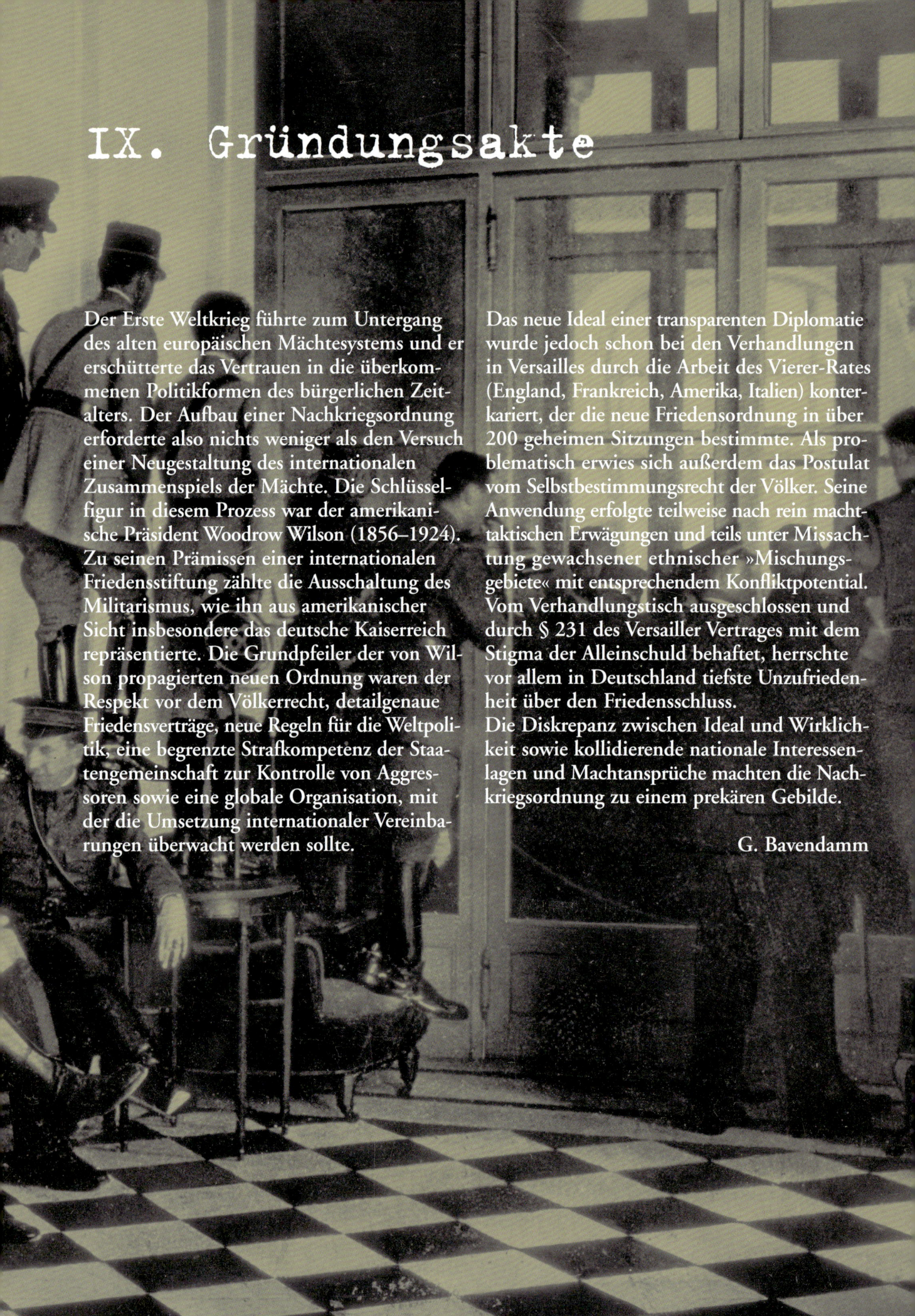

IX. Gründungsakte

Der Erste Weltkrieg führte zum Untergang des alten europäischen Mächtesystems und er erschütterte das Vertrauen in die überkommenen Politikformen des bürgerlichen Zeitalters. Der Aufbau einer Nachkriegsordnung erforderte also nichts weniger als den Versuch einer Neugestaltung des internationalen Zusammenspiels der Mächte. Die Schlüsselfigur in diesem Prozess war der amerikanische Präsident Woodrow Wilson (1856–1924). Zu seinen Prämissen einer internationalen Friedensstiftung zählte die Ausschaltung des Militarismus, wie ihn aus amerikanischer Sicht insbesondere das deutsche Kaiserreich repräsentierte. Die Grundpfeiler der von Wilson propagierten neuen Ordnung waren der Respekt vor dem Völkerrecht, detailgenaue Friedensverträge, neue Regeln für die Weltpolitik, eine begrenzte Strafkompetenz der Staatengemeinschaft zur Kontrolle von Aggressoren sowie eine globale Organisation, mit der die Umsetzung internationaler Vereinbarungen überwacht werden sollte.

Das neue Ideal einer transparenten Diplomatie wurde jedoch schon bei den Verhandlungen in Versailles durch die Arbeit des Vierer-Rates (England, Frankreich, Amerika, Italien) konterkariert, der die neue Friedensordnung in über 200 geheimen Sitzungen bestimmte. Als problematisch erwies sich außerdem das Postulat vom Selbstbestimmungsrecht der Völker. Seine Anwendung erfolgte teilweise nach rein machttaktischen Erwägungen und teils unter Missachtung gewachsener ethnischer »Mischungsgebiete« mit entsprechendem Konfliktpotential. Vom Verhandlungstisch ausgeschlossen und durch § 231 des Versailler Vertrages mit dem Stigma der Alleinschuld behaftet, herrschte vor allem in Deutschland tiefste Unzufriedenheit über den Friedensschluss.
Die Diskrepanz zwischen Ideal und Wirklichkeit sowie kollidierende nationale Interessenlagen und Machtansprüche machten die Nachkriegsordnung zu einem prekären Gebilde.

G. Bavendamm

Friedensschlüsse

Der Erste Weltkrieg wurde durch eine Reihe von Friedensverträgen offiziell beendet. Diese »Pariser Vorortverträge« veränderten die europäische Landkarte und setzten neue Leitlinien für die internationalen Beziehungen. Für die Verlierer enthielten sie sehr harte Bedingungen, die mit der Alleinschuld Deutschlands und seiner Verbündeten am Kriegsausbruch begründet wurden. Deutschland wurden im Versailler Vertrag vom 28. Juni 1919 territoriale Verluste, die Abtretung aller Kolonien sowie gewaltige Reparationszahlungen auferlegt. Die künftige Heeres- und Marinestärke wurde auf 115 000 Mann beschränkt, die Luftwaffe ganz verboten.

Der Vertrag von Saint-Germain-en-Laye, unterzeichnet am 10. September 1919, verpflichtete Österreich zur Anerkennung der Nachfolgestaaten Tschechoslowakei und Königreich der Serben, Kroaten und Slowenen (ab 1929 Jugoslawien), deren Gebiete vorher ganz oder doch zum großen Teil zum früheren Habsburger Reich gehört hatten.

Ungarn, als Königreich Ungarn Teil der k. u. k. Monarchie, verlor durch den Vertrag von Trianon, unterzeichnet am 4. Juni 1920, 67 Prozent seines Territoriums und 58 Prozent seiner ursprünglichen Bevölkerung.

Bulgarien musste als Verbündeter der Mittelmächte gemäß dem Vertrag von Neuilly-sur-Seine vom 27. November 1919 einige Grenzgebiete abtreten und 2,25 Milliarden Goldfranken Kriegsentschädigung zahlen.

Das Osmanische Reich schließlich verzichtete im Vertrag von Sèvres, unterzeichnet am 10. August 1920, auf große Gebiete und unterwarf sich ausländischer Militär- und Finanzkontrolle.

Gegen die harten Friedensbedingungen erhob sich in den Verliererstaaten erbitterter Protest und Widerstand. Die Revision der Friedensschlüsse wurde zu einem Angelpunkt der innenpolitischen Auseinandersetzungen.

T. Flemming

IX/1 *Völker hört die Signale*

Filmausschnitt · Produktion: Audax-Film, München · Deutschland 1958 · 35-mm-Tonfilm (als Videoeinspielung gezeigt) · Länge: 72 Min., Ausschnitt: ca. 24 Sek. · Bundesarchiv/Filmarchiv, Berlin (Rechte: Transit Film, München) · 16993

Im Dezember 1917 begannen in Brest-Litowsk (heute: Brest, Weißrussland) Friedensverhandlungen zwischen Russland und dem Deutschen Reich. Die Filmaufnahmen schildern das Eintreffen Leo Trotzkis, der die russische Delegation seit Januar 1918 anführte. W. K.

IX/2 *Die letzten 60 Jahre Weltgeschehen*

Filmausschnitt · Regie: Denise Dual, Roland Dual, Werner Malbran · Produktion: S.E.P.I.C., U.G.C., Internationale Film-Union · Frankreich/Deutschland 1950 · 35-mm-Tonfilm (als Videoeinspielung gezeigt) · Länge: 86 Min, Ausschnitt: ca. 1 Min. · Bundesarchiv/Filmarchiv, Berlin (Rechte: Transit Film, München) · 2374

Der Filmausschnitt zeigt das Eintreffen der Delegationsleiter in Versailles anlässlich der Unterzeichnung des Friedensvertrages 1919. Unter anderem sind der amerikanische Präsident Woodrow Wilson, der britische Premierminister Lloyd George und der französische Ministerpräsident Georges Clemenceau zu sehen. W. K.

IX/3 Friede von Brest-Litowsk

Friedensvertrag (elf Blätter) · Brest-Litowsk, 3. März 1918 · Papier · 48 x 65 cm · Politisches Archiv des Auswärtigen Amts, Berlin · Mult 309 · Abb. S. 238

Am 3. März 1918 (nach dem gregorianischen Kalender) wurde zwischen Sowjetrussland sowie Deutschland, Österreich-Ungarn, Bulgarien und der Türkei ein Sonderfrieden geschlossen. Russland verlor durch diesen Frieden Polen, Litauen und Kurland. Estland und Livland blieben vorläufig von deutschen Truppen besetzt. Die Sowjetregierung verpflichtete sich, ihre Truppen aus der Ukraine abzuziehen und Grenzfragen mit der ukrainischen Regierung, der Zentralrada, die von Deutschland unterstützt wurde, zu lösen. Eine ausführliche Anlage sowie ein Zusatzvertrag regelten diplomatische, rechtliche und finanzielle Fragen sowie den Austausch von Kriegsgefangenen. Von Bedeutung ist schließlich der Ergänzungsvertrag vom 27. August 1918. Neben wirtschaftlichen Vereinbarungen zugunsten Deutschlands wurden Estland und Livland aus dem russischen Staatsverband entlassen. Russland musste die Ukraine, Finnland und

Georgien als unabhängige Staaten anerkennen. Am 13. November 1918 wurde der Friede von Brest-Litowsk von der sowjetischen Regierung nach Unterzeichnung des Waffenstillstandes von Compiègne, der Abdankung Kaiser Wilhelms II. und dem Beginn der deutschen Novemberrevolution annulliert. B. C. (Ü)

IX/4 Sonderblatt des *Dresdner Anzeigers* zur Unterzeichnung des Friedensvertrages von Brest-Litowsk

Zeitung · Dresden, 3. März 1918 · Verlag des K. S. Adreß-Comptoirs · 30,8 x 23 cm · Deutsches Historisches Museum, Berlin · Do 90/458 (MfDG)

Der Sonderfrieden im Osten beruhte zunächst auf einer Übereinkunft zwischen der deutschen und der ukrainischen Delegation, die als Gegenleistung für die Anerkennung der staatlichen Unabhängigkeit dem Deutschen Reich große Getreidelieferungen zusagte. Dieser wurde Brotfrieden genannt. Die Verhandlungen mit Russland kamen erst zustande, nachdem die Oberste Heeresleitung am 19. Februar den Vormarsch deutscher Truppen Richtung Osten befohlen hatte. Erst dann kapitulierte die russische Regierung und akzeptierte die deutschen Bedingungen. G. B.

IX/5 Flugschrift mit dem Vierzehn-Punkte-Programm des Friedensvorschlages von US-Präsident Woodrow Wilson (vollständiger Text)

Sonderdruck · Deutschland, 8. Januar 1918 · Papier, gedruckt · 31,3 x 23,8 cm · Deutsches Historisches Museum, Berlin · Do 57/1771 (MfDG)

Die Kriegsziele der USA hatte Woodrow Wilson (1856–1924) in ihren zentralen Aspekten bereits im April 1917 formuliert, als er den Kriegseintritt seines Landes gegen das Deutsche Reich begründete. Die Bezeichnung »Vierzehn Punkte« steht für eine Liste konkreter Friedensziele, die Wilson am 8. Januar 1918 in einer Rede vor dem US-amerikanischen Kongress publik machte.

Zum wichtigsten Ziel proklamierte Wilson das Selbstbestimmungsrecht der Nationen (Punkt X). Weitere Forderungen des Präsidenten waren die allgemeine Abrüstung, die Freiheit der Meere, die Handelsfreiheit und die Abschaffung der Geheimdiplomatie.

Auf eine polnische Initiative ging Punkt XIII zurück: Er galt der Errichtung eines unabhängigen polnischen Staates. Den

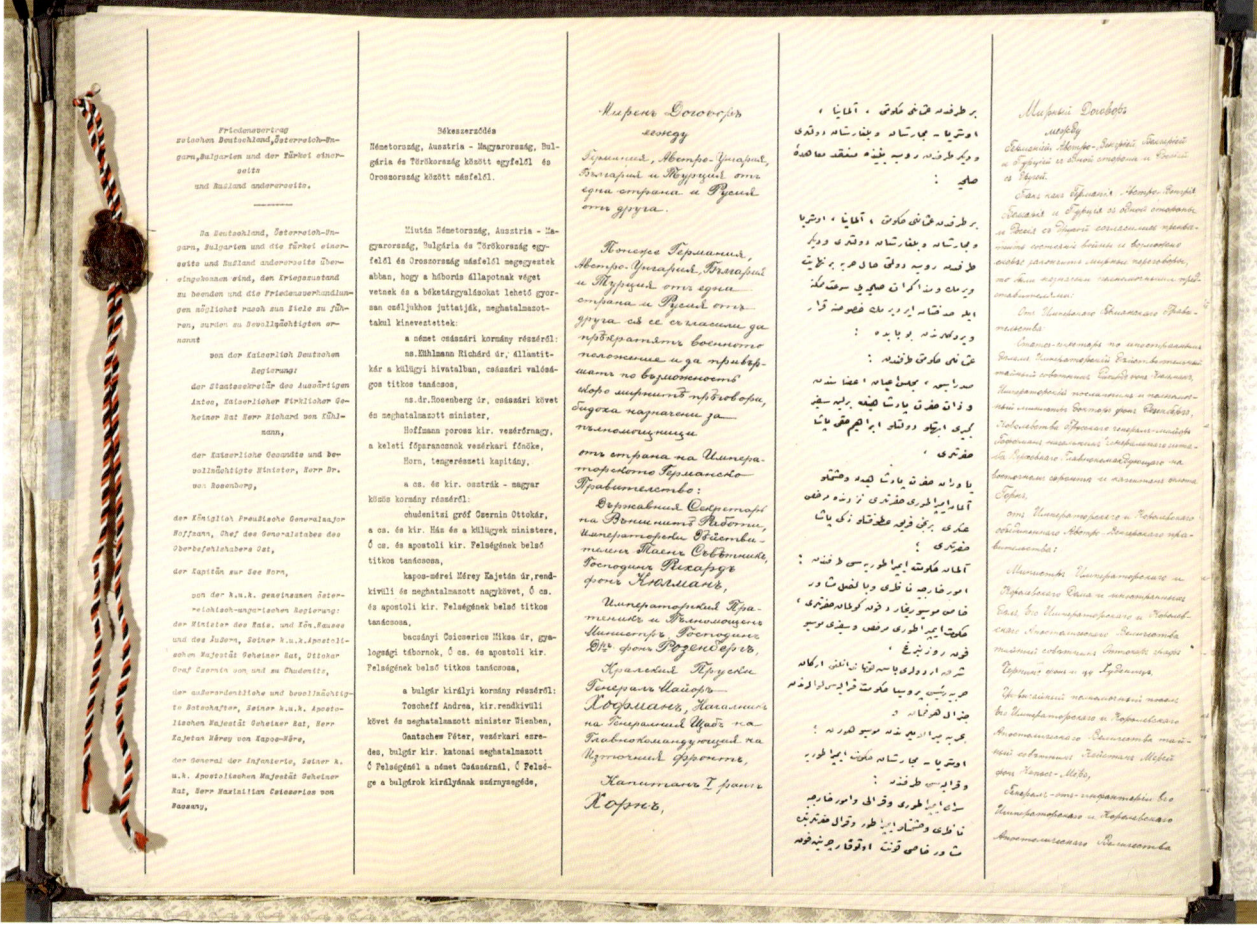

IX/3

Abschluss der »Vierzehn Punkte« bildete ein Aufruf zur Gründung des Völkerbundes als einer Gemeinschaft von demokratisch verfassten Staaten. *G. B.*

IX/6 *Überreichung des Friedensvertrages am 7. Mai 1919 zu Versailles (Hotel Trianon)*

Graphik · (Julius) Walther Hammer (* 1873, † vermutlich 1922) · Leipzig 1919 · Radierung · 51,5 x 67,5 cm · Militärhistorisches Museum der Bundeswehr, Dresden · HA-830

»Die Stunde der schweren Abrechnung ist gekommen.« Diese Worte Georges Clemenceaus, des Vorsitzenden der Friedenskonferenz, schrieb der Künstler Walther Hammer selbst auf seine Radierung, die er »nach Skizzen an Ort und Stelle« angefertigt hatte. Das Zitat und die Graphik geben die düstere Stimmung am 7. Mai 1919 im Hotel Trianon-Palace wieder. Weniger als eine Stunde hatte das erste Aufeinandertreffen der langjährigen Kriegs-

gegner gedauert. Die deutsche Delegation war nach Versailles gekommen, um die Vertragsbedingungen entgegenzunehmen. Nach einer kurzen Ansprache überreichte Clemenceau der deutschen Abordnung unter Leitung des Reichsaußenministers Ulrich Graf von Brockdorff-Rantzau den Vertragsentwurf. Brockdorff-Rantzau verlas eine Entgegnung, in der er eine alleinige Kriegsschuld Deutschlands zurückwies und die Härte der Friedensbedingungen scharf kritisierte. Aus Protest gegen diesen »Diktatfrieden« traten er und das übrige Kabinett unter Reichskanzler Philipp Scheidemann zurück. Aber auch für die nachfolgende Regierung gab es keine Alternative zur Unterzeichnung, so dass der Vertrag am 28. Juni vom neuen Außenminister Hermann Müller sowie von Verkehrs- und Kolonialminister Johannes Bell unterschrieben wurde. *K. B.*

IX/7–IX/10

IX/7 Tagesordnung der Friedenskonferenz von Versailles am 28. Juni 1919

Versailles, Juni 1919 · Papier · 32 x 22 cm · Politisches Archiv des Auswärtigen Amts, Berlin · Asservat 315 · Abb. S. 240

IX/8 Diplomatenpass von Hermann Müller (Ministerialpass Nr. 416)

Berlin, 26. Juni 1919 · Papier · 32 x 41 cm (aufgeschlagen) · Politisches Archiv des Auswärtigen Amts, Berlin · Asservat 315

IX/9 Federhalter von Johannes Bell

Deutschland, um 1919 · Holz, Metall · 1 x 22 cm · Politisches Archiv des Auswärtigen Amts, Berlin · Asservat 315

IX/10 Petschaft von Johannes Bell

*Deutschland 1919 · Holz, Metall (Blei) · 2,5 x 8 cm ·
Politisches Archiv des Auswärtigen Amts, Berlin ·
Asservat 315*

Ende Juni 1919 stellte das Auswärtige Amt
dem amtierenden Außenminister Hermann
Müller (1876–1931) diesen Pass aus.
Nüchtern wurden die Erkennungsdaten
des SPD-Politikers verzeichnet: 42 Jahre
alt, geboren im russischen Baku, schlank,
braune Haare, länglich-ovales Gesicht.
Zwei Tage später, am 28. Juni 1919, unterzeichnete Müller in seiner Eigenschaft als
Bevollmächtigter der Deutschen Regierung
den Friedensvertrag im Spiegelsaal des Versailler Schlosses. Damit tat Müller den
Schritt, den sein Vorgänger Ulrich Graf
von Brockdorff-Rantzau (1869–1928)
wenige Tage zuvor abgelehnt hatte. Der
erste Außenminister der Weimarer Republik
war nicht bereit gewesen, einen Friedensvertrag zu unterzeichnen, den er als »Diktat von Versailles« ablehnte. Sein Versuch,
die Bedingungen des Friedensschlusses im
Interesse Deutschlands abzumildern, scheiterte am Widerstand der Entente. Die
Regierung Scheidemann hatte daraufhin

zurücktreten müssen. Die Mitglieder der
deutschen Delegation fanden an ihren
Plätzen aufwendig gestaltete Tagesordnun-
gen vor. Der einzige Tagesordnungspunkt
bestand in der Unterzeichnung des Vertrages. Im Archiv des Auswärtigen Amtes
haben sich die Ausfertigungen der Delegationsmitglieder Hermann Müller und
Johannes Bell (1868–1949) erhalten. Das
hier ausgestellte Exemplar Müllers haben
die Delegationsmitglieder unterschrieben.
Das Asservat 315 beinhaltet außerdem
Federhalter und Petschaft von Verkehrs-
und Kolonialminister Bell. *G. B.*

IX/8

IX/11 Endgültige Druckfassung des Versailler Vertrages: *Teil VIII. Wiedergutmachungen. Artikel 231*

*Versailles, 28. Juni 1919 · Papier · 30 x 42,5 x
4,5 cm · Politisches Archiv des Auswärtigen Amts,
Berlin · Vertragsarchiv, Multilaterale Verträge,
Deutsches Reich N 258*

Artikel 231 des Friedensvertrages – der so
genannte Kriegsschuldartikel – enthielt die
Erklärung, dass Deutschland und seine

Verbündeten anerkennen, als Urheber des
Krieges für die entstandenen Verluste und
Schäden bei den alliierten und assoziierten
Regierungen und ihren Staatsangehörigen
verantwortlich zu sein. Aus diesem um-
strittensten aller Vertragsartikel leiteten
die Ententemächte ihre Reparationsforderungen ab.
Für Deutschland wurden auf mehreren
Konferenzen Gesamtreparationen in Höhe
von 132 Milliarden Goldmark festgesetzt.
Dies überstieg jedoch bei weitem die Wirtschaftskraft des Landes, zumal es durch

Gebietsabtretungen und Sachleistungen unter anderem 80 Prozent seiner Eisenerz- und 26 Prozent der Steinkohlevorkommen einbüßte. Der Dawes-Plan von 1924 und der Young-Plan von 1929 erleichterten die Zahlungsmodalitäten für Deutschland.

1932 verzichteten die Alliierten im Vertrag von Lausanne gegen eine Einmalzahlung von 3 Milliarden Mark auf weitere Reparationen. Insgesamt hat das Deutsche Reich etwa 53 Milliarden Goldmark an Reparationen gezahlt. *T. F.*

IX/12 *Europa nach dem Friedensschluss 1919*

Kriegshilfe München Nordwest · Rudolf Mayer · München 1919 · Leinwand, gedruckt, aufgezogen · 67,4 x 100,4 cm · Deutsches Historisches Museum, Berlin · Do 70/501 I (MfDG)

Der Erste Weltkrieg veränderte die territorialen Grenzen in Europa und in anderen Teilen der Welt. Wie der Informationskasten auf der Karte links oben belegt, entstand sie aus vertriebstechnischen Gründen und – wegen der knappen Fristen der zuständigen Behörden – bereits bevor die Friedensverhandlungen in Versailles zum Abschluss gekommen waren. Auch die Volksabstimmungen in verschiedenen Grenzgebieten hatten noch nicht stattgefunden, als der Kartograph zu Werke ging. Mit In-Kraft-Treten des Versailler Vertrages verlor Deutschland im Westen Elsass-Lothringen, im Osten vor allem die Provinzen Posen und den größten Teil Westpreußens sowie Oberschlesien. Volksabstimmungen wurden für Eupen-Malmédy, Nordschleswig und Masuren angeordnet. *G. B.*

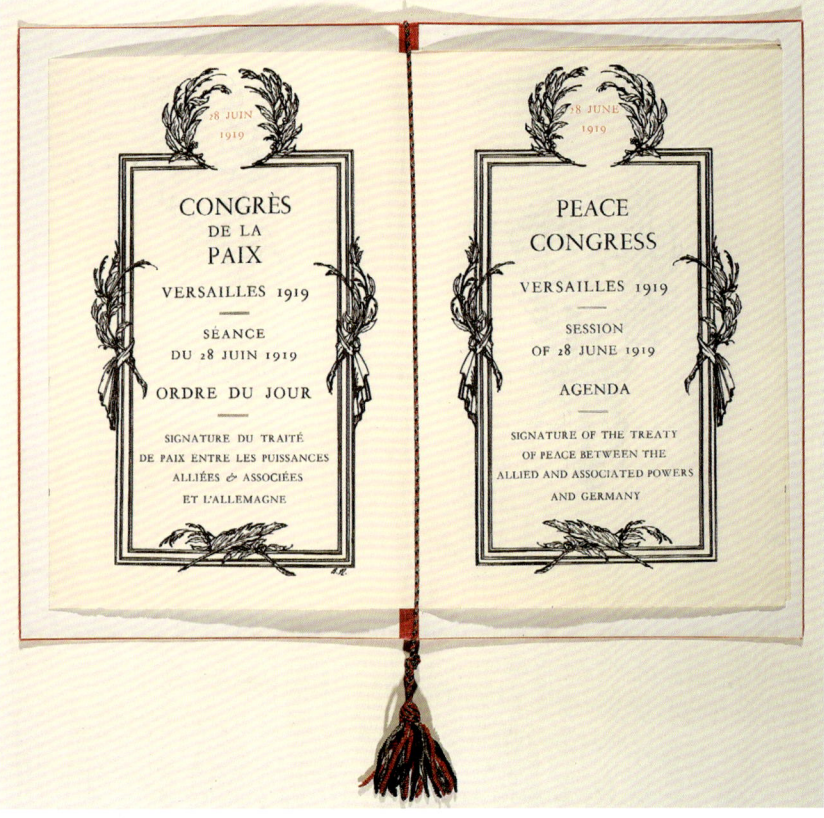

IX/7

IX/13 Siegesfeiern in Paris

Fotografie · Léon Gimpel (1873–1948) · Paris, 14. Juli 1919 · Autochrome · photos12.com – Société Française de Photographie, Paris · SFP00001_0806-A1604

Vom Dach des Louvre aus bannte der französische Fotograf Léon Gimpel diesen Blick über die nächtliche Seine auf Zelluloid. Hierbei verwendete er das einzige damals zur Verfügung stehende Farbfotoverfahren. Zu sehen ist die farbenprächtige Illumination von Paris aus Anlass der Siegesfeiern am 14. Juli 1919. Das Bild stammt aus einem umfangreichen Konvolut von Farbaufnahmen, die während und nach dem Ersten Weltkrieg entstanden. Es wurde erst kürzlich in französischen Archiven entdeckt. *G. B.*

IX/14–IX/19

IX/14 Siegesmedaille der Vereinigten Staaten von Amerika, Zweitstück

1920 · Bronze, patiniert; Band: Seidenrips, gewässert · Medaille: Höhe mit Öse 3,9 cm, Durchmesser 3,5 cm; Band: Breite 3,6 cm · Deutsches Historisches Museum, Berlin · O.56/181

IX/12

IX/13

IX/15 Siegesmedaille der Republik Frankreich

Graveur: A. Morlon · Stiftung: 29. Juli 1922 · Bronze, patiniert; Band: Seidenrips, gewässert · Medaille: Höhe mit Öse 4 cm, Durchmesser 3,5 cm; Band: Breite 3,9 cm · Deutsches Historisches Museum, Berlin · O.56/159

IX/16 Siegesmedaille des Vereinigten Königreiches von Großbritannien und Irland

Bronze, patiniert; Band: Seidenrips, gewässert · Medaille: Höhe mit Öse 4 cm, Durchmesser 3,6 cm; Band: Breite 3,6 cm · Deutsches Historisches Museum, Berlin · O.56/169

IX/17 Siegesmedaille der Republik Portugal

Bronze, patiniert; Band: Seidenrips, gewässert · Medaille: Höhe mit Öse 4 cm, Durchmesser 3,5 cm; Band: Breite 3,7 cm · Deutsches Historisches Museum, Berlin · O.56/225

IX/18 Siegesmedaille der Republik Kuba, Zweitstück

Bronze, patiniert; Band: Seidenrips, gewässert · Medaille: Höhe mit Öse 4 cm, Durchmesser 3,5 cm; Band: Breite 3,6 cm · Deutsches Historisches Museum, Berlin · O.56/361

IX/19 Siegesmedaille der Republik Griechenland

1922 · Bronze, patiniert; Band: Seidenrips, gewässert · Medaille: Höhe mit Öse 4,3 cm, Durchmesser 3,6 cm; Band: Breite 3,8 cm · Deutsches Historisches Museum, Berlin · O.56/163 · Abb. S. 242

Am Ende des Weltkrieges knüpften die Siegermächte an eine Tradition an, die während der napoleonischen Kriege entstanden war. Für die Teilnahme an den Feldzügen wurden Ehrenzeichen in Form von Medaillen und Kreuzen gestiftet, die unabhängig vom Rang und von der sozialen Herkunft allen Kriegsteilnehmern zustanden. Im Laufe des 19. Jahrhunderts hatte diese Form der Auszeichnung bereits europaweit Verbreitung gefunden. Die Idee, eine Siegesmedaille für alle Krieg führenden Mächte der Entente zu schaffen, stammt von dem französischen Marschall Ferdinand Foch (1851–1929), dem Oberkommandierenden der alliierten Streitkräfte in Frankreich. Am 24. Januar 1919 billigte eine Versammlung der Friedenskonferenz von Versailles einen entsprechenden Vorschlag Fochs. Es wurde festgelegt, dass die Vorderseite der bronzenen Medaille die Siegesgöttin (Victoria/Nike) abbilden und die Rückseite in der jeweiligen Landessprache mit der Inschrift *La Grande Guerre pour la Civilisation* (Der große Krieg für die Zivilisation) versehen sein sollte. Ansonsten durfte die Rückseite mit nationaler Symbolik verziert werden. Das Band aus

gewässertem Seidenrips ist in den Farben des Regenbogens gehalten. Die konkrete Gestaltung und Umsetzung dieser Vorgaben lag im Ermessen der einzelnen Länder und ließ somit den beauftragten Künstlern und Medailleuren einen gewissen kreativen Spielraum. In Ländern nichtchristlichen Glaubens, so in Japan und Siam, wurde bei der Gestaltung auf kulturelle Besonderheiten Rücksicht genommen.

Das auch als »Interalliierte Siegesmedaille« bezeichnete Ehrenzeichen ist in den Ländern Belgien, Brasilien, Kuba, Frankreich, Griechenland, Großbritannien, Italien, Japan, Portugal, Rumänien, Siam, Südafrika, Tschechoslowakei und USA verliehen worden. Österreich stiftete 1932 und Deutschland erst 1934 ein staatliches Ehrenzeichen für die Teilnehmer am Weltkrieg. *K.-P. M.*

IX/20 *Verlorenes Land*

Kartenspiel · Deutschland, nach 1935 · Karton, Farblithographie · 11 x 7 cm · Deutsches Historisches Museum, Berlin · 1987/31

Die Revision des Versailler Vertrags war eines des wichtigsten politischen Ziele Adolf Hitlers. Im Vordergrund stand dabei die Rückgabe ehemals deutscher Gebiete. Das Kartenspiel steht im Einklang mit diesen Expansionsbestimmungen, indem es genauestens die Größe, die Einwohnerzahl und vor allem den Anteil der deutsch sprechenden Bevölkerung der »verlorenen« Gebiete auflistet. Auf diese Weise sollte anschaulich gemacht werden, dass es sich um deutsches, im »Schandfrieden« widerrechtlich dem Deutschen Reich abgesprochenes Land handelte. *C. J.*

IX/21 Telegramm der *Illustrierten Zeitung* mit der Bitte um eine Stellungnahme Paul von Hindenburgs zu den Friedensverhandlungen von Versailles

Verlag J. J. Weber · Leipzig, 14. Mai 1919 · Papier, maschinengeschrieben, handgeschrieben · 16,6 x 20,7 cm · Deutsches Historisches Museum, Berlin · Do 299/487

Per Telegramm richtete die Leipziger *Illustrierte Zeitung* ihre Bitte an den populären Militär Paul von Hindenburg, sich zum Friedensvertrag von Versailles zu äußern. Unmissverständlich geht aus dem Wortlaut der Nachricht hervor, wie stark der Verlag den Friedensvertrag ablehnte und eine ähnliche Position Hindenburgs voraussetzte. Die nächste Ausgabe, so heißt es knapp, sei dem »protest deutscher nation gegen gewaltfrieden« gewidmet. Hindenburg solle mittels einer pointierten Formulierung bekräftigen, dass es unmöglich sei, den Vertragsbedingungen zuzustimmen.
Am 22. Mai 1919 veröffentlichte die Zeitung unter der Überschrift »Ein Echo der Schmach von Versailles« die Ergebnisse

ihrer Umfrage, darunter die Äußerungen so prominenter Politiker wie Friedrich Ebert, Phlipp Scheidemann, Mathias Erzberger und Gustav Stresemann. Das Fehlen einer Stellungnahme Hindenburgs legt nahe, dass der General auf die Anfrage der Zeitung nicht reagierte. *G. B.*

IX/22 Schießscheibe auf die Ruhrbesetzung

Deutschland, 1923/25 · Holz, bemalt · Durchmesser 45 cm · Deutsches Historisches Museum, Berlin · 1990/1463

Ab dem 11. Januar 1923 marschierten französische und belgische Truppen in das Ruhrgebiet ein, um »produktive Pfänder« für nicht erfolgte Sachlieferungen zu nehmen, zu denen Deutschland gemäß den Bestimmungen des Versailler Vertrages verpflichtet war. Die deutsche Regierung rief daraufhin die Bevölkerung des Ruhrgebietes zu »passivem Widerstand« auf, was anfangs auch weitgehend eingehalten wurde. Die Besatzungstruppen antworteten mit harter Repression, selbst geringste Verstöße gegen die Anordnungen wurden militärgerichtlich verfolgt. Immer wieder kam es auf beiden Seiten zu Gewalttaten. Die hier ausgestellte Schießscheibe illustriert den durch die Besetzung ausgelösten unbändigen Hass. Die antifranzösische Propaganda von 1923 ähnelte in vieler Hinsicht jener Propaganda, die während des Krieges in Frankreich gegen die deut-

IX/19

IX/19

schen »Hunnen« und ihre Gräueltaten betrieben worden war. *G. K.*

IX/23 *Rhine Panorama for the men of the American Army of Occupation [Rhein-Panorama für die Soldaten der amerikanischen Besatzungsarmee]*

G. T. Flowman · Verlag von Guido Erxleben · Koblenz 1919 · Papier · 24 x 13 cm · Smithsonian Institution, National Museum of American History, Behring Center, Washington · BASHAM, B.P.1978.0508

Nach dem Ende des Ersten Weltkrieges verließen die meisten amerikanischen Soldaten am 1. September 1919 den europäischen Kontinent. Eine Truppe von 16 000 Mann war jedoch in dem von den Alliierten besetzten Rheingebiet für ein weiteres Jahr in Koblenz stationiert. Zu ihnen gehörte Sergeant Paten G. Crockett aus Joplin/Missouri. Von der Young Men's Christian Association (YMCA) wurde ihm dieses Rheinpanorama überreicht. Ausgeklappt zeigt es horizontal und in Schwarz-Weiß den Rheinverlauf und beschreibt die touristisch interessanten Städte und Sehenswürdigkeiten zwischen Koblenz und Mainz: Bonn, das Siebengebirge, das Rolandseck, Andernach, Koblenz, St. Glas, die Lorelei, Bragen und Mainz. *G. B.*

Bekanntmachung.

Auf Anordnung des Chefs der englischen Militärpolizei wird von heute Nacht 12 Uhr die englische Zeit statt der deutschen eingeführt. Alle Uhren sind mit diesem Zeitpunkt um eine Stunde zurückzustellen.

Cöln, den 11. Dezember 1918.

Der Oberbürgermeister.

IX/24

IX/22

IX/24 Bekanntmachung des Kölner
Oberbürgermeisters über die Anpassung
an die englische Zeit

*Plakat · Köln, 11. Dezember 1918 · Druck ·
49,8 x 65 cm · Kölnisches Stadtmuseum, Köln ·
Ohne Inv.-Nr.*

Dieses Plakat zeigt sinnfällig, dass sich
die Verhältnisse in manchen Gebieten
Deutschlands aufgrund der Bestimmungen des Versailler Vertrages grundlegend
änderten. Der Krieg war zu Ende. Doch
gleichzeitig marschierten fremde Truppen ein – eine Erfahrung, die den Deutschen, abgesehen von der Bevölkerung
Ostpreußens, erspart geblieben war. Die
Stadt Köln lag in der englischen Besat-
zungszone. Der amtierende Oberbürgermeister Konrad Adenauer forderte die
Bevölkerung in dieser Bekanntmachung
dazu auf, ihre Uhren um eine Stunde
zurückzustellen und sich so der englischen
Zeit anzupassen. *G. B.*

Völkerbund

Ein tragender Pfeiler der internationalen Neuordnung nach dem Ersten Weltkrieg war der Völkerbund. Seine Gründung ging auf das Vierzehn-Punkte-Programm des amerikanischen Präsidenten Woodrow Wilson zurück, der im Januar 1918 u. a. eine supranationale Organisation zur Konfliktschlichtung forderte. Die Satzung des Völkerbundes wurde 1919 Bestandteil des Versailler Vertrages. Mit dessen Inkrafttreten am 10. Januar 1920 nahm auch der Völkerbund seine Tätigkeit auf. Alle Siegerstaaten traten der neuen Organisation bei – mit Ausnahme der USA. Da der amerikanische Senat einen Souveränitätsverlust befürchtete, lehnte er die Ratifizierung des Versailler Vertrages ab. Als Verliererstaat wurde Deutschland erst 1926 in den Völkerbund aufgenommen. Der Völkerbund hatte seinen Sitz in Genf. Dort tagten seine Zentralorgane, namentlich die Generalversammlung und der Rat der ständigen Mitglieder. Der Ständige Internationale Gerichtshof und die Internationale Arbeitsorganisation stellten die wichtigsten Sonderorganisationen dar. Der Völkerbund beteiligte sich zunächst an der Umsetzung der Friedensverträge. Er regierte Danzig und das Saarland, überwachte die Mandatsgebiete etwa in Palästina und organisierte die Repatriierung der Kriegsgefangenen. Nicht zuletzt die Durchsetzung traditioneller nationaler Machtpolitik einzelner Mitgliedsstaaten wie etwa Japan hatte indessen zur Folge, dass die Organisation ihr Hauptziel, die Schlichtung internationaler Streitfragen, nicht erreichen konnte. Der Völkerbund beschloss am 18. April 1946 seine Auflösung. Kapital und Organisationsstrukturen gingen in der neu gegründeten UNO auf.

G. Bavendamm

IX/25 *Pax. Genève 15 novembre 1920 en commémoration de la Première Assemblée de la Société des Nations à Genève 1920 [Pax. Medaille auf die erste Sitzung des Völkerbundes am 15. November 1920]*

Huguenin & Frères, Le Locle · Bronze, patiniert · Durchmesser 5 cm · Office des Nations Unies à Genève – Archives, Genève · HCFMI, Box 9, item 4

Diese Medaille erinnert an die erste Generalversammlung des Völkerbundes am 15. November 1920. Zeitgenössische Fotos zeigen die dunkel gekleideten und ernst blickenden Delegierten jener 42 Staaten, die damals dem Völkerbund angehörten. Auf der konstituierenden Sitzung wurde der belgische Außenminister Paul Hymans (1865–1941) zum Präsidenten der Versammlung gewählt. Im Anschluss kam es zu heftigen Debatten, einige der Mitgliedsstaaten forderten Satzungsänderungen. Argentinien beispielsweise verlangte, sämtliche souveränen Staaten als Mitglieder zuzulassen und den Völkerbundrat demokratisch zu wählen. Scharfe Kritik kam auch von Seiten Kanadas. Das Land – von 1867 bis zum Statut von Westminster im Jahr 1931 ein Dominion des britischen Königreiches – hatte aufgrund seines Beitrages zum Ersten Weltkrieg einen Sitz im Völkerbund erhalten. Die kanadischen Vertreter betrachteten die Satzung des Völkerbundes als ein Werk der Sieger, das daher als neutrale Vermittlungsinstanz nicht geeignet sei. *G. B.*

IX/26 *Skizzen aus den Völkerbundsversammlungen 1920–29. Die ersten zehn Jahre*

Erinnerungsbuch · Alfred Oschwald · Rüschlikon, Dezember 1929 · Kreide auf Papier · 30,3 x 28,8 cm · Office des Nations Unies à Genève – Archives, Genève · HC-Mi/2-1-4/35, Box 31, N, 4

Dieses Erinnerungsalbum eines Schweizer Amateurzeichners dokumentiert die ersten zehn Jahre des Völkerbundes. Das Album ist nach Ländern gegliedert. Jede Mitgliedsnation wird auf einer Doppelseite vorgestellt. Die Palette reicht von Abessinien bis Kanada, von Kolumbien bis Polen. Links sind die Porträts der jeweiligen Völkerbundvertreter zu sehen. Rechts hat der Zeichner handschriftlich einzelne Wortbeiträge der Länderrepräsentanten festgehalten. Viele dieser Äußerungen legen Zeugnis ab von dem Pathos und dem Idealismus, mit dem die »League of Nations« ihre Tätigkeit begann. Zu sehen ist hier das Konterfei des Schweizer Ehrenpräsidenten der ersten Generalversammlung des Völ-

kerbundes vom 15. November 1920, Giuseppe Motta (1871–1940). Er gab an jenem Tag seiner Hoffnung Ausdruck, dass der Völkerbund künftige Kriege verhindern und das Heranwachsen einer großen Menschheitsfamilie fördern möge. *G. B.*

IX/27 *Der Aufbau des Völkerbundes*

Schulwandkarte · Ed. Haun · Saarbrücken, um 1930 · Papier auf Leinwand, Lithographie und Druck · 157 x 128,5 cm · Historisches Museum Saar, Saarbrücken · 4769 · Abb. S. 247

Diese kolorierte Schulwandkarte zeigt eine schematische Übersicht über den Aufbau des Völkerbundes. Der Völkerbundrat bestand laut Satzung aus fünf ständigen Mitgliedern, den alliierten und assoziierten Hauptmächten. 1920 waren dies Frankreich, England, Italien, Japan und die USA. Da die USA dem Völkerbund nicht beitraten, blieb der fünfte ständige Ratssitz zunächst vakant, bis er 1926 an das Neumitglied Deutschland ging. Die vier alternierenden, nicht ständigen Mitglieder wählte die Bundesversammlung in der Regel für drei Jahre.
Die Karte bietet die Möglichkeit, den jeweils aktuellen Stand der Ratszugehörigkeit aus dem Kreis der nichtständigen Ratsmitglieder abzubilden. Hierfür sind variable Bindfäden angebracht, mit denen sich eine Verbindung zwischen dem Gremium und den Flaggen herstellen lässt. Im linken Textfeld geben die Kartenmacher Auszüge einer Rede wieder, die der deutsche Außenminister Gustav Stresemann am 10. September 1926 anlässlich der Aufnahme Deutschlands in den Völkerbund gehalten hatte. Der Text im rechten Kasten zitiert die Präambel des Völkerbundpaktes. *G. B.*

IX/28 Nansenausweis Nr. 83 für Louise Glückin

Der Polizeipräsident zu Leipzig · Leipzig, 26. November 1937 · Papier, gedruckt, handgeschrieben, beklebt, gestempelt · 29,7 x 21 cm · Deutsches Historisches Museum, Berlin · Do2 2001/509

1921 nahm der berühmte Polarforscher Fridtjof Nansen (1861–1930) im Auftrag des Völkerbundes – dem er als norwegischer Delegierter angehörte – seine Tätigkeit als Hoher Kommissar für Flüchtlingsfragen auf. Er erkannte eine wesentliche Aufgabe darin, das infolge der Flüchtlingswellen des Ersten Weltkrieges entstandene Problem der Staatenlosigkeit zu lösen. Eine entscheidende Schwierigkeit war nämlich,

dass die Flüchtlinge zumeist keine gültigen Ausweispapiere besaßen. Daher berief Nansen am 3./4. Juli 1922 in Genf eine internationale Konferenz ein. Wenige Tage später wurde – zunächst nur für russische Flüchtlinge – der so genannte Nansen-Pass eingeführt: ein Passersatz für staatenlose und quasi staatenlose politische Flüchtlinge. 53 Staaten erkannten den Pass an.
Wie dieser im Jahr 1937 in Leipzig ausgestellte Pass zeigt, stammte auch Louise Glückin ursprünglich aus Russland. 1924 wurde der Nansen-Pass dann auf die Armenier und in den zwanziger und dreißiger Jahren auch auf andere Flüchtlingsgruppen angewendet. *G. B.*

IX/29 *Amt des Schiedsmanns*

Schild · Stempel- und Graveuranstalt W. E. Ernst, Saarbrücken 3 · Saarland, nach 1920 · Blech, emailliert, gewölbt · 40 x 30 cm · Historisches Museum Saar, Saarbrücken · 5648

Das Schild zeigt das seit Juli 1920 gültige Wappen des Saargebietes. Auf dem Hintergrund der Landesfarben Schwarz, Weiß und Blau sind zudem die Stadtwappen von St. Ingbert, St. Johann, Saarlouis und Saarbrücken versammelt. Durch den Versailler Vertrag war die zuvor zergliederte Region zum »Saargebiet« zusammengefasst worden und bildete so erstmals eine Verwaltungseinheit. Frankreich plädierte dafür, es seinem Staatsterritorium einzuverleiben, doch kam das Gebiet unter die Aufsicht des Völkerbundes. Nach einer Frist von 15 Jahren sollte eine

Volksabstimmung über den weiteren Verbleib entscheiden. Die Bevölkerung befürwortete mehrheitlich eine Rückkehr in das deutsche Staatsgebiet. Erst nach 1933 wurden Stimmen laut, die sich für die Beibehaltung des Status-quo bis zur Ablösung des NS-Regimes aussprachen. In der Abstimmung 1935 votierten 91 Prozent der Bevölkerung für einen Anschluss an das Deutsche Reich. Damit verlor auch das Wappen seine Gültigkeit. Ohnehin hatte es aufgrund der ablehnenden Haltung der Bevölkerung gegenüber dem Völkerbund nur an öffentlichen Gebäuden Verwendung gefunden. *K. B.*

IX/30 Zweisprachiger Passierschein für den Kaufmann Wilhelm Leonardy

Oberste Polizeiverwaltung des Saargebietes · Saarbrücken, 18. Oktober 1924 · Papier, Fotografie, handgeschrieben, gedruckt · 19,2 x 21,5 cm · Historisches Museum Saar, Saarbrücken · 4319

Diesen Passierschein stellte die Oberste Polizeiverwaltung des Saargebietes im Herbst 1924 auf den Saarbrücker Kaufmann Wilhelm Leonardy aus. Das zweisprachige Dokument gestattete es ihm, in der Zeit vom 18. Oktober bis zum 18. November 1924 Reisen in die nahe gelegene französische Stadt Forbach zu unternehmen. Mehrere Stempelaufdrucke erteilten dem Inhaber spezielle Anweisungen. So sei, falls der Aufenthalt in Frankreich die Gültigkeit des Passierscheins überschreite, ein Reisepass erforderlich. Leonardy habe sich umgehend beim

zuständigen französischen Bürgermeisteramt zu melden. Unter der Staatsangehörigkeit des Passierscheininhabers ist »Preußen« eingetragen. Die zusätzlichen Stempelaufdrucke »Sarrois« und »possède la qualité d'habitant de la Sarre« markieren im staatsrechtlichen Sinne den Sonderstatus Leonardys als Saargebietseinwohner. Zwischen 1920 und 1935 unterstand das Saargebiet einer Regierungskommission des Völkerbundes. *G. B.*

IX/31–IX/40

IX/31 Notgeld der Handelskammer des Memelgebietes, ¹/₂ Mark (amtliche Serienscheine)

München, 22. Februar 1922 · Gebrüder Parcus · Papier, gedruckt · 5,8 x 8,8 cm · Deutsches Historisches Museum, Berlin · N 90/4183 (MfDG)

IX/32 Notgeld der Handelskammer des Memelgebietes, 1 Mark (amtliche Serienscheine)

München, 22. Februar 1922 · Gebrüder Parcus · Papier, gedruckt · 6,8 x 9 cm · Deutsches Historisches Museum, Berlin · N 90/4184 (MfDG)

IX/33 Notgeld der Handelskammer des Memelgebietes, 2 Mark (amtliche Serienscheine)

München, 22. Februar 1922 · Gebrüder Parcus · Papier, gedruckt · 6,4 x 9,5 cm · Deutsches Historisches Museum, Berlin · N 90/4185 (MfDG)

IX/34 Notgeld der Handelskammer des Memelgebietes, 5 Mark (amtliche Serienscheine)

München, 22. Februar 1922 · Gebrüder Parcus · Papier, gedruckt · 8 x 12 cm · Deutsches Historisches Museum, Berlin · N 90/4186 (MfDG)

IX/35 Notgeld der Handelskammer des Memelgebietes, 10 Mark (amtliche Serienscheine)

München, 22. Februar 1922 · Gebrüder Parcus · Papier, gedruckt · 9 x 12 cm · Deutsches Historisches Museum, Berlin · N 90/4187 (MfDG)

IX/26

IX/35

IX/35

IX/37

IX/37

IX/39

IX/39

IX/36 Notgeld der Handelskammer des Memelgebietes, 20 Mark (amtliche Serienscheine)

München, 22. Februar 1922 · Gebrüder Parcus · Papier, gedruckt · 9,2 x 15 cm · Deutsches Historisches Museum, Berlin · N 90/4188 (MfDG)

IX/37 Notgeld der Handelskammer des Memelgebietes, 50 Mark (amtliche Serienscheine)

München, 22. Februar 1922 · Gebrüder Parcus · Papier, gedruckt · 11,2 x 16,5 cm · Deutsches Historisches Museum, Berlin · N 90/4189 (MfDG)

IX/38 Notgeld der Handelskammer des Memelgebietes, 75 Mark (amtliche Serienscheine)

München, 22. Februar 1922 · Gebrüder Parcus · Papier, gedruckt · 11,3 x 16,5 cm · Deutsches Historisches Museum, Berlin · N 90/4190 (MfDG)

IX/39–40 Notgeld der Handelskammer des Memelgebietes, 100 Mark (amtliche Serienscheine)

München, 22. Februar 1922 · Gebrüder Parcus · Papier, gedruckt · 10,5 x 18,5 cm · Deutsches Historisches Museum, Berlin · N 90/4191 (MfDG) und N 90/4192

Das Memelgebiet, eine nördlich der Memel gelegene Region Ostpreußens, wurde auf der Grundlage des Versailler Vertrages 1920 autonomes Gebiet unter der Verwaltung des Völkerbundes. Eine von Frankreich geleitete Interalliierte Kommission regierte das Land von 1920 bis 1923. In jenem Jahr wurde das Memelgebiet von Litauen annektiert. Die Handelskammer des Memelgebietes gab mit Genehmigung der Interalliierten Kommission 1922 Geldscheine über ½, 1, 2, 5, 10, 20, 50, 75 und 100 Mark heraus. Auf der Rückseite der Scheine sind farbige Stadt- und Landschaftsansichten aus dem Memelgebiet zu sehen. Die Scheine gleichen in ihrer Gestaltung den deutschen Serienscheinen.

Als solche werden deutsche Notgeldscheine aus der Zeit von 1920 bis 1922 bezeichnet, die nur vereinzelt als Ersatzgeld zirkulierten, meist jedoch nur für Sammler bestimmt waren. Der Geldscheincharakter dieser Scheine ist mithin zweifelhaft. *G. B.*

IX/41 Schreiben des deutschen Außenministers Gustav Stresemann an den Generalsekretär des Völkerbundes Sir Eric Drummond

Berlin, 8. Februar 1926 · Papier, gedruckt, handgeschrieben · 33,5 x 21 cm · Office des Nations Unies à Genève – Archives, Genève · R 1449/28/49395/1032

Als nach dem Ersten Weltkrieg der Völkerbund gegründet wurde, waren die Verliererstaaten zunächst von der internationalen Schlichtungsorganisation ausgeschlossen, auch wenn deren Satzung Teil des Versailler Friedensvertrages war. Im September 1924 begann die deutsche Regierung, den Antrag auf Aufnahme in den Völkerbund politisch und diplomatisch vorzubereiten. In der Folgezeit fanden mehrere Einzelkonsultationen mit den damals zehn Regierungen des Völkerbundrates statt. Das Schreiben mit der Unterschrift des deutschen Außenministers Gustav Stresemann (1878–1929) ist an Sir Eric Drummond (1876–1951) gerichtet, den Generalsekretär des Völkerbundes, und ersucht auf der Grundlage von Artikel 1 der Völkerbundsatzung formell um die Aufnahme Deutschlands in den Staatenbund. Die Initiative Stresemanns war erfolgreich. Drummond teilte Stresemann am 8. September desselben Jahres telefonisch die Aufnahme Deutschlands in den Völkerbund mit. *G. B.*

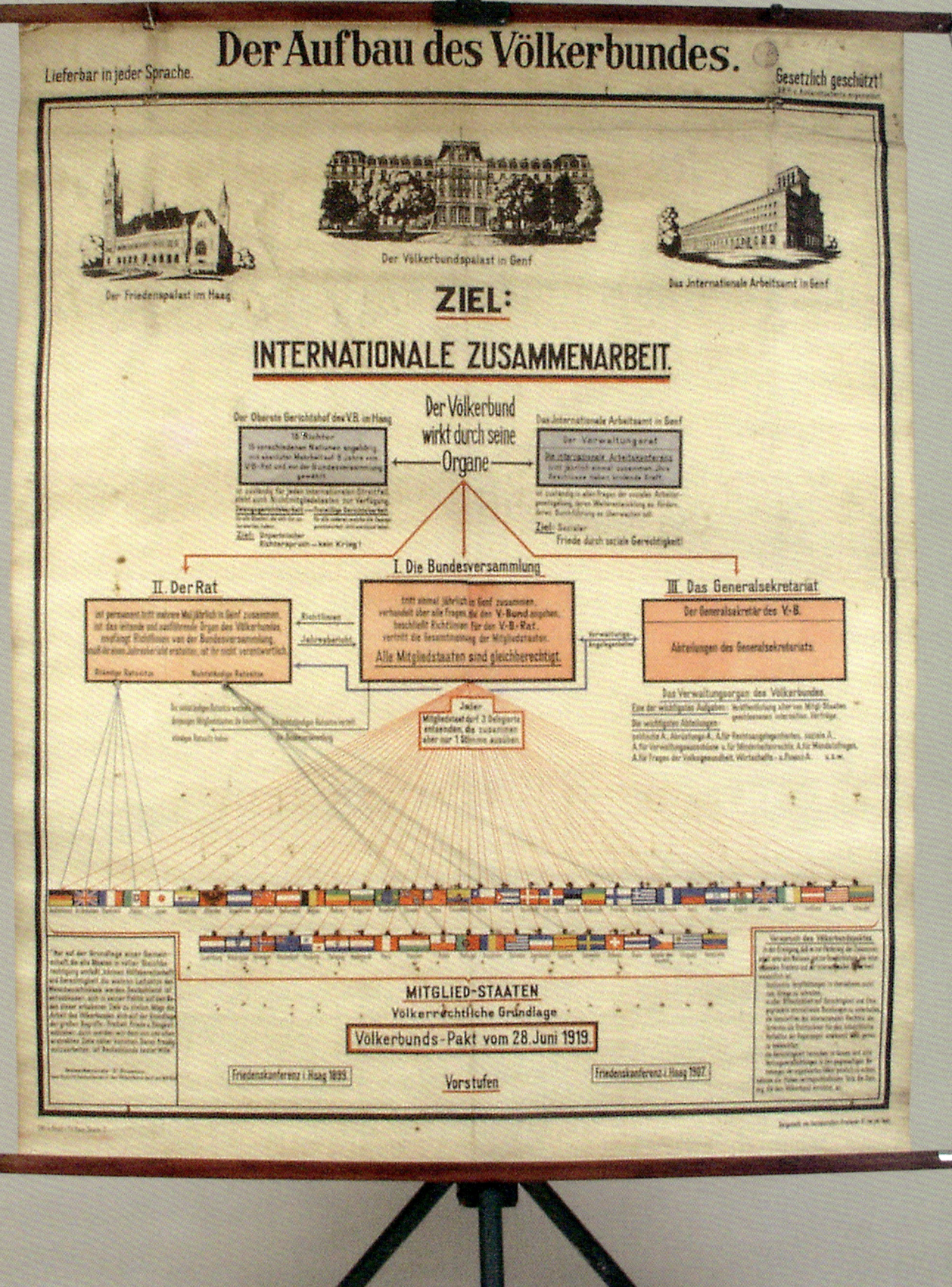

Der Aufbau des Völkerbundes.

Der Friedenspalast im Haag

Der Völkerbundspalast in Genf

Das Internationale Arbeitsamt in Genf

ZIEL:

INTERNATIONALE ZUSAMMENARBEIT.

Der Völkerbund wirkt durch seine Organe

I. Die Bundesversammlung

II. Der Rat

III. Das Generalsekretariat

MITGLIED-STAATEN
Völkerrechtliche Grundlage
Völkerbunds-Pakt vom 28. Juni 1919.

Friedenskonferenz i. Haag 1899.   Vorstufen   Friedenskonferenz i. Haag 1907.

IX/27

X. Staat und Nation

Das Ende des Krieges bedeutete nicht zugleich auch das Ende militärischer Gewalt. Zu massiv waren die wirtschaftlichen, politischen und kulturellen Brüche durch den Krieg, als dass die angestrebte Nachkriegsordnung davon unberührt bleiben konnte. Die Bildung und Wiedergründung von Staaten, der abrupte politische Systemwechsel, der Freiheitswille bislang unterdrückter Völker und die Interessen der Großmächte provozierten Revolutionen, Bürgerkriege und Unabhängigkeitskämpfe. Zahlreiche Konflikte wie der russische Bürgerkrieg, der griechisch-türkische und der polnische Krieg, die Befreiungskriege im Baltikum und die von kolonialen Interessen bestimmten Auseinandersetzungen Großbritanniens und Frankreichs in Syrien und Palästina sowie in den Kolonien dauerten bis in die zwanziger Jahre hinein an.

Die innergesellschaftliche Stabilisierung fand nur mühsam ihr Fundament. Eine heroische Überhöhung der eigenen Rolle im Weltkrieg war dabei ebenso behilflich wie die Mobilisierung eines nationalen Pathos, das aus einer für diese Zwecke instrumentalisierten Geschichte gewonnen wurde. Belastungen ergaben sich indessen durch das Verhältnis zu den je eigenen Minderheiten und zu den Nachbarstaaten – zumal Nation und Staatsvolk längst nicht immer zusammenfielen. Während in vielen Regionen Abstimmungen über die staatliche Zugehörigkeit entscheiden sollten, ›lösten‹ die Türkei und Griechenland nach dem Ende des türkischen Unabhängigkeitskrieges das Problem durch die zwangsweise Umsiedlung der auf dem jeweiligen Staatsgebiet verbliebenen nationalen Minderheiten. Hunderttausende Griechen und Türken mussten ihre Heimat verlassen. In der von Lenin und Stalin verfolgten Nationalitätenpolitik wurde ›Heimat‹ nicht nach den Kriterien der Nation, sondern nach denen der Klasse definiert. Brutal durchgeführte Umsiedlungen waren auch hier die Folge.

K. Burchardi

Russland

In Russland verschärfte der Krieg die politischen, sozialen und wirtschaftlichen Probleme des Landes. Insbesondere die miserable Versorgung breiter Bevölkerungsschichten sowie die eklatant hohen Verluste an der Front trugen dazu bei. Bis dahin gescheiterte revolutionäre Umsturzpläne erhielten neue Nahrung. Der Zar musste im März 1917 abdanken. Die Provisorische Regierung unter Fürst Georgi J. Lwow übernahm die Macht, musste diese aber faktisch mit den überall entstehenden Arbeiter- und Soldatenräten teilen.

Die Provisorische Regierung setzte den Krieg an der Seite der Entente fort. Der mit deutscher Hilfe aus dem Exil zurückgekehrte Anführer der Rätebewegung und der Bolschewiki, Wladimir I. Lenin, sprach mit seinen Forderungen nach »Frieden, Land und Brot« einer Mehrheit des Volkes aus der Seele. Nach dem von ihm initiierten, aber gescheiterten Juliaufstand 1917 kam es in der Oktoberrevolution zur endgültigen Machtübernahme der Bolschewiki.

Lenin akzeptierte das Friedensdiktat des Deutschen Reiches in Brest-Litowsk. Im Juni 1918 konstituierte sich die Russische Sozialistische Föderative Sowjetrepublik (RSFSR). Der Zar und seine Familie wurden ermordet, das Land geriet in einen blutigen Bürgerkrieg zwischen der Roten Armee und den gegenrevolutionären Kräften der »Weißen«. Hungersnöte und der einsetzende Terror der Bolschewiki bestimmten die nächsten Jahre. Mit der Neuen Ökonomischen Politik stabilisierte sich die katastrophale wirtschaftliche Lage allmählich. 1922 wurde die Union der Sozialistischen Sowjetrepubliken (UdSSR) gegründet. In diesen Staatenbund wurden auch die für kurze Zeit unabhängigen Länder Weißrussland, Ukraine, Georgien, Armenien und Aserbaidschan – teilweise gewaltsam – eingegliedert.

K. Burchardi

X/1 Landsturmfahne der 405. Infanterieeinheit

Russland 1916/17 · Samt, Farbe, Baumwolltuch · 135 x 160 cm · Staatliches Historisches Museum, Moskau · GIM 68257/11037; F-489 · Abb. S. 250

Ähnliche Landsturmfahnen sind schon seit dem Krimkrieg in den Jahren 1853 bis 1856 bekannt. Das Fahnentuch wurde aus grünem Taft oder Rips unterschiedlicher Tönung hergestellt. In der Mitte ist ein goldenes Landwehrkreuz dargestellt, dessen Form aus dem Jahre 1812 stammt. In dessen Mitte, in einem Kreis, befindet sich ein Monogramm von Zar Nikolaus I. Um das Kreuz sind in goldenen Lettern die Worte »Für Glauben, Zar und Vaterland« zu lesen. Der Name der Einheit geht aus der Messingtafel, die an der Fahnenstange befestigt ist, hervor. Die Landsturmfahnen jener Einheiten, die sich nach den großen Verlusten der russischen Armee zwischen 1914 und 1915 formierten, unterschieden sich von ihren Vorläufern nur durch das Monogramm Nikolaus' II. in der Mitte des Kreuzes.

Die Abdankung des Zaren am 2./15. März 1917 zog die Entfernung aller zarischen Symbole aus dem offiziellen Russland nach sich. Dies betraf natürlich auch die Armee. Die Fertigung neuer Fahnen hätte einen hohen finanziellen Aufwand erfordert, für den es, zumal in Kriegszeiten, in der Staatskasse keine Mittel gab. In den Regimentern wurde das Problem auf unterschiedliche Weise gelöst. Die einen übertünchten das Monogramm des Zaren und das Wort Zar oder übernähten es mit rotem oder grünem Stoff. Andere schnitten das Monogramm Nikolaus' II. aus dem Fahnentuch. *A. S. (Ü)*

X/2 Bullauge Nr. 132 des Panzerkreuzers »Aurora«

Russland 1900 · Messing, Glas · 36,5 x 46 x 6,2 cm · Staatliches Historisches Museum, Moskau · GIM 111073/ZML M-184

Das Bullauge ist Teil des berühmten Panzerkreuzers »Aurora«. Er gab den ›Startschuss‹ für die Oktoberrevolution im Jahr 1917. 1900 gebaut, kam das Kriegsschiff »Aurora« im Russisch-Japanischen Krieg 1904/05, im Ersten Weltkrieg, im Bürgerkrieg sowie sogar noch während der deutschen Belagerung Leningrads im Zweiten Weltkrieg zum Einsatz.

Als die Blindsalve der »Aurora« fiel, hatte das Militärrevolutionäre Komitee unter der Leitung Trotzkis bereits die militärische Befehlsgewalt in Petrograd übernommen.

Truppen der Roten Garde hielten alle wichtigen Punkte der Stadt besetzt. Bei dem legendären Sturm auf den Regierungssitz im Winterpalais waren sechs Tote auf Seiten der Angreifer zu beklagen – die einzigen Opfer der Oktoberrevolution. Seit 1956 befindet sich das Schiff im Zentralen Marinemuseums. 1927 wurde es für Verdienste um die Revolution mit dem Rotbannerorden, 1968 mit dem Orden der Oktoberrevolution ausgezeichnet. *K. B. und E. S. (Ü)*

X/3 Budjonowka

Kopfbedeckung der Roten Armee · Russland 1922 · Baumwollstoff, Tuch · Höhe 28 cm · Staatliches Historisches Museum, Moskau · 106598/2, H-1365

Mit der Oktoberrevolution 1917 hatten die Bolschewiki die Macht übernommen. Doch im Frühjahr 1918 kam es zu ersten bewaffneten Auseinandersetzungen mit gegenrevolutionären Kräften. Diese politisch und sozial uneinheitlich zusammengesetzten antibolschewistischen Gruppen formierten sich als »Weiße« und bekämpften in einem von beiden Seiten grausam geführten Bürgerkrieg die »Roten«. Ernsthaft bedroht wurde die Macht der Bolschewiki 1918/19 durch Admiral Koltschak, der in Sibirien eine eigene Armee aufstellte und sich zum Reichsverweser erhob, sowie im Oktober 1919 durch die militärischen Erfolge General Denikins. Die Lage der »Roten« war bereits früher durch Aufstände der Donkosaken sowie durch den Vormarsch deutscher Truppen nach dem Scheitern der Verhandlungen in Brest-Litowsk erschwert worden. Seit Juni 1918 erfuhren die »Weißen« Unterstützung durch Truppen aus Großbritannien, Frankreich, den USA und Japan. Anlass für die alliierte Intervention war, dass die Bolschewiki die russischen Staatsschulden nicht anerkannten und begannen, Industriebetriebe zu enteignen. Die Uneinheitlichkeit ihrer Ziele führte Ende 1920 zur militärischen Niederlage der gegenrevolutionären Kräfte. Dennoch gingen die Bolschewiki geschwächt aus dem Bürgerkrieg hervor. Dies machte sich in Streiks und Aufständen sowie einer deutlichen Verschlechterung der Versorgungssituation bemerkbar.

1922 wurde in der Roten Armee eine Kopfbedeckung für den Sommer eingeführt, die äußerlich an die Helme altrussischer Krieger erinnerte. Die Ausführung für den Winter existierte schon seit 1918. Sie bestand aus festem, wasserabweisendem Baumwollstoff. Vorn war ein fünfzackiger

X/1

Sturz des Zaren im März 1917 aus seinem Schweizer Exil über Finnland in die russische Hauptstadt. Die entsprechenden deutschen Akten werden heute im Auswärtigen Amt aufbewahrt. *K.B. und E.Z.*

X/5 Swerschilos [Es ist vollbracht!]

Sergei I. Lukin · Leningrad 1960 · Öl auf Leinwand · 230 x 165 cm (ohne Rahmen) · Staatliches Historisches Museum, Moskau · GIM 111072/ZML K-394 · Abb. S. 87

Das hochformatige Gemälde zeigt einen Rotarmisten, der erschöpft, aber glücklich vor dem leeren Zarenthron im Winterpalast steht. Dem Maler ist nicht nur eine symbolische Darstellung der neuen Machtverhältnisse, sondern auch eine subtile Legitimation derselben gelungen. Der Soldat blickt dankbar gen Himmel, als sei der Sieg des Proletariats Gottes Wille gewesen. Demütig senkt er die Bajonettspitze seines Gewehrs zu Boden, wie zum Zeichen, dass die Revolution vollkommen unblutig verlaufen sei. Von

Stoffstern aufgenäht, dessen Farbe die Waffengattung signalisierte. In der Mitte des Stoffsterns war ein roter fünfzackiger Emaillestern mit Hammer und Sichel befestigt. Der Entwurf dieser Kopfbedeckung, anfangs als »Reckenmütze« bezeichnet, geht auf die Zeit vor dem Oktober 1917 zurück. An ihm beteiligt waren bekannte Künstler wie Wiktor Wasnezow und Boris Kustodijew. Die Mütze wurde erstmals in den von Michail Frunse befehligten Truppen getragen. Bald setzte sich die Bezeichnung »Budjonnimütze« oder »Budjonowka« – nach dem Kommandeur der ersten Reiterarmee Semjon Budjonni – durch. Die Mütze war bis zum Zweiten Weltkrieg in Gebrauch. *K. B. und A. S. (Ü)*

X/4 Porträtbüste von Wladimir I. Lenin

Clare Sheridan (geb. Frewen, 1885–1970) · Moskau 1920 · Bronze · 41 x 50 x 30 cm · Staatliches Historisches Museum, Moskau · GIM 111071/1/ZML S-333

Clare Sheridan war eine Cousine Winston Churchills. Als ihr Mann im September 1915 in Frankreich fiel, begann sie als Bildhauerin zu arbeiten, um so ihren Lebensunterhalt zu verdienen. Sie schuf Büsten zahlreicher berühmter Zeitgenossen. Als überzeugte Pazifistin sympathisierte Sheridan mit der Oktoberrevolution und

setzte es sich zum Ziel, eine Büste Lenins, des Gründers des Sowjetstaates, anzufertigen. 1920 reiste sie aus diesem Anlass nach Moskau. Die Eindrücke von ihren Treffen mit Lenin verarbeitete sie in Form von Skizzen, die sie aus dem Gedächtnis fertigte. In ihrem Tagebuch schrieb Sheridan: »Lenins Fähigkeit sich zu konzentrieren beeindruckte am meisten [...]. Sein Gesicht drückte mehr gedankliche Tiefe als Herrschaftswillen aus. Er verkörperte für mich den Denker.« Nach ihrer Rückkehr aus Russland im Jahr 1921 arbeitete sie als Europa-Korrespondentin für die Zeitung *New York World*. Dort erschienen ihre Interviews mit Mussolini, Atatürk und anderen Politikern. 1928 veröffentlichte sie in New York das Buch *Nuda veritas*, in dem sie sich auch an ihren Aufenthalt in Russland erinnert.
Als Sheridan 1920 die Büste Lenins schuf, gehörte eine pikante Episode der Russischen Revolution schon der Vergangenheit an. Zur erfolgreichen Machtübernahme der Bolschewiki hatte nämlich, wenngleich nicht entscheidend, auch Deutschland beigetragen. Um das zarische Regime zu stürzen und so einen Austritt Russlands aus dem Krieg zu erreichen, erhielten die Bolschewiki Geld und Waffen. Schließlich ermöglichte Deutschland die Rückreise Lenins nach Russland. In einem »plombierten« Waggon reiste er nach dem

X/4

hinten erleuchtet das auf einer weißen Säule sich bündelnde Licht seine Figur. Vor den Stufen zum Thron stehend, befindet sich sein Kopf auf Höhe des Herrschersitzes. Überragt werden beide von dem russischen Doppeladler. Das an ihm befestigte Zepter als Symbol der Macht weist in Richtung des Soldaten. Der Künstler schuf dieses Gemälde als Diplomarbeit am Ende seines Kunststudiums. Wie kein anderes seiner Gemälde erlangte es in der UdSSR einen hohen Bekanntheitsgrad. Reproduktionen wurden als Plakate gedruckt oder in illustrierten Bücher über die Februar- und Oktoberrevolution. *K. B. und E.S.*

Ukraine

Am 25. Januar 1918 erklärte in Kiew ein von nichtbolschewistischen Sozialisten getragener Zentralrat die Unabhängigkeit der Ukrainischen Volksrepublik (UNR). Die UNR schloss am 9. Februar 1918 einen Separatfrieden mit den Mittelmächten, die für Lebensmittellieferungen militärischen Schutz gegen die Bolschewiki versprachen. Diese hatten am 8. Februar Kiew okkupiert, von wo sie am 1. März 1918 durch Truppen der Mittelmächte wieder vertrieben wurden. Die Staatsbildungsversuche der Ukrainer wurden zwischen Ende April und Dezember 1918 von dem konservativen Regime unter Hetman P. P. Skoropadski, einem von den Mittelmächten abhängigen General, geführt. Nach seinem Sturz Mitte Dezember 1918 setzten die Verantwortlichen der wieder hergestellten UNR diesen Prozess fort. Sie vereinigte sich am 22. Januar 1919 mit der Westukrainischen Volksrepublik. Insgesamt scheiterten die Staatsbildungsversuche der Ukrainer. Die in den Jahren 1917 bis 1921 verantwortlichen Regierungen vermochten es nicht, die Masse der bäuerlichen ukrainischen Bevölkerung sowie die großen Minderheiten der Russen und Juden für ihre Sache zu gewinnen. Überdies war keine der Parteien, die am Weltkrieg und an dem seit 1919 auch in der Ukraine tobenden russischen Bürgerkrieg beteiligt waren, an einer unabhängigen Ukraine interessiert. Weder von den Bolschewiki noch von den konservativ-monarchistischen Verbänden der »Weißen«, die für die Wiederherstellung eines »einen und unteilbaren Russlands« kämpften, war Unterstützung zu erwarten. Die in den Bürgerkrieg eingreifenden Westalliierten schließlich arbeiteten auf die Wiederherstellung eines konsolidierten russischen Staates als Gegengewicht zu Deutschland hin. Im Machtkampf um die Ukraine siegten die Bolschewiki: Große Teile der Ukraine wurden als Ukrainische Sozialistische Sowjetrepublik in die 1922 gegründete Sowjetunion inkorporiert. Gleichwohl sind die gescheiterten Staatsbildungsversuche von zentraler Bedeutung für die Nationsbildung der Ukrainer – bis heute.

W. Jilge

X/6–X/13

X/6 Staatlicher Kreditschein 5 Rubel

Russisches Reich 1909 · 15,7 x 9,9 cm · Deutsches Historisches Museum, Berlin · N 90/4170 · Abb. S. 253

X/7 Staatlicher Kreditschein 1 000 Rubel

Provisorische Regierung Russlands 1917 · 13,3 x 21,1 cm · Deutsches Historisches Museum, Berlin · N 90/4171 · Abb. S. 253

X/8 Verrechnungsschein 5 000 Rubel

Russische Sozialistische Föderative Sowjetrepublik (RSFSR) 1919 · Von der Regierung der RSFSR in Umlauf gebracht im Jahre 1920 · 11,6 x 16,5 cm · Deutsches Historisches Museum, Berlin · N 90/4176 · Abb. S. 253

X/9 Staatlicher Kreditschein 2 Hrywnja

Künstler: Wasyl Krytschewsky (1873–1952) · Gedruckt in der Reichsdruckerei in Berlin · Gesetzliche Einführung und Erstellung der künstlerischen Vorlage noch zur Zeit der Ukrainischen Volksrepublik (UNR) · In Umlauf gebracht vom Ukrainischen Staat (Hetmanat) seit September oder Oktober 1918 · 7 x 10,7 cm · Deutsches Historisches Museum, Berlin · 90/904172 · Abb. S. 253

X/10 Schatzschein 1 000 Karbowanzen

Künstler: Hryhori Solotow (1882–1960) · Ukrainischer Staat (Hetmanat) · In Umlauf gebracht vom Ukrainischen Staat seit November 1918 · 11,8 x 19 cm · Staatliche Museen zu Berlin – Münzkabinett, Berlin · Ohne Inv. Nr. · Abb. S. 253

X/11 Kleingeldersatznote des Staatsschatzes der UNR 5 Hrywnja

In Umlauf gebracht von der Regierung des Direktoriums der UNR seit Sommer 1919 oder seit 1920 · 58 x 10 cm · Staatliche Museen zu Berlin – Münzkabinett, Berlin · Ohne Inv. Nr. · Abb. S. 253

X/12 Schatzschein 25 Rubel

Landesregierung der Krim unter Solomon Krym, 1918 · Wahrscheinlich seit Februar 1919 im Umlauf · 8 x 12,3 cm · Deutsches Historisches Museum, Berlin · N 90/4177 · Abb. S. 253

X/13 Geldschein 5 000 Rubel

1919 · Emission der »Weißen Freiwilligenarmee« · 11,4 x 22,5 mm · Staatliche Museen zu Berlin – Münzkabinett, Berlin · Ohne Inv. Nr. · Abb. S. 253

Die Motive der von verschiedenen Regierungen in der Ukraine in Umlauf gebrachten staatlichen Geldscheine und Zahlungsmittel illustrieren die unterschiedlichen politischen und nationalen Orientierungen sowie die häufigen Machtwechsel in den heute zur Ukraine gehörenden Gebieten. Bis 1917 gehörte ihr überwiegender Teil zu Russland. Unmittelbar vor Beginn des Krieges waren hier Münzen, Noten der Russischen Reichsbank und die staatlichen Kreditscheine des Zarenreiches in Umlauf: Auf dem Avers des 5-Rubel-Scheins (X/6) ist das Staatswappen des Russischen Reiches mit dem von drei Kronen gekrönten doppelköpfigen Adler als Symbol der Monarchie abgebildet. Dagegen sollte der 1 000-Rubel-Schein (X/7) der Provisorischen Regierung die Abschaffung der Monarchie in Russland und den nach der Februarrevolution 1917 einsetzenden bürgerlichen Demokratie symbolisieren: Auf dem Revers ist unter der hell strahlenden Sonne als Zeichen demokratischen Fortschritts das Taurische Palais in Petrograd (heute: Sankt Petersburg) abgebildet, in dem seit 1905 das erste russische Parlament, die Duma, residierte.

Die ersten nach der Oktoberrevolution von den an die Macht gelangten Bolschewiki konzipierten Geldscheinsätze hatten nicht nur ökonomische Bedeutung. Sie dienten auch der Verbreitung der Symbole der neuen Sowjetmacht: Auf dem Revers des 1920 ausgegebenen Verrechnungsscheins zu 5 000 Rubel sind Hammer, Sichel und Weizen aus dem Staatswappen der RSFSR sowie die Losung »Proletarier aller Länder, vereinigt Euch!« in russischer, französischer, englischer, deutscher, chinesischer und arabischer Sprache abgebildet (X/8).

Die Ukrainische Volksrepublik (UNR) brachte 1918 Geldscheine in Umlauf, die als »Karbowanzen« (ukrainische Entsprechung für Rubel) bezeichnet wurden. Anschließend führte die UNR die »Hrywnja« ein, deren Bezeichnung sich historisch von einer im Kiewer Reich (9.–13. Jh.)

gebräuchlichen Gewichts- bzw. Geld-Recheneinheit herleitet. Mit dieser Bezeichnung und dem Symbol des Dreizacks, dessen historisches Vorbild auf das dynastische Zeichen der Kiewer Rurikiden-Fürsten zurückgeht und der zum zentralen Symbol im Staatswappen der UNR wurde, verband sich der junge Staat in nationaler Optik mit dem Kiewer Reich als »erstem ukrainischen Staat« und legitimierte seine Gründung kulturell. Das Staatssymbol der UNR findet sich auch in der linken Avershälfte des staatlichen Kreditscheins zu 2 Hrywnja (X/9). Neben diesen traditionellen Elementen zeichnet sich die Graphik durch moderne ästhetische Formen und die Darstellung archaischer, auf älteste, vorstaatliche Traditionen der ukrainischen Volkskunst zurückgehende Zeichen aus, die den für die politische Legitimation der UNR zentralen Bezug auf das Volk und seine demokratischen Rechte symbolisieren. Dieser 2-Hrywnja-Schein wurde in Berlin gedruckt und ist damit auch Teil der Geschichte der Okkupationswährungen der Mittelmächte im östlichen Europa.

Im Kontrast zur UNR war das Herrschaftsverständnis des Generals P. P. Skoropadsky – er stand an der Spitze des der UNR folgenden Ukrainischen Staates (auch: Hetmanat) und bezeichnete sich wie die Führer der ukrainischen Kosaken vom 16 bis 18. Jh. als »Hetman« – eindeutig traditionalistisch und personalistisch geprägt: Die Symbolik des Revers des Schatzscheins 1 000 Karbowanzen (X/10) zeigt rechts unterhalb der Zahl »1 000« das Staatssiegel mit der Darstellung eines Kosaken mit Muskete unter dem Dreizack. Oben über der Schleife mit der Aufschrift »Ukrajinska Derschawa« (Ukrainischer Staat) liegen die traditionellen Herrschaftsattribute der kosakischen Oberschicht seit dem 16. Jh. und die Symbole des Herrschaftsverbandes der Dnjepr-Kosaken im 17./18. Jh., die Herrschaftsstäbe Bulawa und Buntschuk über Kreuz (Nr. 5). Nach dem Sturz des Hetmanats Ende 1918 wurde die UNR wiederhergestellt. Auf dem Avers der im westukrainischen Stanislawiw (heute: Iwano-Frankiwsk) 1919 emittierten 5-Hrywnja-Kleingeldersatznote ist das Wappensymbol der UNR, der Dreizack, abgebildet (X/11). Nach 1991 stellte die Zeit der UNR einen zentralen geschichtspolitischen Bezugspunkt der unabhängigen Ukraine dar: Der goldene Dreizack auf blauem Schild bildete das Kleine Staatswappen der Ukraine und mit der 1996 eingeführten Hrywnja-Währung sollte der junge Staat ebenso

wie ehemals die UNR mit dem Bezug auf das Kiewer Reich legitimiert werden.

Die Mitte November 1918 gebildete Landesregierung der Krim (die Halbinsel gehört heute zur Ukraine) gab u. a. einen 25-Rubel-Geldschein aus mit einer Modifikation des Wappens des ehemaligen Taurischen Gouvernements aus dem Jahre 1856 auf dem Avers. Die Symbolik deutet auf die politischen Ziele dieser von den »Weißen« und den Ententemächten unterstützten Regierung hin: Die Krim sollte in prorussischer Optik wieder Bestandteil des »einen, unteilbaren Rußland« werden (X/12). Die Symbolik der von der »weißen« Freiwilligenarmee auch auf der Krim in Umlauf gebrachten 5 000-Rubel-Scheine verweist auch auf deren prorussisches und monarchistisches Programm: Auf dem Avers ist der Heilige Georg vor dem Hintergrund des Moskauer Kremls abgebildet; in der einen Hand hält er die russische Flagge, während er sich mit der anderen Hand auf ein Schild mit der Darstellung des doppelköpfigen Adlers und der Aufschrift »Russland, einig, groß und unteilbar« stützt (X/13). *W. J.*

X/14–X/15

X/14 *Künstlerschar im Felde*

Postkarte · Ju. Krajkiwsky (1892–1975) · Zentralleitung der Ukrainischen Legion · Wien 1916 · 9 x 14 cm · Sammlung W. G. Kirkevich

X/15 Der Weg der Jahrhunderte in der Ukraine

Postkarte · Zentralleitung der Ukrainischen Legion · Wien, März 1917 · 9 x 14 cm · Sammlung W. G. Kirkevich

Diese beiden Postkarten illustrieren die nationale Kulturpropaganda der »Ukrainischen Sitsch-Schützen« (USS) im Krieg. Noch in den ersten Kriegstagen gestattete das österreichische Kommando die Schaffung einer ukrainischen Legion mit dem Namen »Ukrainische Sitsch-Schützen«, die aus ukrainischen Freiwilligen aus Galizien gebildet und an der Front auf der Seite der Mittelmächte gegen die zaristische Armee eingesetzt wurde. Bereits am 3. August hatte der von den drei größten galizisch-ukrainischen Parteien gebildete »Ukrainische Hauptrat« ein Manifest herausgegeben, in dem zum Kampf für die Befreiung der Ukraine aufgerufen wurde. Dieser Aufruf des zunächst gegenüber Österreich-Ungarn loyal eingestellten

Hauptrates richtete sich primär an die Ukrainer im Russischen Reich. Eine vom »Ukrainischen Hauptrat« eingerichtete »Militärische Leitung der USS« wandte sich an die österreichische Regierung mit der Bitte um Schaffung einer Legion der USS. Die Einstellung der österreichischen militärischen Führung gegenüber den Sitsch-Schützen war von Misstrauen geprägt: an der Front galten die Schützen als tapfere Kämpfer, ansonsten aber als »ruthenische Verräter«. Nicht zuletzt deshalb nahm die anfangs bekundete Loyalität der Sitsch-Schützen gegenüber Österreich-Ungarn immer mehr ab. Das Ende der Loyalität der USS zu Österreich-Ungarn illustriert schließlich die von Vertretern der USS formulierte Idee eines allukrainischen Nationalstaates.

Auf der Postkarte *Künstlerschar im Felde* sind in Uniform gekleidete Künstler und Intellektuelle zu sehen. Die Karte verweist auf die Tatsache, dass zahlreiche Sitsch-Schützen sich vor und nach dem Krieg als Politiker, Literaten, Künstler und Journalisten auszeichneten und auch im Krieg ihre Tätigkeit im Dienste der Popularisierung nationaler Kultur fortsetzten. Das Symbol der Hand kann man als Allegorie der Ukraine und als eine Verarbeitung der Tradition ostslawisch-orthodoxer Ikonenmalerei deuten.

Auf der Postkarte *Der Weg der Jahrhunderte in der Ukraine* ist unter dem Wappen mit dem Löwen als Wappentier der Stadt Lemberg und Wahrzeichen der galizischen Ukraine in groben Zügen eine Landkarte des ethnographischen Territoriums der Ukraine mit den Städten Kiew und Lemberg abgebildet. Um die Karte sind in einem Kreis Porträts von historischen Persönlichkeiten dargestellt, die in der nationalen Sichtweise der Herausgeber staatliche Führer der Ukraine präsentieren sollen: Unter dem Jahr »914« sind beispielsweise der Kiewer Fürst Ihor (seit 912–945/946) und beim Jahr »1914« der Politiker und militärische Führer Mychailo Haluschtschynsky, der nach Kriegsbeginn zum Kommandanten der Legion der USS ernannt wurde, dargestellt. In westukrainisch-nationaler Sicht könnte man hier das Jahr 1914 bzw. den Beginn des Krieges einerseits als Ausgangspunkt einer neuen Etappe ukrainischer Staatsbildung deuten, als deren Träger die Sitsch-Schützen erscheinen sollen. Andererseits könnte das Jahr 1914 für die Herausgeber den Fluchtpunkt eines mythischen Geschichtsbildes bedeuten, das den 1 000-jährigen Staatsbildungsprozess der Ukrainer symbolisieren und das Ziel der Errichtung eines Nationalstaates legitimieren soll. Im unteren Bild-

X/6

X/7

X/8

X/9

X/10

teil sind die Noten und der Text der ukrainischen Nationalhymne abgedruckt. *W. J.*

X/16 *Shynut naschi worischenky, jak rosa na sonzi, [...]*
[Unsere Feinde werden zugrunde gehen, wie Tau in der Sonne, [...]]

Postkarte · B. Schippich · Wernyhora · Kiew 1917–18 · 9 x 14 cm · Sammlung W. G. Kirkevich

Diese Postkarte – ihr Titel entspricht einer Zeile der ukrainischen Nationalhymne – thematisiert die Auseinandersetzung zwischen Russland und der Ukrainischen Volksrepublik (UNR). Der Reiter links im Bild erinnert an das Denkmal für den Kosakenhetman Bohdan Chmelnyzky (ca. 1595–1657) auf dem Kiewer Sophienplatz. In der Mitte halb rechts steht eine Wiege mit Kind, auf die der Dreizack, das Staatssymbol der UNR, gemalt ist. An der Wiege steht als Personifikation der Ukraine eine junge Frau mit der Nationalflagge der UNR. Die Wiege ist ein Sinnbild für den jungen ukrainischen Staat, der im Hintergrund vom russischen Adler bedroht wird. *W. J.*

X/11

X/12

X/13

Finnland und das Baltikum

Finnland, seit 1809 in Personalunion mit dem Russischen Reich verbunden, erklärte sich im Dezember 1917 für unabhängig. Mit Unterstützung deutscher Truppen konnte der ehemalige General der russischen Armee, Freiherr Carl Gustaf Mannerheim, die aufständischen sozialistischen Roten Garden besiegen. 1919 wurde Finnland Republik und schloss im Oktober 1920 einen Friedensvertrag mit Sowjetrussland. Die parlamentarische Demokratie in Finnland erwies sich in der Zwischenkriegszeit trotz mehrerer Krisen als stabil. Das Land wurde im so genannten Winterkrieg 1939/40 von der Sowjetunion überfallen.

Estland, Lettland und Litauen gehörten vor 1914 zum Russischen Reich. Ab Februar 1918 standen ihre Territorien unter Kontrolle der deutschen Armee. Als erstes Land erklärte Litauen im Dezember 1917 – unter dem Schutz des Deutschen Reiches – seine Unabhängigkeit. Es folgten Estland am 24. Februar 1918 – nach der deutschen Besetzung – und schließlich Lettland im November 1918. Trotz der Friedensverträge dieser Länder mit Sowjetrussland blieb das Verhältnis gespannt. Die innenpolitisch instabile Lage führte in Estland und Lettland 1934 zu einem Staatsstreich, der eine Form der Präsidialdiktatur etablierte. In Litauen provozierte schon im Dezember 1926 ein Militärputsch die Einparteienherrschaft der Nationalisten, die immer stärker zu einem autoritärfaschistischen System wurde. Ebenso wie Estland und Lettland wurde auch Litauen im Zusatzprotokoll zum Hitler-Stalin-Pakt vom August 1939 zur sowjetischen Einflusssphäre erklärt und damit für lange Jahre zum Bestandteil der UdSSR.

D. Dahlmann

X/17 Mütze der Baltischen Landeswehr

Deutschland 1919 · Stoff · Durchmesser 24 cm · Carl-Schirren-Gesellschaft, Lüneburg · Ohne Inv.-Nr.

Die Kopfbedeckung wurde während der Kampfhandlungen im Baltikum 1918 bis 1920 von den Soldaten der Baltischen Landeswehr getragen. Diese kämpfte, ähnlich wie das Baltenregiment in Estland, in Lettland für die Interessen der Deutschbalten. Deren politische Führungsrolle war seit dem Rückzug der Deutschen Ende 1918 und durch das Vorrücken der Bolschewiki bedroht. Die Deutschbalten kämpften zwar auf Seiten der Balten, verfolgten dabei aber die schon während der Besatzungszeit entwickelte Idee eines baltischen Gesamtstaates unter deutscher Führung. Das wiederum widersprach dem Ziel der Letten und Esten, ihre gerade erst errungene Unabhängigkeit zu verteidigen. Nach der militärischen Niederlage der reichsdeutschen Truppen im Juni 1919 schließlich wurde die Landeswehr in die lettische Armee eingegliedert – wie auch die Deutschbalten sich in die Rolle einer Minderheit im unabhängigen Lettland fügen mussten. *K. B.*

X/18 Abzeichen eines Offiziers des lettischen Schützenbataillons

Ansis Cīrulis (1833–1942) · Lettland 1918–20 · Silber, Emaille, Messing · 51 x 41 cm · Historisches Museum Lettland, Riga · CVVM 204836

Die lettischen Schützenbataillone wurden im Sommer 1915 als nationale Einheit innerhalb der russischen Armee gebildet. Im Oktober 1916 wurden sie zu Regimentern zusammengefasst. Als Kern der späteren lettischen Armee kämpften die Schützen nach der Unabhängigkeitserklärung Lettlands am 11. November 1918 in den kriegerischen Auseinandersetzungen zwischen 1918 und 1920 für die Selbständigkeit des jungen Staates. Ihr Abzeichen zitiert nationale Symbole. Der Kranz im Hintergrund (später ersetzt durch Lorbeerzweige) besteht aus Eichenblättern und Tannenzweigen, wie sie für einige Regionen Lettlands typisch sind. Die kleine Sonne mit den 17 Strahlen ersetzte nach 1918 den russischen Doppeladler. Der Buchstabe »L« steht für Lettland, die drei Sterne für die Regionen Latgale, Kurzeme und Vidzeme. Das farbige Band darunter ist in den Landesfarben Rot-Weiß-Rot gehalten. *K. B.*

X/19 *Vaduokime Vilniu! [Befreien wir Vilnius!]*

Plakat · Petras Rimša (1881–1961) · Schützenverein Litauens · Kaunas 1925 · Farblithographie · 50 x 70 cm · Nationalmuseum Litauens, Vilnius · R 7719

Im Dezember 1917 wurde die Republik Litauen mit Vilnius als Hauptstadt proklamiert. Die überwiegend von Polen bewohnte Stadt wurde am 9. Oktober 1920 auf Befehl J. Piłsudskis, der in Vilnius geboren war, von polnischen Truppen besetzt. Zuvor war sie durch die Festlegung der Curzon-Linie seitens der Alliierten an Litauen gefallen. Eine Volksabstimmung im Jahr 1922 ergab eine Mehrheit für die Zugehörigkeit zu Polen. Der litauische Staat protestierte, musste aber seine Hauptstadt nach Kaunas verlegen. In den folgenden Jahren betrieb Litauen eine heftige Propaganda gegen die polnische Okkupation von Vilnius. Neben zahlreichen Publikationen spielten dabei politische Plakate eine wichtige Rolle. Immer wieder taucht auf ihnen der Gediminas-Turm, das Wahrzeichen der Stadt Vilnius, auf. Auch der litauische Schützenverein agitierte für den Kampf um die verlorene Hauptstadt und gab Propagandaplakate wie dieses in Auftrag. Der Verein war 1919 als selbständige Organisation gegründet worden und besaß Niederlassungen in allen Regionen Litauens. Von dem Künstler Petras Rimša stammen mehrere Plakate zur Vilnius-Frage. Vilnius wurde erst nach der sowjetischen Besetzung Litauens im Jahr 1939 wieder zur Hauptstadt. Im Jahr darauf verlor Litauen seine Souveränität und wurde von der Sowjetunion annektiert. *K. B.*

X/20 *Už Nepriklausomybę [Für die Unabhängigkeit]*

Gemälde · Juozas Ignatavičius (1884–1940) · Litauen 1927 · Öl auf Leinwand · 150 x 110 cm · Vytautas-Magnus-Militärmuseum, Kaunas · I-87

Nach dem Ende des Ersten Weltkriegs bot sich eine reale Chance, einen unabhängigen litauischen Staat zu errichten. Der Litauische Rat (Taryba) erklärte am 16. Februar 1918 die Staatsgründung. Am 20. Oktober 1918 reiste eine Delegation des Litauischen Staatsrates zur Bestätigung nach Deutschland. Die Reichsregierung erkannte Litauen als einen unabhängigen Staat an und übergab dem Staatsrat die Regierungsgeschäfte. Die Nachbarstaaten Litauens starteten jedoch militärische Angriffe, so dass die litauische

Armee ab 1919 an drei Fronten um die staatliche Unabhängigkeit kämpfen musste: gegen die Rote Armee (5. Januar 1919 bis 5. Januar 1920), gegen die Armee des von deutscher Seite unterstützten weißgardistischen Generals Bermont-Awalow (26. Juli 1919 bis 15. Dezember 1919) sowie gegen die polnische Armee (18. April 1919 bis 1. Dezember 1920).

In den Jahren 1919/20 fielen im Kampf um die Unabhängigkeit Litauens 1 444 Soldaten, weitere 2 812 erlagen ihren Verletzungen oder starben an Krankheiten, 1 175 Soldaten wurden verwundet.

Der unabhängige Staat Litauen existierte bis zum 15. Juni 1940. Nach Jahrzehnten der sowjetischen Besatzung erlangte Litauen am 11. März 1990 seine Unabhängigkeit wieder. *A. P.*

X/21 *Deutsche Hilfe für Finnland: Mit dem deutschen Landungskorps nach Helsingfors*

Filmausschnitt · Produktion: Bild- und Film-Amt (BUFA) · Deutschland 1918 · 35-mm-Stummfilm (als Videoeinspielung gezeigt) · Länge: 12 Min., Ausschnitt: ca. 2 Min. 50 Sek. · Bundesarchiv/ Film-archiv, Berlin (Rechte: Transit Film, München) · BSP 20313

Die Aufnahmen entstanden 1918 während des Eingreifens der deutschen Ostsee-Division auf Seiten der Weißgardisten in den finnischen Unabhängigkeitskrieg. Nach dem Sieg über die Roten Garden der Bolschewiki zogen deutsche Einheiten zusammen mit den Weißen Garden, den bürgerlichen Schutzkorps unter der Führung des ehemaligen Generals der russischen Armee, Freiherr Carl Gustaf Mannerheim, in die finnische Hauptstadt Helsinki (Helsingfors) ein. *W. K.*

X/20

Deutschland

Die militärische Niederlage führte in Deutschland zum Sturz der Monarchie und zur Ausrufung der Republik. Doch auch nach Kriegsende kam Deutschland jahrelang nicht zur Ruhe. Vor dem Hintergrund von Arbeitslosigkeit und Inflation – Hinterlassenschaften des Krieges – entbrannten innenpolitische Konflikte, die häufig mit Waffengewalt ausgetragen wurden. Anfang 1919 wurde der kommunistische Spartakisten-Aufstand in Berlin von Regierungstruppen blutig niedergeschlagen, ebenso wie im April 1919 die »Münchner Räterepublik«. Im März 1920 kam es zum rechts gerichteten Lüttwitz-Kapp-Putsch. Hinter der Verschwörung standen General Freiherr von Lüttwitz und der aus Ostpreußen stammende DNVP-Abgeordnete Wolfgang Kapp, die die Auflösung der Marine-Brigade Ehrhardt und zweier Reichswehrdivisionen durch Reichswehrminister Gustav Noske nicht akzeptieren wollten. Der Versuch, eine Gegenregierung zu etablieren, scheiterte am Widerstand der Zivilbehörden, der bürgerlichen Parteien und an einem Generalstreik. Attentate auf Politiker, die die Friedensbedingungen von Versailles akzeptierten – so genannte »Erfüllungspolitiker« – waren in den ersten Jahren der Weimarer Republik an der Tagesordnung. So fielen u. a. Matthias Erzberger (1921) und Außenminister Walther Rathenau (1922) rechten Mordkommandos zum Opfer. Das Scheitern des Hitler-Putsches im November 1923 setzte einen vorläufigen Schlusspunkt hinter diese Phase innenpolitischer Gewalt.

Die Jahre relativer wirtschaftlicher und politischer Stabilität – die so genannten Goldenen Zwanziger – endeten jedoch bereits 1929/30 mit der Weltwirtschaftskrise. Radikale von rechts und links bekämpften das parlamentarische System mit zunehmender Gewalt. Rechte Parteien stellten dabei die »Revision von Versailles« in den Mittelpunkt ihrer Propaganda und hielten so die Weltkriegserfahrung in der innenpolitischen Debatte präsent. Mit Adolf Hitler wurde der radikalste Vertreter dieser antidemokratischen und gegen die Nachkriegsordnung gerichteten Kräfte im Januar 1933 von Reichspräsident Hindenburg, dem populären Generalfeldmarschall des Ersten Weltkrieges, zum Reichskanzler ernannt.

T. Flemming

X/22 Extraausgabe des *Vorwärts*

Flugblatt · Berlin, 9. November 1918 · 31,5 x 23,5 cm · Deutsches Historisches Museum, Berlin · Do 56/238 (MfDG)

Als sich die deutsche Niederlage abzeichnete, entschied sich die Oberste Heeresleitung für die Bildung einer parlamentarischen Regierung. Dies war als Voraussetzung für die Verhandlung mit den Alliierten unumgänglich. Am 3. Oktober 1918 wurde Prinz Max von Baden zum Reichskanzler ernannt, sein Kabinett ersuchte den amerikanischen Präsidenten Wilson um einen Waffenstillstand. Trotz dieser Entwicklung sollte die deutsche Kriegsmarine noch einmal zu einem Gefecht auslaufen. Aus dem Protest der Matrosen gegen diesen Befehl entwickelte sich ein bewaffneter Aufstand, der die Bildung von Arbeiter- und Soldatenräten in ganz Deutschland zur Folge hatte. Am 9. November erreichten die revolutionären Unruhen die Reichshauptstadt. In großen Demonstrationszügen forderten Berliner Arbeiter und Soldaten eine politische Neuordnung. Daraufhin gab Max von Baden die Abdankung des Kaisers bekannt und ernannte Friedrich Ebert zu seinem Nachfolger im Amt des Reichskanzlers. *K. B.*

X/23 Armbinde für Mitglieder des Arbeiter- und Soldatenrates Bruchsal

Deutschland 1919 · Baumwolle · 13 x 46 cm · Deutsches Historisches Museum, Berlin · U 79/176

Im November 1918 hatten sich in fast allen deutschen Städten Arbeiter- und Soldatenräte gebildet. In einigen Städten konnten sie die Regierungsgewalt übernehmen. Sie machten sich die Wiederherstellung und Aufrechterhaltung der öffentlichen Ordnung sowie die Lösung von Problemen der Nachkriegszeit zur Aufgabe, so die Lebensmittelversorgung, die Demobilisierung heimkehrender Soldaten oder die Versorgung Hilfsbedürftiger. Bis auf die wenigen Räte, die eine Rätediktatur nach sowjetischem Vorbild anstrebten, traten sie für die Abschaffung der Monarchie und eine Demokratie auf parlamentarischer Grundlage ein. Der Wahl zur Nationalversammlung aber sollte nach Ansicht der Räte eine revolutionäre Umgestaltung der Staats- und Wirtschaftsordnung vorausgehen. Als dieses Ziel aufgrund der politischen Entwicklung in immer weitere Ferne rückte, führte dies mancherorts zur Radikalisierung der Rätebewegung. In München beispielsweise kam es im April 1919 zur Ausrufung einer Räterepublik, die durch den Einsatz von Freikorps brutal beendet wurde. Im Allgemeinen jedoch ging der Einfluss der Räte nach der Wahl zur Nationalversammlung am 19. Januar 1919 zurück. Mit der Verabschiedung der Weimarer Verfassung schließlich verloren sie ihre Legitimation und lösten sich ganz auf. *K. B.*

X/24 Gedenksteine für Rosa Luxemburg und Karl Liebknecht

Berlin 1919 · Zementmörtel · Je 17 x 40,5 x 52 cm · Deutsches Historisches Museum, Berlin · Kg 71/22-38 (MfDG)

Nach dem Aufstand linksrevolutionärer Kräfte im Januar 1919 verhafteten Freikorpssoldaten die Führer des Spartakusbundes Rosa Luxemburg und Karl Liebknecht. Beide wurden nach brutalen Verhören heimtückisch ermordet. Bei der Beerdigung am 25. Januar auf dem Friedhof in Berlin-Friedrichsfelde musste der Sarg von Rosa Luxemburg leer bleiben, ihre Leiche wurde erst Ende Mai im Landwehrkanal gefunden. Anlässlich der Beisetzung veranstalteten die sozialdemokratischen Parteien eine große Demonstration. Eine noch größere Beteiligung war am 13. Juni zu verzeichnen, als Rosa

X/24

X/25

Luxemburg endlich zu Grabe getragen werden konnte. Allgemeine Empörung rief der Freispruch für die an den Morden beteiligten Offiziere hervor. *K. B.*

X/25 *Schützt die Heimat!*

Lucian Bernhard (1883–1972) · Berlin 1919 · Lithographie · 95 x 72,2 cm · Deutsches Historisches Museum, Berlin · 1987/402

In dramatischer Bildsprache wird auf dem Plakat für den Eintritt in ein Freikorps geworben. Über einer deutschen Stadt erhebt sich drohend eine Kralle, welche die angebliche »bolschewistische Gefahr« aus dem Osten und zugleich eine Bedrohung durch Polen veranschaulichen soll.

Seit Anfang 1919 stellte die Reichsregierung sowohl gegen revolutionäre Bestrebungen als auch zum »Grenzschutz« gegen Polen und Sowjetrussland Freiwilligenverbände ein, die aus gerade demobilisierten Soldaten gebildet wurden. Es entstanden ca. 120 Verbände mit insgesamt ca. 400 000 Freikorpskämpfern. Es gab Freikorps von nur einigen hundert Mann und andere in Armeekorpsstärke von 30 000 bis 40 000 Mann. Die Befehlshaber (und oft auch Namensgeber) dieser Verbände waren zumeist »fronterfahrene« Offiziere des kaiserlichen Heeres. Ab Frühjahr 1920 offiziell wieder aufgelöst, kämpften die Freikorps häufig in Form von Partei-Armeen (SA) und Wehrverbänden (z. B. Bund Wiking) weiter – u. a. bei der Niederschlagung des polnischen Aufstandes in Oberschlesien 1921 (»Schlacht am Annaberg«). *G. K.*

X/26 *Des deutschen Volkes großer Tag!*

Lucian Bernhard (1883–1972) · Berlin 1919 · Farblithographie · 72,8 x 94,5 cm · Deutsches Historisches Museum, Berlin · 1986/48.1

Mit diesem Plakat wurde an allen Berliner Straßenbahnen zur Stimmabgabe bei den Wahlen zur Nationalversammlung am 19. Januar 1919 aufgerufen. Diese erste demokratische Wahl nach der Novemberrevolution stellte die Weichen für ein parlamentarisches System. Einer von Kommunisten geforderten »Räte-Republik« wurde somit eine Absage erteilt.

Umso eindringlicher appellierte der SPD-geführte »Rat der Volksbeauftragten«, vom Wahlrecht Gebrauch zu machen, das erstmals auch für Frauen galt. Die Wahlbeteiligung lag schließlich bei 83 Prozent. Die meisten Stimmen entfielen auf die Sozialdemokraten, die Deutsche Demokratische Partei (DDP) und das katholische Zentrum, die ein Regierungsbündnis bildeten. Die Nationalversammlung hatte vor allem zwei Aufgaben zu bewältigen: die Verabschiedung einer Verfassung sowie die Billigung des Friedensvertrages von Versailles. *T. F.*

X/27 *Nationalversammlung Weimar. 31. Juli 1919*

Medaille · Heinrich Waderé (1865–1950) · München 1919 · Bronze, gegossen · Durchmesser 7,8 cm · Deutsches Historisches Museum, Berlin · N 83/83 (MfDG), 2. Ex.: N 93/174

Am 31. Juli 1919 verabschiedete die Nationalversammlung die »Weimarer Verfassung«, einen mühevoll ausgehandelten Kompromiss. Die Reaktionen der Medailleure fielen unterschiedlich aus: Sie reichten von Optimismus und Pathos bis zum Spott. Der Münchner Bildhauer Heinrich Waderé thematisierte mit seiner Medaille den Verfassungsartikel 1: »Das Deutsche Reich ist eine Republik. Die Staatsgewalt geht vom Volke aus.« Stilsicher griff er zu zwei antiken Symbolen, um den Text zu illustrieren. So zeigt die Vorderseite der Medaille einen Frauenkopf als Personifikation der Republik und die Rückseite eine Fackel, gesteckt in ein Rutenbündel, wie es römische Liktoren den republikanischen Amtsgewaltigen vorantrugen. 1923 wählte die Reichsbank den Frauenkopf von Waderés Verfassungsmedaille für den Bildschmuck einer Reichsbanknote aus. *M. K.*

X/28 *Was wir verlieren sollen!*

Plakat · Deutschland 1919 · Lithographie · 70,5 x 94 cm · Deutsches Historisches Museum, Berlin · P 62/172

Das Plakat illustriert den Umfang der Reparationen, die dem besiegten Deutschland im Versailler Vertrag vom 28. Juni 1919 auferlegt wurden. Die abgemagerte Familie rechts soll verdeutlichen, dass dem deutschen Volk Hungerjahre drohten. Am ehesten zu verschmerzen schien der – am linken Rand dargestellte – Verlust der Kolonien, deren ökonomische Bedeutung gering war.

Tatsächlich wurde die Wirtschaftskraft Deutschlands durch die Reparationen, deren Gesamtvolumen 1921 auf 132 Milliarden Goldmark festgesetzt wurde, nachhaltig geschwächt. Die Erbitterung über die Reparationen war in Deutschland nahezu einhellig. *T. F.*

X/29 Stahlhelm, Modell 16, mit Hakenkreuz

Deutschland 1920 · Stahl, Leder · 15 x 23,5 x 31 cm · Deutsches Historisches Museum, Berlin · U 53/210

Der Stahlhelm, der vermutlich von Angehörigen der »Marine-Brigade Ehrhardt« getragen wurde, symbolisiert den Zusammenhang von verlorenem Krieg und neuem extremen Nationalismus. Wie andere Freikorps auch, war die »Brigade Ehrhardt« Sammelbecken frustrierter und gewaltbereiter Soldaten des geschlagenen deutschen Heeres.

Anfang 1919 von dem Marineoffizier und Freikorpsführer Hermann Ehrhardt (1881–1971) gegründet, beteiligte sie sich unter anderem an der Niederschlagung der Münchner Räterepublik. Im März 1920 unterstützte sie den rechts gerichteten Kapp-Putsch und wurde nach dessen scheitern verboten. Nach der Auflösung dieses Freikorps im Jahre 1920 wechselten viele seiner Mitglieder zur SA – der uniformierten und bewaffneten Kampf-, Schutz- und Propagandatruppe der NSDAP – über. *G. K.*

X/30 *Die Rote Armee an Ruhr und Rhein. Aus den Kapptagen 1920*

Buch · Autor: Hans Spethmann · Verlag: Reimar Hobbing · Berlin 1930 · 22,7 x 15,6 cm · Deutsches Historisches Museum, Berlin · R 52/3609 (6. Aufl.)

Aus dem Jahr 1930 stammt diese Darstellung des Ruhrkrieges vom März 1920. Der Buchtitel zeigt einen Kämpfer der

»Roten Ruhrarmee« inmitten des in Flammen stehenden Ruhrgebietes.

Im Frühjahr 1920 war es zum so genannten Lüttwitz-Kapp-Putsch gekommen, der von reaktionären Kräften unter Führung des Generals Walther Freiherr von Lüttwitz (1849–1952) und des Generallandschaftsdirektors Wolfgang Kapp (1858–1922) ausging. Der Putsch wurde durch einen Generalstreik sowie örtlich auch durch bewaffnete Einheiten aus dem Umfeld der KPD abgewehrt. Diese so genannten Rotfront-Kämpfer versuchten, die Abwehr des Putsches in eine bolschewistische Revolution münden zu lassen. Dabei kam es zu blutigen Straßenkämpfen mit Freikorpsverbänden. Das Titelblatt des Buches von Hans Spethmann läßt den Hass und die Aggressionen erahnen, die diese Ereignisse im Lager der Rotfront-Kämpfer auslösten. *G. K.*

X/31 Karte der Gebiete, in denen nach dem Versailler Vertrag Volksabstimmungen über die Staatszugehörigkeit durchgeführt werden sollen

Berlin 1919 · Papier · 89,4 x 60,6 cm · Deutsches Historisches Museum, Berlin · DG 90/1402 (MfDG)

Gemäß dem Versailler Vertrag waren für einige Gebiete Volksabstimmungen vorgesehen. Die Karte zeigt sämtliche betroffenen Regionen und gibt Informationen über die erforderlichen Dokumente zur Teilnahme sowie die rechtlichen Bestimmungen. Volksentscheide waren festgesetzt für Schleswig, das Rheinland, Ost- und Westpreußen sowie Oberschlesien. In Schleswig wurde 1920 in zwei Zonen abgestimmt. Die nördliche Zone entschied sich für Dänemark, die südliche für Deutschland. In Eupen-Malmédy und Moresnet erfolgte ebenfalls 1920 eine umstrittene Abstimmung durch Eintrag in offene Listen. Unter starkem Druck und angesichts der angedrohten Entziehung der Lebensmittelkarten stimmten nur 270 von 33 276 Stimmberechtigten für den Verbleib beim Deutschen Reich. In Ost- und Westpreußen votierten am 11. Juli 1920 mehr als 90 Prozent für Deutschland. In Oberschlesien sprachen sich am 20. März 1921 fast zwei Drittel der Bevölkerung für Deutschland aus. *K. B.*

X/32 Seit 1000 Jahren sind wir Schleswiger

Plakat · Alexander Eckener (1870–1944) · Lithographische Kunstanstalt August Westphalen · Flensburg 1920 · Lithographie · 78,2 x 56 cm · Deutsches Historisches Museum, Berlin · 1988/1647.1

Gemäß den Bestimmungen des Versailler Vertrages sollten die in Nordschleswig lebenden Dänen und Deutschen in einer Volksabstimmung entscheiden, zu welchem Staat sie künftig gehören wollten. Im Norden Nordschleswigs stimmten am 10. Februar 1920 75 Prozent der Bevölkerung für Dänemark, im Süden sprachen sich am 14. März 1920 80 Prozent für den Verbleib beim Deutschen Reich aus. Mit pathetischen, die Geschichte Nordschleswigs und den Patriotismus der Bürger beschwörenden Plakaten hatten beide Nationalitäten versucht, das Abstimmungsergebnis zu beeinflussen. Das hier gezeigte Plakat von Alexander Eckener war Teil der wirkungsvollen prodeutschen Propaganda im südlichen Teil Nordschleswigs. *A. v. H.*

X/33–X/34

X/33 »So sehen die polnischen Auswanderer aus ...!«

Propagandaplakat zur Volksabstimmung in Oberschlesien · Unbekannter Künstler [A M] · Deutschland, um 1919 · Lithographie · 89,2 x 61 cm · Deutsches Historisches Museum, Berlin · 1987/313

X/34 Ratujmy Górny Śląsk. Komitet Zjednoczenia Górnego Śląska z Rzeczapospolitą Polska [Rettet Oberschlesien. Komitee für den Anschluss Oberschlesiens an die Republik Polen]

Plakat · Herausgeber: Litografia artystyczna Władysław Główczewski · Warschau 1921 · Farblithographie · 146 x 91 cm · Museum der Polnischen Armee, Warschau · 33486 · Abb. S. 260

Oberschlesien war seit Februar 1920 durch die alliierten Truppen unter General Le Rond besetzt. Die geographische Lage zwischen Deutschland, Polen und der Tschechoslowakei sowie die multiethnische Zusammensetzung der Bevölkerung sorgten für wachsende Unruhe hinsichtlich der Zukunft der Region. Am 20. März 1921 fand die im Versailler Vertrag vorgesehene Volksabstimmung statt. Ihr gingen zwei Aufstände der polnischen Bevölkerung voraus, die sich gegen die Zugehörigkeit der Region zu Deutschland richteten. Bei der Abstimmung sprachen sich 60 Prozent

der Stimmberechtigten für Deutschland aus. Nach dem dritten Schlesischen Aufstand der Polen jedoch teilte der Oberste Rat der Alliierten im Oktober 1921 Polen das östliche Oberschlesien zu, also fast das gesamte Industriegebiet der Region. Die Plakate geben die deutsche und die polnische Propaganda im Vorfeld der Abstimmung wieder und warnen beide vor einer Zukunft Oberschlesiens im jeweils anderen Land. *K. B. und S. J.-T. (Ü)*

X/35 Porträtbüste von Friedrich Ebert

Georg Kolbe (1877–1947) · 1925 (Abguss 1996) · Bronze · 52 cm · Deutsches Historisches Museum, Berlin · Pl 96/14

Als Prinz Max von Baden am 9. November die Abdankung des Kaisers bekannt gab, übertrug er zugleich dem Sozialdemokraten Friedrich Ebert (1871–1925) das Amt des Reichskanzlers. Nach den Wahlen zur Nationalversammlung wurde Ebert im Februar 1919 der erste Reichspräsident der Weimarer Republik. Sein Bemühen um einen überparteilichen Ausgleich und nationale Integration sowie seine verhältnismäßig lange Amtszeit, gemessen an der anderer Politiker der Regierung, machten ihn zu einer Symbolfigur der Weimarer Republik. Gerade als solche war er von rechten Kreisen jedoch auch heftiger Kritik ausgesetzt. Reichstagspräsident Paul Löbe gab die Büste bei Georg Kolbe in Auftrag. Zu der von ihm beabsichtigten Aufstellung im Reichstag kam es allerdings nicht. Die Skulptur fand später ihren Platz im Preußischen Landtag. *K. B.*

X/35

Seit 1000 Jahren sind wir Schleswiger
Wir wollen Schleswiger bleiben
darum stimmen wir
deutsch.

Aug. Westphalen. Lith. Kunstanstalt Flensburg.

X/32

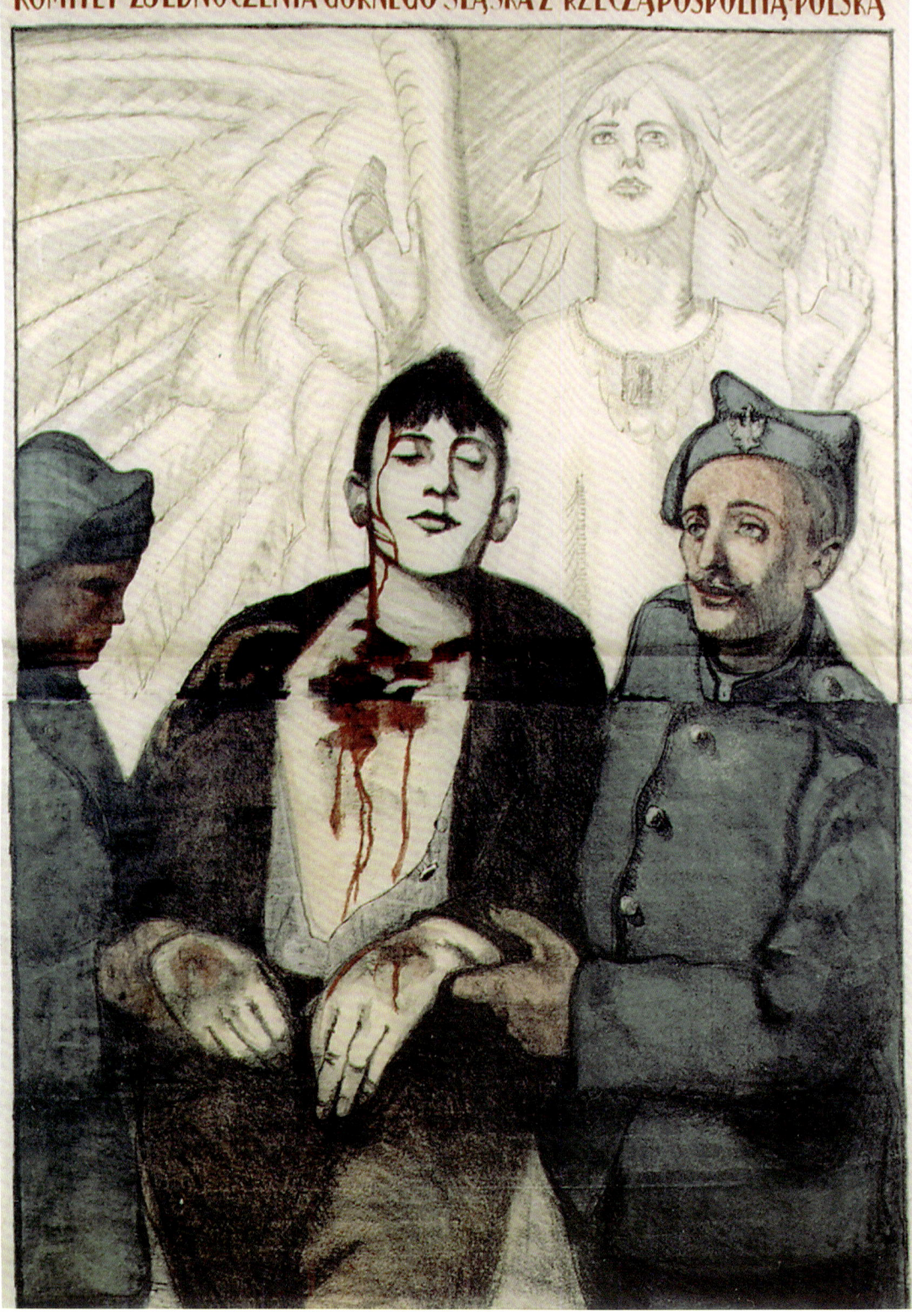

RATUJMY·GÓRNY·ŚLĄSK
KOMITET·ZJEDNOCZENIA·GÓRNEGO·ŚLĄSKA·Z·RZECZĄPOSPOLITĄ·POLSKĄ

X/34

Österreich

Mit der militärischen Niederlage 1918 zerfiel Österreich-Ungarn. Aus der Konkursmasse des Vielvölkerstaats bildeten sich unabhängige Staaten: die Tschechoslowakei, das Königreich der Serben, Kroaten und Slowenen (ab 1929 Jugoslawien) und die Ungarische Republik. Österreich blieb auf seine deutschsprachigen Gebiete reduziert.

Noch vor Unterzeichnung des Waffenstillstands hatte sich im Oktober 1918 in Wien eine sozialdemokratisch geführte Regierung gebildet. Am 12. November 1918 proklamierte die Provisorische Nationalversammlung die Republik Deutsch-Österreich und beschloss gleichzeitig deren Anschluss an Deutschland. Doch wurde dies von den Siegermächten untersagt. Der Friedensvertrag von Saint Germain-en-Laye (10. September 1919) enthielt ein ausdrückliches Verbot jeglicher Anschlusspläne. Aus den ersten freien Wahlen im Februar 1919 gingen die Sozialdemokraten als Sieger hervor. Mit den Christlich-Sozialen bildeten sie eine Koalitionsregierung, die vor allem für soziale Verbesserungen sorgte. Ab 1920 regierten die Christlich-Sozialen allein.

Wirtschaftliche Probleme führten bald zur Polarisierung und Radikalisierung der Gesellschaft. Nach Ausbruch der Weltwirtschaftskrise 1929 war die Demokratie in Österreich immer stärker gefährdet. Der christlich-soziale Kanzler Engelbert Dollfuß setzte im März 1933 die Verfassung außer Kraft und errichtete einen autoritären Ständestaat. Im Februar 1934 kam es zum offenen Bürgerkrieg, in dem die linksgerichteten Kräfte nach drei Tagen eine blutige Niederlage erlitten.

T. Flemming

X/36 Feldkappe eines Angehörigen der Volkswehr

Österreich 1918/19 · Wollstoff · 10 x 14 x 21 cm · Heeresgeschichtliches Museum, Wien · NI 124.245

Zum Schutz der künftigen Grenzen der jungen Republik Deutschösterreich, so der offizielle Name ab dem 12. November 1918, war die Schaffung einer bewaffneten Macht unbedingt erforderlich geworden. Die milizartige Volksbewaffnung – in Form der »Volkswehr« – schien der damaligen chaotischen Situation durchaus angepasst, wobei die Sozialdemokraten nicht zuletzt mit Hilfe ihrer Soldatenräte hier starken Einfluss nehmen sollten. Am 3. November 1918 gelang es dem sozialdemokratischen Unterstaatssekretär für Heerwesen, Julius Deutsch, die radikalen marxistischen Kräfte, die »Roten Garden«, zum Eintritt in die Volkswehr zu bewegen. Allerdings wurde dieses Bataillon aufgrund der unerlaubten Unterstützung der ungarischen Räterepublik Bela Kuhns bereits im August 1919 wieder aufgelöst. Mit dem Friedensvertrag von Saint-Germain-en-Laye vom 10. September 1919 sollte die deutschösterreichische Volkswehr und somit die Übergangsphase vom Heer der Monarchie zum ersten österreichischen Bundesheer letztendlich ihr Ende finden. *C. H.*

X/37 »Salzburger! Unsere einzige Rettung ist Deutschland«

Plakat · Künstler: K. Reisenbichler · Drucker: R. Kiesel · Salzburg 1921 · Lithographie · 94,2 x 62,3 cm · Deutsches Historisches Museum, Berlin · P 73/1608 (MfDG)

Nach der Proklamation der Republik Deutschösterreich vom 12. November 1918 und der Aufhebung aller Herrscherrechte der Habsburger durch Staatskanzler Karl Renner vom 3. April 1919 unterzeichnete Österreich am 10. September 1919 den Friedensvertrag von Saint Germain-en-Laye. Er untersagte die Führung des Namens Deutschösterreich wie auch den Anschluss an das Deutsche Reich und bestimmte die Auflösung Österreich-Ungarns sowie die Abtretung von Gebieten. Für Kärnten wurde eine Volksabstimmung festgelegt, die am 10. Oktober 1920 mit einer Mehrheit von 59,4 Prozent für Österreich entschied. Daraufhin fanden inoffizielle Abstimmungen in Tirol (24. April 1921) und Salzburg (29. Mai 1921) statt. 98,8 Prozent bzw. 99,3 Prozent der Stimmen votierten für einen Anschluss an Deutschland. Als die Alliierten mit der Streichung aller Hilfsprogramme drohten, falls die Anschlussdebatte nicht beendet würde, unterblieben weitere Abstimmungen. Das Plakat ist Teil der Propaganda, die vor der Abstimmung in Salzburg für den Anschluss warb. *K. B.*

X/38 Porträtbüste von Karl Renner

W. Lybal nach Gustinus Ambrosi (1893–1975) · 1918 · Kunststoff, gegossen · 40 x 22 x 24 cm · Stadtgemeinde Gloggnitz, Gloggnitz · Ohne Inv.-Nr.

Der Jurist und Sozialdemokrat Karl Renner (1870–1950) amtierte von 1918 bis 1920 als Staatskanzler der demokratischen Republik Deutschösterreich, dann der Republik Österreich und war zugleich von 1919 bis 1920 Staatssekretär des Äußeren. Als Regierungschef unterzeichnete er den Friedensvertrag von Saint-Germain-en-Laye vom 10. September 1919. In ihm untersagten die Siegermächte die Errichtung der Republik Österreich, für die sich auch Renner stark gemacht hatte. Die Regierung Renner erarbeitete die verfassungsmäßigen Grundlagen der Ersten Republik Österreich. Nach einer wechselvollen politischen Laufbahn bildete Renner im April 1945 die Übergangsregierung und wurde im Dezember 1945 zum ersten Bundespräsidenten der Zweiten Republik Österreich gewählt. *K. B.*

Polen

Die drei Teilungen Polens löschten im späten 18. Jahrhundert den polnischen Staat aus. Er wurde unter den Nachbarn Russland, Österreich-Ungarn und Preußen aufgeteilt. Die daraus resultierende »polnische Frage« und der Unabhängigkeitswille des polnischen Volkes beeinflussten die europäische Politik im gesamten 19. und im frühen 20. Jahrhundert. Im Ersten Weltkrieg setzten sowohl die Teilungsmächte Russland, Österreich und Deutschland als auch die Entente auf unterschiedliche Partner innerhalb der polnischen Nationalbewegung. Polnische Einheiten kämpften auf Seiten der Alliierten wie auch der Mittelmächte vordergründig für das jeweilige Land, wurden aber eigentlich vor allem durch die Hoffnung auf ein eigenständiges Polen motiviert.

Die von den Mittelmächten initiierte Proklamation eines Königreiches Polen vom 5. November 1916 und die russische Februarrevolution 1917 brachten Bewegung in die polnische Frage. Doch erst das Vierzehn-Punkte-Programm des US-Präsidenten Wilson vom 8. Januar 1918 und die darin angekündigte Neugründung eines polnischen Staates gaben der polnischen Unabhängigkeit Kontur. Der populäre Politiker und spätere Marschall Józef Piłsudski, der Gründer der Polnischen Legionen, übernahm im einsetzenden Staatsbildungsprozess die Macht. Anfang 1919 wurde Polen von der Entente offiziell anerkannt. In einem wechselvollen Krieg gegen Sowjetrussland und durch organisierte Aufstände in mehrheitlich sich zu Deutschland bekennenden Gebieten gelang der Republik Polen die Konsolidierung ihrer Staatsgrenzen. Sie gegen die Nachbarn zu bewahren, wurde zur Hauptaufgabe der polnischen Staatsmacht. Dies gelang 1921 mit dem »Frieden von Riga« bis zum 1. September 1939.

J. Kochanowski

X/39 Zwei polnische Soldatinnen der Freiwilligen Frauenlegion

Graphik · Wróblewski Ignacy (1858–1953) · Polen 1919 · Rötelzeichnung · 39 x 28 cm · Museum der Polnischen Armee, Warschau · MWP 40115

Die Zeichnung porträtiert Eleonora Jankowska, Führerin des 7. Zugs der Freiwilligen Frauenlegion, mit ihrer Schwester Halina Imielińska, einer Soldatin im Regiment 4 der 2. Einheit der schweren Artillerie. Beide Soldatinnen nahmen an den polnisch-ukrainischen Kämpfen um Lemberg und im Osten Kleinpolens (der heutigen Westukraine) von November 1918 bis Mai 1919 teil. Die Freiwillige Frauenlegion wurde im Dezember 1918 gebildet. Ihre Einheiten beteiligten sich aktiv an der Verteidigung von Lemberg. Die Legionärinnen waren im Wach- und Geleitdienst im Stadtgebiet sowie an der Front in Einheiten der polnischen Armee tätig, unter anderem im 2. Bataillon des Regiments 4 der schweren Artillerie. *A. J.-Z. (Ü)*

X/40 Kreuz der Verteidiger von Lemberg

Hersteller: Eugeniusz Marian Unger, Lemberg · Polen, nach 1920 · Weißblechplättchen, geprägt · 3,8 x 3,8 cm · Museum der Polnischen Armee, Warschau · MWP 52595*

Das Erinnerungsabzeichen in Form eines Ritterkreuzes mit dem Lemberger Wappen wurde 1920 zum Gedenken an die polnische Verteidigung von Lemberg gestiftet. Es wurde allen an den Kämpfen Beteiligten verliehen. Nachdem ukrainische Truppen in der Nacht vom 31. Oktober auf den 1. November 1918 die Kontrolle über die Stadt übernommen hatten – womit sie ähnlichen polnischen Bestrebungen allerdings nur zuvorkamen –, entspann sich ein dreiwöchiger Kampf um die Stadt, in der sich die Polen schließlich durchsetzten. Am 22. November verließen die ukrainischen Soldaten die Stadt. Józef Piłsudski verlieh Lemberg als einziger polnischer Stadt den Militärorden »Virtuti Militari«. In den zwanziger Jahren entwickelte sich ein regelrechter Kult um die polnischen Verteidiger Lembergs. Der Kampf um die Stadt wurde zum Symbol für die Einheit Polens und die Unverletzbarkeit seiner Grenzen. *E. W. (Ü)*

X/41–X/42

X/41 »Do broni! Ojczyzna was wzywa!« »Zu den Waffen! Das Vaterland ruft Euch!«

Plakat · Zygmunt Kamiński (1888–1969) · Litografia artystyczna Władysław Główczewski · Warschau 1920 · Farblithographie · 100 x 70 cm · Museum der Polnischen Armee, Warschau · MWP 14364 A*

X/42 »Geroi na Warschawu« [»Helden gen Warschau«]

Plakat · Vermutlich Wladimir Majakowski (1893–1930) · Sowetskaja tipolitografia. Liter. Izdat. Otdel Uprawl. Sapfronta · 1919/20 · Farblithographie · 73 x 45 cm · Signatur in der rechten unteren Ecke »MW« · Museum der Polnischen Armee, Warschau · MWP 35877/53

Im Jahre 1919 legten die Alliierten die später nach dem britischen Außenminister George Curzon (1859–1925) benannte »Curzon-Linie« als Ostgrenze Polens fest. Das polnische Staatsoberhaupt Józef Piłsudski lehnte diese ab und strebte die Wiederherstellung Polens in den Grenzen von 1772 an. Er ging ein Bündnis mit Symon Petljura ein, dem Vorsitzenden des Direktorats der Ukrainischen Volksrepublik, der in Piłsudski einen Verbündeten gegen die Bolschewiki suchte. Im April 1920 rückten polnisch-ukrainische Truppen auf Kiew vor und lösten damit den polnisch-sowjetrussischen Krieg aus. Die Rote Armee drängte die Angreifer bis vor Warschau wieder zurück. Unterstützt durch die Hilfslieferungen von Waffen leisteten die Truppen Piłsudskis erfolgreich Widerstand. Die polnische Offensive im August 1920, das so genannte Wunder an der Weichsel, brachte schließlich die Wende und zwang die Rote Armee zum Rückzug. Im Friedensschluss von Riga wurde am 18. März 1921 die polnisch-sowjetische Grenzlinie festgelegt, die einen territorialen Zugewinn für Polen brachte.

Die Plakate vermitteln einen Eindruck von der Propaganda beider Kriegsparteien. Das russische Plakat zitiert aus einer Rede Trotzkis: »Jetzt, wie am ersten Tag des Krieges, wollen wir Frieden [...]. Vorwärts, rote Truppen! Helden gen Warschau.« Das polnische Plakat appelliert mit der Darstellung bewaffneter Pfadfinder, Bauern, Studenten und Arbeiter an die geschlossene Kampfbereitschaft der gesamten polnischen Bevölkerung. *S. J.-T. und K. B.*

X/43

X/43 Polnische Nike

Skulptur · Edward Wittig (1879–1941) · Warschau 1917–18 · Bronze · 68 x 60 x 52 cm · National-museum Warschau, Skulpturensammlung · Rz. W.478

Dieses Werk verleiht der Stimmung in Polen in der Zeit nach dem Ersten Welt-krieg künstlerischen Ausdruck. Diese war geprägt von der Freude über die wieder-erlangte Unabhängigkeit. Der Bildhauer war fasziniert vom Gedanken eines Sieges-denkmals. Die Plastik zeigt eine Gruppe von drei Figuren, wobei die weibliche Akt-figur in der Mitte von zwei jungen Genien geführt wird. Nike stellt sich als stolze Frau von königlicher Würde dar. Die hochge-wachsene Göttin steht ruhig, als warte sie nur darauf, sich in den Kampf zu stürzen und den Sieg zu erringen. Ihre Ruhe hebt sich ab von der ungeduldigen Haltung ihrer Begleiter, von denen einer die Vater-landsliebe verkörpert, der andere die Tapfer-keit. Ersterer stürmt voraus, weist mit der Linken die Richtung und scheint zu rufen: »Dort geht es um die Freiheit Polens! Es ist höchste Zeit, einzugreifen!« Der andere tut es ihm nach und versucht, Nike das Kurzschwert zu entwinden, um damit die Schlacht schneller siegreich zu entscheiden. *G. R. (Ü)*

Tschechoslowakei

Der Kriegsausbruch löste in den böhmischen Ländern keine Begeisterung aus, stieß aber auch nicht auf größeren Widerstand. Eine Lösung der »tschechischen Frage« schien den meisten tschechischen Politikern nur innerhalb eines, allerdings modernisierten Österreichs möglich. Mit den steigenden Verlusten und der zunehmenden Feindseligkeit der Militärbehörden den Tschechen gegenüber wandelte sich um 1915 die Stimmung. Tschechische Politiker vereinten sich in der »Maffia«, die insgeheim die staatliche Selbständigkeit verfolgte und Kontakte zur »Auslandsaktion« unter Tomáš Garrigue Masaryk unterhielt.

Von Auslandstschechen und -slowaken unterstützt, agierten Masaryk und seine Mitstreiter bei der Entente für einen gemeinsamen unabhängigen Staat. Der 1916 in Paris gegründete »Tschecho-Slowakische Nationalrat« erreichte bis zum Herbst 1918 die formale Anerkennung als Regierung einer souveränen Tschecho-Slowakei und somit die gleichberechtigte Teilnahme an den Friedenskonferenzen.

Im Land selbst war man seit dem Sommer 1917 vom passiven zum aktiven Widerstand in Form von Streiks und Sabotage übergegangen. Ein Jahr später, im Juli 1918, wurde ein Tschecho-Slowakischer Nationalausschuss gegründet. Aus ihm gingen die »Männer des 28. Oktober« hervor. Sie verkündeten am Tag nach dem Kapitulationsangebot Österreichs am 27. Oktober 1918 die Gründung eines gemeinsamen Staates der Tschechen und Slowaken. Die offiziell so bezeichnete »Tschechoslowakische Republik« wurde am 29. Oktober ausgerufen und von der Pariser Friedenskonferenz 1919 bestätigt. Nach seiner Rückkehr wurde Masaryk erster Staatspräsident.

E. Pluhařová-Grigienė

X/44 *Legionaři 1917–1919*
[Die Legionäre 1917–1919]

Filmausschnitt · Regie: Karel Degl · Tschechoslowakei 1919 · 35-mm-Stummfilm (als Videoeinspielung gezeigt) · Länge: 58 Min., Ausschnitt: ca. 2 Min. 50 Sek. · Národní Filmový Archiv, Prag · Ohne Inv.-Nr.

Der Kampf in österreichischer Uniform war für Tschechen und Slowaken ein Kampf für fremde Interessen. 1915 liefen tschechische Regimenter zu russischen Einheiten über. Auch tschechische und slowakische Freiwillige und Gefangene bildeten in den alliierten Gegnerstaaten Österreichs autonome militärische Einheiten unter alliiertem Oberbefehl. Politisch unterstanden sie dem tschechoslowakischen Nationalrat in Paris.

Die Legion in Russland war mit 40 000 bis 50 000 Mann die bedeutendste. Im Januar 1920 konnte sie freies Geleit nach Wladiwostok aushandeln, von wo aus sie auf amerikanischen Schiffen evakuiert wurde. Die Erfolge der Legion stärkten die tschechoslowakische Verhandlungsposition und wurden zum Gründungsmythos der unabhängigen Republik.

Unter den schwierigen Bedingungen dieses über tausende von Kilometern führenden Marsches an die Küste des Japanischen Meeres entstanden Filmaufnahmen, die schon aufgrund technischer Schwierigkeiten selten die Dramatik des Geschehens einfangen konnten. Im daraus kompilierten Film waren es daher – durchaus zeittypisch – nicht selten die Zwischentitel, die deutlicher von den Problemen und Hindernissen sprachen als die Bilder selbst. Dennoch gilt der Film zu Recht als ein einzigartiges Dokument der Tschechischen Legion. *E. P.-G.*

X/47

Königreich der Serben, Kroaten und Slowenen

Auf die deutsch-österreichisch-bulgarische Offensive, die im Oktober 1915 begann, folgte der von zahllosen Zivilisten begleitete, verlustreiche und später episch verklärte »Große Rückzug« (das »Albanische Golgatha«) der serbischen Armee in die albanischen und montenegrinischen Berge. Aufnahme fanden die Truppen auf der griechischen Insel Korfu, wohin sich auch die serbische Regierung sowie der Kronprinz und Regent Alexander zurückgezogen hatten. Österreich-Ungarn und Bulgarien teilten unterdessen das serbische Territorium unter sich auf; die rücksichtslos agierenden Militärverwaltungen provozierten zahlreiche Aufstände, die ebenso brutal niedergeschlagen wurden. Nach dem Krieg zeigte sich, dass die Bevölkerung des völlig verwüsteten Landes durch Krieg und Besatzung um 10 bis 25 Prozent dezimiert worden war.

Mit der Proklamation eines Königreiches der Serben, Kroaten und Slowenen am 1. Dezember 1918 konnte der Konflikt zwischen den Vertretern einer großserbischen Idee und denen einer südslawischen Vereinigung nur vorläufig beigelegt werden. Der zentrale innenpolitische Konflikt blieb der Streit um die Staatsform – Zentralstaat mit oder ohne Autonomie für die historischen Regionen einerseits oder Föderation andererseits. Die 1921 verabschiedete Verfassung zementierte den zentralistischen Staat. Die Kroatische Bauernpartei, die einen föderativen Staat forderte, beteiligte sich zunächst nicht an der parlamentarischen Arbeit. Nach dem Attentat auf deren Führer Stjepan Radić vom 20. Juni 1928 kündigten die kroatischen Parteien die Mitarbeit am Belgrader Parlament auf, stellten jedoch die Autorität des Königs nicht in Frage. Am 6. Januar 1929 unternahm König Alexander einen Staatsstreich

und errichtete eine persönliche Diktatur. Unruhen unter der kroatischen Bevölkerung beantwortete die Zentralregierung mit rücksichtsloser Unterdrückung. Auch die Umbenennung in »Königreich Jugoslawien« am 3. Oktober 1929 konnte die Situation nicht stabilisieren. Im Oktober 1934 wurde der jugoslawische König Alexander während eines Staatsbesuches in Frankreich von makedonischen und kroatischen Nationalisten ermordet.

G. Hirschfeld

X/45 Holzwappen des Königreiches der Serben, Kroaten und Slowenen

J. Baler · Jugoslawien, 1930er Jahre · Holz mit Intarsien, koloriert · 34 x 32 x 2,5 cm · Historisches Museum Serbien, Belgrad · 5417 Sammlung Auszeichnungen

Das Wappen des Königreiches der Serben, Kroaten und Slowenen wurde 1921 von Pero Popović entworfen. Es besteht aus einem zweiköpfigen weißen Adler mit einer Krone. Der Schild auf der Brust des Adlers versammelt die einzelnen Hoheitszeichen von Serbien, von Kroatien und am unteren Rand von Slowenien. Das Wappen war nach 1929 unverändert für das in Jugoslawien umbenannte Königreich in Geltung. Das gezeigte Holzwappen von J. Baler befand sich früher in den Räumen eines Belgrader Gerichts. *K. B.*

X/46 Tischdecke

Frauenverein Tišina Erdetska, gegründet im gleichnamigen Dorf am Ufer des Flusses Sava bei Sisak · Tišina Erdetska 1923 · Hausleinwand, Baumwolle, Seidenfaden; Stickerei, Ajourarbeit · 45 x 45 cm · Kroatisches Historisches Museum, Zagreb · HPM/PMH 34929

Die Stickerei auf dem Tischtuch lautet: »Dem Präsidenten der H.R.S.S. zum Andenken, für das Jahr 1923 vom Frauenverein Tišina Erd.« 1923 hatte die Kroatische Republikanische Bauernpartei (HRSS) in Kroatischen Ländern eine Volksabstimmung gewonnen.
Stjepan Radić (1871–1928) war der Gründer und Präsident der Kroatischen Bäuerlichen Volkspartei, die später den Namen Kroatische Bauernpartei erhielt. Zwischen 1920 und 1925 führte sie das Beiwort «Republikanisch» in ihrem Namen. Im Königreich der Serben, Kroaten und Slo-

wenen kämpfte Radić gegen den Zentralismus und die großserbische Hegemonie und wurde deswegen verfolgt und in Haft gesetzt. Er starb am 8. August 1928 an den Folgen eines Attentats, das am 20. Juni im Belgrader Nationalparlament auf ihn verübt worden war. Im kroatischen Volk war er äußerst beliebt und wurde nach seinem Tod verherrlicht. *M. S.*

X/47 Oslobođenje [Befreiung]

Gemälde · Tone Kralj (1900–1975) · Ljubljana, um 1937 · Öl auf Holz · 90 x 240 cm · Nationalmuseum, Belgrad · 1085 · Abb. S. 264

1936 wurde in Belgrad der Bau für die Nationalversammlung Jugoslawiens beendet. Schon 1907 hatte man mit den Arbeiten begonnen. Das Gebäude, das für die Nationalversammlung Serbiens bestimmt gewesen war, wurde aber damals nicht vollendet. Für die Inneneinrichtung wurden nun die angesehensten Künstler engagiert, unter ihnen auch der Slowene Tone Kralj. In seiner Komposition *Die Befreiung* verband er die Schlacht auf dem Amselfeld (1389) und das Ende des Ersten Weltkrieges (1918). Beide Ereignisse sind fest im kollektiven Gedächtnis der Südslawen verankert. Während das Jahr 1389 mit dem Kampf um die nationale Freiheit gegen die Türken verbunden ist, führte die Gründung des Königreiches der Serben, Kroaten und Slowenen 1918 infolge des Ersten Weltkrieges zur Vereinigung aller südslawischen Völker.

Auf dem Gemälde bringt der Künstler den legendären Nationalhelden Marko Kraljević (1335–1395) mit König Peter I. (1844–1918), dem ersten König des Königreiches der Serben, Kroaten und Slowenen zusammen: Kraljević, der symbolisch den Säbel bricht, den er in der Schlacht gegen die türkischen Eroberer benutzte, und König Peter, der durch seine Kriegführung gegen die Mittelmächte die südslawischen Völker befreite und vereinigte. Im Zentrum des im Stil des Realismus ausgeführten Bildes sind inmitten eines reifen Kornfeldes allegorische Figuren Kroatiens, Serbiens und Sloweniens mit Kindern im Arm dargestellt. Über ihnen fliegt die Taube mit dem Olivenzweig. Im Hintergrund ist die Utopie der erträumten jugoslawischen Stadt zu sehen. *L. M.*

Ungarn

Nach dem Zerfall Österreich-Ungarns Ende 1918 gehörte auch das souverän gewordene Ungarn – einst Teil der k. u. k. Doppelmonarchie – zu den Verlierern des Krieges. Der Friedensvertrag von Trianon (4. Juni 1920) erlegte Ungarn Reparationen und Gebietsverluste auf. Durch Abtretung an seine neu entstandenen Nachbarstaaten – Rumänien, Tschechoslowakei sowie das Königreich der Serben, Kroaten und Slowenen – büßte es rund 67 Prozent seines Territoriums und etwa 58 Prozent seiner ursprünglichen Bevölkerung ein. Noch vor Unterzeichnung des Waffenstillstands am 3. November 1918 hatte in Budapest eine bürgerlich-demokratische Koalition unter Mihály Graf Károlyi die Regierungsmacht übernommen. Am 16. November 1918 wurde die Republik ausgerufen. Die Verschlechterung der wirtschaftlichen Lage führte jedoch bald zu verschärften politischen Spannungen. Zusätzlich geschürt wurden diese durch die harte Haltung der Siegermächte, die u. a. darauf bestanden, dass auch rein magyarische Städte wie Szeged von ungarischen Truppen geräumt werden mussten. Károlyi übergab die Regierungsgewalt an einen von Sozialdemokraten und Kommunisten gebildeten »Revolutionären Regierungsrat«, der am 22. März 1919 die Räterepublik proklamierte. Große Teile der Wirtschaft wurden verstaatlicht, Landbesitz enteignet. Mit ausländischer Unterstützung gelang rechtsgerichteten Truppen im August 1919 der Sturz der Räterepublik. Dem folgenden »Weißen Terror« fielen tausende zum Opfer. Admiral Miklós Horthy errichtete Anfang 1920 ein autoritäres Regime, das sich vor allem die Revision der »Schmach von Trianon« auf die Fahnen schrieb.

T. Flemming

X/48 Österreich-ungarische hechtgraue Feldkappe mit Muster aus dem Jahr 1908

Ungarn 1918 · Filz (hechtgraues Kappentuch) · Stirnhöhe 10 cm, Kopfumfang 55 cm · Institut und Museum für Militärgeschichte, Budapest · 2404/Ru

Es handelt sich hier um eine Feldkappe der Landstreitkräfte der k. u. k. Armee, die von den Soldaten getragen wurde, jene der berittenen Truppen ausgenommen. Die Rose trug zunächst den Namenszug »IFJ« (Franz Joseph I.), ab 1916 »K« (Karl IV.). Sie wurde ab dem 31. Oktober 1918 von ungarischen Soldaten mit einer frischen Herbstblume, der weißen Chrysantheme, verdeckt. Diese wurde zum Symbol der ungarischen bürgerlich-demokratischen »Herbstrosen-Revolution«. Am 1. November 1918 kam es zur Bildung einer unabhängigen Regierung unter Graf Mihály Károlyi (1875–1955), der am 16. November Ungarn zur Republik ausrief. *Gy. Sá. (Ü)*

X/49 *Be a Vörös Hadseregbe [Rein in die Rote Armee]*

Plakat · Árpád Bardócz (1882–1938) · Budapest 1919 · Lithographie · 125 x 95 cm · Deutsches Historisches Museum, Berlin · P 73/3170 (MfDG)

Im März 1919 trat der ungarische Staatspräsident Graf Mihály Károlyi (1875–1955) aus Protest gegen die Entscheidung der Alliierten zurück, Siebenbürgen dem Territorium Rumäniens zuzuschlagen. Die Regierungsgewalt fiel an ein Bündnis verschiedener kommunistischer und sozialistischer Gruppen, die eine »Räterepublik« mit Béla Kun (1886–1936) an der Spitze proklamierten. Kun begann mit dem Aufbau einer »Roten Armee« und versuchte, tschechische und rumänische Truppen aus Ungarn zurückzudrängen. Ziel war es, die Slowakei zurückzuerobern. Daraufhin marschierten rumänische Truppen mit Unterstützung der Alliierten in Budapest ein und hielten die ungarische Hauptstadt bis zum November besetzt. Kun musste nach Russland fliehen, seine »Rote Armee« löste sich auf. *K. B.*

X/50 Der Einzug Miklós Horthys in Budapest an der Spitze der Nationalarmee

Fotografie · János Müllner · Budapest, 16. November 1919 · 22 x 16,5 cm · Ungarisches Nationalmuseum, Budapest · MNM 2259/1958

Noch zu Zeiten der Räterepublik hatte sich in Ungarn eine Gegenregierung gebildet, die den Admiral der k. u. k. Flotte, Miklós Horthy (1868–1957), zum Oberbefehlshaber der Armee ernannte. Horthy führte die Konterrevolution an und marschierte im November 1919 als gefeierter Held in Budapest ein. Der von ihm initiierte »weiße« Terror richtete sich in brutaler Weise gegen die Anhänger der Räterepublik. Im März 1920 erhob die ungarische Nationalversammlung Horthy zum Staatsoberhaupt, der daraufhin Ungarn als parlamentarische Monarchie mit vakantem Thron proklamierte. Horthy selbst versah bis 1944 das Amt des Reichsverwesers und wehrte zwei Versuche des früheren österreichischen Kaisers und ungarischen Königs Karl ab, auf den Thron zurückzukehren. In der Regierungszeit des Ministerpräsidenten Graf István Bethlen (1921–31) stabilisierte sich die Lage im Land allmählich. *K. B.*

X/51 *Carte Rouge [Rote Karte]*

Ethnographische Karte von Ungarn · Pál Teleki (1879–1941) · Budapest 1920 · Papier · 63 x 90 cm · Institut und Museum für Militärgeschichte, Budapest · VII/27

Die Karte stellt die Nationalitätenverteilung auf ungarischem Gebiet am Ende des Ersten Weltkrieges dar. Sie kennzeichnet die Gebiete, in denen Ungarn lebten rot, daher der Titel *Rote Karte*. Die Bevölkerungsdichte wurde überall als gleich angenommen und es wurde eine zur Bevölkerungszahl proportionale Fläche farbig markiert. Dabei steht jeder Quadratmillimeter für eine bestimmte Bevölkerungszahl (1 mm^2 = 100 Einwohner). Die Karte

X/52

hat einen Maßstab von 1 : 1 000 000.
Sie wurde von Pál Teleki für die Friedens-
gespräche 1920 in Trianon bei Versailles
gefertigt, die er als Ministerpräsident und
Außenminister für die ungarische Seite
leitete. Sie sollte der Argumentation gegen
die von den Alliierten vorgesehene Gebiets-
verkleinerung Ungarns dienen. Trotz in-
tensiver Propaganda gelang es nicht, die
Politiker für die ungarische Position einzunehmen. Durch die Unterzeichnung des
Vertrages verlor Ungarn mehr als zwei
Drittel seines Territoriums. Damit fanden
sich viele Ungarn als Minderheiten in anderen Staaten wieder. *J. S. (Ü)*

X/52–X/53

X/52 Kerzenhalter mit dem Slogan
Nem, nem, soha!
[Nein, nein, niemals!]

*Geschenk des Außenministers István Csáky an den
norwegischen Generalkonsul · Ungarn, 2. November
1938 · Ton, gebrannt, unglasiert · 12,5 x 9 cm,
Durchmesser 3,5 cm · Ungarisches Nationalmuseum,
Budapest · MNM 96. 7. 11*

X/53 Erinnerungsplakette mit der Abbildung der verschobenen Grenzen Ungarns nach der Angliederung der Slowakei

*Ungarn 1938 · Marmor, Messing, Silber · 21 x 27 x
2 cm · Ungarisches Nationalmuseum, Budapest ·
MNM 98. 30. 1.*

Ungarns Politik der Zwischenkriegszeit war
maßgeblich bestimmt durch den Kampf
gegen die Bestimmungen des Vertrags von
Trianon. Schon vor der Unterzeichnung
hatten verschiedene zu diesem Zweck gegründete Vereinigungen wie die »Liga zur
Verteidigung der territorialen Einheit
Ungarns« patriotische Schriften veröffentlicht, um die internationale
Aufmerksamkeit auf Ungarn zu lenken.
Vor diesem Hintergrund intensivierte
sich nach Abschluss des Vertrages die
offizielle und die privat organisierte
Propaganda. Aus einem eigens ausge-
schriebenen Wettbewerb ging das
Glaubensbekenntnis Ungarns hervor: »Ich
glaube an einen Gott, ich glaube an ein
Vaterland, ich glaube an eine ewige gött-
liche Gerechtigkeit, ich glaube an
Ungarns Auferstehung. Amen.« Es wurde
ebenso wie der Slogan »Nein, nein, niemals!« auf zahlreichen Alltagsgegenständen
verewigt, in den Schulen aufgesagt und auf
Fahnen reproduziert, die man auf Halb-

X/49

mast senkte. 1938 erkannte Reichsverweser
Miklós Horthy die Chancen, die sich für
den ungarischen Revisionismus boten, so
dass das Land die Politik Hitlers unterstützte. Nach dem Münchner Abkommen
erhielt Ungarn Teile der Slowakei (diese
hatte als »Oberungarn« in der Doppelmonarchie zum Königreich Ungarn gehört)
und der Karpatho-Ukraine zurück. 1939
folgten weitere Gebietsgewinne. *K. B.*

Türkei

Der Waffenstillstand von Mudros am 30. Oktober 1918 besiegelte die Niederlage des Osmanischen Reiches. Als enger Verbündeter der Mittelmächte durch den Genozid an den Armeniern schwer belastet, hatte das Land selbst schwerste Kriegsverluste erlitten. Über eine halbe Million Soldaten waren gefallen, ihren Verwundungen erlegen, an Seuchen gestorben oder verhungert. Der Vertrag von Sèvres, von der Regierung des Sultans am 10. August 1920 unterzeichnet, schrieb die Abtretung großer Gebiete des Reiches fest. Die Meerengen wurden unter internationale Kontrolle gestellt. Diesen Regelungen widersetzte sich der türkische Nationalkongress und die seit April 1920 in Ankara tagende Große Nationalversammlung unter Führung Mustafa Kemal Paschas. Er entzog der Regierung des Sultans die Anerkennung. Es begann ein bewaffneter Widerstand gegen die Besetzung, der sich zum griechisch-türkischen Krieg ausweitete und mit dem Sieg der türkischen Seite endete. Im Vertrag von Lausanne, unterzeichnet am 24. Juli 1923, erhielt die Türkei die von Griechenland besetzten Gebiete zurück. Innenpolitisch erlebte die Türkei nach 1918 einen völligen Umbruch, der insgesamt im Zeichen der Westorientierung stand. Am 29. Oktober 1923 wurde die Republik ausgerufen. Erster Präsident wurde Mustafa Kemal Pascha, dem 1934 der Titel Atatürk, »Vater der Türken«, verliehen wurde. Er betrieb die Umwandlung der Türkei in einen modernen, westlich orientierten Staat, indem er insbesondere den Einfluss des Islams zurückdrängte. 1924 wurden das Kalifat und die Scharia, die islamische Rechtssprechung, abgeschafft. Weitere Schritte auf dem »Weg in die Moderne« bildeten die Einführung des lateinischen Alphabets (1928) und des metrischen Systems (1931). 1934 erhielten auch Frauen das Wahlrecht. Allerdings blieb die Türkei bis 1945 ein Einparteienstaat, der von Staatspräsident Atatürk und ab 1938 von seinem Nachfolger İsmet İnönü mit weitgehenden Vollmachten gelenkt wurde. Im Zweiten Weltkrieg blieb die Türkei neutral. 1945/46 wurde – nicht zuletzt auf Druck der USA und als Voraussetzung für die Aufnahme in die Vereinten Nationen – ein Mehrparteiensystem eingeführt.

T. Flemming

X/54 *Bauten, Entwürfe und Handzeichnungen*

Buch · Clemens Holzmeister (1886–1983) · Verlag Anton Pustet · Salzburg, Leipzig 1937 · 33,6 x 25,3 cm · Staatsbibliothek zu Berlin – Preußischer Kulturbesitz, Berlin · NY 2474

Die Entscheidung, Ankara 1923 zur neuen Hauptstadt der Türkei zu machen, bedeutete eine bewusste Abkehr von den Traditionen des Osmanischen Reiches. Sie erforderte in der Konsequenz, eine Kleinstadt mit den für eine funktionierende Regierung notwendigen Bauten zu versehen. Das erste türkische Parlament trat nach dem Ende des Unabhängigkeitskrieges noch in einem nicht zu diesem Zweck gedachten Gebäude zusammen und die Abgeordneten saßen mangels geeigneter Sitzmöbel auf Schulbänken.

In der Konzeption und Realisierung der neuen Hauptstadtgebäude spielten zunächst deutsche und österreichische Architekten wie Hermann Jansen, Bruno Taut und Clemens Holzmeister eine dominierende Rolle. Unter den Architekten, die maßgeblich die erste Phase des Aufbaus bestimmten, befanden sich nach 1933 auch Emigranten aus dem nationalsozialistischen Deutschland. Clemens Holzmeister, ein renommierter österreichischer Architekt, beteiligte sich mit Rahmenplänen und Einzelentwürfen am ambitionierten Hauptstadtprojekt. Sein Gesamtplan für das Regierungsforum, wenngleich nicht vollständig verwirklicht, erhielt den Zuschlag. Holzmeister entwarf auch mehrere Regierungsbauten in einem neuartigen repräsentativen Monumentalstil. Dazu zählen das Verteidigungsministerium (ausgeführt 1927–30), das Generalstabsgebäude (1918–31), der Oberste Gerichtshof (1934–45), die Staatsbank (1933–43) und schließlich das neue Parlament (1942–63) in Ankara. *R. R.*

X/55 Porträtbüste von Mustafa Kemal Atatürk

Kupferlegierung, Farbauftrag · 54 x 32 x 38 cm · Botschaft der Türkischen Republik, Berlin · Ohne Inv.-Nr.

Porträts oder Büsten des Gründers und ersten Staatspräsidenten der türkischen Republik finden sich in allen öffentlichen Gebäuden der Türkei. Mustafa Kemal Pascha (1881–1938) – ab 1934 trug er den Titel Atatürk, »Vater der Türken« –, der Begründer der modernen Türkei, nahm 1908/09 an der jungtürkischen Revolution teil. Im Ersten Weltkrieg, in dem das Osmanische Reich an der Seite Deutschlands kämpfte, machte er schnell Karriere. Als Divisionskommandeur bewies er eine starke Entschlusskraft, so im März 1915, als er bei Gallipoli die Landung alliierter Truppen verhinderte, ohne dass er sich zuvor mit seinen Vorgesetzten über sein Vorgehen abgestimmt hatte. 1917/18 war Kemal Pascha Oberbefehlshaber der osmanischen Truppen in Syrien, wo er den Vormarsch der Briten stoppen konnte. Das verschaffte ihm den Nimbus, als einziger osmanischer Befehlshaber im Weltkrieg keine Niederlage erlitten zu haben. Am 15. Mai 1919 besetzte Griechenland mit Einwilligung der Entente Smyrna (Izmir). Daraufhin organisierte Kemal den Kampf gegen die Besatzungstruppen. Der türkische Nationalkongress in Erzurum, der unter seiner Führung vom 23. Juli 1919 bis 7. August 1919 tagte, forderte die Unverletzlichkeit der türkischen Gebiete. Er wandte sich auch gegen das Sultanat, vor allem seit es dem Friedensvertrag von Sèvres vom 10. August 1920 zugestimmt hatte, wodurch große Teile des ehemaligen ottomanischen Reiches von Großbritannien, Frankreich, Italien und Griechenland annektiert wurden. Im folgenden Unabhängigkeitskrieg blieb die türkische Armee schließlich siegreich. Nach Ausrufung der Republik am 29. Oktober 1923 wurde Kemal Pascha zu ihrem ersten Präsidenten gewählt. In den Folgejahren setzte er tief greifende Reformen zur Modernisierung der Türkei durch.

Die Verehrung, die Mustafa Kemal Atatürk auch heute in weiten Bevölkerungskreisen entgegengebracht wird, bezieht sich wesentlich auf diese Reformpolitik. Sie umfasste die Einführung des lateinischen Alphabets, eine an westlichen Vorbildern orientierte Gesetzgebung, Maßnahmen zur Alphabetisierung der Bevölkerung, die gesetzlich fixierte Gleichberechtigung der Frauen und die Trennung von Staat und Religion. *T. F. und R. R.*

X/55

XI. Gesellschaft

Der Krieg zeitigte noch lange nach seinem Ende tief greifende Folgen in den beteiligten Nationen. Massive materielle Zerstörungen in den direkten Kriegsgebieten im Osten wie im Westen machten ungeheure Anstrengungen des wirtschaftlichen Wiederaufbaus notwendig. Doch die Kriegsfolgen waren vor allem auch im Alltag sowie in dessen sozialer und psychischer Bewältigung bemerkbar.

Für die Frauen hatte der Krieg vielfach den Verlust von Ehemännern, Brüdern und Vätern bedeutet. Die Zahl der Kriegerwitwen wurde allein in Deutschland auf weit über 600 000 geschätzt. Und so war nach 1918 das Alleinsein eine typische weibliche Erfahrung. Doch auch Frauen, deren Ehemänner invalide und psychisch krank heimgekehrt waren, mussten vielfach weiterhin als Haupternährerin für die Familie sorgen und sie als Vorstand nach außen vertreten.

Positiv gewendet war die Ungebundenheit das Attribut eines neuen Frauentypus, namentlich in den westlichen Kriegsnationen. Auch scheinen die stark ansteigenden Scheidungsraten im Nachkriegsdeutschland dafür zu sprechen, dass viele Frauen nicht bereit waren, ihre in Kriegszeiten gewonnene Selbständigkeit aufzugeben. Hinzu kamen bisher nicht gewährte bürgerliche und politische Partizipationsrechte wie beispielsweise in Deutschland das Frauenwahlrecht. In der UdSSR wurde die Emanzipation zum politischen Programm erhoben und der Frau eine neue Rolle in der Gesellschaft zugeschrieben.

Kinder und Jugendliche hatten unter den Folgen des Krieges besonders zu leiden. Während des Krieges waren sie als Adressaten einer intensiven bellizistischen Propaganda missbraucht worden. Bücher und Broschüren, ›patriotisches‹ Spielzeug, Schule und Kirche hatten ihre Mobilisierung betrieben. Nach Kriegsende fanden sich europaweit geschätzte sechs Millionen Kinder als Halb- oder Vollwaisen wieder. Auch ihre Versorgung und gesellschaftliche Integration durch Fürsorgeinstitutionen war eine wichtige Aufgabe der Nachkriegszeit, die in Frankreich vom Staat übernommen wurde.

S. Kienitz

Integration

Nach dem Ende des Krieges erwies sich die soziale wie auch die kulturelle Wiedereingliederung der heimkehrenden Soldaten, der Kriegsgefangenen und vor allem der rund 2,7 Millionen physisch und psychisch versehrten Kriegsteilnehmer in Deutschland als problematisch. Ähnliche Erfahrungen machten die Kriegsinvaliden in Nationen wie England und Frankreich, die als Sieger aus dem Weltkrieg hervorgegangen waren. Häufig sahen sie sich – wie andere Kriegsopfergruppen auch, beispielsweise die Witwen – mit gesellschaftlichem Desinteresse, Misstrauen gegenüber der Echtheit ihrer Verwundungen und sozialer Ausgrenzung konfrontiert.

Die von seelischen Wunden und sichtbaren Narben gezeichneten Veteranen organisierten sich in Deutschland in einer Vielzahl parteipolitisch gebundener Kriegsbeschädigtenverbände. Sie kämpften um eine ökonomische Kompensation in Form einer Kriegsrente wie auch um die symbolische Anerkennung als »Helden«. Zwar wurden staatlicherseits gezielt berufliche Wiedereingliederungsprogramme für die arbeitsfähigen, mit Prothesen ausgestatteten Kriegsinvaliden initiiert. Doch in einer Zeit großer Arbeitslosigkeit erwies es sich auch als problematisch, dass auf diese Weise Kriegsbeschädigte mit gesunden Kriegsheimkehrern auf dem Arbeitsmarkt konkurrierten. War den deutschen Kriegsversehrten der »Dank des Vaterlandes« in Form lebenslanger Rentenzahlungen versprochen worden, so machten hohe Reparationszahlungen an die Siegernationen, die Hyperinflation und eine tief greifende Wirtschaftskrise solche Erwartungen sehr bald zunichte.

S. Kienitz

XI/1–XI/2

XI/1 Oberschenkelprothese mit Leibgurt

Orthopädische Werkstatt Krug · Großenhain, um 1930 · Pappelholz, Leder, Stahl, Blockfilz, Gurtband · 91 x 34 x 22 cm · Deutsches Historisches Museum, Berlin · 1991/510

XI/2 Aktive Oberarmprothese (rechts)

Ohne Ort, um 1930 · Holz, Stahl, Leder · 65 cm · Deutsches Historisches Museum, Berlin · 1991/509 · Abb. S. 272

Der Anblick von Prothesen gehörte zum Alltag der Nachkriegszeit. Die hier gezeigte Beinprothese verfügt über ein bewegliches Kniegelenk. Die Armprothese besitzt eine Mechanik, die Bewegungen des Armes erlaubt. Mittels eines Hebels kann die Hand verschiedene Griffstellungen einnehmen. Für die Kriegsinvaliden waren die Prothesen ungeachtet der orthopädietechnischen Fortschritte wegen der eingeschränkten Beweglichkeit der Ersatzglieder eine ständige Erinnerung an die erlittenen Verwundungen. Für die Gesellschaft wirkten sie als ständige Mahnung an die moralische Pflicht, den verstümmelten Soldaten beizustehen – eine Aufgabe, die mit zunehmendem Abstand zum Kriegsende oft als lästige Zumutung empfunden wurde. *K. B.*

XI/3 Handprothese (links)

1920–30 · klare Lackfarbe, Holz, Eisen, vernickelt, Aluminium, Messing · 10,1 x 21 x 8 cm · Deutsches Historisches Museum, Berlin · 1989/1799

Die schmale Handprothese der linken Hand, im Jargon der Zeitgenossen eine so genannte Schönheits- oder auch Sonntagshand, ersetzte die als hässlich empfundenen technischen Prothesenvarianten, mit denen der kriegsinvalide Handwerker und Industriearbeiter Maschinen bedienen konnte. Sie diente dem Prothesenträger außerhalb seines Berufslebens zur Überdeckung der Behinderung. Die Holzprothese wurde zu diesem Zweck auf eine Armprothese aufgeschraubt. Der Invalide konnte die Finger mittels eines Eisendrahthakens bewegen, der unter dem Ärmelansatz versteckt war. Ein Sperrhaken im Handteller diente der Blockierung des Daumens und sollte so mit dem Schließen der Hand zumindest eine passive Greifbewegung ermöglichen. Zusätzlich war im Handteller ein Haken aufgeschraubt, der zum Einhängen und Tragen von Aktentaschen und anderen Dingen benutzt werden konnte. *S. K.*

XI/4–XI/6

XI/4 Abendkleid

England 1920–29 · Metall, Seide, Glas, Maschinenspitze, Lamé, mit Perlen bestickt · 132 cm · Deutsches Historisches Museum, Berlin · KT 97/70 · Abb. S. 272

XI/5 Kappe

England 1920–29 · Metall, Seide, Maschinenspitze, Lamé · 13 x 17 x 22 cm · Deutsches Historisches Museum, Berlin · KT 97/71

XI/6 Spangenschuhe

England 1920–29 · Leder, Metall, Lamé · 13 x 7,5 x 26 cm · Deutsches Historisches Museum, Berlin · KT 97/72

Der Erste Weltkrieg beeinflusste auch die gesellschaftliche Ordnung der Geschlechter. Viele Frauen waren auf sich gestellt und arbeiteten in traditionellen Männerberufen. Nach Kriegsende und mit Einführung der Demokratie erhielten sie dann

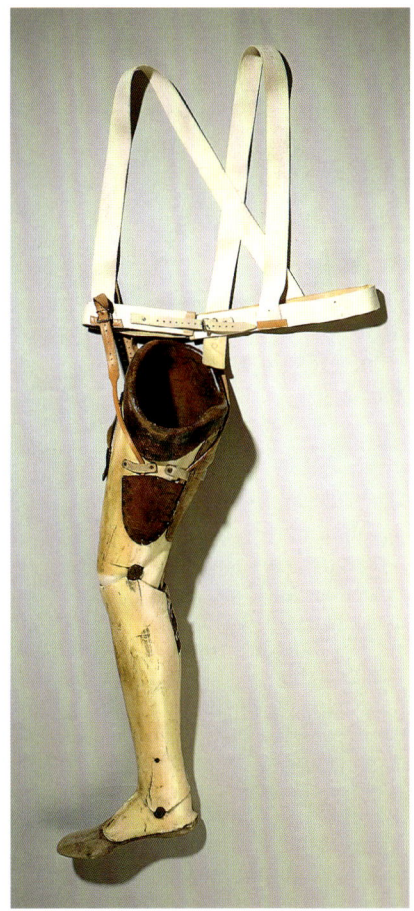

XI/1

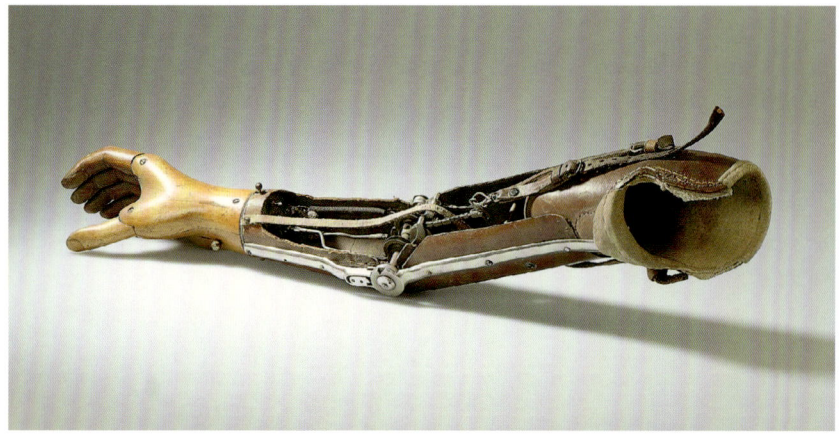

XI/2

XI/9 *Trud wnow dast tebe schisn i stschaste*
[Arbeit gibt Dir wieder Leben und Glück]

Brustplakette · Moskau 1915–17 · Papier · 6 x 5 cm ·
Staatliches Museum für die politische Geschichte
Russlands, St. Petersburg · I-7472

Die Unterstützung für Invaliden und
andere bedürftige Menschen wurde in
Russland überwiegend von der Kirche und
privaten Wohltätigkeitsinitiativen organisiert. 1913 nahm die Heilsarmee ihre
Tätigkeit in St. Petersburg auf, nach 1914
kümmerte sie sich auch um Kriegsinvaliden. Da die meisten Soldaten aus ländlichen Gegenden stammten, kehrten sie
im Falle einer Verletzung zumeist dorthin
zurück und wurden von ihren Familien
gepflegt.
Der Erlös aus dem Verkauf von Brustplaketten kam Maßnahmen zugute, mit denen

das aktive und passive Wahlrecht. Eine
Utopie des 19. Jahrhunderts schien sich
zu erfüllen: die von der gleichberechtigten,
aktiven, modernen »neuen Frau«. Mit
Bubikopf und Garçonne-Mode näherte
sich das neue Leitbild optisch jenem der
Männer an. Mehr noch: Eine betont
knabenhafte Linie erzielten Frauen mit
einem Büstenhalter, der die Brüste flach
drückte, und einem elastischen Gürtel,
der die Hüften kaschierte. Zeitgenossen
kritisierten diese Silhouette als »vermänn-
licht« und gaben so zu erkennen, dass sie
gefestigte Identifikationsmuster gefährdet
sahen. Auch wenn geschlechtsspezifische
Normen nicht nachhaltig gebrochen wurden, so brachten die zehner und zwanziger
Jahre den Frauen kürzere, funktionale
Schnittformen. *R. F.*

Auseinandersetzungen. Das Plakat des
sozialdemokratisch orientierten Reichsbundes sollte die finanzielle Notsituation
sämtlicher Kriegsopfergruppen ins Bewusstsein rufen und appellierte an die Mitbür-
gerinnen und Mitbürger, zu protestieren
und Solidarität mit den Betroffenen zu
zeigen. Thema des Maueranschlags waren
vor allem Vorwürfe gegen die Gruppe der
Beamten, denen immer wieder – und so
auch hier – ökonomische Privilegien unterstellt wurden. *S. K.*

XI/8 *Remembrance Day* [Gedenktag]

Plakat · Großbritannien, zwanziger Jahre · Maurice
Kirth · Lithographie · 75,8 x 50,8 cm · Imperial
War Museum, London · PST 6179

Der Verkauf von Mohnblumen (*poppies*),
zu dem der ehemalige britische Oberbefehlshaber Douglas Haig auf diesem Plakat aufruft, war eine populäre Form der
reintegrativen Unterstützung ehemaliger
Soldaten. Das Motto *Wear a Flanders Poppy*
verweist auf die Sitte, die Blume am
11. November, dem alljährlichen Tag des
Gedenkens an den Waffenstillstand, am
Revers zu tragen. Denn aufgrund seiner
Keimeigenschaften hatte der Klatschmohn
als eine der ersten Pflanzen im Niemandsland zu blühen begonnen, wo er leuchtend
rot an das hier vergossene Blut zu gemah-
nen schien. Die zitierte Zeile aus der
dritten Strophe von John McCraes Gedicht
In Flanders Fields dient hier der Mahnung
an die Unversehrten – im ursprünglichen
Kontext ruft sie alle Überlebenden auf, im
Kampf gegen den Feind nicht nachzu-
lassen. *R. R.*

XI/7 *Wer kann mit den Renten der Kriegsopfer leben?*

Maueranschlag · Reichsbund der Kriegsbeschädigten,
Kriegsteilnehmer und Kriegerhinterbliebenen · Deut-
sches Reich, um 1920 · Papier, Druck · 60 x 47 cm ·
Deutsches Historisches Museum, Berlin ·
DG 90/740.1 (MfDG)

Der Protest der Kriegsbeschädigtenverbände gegen die in ihren Augen zu niedrigen
Renten für die invaliden Kriegsteilnehmer
sowie für die Kriegerhinterbliebenen, denen
der Krieg mit dem Angehörigen auch den
Ernährer entrissen hatte, setzte bereits
mit Kriegsende ein. Im Mai 1920 beschloss
der Reichstag mit den Stimmen aller politischen Parteien ein neues Reichsversor-
gungsgesetz für Kriegsbeschädigte und
damit eine grundlegende Änderung der
Kriterien für zukünftige finanzielle Ansprüche gegen den Staat. Im Vorfeld dieser
Gesetzesänderung verschärften sich die

XI/4

verletzte oder frontunfähige Soldaten wieder in die Arbeitswelt eingegliedert werden sollten.

1918 erließ Lenin eine Verordnung zur Versorgung von Kriegsinvaliden der Roten Armee sowie ihrer Familien. Unterstützung sollten diejenigen erhalten, die ihre Arbeitsfähigkeit aufgrund von Traumata, Verletzungen oder Krankheit eingebüßt hatten. Die Heilsarmee wurde als christliche Organisation verboten. 1921 gründeten Invaliden die Allrussische Kooperative Invalidengesellschaft. Sie unterstützte Einrichtungen für Kriegerwitwen, Kinder und verwundete Soldaten. *K. B.*

XI/10 Lotterieschein des Lettischen Alten Schützenvereins Nr. 36995

Lettland 1940 · Papier, bedruckt · 10,5 x 19,5 cm · Lettisches Kriegsmuseum, Riga · LKM 4-3105/98-NS · Abb. S. 274

Auf der Rückseite des Lotteriescheins links sind dessen Preis (1 Lat) sowie die möglichen Gewinne angegeben: ein Auto, ein Klavier, Möbel und vieles mehr. Auf der rechten Seite findet sich eine Zeichnung des Künstlers Karlis Stepe und der Schriftzug »Die Lotterie des Lettischen Alten Schützenvereins« nebst den Unterschriften der Vereinsvorsitzenden. Die Lotterie wurden jedes Jahr organisiert, um Geld für den Verein zu erwirtschaften. Es kam bedürftigen Kriegsveteranen und ihren Familien zugute. *K. B.*

XI/11 Zigarettendose

Königreich der Serben, Kroaten und Slowenen 1925 · Blech · 7,2 x 9,3 x 1,8 cm · Historisches Museum Serbien, Belgrad · 29 Sammlung Angewandte Kunst

Die Zigarettendose zeigt drei Porträts von serbischen Nationalhelden: von Peter I., König von Serbien bis 1918 und erster König des Königreiches der Serben, Kroaten und Slowenen zwischen 1918 und 1921, von Feldmarschall Živojin Mišić, dem erfolgreichsten Kommandeur der Armee und Helden der Schlacht am Fluss Kolubara sowie von Feldmarschall Radomir Putnik, dem Oberkommandierenden der serbischen Armee. Unter den Porträts sind die – in zwei Fällen falschen – Todesdaten angegeben. Die Inschrift besagt, dass die Taten der Männer über deren Tod hinaus wirksam bleiben und der Stolz der Nation sind. Dosen wie diese wurden verkauft, um Geld für die soziale und berufliche Reintegration der Kriegsinvaliden zu sammeln. *K. B.*

XI/8

XI/12 *Syllabaire Spécial. Offert aux Avengles de la Guerre*

A. Balquet · Frankreich 1918 · Papier, Karton, Metall · 33 x 24 cm · Historial de la Grande Guerre, Péronne · 033967-AB · Abb. S. 274

Dieses Buch richtete sich an Soldaten, die in Folge des Krieges erblindet waren. Dem Heimkehrer sollte geholfen werden, seinen Platz als Familienvater wiederzufinden, indem er weiterhin seinen Pflichten nachkommen und eine Vorbildfunktion bei der Erziehung einnehmen konnte. Die Fibel ermöglichte es ihm, wie die Abbil-

dung auf dem Buchdeckel zeigt, seinen Kindern vorzulesen und das Lesen beizubringen. Da das Buch den Text sowohl in Blinden- als auch in Druckschrift enthält, konnte das Kind seinerseits dem Vater helfen, seine Schwierigkeiten zu überwinden. Dazu diente eine beigefügte Tafel, auf der man mit einem Schieber entlangfahren kann, um die Blindenschrift zu verstehen. Das Buch ist in 33 Lektionen gegliedert und enthält verschiedene Wiederholungsübungen. Es wurde gegen Kriegsende von der 1889 gegründeten

Valentin Hauy-Assoziation für das Wohl blinder Menschen herausgegeben. Sie ist benannt nach dem Begründer der ersten Schule für blinde Kinder in Paris aus dem Jahr 1774. *K. B.*

XI/13–XI/15

XI/13 *Räder statt Beine*

Aus der Serie »Opfer des Ersten Weltkrieges« · Fotografie · Walter Ballhause (1911–1991) · Hannover 1930 (Abzug 1933) · 29,2 x 40,9 cm · Deutsches Historisches Museum, Berlin · Ph 92/144

XI/14 *Advent – Auf Krücken sitzt sich's wärmer*

Aus der Serie »Opfer des Ersten Weltkrieges« · Fotografie · Walter Ballhause (1911–1991) · Hannover 1931 (Abzug 1933) · 29,2 x 40,9 cm · Deutsches Historisches Museum, Berlin · Ph 92/99 · Abb. S. 276

XI/15 *Streit der Bettler um den besten Platz*

Aus der Serie »Opfer des Ersten Weltkrieges« · Fotografie · Walter Ballhause (1911–1991) · Hannover 1930 (Abzug 1939) · 29,2 x 40,9 cm · Deutsches Historisches Museum, Berlin · Ph 92/140

Seit Ende der zwanziger Jahre fotografierte Walter Ballhause die Lebensbedingungen der Arbeiter in Deutschland. Die Situation der »Kriegskrüppel«, wie sie sich in den Städten unübersehbar vor Augen stellte, dokumentierte er ebenso realistisch wie die Lage der Arbeitslosen oder die gesellschaftlichen Folgen der Weltwirtschaftskrise. *R. R.*

XI/16 Bekanntmachung des Kriegswaisengesetzes vom 27. Juli 1917

Office National des Pupilles de la Nation · Paris 1918 · Lithographie · Deutsches Historisches Museum, Berlin · 73/1668 (MfDG)

Das 1917 in Frankreich verabschiedete Gesetz war in Europa einzigartig. Es erklärte die durch den Krieg zu Halbwaisen gewordenen Kinder zu Schützlingen der gesamten Nation. Frankreich hatte sich um das Schicksal von circa einer Million Kriegswaisen zu sorgen und ungefähr 600 000 Frauen und Mütter waren zu Kriegswitwen geworden. Zahlreiche Initiativen hatten sich schon zuvor um die Hinterbliebenen von gefallenen Soldaten bemüht, mit dem Gesetz sollten materielles Auskommen, medizinische Betreuung und eine geregelte Ausbildung dauerhaft gesichert werden. *R. R.*

XI/10

XI/12

XI/17–XI/18

XI/17 *Petrogradskoje IIIe realnoje utschilischtsche sirotam [III. Petrograder Realschule für Kriegswaisen]*

Brustplakette · Petrograd 1914–17 · Papier · 7 x 3 cm · Staatliches Museum für die politische Geschichte Russlands, St. Petersburg · I-7500I1-2

XI/18 *Na prijut sirotam wojnow [Für ein Obdach für die Kriegswaisen. Allrussische Gesellschaft der barmherzigen Schwestern]*

Brustplakette · Petrograd, 25. Oktober 1916 · Papier · 6 x 3 cm · Staatliches Museum für die politische Geschichte Russlands, St. Petersburg · I-7434

Wie auch im Falle der Kriegsinvaliden erfolgte die Unterstützung von Kriegswaisen fast ausschließlich über die Heilsarmee und andere kirchliche oder private Einrichtungen. Der Erlös, der aus dem Verkauf von Brustplaketten stammte, kam unter anderem Waisenschulen zugute. Seit

1921 kümmerte sich auch die Allrussische Kooperative Invalidengesellschaft um die Kriegswaisen. *K. B.*

XI/15

XI/19 *Memorial Cross (»Silver Cross«) [Erinnerungskreuz (»Silbernes Kreuz«)]*

Großbritannien, ab 1919 · Silber, Textil · 3 x 5 cm · The Royal Montreal Regiment, Montreal · 2004.006 (DHH)

Das Erinnerungskreuz, meist »Silver Cross« genannt, war am 1. Dezember 1919 vom britischen König gestiftet worden. Es wurde den Müttern und Witwen von kanadischen Soldaten verliehen, die im Kampf gefallen oder ihren darin erlittenen Verwundungen erlegen waren. Die Emp-fängerinnen waren berechtigt, es jederzeit zu tragen, was sie gewissermaßen den Veteranen gleichstellte, die ihre Auszeich-nungen ebenfalls jederzeit tragen durften. Das »Silver Cross« wurde automatisch, also ohne Antrag, verschickt. In jedes Kreuz waren Name, Rang und Dienstnummer des Verstorbenen eingraviert.

Das Kreuz trägt am oberen Balkenende die englische Krone, an den drei anderen Balken je ein Ahornblatt. Im Zentrum sind die Insignien des britischen Königs Georg V. zu sehen. Zwischen die Kreuz-balken ist ein stilisierter Lorbeerkranz eingeflochten. Von dem an einem pur-purnen Band getragenen Ehrenzeichen wurden in der Regierungszeit Georgs V. insgesamt 58 500 Exemplare an kanadi-sche Staatsbürgerinnen verliehen.

Das gezeigte »Silver Cross« wurde der Mutter von Major William John Holliday verliehen, der am 16. April 1917 an den Folgen seiner beim Angriff auf Vimy Ridge erlittenen Verwundungen starb. *R. R.*

XI/13

XI/20 Schallplatte zugunsten des k. k. österreichischen Militär-, Witwen- und Waisenfonds

Mit einem Stimmporträt Kaiser Franz Josephs I. · Carl Lindström AG, Wien/Berlin · Besprochen im Schloss Schönbrunn, 14. Dezember 1915 · Schallplat-te: Durchmesser 29,7 cm; Cover: 31 x 31,3 cm · Hee-resgeschichtliches Museum, Wien · Tonarchiv, Sch 29

Der k. k. österreichische Militär-, Witwen- und Waisenfonds wurde bereits im August 1914 gegründet und entwickelte sich rasch zu der Zentralstelle der Fürsorge für die Witwen und Waisen von Gefallenen öster-reichischer Staatsangehörigkeit. Dies bedeu-tete, dass sein Arbeitsgebiet nur auf die österreichische k. k. Reichshälfte beschränkt war. Die Anregung für die Schaffung einer

derartigen Einrichtung kam von Erzherzog Leopold Salvator und seiner Gemahlin Blanka. Die Schirmherrschaft übernahm kein Geringerer als der greise Monarch Kaiser Franz Joseph I. selbst. Nach seinem Tod am 21. November 1916 übernahmen diese Funktion Kaiser Karl I. und seine Gemahlin Zita von Bourbon-Parma.

Ging es zu Beginn der Tätigkeit primär darum, den Familien gefallener Soldaten eine zeitlich begrenzte Unterstützung zu-

kommen zu lassen, wurde später – neben der weiterhin durchgeführten Unterstüt-zung von kinderlosen Kriegerwitwen – das Hauptaugenmerk auf eine dauernde Versor-gung vor allem der Kriegswaisen und deren Mütter gelegt. Dieser Umstand ergab sich nicht zuletzt aus der ursprünglich nicht geplanten langen Dauer des »Großen Krieges«.

Die finanziellen Mittel wurden durch Sam-meltätigkeit und verschiedene Aktionen

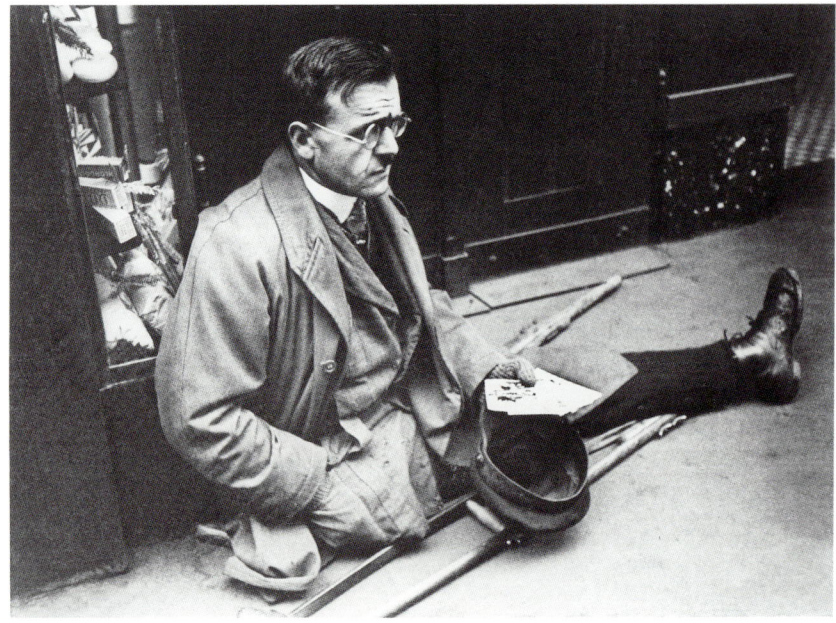

XI/14

Kurzhaarfrisur, roten Kirschmund und die lockere durchsichtige Kleidung – die äußeren Merkmale der »neuen Frau« in den frühen zwanziger Jahren.

An der Namensgebung des Lokals lassen sich zudem die veränderten politischen Verhältnisse und die Wandlungen des Zeitgeistes nachvollziehen: Hieß das Etablissement vor dem Krieg »Moulin Rouge«, so wurde sein Name später in »Rote Mühle« eingedeutscht und das Lokal ab Sommer 1937 von einem neuen Besitzer als »Gute Stube Bar« geführt. *A. v. H.*

XI/23 *Tschto dala oktjabrskaja rewoljuzija rabotnize i krestjanke?* *[Was gab die Oktoberrevolution der Arbeiterin und der Bäuerin?]*

Plakat · Moskau 1920 · Farblithographie · 104,4 x 71,4 cm · Deutsches Historisches Museum, Berlin · P 90/8501 · Abb. S. 279

Der Wandel der sozialen und politischen Rolle von Frauen in Russland wurde weniger durch den Ersten Weltkrieg bewirkt als vielmehr durch die Oktoberrevolution 1917. Frauen sollten nun den Männern gleichgestellt und am Aufbau der kommunistischen Gesellschaft beteiligt werden. Die Propaganda richtete sich bewusst an die Frauen als an eine derjenigen Bevölkerungsgruppen, die vor der Revolution benachteiligt gewesen waren. Das neue Frauenbild, wenngleich mit Kopftuch und Schürze an konventionelle Rollenmuster erinnernd, orientierte sich am heroisierten Ideal einer starken Persönlichkeit, die sich nach dem Verständnis der Bolschewiki ihrer sozialen Klasse auch als zugehörig empfindet und einen ihr angemessenen Platz im gesellschaftlichen Leben einnimmt. *K. B.*

und Veranstaltungen eingespielt. Gerade die Aktion »Wehrmann in Eisen« war ungemein populär und von großem finanziellen Erfolg gekrönt: Bis Ende Dezember 1916 wurden dadurch rund 677 000 Kronen eingenommen. Nur die Einnahmen aus der Kriegsversicherungsaktion waren höher und beliefen sich auf rund 700 000 Kronen (Stand Dezember 1916). Der Verkaufserlös der so genannten Kriegsschallplatten betrug bis zum selben Zeitpunkt rund 15 000 Kronen. Diese kamen ebenfalls dem Militär-, Witwen- und Waisenfond zugute. *R. H.*

LITERATUR Brigitte Holl, *Die Frau im Krieg*, Ausst. Heeresgeschichtliches Museum Kat. Wien 1986, S. 88; K. k. österreichischer Militär- Witwen- und Waisenfonds (Hrsg.), *Bericht über das erste Bestandsjahr 1914/15*, o. O. o. J., S. 2–4, 8, 22, 27; K. k. österreichischer Militär- Witwen- und Waisenfonds (Hrsg.), *Bericht über das zweite Bestandsjahr 1915/16*, Wien o. J., S. 34.

XI/21 *Mädchen u. Frauen heraus aus der Finsternis!*

Plakat · Ludwig Kainer (*1885, † vor 1956) · Deutschland 1919 · Lithographie · 74,5 x 48,2 cm · Deutsches Historisches Museum, Berlin · 1987/145.13

Nach dem Zusammenbruch der deutschen Monarchie und der Übernahme der Macht durch die sozialistische provisorische Regierung wurde in dem Aufruf des Rates der Volksbeauftragten vom 12. November 1918 unter anderem erklärt, dass alle

Frauen, die das zwanzigste Lebensjahr erreicht hatten, zu Wahlen zugelassen seien. Eine alte Forderung von Sozialdemokratie und Frauenrechtlerinnen war damit erfüllt. Mit einer schwungvollen Geste ruft die junge Frau auf dem Plakat, die als eine der französischen ›Marianne‹ vergleichbare Allegorie der Freiheit interpretiert wurde, ihre Gefährtinnen auf, von dem neuen Recht Gebrauch zu machen. Die tänzerisch anmutige Bewegung und das Kostüm lassen den Modezeichner Ludwig Kainer und seine intensive zeichnerische Rezeption der Russischen Balletts von Sergei Diaghilew erkennen. *A. v. H.*

XI/22 *Rote-Mühle-Bar, Drinks*

Plakat · Hans Bohn (1891–1980) · Deutschland, um 1924 · Farblithographie · 119,5 x 88 cm · Deutsches Historisches Museum, Berlin · P 73/3344 · Abb. S. 278

Auf früheren Werbeplakaten für Nachtlokale figurierten Frauen als Barbesucherinnen in männlicher Begleitung oder als Animierdamen. Hinter dem Tresen standen Männer, als Barkeeper mit souveräner Miene die Cocktails mixend.

Im Stil der neuen Sachlichkeit gezeichnet, stellt dieses Plakat das veränderte Selbstverständnis der Frauen nach dem Krieg demonstrativ zur Schau. Der emanzipatorische Gestus entsteht durch die tatkräftig aufgestützten Arme, den offensiven und zugleich distanzierten Blick sowie durch

Wiederaufbau

Bereits während des Krieges wurden vereinzelt erste Wiederaufbaumaßnahmen ergriffen. So etwa in Ostpreußen, wo schon im Februar 1915, nach der Vertreibung der kurzzeitig eingedrungenen russischen Truppen, damit begonnen wurde. Der eigentliche Wiederaufbau setzte jedoch erst nach 1918 ein. Die dafür geschaffenen staatlichen Stellen – etwa das Ministère de la Reconstruction in Paris oder das Reichsamt für Wirtschaftliche Demobilmachung in Berlin – sahen sich naturgemäß vor unterschiedliche Herausforderungen gestellt. In Deutschland galt es vor allem, die Auflösung ehemaliger Rüstungsbetriebe zu organisieren und den heimkehrenden Soldaten Arbeit zu verschaffen. Anders in Frankreich und Belgien. Dort hatte der eigentliche Grabenkrieg stattgefunden und nur noch verwüstete Landschaften und die Ruinen einst belebter Städte und Dörfer hinterlassen. Allein über 480 000 Häuser, unter ihnen 750 unwiederbringliche historische Bauwerke, waren ganz oder teilweise zerstört. Noch dramatischer zeigte sich die Lage an der ehemaligen Ost- und Balkanfront. Mehr als 220 000 Bauernhäuser waren beispielsweise in Galizien und der Bukowina in Flammen aufgegangen. In Serbien gab es praktisch keine Industriebetriebe mehr und die Landwirtschaft hatte damit zu kämpfen, dass der Viehbestand zu 80 Prozent getötet oder gestohlen worden war. Internationale Aufbauprogramme vermochten zu helfen, stießen indessen insbesondere im Osten dort an ihre Grenzen, wo sich der Erste Weltkrieg in eine Vielzahl von Nachfolgekriegen auffächerte und immer neue Zerstörungen produzierte.

B. Ulrich

XI/24 *Map showing devastated zones in the 10 devastated departments of France [Karte von zehn zerstörten Departements in Frankreich]*

Frankreich 1919 · Lithographie · 43 x 53 cm · Musée national de la Coopération franco-américaine de Blérancourt · Dsb 13

Diese Karte zeigt die zehn französischen Departements entlang der ehemaligen Frontlinie und den Grad an Zerstörung, den jedes dieser Departements zu erleiden hatte. Die Darstellung gibt eine Übersicht über die so genannten roten Zonen. So bezeichnete man landwirtschaftliche Nutzflächen, die aufgrund der kriegsbedingten Verwüstungen nicht mehr kultivierbar waren. Links oben ist der Umriss des Departements Aisne zu sehen, dessen Territorium zu 90 Prozent als zerstört galt. Das Dokument stammt ursprünglich aus dem Bericht über den Wiederaufbau des Department Aisne, den der Präfekt Lucien Saint 1920 seiner Behörde vorlegte. Die englische Version wurde vermutlich vom Comité Américain pour les Régions Dévastées (C.A.R.D.) angefertigt, um potentielle Spender in den USA zu beeindrucken. G. B.

XI/25 *Danger des engins explosifs/Gevaar der ontploſbare voorwerpen [Gefahr durch Explosivwaffen]*

Belgien, nach 1918 · Lithographie · 120 x 80 cm · Musee Royal de l'Armée et d'Histoire Militaire, Brüssel · 30500688 (D.1.4.8)

Ein großer Prozentsatz der abgefeuerten Granaten explodierte nicht. Diese Blindgänger stellten nach Kriegsende eine fortdauernde Gefahr für die Bevölkerung dar. Bestimmte besonders intensiv beschossene Gebiete, wie jene um Verdun, bei Ypern, an der Somme und am Chemin des Dames, blieben noch auf Jahrzehnte hinaus gesperrt. R. R.

XI/26 *Der Wiederaufbau Ostpreussens*

Buch · Hrsg. von Erich Göttgen · Gräfe & Unzer · Königsberg 1928 · 31 x 23 cm · Ostpreußisches Landesmuseum, Lüneburg · IV K3c WIE

Ostpreußen war als einzige deutsche Provinz Kriegsgebiet. Durch schwere Kämpfe zwischen der deutschen und der russischen Armee wurden große Teile der Region verwüstet. Sofort nach dem Abzug der russischen Streitkräfte im Jahr 1915 begann der Wiederaufbau mit privaten und

staatlichen Mitteln. Eine bereits 1914 gegründete Kriegshilfekommission stellte Gelder zur Verfügung. Architekten und Bauämter entwarfen Kostenpläne. Eine Übersicht in dem von dem Architekten Erich Göttgen edierten Buch veranschaulicht die »Behördliche Organisation des Wiederaufbaus Ostpreussens«. Die aufgeschlagene Seite zeigt den Altstädtischen Markt von Stallupönen vor und nach dem Wiederaufbau. Bei der Rekonstruktion wurden moderne Lösungen favorisiert. So erhielten einige Städte der Region durch die Arbeiten, die bis 1925 andauerten, zum Teil ein ganz neues Gesicht. K. B.

XI/27 *Patenschaftsteller der Ostpreußenhilfe*

Königlich-Preußische Porzellanmanufaktur (KPM) · Berlin 1915 · Porzellan · 23 cm · Ostpreußisches Landesmuseum, Lüneburg · 58/80

Unter den vielen anderen Hilfsvereinen, die den Wiederaufbau in Ostpreußen unterstützten, war die Ostpreußenhilfe der weitaus bedeutendste. Die private Organisation akquirierte – zusätzlich zur staatlichen Hilfe – die größte Geldsumme. In ganz Deutschland hatten sich Ableger der Ostpreußenhilfe gebildet und zahlreiche Städte und Kreise übernahmen Patenschaften für zerstörte Orte und Landschaften in Ostpreußen. Insgesamt existierten 61 dieser Patenschaftsverbindungen. Der Porzellanteller wurde für eine Spende an die Ostpreußenhilfe verliehen. K. B.

XI/28–XI/33

XI/28 *Zentralmarkt, Kanonicka Straße, zerstört*

Postkarte · Kalisch 1914/15 · 9 x 14 cm · Regionalmuseum, Kalisz · Ohne Inv.-Nr.

XI/29 *Zentralmarkt, Kanonicka Straße, wiederaufgebaut*

Postkarte · Kalisz 1995 · 9 x 14 cm · Regionalmuseum, Kalisz · Ohne Inv. Nr.

XI/30 *Marjanska Straße, zerstört*

Postkarte · Kalisch 1914/15 · 9 x 14 cm · Regionalmuseum, Kalisz · Ohne Inv. Nr.

XI/31 *Marjanska Straße, wiederaufgebaut*

*Postkarte · Kalisz 1995 · 9 x 14 cm · Regional-
museum, Kalisz · Ohne Inv. Nr.*

XI/32 *Kalisch, Luftaufnahme, zerstört*

*Postkarte · Kalisch 1914/15 · 9 x 14 cm · Regional-
museum, Kalisz · Ohne Inv. Nr.*

XI/33 *Kalisz, Luftaufnahme, wieder-
aufgebaut*

*Postkarte · Kalisz 1995 · 9 x 14 cm · Regional-
museum, Kalisz · Ohne Inv. Nr.*

Der Wiederaufbau des von den Deutschen
zerstörten Kalisch wurde in ganz Polen mit
großem Interesse verfolgt. Bereits 1914
bildete sich in Warschau das »Komitee zum
Aufbau von Kalisch«, das einen Wettbewerb ausschrieb. Ziel aller Entwürfe war es,
den Stadtkern im Stil polnischer Architektur zu rekonstruieren. Ende 1915 entwickelten auch die deutschen Besatzer ein
Wiederaufbauprojekt. Sie wollten die
Spuren der Zerstörung beseitigen und der
Stadt einen deutschen Charakter verleihen.
Der eigentliche Wiederaufbau begann erst
Ende 1918, als der Magistrat von Kalisz
die Innenstadt vom Schutt befreien, die
abgebrannten Häuser entfernen und die

XI/34

Ziegelproduktion vorbereiten ließ. Die
Mittel kamen aus privaten und öffentlichen
Fonds. Der Wiederaufbau erstreckte sich
über den gesamten Zwischenkriegszeitraum
bis zum Ausbruch des Zweiten Weltkrieges.
K. B.

XI/34 Kühler eines Sanitätsfahrzeugs

*Ford Motor Company · USA 1914–18 · Metall ·
54 x 59 x 16 cm · Musée national de la Coopération
franco-américaine de Blérancourt · dsb 147.6*

1917 trafen die ersten Freiwilligen des von
den Amerikanerinnen Anne Morgan und
Anne Murray Dike gegründeten und ge-
leiteten Comité Américain pour les Régio-
nes Dévastées (Amerikanisches Komitee
für die zerstörten Gebiete) in Nordfrankreich ein. Vom Hauptquartier in Blérancourt aus verfolgte die ausschließlich aus
weiblichen Freiwilligen bestehende Organisation das Ziel, insbesondere der Zivilbevölkerung in der Picardie zu helfen. Sie
hatte drei Jahre lang unter Krieg, Flucht
und Besetzung gelitten. Das C.A.R.D.
konzentrierte sein Engagement auf die
Gegend zwischen Aisne und Oise. Zu
den vordringlichsten Aufgaben gehörten
der Bau von provisorischen Unterkünften,
die Kultivierung von brachliegenden
landwirtschaftlichen Flächen, die Ausbildung von Kindern und die Versorgung
von Kranken. Während der deutschen
Frühjahrsoffensive im Jahr 1918 fanden
im Operationsgebiet des C.A.R.D. erneut
Kampfhandlungen statt. Ob der Einschuss
in dem Kühler eines der Ford-LKWs, mit
dem das C.A.R.D. ausgestattet war, aus
dieser Zeit stammt, ist ungewiss. Sicher
ist jedoch, dass die Arbeit damals besonders gefährlich geworden war. Die Hilfs-
maßnahmen wurden auch nach Kriegsende fortgesetzt und zielten nun vor allem
auf die moralische und soziale Unterstüt-

XI/36

zung der Zivilbevölkerung. Der Wiederaufbau in der Picardie wurde somit in entscheidender Weise von dem C.A.R.D. befördert. Insgesamt sieben Jahre war die Organisation in Frankreich aktiv. *R. R.*

XI/35–XI/36

XI/35 Kinderstuhl

Frankreich, nach 1918 · Holz der amerikanischen Pechkiefer · 65 x 28 x 31 cm · Musée national de la Coopération franco-américaine de Blérancourt · Ohne Inv.-Nr. · Abb. S. 73

XI/36 *Le Grand Napoléon des Petits Enfants*
[Der große Napoleon der kleinen Kinder]

Kinderbuch · Text: Jules de Marthold · Illustrationen: Job [Pseudonym für Onfray de Breville und Jacques Marie Gaston] · Plon-Nourrit et Cie. Éditeurs · Paris 1893 · 23 x 27 cm · Musée national de la Coopération franco-américaine de Blérancourt · Ohne Inv.-Nr.

Die von einer antideutschen Haltung geprägten ehrenamtlichen Mitarbeiterinnen des C.A.R.D. – gemeint ist das Comité Américain des Régions Dévastées, eine Wiederaufbauorganisation, die sich seit 1917 in Nordfrankreich im Gebiet zwischen Aisne und Oise engagierte – sahen ihre Aufgabe nicht zuletzt in der moralischen Wiederaufrichtung der Menschen, wobei Bildung eine wichtige Rolle spielte. Zwischen 1920 und 1921 richtete das C.A.R.D. im Departement Aisne fünf öffentliche Bibliotheken ein, darunter die allererste Kinderbibliothek Frankreichs.

Sowohl die zur Auswahl stehenden Bücher als auch das Bibliotheksmobiliar – dies belegen das Kinderbuch über Napoleon und der Holzstuhl – wurden auf die speziellen Bedürfnisse der kleinen Leserinnen und Leser abgestimmt. Beide Exponate stammen ursprünglich aus der C.A.R.D.-Bibliothek in Vic-sur-Aisnes. *G. B.*

XI/37 *La voix des cloches*
[Die Stimme der Glocken]

Broschüre und Splitter einer zerstörten Kirchenglocke · Kanada 1914–18 · Papier, Metall · 10 x 6,5 cm · Royal 22e Régiment Museum, Québec · 2003-204-001

Diese französischsprachige Publikation wendete sich vor allem an die aus Frankreich stammenden Kanadier. Auch wenn die Frankokanadier die Regierungspolitik und insbesondere die Einführung der Wehrpflicht nicht immer enthusiastisch unterstützten, so standen sie dem Leiden der Franzosen während des Krieges in der Regel doch nicht gleichgültig gegenüber. In Kanada bildeten sich verschiedene Organisationen und Vereine zur Unterstützung Frankreichs. Um die Anteilnahme der Katholiken im französischsprachigen Teil Kanadas zu wecken, wurde häufig auf die durch deutsche Bombardierungen zerstörten Kirchen verwiesen. Ein anderes, von den maßgeblichen Befürwortern einer Kriegsbeteiligung Kanadas angeführtes Argument, mit dem für eine Unterstützung Frankreichs geworben wurde, war die Blutsverwandtschaft der Frankokanadier mit ihren »Cousins« im französischen »Mutterland«. *S. H. und M. L. (Ü)*

XI/37

XI/38 Kissen mit Broschen in Form eines Bajonetts

Ypern, zwanziger Jahre · Textil, Metall, Holz · 15 x 30 cm · In Flanders Fields Museum, Ieper · Ohne Inv.-Nr.

Broschen dieser Art wurden an Schlachtfeld-Touristen verkauft, um Geld für den Wiederaufbau Yperns zu sammeln. Vor allem für britische Veteranen und Hinterbliebene wurde die im Krieg jahrelang

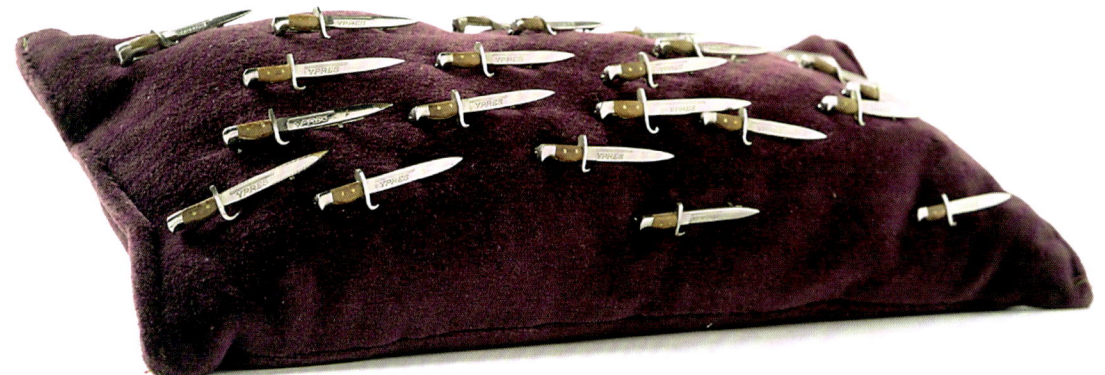

XI/38

XI/39

umkämpfte Stadt zu einem bevorzugten Reiseziel. Die Schlachten um Ypern, das von drei Seiten von deutschen Truppen umringt gewesen war, hatte hunderttausende von Opfern gefordert. 1928 organisierte die British Legion eine als Pilgerfahrt (*pilgrimage*) angekündigte Reise nach Ypern, an der mehr als 11 000 Reisende teilnahmen. *R. R.*

XI/39 *Poelcappelle* *[Poelkapelle]*

Fotografie · Maurice Antony · Poelkapelle, 11. Dezember 1918 · Reproduktion · Maße 23,3 x 28,8 cm · In Flanders Fields Museum, Ieper · Ohne Inv.-Nr.

Die lang anhaltenden Kämpfe an der Westfront bei Ypern führten zur völligen Vernichtung zahlreicher nahe gelegener Ortschaften, darunter auch Poelkapelle. Unter andauerndem Artilleriebeschuss wurden Kirchen, Rathäuser und Gebäude dem Erdboden gleichgemacht. Diese Er-

fahrung, die während des Krieges für die Frontsoldaten so prägend gewesen war, konnte nach Kriegsende teilen, wer als Besucher zu den ehemaligen Schlachtfeldern oder den ausgedehnten Soldatenfriedhöfen in Langemarck-Poelkapelle reiste. *R. R.*

XI/40 *De Grote Markt van Ieper tijdens de wederopbouw* *[Marktplatz in Ypern während des Wiederaufbaus]*

Alfred Bastien (1873–1955) · Ypern 1927 · Aquarell auf Papier · 14,5 x 23,5 cm · In Flanders Fields Museum, Ieper · SM 2804

Auf britischen Wunsch sahen die Pläne für die Neugestaltung Yperns zunächst vor, große Teile der zerstörten Innenstadt als Mahnmal zu belassen. Dies folgte dem Ausspruch Winston Churchills, es gäbe keinen heiligeren Ort für die Briten als Ypern. Die ehemaligen Bewohner wider-

setzten sich diesen Plänen und kehrten in den Ort zurück. Der Wiederaufbau begann auf ihre Initiative. Angestrebt wurde, die Gestalt der fast restlos zerstörten Innenstadt weitgehend getreu wiederherzustellen. Besonders die mittelalterlichen Gebäude wie die Kathedrale und die berühmte Tuchhalle sollten das Stadtbild auch zukünftig prägen. Alfred Bastien hielt in seinem Aquarell die Rekonstruktion beider Gebäude fest. Im Zentrum der Komposition stehen die Arbeiten an der Tuchhalle, rechts davon ist die Kathedrale zu erblicken. *R. R.*

XI/40

XII. Ein neuer Dreißigjähriger Krieg

Das Ende des Ersten Weltkrieges nährte die Hoffnung auf einen dauerhaften Frieden. Doch unter der brüchigen Schicht einer international geltenden Moral, die mit der gesamten Pariser Friedensordnung wieder zu ihrem Recht kommen sollte, wurden alte Kämpfe weitergeführt und neue geschürt. Offensichtlich gehörte die Gewöhnung an den Einsatz brutaler Gewalt bei der Lösung von Konflikten zu einer der zentralen Hinterlassenschaften des ersten totalen Krieges. Weder der Völkerbund noch etwa andere, zwischenstaatliche Versuche, den Krieg als Mittel der Politik zu ächten, konnten verhindern, dass die Ereignisse diesen Gang nahmen. Die krisengeschüttelten Wirtschafts- und Sozialgefüge der besiegten, enttäuschten oder aus dem Krieg neu hervorgegangenen Nationen begünstigten den Aufstieg nationalistisch-autoritärer Regierungsformen. Diese erfuhren schließlich im italienischen Faschismus und im deutschen Nationalsozialismus ihre schärfste antizivilisatorische Ausprägung. Zusammen mit der Sowjetunion – die Existenz des ersten totalitären Staates im 20. Jahrhundert ist ebenfalls ohne die Zäsur des Weltkrieges undenkbar – hatten damit die Antagonisten des kommenden Weltkrieges die Bühne der Weltpolitik betreten.

Im Rückblick auf dieses im August 1914 einsetzende »Zeitalter der beiden Weltkriege« ist zu Recht vom »Beginn des Neuen Dreißigjährigen Krieges« (Raymond Aron) gesprochen worden – er sollte bis 1945 andauern. Heute wird jedoch oft vergessen, dass die Epoche des Dreißigjährigen Krieges bereits in der Zwischenkriegszeit als historischer Bezugspunkt präsent war, vor allem in Deutschland. Die politische Rechte stellte insbesondere den Westfälischen Frieden auf eine Stufe mit dem Versailler Vertrag und sah in diesem Analogieschluss einen Beleg für das Bemühen der Sieger, Deutschland zu schwächen und als Hegemonialmacht auszulöschen. Dagegen betonten andere wie etwa Thomas Mann oder Alfred Döblin in ihren historisch inspirierten Verweisen auf den »Großen Krieg« im 17. Jahrhundert dessen barbarischen Charakter, der auch die Realität des Ersten Weltkrieges prägte und die des kommenden vorwegnahm. Es sollte sich indessen zeigen, dass die Erfahrungen des Zweiten Weltkrieges in dramatischer Weise alle zuvor gehegten Befürchtungen übertrafen, gleichgültig, ob sie nun aus historischen Vergleichen oder aus dem Erlebnis des Ersten Weltkrieges gewonnen worden waren.

B. Ulrich

XII/1 Medieninstallation

*Foto, Film, Audiomaterial · 1919–42 · Bundesarchiv/
Filmarchiv, Berlin (Rechte: Transit Film, München);
Deutsches Historisches Museum, Berlin; Ullstein
Bilderdienst, Berlin; Archiv für Kunst und Geschichte,
Berlin; Deutsches Rundfunkarchiv, Frankfurt a. M.*

Diese Ausstellungspassage dokumentiert in
Ton und Bild ausgewählte geschichtliche
Ereignisse der zwanziger bis vierziger Jahre.
Gezeigt werden zeitgenössische Wochenschauen und Dokumentarfilme sowie
eine Kompilation aus historischen Plakaten und Fotos. *K. B.*

Bei der Reichspräsidentenwahl 1932 versuchte Hitler die Weltkriegsveteranen für sich zu gewinnen.
Das Plakat stellt in antisemitischer Propaganda einige Unterstützer der Kandidatur Hindenburgs aus
den demokratischen Parteien den Gefolgsleuten Hitlers gegenüber. Diese werden großenteils als »Frontkämpfer« vorgestellt.

Der von allen Beteiligten gemeinsam erlebte Krieg wird nicht von allen gemeinsam erfahren. Dies gilt im gleichen Maße für die aus der Erfahrung gewonnene Erinnerung an den Ersten Weltkrieg. Sie war kaum fest umrissen und in ihrem Gehalt weder für alle Teilnehmer an den Fronten noch für diejenigen in Etappe und Heimat verbindlich. Die Erinnerung eines Soldaten blieb abhängig von seinem Rang, seinem Einsatzort, seiner religiösen und politischen Überzeugung, seinem Zivilberuf, seiner generationellen oder der zumindest im Ersten Weltkrieg noch so wichtigen landsmannschaftlichen und ethnischen Zugehörigkeit: Ob zum Beispiel ein Soldat der deutschen Armee aus Preußen oder Bayern kam, ob er einer Minderheit zugerechnet wurde, mithin Pole, Elsässer oder Däne war, ob es ihn auf Seiten der Alliierten aus Portugal oder Indien an die Westfront, aus Sibirien an die Ostfront verschlagen hatte – all dies spielte naturgemäß eine Rolle für die Wahrnehmung und Verarbeitung des Erlebten.

Angesichts dieser Vielfalt wurden in der Erinnerung an den Krieg jene Mythen und Legenden umso bedeutsamer, die ein einheitliches Erlebnis suggerierten. Nur so konnte der Krieg in der Erinnerung überhöht und ihm ein kollektiver Sinn verliehen werden, wo individuell oft Sinnlosigkeit erfahren worden war.

Diese Arbeit an der Kriegserinnerung – sei es im privaten Bereich, um Tod und Verwundung naher Angehöriger zu verarbeiten, sei es in der propagandistischen Absicht, die notwendige Bereitschaft für die Fortführung des Kampfes zu mobilisieren – begann bereits während des Weltkrieges. Zahlreiche Menschen führten zwischen 1914 und 1918 Kriegstagebücher, verfassten oder kompilierten ihre eigenen Chroniken und Erinnerungen. Privatleute und offizielle Stellen bewahrten Zeugnisse und Relikte des Krieges auf, die ihren Weg in Ausstellungen und Sammlungen fanden. Nach dem Kriege schien die Erinnerungsarbeit zunächst nahtlos an diese Praktiken anzuschließen.

Vor allem die beispiellosen Verluste verlangten jedoch offensichtlich nach besonderen Formen der Erinnerung und der sie begleitenden Rituale des Totenkultes. Die kriegsbeteiligten Nationen hatten ihre Bevölkerung in bis dahin ungekanntem Maße in Dienst genommen, so dass nahezu jedermann in der einen oder anderen Weise von den Auswirkungen des über vierjährigen Kampfes unmittelbar betroffen war. Überdies wurden gravierende Unterschiede im Erinnerungsfundus der Sieger und dem der Verlierer bzw. jenem der neu entstandenen Staaten in Osteuropa unübersehbar.

In Westeuropa rückte die von Legenden durchzogene und von Mythen umwobene Erinnerung an die Westfront in den Mittelpunkt. Vor allem in Deutschland gewann erung

dabei der im Film, in der politischen und fiktionalen Literatur modellierte, so elitäre wie in der »Frontgemeinschaft« aufgehobene Sturmtruppsoldat geradezu Kultstatus. Er galt als Überwinder des erstarrten Stellungskrieges, als Idealfigur eines nervenstarken Kriegers, der sich von der materiellen Überlegenheit der Feinde nicht überwältigen ließ. Die Erinnerung an ihn diente einem fraglosen Ziel: der Wiederholung des freilich dann siegreich zu führenden Krieges.

Vor diesem Hintergrund verblasste die Erinnerung an die Ostfront. Der dortige Kampf blieb, wie es Winston Churchill schon 1931 formulierte, der »unbekannte Krieg«, und die ihm geschuldeten Erfahrungen waren offenbar zu unübersichtlich, als dass aus ihnen ein allgemeingültiger Mythos gewonnen werden konnte. Das lag natürlich auch daran, dass im Osten die Kriegshandlungen im Rahmen der Nationsbildungs- und Bürgerkriege nach dem November 1918 weitergingen und zwar massiver als etwa in Form der Revolution und der Freikorpskämpfe im besiegten Deutschland. Dennoch vermochte sich auch im Osten, in allen alten und neu gegründeten Ländern, die Beisetzung eines »Unbekannten Soldaten« in teils monumentalen Gedenkstätten durchzusetzen. Außer in Deutschland wurde der Unbekannte Soldat zur zentralen Symbolfigur der Erinnerung.

R. Rother und B. Ulrich

XIII. Kriegsschuld

Die Frage nach der Verantwortung für die Entfesselung des Ersten Weltkrieges war zentraler Streitpunkt bei den Friedensverhandlungen. Dabei ging es sowohl um die moralische Stellung der einstigen Kriegsparteien – um ihr »Selbstbild als Nation« – als auch um die Entschädigung für gewaltige Kriegsschäden.

In Artikel 231 (»Kriegsschuldartikel«) des Versailler Vertrages sowie in den anderen Friedensverträgen wurde Deutschland und seinen Verbündeten die alleinige Schuld am Krieg zugeschrieben. Darum seien sie auch für alle Verluste und Schäden bei den Alliierten verantwortlich, womit die umfangreichen Reparationsforderungen gegenüber den Mittelmächten gerechtfertigt wurden. Vergeblich hatte die deutsche Delegation in Versailles versucht, die Festschreibung der »Alleinschuld« Deutschlands zu verhindern. Doch sah sie sich schließlich gezwungen, den Friedensvertrag – wenn auch unter Protest – am 28. Juni 1919 zu unterzeichnen.

Der »Kriegsschuldartikel« und die Reparationsverpflichtungen bildeten eine schwere Hypothek für die Weimarer Republik. Entrüstung über das »Diktat von Versailles« herrschte unisono in allen Bevölkerungsgruppen und Parteien. Namentlich rechtsgerichtete Parteien und Verbände nutzten diese Entrüstung, um gegen das demokratische System und seine »Erfüllungspolitiker« zu hetzen.

Der Versailler Vertrag führte zu einer völligen Neuorientierung des Völkerrechts. Erstmals wurde ausdrücklich die Frage der »Kriegsschuld« behandelt und – im Unterschied zu früheren Epochen – der Krieg als Mittel der Politik geächtet. Seitdem regelt das Völkerrecht nicht mehr allein die Rechte souveräner Einzelstaaten, die miteinander Verträge schließen. Es versteht sich vielmehr als ein Regelwerk, das u. a. von internationalen Organisationen mitgestaltet wird.

T. Flemming

Kriegsursachen

Alle kriegsbeteiligten Parteien behaupteten, einen Verteidigungskrieg gegen die Eroberungsabsichten der jeweiligen Feinde zu führen. Zur Untermauerung dieser Position wurden bereits Ende 1914 so genannte Farbbücher publiziert, in denen Dokumente aus den Tagen und Wochen vor Kriegsausbruch versammelt waren: das deutsche Weißbuch, das englische Blaubuch, das französische Gelbbuch u. a.

Nach 1918 setzte sich der internationale Streit um die Ursachen des Krieges fort. Dabei ging es nicht zuletzt um die alliierte Rechtfertigung der hohen Reparationsforderungen bzw. deren Zurückweisung durch das Deutsche Reich. Die früheren Kriegsgegner veröffentlichten umfangreiche Dokumentensammlungen, welche ihre jeweilige Sicht der Kriegsursachen stützen sollten. Deutschland machte 1919 den Anfang mit einer vierbändigen Aktenedition zur unmittelbaren Vorgeschichte des Ersten Weltkrieges. Es folgte eine vom Auswärtigen Amt unterstützte 54-bändige Aktensammlung sowie eine Materialsammlung des Parlamentarischen Untersuchungsausschusses mit Dokumenten, Zeugenaussagen und Gutachten zu Ursachen und Verlauf des Krieges.

Auch die Historiker taten sich schwer mit einer ›objektiven‹ Einschätzung der Kriegsursachen. Auf deutscher Seite dominierte jahrzehntelang die Abwehr der »Alleinschuld« Deutschlands. Erst in den siebziger Jahren setzte sich eine differenzierte Sichtweise durch, welche die Verantwortung bei allen Kriegsparteien sah, der deutschen Regierung jedoch die Hauptschuld gab. Die Mitschuld Österreich-Ungarns am Ausbruch des Ersten Weltkrieges wird in aktuellen Forschungsarbeiten stärker betont als dies zuvor der Fall war.

T. Flemming

Kriegführung

Der industrialisierte Krieg veränderte die Art der Kriegführung. Von nun an wurde die »Heimatfront« in das Kriegsgeschehen einbezogen. Dieser Totalisierung entsprechend richteten sich die Kampfhandlungen nicht mehr allein gegen militärische Ziele. Durch Luftangriffe – unter anderem auf Freiburg, Karlsruhe, London und Paris – und Wirtschaftsblockaden wurde der Krieg ins Hinterland des Feindes getragen. Die Totalisierung der Kriegführung zog eine Eskalation der Gewalt nach sich, die einem Zivilisationsbruch gleichkam.

In Frankreich, Belgien und auf dem südosteuropäischen Kriegsschauplatz, insbesondere in Serbien, wurde die Zivilbevölkerung auch unmittelbar Opfer deutscher bzw. österreichischer Truppen. Auf der anderen Seite hatte die ostpreußische Zivilbevölkerung unter der Härte der russischen Besatzung zu leiden. Der wechselseitige Vorwurf, die Gegenseite begehe Gräueltaten, entwickelte sich zur schärfsten Waffe im Propagandakrieg.

Sowohl Russland als auch das Osmanische Reich deportierten ganze Bevölkerungsgruppen, denen sie Unzuverlässigkeit unterstellten. Die systematische Vertreibung der Armenier durch die Türken eskalierte zum Völkermord.

T. Flemming

XIII/1 *Ostpreußen-Chronik. Kriegsbilder aus den beiden Russen-Einfällen*

Buch · Hermann Braun · München und Leipzig 1918 · 18,5 x 13 cm · Ostpreußisches Landesmuseum, Lüneburg · IV K 3 B BRA

»Wollte man alle Mordtaten der Russen in Ostpreußen erzählen, so könnte man dicke Bücher schreiben und käme doch nicht zum Ende. Genug!« Das Zitat stammt von dem Superintendenten Hermann Braun, der 1918 ein Buch über die beiden Besetzungen Ostpreußens durch die russische Armee verfasst hat. Erst nach der »Winterschlacht in Masuren«, im Februar 1915, waren die Truppen endgültig aus Ostpreußen verdrängt worden. Pathetische Kapitelüberschriften wie »Ostpreußisches Märtyrertum« oder »Gottes Wunder in Ostpreußen« zeigen, dass der Autor seinen Schilderungen christliche Deutungsmuster unterlegte.

Die Ereignisse in Ostpreußen spielten zum einen eine wichtige Rolle in der deutschen Kriegspropaganda, deren Ziel es war, das Feindbild vom zaristischen Russland aufrechtzuerhalten. Zum anderen war die »Dokumentation« der russischen Verwüstungen die Antwort auf die alliierte Propaganda gegen die deutschen Gräueltaten in Belgien und Frankreich. *K. B.*

XIII/2 *Der Franctireur*

Aus der Zeitschrift »Die Jugend« · Fritz Erler (1868–1940) · München und Leipzig 1914 · Jg. 36, Nr. 2 · 32,5 x 25 cm · Deutsches Historisches Museum, Berlin · Za 312/1914,2 · Abb. S. 292

Während die Ententepropaganda kraftvolle Symbole für die Brutalität der deutschen Kriegführung fand, blieb die deutsche Bildsprache in Bezug auf den Gegner schwach. Erlers Zeichnung thematisiert in seltener Deutlichkeit die im Sommer 1914 unter deutschen Soldaten und bis hinauf zur Obersten Heeresleitung ausgeprägte Furcht, belgische und französische Freischärler – die so genannten Franktireurs – würden mit perfiden Methoden aus dem Hinterhalt angreifen. Inzwischen ist erwiesen, dass es einen massenhaften zivilen Widerstand in Frankreich und Belgien nicht gegeben hat. *G. B.*

Fritz Erler (München)

Der Francticeur

„Das Genfer Kreuz ist doch das feinste moderne Kriegsmittel! Es schützt unsereinen besser als alle Panzerplatten bei der Meggerarbeit!"

XIII/2

XIII/3 *Rachesäerin Frankreich*

Medaille · Karl Goetz (1875–1950) · München 1914 · Bronze, gegossen · Durchmesser 5,7 cm · Deutsches Historisches Museum, Berlin · N 77/1286 (MfDG)

Der Münchener Karl Goetz zählte zu den ersten Medailleuren, die Satire und Karikatur in die Bildsprache der künstlerischen Weltkriegsmedaillen einführten. Als die Zeitungen im September 1914 meldeten, dass die französischen und britischen Streitkräfte mit der Verwendung von Dumdumgeschossen gegen die Genfer Konvention und die Haager Landkriegsordnung verstoßen hätten, prangerte Goetz die angebliche Kriegführung der Kriegsgegner auf seine Art an. Er wandelte das von Louis Oscar Roty (1846–1911) geschaffene Bild der säenden französischen Republik

in Gestalt der Marianne ab: Die Saat ist aufgegangen, Schlangen bevölkern das Feld. Auf der Medaillenrückseite zerkratzt der gallische Hahn den Vertragstext der Genfer Konvention. Flankiert wird er von Geschossen mit abgekniffenen Spitzen – den oben erwähnten Dumdumgeschossen. *M. K.*

XIII/4 *Swerstwo w Kalische. Kalischskie sobytija*
[Gräueltaten in Kalisch, Ereignisse in Kalisch]

Plakat · Moskau 1914 · Lithographie · 37 x 52,5 cm · Staatliches Museum für die politische Geschichte Russlands, St. Petersburg · 12159

Im russischen Verwaltungsgebiet gelegen, wurde die polnische Stadt Kalisch (Kalisz) bereits am 2. August 1914 nach Abzug der russischen Armee von deutschen Truppen besetzt. Die Bevölkerung beugte sich den Forderungen des Kommandeurs Preusker. Dennoch kam es zu Plünderungen, Verhaftungen und Erschießungen. Aufgrund von Verwechslungen beschossen sich preußische Patrouillen dabei auch gegenseitig: Preusker ging davon aus, dass es sich um eine Attacke von Seiten der polnischen Bevölkerung handele und ordnete Vergeltungsmaßnahmen an. Hindenburg räumte wenig später ein Fehlverhalten ein. Preusker wurde aus Kalisch an die Westfront abgezogen.

Aufgrund des brutalen Vorgehens der Besatzer und durch Flucht hatte Kalisch Ende 1914 von vormals 70 000 nur noch 5 000 Einwohner. Die Stadt aus dem 13. Jahrhundert hatte die schwersten Kriegsschäden in Polen zu verzeichnen. Ihre frühere Bedeutung erlangte sie nicht mehr zurück. In Polen erfolgte eine intensive Auseinandersetzung mit dem Thema. 1919 berief man eine Untersuchungskommission ein. Neben Gedenktafeln und Denkmälern erinnert auch der Roman *Tage und Nächte* von Maria Dąbrowska aus den Jahren 1932 bis 1934 an die Ereignisse. *K. B.*

XIII/5 *Nemezkie swerstwa*
[Deutsche Gräueltaten]

Bilderbogen · Verlag der Handelsgesellschaft I. D. Sytin · Moskau 1914 · Lithographie · 41 x 55 cm · Staatliches Museum für die politische Geschichte Russlands, St. Petersburg · 12157

Der russische Bilderbogen aus dem Jahr 1914 zeigt angebliche Gräueltaten deutscher Soldaten gegen Zivilisten. Die Opfer auf der propagandistisch verdichteten Darstellung sind vor allem Frauen. Tatsächlich wurden auf allen Kriegsschauplätzen Gräueltaten begangen. So kam es nach dem Überfall deutscher Truppen auf das neutrale Belgien zu Massenerschießungen von Zivilisten. In den von deutschen Truppen besetzten Gebieten Russlands wurde der Widerstand der Zivilbevölkerung oft mit großer Härte gebrochen. Russische Truppen ihrerseits begingen während der mehrwöchigen Besetzung Ostpreußens im August/September 1914 willkürliche Erschießungen und Vergewaltigungen, die von der deutschen Propaganda angeprangert und dabei häufig dramatisiert wurden. Jeder Übergriff auf Zivilisten war ein eklatanter Verstoß gegen die Haager Landkriegsordnung von 1907, die Nicht-Kombattanten unter Schutz stellte. *T. F.*

Зверство въ Калишѣ.

Калишскіе событія.

XIII/4

НѢМЕЦКІЯ ЗВѢРСТВА.

XIII/5

XIII/6

verstümmelte Frau. Dem gekreuzigten Christus nachempfunden, repräsentiert die allegorische Opferdarstellung die absolute Macht der Invasoren über den »Körper der Nation«. Die Losung des preußischen Heeres »Gott mit Uns« wird in Kombination mit der extremen Gewaltphantasie als blanker Zynismus diskreditiert. *G. B.*

XIII/7–XIII/9

XIII/7 Mord, Vergewaltigung und Plünderung bei Nancy

Aus der Folge »Les Atrocités Allemandes« [»Die deutschen Kriegsgräuel«] · Jean Gabriel Domergue (1889–1962) · Frankreich 1915 · Lithographie · 32,5 x 50,4 cm · Deutsches Historisches Museum, Berlin · 1989/2532.4

XIII/8 *Le Responsable [Der Verantwortliche]*

Aus der Folge »Les Atrocités Allemandes« [»Die deutschen Kriegsgräuel«] · Jean Gabriel Domergue (1889–1962) · Frankreich 1915 · Kreidelithographie · 32,5 x 50 cm · Deutsches Historisches Museum, Berlin · 1989/2532.2

XIII/9 Ein belgischer Gefangener, von deutschen Soldaten am 24. August 1914 an einer Straßenlaterne am Bahnhof von Löwen aufgehängt

Aus der Folge »Les Atrocités Allemandes« [»Die deutschen Kriegsgräuel«] · Jean Gabriel Domergue (1889–1962) · Frankreich 1915 · Kreidelithographie · 32,5 x 50,4 cm · Deutsches Historisches Museum, Berlin · 1989/2532.3 · Abb. S. 296

Der in Bordeaux geborene und später in Paris und Cannes ansässige Maler Jean Gabriel Domergue hatte seine dekorativen Bilder – vor allem Porträts und Landschaften – bereits seit 1906 im Pariser Salon ausgestellt, als er sich 1915 dem Thema Krieg zuwandte. Er nahm den im Mai des Jahres weltweit in mehr als 30 Sprachen publizierten Bericht des britischen Bryce Committee über die deutschen Kriegsgräuel in Belgien zum Anlass, das grausame Geschehen bildlich umzusetzen. Es entstand eine Serie von graphischen Blättern mit den entsprechenden Textzitaten aus der französischen Übersetzung des Berichts. Der Zyklus steht in der Tradition der *Misères de la Guerre* von Callot (1633) und der *Desastres de la Guerra* von Goya (1810/1863). *L. K.*

XIII/6 *Gott mit Uns*

Graphik · Joanny Durand (1886–1956) · Paris 1917 · Kolorierter Holzschnitt · 26,8 x 14 cm · Musée d'Histoire Contemporaine – BDIC, Paris · Est FL 3494

Man weiß heute, dass deutsche Truppen bei ihrem Vormarsch nach Westen im Sommer und Herbst 1914 teilweise brutal gegen die Zivilbevölkerung vorgingen. Dabei wurden schätzungsweise 6 500 Menschen getötet, Massen von Zivilisten flohen in größter Angst. Das Vorgehen der Deutschen erfuhr eine weltweite Ächtung, provozierte aber auch ein Klima der Hysterie, in dem sich übertriebene Gerüchte schnell verbreiteten. In der Fortschreibung durch die Propaganda der Entente wurden die »Gräueltaten« zum wirkungsmächtigsten Symbol des deutschen Terrors. Dieser Holzschnitt zeigt eines der wichtigsten Bildmotive in diesem Kontext: die an Händen, Brust und Genitalien

XIII/10 *Die Torpedierung der Lusitania*

*Medaille · Nach Karl Goetz (1875–1950) · Groß-
britannien 1915 · Eisen, gegossen · Durchmesser
5,5 cm · Deutsches Historisches Museum, Berlin ·
N 98/13 (MfDG)*

Im Februar 1915 war das Deutsche Reich
in den eingeschränkten U-Boot-Krieg
gegen Großbritannien eingetreten. Am
7. Mai 1915 torpedierte das deutsche
Unterseeboot U 20 vor der irischen Küste
ohne vorherige Warnung die »Lusitania«,
ein Passagierschiff der englischen Cunardlinie. 1 198 Passagiere und Besatzungsmit-
glieder, darunter 124 US-Bürger, fanden
den Tod. Dieses Ereignis löste nicht nur
Anteilnahme aus, sondern auch eine der
größten Propagandaschlachten des Krieges.
Während Großbritannien behauptete, bei
dem Schiff habe es sich um einen rein zivilen Dampfer gehandelt, vertrat Deutschland die Ansicht, es habe Munition und
Bannware geladen gehabt und sei im
Kriegsgebiet versenkt worden.
Der Medailleur Karl Goetz übertrug das
Ereignis sofort aufs Medaillenrund: Auf
dem Avers ist der Tod dargestellt, der in
New York die Fahrkarten der Cunardlinie
verkauft, der Revers zeigt das sinkende
Schiff, voll beladen mit Kanonen, Flugzeugen und Munitionskisten. Goetz hatte
von der Torpedierung aus der Zeitung
erfahren und seine Medaille mit dem falschen Datum »5. Mai« versehen, dieses
später jedoch korrigiert.
Die ersten Bronzegüsse der »Lusitania«-
Medaille lagen im August 1915 vor und
erregten größtes internationales Aufsehen.
Selbst das deutsche Außenministerium beschäftigte sich mit der privaten Propaganda des Medailleurs. In einer offiziellen
Stellungnahme vom November 1916 berichtete Goetz nach Berlin, dass er insgesamt 180 Medaillen hergestellt und 75
Stück davon einem Amsterdamer Münz-
händler zum Vertrieb überlassen habe. In
England wurde die Medaille in einer Auflage von mehr als 250 000 Stück in Eisen
nachgegossen.
Nach der »Lusitania«-Katastrophe und
aufgrund amerikanischer Proteste wurde
der U-Boot-Krieg gegen Großbritannien
zeitweise eingestellt. *M. K.*

XIII/11 *Les crimes allemands d'après des témoignages allemands (Études et documents sur la guerre, 1)*
[Die deutschen Verbrechen nach den Aussagen deutscher Zeugenaussagen (Studien und Dokumente zum Krieg, 1)]

*Buch · Joseph Bédier (1864–1938) · Armand
Colin · Paris 1915 · 22 x 13,8 cm · Bibliothek
für Zeitgeschichte in der Württembergischen
Landesbibliothek, Stuttgart · 71773 (29)*

Die propagandistisch angeheizte Debatte
über die Kriegsgräuel erreichte eine neue
Intensität, als Joseph Bédier, Philologe und

Professor für mittelalterliches Französisch
am renommierten Collège de France, Anfang 1915 diese Streitschrift veröffentlichte.
Für die Veröffentlichung hatte Bédier Tage-
bucheinträge gefangener oder gefallener
deutscher Soldaten ausgewertet, die während der deutschen Invasion Belgiens im
Sommer und Herbst 1914 entstanden
waren. Sie schienen die von der Entente
mit Nachdruck behauptete besondere Brutalität der deutschen Truppen zu bestätigen.
Nachdem einzelne Auszüge bereits im
Herbst 1914 in der französischen Presse
erschienen waren, machte der französische

XIII/7

XIII/8

Les Atrocités Allemandes

XIII/9

Geheimdienst das Material vollständig zugänglich. Bédiers Schrift war in den Ententestaaten äußerst erfolgreich und wurde bereits 1915 ins Englische übersetzt. *G. B.*

die Kompetenz des französischen Philologen im Umgang mit dem Quellenmaterial in Frage zu stellen. *G. B.*

XIII/12 *Deutsche Verbrechen? Wider Joseph Bédier, Les crimes allemands d'après les témoignages allemands. Zugleich eine Antwort aus französischen Dokumenten*

Buch · Max Kuttner · Verlag von Velhagen & Klasing · Bielefeld und Leipzig 1915 · 21,8 x 30,5 cm · Staatsbibliothek zu Berlin – Preußischer Kulturbesitz, Berlin · Krieg 1914-2992

Mit dieser Schrift antwortete Max Kuttner, Lehrer an der Königlichen Augustaschule in Berlin, auf die Kriegsgräuelvorwürfe von Joseph Bédier, die auf Seiten der Entente für einiges Aufsehen gesorgt hatten. Aus dem Vorwort wird Kuttners Empörung über die Anwürfe des französischen Literaturwissenschaftlers deutlich, zu dem er in der Vorkriegszeit freundschaftlich-kollegiale Beziehungen gepflegt hatte. Punkt für Punkt versucht Kuttner, Bédiers Thesen mit den Mitteln der wissenschaftlichen Quellenkritik zu entkräften. Die deutschen Soldaten hielt Kuttner ihrem Wesen nach für gutmütig. Heimtückische Überfälle bewaffneter Zivilisten auf deutsche Truppen, mit denen die Verantwortlichen auf deutscher Seite ihr Vorgehen begründet hatten, betrachtete er als Tatsache. Die Abhandlung liest sich akademisch trocken und zielt auch in peripheren Aspekten darauf,

**XIII/13 *Remember Belgium. Buy Bonds Fourth Liberty Loan*
[Denkt an Belgien. Kauft Wertpapiere der vierten Kriegsanleihe]**

Plakat · Ellsworth Young (* 1866, zuletzt erwähnt 1940) · USA 1918 · Lithographie · 76,5 x 51 cm · Deutsches Historisches Museum, Berlin · 1988/1892.1

Die Verletzung der Neutralität Belgiens wurde von der antideutschen Propaganda als »Vergewaltigung der Nachbarstaaten« ikonographisch häufig umgesetzt in dem Motiv des mordbrennenden und vergewaltigenden Deutschen, zumeist kenntlich gemacht durch Pickelhaube und Schnauzbart. Auch Ellsworth Young verwendet dieses stereotype Feindbild und steigert die Dramatik der Szene zusätzlich durch den Kontrast zwischen der schwarzen Silhouette des Soldaten mit dem Mädchen und dem von der Feuersbrunst rot glühenden Horizont. Mit dem Begriff *Liberty loan*, der wörtlich als »Freiheitsanleihe« übersetzt werden müsste, appelliert das Plakat an die Amerikaner, Anleihen zu zeichnen, um die USA so in die Lage zu versetzen, den von den ›Barbaren‹ besetzten Ländern Freiheit und Demokratie zu bringen. Dem heutigen Betrachter vermittelt sich damit etwas von dem amerikanischen Sendungsbewusstsein. *A. v. H.*

**XIII/14 *Exposition des Documents, Photographies, Affiches, Tableaux, Dessins relatifs aux Crimes allemands*
[Ausstellung von Dokumenten, Fotografien, Plakaten, Gemälden, Zeichnungen über Deutsche Verbrechen]**

Plakat · Robert et Cie. · Paris 1917 · Lithographie · 121,3 x 80,2 cm · Deutsches Historisches Museum, Berlin · P 93/572

Die im Februar 1916 gegründete Liga Souvenez-vous (Erinnert Euch!) verbreitete in Versammlungen, mit Broschüren und Plakaten ihre Haltung, die sich gegen einen Friedensschluss ohne endgültigen Sieg der Alliierten richtete. Bezugspunkt der Propaganda blieben dabei die vor allem in den ersten Kriegswochen verübten Übergriffe der deutschen Armee in Belgien und Nordfrankreich, bei denen ca. 6 400 Zivilisten zu Tode kamen. Jean Richepin, Schriftsteller und Essayist sowie Mitglied der Académie française, war Präsident der Liga. Im Oktober 1917 eröffnete in Paris die Ausstellung über *Deutsche Verbrechen*, die danach in den Departements gezeigt wurde. Drei verschiedene Plakate warben für den Besuch der Ausstellung. *R. R.*

XIII/13

XIII/15 »Once a German – Always a German!«
[»Einmal ein Deutscher – immer ein Deutscher!«]

Plakat · David Wilson (1873–1935) · London, nach 1918 · Lithographie · 76 x 49,5 cm · Imperial War Museum, London · PST 0329 · Abb. S. 297

Das Bild des Deutschen als »Hunne«, als barbarischer Kriegsverbrecher, prägte noch die unmittelbaren Nachkriegsjahre. Bücher, Filme, Plakate verbreiteten es. Dieses Plakat vereint in seinen Bildmotiven solche Vorwürfe, die einen realen Ursprung besaßen – so der Brand der Kathedrale von Reims oder die Versenkung von Fracht- und sogar Passagierschiffen –, mit solchen, die während des Krieges Teil der extremen antideutschen Propaganda waren – deutsche Soldaten, die auf barbarische Weise Kinder morden, Krankenschwestern erschießen und Frauen bedrängen.
Die Propaganda der »British Empire Union« ist in diesem Fall allerdings wohl auch durch den Streit um den Vorwurf der Kriegsverbrechen veranlasst. Die Aufforderung, sich von Deutschen fern zu halten, solange Kriegsverbrechen nicht gesühnt seien, ist im Kontext der Auseinandersetzung zwischen den Alliierten und dem Deutschen Reich zu sehen. In ihr ging es darum, wie die seitens der Siegermächte benannten Verdächtigen (unter ihnen auch Wilhelm II. und hohe Militärs) zu behandeln und wie ein geregeltes Verfahren zu gewährleisten sei. *R. R.*

XIII/16 *Wrag roda tschelowetscheskawo*
[Feind des Menschengeschlechts]

Plakat · Moskau 1915 · Lithographie · 60 x 42 cm · Deutsches Historisches Museum, Berlin · P 95/227

Einen Totenkopf in jeder Hand, richtet Kaiser Wilhelm II., der »Feind des Menschengeschlechts«, seinen finsteren Blick auf den Betrachter. Ergänzt noch durch den Texthinweis auf die Städte Reims und Löwen wird mit Wilhelm II. die ganze deutsche Nation für die von deutschen Truppen verübten »Kulturgräuel« an den Pranger gestellt. Im August 1914 war Löwen von den deutschen Besatzern teilweise niedergebrannt worden. Auch die Universitätsbibliothek und ihre wertvolle mittelalterliche Handschriftensammlung fielen den Flammen zum Opfer. Einen Monat später wurde in Reims die Kathedrale aus dem 13. Jahrhundert bei Kriegshandlungen zwischen deutschen und französischen Truppen stark beschädigt. Beide Vorfälle führten zu einer weltweiten Ächtung des Deutschen Reiches, wurden von den Ententestaaten – in diesem Fall von Russland – jedoch auch für propagandistische Zwecke instrumentalisiert. *K. B.*

XIII/17–XIII/21

XIII/17 *The Kingdom of Serbia – Report upon the atrocities committed by the Austro-Hungarian Army during the First Invasion of Serbia*
[Das Serbische Königreich – Bericht über die Kriegsgräuel, die die österreichisch-ungarischen Truppen während der Ersten Invasion in Serbien begingen]

Buch · Rodolphe Archibald Reiss (1875–1929) · Simpkin, Marshall, Hamilton, Kent & Co. Ltd. · London 1916 · 23 x 21 cm · Staatsbibliothek zu Berlin – Preußischer Kulturbesitz, Berlin · 50 MA 27193

XIII/18 *Peasants massacred at Loznitza by the Hungarian troops (photograph taken August 23rd 1914)*
[Bauern, in Loznitza durch ungarische Truppen massakriert]

Fotografie · Loznica, 23. August 1914 · Reproduktion · 9,8 x 15,2 cm · Staatsbibliothek zu Berlin – Preußischer Kulturbesitz, Berlin · Reiss-Bericht 50 MA 27193

XIII/19 *Civilians (Serbian peasants) hanged by the Hungarians at Leshnitz. Photograph immediately taken after the Austrian evacuation*
[Zivilisten (serbische Bauern), von den Ungarn in Leshnitz erhängt. Fotografiert unmittelbar nach der österreichischen Evakuierung des Ortes am 20. August 1914]

Fotografie · Ljesnica, 20. August 1914 · Reproduktion · 9,8 x 15,2 cm · Staatsbibliothek zu Berlin – Preußischer Kulturbesitz, Berlin · Reiss-Bericht 50 MA 27193

XIII/20 *Peasants massacred at Krivaitza by order of the Austrian Major Balzarek*
[Bauern, in Krivaitza auf Befehl des österreichischen Majors Balzarek massakriert]

Fotografie · S. Yovanovitch · Krivaitza, 17. August 1914 · Reproduktion · 9,8 x 15,2 cm · Staatsbibliothek zu Berlin – Preußischer Kulturbesitz, Berlin · Reiss-Bericht 50 MA 27193

XIII/21 *The Butcher and the Victims*
[Der Schlachter und die Opfer]

Fotografie · Krivaitza, August 1914 · Reproduktion · 9,8 x 15,2 cm · Staatsbibliothek zu Berlin – Preußischer Kulturbesitz, Berlin · Reiss-Bericht 50 MA 27193

[Bildlegende: Joseph Balzarek (1), ein Major des 16. Ungarischen Regiments, von der serbischen Armee in Krivaitza gefangen genommen, und von der Landbevölkerung als der Offizier wiedererkannt, der die Massaker an den Bewohnern ihres Dorfes befahl. Foto aufgenommen in Gegenwart des holländischen Chirurgen, Dr. Van Tierhoven (2); eines Schweizer Fabrikanten, Jules Schmidt (3) und Vertretern des Serbischen Roten Kreuzes und des Innenministeriums.]

Der Krieg und die Besatzungsherrschaft der k. u. k. Armee in Serbien glichen einem einzigen Straf- und Vergeltungsfeldzug. Er war geprägt durch Vertreibungen und Deportationen, Plünderungen, Massenvergewaltigungen und durch Massaker, die genozidale Ausmaße annahmen. Terror und Repression richteten sich ausdrücklich – und lange Zeit sogar mit Billigung der militärischen Führung – gegen die Zivilbevölkerung. Sie sollte systematisch drangsaliert und demoralisiert werden. Schon in den ersten Kriegswochen des Augusts 1914 wurden nach neuesten Schätzungen fast 4 000 serbische Zivilisten unter Berufung auf die so genannte Kriegsnotwehr, oft aber auch ohne jede Erklärung erschossen, erschlagen, verbrannt oder gehängt.
John Reed, ein amerikanischer Journalist, der die »Kriegsschauplätze« im Osten

XIII/22

bereiste, schrieb 1915 von Serbien als einem »country of death«.
Insbesondere die Erhängung serbischer Bauern und Geistlicher an dafür errichteten Galgen und an Bäumen wurde zum Symbol dieses Vernichtungskrieges. Sofern bereits während des Krieges in österreichischen Zeitungen Fotografien mit Erhängten vom »serbischen Kriegsschauplatz« veröffentlicht wurden, waren sie regelmäßig mit der Bildunterschrift versehen, es handele sich um »Spione« oder »Verräter«. Ebenfalls schon während des Krieges kamen solche Fotos auch in alliierten und in serbischen Publikationen zum Abdruck. Hier sollten sie die menschenverachtende Kriegführung Österreich-Ungarns dokumentieren.
In diesem Zusammenhang ist vor allem die Enquete des Schweizer Juristen und Polizeiwissenschaftlers Rodolphe Archibald Reiss (1875–1929) zu nennen. Noch im September 1914 hatte er von der serbischen Regierung den Auftrag erhalten, die Kriegsverbrechen in Serbien zu untersuchen. Unter großen Schwierigkeiten sammelte Reiss sein Material in jenen serbischen Gebieten, die von der k. u. k. Armee in einer ersten Offensive zwischen dem 12. und 24. August 1914 erobert und besetzt worden waren. Der abschließende Reiss-Bericht zieht eine Parallele zwischen dem brutalen Vorgehen von k. u. k. Truppen und den Gräueltaten, die von der deutschen Armee in Belgien begangen wurden. Der Bericht enthält unter anderem Statistiken und Diagramme, in denen die Opfergruppen und die Täter klassifizert werden, sowie Fotografien von massakrierten, darunter auch erhängten Zivilisten. Die gezeigten Fotos sind Reproduktionen von Abbildungen aus dem oben genannten Reiss-Bericht. *B. U.*

XIII/22–XIII/24

XIII/22 Kleiner Wasserkessel mit Henkel

Südostanatolien (Gegend um Van), 1883 · Kupfer, verzinkt · 17 x 20 cm (Durchmesser) · Sammlung Dikicíyan

XIII/23 Gefäß für Tinte und Schreibgerät (am Gürtel zu tragen)

Nordostanatolien (Kars-Ardahan-Gegend) 1887 · Messing · 7,5 x 12 x 9 cm · Sammlung Dikicíyan

XIII/23

XIII/24 Kleiner Wasserbecher

Südostanatolien (Gegend um Van) 1812 · Kupfer, verzinkt · 7,5 x 12 x 9 cm · Sammlung Dikicíyan

Van war eine der wenigen Städte des Osmanischen Reiches, deren Einwohner mehrheitlich Armenier waren, während sie im Vielvölkerreich insgesamt eine religiöse Minderheit darstellten. Bereits unter Sultan Abdul Hamid war es zwischen 1894 und 1896 sowie im Jahr 1909 zu Massenmorden an den Armeniern gekommen. Ihre systematische Vernichtung jedoch betrieben erst die Jungtürken, die 1909 die Macht an sich gerissen hatten und einen homogenen türkischen Nationalstaat anstrebten. Ab Herbst 1914 kam es zu Massakern an Armeniern, denen in der Stadt Van im April 1915 Widerstand entgegengesetzt wurde. Kurz darauf wurde die belagerte Stadt auf russischen Befehl entsetzt. Aus dieser feindlichen Gemengelage leiteten die Jungtürken eine Rechtfertigung für systematische Deportationen ab, die mit der grausamen Ermordung vor allem von Männern und der Vergewaltigung von Frauen endeten. Viele starben auf Todesmärschen an Durst oder Erschöpfung.

Die Opferzahlen schwanken zwischen 600 000 und 1,5 Millionen, rund zwei Drittel der vormals ansässigen armenischen Bevölkerung. Von Seiten des Deutschen Reiches, als dessen Verbündeter das Osmanische Reich in den Krieg eingetreten war, wurde zumindest die Absicht, die Armenier aus kriegsnahen Gebieten zu deportieren, nachweislich unterstützt.

Parallel zu den ersten Deportationen erging im Juni 1915 ein Gesetz zur Enteignung der Armenier. Auch kam es zu groß angelegten Plünderungen. Bis heute gelangen auf kurdischen und türkischen Märkten in Anatolien immer wieder Gebrauchsgegenstände aus ehemals armenischem Besitz zum Verkauf. Dazu zählen auch die drei hier gezeigten Gegenstände. Das Gefäß für Tinte und Schreibgerät wurde ursprünglich am Gürtel getragen. In den Wasserkessel ist der armenische Schriftzug »Baghdasar, Sohn des Ohan« – die namentliche Zuschreibung war eine spezifisch armenische Tradition – eingraviert. *G. B.*

XIII/25 *Bericht über die Lage des Armenischen Volkes in der Türkei*

Buch · Johannes Lepsius (1858–1926) · Tempelverlag · Potsdam 1916 · 17,5 x 12,5 cm · Staatsbibliothek zu Berlin – Preußischer Kulturbesitz, Berlin · Krieg 1914 – 12526<a>

Der evangelische Theologe und Schriftsteller Johannes Lepsius war einer der wenigen, die in Deutschland auf die grausame Verfolgung der Armenier durch die Jungtürken aufmerksam machte und ein Hilfswerk für die Opfer des Genozids aufbaute. 1915 wurde Lepsius die Einreise in armenische Gebiete verweigert. Er initiierte daraufhin eine Denkschrift an Reichskanzler Theobald von Bethmann Hollweg, die jedoch ohne Resonanz blieb. 1916 erschien der Bericht über die Lage des armenischen Volkes. Lepsius wies die türkische These von einer »armenischen Revolution« zurück und klagte stattdessen die türkische Regierung des kaltblütig organisierten Völkermordes an. Er dokumentierte den Völkermord und kam zu einer Bilanz des Schreckens: Zwei Drittel der armenischen Bevölkerung seien vernichtet, ein einst blühendes Schulwesen zerstört und hunderte von Familien auseinander gerissen worden. Die moralischen Folgen des Genozids würden erst nach dem Krieg erkennbar sein. Umso irritierender ist es, dass Lepsius später im Auftrag des Auswär-

tigen Amtes ein Weißbuch herausbrachte, in dem die Mitverantwortung des Deutschen Reiches zu Lasten der Türkei heruntergespielt wurde. *G. B.*

XIII/26 Kranzschleife *»Im Gedenken an die Opfer des Völkermordes an den Armeniern 1915 und des 2. Weltkrieges. S. H. Karekin I., Oberster Patriarch und Katholikos Aller Armenier«*

Berlin, 30. Januar 1998 · Chemiefaser (violett), Regeneratzellulose (beige), leinwandbindig, bedruckt, beklebt, Maschinenborte · 15,2 x 114 cm · Deutsches Historisches Museum, Berlin · KT 98/16.1 und 16.2

Karekin I., damaliges geistliches Oberhaupt der Armenier, hielt sich vom 24. Januar bis zum 4. Februar 1998 zu einem offiziellen Besuch in Deutschland auf. Der kirchliche Würdenträger war Gast der Diözese der Armenischen Kirche in Deutschland, der Deutschen Bischofskonferenz und des Rats der Evangelischen Kirche in Deutschland (EKD). Während seines Aufenthaltes traf er hochrangige Vertreter aus Kirche und Politik, darunter den damaligen Bundesaußenminister Klaus Kinkel und Johannes Rau, zu jener Zeit noch Ministerpräsident von Nordrhein-Westfalen. Diese Schleife war an einem Kranz befestigt, den Karekin I. am 30. Januar 1998 an der Neuen Wache in Berlin niederlegte. Die Botschaft der symbolischen Geste an der zentralen Gedenkstätte der Bundesrepublik für »die Opfer des Krieges und der Gewaltherrschaft« war eindeutig. Das Oberhaupt einer der ältesten noch bestehenden Kirchen der Welt forderte dazu auf, die Erinnerung an den Genozid an den Armeniern im Ersten Weltkrieg nicht verblassen zu lassen. Der Völkermord wurde in den letzten Jahren etwa durch die Regierungen der USA, Frankreichs und der Schweiz offiziell anerkannt. Diese Anerkennungsgesten waren jeweils durch Proteste der türkischen Regierung begleitet. *G. B.*

Anklage

Im Artikel 231 des Versailler Vertrages wurde die Alleinschuld Deutschlands und seiner Verbündeten am Ausbruch des Krieges festgeschrieben. Damit verband sich der Wille der Alliierten, die Verantwortlichen für deutsche Kriegsverbrechen vor Gericht zu stellen. Ursprünglich sollten die Hauptbeschuldigten, darunter der abgedankte Kaiser Wilhelm II., an einen internationalen Gerichtshof ausgeliefert werden. In Deutschland erhob sich ein Sturm der Entrüstung, so dass die Siegermächte auf eine Überstellung verzichteten. Stattdessen wurde Deutschland eine Liste von 45 Personen übergeben, die wegen Kriegsverbrechen angeklagt werden sollten. Deutschland ergriff nun selbst die Initiative zur Ahndung von Kriegsverbrechen – wenn auch auf Druck der Alliierten. Im August 1919 beschloss die Nationalversammlung ein »Gesetz zur Verfolgung von Kriegsverbrechen« und setzte einen Untersuchungsausschuss zur Aufklärung von Völkerrechtsverletzungen ein. Vor dem Leipziger Reichsgericht begannen 1921 erste Prozesse. Zunächst wurden zehn Angeklagte u. a. wegen Gefangenenmisshandlung oder der Versenkung eines Lazarettschiffes zu mehrjährigen Zuchthausstrafen verurteilt. Sieben Beschuldigte wurden freigesprochen. Die Richter begegneten den Angeklagten zumeist äußerst wohlwollend, bemühten sich aber um juristisch korrekte Verfahren. Bis 1927 kamen in Leipzig 1 700 Fälle zur Anklage, die allermeisten wurden eingestellt. Die deutsche Öffentlichkeit empfand die »Leipziger Prozesse« gemeinhin als Schmach und als Ausdruck einer reinen »Siegerjustiz«. Ähnlich hatten schon Teile der türkischen Bevölkerung und unter ihnen insbesondere die Anhänger der türkischen Nationalbewegung reagiert, nachdem bereits Ende 1919 in Istanbul von den Alliierten geforderte Kriegsverbrecherprozese stattgefunden hatten. Zur Verhandlung stand der Völkermord an den Armeniern (1915/16), in dessen Verlauf vermutlich bis zu 1,5 Millionen Menschen von Spezialabteilungen der türkischen Armee und Polizei mit Billigung des deutschen Bündnispartners umgebracht worden waren. In über 35 Prozessen wurden 16 Todesurteile verhängt und drei davon vollstreckt. Den führend Verantwortlichen war zuvor die Flucht gelungen.

T. Flemming

XIV. Gedenken

Millionen von Gefallenen und Vermissten aller Altersstufen galt es zu gedenken. Der Totenkult war eine allen kriegsbeteiligten Nationen gemeinsame Reaktion auf das Massensterben – und der Versuch, ihm einen Sinn abzugewinnen. So wurde der 11. November als der Tag des Sieges in vielen alliierten Staaten zum Nationalfeiertag erklärt. Vergleichbar hiermit führte Deutschland als das Land der Unterlegenen den Volkstrauertag ein. In den neu oder wiedergegründeten Staaten hingegen stand zumeist nicht der Weltkrieg selbst im Mittelpunkt nationaler Erinnerungspolitik, sondern die in seiner Folge gewonnene Unabhängigkeit oder die nach 1918 um sie geführten Kriege.

Mit den Grabmälern des Unbekannten Soldaten wurde eine neue, bald weit verbreitete Form des Gedenkens gefunden. Deutschland bildete hier eine Ausnahme. Der Architekt Bruno Taut, der 1926 mit einem Gutachten über ein Denkmal des Unbekannten Soldaten befasst war, führte dies darauf zurück, dass der an sich begrüßenswerte »Ritus«, weil »er anderswo geboren« sei, in Deutschland keine Verbreitung finden könnte.

Zahlreiche Friedhöfe und Mahnmale auf den ehemaligen Schlachtfeldern wie auch die in fast jeder Ortschaft aufgestellten Erinnerungszeichen gedachten aller Gefallenen. Die Soldatenfriedhöfe wurden betont gleichförmig gestaltet. Mahnmale dienten der Erinnerung an die Vermissten, von denen keine sterblichen Überreste hatten aufgefunden und bestattet werden können, oder an die nicht identifizierten Toten.

In diesen kollektiven Ritualen war die individuelle Trauer der Angehörigen nicht aufgehoben. Ihre Ausdrucksform unterschied sich von Nation zu Nation und knüpfte an je eigene Traditionen des Totengedenkens an. Immer aber richtete sich die Trauer der Überlebenden auf geliebte Menschen, deren Andenken in Fotos und anderen Erinnerungsstücken gepflegt wurde.

R. Rother

Trauer

Vom Tod ihrer Männer, Väter und Söhne erfuhren die Angehörigen in Deutschland zunächst durch Listen, die täglich ausgehängt wurden. In Großstädten konnten diese Listen bis zu 40 großformatige Seiten umfassen. Zur gängigen Praxis entwickelte sich aber bald die feldpostbriefliche Mitteilung des Vorgesetzten über den »Heldentod« eines Soldaten – wenn nicht ein Brief an die Front mit dem aufgestempelten Satz »Gefallen auf dem Feld der Ehre« an den Absender zurückging und so für traurige Gewissheit sorgte.

Die Gefallenen wurden fern der Heimat auf einem Soldatenfriedhof oder in einem Massengrab bestattet. Den Hinterbliebenen war es in der Regel nicht vergönnt, von den Toten im Rahmen einer Begräbniszeremonie Abschied zu nehmen. Geldbörsen, Ausweise, Fotos und andere Utensilien, die mitunter zurückgeschickt wurden, waren alles, was von den Toten blieb. Ein Besuch am Grab war, solange der Krieg andauerte, nicht möglich. Die Familien mussten für ihre Trauer daher neue Ausdrucksformen finden. In einigen deutschen Städten bildeten sich etwa »Ausschüsse zur Ablösung von Kranzspenden«, die Geldbeträge als »symbolische Kranzspende« sammelten und für soziale Zwecke verwendeten. Auch so genannte Gedächtnisbücher erfreuten sich steigenden Zuspruchs. Neben einer Sammlung vaterländischer und religiöser Sinnsprüche boten sie Raum für die »Chronik eines Kriegerlebens« und für ein Foto des Gefallenen. In traditioneller Trauerkleidung konnten die Hinterbliebenen ihren Schmerz öffentlich zeigen. Auf diese Weise war der Tod auf den fernen Schlachtfeldern auch in der Heimat immer präsent.

T. Flemming

XIV/1 Grabstein vom Familiengrab Janssen mit Widmung für den im Ersten Weltkrieg gefallenen Gardepionier Hermann Janssen

Nach 1918 · Marmor, gemeißelt, poliert · 170,5 x 57 x 27,2 cm · Deutsches Historisches Museum, Berlin · AK 2002/506.1-5

Dieser Grabstein stand seit Ende des Ersten Weltkrieges auf dem Grab der Familie Janssen auf dem nördlich von Berlin-Pankow gelegenen Friedhof Nordend, bevor er im Jahr 2002 als Schenkung in die Sammlung des Deutschen Historischen Museums überging. Aus schwarzem poliertem Marmor gearbeitet, beeindruckt der Stein durch seine schlichte Form, die einer griechischen Stele nachempfunden ist. Er wurde für Hermann Janssen errichtet, der am 24. April 1917 im Alter von 32 Jahren fiel. In die Vorderseite des Sockels ist ein Gedenkspruch gemeißelt. Die Widmung der Familie ist, gemessen an den Konventionen der damaligen Zeit, ungewöhnlich emotional im Ton: »Du gingst von Eltern, Gattin und dem Kinde. Nie wird, Du Teurer, ihre Lieb' sich mindern, Nie wird die Wunde, die der Tod geschlagen, Nie wird sie heilen, auch in späten Tagen. Das Kreuz, das Dich geschmückt, giebt [sic!] Zeugnis ab, Warum Du gingst, warum das frühe Grab.« *G. B.*

XIV/1

XIV/2 Grabplakette für Gabriel Émile Dedome

Sedan 1918 · Emailliertes Metall, Fotografie · 24 x 18 cm · Historial de la Grande Guerre, Péronne · 009604

Als Grabschmuck kamen in vielen Gegenden Frankreichs traditionell Emaille-Plaketten zur Verwendung. Auch für Kriegsgefallene, die außerhalb von Soldatenfriedhöfen beerdigt werden mussten, wurden solche Grabzeichen verwendet, die das Foto des Verstorbenen in einem Medaillon trugen. Die Aufschrift lässt erkennen, dass Gabriel Émile Dedome erst nach dem Waffenstillstand, am 24. Dezember 1918, verstarb, vermutlich infolge seiner erlittenen Verwundung. Das Motto »Les années passent ton souvenir reste« (Die Jahre vergehen, die Erinnerung an dich bleibt) erscheint auf einem Säulenfragment, doch steht diesem traditionellen Motiv als Kontrast der Blick auf eine von Grabkreuzen gezeichnete, von Gräben durchzogene Landschaft gegenüber. *R. R.*

XIV/2

XIV/3 Todesanzeige für Carlo Bonafini

Associazioni Cattoliche Rodigine · Rovigo, 17. August 1918 · Papier · 63 x 43 cm · Museo Storico Italiano della Guerra, Rovereto · Biblioteca, Nr. 32, Bl. 9

Nachdem der italienische Soldat Carlo Bonafini im August 1918 gefallen war, veröffentlichte der Verein Associazioni Cattoliche Rodigine eine Todesanzeige, in der es unter anderem heißt: »Ruhe im Frieden Christi, aufrichtiger und unbeugsamer Held«. Doch das militärische Pathos, das hier anklingt, ist nicht charakteristisch für die allgemeine Tonlage der Todesanzeige. Prägender für den Text und die Gestaltung sind christliche Glaubensinhalte. In Italien gab man den Tod von Soldaten wie auch den anderer nahe stehender Menschen traditionell auf klein- und großformatigen Druckblättern bekannt, die an Hauswänden angebracht wurden. Dieser Brauch hat sich bis heute erhalten. *T. F.*

XIV/4 *Memorial silk* [Gedenkseide]

Für Albert Spencer (1885–1918) · Seide · 18,5 x 6,2 cm · Imperial War Museum, London · 92/3/1 (Nachlass A. Spencer)

Gedenkseiden wie diese, so genannte *memorial silks*, und die üblicheren Trauerkarten, *mourning cards*, verliehen dem Schmerz der Hinterbliebenen Ausdruck und waren in England weit verbreitet. Gewidmet wurden sie den gefallenen Soldaten, aber auch anderen Familienangehörigen – insbesondere Kindern –, die infolge des Krieges gestorben waren. Der Gefreite Albert Spencer, an den diese Gedenkseide erinnert, hatte im australischen Sanitätskorps gedient. Im Alter von 33 Jahren kam er am 21. Mai 1918 in Frankreich ums Leben. Unter dem Bildnis des Verstorbenen richten seine Eltern eine liebevolle Botschaft an ihn: »Schlaf weiter, lieber Sohn, in einem fernen Land,/In einem Grab, das wir nie sehen werden;/Doch solange Leben und Erinnerung währen/Wirst Du immer in unseren Gedanken sein«. *S. W.*

XIV/5 *Za otadžbinu* [Für das Vaterland]

Skulptur · Djordje Jovanović (1861–1953) · Paris 1916 · Bronze · 33,6 x 50,8 x 34,3 cm · Nationalmuseum, Belgrad · 281

Djordje Jovanović, einer der bedeutendsten serbischen Bildhauer, schuf mehrere Werke mit Bezug auf den Ersten Weltkrieg. Zu seinen wichtigsten Arbeiten zählt die Skulptur *Für das Vaterland*. Der Künstler stellt hier einen gefallenen Soldaten dar, der die Gesichtszüge seines Sohnes Mirko, eines Studenten der Architektur, trägt. Das Werk entstand nach dem »Großen Rückzug« der serbischen Armee über Albanien im Jahr 1915. An der Flucht hatte auch Jovanović teilgenommen. Dieses Erlebnis, so sagte er später, hatte sich ihm für immer ins Gedächtnis eingeprägt. Als Jovanović in Paris eingetroffen war, erfuhr er, dass sein Sohn als Kriegsfreiwilliger ums Leben gekommen war. In tiefer Trauer über den Verlust modellierte der Künstler diese Skulptur, die seine damaligen Gefühle widerspiegelt. Da der Friedhof, auf dem sich das Grab Mirko Jovanovićs befand, später von Granaten zerstört wurde, ist diese Skulptur gleichsam zum bleibenden Denkmal für den jungen Mann geworden. Mit dem Porträt seines Sohnes schuf Jovanović zugleich ein Symbol für die zahllosen gefallenen Soldaten, die ihr Leben

XVII AGOSTO MCMXVIII

ALL OMBRA D'UMILE CROCE
E DEI VERDI CIPRESSI DI PADERNO
RIPOSA NELLA PACE DI CRISTO
O CANDIDO E INDOMITO EROE
O DOLCISSIMO AMICO

CARLO BONAFINI

E ALLE ASSOCIAZIONI CATTOLICHE RODIGINE
CHE TANTO ILLUSTRASTI CON L'INGEGNO E LA VIRTÙ
E CHE OGGI DOLENTI COMMOSSE
SUPPLICANO IL DIO DEGLI ESERCITI
PERCHE DI FULGIDA IMMORTALE GLORIA
CORONI IL TUO SPIRITO ELETTO
DI COL LINGUAGGIO DEL SANGUE
COME CON LA FEDE NEL CUORE
I FIGLI I SOLDATI D'ITALIA
SI RENDANO DEGNI DEI DESTINI DELLA PATRIA
E DELL IMMANCHEVOLE DESIATO TRIONFO

XIV/3

XIV/5

aus Liebe zum Vaterland gelassen hatten.
Formal handelt es sich um eine Arbeit im
Stil des Realismus, die aber durchaus auch
idealistische und symbolistische Elemente
aufweist. Ihre besondere künstlerische
Qualität wirkte in der serbischen Bild-
hauerei fort. *V. G.*

XIV/6 *Pietà*

*Skulptur · Käthe Kollwitz (1867–1945) · 1937/38 ·
Bronze · 38 x 28,5 x 39 cm · Käthe-Kollwitz-Museum, Berlin · 170*

Diese trauernde Mutter mit dem gefallenen
Sohn ist die späte Version eines Themas,
das Käthe Kollwitz immer wieder beschäftigte. Besonders seit dem Tod ihres Sohnes
Peter, der als Kriegsfreiwilliger 1914 in
Flandern fiel, griff Kollwitz auf das Sujet
der Pietà zurück. Das Werk von 1937/38
wird auch als Reaktion auf die erneute
Kriegsgefahr gedeutet. Die sinnende Geste,
die weder hilflose Hinnahme des Opfers
noch klagende Ohnmacht signalisiert, erscheint als Ausdruck der Reflexion über
einen unnötigen Tod.
Eine vergrößerte Replik der *Pietà* wurde
auf Wunsch des damaligen Bundeskanzlers
Helmut Kohl in der Neuen Wache in
Berlin aufgestellt. Am Volkstrauertag 1993
wurde der Schinkel-Bau als »Zentrale Gedenkstätte der Bundesrepublik Deutschland« eröffnet, mit der trauernden Mutter
im Zentrum des rekonstruierten, ansonsten leeren Innenraumes von Heinrich
Tessenow. *R. R.*

XIV/6

Wer so
im Kampf
fürs Vaterland
gefallen,
der lebt
im
Herzen
seiner Lieben fort.

Chr. Dahmer
Landwehr-Regiment No. 116, 5. Kompagnie
geb. am 21. Oktober 1882, gefallen am 15. Sept. 1914 in der
Schlacht bei Cernai.
Er ruhe in Frieden!

XIV/7

XIV/7–XIV/9

XIV/7 *Wer so im Kampf fürs Vaterland gefallen, der lebt im Herzen seiner Lieben fort.*

Gedenkbild · Deutschland 1914 · Papier · 59 x 47 cm · Museum für Sepulkralkultur, Kassel · M 1983/10

XIV/8 *Willy Blume starb den Heldentod am 17.11.1914 beim Sturm auf Ypern*

Gedenkbild · Deutschland 1914 · Papier · 63 x 52,5 cm · Museum für Sepulkralkultur, Kassel · M 1988/26

XIV/9 *Zur Erinnerung an meinen lieben Mann. Den Heldentod für das Vaterland gestorben!*

Gedenkbild · Deutschland, 1915 · Papier · 58 x 46,5 cm · Museum für Sepulkralkultur, Kassel · M 2002/16

Die drei Gedenkbilder erinnern an gefallene Soldaten. Die Worte vom »Kampf fürs Vaterland« und vom »Heldentod«, die für die Widmungen gewählt wurden, greifen auf zeittypische Ritualisierungen zurück, die dem Tod auf dem Schlachtfeld ein Sinn geben sollten. Doch anders als bei öffentlich inszenierten Ritualen des Gedenkens sind die Gedenkbilder Ausdruck der sehr persönlichen und auf den einzelnen Toten bezogenen Trauer und ihrer Bewältigung. Als Erinnerungszeichen schließen sie die Individualität des Verstorbenen ein: durch Porträts beispielsweise, von denen im Gedenkbild *Zur Erinnerung an meinen lieben Mann* gleich drei in den religiösen Kontext der Kreuzigung Jesu gestellt werden. Solche aufwendig gestalteten Gedenkbilder hatten in Deutschland Tradition. Sie wurden in den Wohnstuben oder auch in Kirchen aufgehängt, wo sie die Erinnerung an den Verstorbenen lebendig hielten. *T. F.*

XIV/10–XIV/12

XIV/10 *Ready to Serve*
[Bereit zum Dienen]

Fotografie · Weston Virginia, Anfang zwanziger Jahre · 34,6 x 25 cm · Smithsonian Institution, National Museum of American History, Behring Center, Washington · File Bennett, Mrs. Louis

XIV/8

XIV/9

XIV/11   Briefumschlag

*Grenzhausen 1923 · Papier · 13,1 x 16,5 cm ·
Smithsonian Institution, National Museum of
American History, Behring Center, Washington ·
File Bennett, Mrs. Louis*

XIV/12   Brief von Emil Merkelbach an die Familie Bennett

*Grenzhausen, 6. Januar 1923 · 26,5 x 21 cm ·
Smithsonian Institution, National Museum of
American History, Behring Center, Washington ·
File Bennett, Mrs. Louis*

Louis Bennett jr. initiierte 1917 das West
Virginia Flying Corps, mit dem das Luft-
waffenpersonal auf die Kämpfe in Europa
vorbereitet werden sollte. Seine Ausbildung zum Kampfpiloten erhielt er in der
Central Flying School in Upavon, England. Bei seinen ersten Fronteinsätzen
schoss er mehrere deutsche Beobachtungs-
ballone und zwei Flugzeuge ab. Am 24.
August 1918 griff er zwei Fesselballone
an. Nachdem er den ersten abgeschossen
hatte, wurde sein Flugzeug vom Feuer der
Bodenbatterien und des Maschinengewehrs
im zweiten Ballon getroffen. Bennett starb
beim Absturz seiner Maschine.
Seine Familie erhielt 1923 einen Brief des
deutschen Offiziers, der von Bennett jr.
attackiert worden war. Emil Merkelbach
gibt darin Auskunft über die genaue
Umstände des Abschusses. Später schickte
er den Eltern zudem einen Ausschnitt aus
einer zeitgenössischen militärischen Karte
mit eigenhändigen Erläuterungen, die den
Ablauf verdeutlichen sollte.
Die Eltern von Bennett stifteten mehrere
Mahnmale zur Erinnerung an ihren Sohn:
die Statue *Ready to Serve*, sie ist vor der
ebenfalls seinem Andenken gewidmeten
Bibliothek in Wheeling, West Virginia,
aufgestellt; eine Kapelle für den Friedhof
in Wavrin, auf dem er beigesetzt wurde;
eine Plakette in der Fliegerschule Upavon
sowie ein den alliierten Piloten gewidmetes
Fenster in der Westminster Abbey in London. *R. R.*

XIV/13   *Mort pour la Patrie – A mon Mari*

*Plakette · Frankreich 1914–18 · Metall, emailliert ·
20 x 14 cm · Historial de la Grande Guerre,
Péronne · 18087*

Mit der Inschrift »Mort pour la patrie«
(Für das Vaterland gestorben), der offiziellen Formel des Gedenkens in Frankreich, erinnert die Plakette in eher unper-

sönlicher Form an den im Krieg gefallenen
Ehemann. *R. R.*

XIV/14   *Nightletter – Telegram to Mrs. John Holliday [Nachtbrief – Telegramm an Mrs. John Holliday]*

*Major William John Holliday (1877–1917) · Otta-
wa, 19. April 1917 · Papier · 25 x 30 cm · The
Royal Montreal Regiment, Westmount · 2004.001
(DHH)*

Mit diesem Telegramm wurde die Mutter
vom Tod ihres Sohnes William John Holliday unterrichtet, wie dies allgemein üblich war. Der Mutter wurde später zum
Gedenken an ihren im Krieg gefallenen
Sohn das Silberne Kreuz (Silver Cross)
überreicht. Diese Tradition hat sich bis
zum heutigen Tag erhalten.
Major Holliday wurde 1877 in Québec
geboren. 1899 trat er in das kanadische

Expeditionskorps ein und diente im Burenkrieg in Südafrika. Im Ersten Weltkrieg meldete er sich erneut zum Kriegsdienst. Für seine besondere Tapferkeit
wurde ihm im französischen Courcelette
das Militärverdienstkreuz verliehen. Am
16. April 1917 erlag Holliday den Verletzungen, die er eine Woche zuvor erlitten
hatte, während er seine Männer zum
Angriff auf Vimy führte. *S. H. (Ü)*

XIV/15   Notizblock von William John Holliday

*Frankreich 1917 · Papier · 17,5 x 12,5 cm · The
Royal Montreal Regiment, Westmount · Ohne Inv.-Nr.*

Zu den Hinterlassenschaften, die der
Familie nach Major Hollidays Tod zuge-
schickt wurde, gehörte auch dieser Notiz-
block für Feldnachrichten. Der erste Eintrag datiert vom 5. April 1917, der letzte
vom 9. April 1917. Festgehalten sind

XIV/17

XIV/18

Einzelheiten der Planung und die Befehle vor dem Angriff auf Vimy am 9. April 1917. Unter den Notizen findet sich beispielsweise Major Hollidays Befehl an seine Männer, vor dem Angriff Löcher in den Stacheldraht vor ihren Schützengräben zu schneiden. Der letzte Eintrag beinhaltet Major Hollidays Befehle an seine Einheit vor der »Stunde Null« um 5.30 Uhr am Morgen des 9. April 1917. *S. H. (Ü)*

XIV/16 Erkennungsmarke von William John Holliday

Kanada 1914–18 · Metall · 2,5 x 3,5 x 20 cm · The Royal Montreal Regiment, Westmount · Ohne Inv.-Nr.

Angehörige des Militärs erhielten Erkennungsmarken, mit denen sie – auch im Falle des Todes – zweifelsfrei identifiziert werden konnten. Als Offizier trug Major Holliday ein Armband mit der Marke am Handgelenk. *S. H. (Ü)*

XIV/17 Brosche von Mary Ann Powell

1914–18 · 15-karätiges Gold, Email · 3,2 x 3,1 cm · Australian War Memorial, Canberra · REL 29918

Bis zu ihrem Lebensende trug die Australierin Mary Ann Powell diese Brosche zur Erinnerung an drei Söhne, die im Ersten Weltkrieg auf Seiten der Alliierten gekämpft hatten: Nigel war 1918 im Alter

von 20 Jahren in Frankreich gefallen. John kehrte zwar nach Australien zurück, starb jedoch 1922 an den Folgen seiner schweren Verwundung. Allein Sohn Harry überstand den Krieg unversehrt.
Die Brosche zeigt ein stilisiertes Maschinengewehr, Flaggen, Abzeichen der betreffenden Einheiten und eine Krone. Für ihre Trägerin war die Brosche ein Symbol der Trauer wie auch des Stolzes. *T. F.*

XIV/18 Trauerschmuck: Halskette

1914–18 · Glasperlen · Länge 44 cm · Deutsches Historisches Museum, Berlin · MK 83/141

Schwarzer Schmuck aus Glas, Stein, Holz oder Gagat gehörte schon im ausgehenden 19. Jahrhundert zur Trauerkleidung. Damen trugen auch Broschen, Haarkämme oder Armbänder, Herren Uhrenketten in schlichter Ausführung. Die als angemessen erachtete Klage- oder Trauerzeit betrug je nach Region und abhängig vom Verwandtschaftsgrad zwischen einem Monat und einem Jahr. Zwischen 1914 und 1918 waren die schwarzen Accessoires weit verbreitet: In der Heimat wurden sie zu sichtbaren Zeichen für das Sterben von Vätern, Männern und Söhnen im Felde als einer nicht nur individuellen, sondern auch kollektiven Erfahrung. *R. F.*

XIV/19 *Mother's pin [Anstecknadel]*

1914–18 · Metall, Email · 3 x 1,5 x 3 cm · The Governor General's Foot Guards Regimental Museum, Ontario · 2004.009 (DHH)

Mit dieser Anstecknadel zeigte eine kanadische Mutter ihre Trauer um drei im Weltkrieg gefallene Söhne. Jeder Stein steht für einen der Toten.
Das Abzeichen signalisierte nicht zuletzt der Öffentlichkeit, dass dieser trauernden Mutter mit besonderem Respekt und großer Rücksichtnahme zu begegnen sei. Der Trauernden selbst mochte das sichtbare Zeichen des Verlustes helfen, eine persönliche Tragödie emotional zu verarbeiten. Durch derartige Trauerzeichen war auch in Kanada und anderen vom Getöse der Schlachtfelder weit entfernten Staaten das Sterben der Soldaten im Alltag präsent. *T. F.*

Ritual

Auch schon vor dem Ersten Weltkrieg wurde kollektiv der zurückliegenden Kriege gedacht. Der patriotische Stolz auf das Erreichte und die tief verankerte Gewissheit, die Gefallenen seien einen sinnvollen Tod gestorben, standen dabei im Mittelpunkt des zumeist monumentalen Gefallenenkultes. Unter der Wucht der immensen Verluste im Ersten Weltkrieg und der extrem hohen Zahl nicht identifizierbarer, also anonymer Toter entwickelten sich neue Formen staatlichen Gedenkens und der sie begleitenden Rituale.

Der 11. November als Tag des Waffenstillstands wurde ab 1919 in den Siegerstaaten nicht mit Freudenkundgebungen, sondern mit Schweigeminuten begangen, eine Tradition, die sich teilweise bis heute erhalten hat. Denkmäler, die sich in vielen Staaten in beinah jedem größeren Dorf finden lassen, gedachten nun in der Regel der Kriegstoten im Allgemeinen und jener der jeweiligen Gemeinde im Besonderen. Mit der in einigen kriegsbeteiligten Ländern praktizierten Beisetzung eines »unbekannten Soldaten« wurde schließlich die allgemein verbindliche Symbolfigur für die Heroisierung aller Soldaten gefunden.

Die Erinnerung in Osteuropa, gebunden an andere Daten und Ereignisse, nahm solche Gedenkformen auf und übertrug sie auf die eigene nationale Geschichte. Doch wurde die Erinnerung an den Krieg hier zumeist überlagert von den Bürgerkriegen, Revolutionen und Staatsgründungen, die dem Ersten Weltkrieg folgten. Der Sieg einer politischen Richtung entschied so mitunter darüber, ob die Toten als Freiheitskämpfer oder Verräter gesehen wurden und in welcher Form man ihrer gedachte.

R. Rother

XIV/20 *Der rote Mohn auf dem alten Frontgelände vor dem Kanonenberg zwischen Champagne u. Argonnen, 1916*

Otto Engelhardt-Kyffhäuser (1884–1965) · um 1916 · Öl auf Leinwand · 65 x 80 cm · Bayerisches Armeemuseum, Ingolstadt · 723-1995

Die Landschaft ist von alten Schützengräben durchzogen, die sich endlos bis zum Horizont erstrecken. Ihre Linie säumen schwarze Kreuze, provisorische Grabstellen für Gefallene, die inmitten der Kämpfe nur an Ort und Stelle begraben werden konnten. Das intensive Rot der Mohnblüten beherrscht die Farbigkeit des Gemäldes. Der Kontrast zwischen den Gräbern und den prachtvoll entfalteten Blumen besitzt in diesem Bild eine ähnlich zentrale Bedeutung wie im Gedicht *In Flanders Fields* von John McCraes. *R. R.*

XIV/21 *Patrouille de ravitaillement dans un boyau [Verpflegungstrupp in einem Laufgraben]*

Fotografie · Section Photographique de l'Armee · Frankreich 1915–18 · Autochrome (Reproduktion) · 30 x 40 cm · Établissement de la communication et de production audiovisuelle de la défense (ECPAD), Paris · AUL 104 · Abb. S. 65

Mit der 1903 patentierten Technik der »Autochrome« – sie stammte von den Film- und Fotopionieren Louis und Auguste Lumière – wurden farbige Fotoaufnahmen möglich. Das Verfahren basiert auf Glasplatten mit dem üblichen panchromatischen Schwarz-Weiß-Film, der durch einen Filter belichtet wurde. Der Filter bestand aus Millionen feiner, rot, grün oder blau eingefärbter, durchsichtiger Partikel aus Kartoffelstärke. Je nach Wellenlänge wurde das einfallende Licht von diesen Partikeln absorbiert oder reflektiert, der Film daher abhängig von den Farbwerten belichtet. Nach der Entwicklung wurde in einem umgekehrten Druckprozess das farbige Bild hergestellt.

Für die Aufnahmen waren relativ lange Belichtungszeiten erforderlich, so dass nur Fotos von unbeweglichen oder ruhenden Objekten möglich waren. Die fotografische Abteilung der französischen Armee stellte Tausende solcher Glasplatten-Farbaufnahmen her. Der unbekannte Fotograf der gezeigten Aufnahme wählte sein Sujet unter den üblichen Einschränkungen aus: Der Verpflegungstrupp verharrt im Laufgraben – vermutlich auf dem Weg zu den vorderen Linien und nicht im direkten Feuerbereich des Feindes. Imposant wölbt sich blühender Klatschmohn in den Graben hinein. Diese Blume erblühte aufgrund ihrer be-

sonderen Keimeigenschaften gerade in den von Granaten oder durch Schützengräben gleichsam umgegrabenen Landschaften als Erste und dominierte mit ihrem lebhaft leuchtenden Kontrast von Rot und Grün die ansonsten trostlose Szenerie der Schlachtfelder. *R. R.*

XIV/22a George James Parker

Fotografie · Großbritannien 1914–18 · 13,2 x 8,2 cm · Imperial War Museum, London · EPH 3938

XIV/22b Getrockneter Klatschmohn

Ypern 1917 · Getrocknete Pflanzenfaser, Holz, Glas · 14 x 11,2 cm · Imperial War Museum, London · EPH 3938

George James Parker diente in der britischen Armee als Maschinengewehrschütze. Als Andenken an die sich bis in den Spätherbst 1917 hinziehende, im Schlamm versinkende und besonders verlustreiche Offensive bei Ypern, die im englischen Kollektivgedächtnis als »3rd Battle of Ypres« oder die »Schlacht um Paschendaele« bezeichnet wird, bewahrte er eine getrocknete, in einem Rahmen gefasste Klatschmohnblüte auf. *Poppies* waren für die britischen Soldaten schon während des Krieges zum Symbol des Blutvergießens und der leidvollen Kriegserfahrungen geworden. *R. R.*

XIV/23 Kranz aus künstlichen Klatschmohnblüten

British Legion · Richmond, Surrey 2002 · Kunststoff, Draht, Papier · Durchmesser 43 cm · Deutsches Historisches Museum, Berlin · Ohne Inv.-Nr.

XIV/23

XIV/20

XIV/26

John McCrae erlebte die Schlacht um Ypern 1915 als Colonel im Canadian Medical Corps mit. Sein Gedicht *In Flanders Fields*, geschrieben unter dem Eindruck von Tod und Verwundung sowie der improvisierten Beisetzung seines engsten Freundes zwischen Mohnblüten, wurde zu einem der populärsten Sprachkunstwerke über den Ersten Weltkrieg. Es stand auch am Anfang der symbolischen Bedeutung von Klatschmohn oder *poppy*. Seit 1921 am 11. November der erste *Poppy Day* in Großbritannien begangen wurde, hält sich die Tradition ungebrochen. Kränze, einzelne *poppies* oder solche an kleinen Holzkreuzen gelten als Erinnerungszeichen für die Toten. Veteranen stellen die Kunstblumen her und wie in der Zeit unmittelbar nach dem Ersten Weltkrieg dient der Verkaufserlös auch heute der Unterstützung von Invaliden. *R. R.*

XIV/24 Getrocknete Rosenknospe vom Sarg eines unbekannten Soldaten und erklärender Brief

Dover 1920 · Pflanzenfaser, getrocknet; Papier, handgeschrieben · Knospe: Länge 12 cm; Kasten: 3,5 x 15 x 3 cm · Imperial War Museum, London · EPH 3232

Die getrocknete Rosenknospe ist nur ein kleines und eher unscheinbares Zeichen jener tiefen Empfindungen, von denen mehr als 1,25 Millionen Menschen bewegt wurden, die im November 1920 den Weg nach London zum Sarg eines unbekannten Soldaten fanden.
In diesem Jahr wurde das von Sir Edwin Lutyens entworfene steinerne Kenotaph eingeweiht, ein Leergrab zum symbolischen Gedenken an die weit über hunderttausend von nicht identifizierten britischen Kriegsopfern. Statt die Enthüllung des Kenotaphs

– wie zunächst geplant – im Rahmen einer schlichten Zeremonie vorzunehmen, entsprach man der Anregung eines ehemaligen Feldgeistlichen und exhumierte an der Westfront die Leichname von vier unbekannten Soldaten, die dort auf unterschiedlichen Hauptschauplätzen des Krieges gefallen waren. Sie wurden zunächst nach St. Pol nahe der Straße von Dover gebracht, wo einer der Leichname ausgewählt und anschließend nach London überführt wurde.
In einer symbolisch hoch aufgeladenen Prozession erhielten die sterblichen Überreste des Toten am 11. November zunächst Geleit zum Kenotaph und nach dessen Enthüllung um 11 Uhr dann weiter zur Westminster Abbey. Die Trauerzeremonie dort galt allen »unseren gefallenen Helden des großen Krieges«. Anwesend waren die königliche Familie, vor allem jedoch Witwen und Mütter. Drei Tage und Nächte sollten die trauernden Menschen anschließend Gelegenheit erhalten, den Sarg des unbekannten Soldaten aufzusuchen, oft hatten sie lange Reisen auf sich genommen. Doch der Strom der Besucher riss nicht ab. Erst am 18. November fand die Beisetzung des Sarges im Hauptschiff von Westminster Abbey statt. Und auch noch im Verlauf des folgenden Jahres wurden Blumen und andere Zeichen des Gedenkens in das Grab abgelegt. Heute umkränzen künstliche Mohnblumen die in den Boden eingelassene Grabplatte. *R. R.*

XIV/25 *To the Unknown British Soldier in France* [Dem Unbekannten Britischen Soldaten in Frankreich]

Gemälde · Sir William Orpen RA (1878-1931) · Paris und London 1921–28 · Öl auf Leinwand · 154,2 x 129,2 cm · Imperial War Museum, London · IWM: ART 4438

William Orpen, ein erfolgreicher Gesellschaftsmaler, war einer der ersten vom britischen Informationsministerium offiziell beauftragten Kriegsmaler. Er kam 1917 nach Frankreich und blieb länger als jeder andere Künstler. Er schrieb: »In meinem ganzen Leben hat mich nichts so sehr interessiert.« Durch Vermittlung von Lloyd George erhielt er vom Informationsministerium einen weiteren Auftrag. Er sollte die Friedenskonferenz dokumentieren, insbesondere die Rollen der Politiker, Diplomaten und Vertreter des Militärs. Finanziell gesehen war dies der bedeutendste britische Auftrag während des Krieges: Er sollte schließlich mit 6 000 Pfund zuzüg-

lich Spesen dotiert sein. Zum Vergleich: *Gassed [Giftgasopfer]* von John Singer Sargent hatte 600 Pfund gekostet.
Orpen fertigte drei Gemälde an. In den ersten beiden beherrscht die prunkvolle Architektur das Bild und lässt die Politiker nebensächlich erscheinen. Beim dritten Gemälde, das den Spiegelsaal von Versailles zeigt, erreichte Orpens Enttäuschung über die Haltung der Delegierten solche Ausmaße, dass er 36 Porträts von Militärs und Politikern übermalte und durch eine Gedenkstätte für den einfachen Soldaten ersetzte. Zwei Soldaten im Halbakt und zwei Putten bewachten ein Grabmal, das mit dem Union Jack bedeckt war. Sein Gedanke dabei war, »dass nach all den Verhandlungen und Diskussionen, dem Waffenstillstand und Friedensschluss der zerlumpte arbeitslose Soldat und die Toten das einzig greifbare Ergebnis sind«.
Als das Gemälde 1923 erstmals in der Royal Academy in London ausgestellt wurde, löste es einige Kontroversen aus und wurde von der Öffentlichkeit zum Gemälde des Jahres gewählt. Obwohl man das Gemälde im Museum sehr schätzte, wurde es nicht erworben. Die Begründung lautete, dass es nicht dem ursprünglichen Auftrag entspreche. Schließlich übermalte Orpen die Figuren und Putten und schenkte das Gemälde 1928 dem Museum im Gedenken an Earl Haig, »einen der besten Freunde, die ich je hatte«. *R. T. (Ü)*

XIV/26 Stahlhelm eines unbekannten gefallenen Soldaten

Passo Buole 1921 · 35 x 14 x 15 cm · Museo Storico Italiano della Guerra, Rovereto · DM-B/6

Der Stahlhelm gehörte einem bei Passo Buole gefallenen italienischen Soldaten. Sein Leichnam wurde im Oktober 1921 exhumiert und zusammen mit zehn weiteren an verschiedenen Kriegsfronten gefallenen Soldaten nach Aquileia überführt. Hier wählte man einen von ihnen stellvertretend für alle nicht identifizierten Gefallenen zur Beisetzung als »Unbekannter Soldat« im »Altar des Vaterlands« in Rom aus.
Der seinerzeit mit der Exhumierung betraute Leiter der Sanitätsabteilung der italienischen Streitkräfte, Giovanni Telò, übergab den Helm im August 1922 an Don Antonio Rossaro, Gründungsmitglied des Museums und Initiator der »Campana dei Caduti« (Glocke der Gefallenen) für das Museo Storico Italiano della Guerra in Rovereto. *C. Z. (Ü)*

XIV/25

XIV/28

Überreste eines unbekannten kanadischen Gefallenen statt. Er war bis dahin auf einem Soldatenfriedhof bei Vimy Ridge begraben.

Schon bald nach Kriegsende war in Kanada, aber auch in Australien (wo der Unbekannte Soldat 1993 beigesetzt wurde) und Neuseeland (wo 2003 ein Entwurf für ein entsprechendes Grabmal angenommen wurde) der Wunsch nach einer eigenen Gedenkstätte laut geworden. Dies entsprach dem gewachsenen nationalen Selbstbewusstsein der ehemaligen Dominions. *R. R.*

XIV/28 Kirche auf dem Brüderfriedhof in Moskau
Östliche und nördliche Fassaden

Graphik · A. W. Schtschussew (1873–1949) · Aquarell · 73 x 54 cm · Signatur rechts unten: »Mitglied der Akademie der Architektur A. Schtschussew 1916« · Staatliches Wissenschaftliches Forschungsmuseum für Architektur A. W. Schtschussew, Moskau · RI 11859/1

Der Soldatenfriedhof im Dorf Wsechswjatskoje, das jetzt zu Moskau gehört, war als Denkmal für die Gefallenen des Ersten Weltkrieges konzipiert. Auf dem Gelände des 1914 eingerichteten Friedhofes entstand nach Plänen von A. W. Schtschussew die Kirche der Verklärung Christi. Sie war dem Andenken an die Brüder A. A. und M. A. Katkow gewidmet, die gleich zu Beginn des Krieges an der Front starben, und wurde im Auftrag und mit Mitteln ihrer Eltern errichtet. Die Kirche besaß fünf Kuppeln und wurde im so genannten russischen Stil erbaut, der zwischen 1910 und 1920 typisch für die Werke Schtschussews war. Im Jahr 1940 wurde der Friedhof eingeebnet und auch die Kirche existiert heute nicht mehr. *D. T. (Ü)*

XIV/27 *Tomb of the Unknown Soldier [Grabmal des Unbekannten Soldaten]*

Plakat · Kanada 2000 · Lithographie · 61 x 26 cm · Royal 22e Régiment Museum, Québec · Ohne Inv.-Nr.

Über einer verdunkelten Wolkenlandschaft erhebt sich die in ein mildes Sonnenlicht getauchte Silhouette eines Soldaten. Er ist nur an seinem Stahlhelm erkennbar und trägt keinerlei individuelle Merkmale oder gar Gesichtszüge. Hinter ihm sind die Umrisse des National War Memorial aus dem kanadischen Ottawa zu erkennen: Über einem Bogen erhebt sich eine Figurengruppe, die Frieden und Freiheit verkörpert.

Das Plakatmotiv verbildlicht eine Zeile aus dem Gedicht *For the Fallen* (Den Gefallenen) des Schriftstellers und Kunsthistorikers Laurence Binyon (1869–1943): »Bei Sonnenuntergang und am Morgen werden wir Ihrer gedenken.« Die Gedichtzeile findet sich in englischer Sprache auf dem Plakat. Sie kam auch bei dem Ereignis zum Vortrag, für dessen Ankündigung das Plakat entworfen wurde. Nachdem am 21. Mai 2000 am Fuße des National War Memorial sowie einer aus 22 Soldaten bestehenden bronzenen Figurengruppe das Grabmal des Unbekannten Soldaten eingeweiht worden war, fand dort am 28. Mai die Beisetzung der sterblichen

XIV/29 Kirche des Heiligen Nikolai des Wundertäters »Beim Strohwächterhäuschen« in Petrowsko-Rasumowsk in Moskau

Modell · Architekt: F. O. Schechtel (1859–1926) · Modellbauer: W. M. Panterowski · Moskau 1915 · Holz, Metall, Glimmer, Farbe · 39,5, x 36,2 x 27 cm · Staatliches Wissenschaftliches Forschungsmuseum für Architektur A. W. Schtschussew, Moskau · RII 130

Das als Regimentskirche konzipierte hölzerne Gotteshaus wurde auf Initiative des Kommandeurs der 675. Tulaer Infanterieeinheit Oberstleutnant A. A. Mosalewski und des Kirchenvorstehers und künftigen

Kirchenältesten W. I. Sagluchipski mittels Spenden von Offizieren, niederen Rängen und der örtlichen Bevölkerung erbaut. Die in einem Monat errichtete Kirche wurde am 20. Juli 1916 in Anwesenheit der Großfürstin Elisabeth, des Gouverneurs und des Bürgermeisters von Moskau sowie von Offizieren, Soldaten und Ortsansässigen geweiht.

Das Gebäude ist im neorussischen Stil ausgeführt. Die Architektur verbindet den Stil altrussischer Holzbaukunst, wie sie sich bei den nordrussischen Zeltkirchen des 16. bis 18. Jahrhunderts findet, mit der vom Jugendstil geprägten Inneneinrichtung. Für die Ikonenwand wurden wertvolle Werke des 16. bis 18. Jahrhunderts ausgewählt. Die metallenen liturgischen Geräte wurden nach Entwürfen von F. O. Schechtel geschmiedet. Der Name »Beim Strohwächterhäuschen« geht auf das 16. Jahrhundert zurück, als an dieser Stelle, umgeben von Gemüsebeeten, eine mit Stroh gedeckte Hütte stand.

Nach Schließung des Gotteshauses Anfang der vierziger Jahre wurde das Gebäude als Wohnheim genutzt und schließlich in den sechziger Jahren abgerissen, um einem mehrgeschossigen Wohnhaus Platz zu machen. 1997 konnte das Gebäude mit Hilfe der im Architekturmuseum erhaltenen Zeichnungen und des Modells unweit seines ursprünglichen Platzes wiedererrichtet werden. Hierbei war das Modell von großem Wert, da es nicht nur ein wahrheitsgetreues Abbild der Fassade, sondern auch der Inneneinrichtung wiedergibt. Das Interieur der Kirche mitsamt der Ikonenwand, dem Kronleuchter und dem Kandelaber, den Kirchenfahnen und Bänken wurde mit äußerster Genauigkeit wiederhergestellt. *N. M. (Ü)*

XIV/30–XIV/31

XIV/30 Entwurfsskizze für ein Denkmal mit liegendem Soldat

Graphik · Sir Edwin Lutyens (1869–1944) · London, Juli 1919 · Zeichnung · 9,3 x 12,5 cm · Imperial War Museum, London · 16377-4 · Abb. S. 316

XIV/31 Entwurfsskizze für das Kenotaph

Graphik · Sir Edwin Lutyens (1869–1944) · London, Juli 1919 · Zeichnung · 12,5 x 9,3 cm · Imperial War Museum, London · 16377-3 · Abb. S. 316

Sir Edwin Lutyens wurde erstmals im Juni 1919 von Sir Alfred Mond, dem Obersten Beauftragten für öffentliche Bauten in der

Regierung von Lloyd George, inoffiziell gebeten, ein Denkmal anlässlich der Unterzeichnung des Friedensvertrages zu entwerfen. Nach Besprechungen mit Clemenceau und dem Komitee für die Friedensfeiern traf sich Lloyd George Anfang Juli 1919 mit Lutyens und bat ihn, für die Veranstaltungen des Friedenstages am 19. Juli einen Katafalk für Whitehall zu entwerfen. Lutyens Alternativvorschlag für ein Kenotaph fand Zustimmung. Noch am selben Tag legte Lutyens Sir Frank Baines, dem leitenden Architekten des Amts für königliche und öffentliche Bauten, Zeichnungen vor, die auf seinem früheren Entwurf für Mond basierten. Diese beiden Skizzen wurden während eines Abendessens mit Lady Sackville gezeichnet und von ihr mit Anmerkungen versehen.

Der Entwurf orientiert sich an den Maßen des Parthenons. Alle Flächen sind im klassischen Stil leicht gewölbt; die vertikalen Linien laufen auf einen gedachten Schnittpunkt in ca. 300 Metern Höhe zu, die horizontalen ca. 274 Meter darunter. Das weitgehend abstrakt gehaltene Denkmal (auf Lutyens Drängen hin wurden die vier Soldaten am Sockel weggelassen) wurde wegen seiner Schlichtheit und Würde sofort zum Mittelpunkt der nationalen Trauerfeierlichkeiten und auf öffentlichen Wunsch durch ein dauerhaftes Bauwerk ersetzt, das 1920 am Armistice Day, dem Tag des Gedenkens an den Waffenstillstand, enthüllt wurde. *R. T. (Ü)*

XIV/32 Design for Menin Gate [Entwurf für das Menentor]

Graphik · Reginald Bloomfield · Ieper 1921 · Zeichnung · 100 x 75 cm · Sammlung Guy Gruwez

Die Planungen für das Menentor, das den

XIV/29

XIV/30

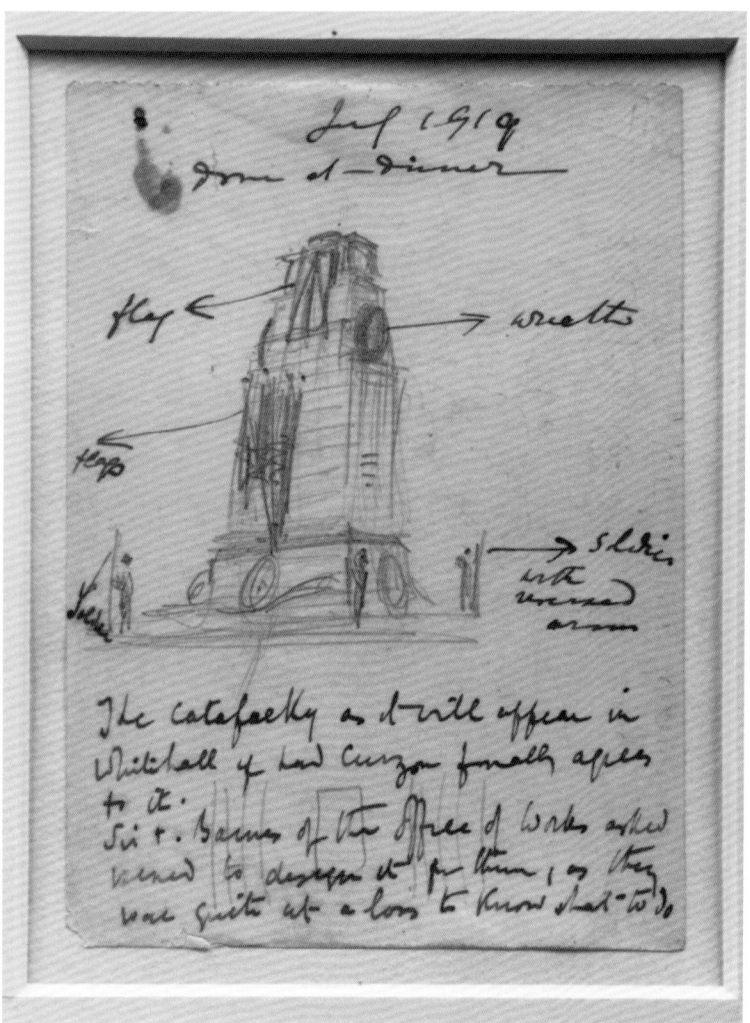

XIV/31

Vermissten der Schlachten um Ypern gewidmet ist, konnten erst Gestalt annehmen, als der Wiederaufbau der Stadt beschlossene Sache war. Das als Triumphbogen angelegte Tor trägt eingemeißelt die Namen von 54 896 Vermissten und wurde nach sechsjähriger Bauzeit am 24. Juli 1927 eingeweiht. Am Ortsausgang von Ieper (Ypern) gelegen, ist das Menentor Stein gewordenes Symbol des einstigen Durchbruchs im sternförmigen Wall rund um den Ort, durch den die Soldaten ihren Marschweg zu den Schlachtfeldern und in den Tod nahmen.

Diese Entwurfszeichnung von 1921, die von den Verantwortlichen als Vorschlag zur Ausgestaltung eines Mahnmals akzeptiert wurde, weist gegenüber der späteren Realisierung einige Abweichungen auf. So fehlen etwa die auf das Dach führenden Treppen in der Mitte des Tores wie auch ein drittes Oberlicht. Entscheidender aber ist, dass das Tor in diesem Entwurf von einem ruhenden Löwen gekrönt wird. Er wurde in der weiteren Planung durch einen Sarkophag ersetzt.

Die Imperial War Graves Commission (heute: Commonwealth War Graves Comission) war für den Bau und ist heute für dessen Unterhalt verantwortlich. Seit der Einweihung wird der Verkehr durch das Tor täglich um 20 Uhr für den Großen Zapfenstreich, die *Last Post Ceremony*, gesperrt. *R. R.*

XIV/33 *Monument érige à la mémoire de Notres disparus Crête de Vimy, France 1914–1918*
[Mahnmal, errichtet zum Gedenken an unsere Vermissten, Höhe von Vimy, Frankreich 1914–1918]

Graphik · George Plassa · Frankreich 1936 · Zeichnung · 30 x 40,5 cm · Royal 22e Régiment Museum, Québec · 1985–023–001

Die Schlacht von Vimy zwischen dem 9. und 12. April 1917 ist eine der größten Schlachten in der Geschichte Kanadas. Nachdem die deutschen Truppen 1915 Vimy eingenommen hatten, verteidigten sie es erfolgreich gegen alle Offensiven und erwarteten, auch den sich ankündigenden kanadischen Angriff im Frühjahr 1917 abwehren zu können. Diese Einschätzung gründete sich auf die Zusammensetzung der gegnerischen Streitkräfte, denn das kanadische Korps bestand aus Kolonialtruppen, die zum ersten Mal gemeinsam kämpften und von bis dahin weitgehend unbekannten Offizieren geführt wurden. Waren die Divisionen des kanadischen

Monument érigé à la mémoire des Nôtres assaus Crête de Vimy France
1914 – 1918

XIV/33

Korps zuvor in Verbindung mit britischen Einheiten eingesetzt worden, so bildeten sie in Vimy erstmals ohne Unterstützung die angreifende Truppe. Es war mithin das erste Mal, dass das kanadische Korps als Einheit kämpfte. Der Einsatz schweißte Soldaten aus allen Teilen Kanadas zu einer schlagkräftigen Truppe zusammen. Das Denkmal von Vimy steht daher auch für das Erwachen einer kanadischen Identität. Als Zeichen der Dankbarkeit gegenüber den kanadischen Opfern des Ersten Weltkrieges und für den von kanadischen Truppen im April 1917 durch die Einnahme von Vimy erzielten Sieg schenkte Frankreich Kanada im Jahre 1922 das Gelände und die umliegenden 100 Hektar Land. Das 1936 vollendete Denkmal wurde von dem kanadischen Architekten und Bildhauer Walter Allward entworfen und ehrt jene Landsleute, die im Weltkrieg kämpften, insbesondere jedoch die über 66 000 Soldaten, die ihr Leben verloren. 1997 wurde das Vimy-Denkmal zu einer Nationalen Historischen Stätte Kanadas erklärt.

Zur offiziellen Enthüllung des Denkmals im Jahr 1936 fertigte Georges Plassa diese Buntstiftzeichnung des Denkmals an.
S. H. und M. L. (Ü)

XIV/34 Modell eines Fliegerdenkmals

Skulptur · Edward Wittig (1879–1941) · Warschau 1922 · Gips · 97 x 50 x 38 cm · Nationalmuseum, Warschau · MN 185765 · Abb. S. 319

Dieses Denkmal wurde der Idee des Heldentums gewidmet. Der Vorschlag dazu kam von polnischen Fliegeroffizieren. Die Skulptur sollte das Gedenken an jene Waffenbrüder bewahren, die in den von Polen zwischen 1918 und 1920 geführten Kriegen fielen. Die wirklichkeitsgetreue Darstellung zeigt einen Offizier in der Uniform eines polnischen Fliegers. Obwohl als Ehrenerweis für die gefallenen Flieger gedacht, drückt das Denkmal nicht Trauer oder Schmerz aus, sondern erscheint als Apotheose des Sieges, des Triumphes und der menschlichen Kraft: Die Idee der Luftfahrt siegte, auch wenn die Soldaten starben.

Der Flieger befindet sich weder auf der Erde noch in der Luft. Er steht zwar auf festem Boden, hat aber unter den Füßen Wolken, die als voluminöse Wölbungen im Gips gestaltet sind. Seine Attribute sind die Überreste eines abgestürzten Flugzeugs – Propeller und Seitenruder –, doch er lebt und ist bereit, weiterzufliegen. Das Denkmal wurde 1931 in Bronze gegossen und auf einem der zentralen Plätze Warschaus aufgestellt. Seine Ausmaße waren gewaltig: Die Figur war ohne Sockel 6,70 Meter hoch. Das Original wurde 1940 von den Deutschen zerstört und erst 1968 nach dem von Edward Wittig 1922 angefertigten Gipsmodell wiederaufgebaut. Die Nachbildung steht heute auf einem hohen Sockel am Anfang der Żwirki-I-Wigury-Allee, die zum Warschauer Flughafen führt. Benannt ist diese Allee nach zwei herausragenden polnischen Fliegern, den Siegern eines internationalen Flugwettbewerbs, die 1932 bei einem Absturz ums Leben kamen. *G. R. (Ü)*

XIV/35 *Kroz Albaniju, A travers l'Albanie [Durch Albanien 1915–1916]*

Skulptur · Jovan Pešić (1866–1936) · Belgrad 1919 · Bronze · 30 x 36,5 x 16,5 cm · National-museum Belgrad · 475 · Abb. S. 320

Im ersten Jahr des Krieges errang das ser-bische Heer bedeutende Siege über Öster-reich-Ungarn, so im August 1914 am Berg Cer und im November 1914 am Fluss Kolubara, beide westlich von Belgrad ge-legen. Doch schon im darauf folgenden Jahr fiel eine halbe Million Menschen einer Fleckfieberepidemie zum Opfer. Hinzu kam, dass deutsche und bulgarische Trup-pen die Kriegsaktivitäten gegen Serbien und Montenegro verstärkten. Nach ers-ten Erfolgen der Offensive im Oktober 1915 zog sich das serbische Heer über Montenegro und Albanien zum Adriati-schen Meer zurück. Eine Kapitulation lehnte Serbien ab. Zusammen mit der Armee floh auch ein Teil der Zivilbevöl-kerung. Unter schwersten Bedingungen, dabei stets Kälte, Hunger und Krankheit ausgesetzt, erreichten nur wenige ihr Ziel. Im Februar 1916 wurden die Fliehenden mit Hilfe der Entente auf überwiegend französischen Schiffen auf die Inseln Korfu und Vido gebracht, um sich dort zu er-holen und neu zu formieren. Die an Er-schöpfung gestorbenen Soldaten wurden auf See, in der so genannten blauen Toten-gruft, bestattet.

Jovan Pešić war im Jahre 1914 freiwillig als Kriegsfotograf in die Armee eingetreten. Möglicherweise diente eine Fotografie als Vorlage für diese Skulptur. Pešić hatte selbst an dem »Großen Rückzug« der Armee teil-genommen. Sein Werk war als Teil eines Denkmals auf Korfu gedacht, das jedoch nicht realisiert wurde. Die Dynamik und Expressivität dieser im Stil des Realismus geschaffenen Arbeit gibt ein eindrucksvolles Zeugnis von der Ausdauer der Serben im schwierigen Kriegswinter 1915/16. Die bildhauerische Thematisierung der Flucht diente später als Motiv für eine Briefmarke, die 1921 zugunsten von Kriegsinvaliden in Umlauf gebracht wurde. *V. G.*

XIV/36 *A nos morts [Unseren Toten]*

Modell · Léon-Ernest Drivier (1878–1951) · Um 1935 · Gips · 104 x 146 x 60 cm · Musée Despiau-Wlérick, Mont-de-Marsan · MM 84116 · Abb. S. 321

Das auf dem Place de la République in Strassburg errichtete Denkmal erinnert an die Toten, die das Elsass im Ersten Weltkrieg zu beklagen hatte. Die nach dem Vorbild einer Pietà ausgeführte Skulptur zeigt eine Trauernde, die zwei Tote in den Armen hält. Das Motiv der Beweinung erfuhr eine Abwandlung, die sich eng auf die besondere Situation in Elsass-Lothringen bezog. Als Reichslande seit 1871 Teil des Deutschen Reiches, stellte es Rekruten für die deutsche Ar-mee, innerhalb derer sie nicht selten un-ter dem Verdacht mangelnder Loyalität standen. Andererseits dienten viele Söhne der nach 1871 emigrierten Elsass-Loth-ringer im französischen Heer. Das in der Skulptur symbolisierte Gedenken gilt den auf beiden Seiten gefallenen elsässischen Soldaten und auch die Widmung »Unse-ren Toten« schließt beide Gruppen ein. *R. R.*

XIV/37 *Grabmal des Unbekannten Soldaten*

Filmausschnitt · Produktion: Mars-Film-Produktion, Berlin; Kurt Rupli · Regie: Curt Oertel · Deutsch-land 1935 · 35-mm-Tonfilm (als Videoeinspielung gezeigt) · Länge: 21 Min., Ausschnitt: ca. 5 Min. · Bundesarchiv/Filmarchiv, Berlin (Rechte: Renate Gertler, Wiesbaden) · K 63648

Der Regisseur Curt Oertel – von ihm stammte der Spielfilm *Der Schimmelreiter* (1934) – war vor allem für seine Kultur-filme bekannt, ein nicht-fiktionales Genre des deutschen Films mit einer bemerkens-werten Variationsbreite der formalen Ge-staltung. Oertels Dokumentation ver-zichtet auf einen durchgängigen Kommentar, sie setzt stattdessen auf wenige Zwischentitel und auf eine filmisch geschickte und fotografisch überzeugende Präsentation des Materials. Die Aufnahmen stammen unter anderem aus Wien, Berlin, Tannenberg, Paris, Brüssel, Rom und Budapest. Sie zeigen die jeweiligen archi-tektonischen Besonderheiten der Grab-stätten. Aufnahmen von den Arbeiten zur Errichtung eines Grabmals auf dem Berg Avala in Jugoslawien komplettieren den Film. *R. R.*

XIV/38 *Gedenkveranstaltungen in Coburg, La Boiselle und Ypern*

Filmstation · Regie: Ingo Langner (1951) · Deutsch-land 2003 · Digitaler Videofilm · Deutsches Histo-risches Museum, Berlin · Ohne Inv.-Nr.*

Nach dem Ersten Weltkrieg begründeten studentische Verbindungen die Tradition, an einem 1926 geschaffenen Kriegerdenk-mal für gefallene Studenten im Coburger Hofgarten Kränze niederzulegen. Auch nach dem Zweiten Weltkrieg führte der Coburger Convent (ein Zusammenschluss aller Landsmannschaften und Turner-schaften an deutschen Hochschulen) diese Tradition fort. Das bis heute gepflegte Ritual gilt dem Gedenken an die Ge-fallenen beider Weltkriege. Die deutlich konservative Ausrichtung der Ehrungen sorgte in den vergangenen Jahrzehnten wiederholt für politischen Streit. Er hat indes seit Jahren an Schärfe verloren. In La Boiselle (bei Péronne an der Somme) wird seit den achtziger Jahren an den Beginn der Somme-Schlacht am 1. Juli 1916 erinnert. Das Gedenkritual ist auf private Initiative hin entstanden und wird mittlerweile von Delegationen aus Frankreich, Großbritannien und Deutschland besucht. Die Feierlichkeiten – sie beginnen, wie die damaligen Kämpfe, im Morgengrauen – finden am Rand eines großen Kraters statt, der an jenem 1. Juli durch eine gewaltige unterirdische Minen-explosion aufgerissen wurde.
Im belgischen Ypern wurde 1927 bei der Einweihung des »Menin Gate«-Mahnmals, das den Vermissten der Kämpfe um die Stadt gewidmet ist, der traditionelle briti-sche Große Zapfenstreich (*The Last Post*) intoniert. Auf private Initiative hin wird dieses Ritual seit 1928 täglich um 20 Uhr wiederholt – trotz der dafür erforderlichen Sperrung der Hauptverkehrsstraße Yperns. Diese Zeremonie hat sich inzwischen zu einem Ereignis entwickelt, das viele Tou-risten anzieht. *R. R.*

XIV/39 *Gedenkveranstaltungen in Vilnius und Riga*

Filmstation · Regie: Ingo Langner (1951) · Deutsch-land 2003–04 · Digitaler Videofilm · Deutsches Historisches Museum, Berlin · Ohne Inv.-Nr.*

Jährliche Rituale zum Gedenken an den Ersten Weltkrieg und seine Folgen sind in Osteuropa deutlich seltener als in West-europa. Zumeist beziehen sie sich dabei primär auf die Erlangung der staatlichen Unabhängigkeit und nicht auf die voraus-gehenden Ereignisse des Weltkrieges. Der deutsche Dokumentarfilm beobachtet Filmstudenten aus Riga, wie sie sich ver-schiedenen Gedenkritualen nähern, und verarbeitet ihre Filmbilder, die dabei ent-standen sind.
Die Aufnahmen aus Vilnius zeigen die Feierlichkeiten anlässlich des polnischen Nationalfeiertages vom 11. November. Die Polen feiern an diesem Tag nicht nur die Wiedererlangung der Unabhängigkeit

XIV/34

XIV/35

Polens 1918 nach 123 Jahren, sondern auch Józef Piłsudski, den Begründer der Polnischen Legion und Vorkämpfer für die staatliche Unabhängigkeit. Piłsudski kehrte an diesem Tag aus deutscher Gefangenschaft nach Polen zurück, um zukünftig eine führende Rolle in der Politik des Landes zu übernehmen. Nach seinem Tod (1935) wurde sein Herz in seiner Geburtsstadt Vilnius auf dem Rossa-Friedhof bestattet. Gleichzeitig wurde sein Leichnam in einem feierlichen Begräbnis in Krakau beigesetzt. Das litauische Vilnius ist daher bis heute ein Pilgerort für viele Polen. In Riga dokumentiert der Film zum einen die jährlichen Feierlichkeiten am 18. November, dem offiziellen lettischen Unabhängigkeitstag, der als Staatsritual begangen wird. Die Bilder zeigen aber auch die Feierlichkeiten am 11. November, dem Erinnerungstag für die lettischen Freiheitskämpfer (Lāčplēsis-Tag). Dieses Ritual bezieht sich auf das Jahr 1919, als die lettische Armee einen entscheidenden Sieg über die deutschen Truppen und verbündete russische Monarchisten errang, die versucht hatten, die Unabhängigkeit der lettischen Republik rückgängig zu machen. *R. R.*

XIV/40 *Fernsehberichte anlässlich des 80. Jahrestages des Waffenstillstands vom 11. November 1918*

Filmstation · Zusammenstellung: Ingo Langner (* 1951) · 1998 (Kompilation: 2004) · Digitaler Videofilm · Deutsches Historisches Museum, Berlin · Ohne Inv.-Nr.

Am 11. November 1998 jährte sich der Waffenstillstand, mit dem der Erste Weltkrieg beendet wurde, zum achtzigsten Mal. Dieses historische Jubiläum gab den Gedenkveranstaltungen in Ländern wie Frankreich, England, den USA, Italien, Australien oder Kanada ein besonderes Gepräge. Die Zusammenstellung zeigt Aufnahmen aus diesem Jahr, die in damaligen Fernsehberichten über die Veranstaltungen gesendet wurden. So ermöglicht sie einen anschaulichen Vergleich der unterschiedlichen nationalen Erinnerungskulturen an den »Großen Krieg«. *R. R.*

XIV/41 Straßenschild »Circuit du Souvenir«

Picardie Signalisation · Frankreich 2004 · Metall, farbig emailliert · 30 x 130 cm · Conseil Général de la Somme, Amiens · Ohne Inv.-Nr.

Wegweiser wie dieser markieren den »Circuit du Souvenir«, den Erinnerungspfad, der im Somme-Gebiet zu den bedeutenden Orten dieses im Ersten Weltkrieg hart umkämpften Gebietes führt. Die zahlreichen Soldatenfriedhöfe, Mahnmale und Denkmäler, an denen der Pfad vorbeiführt, legen ein eindrucksvolles Zeugnis von den damaligen Kämpfen wie auch von der seither gepflegten Erinnerungskultur ab. Der Erinnerungspfad wurde aus internationaler Perspektive konzipiert und ist hierin dem Museum Historial de la Grande Guerre in Péronne vergleichbar: Die Erinnerungsstätten aller kriegsbeteiligten Nationen sind gleichberechtigt in ihn aufgenommen. Wie für das Museum wurde auch für den Erinnerungspfad die Klatschmohnblüte (französisch: »coquelicot«) als Symbol ausgewählt. *R. R.*

XIV/36

XV. Bewahren

Das Bewahren der »Großen Zeit«, mithin deren schriftlicher Niederschlag in Extrablättern oder Feldpostbriefen, aber auch deren dingliche Präsenz in Form von Uniformen oder Waffen nahm rasch obsessive Züge an. Gegen Ende des Krieges waren allein in Deutschland über 200 Kriegssammlungen bekannt. Sie wurden von Archiven und Museen oder von Privatpersonen unterhalten. Ihre Bestände fanden auch Eingang in Kriegsausstellungen. Die Exponate und Nachbauten etwa von Schützengräben und Unterständen sollten in nahezu allen kriegsbeteiligten Ländern den Heimatfronten ein anschauliches Panorama des Krieges bieten. In Deutschland standen dabei die Überlegenheit deutscher Waffen und die Fortschritte in der Prothesenentwicklung im Mittelpunkt. In Frankreich und Russland hingegen, auf deren Territorien eine Vielzahl der Schlachten geschlagen wurden, thematisierte man eher die durch deutsche Militäroperationen und Besatzungsherrschaften verursachten Zerstörungen und Übergriffe auf die Zivilbevölkerung. Nach 1918 gerieten das Bewahren und die in seinem Kontext gesammelten Artefakte zu einem Teil der Erinnerung. Ihre Modellierung im bellizistischen oder, schon seltener, im pazifistischen Sinne übernahmen fortan vor allem die Kriegsliteratur und der Kriegsfilm sowie die sich in fast allen Nationen bildenden Traditions- und Veteranenverbände. Das individuelle Bedürfnis vieler Überlebender und der Angehörigen von Gefallenen, die Orte des Schreckens wieder- oder überhaupt zum ersten Mal zu sehen und auf Soldatenfriedhöfen Abschied nehmen zu können, forcierte indessen den »Schlachtfeldtourismus«. Angebote von Reisebüros und Institutionen wie dem Volksbund Deutsche Kriegsgräberfürsorge wurden auch staatlicherseits gefördert. In Frankreich zum Beispiel konnte jeder Bürger einmal jährlich eine Gratisfahrt mit der Eisenbahn zu den Soldatenfriedhöfen in Anspruch nehmen.

B. Ulrich

Musealisierung

Mit dem Krieg begann auch seine Musealisierung. Zunächst noch ganz konzentriert auf siegesfrohe Zurschaustellungen erbeuteter Waffen, fanden in den ersten Kriegsmonaten regelrechte Triumphzüge statt. Auf ihnen wurden vor allem Geschütze und Truppenfahnen präsentiert. In Berlin etwa favorisierte man dafür die Straße Unter den Linden, bevor die Beutestücke im Innenhof des Zeughauses, seit 1731 traditioneller Aufbewahrungsort für Kriegsgerät und Trophäen, abgestellt wurden. Schnell entwickelten sich indessen auch um mehr Authentizität bemühte Kriegsdarstellungen. An zentralen urbanen Orten wurden beispielsweise begehbare Schützengräben ausgehoben, oftmals verbunden mit der Exposition typischer Waffen des Grabenkrieges. Zugleich sammelten Museen, Bibliotheken und Archive, aber auch Privatleute und Soldaten alle greifbaren, in irgendeiner Form direkt mit dem Krieg oder seinen Auswirkungen verbundenen Utensilien. In Deutschland bot dabei die *Zeitschrift für Freunde von Gedenkstücken aus dem Völkerringen* ein Forum für Kauf- und Tauschwillige. Heute bekannte Institutionen wie die Bibliothek für Zeitgeschichte in der Württembergischen Landesbibliothek in Stuttgart oder das Imperial War Museum in London gehen in ihren Kernbeständen auf solche Sammlungen zurück. Deren ursprünglich vorwiegend patriotischer Charakter wurde einzig durch das 1925 von Ernst Friedrich gegründete Berliner Antikriegsmuseum konterkariert.

K. Burchardi

XV/1–XV/2

XV/1 *Deutsche Kriegsausstellung im November 1916 in der Vereinsturnhalle Dessau*

Plakat · Dessau 1916 · Lithographie · 41 x 30 cm · Deutsches Historisches Museum, Berlin · P 57/1346 (MfDG)

XV/2 *Deutsche Kriegsausstellung Berlin 1916*

Broschüre · Verlag Klasing & Co GmbH · Berlin 1916 · 19 x 13 cm · Bibliothek für Zeitgeschichte in der Württembergischen Landesbibliothek, Stuttgart · 2854

1916 veranstaltete das Rote Kreuz zusammen mit dem Kriegsministerium eine Ausstellung in Berlin. Sie war, anders als die bisherigen Kriegsausstellungen, keine reine Trophäenschau. Unter den insgesamt 450 Exponaten waren zwar noch immer sehr viele Beutestücke aus Feindesbesitz zu sehen, doch es wurden neben Fotografien, Plakaten und Filmen auch Gegenstände aus dem Kriegsalltag gezeigt wie Feldpostkarten, Notgeld oder Lebensmittelmarken. Die Propagandaausstellung wollte über die Erfolge der Armee informieren, dem Besucher aber auch vermitteln, wie stark der Krieg bereits in alle Bereiche des Lebens eingegriffen hatte. Als besondere Attraktionen galten ein Flugzeug, das von der Decke hing, sowie ein U-Boot-Modell auf einer begehbaren Bühne. Hier konnten die Besucher einen Nagel erwerben und in das Modell einschlagen. Auf diese Weise sollte die Heimatfront symbolisch an den Kriegshandlungen teilhaben und die Frontsoldaten bestärken. Doch mit den Nagelungen – wie auch mit dem Verkauf von Andenken – wurde darüber hinaus auch Geld zur Finanzierung des Krieges und der Kriegsschäden erwirtschaftet. Über eine halbe Million Menschen besuchten die Berliner Ausstellung, deren Erlös der Kriegsfürsorge zugute kam. Anschließend wanderte die Schau durch viele Städte Deutschlands, Polens und der Türkei. *K. B.*

XV/3 Inventarbuch zu den ersten Exponaten für das National War Museum

London 1917 · 33 x 21,5 cm · Imperial War Museum, London · Ohne Inv.-Nr. · Abb. S. 324

Die britische Regierung hatte im Frühjahr 1917 beschlossen, ein nationales Kriegsmuseum einzurichten, um die militärischen Ereignisse an der Front zu veranschaulichen. Die Sammeltätigkeit war von An-

fang an sehr breit angelegt, wie auch aus einem Artikel in *The Times* vom 26. März 1917 hervorgeht: »Die Exponate werden die Waffen und anderes Kriegsgerät der britischen Streitmächte umfassen sowie Siegesbeute aus dem feindlichen Lager, Andenken von den Schlachtfeldern, […] die Literatur und Kunst des Krieges, Kartenmaterial, Musik, […] Orden und Ehrenabzeichen, […] und die Briefe einiger derer, die eine bemerkenswerte Rolle im Krieg gespielt haben.« Es dauerte noch drei Jahre bis zur feierlichen Eröffnung des National War Museum (heute: Imperial War Museum) durch König Georg V. am 9. Juni 1920 im berühmten Crystal Palace in London. *S. W.*

XV/4–XV/9 Vitrinen mit Uniformen, die während des Ersten Weltkrieges von Frauen im Militärdienst getragen wurden

Aus einer Ausstellung im National Museum der Smithsonian Institution · Fotografien · USA, 1920er Jahre · 23 x 28 cm · Smithsonian Institution, National Museum of American History, Behring Center, Washington · Neg. Nr. 30748-E, 30748, 30748-A, 30748-S, 30748-O, 30748-N

Nach Ende des Ersten Weltkrieges begann die National Society of The Colonial Dames of America, eine der vielen im Amerika des späten 19. Jahrhunderts gegründeten patriotischen Gesellschaften, die sich um das Kulturerbe bemühten, für das National Museum der Smithsonian Institution eine Sammlung von Kriegsuniformen von Frauen zusammenzutragen. Zwar waren nur wenige der Frauen, die diese Uniformen trugen, tatsächlich Mitglied der Streitkräfte, doch trugen tausende von Frauen aus der Mittel- und Oberschicht Uniform, als sie vor 1917 als Freiwillige die amerikanische Bewegung für die Bereitschaft zum Kriegseinsatz, die so genannte *preparedness movement*, und anschließend den amerikanischen Kriegseinsatz unterstützten. Die Uniformen sind Beleg für ein außerordentliches Spektrum an weltlichen, religiösen und militärischen Organisationen, in denen sich Frauen mit Begeisterung als Freiwillige für Kriegsarbeiten meldeten. Durch das Tragen von Uniformen in Freiwilligenorganisationen identifizierten sich die Frauen mit denselben Grundsätzen militärischer Ordnung und Disziplin wie die Männer. Gleichzeitig erinnerten sie Regierungsvertreter und männliche Wähler an die Kluft zwischen den gesetzlichen Rechten der Frauen und den Pflichten als Bürgerinnen, die sie während des Krieges bereitwillig übernommen und effektiv erfüllt hatten. *M. V. (Ü)*

1917	Miscellaneous.			
April 13	Model Aeroplane	42/1	Mrs B...
18	Bullet proof jacket	13/1	Wilkin...
23	Rumanian Flags.	52/1	Centra... orpa...
	Souvenir Flag - Southampton Prisoners of War Food Fund.	52/2	The L...
May 2.	Nine Souvenir Flags.	40/1	The Ch...
9	Souvenir Flags & Emblems Welsh Flag Day	52/4	Miss ...
12.	One Bayonet Periscope	55/1	Messrs ...
	A pair of Little Giant Wire Cutters	11/5	Messrs ...
	A Chemico Body Shield	13/11	The Co...
17	French Crucifix, recaptured from the Germans at Loos 25/9/15	T/1	A. B...
	Wooden Idol, Indian Soldier's Mascot.	T/1	
	Two German Trench Knives	T/1	
	German Trench harpoon (for smashing barbed wire)	T/1	
	Engraved cigarette case given by Kaiser to German [Soldier.	T/1	
	Princess Mary tobacco box	T/1	
	Belgian Army tobacco rations	T/1	
	Set of 12 Belgian regimental buttons	T/1	
	Picture on wood, burnt in with cordite - "The First Dardanelles landing."	T/1	
	Portion of stained glass window from Ypres [Cathedral	T/1	
	Officer's decorations - Mons. August 1914	T/1	
	Safety Cap of 1st British Naval shell fired in the war.	T/1	
	Tele-photograph of German infantry	T/1	
	Belgian steel aeroplane dart	T/1	
	Collection of 4 German Souvenir medals, sinking of the Lusitania, miniature Iron Cross, Crown Prince, Kaiser & late Emperor of Austria (in cases.)	T/1	
	Original Belgian War service badge.	T/1	

XV/4 Ausstellungsvitrine Nr. 8

Aus einer Ausstellung im National Museum der Smithsonian Institution · Fotografie · USA, 1920er Jahre · 23 x 28 cm · Smithsonian Institution, National Museum of American History, Behring Center, Washington · Neg.-Nr. 30748-E

Der amerikanische CVJF und CVJM spielten sowohl innerhalb als auch außerhalb der USA eine besondere Rolle als Freiwilligenorganisation für die Kriegsarbeit im Ersten Weltkrieg. Der CVJF wurde vom Kriegsministerium als die Organisation nach Frankreich geschickt, die »am besten geeignet war, die Bedürfnisse von Frauen bei der Kriegsarbeit in Übersee zu erfüllen«. Zu sehen sind die Uniformen der ersten Vize-Präsidentin der Frauenkriegsarbeit und von zwei Helferinnen. *M. V. (Ü)*

XV/4

XV/5

XV/5 Ausstellungsvitrine Nr. 9

Aus einer Ausstellung im National Museum der Smithsonian Institution · Fotografie · USA, 1920er Jahre · 23 x 28 cm · Smithsonian Institution, National Museum of American History, Behring Center, Washington · Neg.-Nr. 30748

Die katholische Kirche unterstützte unter der Führung des National Catholic War Council mit mehreren Organisationen den amerikanischen Kriegseinsatz. Die National League of Catholic Women hatte ihren Sitz im Staat New York. Die Knights of Columbus waren in erster Linie für die Freizeitgestaltung der Soldaten im Camp zuständig. Zu sehen sind von links nach rechts die Uniformen des National Catholic War Council, des Kantinendienstes der National League of Catholic Women und der Knights of Columbus. *M. V. (Ü)*

XV/6

XV/7

XV/6 Ausstellungsvitrine Nr. 4

Aus einer Ausstellung im National Museum der Smithsonian Institution · Fotografie · USA, 1920er Jahre · 23 x 28 cm · Smithsonian Institution, National Museum of American History, Behring Center, Washington · Neg. Nr. 30748-A

Die gezeigten Uniformen wurden von Frauen getragen, die sich in unterschiedlichen Freiwilligenorganisationen auf den Kriegsdienst vorbereiteten. Bei der National League for Woman's Service und der First National Service School handelte es sich um nicht-konfessionelle Organisationen. Das American Friends Service Committee folgte einer langjährigen Tradition von Katastrophenhilfe der Quäker. Seine Mitglieder halfen dem englischen Zweig der Gesellschaft der Freunde bei ihrer Katastro-

XV/8

XV/9

phenhilfe in den verwüsteten Gebieten Frankreichs.

Zu sehen sind von links nach rechts eine Uniform, wie sie in der Fahrzeugabteilung der National League for Woman's Service getragen wurde, sowie die Uniformen des Hauptmanns im Fahrzeugkorps der National League for Woman's Service, von Stabsmajor und Ausbildungsleiterin der First National Service School sowie des American Friends Service Committee. *M. V. (Ü)*

XV/7 Ausstellungsvitrine Nr. 1

Aus einer Ausstellung im National Museum der Smithsonian Institution · Fotografie · USA, 1920er Jahre · 23 x 28 cm · Smithsonian Institution, National Museum of American History, Behring Center, Washington · Neg. Nr. 30748-S

Beim Roten Kreuz wie auch in mehreren anderen Organisationen traten Frauen als Fahrerinnen hervor. Sie transportierten Soldaten und Nachschub, sowohl im Heimatland als auch in Europa, manchmal dicht an der Front. Die Frauen vom Fahrzeugdienst trugen die drei auf der linken Seite gezeigten Uniformen; die Uniform rechts ist die einer Rot-Kreuz-Mitarbeiterin im Auslandsdienst. *M. V. (Ü)*

ВО ЧТО ОБОШЛАСЬ ТРУДЯЩИМСЯ ЧЕТЫРЕХЛЕТНЯЯ ИМПЕРИАЛИСТИЧЕСКАЯ ВОЙНА

XV/11

XV/8 Ausstellungsvitrine Nr. 17

Aus einer Ausstellung im National Museum der Smithsonian Institution · Fotografie · USA, 1920er Jahre · 23 x 28 cm · Smithsonian Institution, National Museum of American History, Behring Center, Washington · Neg. Nr. 30748-O · Abb. S. 325

Neben Krankenpflege und Fürsorge übernahmen Frauen beim Roten Kreuz eine Vielzahl von Aufgaben. Auf der linken Seite ist eine Uniform zu sehen, wie sie von den Rot-Kreuz-Oberschwestern in Genesungsheimen in den Vereinigten Staaten getragen wurde, in der Mitte die Uniform des Rot-Kreuz-Notkantinendienstes und auf der rechten Seite die Standarduniform einer Rot-Kreuz-Krankenschwester.
M. V. (Ü)

XV/9 Ausstellungsvitrine Nr. 18

Aus einer Ausstellung im National Museum der Smithsonian Institution · Fotografie · USA, 1920er Jahre · 23 x 28 cm · Smithsonian Institution, National Museum of American History, Behring Center, Washington · Neg.-Nr. 30748-N · Abb. S. 325

Nach dem Vorbild der British Land Army wurde 1917 die Woman's Land Army of America als Nichtregierungsorganisation gegründet; sie wurde aber bald darauf dem US-Arbeitsministerium angegliedert. Ihre Aufgabe bestand darin, den Mangel an Farmarbeitern abzubauen.
Zu sehen sind von links nach rechts die Uniformen der Woman's Land Army von Hamilton Ohio, von Rot-Kreuz-Kantinenarbeiterinnen und der Woman's Land Army von Ohio. *M. V. (Ü)*

XV/10–XV/11

XV/10 *Delo jawnym obrasom idjot k nowoji woine*
[Es geht offensichtlich auf einen neuen Krieg zu]

Plakat · Verlage des Zentralmuseums der Roten Armee und der Fabrik für Fotodruck Mosgorkino · Russland 1934 · Fotodruck · Zentrales Museum der Streitkräfte, Moskau · 3/b 15984/24,25

XV/11 *Wo tschto oboschlas trudjaschtschimsja tschetyrjochletnjaja imperialistitscheskaja woina?*
[Wie teuer kam die Werktätigen der vierjährige imperialistische Krieg zu stehen?]

Plakat · Verlage des Zentralmuseums der Roten Armee und der Fabrik für Fotodruck Mosgorkino · Russland 1934 · Fotodruck · Zentrales Museum der Streitkräfte, Moskau · 3/b 15984/24,25

Die Plakate gehören zu einer 30-teiligen Serie, die dem 20. Jahrestag des Ersten Weltkrieges gewidmet war. Es handelt sich um fotografisches Agitationsmaterial, welches in den dreißiger Jahren in der Roten Armee unter anderem in Ausstellungen verbreitet wurde. *A. Saw. (Ü)*

XV/12 *Pejzaž rata [Kriegslandschaft]*

Gemälde · M. Gvozden (sign.) (1926) · Belgrad 1993 · Öl auf Leinwand · 172 x 215 cm · Militär-museum, Belgrad · 28862*

Das Gemälde *Kriegslandschaft* zeigt das Schlachtfeld am Berg Cer westlich von Belgrad, wo serbische und österreichische Soldaten im August 1914 einen äußerst verlustreichen Kampf führten. Der ser-bischen Armee unter dem Kommando von General Stepa Stepanović gelang es, die erste große Invasion der österreichischen Truppen unter General Oskar Potiorek erfolgreich abzuwehren. Dieser Erfolg übte eine starke Motivation auf die serbischen Soldaten aus.

Der Belgrader Künstler Miloš Gvozdenović malte ein eher kritisches Bild der im kollek-tiven Gedächtnis der Serben so wichtigen Schlacht. Zwei Soldaten liegen kampfbereit im Schützengraben. Die düstere Farbge-bung lässt ihre bedrückte Stimmung er-ahnen. Das Gemälde ist ein Teil einer Reihe von Werken, die Gvozdenović anlässlich des 80. Jahrestages der Schlacht malte. Auch seine anderen Darstellungen zeigen weniger die heroische serbische Armee als vielmehr tote Soldaten, Flüchtlinge und

zerstörte Landschaft. Der Zyklus wurde 1994 in verschiedenen Museen und Ga-lerien gezeigt und ging anschließend in die Sammlung des Belgrader Militärmuseums über. *K. B.*

XV/13 Stahlhelm eines englischen Soldaten und Stahlhelm Ernst Jüngers

Aus dem Besitz von Ernst Jünger (1895–1998) · 1914–18 · Stahl · Höhe 13 bzw. 17 cm, Durch-messer je 30 cm · Schiller Nationalmuseum/Deut-sches Literaturarchiv, Marbach · Ohne Inv.-Nr.

In seinem Werk *In Stahlgewittern. Aus dem Tagebuch eines Stoßtruppführers* (1920) be-richtet Ernst Jünger von einem Patrouillen-gang im Juni 1917 in der »Siegfried-Stellung« an der Westfront. Eigentlich ge-halten, die Feldwache zu besetzen, hatte er sich ihm aus Abenteuerlust angeschlossen. Es kam zu einem Kampf mit dem Gegner, einer britisch-indischen Truppe. Erst am nächsten Tag entdeckte er, dass ein eng-lischer Oberleutnant dabei durch einen Kopfschuss getötet worden war. Zum An-denken ließ er sich neben der Leiche foto-grafieren und nahm den Stahlhelm des Engländers an sich.

Auch an anderer Stelle erinnerte Jünger sich an diesen Vorfall. In einem Brief wenige Tage nach dem Ereignis sprach er noch von einem »langen Nachtgefecht«. In der Erstausgabe von *In Stahlgewittern* findet sich dann eine dramatisierte Schil-derung der Begegnung.

Den Stahlhelm des englischen Soldaten be-trachtete er als eine »Trophäe«, die er stolz zusammen mit seinem eigenen Helm auf-

bewahrte. Die zunehmende Mythisierung des Vorfalls zeigt das Bemühen Jüngers, dem Krieg im Rückblick einen Sinn zu geben. *K. B.*

XV/14 Gewehr Lee Enfield Mark III, 1915, »Rosalie«

Aus dem Besitz von Henri Lecorre · Kanada 1915 · Holz, Metall · 113 cm · Royal 22e Régiment Museum, Québec · Ohne Inv.-Nr.

Als der Erste Weltkrieg ausbrach, kehrte der französische Immigrant Henri Lecorre nach Frankreich zu seiner früheren Einheit zurück. Nach einer Verwundung wurde er zur Genesung zunächst nach Kanada geschickt und schloss sich dann dem auch unter dem Namen Vandoos bekannten 22. Infanteriebataillon (Frankokanadier) an, um wieder für sein Heimatland in den Kampf zu ziehen.

Als er sein neues Lee-Enfield-Gewehr er-hielt, taufte er es nach einem beliebten französischen Lied über die *Marraines de guerre*, die Brieffreundinnen der Soldaten während des Krieges, auf den Namen »Rosalie«. Lecorre schmückte sein Gewehr, indem er den Namen »Rosalie« in den Schaft ritzte. Wegen Verunstaltung des Eigentums des Königs wurde er daraufhin mit Gefängnis und einer Geldbuße be-straft; sein Gewehr wurde konfisziert. Zu seinem Glück konnte es aus einem zur Ver-schrottung vorgesehenen Materialhaufen geborgen werden. Lecorre hütete sein kostbares Gewehr wie einen Schatz und trug es bei sich, bis es ihm eines Tages gestohlen wurde. Dank seines gerissenen Einfallsreichtums – er gab sich als Militär-polizist aus, der Diebesgut sicherstellt – bekam Lecorre »Rosalie« vom Inhaber einer französischen Taverne zurück. »Rosalie« begleitete Lecorre quer durch Frankreich. Der Name jedes Schlachtfeldes, das »Rosalie« besuchte, wurde auf die Innenseite des Schafts geritzt. Lecorre gab sich große Mühe, »Rosalie« vor seinen vorgesetzten Offizieren zu verbergen. Als jedoch Lecorres Befehlshaber zu seiner Em-pörung entdeckte, dass die Waffe immer noch existierte, ordnete er an, sie zu ver-nichten. Mit Hilfe seiner Kameraden ge-lang es Lecorre noch einmal, »Rosalie« gegen ein anderes Gewehr auszutauschen, in das er über Nacht Namen geritzt hatte. Lecorre erlitt bei dem Versuch, zwei ver-wundeten Kameraden im Niemandsland zu helfen, schwere Verwundungen durch Gewehrfeuer. Er erwachte in Kanada ohne seine getreue »Rosalie«.

Nach dem Ersten Weltkrieg wurde »Rosa-

XV/14

XV/15

felder, auf denen der Gefreite Henri Lecorre und das 22. Bataillon (Frankokanadier) kämpften: Arras, Passchendaele, Cote 70, Lens, Liévin, Piéricour, Neuvile, St-Vaast, Sully Grenay, Courcelette, Zellebeck, Hoodge, St. Eloi, Kemmel, Vimy. *M. L. (Ü)*

XV/15 Aus einer Granathülse gefertigte Vase

Frankreich 1918 · Kupfer · 32 x 8 cm · Historial de la Grande Guerre, Péronne · 17054B (1)

Die so genannte Grabenkunst (*trench art*), von den Frontsoldaten kunsthandwerklich hergestellte Souvenirs aus Kriegsmaterialien wie Granathülsen, -splittern, Patronen und ähnlichem, war nicht nur Resultat der Mußestunden in den Schützengräben. Es entstand vielmehr eine regelrechte Souvenirindustrie, die die Relikte des Kriegshandwerks gezielt für die Produktion von Andenken nutzte. Die Fähigkeiten der Handwerker und deren professionelle Produktionsmittel garantierten eine gleich bleibende Qualität der Produkte. Die aus einer Granathülse geformte Vase, deren Motive auf die zahlreichen Bordelle hinter der Front verweisen, verdankt sich vermutlich solchen Produktionsumständen. *R. R.*

XV/16 Durchschossene Börse

1915 · Leder, Messing · 7,5 x 11 cm · Privatbesitz

Diese Geldbörse gehörte dem Soldaten Karl Walter (1875–1915). Als Offiziersstellvertreter kam er zu Kriegsbeginn zum Landwehr Infanterieregiment 22 in Wittenberg. An der Karpatenfront war er als stellvertretender Kompaniechef der ersten Kompanie im Einsatz. Am 25. Februar 1915 wurde er von einer Kugel getroffen. Bevor das Projektil ihn tödlich verletzte, durchbohrte es seinen ledernen Geldbeutel. Die Börse ist bis heute als Andenken im Besitz der Angehörigen. *K. B.*

XV/17 Seidentaschentuch

Australien 1914–18 · Seide · 55 x 53 cm · Australian War Memorial, Canberra · REL 06668

Das mit dem Monogramm »H« gekennzeichnete Taschentuch gehörte einem unbekannten Besitzer. Es stellt eine Art Bestandsaufnahme der Stationen seines Kriegseinsatzes dar. Die Außenseite listet über hundert Namen von Orten auf, die der Besitzer besuchte, durch die er mar-

schierte oder an denen er kämpfte. Darunter sind Gallipoli, Fleurbaix, Pozières, Bapaume, Ypern, Messines, Passchendaele, Villers-Bretonneux. Zwei Verwundungen (bei Westhoek Ridge am 21. September 1917 und im Warfusee-Amien-Sektor am 8. August 1918) sind ebenso mit Urkundentinte vermerkt wie die Namen der Schiffe, mit denen seine Truppe transportiert wurde. Im Zentrum des Taschentuches finden sich ungefähr fünfzig Unterschriften von Kameraden – mehr als die Hälfte von ihnen kehrte mit dem gleichen Schiff nach Australien zurück wie der Besitzer des Taschentuchs: mit der »Nestor«, die am 12. Dezember von England aus aufbrach. *R. R.*

XV/18 *Guides illustrés Michelin des Champs de Bataille (1914–18)* *Les Marais de St. Goud 1914–18* *[Illustrierter Michelin-Schlachtfeldführer]*

Buch · Michelin · Clermont-Ferrand 1917 · 21,3 x 14 cm · Staatsbibliothek zu Berlin – Preußischer Kulturbesitz, Berlin · Krieg 1914 28330/2

Dieser Führer zu den Schauplätzen der Marne-Schlacht von 1914 ist der erste Band einer Reihe, die einzelnen Frontabschnitten gewidmet war und seit 1917 von der Firma Michelin herausgebracht wurde. Die Hefte berichteten von Schlachtfeldern, die während der Fortdauer des Krieges nur für wenige Zivilisten tatsächlich zugänglich waren. Und natürlich waren sie stark durch die Kriegspropaganda geprägt. Die Besichtigung eines Schlachtfeldes, so merkte der Herausgeber dieses Büchleins etwa an, sei keine herkömmliche Tour durch zerstörte Gebiete, sondern eine regelrechte Pilgerfahrt. *G. B.*

XV/19 Grabenschild der Lettischen Schützen

Lettland 1920 · Weißblech, handbemalt · 16,6 x 34 cm · Lettisches Kriegsmuseum, Riga · LKM 586-VI

Das Schild wurde nach dem Ersten Weltkrieg an einem für die lettische Gedächtniskultur bedeutsamen Ort angebracht. Es markiert den so genannten Maschinengewehrhügel in der Nähe des Flusses Lielupe 30 Kilometer östlich von Riga, wo sich eine deutsche Festung befand. Dort fand – nach dem alten Kalender vom 23. bis 29. Dezember 1916, nach dem neuen Kalender vom 5. bis 11. Januar 1917 – die »Weihnachtsschlacht« statt. Diese war der blutigste Kampf des Krieges auf lettischem

lie« vom Schlachtfeld geborgen und in die kleine Königliche Waffenfabrik in Enfield, England, gebracht. 1943 zeigte man sie dem kanadischen General Andrew McNaughton. Der General war fasziniert von der Waffe und entdeckte die Gravur »22. Infanteriebataillon, Frankokanadier« und brachte »Rosalie« mit dem Königlichen 22. Regiment nach Hause zurück. Als Lecorre 1956 zufällig eine militärische Ausstellung besuchte, erkannte er seine geliebte »Rosalie« wieder, die er zuletzt gesehen hatte, als er verwundet auf dem Schlachtfeld in Frankreich lag. Lecorre war von Gefühlen überwältigt und erzählte später die erstaunliche Geschichte von »Rosalie«. Lecorre starb am 20. Januar 1963.
Eingeritzt in die Waffe sind der Name, auf den Lecorre sie taufte, und die Schlacht-

Boden, erstmals standen bei dem Angriff alle Lettischen Schützen unter russischem Kommando. Während die russischen Truppen lediglich den von den Deutschen besetzten Hügel einnehmen wollten, trachteten die Letten danach, ganz Kurland von der deutschen Besatzung zu befreien. Wenngleich dies nicht gelang, so endete die Schlacht doch mit einer Niederlage der Deutschen. Die internationale Presse rühmte den Mut und die militärische Disziplin der Lettischen Schützen. *K. B.*

gesamte Region Masuren fand 1920 statt. Eine große Mehrheit sprach sich für die Zugehörigkeit zu Deutschland aus.
In den dreißiger Jahren wurde Ostpreußen zu einem beliebten Reiseziel. Schon Ende der zwanziger Jahre waren Gruppenfahrten zur Unterstützung der Region angeboten worden. Nach 1933 veranstalteten nun auch verschiedene NS-Organisationen »Ostlandfahrten« und nutzten diese für Propagadazwecke. Der rege Tourismus war begleitet von der Veröffentlichung zahlreicher Fremdenführer. *K. B.*

XV/16

XV/20 *Führer über die Gedenkstätten des Weltkrieges um Lyck*

Buch · Otto Hoeppel · Herausgegeben vom Städtischen Verkehrsamt Lyck · Lyck, um 1939 · 17,5 x 12 cm · Ostpreußisches Landesmuseum, Lüneburg · IV K 3a Hoe

Lyck (heute das polnische Ełk), im Herzen des östlichen Masuren gelegen, wurde während des Krieges gleich drei Mal von der russischen Armee besetzt. Zahlreiche Gebäude der Stadt wurden zerstört und geplündert, viele der Einwohner flüchteten. Die im Versailler Vertrag vorgesehene Volksabstimmung betreffend Lyck und die

XV/21 *Schwarze Kreuze im Westen. Unsere 17er-Reise zur Westfront vom 12.–17.8.1933*

Fotoalbum · Carl Wagner · Deutschland 1933 · 23,1 x 32,1 cm · Privatbesitz

Das Album mit insgesamt 260 Aufnahmen dokumentiert eine Reise von Veteranen zu den Schauplätzen des Weltkrieges. Solche Reisen geschahen, wie hier, auf private Initiative hin, oder sie wurden von Veteranenorganisationen veranstaltet. Carl Wagner, der die Fotos aufgenommen hat, zeigte diese nach Abschluss seiner Reise,

XV/19

die unter anderem nach Verdun sowie zu deutschen und alliierten Friedhöfen und Mahnmalen an der ehemaligen Westfront führte, in Lichtbildervorträgen. *R. R.*

XV/22 *The Battlefields Pilgrimage. August, 1928*
[Pilgerfahrt zu den Schlachtfeldern. August 1928]

Buch · British Legion · Großbritannien 1928 · 28,7 x 22 cm · In Flanders Fields Museum, Ieper · Ohne Inv.-Nr.

Gruppenreisen waren vor dem Zweiten Weltkrieg die übliche Form, in der Besuche der ehemaligen Schlachtfelder stattfanden. Organisiert wurden solche Reisen von Veteranenverbänden wie etwa der British Legion. Die vielleicht spektakulärste dieser Reisen wurde im August 1928 unternommen. Ihr Ziel war Ypern mit den umliegenden Schlachtfeldern. Die Reisegruppe war außergewöhnlich groß: Sie umfasste ungefähr 11 000 Veteranen und ihre Angehörigen aus dem Vereinigten Königreich und der gerade gegründeten Irischen Republik. Wegen der exorbitanten Größe der Reisegruppe fand die »Pilgerfahrt« bei der Presse viel Aufmerksamkeit. *R. R.*

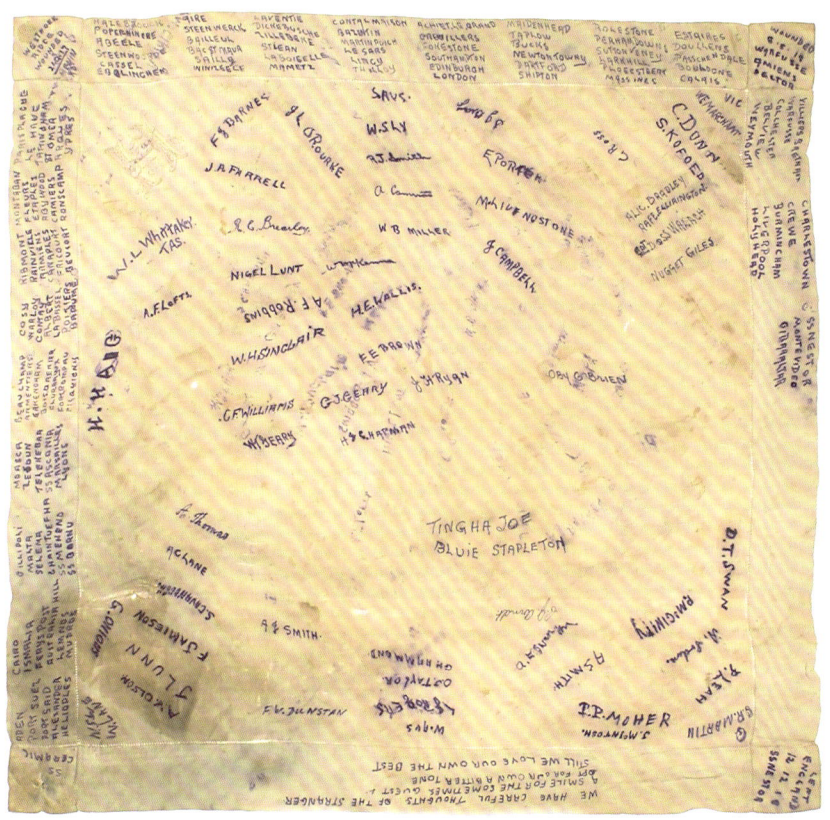

XV/17

XV/23 Informationsbroschüren verschiedener Weltkriegsmuseen und Reiseagenturen

Leger Holidays: »Battlefields. Step back into the history of the First and Second World Wars«; Musée Somme 1916 et Le Circuit du Souvenir 1914–1918; Comité du Tourisme de la Somme; Volksbund Deutsche Kriegsgräberfürsorge u. a. · 1996–2003 · Deutsches Historisches Museum, Berlin · Ohne Inv.-Nr.

Die Schlachtfelder des Ersten Weltkrieges werden noch bis heute von vielen Angehörigen in zweiter und dritter Generation aufgesucht. Mindestens einmal in ihrem Leben besuchen sie den Ort, an dem ihr Verwandter gefallen ist oder verwundet wurde. So fahren Engländer an die Somme, Österreicher an den Izonzo und Australier nach Gallipoli. Prospekte von Reisebüros oder Seiten im Internet bieten ausgearbeitete Reiserouten an.

Der Erinnerung widmen sich auch in jüngster Zeit Museen wie das 1992 eröffnete Historial de la Grande Guerre im französischen Péronne, das In Flanders Fields Museum in Ieper (Ypern) (gegründet 1998) oder das Museum Kobarid in Slowenien (gegründet 1990). *K. B.*

XV/24 *La Belgique Libérée. Visitez ses Champs de Bataille* [Befreites Belgien. Besuchen Sie seine Schlachtfelder]

Plakat · J. Sentrein · Druckerei J. E. Goossens · Brüssel, Anfang 1920er Jahre · Lithographie · 90,3 x 64,9 cm · Imperial War Museum, London · 3951 PST

Die Belgischen Staatsbahnen warben mit diesem Plakat für den Besuch von Schlachtfeldern im befreiten Belgien. Auf ihm zeigt ein Soldat einer im Stil der zwanziger Jahre gekleideten Dame eine kriegszerstörte Stadt. Feldhaubitze, Stacheldraht und verkohlte Bäume vermitteln den Eindruck, die Kämpfe seien eben erst eingestellt worden. Am unteren Bildrand sind die Namen von vier besonders stark zerstörten Städten – Ypern an der Yser, Löwen, Lüttich, Dinant – aufgeführt. Vor allem Angehörige von Gefallenen suchten bald nach Kriegsende die Schlachtfelder auf. Erst angesichts der Gedenkstätten und Gräberfelder wurde vielen Besuchern die Brutalität der Kämpfe deutlich. Was bis dahin Erzählung oder eine abstrakte Gefallenenstatistik gewesen war, trat nun als bedrängende Realität vor Augen. Einige Reiseunternehmen, etwa Thomas Cook in England, boten spezielle Reisen zu den Schlachtfeldern der Westfront an. *T. F.*

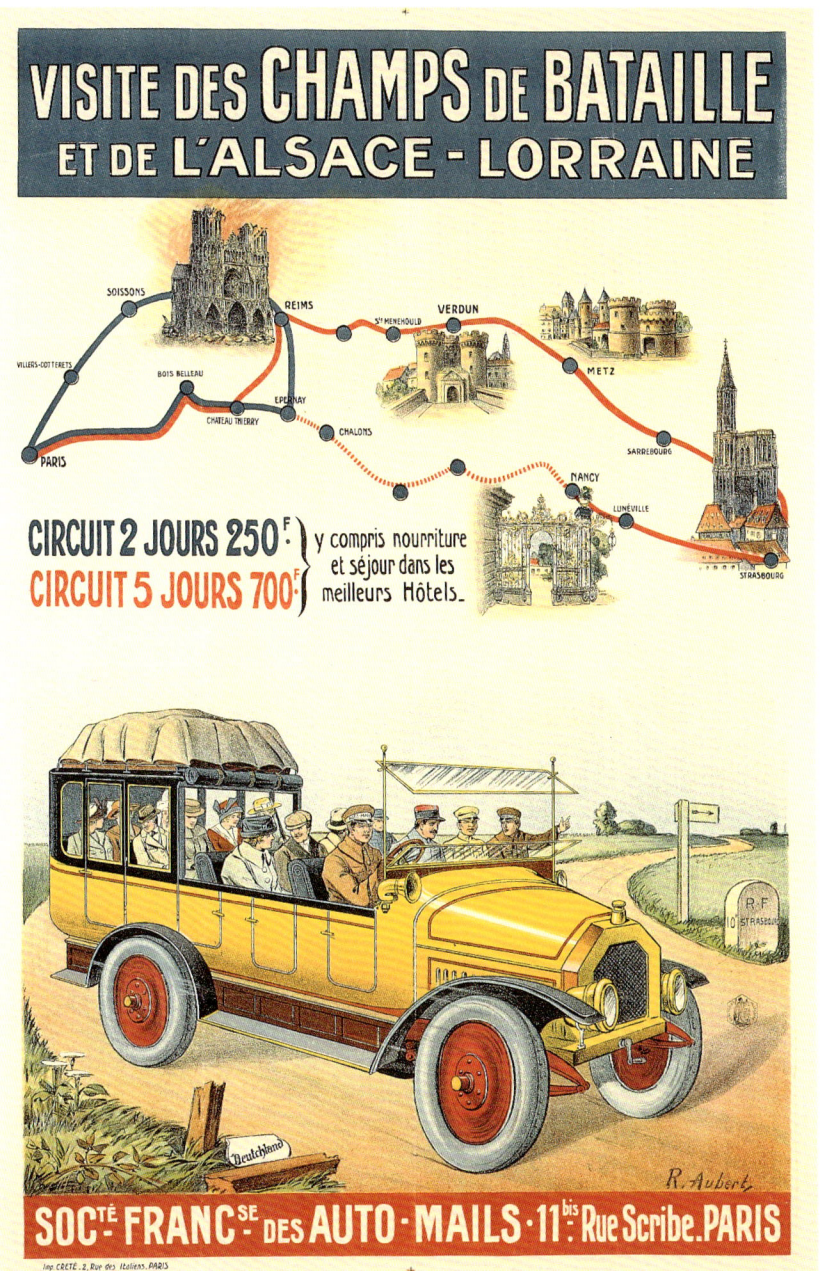

XV/25

XV/25 *Visite des Champs de Bataille et de l'Alsace-Lorraine* [Besuch der Schlachtfelder und von Elsass-Lothringen]

Plakat einer französischen Autoreisegesellschaft für eine mehrtägige Rundreise durch Elsass-Lothringen mit Besichtigung der Schlachtfelder des Ersten Weltkrieges · René Aubert · Paris 1925–30 · Lithographie · 120,3 x 79,7 cm · Deutsches Historisches Museum, Berlin · P 2003/350

»Verpflegung und Unterbringung in den besten Hotels inklusive«, heißt es auf diesem Plakat, das nach bester touristischer Manier Rundfahrten durch Elsass-Lothringen anpreist, einen Besuch der Schlachtfelder des Ersten Weltkrieges inbegriffen. Was heute befremdlich anmutet, war in der Zwischenkriegszeit ein gutes Geschäft. Tausende von Angehörigen pilgerten in die ehemaligen Kampfgebiete und zu den Soldatenfriedhöfen. Häufig erlebten sie die unmittelbare Nähe zu Tod und Zerstörung als einen tiefen Schock. *G. B.*

Traditionspflege

Die Erinnerung an den Krieg zu pflegen, dies war in der Nachkriegszeit vor allem die Aufgabe von Verbänden und Vereinen. In fast allen Nationen schlossen sich die Weltkriegsveteranen in Organisationen zusammen. Politisch sehr unterschiedlich ausgerichtet, vertraten sie die Interessen der ehemaligen Soldaten in der Nachkriegsgesellschaft. Die französischen »Anciens combattants« etwa waren eher kriegskritisch eingestellt. Dem paramilitärisch organisierten »Stahlhelm« hingegen, der sich bis 1930 zum wichtigsten deutschen Veteranenverband entwickelte, ging es um die Rechtfertigung des Krieges. Ein weiteres Mittel der Traditionspflege waren offizielle Ehren- und Verdienstzeichen, die für die Weltkriegsveteranen gestiftet wurden. Anders als in den meisten Ententestaaten verlieh die Weimarer Republik keine solche staatliche Auszeichnung für die Teilnahme am Weltkrieg. Das 1933 von den Nationalsozialisten gestiftete »Ehrenkreuz für Frontkämpfer« wurde vor diesem Hintergrund von vielen Weltkriegsveteranen als längst fällige Maßnahme begrüßt. In Ländern, die infolge des Ersten Weltkrieges neu entstanden waren, hatte und hat die Traditionspflege bis heute eine starke Auswirkung auf die nationale Identität. In Lettland oder der Ukraine beispielsweise wurden in den letzten Jahren die aus diesen Ländern stammenden Toten des Ersten Weltkrieges als Kämpfer für die Unabhängigkeit gewürdigt.

G. Bavendamm

XV/26

XV/26 Fahne des Reichsbundes jüdischer Frontsoldaten, Ortsgruppe Berlin

Berlin 1927 · Weiße Seide mit Goldstickereien, Applikationen · 122 x 145 cm · Neue Synagoge Berlin – Centrum Judaicum, Berlin · Ohne Inv.-Nr.

Insbesondere der immer wiederkehrende Vorwurf, die deutschen Juden seien im Ersten Weltkrieg ihrer Militärpflicht nicht nachgekommen, führte 1919 zur Gründung des Reichsbundes jüdischer Frontsoldaten (RjF). Die Interessenvertretung der jüdischen Weltkriegsveteranen hatte 1925 um die 40 000 Mitglieder. Am 6. Oktober 1927 wurde diese Fahne in Berlin feierlich geweiht. Auf der Vorderseite trug sie das heute verblichene RjF-Schild, auf der Rückseite unter einem Davidstern die Worte »Ehre – Freiheit – Recht«. An der Stange ist ein Wimpel aus gelbem Seidenrips befestigt, auf dem in Hebräisch die Worte »stark und tapfer« zu lesen sind. *G. B. und C. S.*

XV/27

XV/27 Feldzeichen des Ulanen-Regiments von Schmidt (1. Pommersches) Nr. 4

1924–27 · Textil · 45 x 70 cm · Führungsakademie der Bundeswehr, Hamburg · Ohne Inv.-Nr.

Die Standarte ist eine von 54 Nachbildungen der Feldzeichen jener acht Truppenteile, die, wie das Ulanen-Regiment, an der Schlacht bei Tannenberg vom 26. bis 30. August 1914 teilnahmen. Traditionsverbände ließen die Fahnen zur Aufstellung im 1927 bei Hohenstein eingeweihten Tannenberg-Denkmal anfertigen. In einem der Türme wurden sie zusammen mit der kaiserlichen Kriegsflagge aufgestellt. Im Januar 1945 wurde das Denkmal von sowjetischen Truppen gesprengt. Der polnische Staat ließ die Überreste abreißen und nutzte die Trümmer für ein eigenes Nationaldenkmal im ehemaligen Allenstein (Olsztyn). Die Fahnen und Standarten jedoch konnten gerettet werden. Sie kamen zunächst zur Stiftung Preußischer Kulturbesitz und schließlich als Dauerleihgaben nach Hamburg. *K. B.*

XV/28 Flagge des Lettischen Alten Schützenvereins, Ortsverband Dobele

Lettland 1936 · Seide, Satin, Handarbeit, Seiden-stickerei · 128 x 149 cm · Lettisches Kriegsmuseum, Riga · LKM 897-VII

Die Flagge zeigt auf der Vorderseite das Abzeichen der Lettischen Schützen, bereits ohne den Doppeladler des russischen Zaren sowie den Namen des Vereins. Die Rück-seite präsentiert die Abbildung eines Schützen, der einem Mädchen in natio-naler Tracht die Hand reicht, eingerahmt von der Inschrift: »Heilig ist unser Land für unser Volk und gesegnet sind die, die taper dafür fielen.«
Der Lettische Alte Schützenverein, die Orga-nisation für Veteranen des Ersten Welt-krieges, wurde am 19. Dezember 1923 mit Sitz in Riga gegründet. Es gab Filialen in 19 Städten Lettlands, die jede ihre eigene Flagge besaßen. Zu den Aufgaben des Ver-eins gehörte die Wahrung der Erinnerung an den Einsatz der lettischen Schützen im Kampf. Darüber hinaus unterstützte er Veteranen und ihre Familien. Nach der Be-setzung Lettlands durch sowjetische Trup-pen, wurde der Verein verboten. *K. B.*

XV/29 Regimentsfahne der 3. Eisen-bahner-Schützen-Division der Armee der Ukrainischen Volksrepublik

Ukraine, um 1919 · Textil · 82,5 x 107 cm · Zentrales Museum der Streitkräfte der Ukraine, Kiew · 3996 OF · Abb. S. 79

Die Fahne wurde für die 3. Eiserne Di-vision der Armee der Ukrainischen Volks-republik (UNR) hergestellt. Die Soldaten dieser Einheit hatten für die Unabhängig-keit ihres Landes gekämpft. Nach der Ein-gliederung der Ukraine in die Sowjetunion wurde die Fahne von dem späteren Patri-archen der Ukrainischen Autokephalen Orthodoxen Kirche, Mstyslaw, mit bürger-lichem Namen Stepan Skrypnyk, verwahrt. Er war ein Neffe von Semjon Petljura, dem Begründer des ukrainischen Zentralrates, und hatte selbst an den Unabhängigkeits-kämpfen 1917 bis 1921 teilgenommen. Zum ersten Jahrestag der im Jahre 1991 wiedererlangten Unabhängigkeit der Ukraine 1992 kam die Fahne als eines der wenigen noch erhaltenen Symbole der früheren Souveränität zurück nach Kiew. In einem feierlichen Akt wurde sie dem Regiment 1 der Ukrainischen National-garde in Anwesenheit hochrangiger Poli-tiker übergeben. 1996 schließlich gelangte die Fahne in das Museum der Streitkräfte. *K. B.*

XV/30 Flagge der Kroatischen Republi-kanischen Bauernpartei

Zagreb 1921 · Leinwand, Seidenrips, Wollquasten, Oleographie, genäht, gedruckt · Flagge: 282 x 123 cm; Oleographie: 56 x 40 cm · Kroatisches Historisches Museum, Zagreb · HPM/PMH 11721

Mit ihrer Symbolik bringt diese Fahne die programmatischen Grundsätze der von

XV/31

Stjepan Radić angeführten Bauernpartei im Königreich der Serben, Kroaten und Slowenen zum Ausdruck. Der Text zitiert die Parteidevise: »Der Glaube an Gott / und die Bauerneintracht / Trnje [Stadtteil von Zagreb] Zagreb, 1. V. 1921.« Auf der Basis einer christlich-sozialen Weltan-schauung – die Rückseite der Fahne zeigt die Muttergottes mit Kind – strebte die Partei nach einer stärkeren Selbständigkeit der Kroaten innerhalb des Königreiches. Die Farben Rot, Weiß und Blau stehen für die alte Trikolore Kroatiens zu Zeiten der habsburgischen Monarchie. *J. B. M.*

XV/31 Goldenes Ehrenzeichen für Verdienste um die Republik Österreich

Kreuz: Bronze, vergoldet und emailliert; Dreiecks-band: Seidenrips, gewässert · Kreuz: Höhe ohne Öse 3,3 cm, Breite 3,1 cm · Privatbesitz

Der österreichische Nationalrat stiftete den Orden am 4. November 1922 als höchste Auszeichnung der Republik für außeror-dentliche Verdienste. Der Orden besaß ursprünglich sieben Klassen und drei Me-daillen. Ordenskreuz und Ordensband waren in den traditionellen Farben Öster-reichs gehalten. Dennoch unterschied sich dieser republikanische Orden durch seinen Namen, seine zahlreichen Klassen und seine moderne Kreuzform deutlich von den Orden der ehemaligen Monarchie. Besitzer der höchsten Ordensklasse waren u. a. die Bundespräsidenten von Österreich Michael Hainisch (1923) und Wilhelm

XV/30

XV/30

XV/35

Miklas (1928), der deutsche Reichspräsident Paul von Hindenburg (1926) und der Präsident der Tschechoslowakischen Republik Thomas Masaryk (1926). *G. F.*

XV/32 Unabhängigkeitskreuz

Entwurf: Mieczysław Kotarbiński (1890–1943) · Hersteller: Wiktor Gontarczyk · Warschau 1930–39 · Bronze, vergoldet, Emaille, Ripsmoiré · Gravur »Bojownikom Niepodległości« [»Den Unabhängigkeitskämpfern«] · 4,2 x 4,2 cm · Museum der Polnischen Armee, Warschau · MWP 52152*

Das Unabhängigkeitskreuz wurde im Oktober 1930 als hohe militärische Auszeichnung gestiftet. Es war jenen Kämpfern vorbehalten, die sich um die Unabhängigkeit Polens verdient gemacht hatten – vor 1914 im Kampf gegen die russische Vorherrschaft, während des Ersten Weltkrieges oder in den anschließenden bewaffneten Konflikten der Jahre 1918 bis 1921. Nicht verliehen wurde es für die Teilnahme am polnisch-russischen Krieg. Das Ehrenzeichen wurde in drei Klassen vergeben: als Unabhängigkeitskreuz mit und ohne Schwerter sowie als Unabhängigkeitsmedaille. *I. P.-R.*

XV/33 *Vyties Kryžius*
[Vytiz-Kreuz mit Schwertern 1. Klasse]

Verliehen an Silvestras Bekasenas, Soldat des Infanterieregiments 4 des Litauischen Königs Mindaugas ·

Litauen 1919 · Geschwärzte Bronze, Emaille, Mourre, Draht · Kreuz: 4,2 x 2,6 cm; Band: Breite 2,9 cm · Nationalmuseum Litauen, Vilnius · 2950 · Abb. S. 76

Am 30. Juli 1919 schuf das erst seit kurzem unabhängige Litauen mit dem »Kreuz für das Vaterland« seine höchste staatliche und militärische Auszeichnung. 1920 wurde sie in Vytiz-Kreuz umbenannt. Verliehen wurde es an Soldaten und Offiziere, die sich durch besondere Tapferkeit bei der Verteidigung der Freiheit und Unabhängigkeit des Landes ausgezeichnet hatten. Die ersten Träger hatten an den Kämpfen gegen polnische und sowjetische Truppen in den Jahren 1919 bis 1921 teilgenommen. 1927 wurde das Vytiz-Kreuz in den Vytiz-Kreuz-Orden umgewandelt. Die höchste Klasse wurde nur siebenmal verliehen, unter anderem an Paul von Hindenburg. 1991, nach der wiedererlangten Unabhängigkeit Litauens, wurde der Orden neu gestiftet. *K. B.*

XV/34 Ehrenzeichen des Vitéz-Ordens

Hersteller: Boczán, Gyula · Budapest 1921–44 · Kupferlegierung, vergoldet und versilbert, Emaille; Prägung · 58 x 38 x 9 mm · Institut und Museum für Militärgeschichte, Budapest · 2001.117.1./É

»Vitéz« bedeutet auf Ungarisch so viel wie »tapferer Krieger«. Der 1920 gegründete Vitéz-Orden nahm zahlreiche ungarische Soldaten auf, die sich im Ersten Weltkrieg besonders hervorgetan hatten und für ihre Tapferkeit vor dem Feind mit bestimmten Auszeichnungen geehrt wurden. Die Mitgliedschaft brachte eine Reihe von Privilegien mit sich, so konnte Mitgliedern beispielsweise Land zugeteilt werden, das durch die männliche Linie vererbt wurde. Obwohl der Orden durch den Regenten Miklós Horthy ins Leben gerufen worden war, handelte es sich weder um eine staatliche noch um eine aristokratische Einrichtung. *G. Sa. (Ü)*

XV/35 *Albanska spomenica*

Medaille zum Gedenken an den »Großen Rückzug« · Artis Bertrand · Paris, nach 1920 · Zink, Messing · 5 x 3,5 cm · Historisches Museum Serbien, Belgrad · 25 Sammlung Auszeichnungen

Die Medaille wurde am 4. April 1920 auf Initiative des Kronprinzen und Regenten Alexander gestiftet, dessen Porträt auf der Vorderseite zusammen mit der Inschrift »Für meine Kampfkameraden, Alexander« abgebildet ist. Auf der Rückseite heißt es:

XV/37

»Für die Treue zum Land im Jahre 1915«. Die Medaille erinnert an den so genannten Großen Rückzug der serbischen Armee im November 1915, als Serbien fast vollständig durch die Mittelmächte erobert wurde. Auch Alexander und sein kranker Vater, König Peter I., zählten zu den Flüchtenden.

Durch die Stiftung dieser Medaille sollte im neu gegründeten Königreich der Serben, Kroaten und Slowenen dieses für Serbien traumatische Erlebnis im kollektiven Gedächtnis verankert werden. Die Medaille wurde an 142 148 Militärs und Zivilisten verliehen, die an dem Rückzug teilgenommen haben. Das gezeigte Exemplar gehörte dem einfachen Soldaten Mirko Stojanović. *K. B.*

XV/36 Porträtbüste von Józef Piłsudski

Edward Wittig (1879–1941) · Warschau 1920–30 · Bronzeabguss · 57 x 50 x 31 cm · Signiert auf der linken Schulter: »E. Wittig« · Museum der Polnischen Armee, Warschau · 39879

Józef Piłsudski (1867–1935) war Polens einflussreichster Staatsmann der Zwischenkriegszeit. Die Büste des bedeutenden polnischen Bildhauers Edward Wittig zeigt ihn in der einfachen Uniform eines Legionärs. Sein Ziel, die staatliche Unabhängigkeit Polens, verfolgend, gründete Piłsudski die Polnischen Legionen, die er an der Seite Österreich-Ungarns in den Krieg gegen Russland führte. Die Proklamation des Königreiches Polen durch die Mittelmächte im Jahr 1916 – mit diesem Zugeständnis wollten die Mittelmächte eine polnische Armee für ihre Ziele mobilisieren – ging Piłsudski, der selbst Mitglied des Kronrates war, nicht weit genug. Er protestierte und wurde 1917 von den Deutschen inhaftiert. Nach Kriegsende wählte ihn das erste freie polnische Parlament zum Staatspräsidenten. 1923 zog er sich aus der Politik zurück, behielt aber weiterhin großen Einfluss. 1926 betrieb er einen Staatsstreich. In wechselnden politischen Ämtern prägte er bis zu seinem Tode 1935 das autoritäre Regime »Sanacija« (Sanierung).

Schon zu seinen Lebzeiten entstand um Piłsudski ein Personenkult, der auch postum von einem Gedächtniskomitee gepflegt wurde. Piłsudski Herz ist in Vilnius, der Geburtsstadt des Politikers beigesetzt – bis heute ein beliebter Pilgerort für Polen. *K. B.*

XV/37 Porträtbüste von Paul von Hindenburg

Bernhard Bleeker (1881–1968) · 1931 · Bronze, Granit · 37,5 x 26 x 27 cm · Deutsches Historisches Museum, Berlin · 1989/1196

Kein politischer oder militärischer Führer besaß in Deutschland zwischen 1914 und 1918 eine Popularität, die an jene Hindenburgs herangereicht hätte. Er wurde zur Symbolfigur für die Hoffnung auf einen siegreichen Ausgang des Krieges. Dies ging vor allem auf die Schlacht bei Tannenberg zurück. Hindenburgs »Unerschütterlichkeit«, die er in der kritischen Phase der Schlacht unter Beweis gestellt hatte, repräsentierte ein Idealbild, das in der Kriegspropaganda vielfältig genutzt wurde. 1925 wurde er als Kandidat der rechten Parteien zum Präsidenten der Weimarer Republik gewählt. Bei seiner Wiederwahl 1932 unterstützte ihn eine Mitte-Links-Koalition gegen Hitler, den Hindenburg 1933 zum Reichskanzler ernannte.

Bernhard Bleekers Skulptur stellt den Reichspräsidenten in seiner ersten Amtszeit dar. Der Künstler, selbst Teilnehmer am Ersten Weltkrieg, hatte zuvor die Skulptur *Toter Krieger* für die Krypta im Münchener Hofgarten geschaffen, von der er später eine zweite Version für die Hindenburg-Gruft im Tannenberg-Denkmal anfertigte. *R. R.*

XVI. Erzählung

»Nie sind Erfahrungen gründlicher Lügen gestraft worden als die strategischen durch den Stellungskrieg, die wirtschaftlichen durch die Inflation, die körperlichen durch die Materialschlacht, die sittlichen durch die Machthaber« (Walter Benjamin). Die künstlerische Darstellung des Krieges nach 1918 kündigte die Übereinstimmung auf, die bis zum Waffenstillstand eine unübersehbare Menge an bildlichen, literarischen und filmischen Darstellungen auf den Ton der Propaganda verpflichtet hatte. Distanz zum Geschehen, Wissen um die Opfer und die Folgen des Krieges bestimmten von nun an die Perspektive. Auch Rechtfertigungen, seien es die Werke offizieller Geschichtsschreibung, seien es Memoiren, mussten dem Rechnung tragen.

Literarische Aufarbeitungen knüpften an die wenigen realistischen Schilderungen der früheren Jahre an. In der bildenden Kunst wirkte der Krieg bis weit in die zwanziger und dreißiger Jahre nach. Hier dominierten die Bilder der Schlachten, der verwüsteten Landschaften, des massenhaften Sterbens. Der Film, der schon aus technischen Gründen nur in wenigen Ausnahmen aktuelle und authentische Eindrücke geliefert hatte, wurde zum überzeugendsten Vermittler der Weltkriegsrealität. Aufwendige Inszenierungen boten eine detailreiche Wiedergabe, die dokumentarisch bis 1918 kaum zu erreichen gewesen war.

Die politischen Unterschiede in der Wahrnehmung des Krieges traten vor allem in Deutschland scharf hervor. Schon vor der publikumswirksamen Welle von Filmen und Romanen Ende der zwanziger Jahre – ausgelöst vor allem durch Erich Maria Remarques *Im Westen nichts Neues* – geriet jede Darstellung des Weltkrieges in das polarisierende Koordinatensystem der jeweils genehmen Kriegsdarstellung. Die Glorifizierung des Frontkämpfers und die Anklage gegen einen verbrecherischen Krieg bildeten die Pole, an denen sich die Werke ausrichteten.

R. Rother

Fiktion

Einige wenige stilprägende Werke der Literatur und des Films entstanden schon während der Krieges oder kurz danach. Der Antikriegsroman *Le Feu* von Henri Barbusse erschien bereits 1916 und der Film *J'accuse* von Abel Gance hatte 1919 Premiere. In England kamen noch vor 1918 erste Gedichte der *war poets* heraus. Ernst Jüngers *Tagebuch eines Stoßtruppführers* mit dem Obertitel *In Stahlgewittern* wurde 1920 publiziert. Doch erst mit dem sensationellen Erfolg von Erich Maria Remarques Roman *Im Westen nichts Neues* (1928) und seiner amerikanischen Verfilmung *All quiet on the Western Front* (1930) setzte dann eine regelrechte Welle von Weltkriegsdarstellungen ein.

Sie waren in Deutschland von den Alternativen der Erinnerungspolitik bestimmt. Zahlreiche Romane und auch einige Filme vor allem der späten zwanziger und dann der dreißiger Jahre heroisierten das Fronterlebnis. Sie standen ihren Antagonisten, die den Krieg als barbarisches, menschenverachtendes Unternehmen charakterisierten, in der Härte der detaillierten Schilderung kaum nach. Wohl aber transportierten sie offen oder insgeheim die Botschaft, ein nächster, dann siegreicher Krieg wäre nicht nur denkbar, sondern wünschenswert.

Unter dem Nationalsozialismus diente die Weltkriegserinnerung vor allem der Ideologie eines wehrhaften, kriegsbereiten Deutschland. Was dem nicht entsprach, wurde alsbald verboten: neben vielen anderen die Romane von Remarque, Thomas Mann, Ludwig Renn und Arnold Zweig, die Stücke von Karl Kraus und Friedrich Wolff, die Filme von G. W. Pabst und Victor Trivas.

R. Rother

Sinnbild

»Ich habe den grausigsten Albtraum einer Landschaft gesehen, eher von Dante oder Poe entworfen als von der Natur, unsagbar, völlig unbeschreiblich. Gottlos, hoffnungslos.« Wie Paul Nash empfanden viele der offiziellen Kriegsmaler im Angesicht der Schlachtfelder. Deren Wirklichkeit führte die traditionelle Aufgabe des Künstlers, eine möglichst detailgenaue Schilderung heroischer Augenblicke zu überliefern, ad absurdum. So entstanden, noch während die Kämpfe andauerten, bereits Skizzen, Zeichnungen und Gemälde, in denen die ›bittere Wahrheit‹ des Krieges aufschien.

Nach dem Waffenstillstand verarbeiteten Maler wie Nash, Nevinson, Egger-Lienz und Dix ihre verstörenden Erfahrungen und schufen Werke, die zu den bittersten der bildenden Kunst gehören. Wenn es Sinnbilder des Ersten Weltkrieges gibt, so sind es diese Werke. Sie stellen die Zerstörung, die Wunden, den Tod, das Leid, die Verwesung in den Mittelpunkt.

Auch hier unterscheiden sich indessen die Erinnerungen West- und Osteuropas gravierend voneinander. Standen die Künstler in Großbritannien, Frankreich und Deutschland jeder Heroisierung nach 1918 mehr als skeptisch gegenüber, so resultierte in Osteuropa aus dem dort ebenso großen Leid des Krieges eine ganz andere Perspektive und Bildsprache. In den Blick genommen wurden vor allem die wieder- oder neu gewonnene staatliche Souveränität, die Siege in Unabhängigkeits- und Bürgerkriegen, die Revolution – dies waren Ereignisse, die sich offenbar nur auf eine eher optimistische Weise Ausdruck zu schaffen vermochten.

R. Rother

Otto Dix diente während des Weltkrieges sowohl an der West- wie an der Ostfront als Maschinengewehrschütze. In Skizzenblöcken, auf Feldpostkarten, in Form von Zeichnungen und Gouachen hielt er seine Eindrücke fest. Nach dem Krieg behandelte er mehrfach das traumatische Erleben des Krieges. 1922/23 entstand sein Gemälde *Schützengraben* (verschollen), 1924 auf Anregung des Galeristen Karl Nierendorf die Serie von fünfzig Aquatinta-Radierungen unter dem Titel *Der Krieg*, die in insgesamt fünf Mappen zu je zehn Radierungen sowie in einer preiswerten Buchausgabe vertrieben wurden. Auch später behandelte Dix den Weltkrieg, vor allem in dem Triptychon *Der Krieg* (1929–32) und in seinen Gemälden *Grabenkrieg* (1932), *Selbstbildnis mit Kamerad* (1932) und *Flandern* (1934–36).

Der Zyklus von Radierungen konzentriert sich auf die Erinnerungsperspektive. Dynamische Darstellungen sind selten, Dix konstatiert vor allem die Kriegsfolgen. Die Bildsprache war in ihrer Drastik und ihrem Verzicht auf jede Beschönigung ein Affront vor allem für die politische Rechte. Jede Heroisierung ist den Radierungen fremd, sie liefern eine kompromisslose Bestandsaufnahme des Krieges. *R. R.*

XVI/1

XVI/2

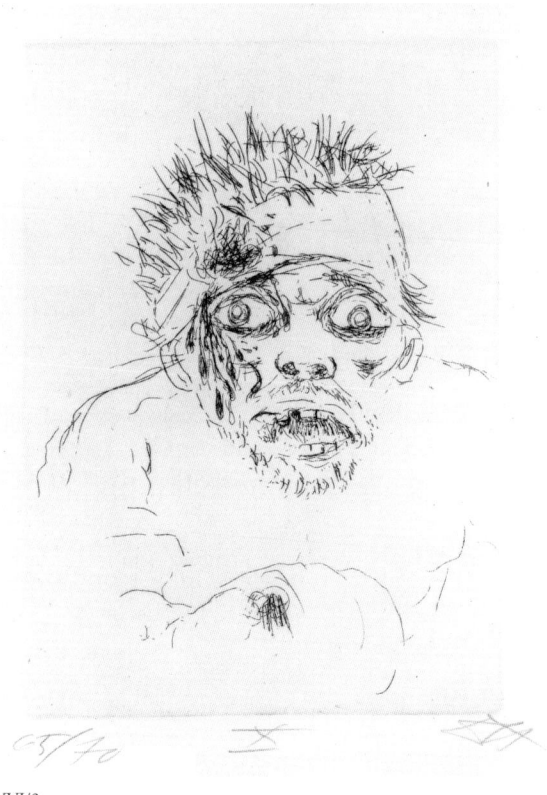

XVI/3

XVI/4

XVI/5

XVI/7

XVI/8

XVI/9 XVI. Erzählung

XVI/10

XVI/11

XVI/12

XVI/13

XVI/4 Mahlzeit in der Sappe

*Aus »Der Krieg« (Blatt 3, Mappe 2) · Otto Dix
(1891–1969) · 1924 · Radierung auf BSB-Maschi-
nen-Bütten · 19,6 x 29 cm · Kunstsammlung Gera ·
D/G 66 · Abb. S. 339*

XVI/5 Der Totentanz anno 1917

*Aus »Der Krieg« (Blatt 9, Mappe 2) · Otto Dix
(1891–1969) · 1924 · Radierung auf Kupferdruck ·
24,5 x 30 cm · Kunstsammlung Gera · D/G 72 ·
Abb. S. 339*

**XVI/6 Nächtliche Begegnung mit einem
Irrsinnigen**

*Aus »Der Krieg« (Blatt 2, Mappe 3) · Otto Dix
(1891–1969) · 1924 · Radierung auf Kupferdruck ·
26,2 x 19,7 cm · Kunstsammlung Gera · D/G 75 ·
Abb. S. 25*

XVI/7 Sterbender Soldat

*Aus »Der Krieg« (Blatt 6, Mappe 3) · Otto Dix
(1891–1969) · 1924 · Radierung auf Kupferdruck ·
19,8 x 14,8 cm · Kunstsammlung Gera · D/G 79 ·
Abb. S. 340*

**XVI/8 Gesehen am Steilhang von
Cléry-sur-Somme**

*Aus »Der Krieg« (Blatt 8, Mappe 3) · Otto Dix
(1891–1969) · 1924 · Radierung auf BSB-Maschi-
nen-Bütten · 26 x 19,6 cm · Kunstsammlung Gera ·
D/G 81 · Abb. S. 340*

XVI/9 Schädel

*Aus »Der Krieg« (Blatt 1, Mappe 4) · Otto Dix
(1891–1969) · 1924 · Radierung auf BSB-Maschi-
nen-Bütten · 25,2 x 19,5 cm · Kunstsammlung Gera ·
D/G 84 · Abb. S. 340*

**XVI/10 Besuch bei Madame Germaine
in Méricout**

*Aus »Der Krieg« (Blatt 6, Mappe 4) · Otto Dix
(1891–1969) · 1924 · Radierung auf BSB-Maschi-
nen-Bütten · 26,1 x 19,8 cm · Kunstsammlung Gera ·
D/G 89 · Abb. S. 340*

XVI/11 Unterstand

*Aus »Der Krieg« (Blatt 5, Mappe 5) · Otto Dix
(1891–1969) · 1924 · Radierung auf BSB-Maschi-
nen-Bütten · 19,8 x 25,8 cm · Kunstsammlung Gera ·
D/G 98 · Abb. S. 341*

XVI/12 Tote bei der Stellung vor Tahure

*Aus »Der Krieg« (Blatt 10, Mappe 5) · Otto Dix
(1891–1969) · 1924 · Radierung auf BSB-Maschi-
nen-Bütten · 19,7 x 25,8 cm · Kunstsammlung Gera ·
D/G 103 · Abb. S. 341*

XVI/13 Toter Soldat aus der Missa eroica

*Gemäldefragment · Albin Egger-Lienz (1868–1926) ·
1919 · Öltempera auf Leinwand · 84 x 169 cm ·
Heeresgeschichtliches Museum, Wien · BI 18.747*

Nach dem Tode von Egger-Lienz wurde
dieses Fragment unter der Bezeichnung
der ursprünglichen Gesamtkomposition
Missa eroica, die vom Künstler selbst zer-
schnitten worden war, in verschiedenen
Ausstellungen präsentiert. Die zentrale
Hauptfigur des viereinhalb Meter breiten
Temperagemäldes, das am Ende einer Ent-
wicklungsreihe von Entwürfen entstand,
erinnert noch vage an das paduanische Vorbild Mantegnas. Wie sehr gerade diese
pathetische Darstellung einer Gestalt den
Künstler beschäftigt hat, zeigt sich darin,
dass der behelmte Gefallene im Kohleent-
wurf zu *Missa eroica* von 1917/18 bereits
über seine verstorbenen Kameraden in die
Erdscholle gebettet ist. Auch im Entwurf
zum *Totenopfer*, das in drei Zuständen das
Thema wiederholt, nimmt die Figur in
umgedrehter Lage eine Schlüsselstellung
ein. Mit starr ausgestreckten Füßen, an
denen derbe Schuhe mit kantigen Sohlen
haften, wird diese zentrale Gestalt bis zum
Ende des Schaffensprozesses immer stärker
isoliert und dabei kaum modifiziert. Nur
die linke Hand in unnatürlicher Verren-
kung, die ins Leere zu greifen scheint,
hat Egger-Lienz hinzugemalt. Auf einer
Fotografie des Künstlers, auf der er die
zerstörte *Missa eroica* festgehalten hat,
brachte er diese Hand ebenfalls nachträglich an.

XVI/14

XVI/15

In einer Bleistiftnotiz hat Egger-Lienz ausgedrückt, worauf es ihm bei *Den Namenlosen 1914* ankam, Gedanken, die wohl auf alle seine Kriegsbilder anwendbar sind: »[...] [D]ie Tat ist es, die uns und unseren Enkeln den schauerlichen Hauch unserer Zeit einstens vergegenwärtigen kann.« Für das Grauen der Totenfelder, die Egger-Lienz im Mai 1916 bei Rovereto mit eigenen Augen sah, fand er in einem Aufsatz nur Gedankenstriche: »Da ein verborgenes italienisches Gewehr, da eine Ansichtskarte. – da – ein Stahlhelm, und da – – da – –.«
Das vorliegende Fragment mit dem toten Soldaten wurde später teilweise vom Künstler überarbeitet. Seine Witwe widmete es dem Heeresgeschichtlichen Museum im Zusammenhang mit dem Kauf von *Den Namenlosen 1914*. Von 1931 bis zu seiner Erwerbung im Jahre 1936 war das Bild mit den übrigen im Haus deponierten Werken des Malers in der Kriegsbildergalerie ausgestellt. *I. K.*

LITERATUR Wilfried Kirschl, *Albin Egger-Lienz, 1868-1926. Das Gesamtwerk,* Wien und München 1996.

XVI/14 *Dead Germans in a Trench [Tote Deutsche in einem Schützengraben]*

Gemälde · William Orpen (1878–1931) · Großbritannien 1918 · Öl auf Leinwand · 91,4 x 76,2 cm · Imperial War Museum, London · ART 2955 · Abb. S. 343

Die beiden toten deutschen Soldaten sind von Orpen in einem Gemälde frei von jeder Beschönigung festgehalten. Der schon halb verfallene Schützengraben, in dem sie offensichtlich schon längere Zeit unbestattet liegen, ist ihr Grab geworden. Die linke Figur, in starker perspektivischer Verkürzung aufgefasst, zeigt noch in der Totenstarre und trotz erster Anzeichen einsetzender Verwesung die Qual des Sterbens, ablesbar an der Mimik und der gekrümmten linken Hand.
Orpens Gemälde überschreitet bewusst die ästhetischen Grenzen der zeitgenössischen Kriegsdarstellung: In seiner Szenerie gibt es nichts Tröstliches. Selbst das Licht des kalten Wintertages wirkt abweisend. Dennoch konnte das Gemälde im Mai 1918 in einer Einzelausstellung gezeigt werden, zusammen mit anderen Werken, die Orpen als offiziell ernannter Kriegsmaler vollendet hatte. Möglich war dies vermutlich, weil die toten Soldaten Deutsche waren. An der Grimmigkeit der Szenerie ändert dies jedoch nichts. *R. R.*

XVI/15 *We are Making a New World [Wir erschaffen eine neue Welt]*

Gemälde · Paul Nash (1889–1946) · 1918 · Öl auf Leinwand · 71,2 x 91,4 cm · Imperial War Museum, London · ART 1146 · Abb. S. 343

Paul Nash diente seit Anfang 1917 an der Westfront. Nach einer Verletzung im Mai des Jahres kehrte er erst im November, nun als offizieller Kriegsmaler, an die Front zurück. Er war zuvor vor allem als Landschaftsmaler bekannt geworden und es war auch dieser Aspekt seines Werkes, der sich unter dem Eindruck der Kämpfe besonders scharf artikulierte. Die Verwüstung der Landschaft durch die Materialschlacht war für Nash eine besonders prägende Erfahrung. Sie amalgamierte sich mit der Anklage gegen das von den Kriegführenden verursachte menschliche Leiden. In einem Brief an seine Frau schrieb er: »Ich bin kein interessierter und neugieriger Künstler mehr, ich bin ein Bote, der Nachricht von den Kämpfenden bringt; sie kämpfen gegen diejenigen, die bis in alle Ewigkeit weiter Krieg führen wollen. Schwach und undeutlich wird meine Botschaft sein, doch sie enthält eine bittere Wahrheit. Möge diese Wahrheit ihre jämmerlichen Seelen verbrennen.«
Seine Eindrücke hielt er Anfang 1918 erstmals in der Technik der Ölmalerei fest. Die Gemälde, die damals entstanden, gehören zu den berühmtesten der englischen Kriegsmalerei überhaupt. Mit *Wir erschaffen eine neuen Welt* gelang Paul Nash eine besonders verdichtete Darstellung. Außer der Landschaft selbst ist alles weggelassen, weder Überlebende noch Leichen noch Relikte menschlicher Anwesenheit bevölkern sie. In der durch Menschenwerk verwüsteten Natur, von einem kalten Sonnenaufgang erhellt, von Wolken in der Farbe getrockneten Blutes überwölbt, von Baumstümpfen und Kratern gezeichnet, manifestiert sich die Anklage gegen den Krieg. Der ironische Titel betont dies: Die »neue Welt«, die hier erschaffen wurde, ist leblos, ja lebensfeindlich. *R. R.*

XVI/16 *Stahlhelm/Grab im Niemandsland*

Gemälde · Franz Radziwill (1895–1983) · Dangast 1934 · Öl, Leinwand, Holz · 133 x 92 cm · Deutsches Historisches Museum, Berlin · Gm 97/16

Der unscheinbare Zettel mit der Aufschrift »Für das Vaterland«, angebracht an einem leuchtend hellen Holzpfosten, markiert offenbar das Grab eines unbekannten deutschen Soldaten. Darauf lässt auch der durchlöcherte Stahlhelm am Fuß des Pfostens schließen. Daneben blühen in der ansonsten verwüsteten Landschaft einige kleine rote Blumen. Franz Radziwill verknüpft das Motiv des Todes mit dem neu sprießenden Lebens. Sein Gemälde verweist auf keine konkrete historische Situation, sondern ist als Sinnbild angelegt: Das Licht fällt in dieser Komposition ganz auf die rechte Bildhälfte, der Soldatentod wird als notwendiges Opfer für das Vaterland dargestellt.
1937 stellte Radziwill das Gemälde mit zwei bereits früher entstandenen Werken zu einem Kriegstriptychon zusammen, das in der Hamburger Kunsthalle ausgestellt wurde. Dort blieb es bis 1939 hängen – obwohl Radziwill noch 1937 als »entarteter Künstler« klassifiziert worden war. Als Mitglied der NSDAP und Protégé hoher Oldenburger NS-Funktionäre war es ihm jedoch erlaubt, einzelne Werke nach vorheriger Begutachtung durch offizielle Stellen zu präsentieren. *R. R.*

XVI/17 *Die letzte Handgranate*

Gemälde · Elk Eber (eigentlich: Emil Eber, 1892–1941) · Deutschland 1937 · Öl auf Leinwand · 104,5 x 81,3 cm · Deutsches Historisches Museum, Berlin · L 97/27 · Abb. S. 72

Das Gemälde *Die letzte Handgranate* wurde 1937 in der Eröffnungsausstellung des Münchener Hauses der Deutschen Kunst präsentiert. Es gehörte zu jenen Werken, die nach nationalsozialistischer Kunstdoktrin fortan als vorbildlich zu gelten hatten und wurde von Adolf Hitler erworben. Geradezu programmatisch entsprach Ebers Bild der nationalsozialistischen Heroisierung des Frontkämpfers.
Der Titel des Gemäldes suggeriert eine hoffnungslose Situation. Doch ungeachtet der Tatsache, dass der dargestellte Infanterist gerade im Begriff steht, die »letzte Handgranate« auf den Feind zu werfen, ist er von allen Anzeichen des Zweifels, der Erschöpfung oder der Resignation frei. Das Gemälde konzentriert sich ganz auf den idealisierten Kämpfertyp, der unter seinem Stahlhelm entschlossen dem offenbar auf seine Stellung vorrückenden Feind entgegenblickt. Es ist damit ein typisches Beispiel für den nationalsozialistischen Kult um den vermeintlich im Felde unbesiegten deutschen Soldaten, der in vielfältiger Weise in Literatur, Film und Malerei dieser Jahre gepflegt wurde.
Eber gehörte zu dem bevorzugten Malern des nationalsozialistischen Regimes. Neben Weltkriegsthemen trat er mit Glorifizierungen von SA-Kämpfern hervor. Der

XVI/18

ein Porträt Hitlers anzufertigen, abgelehnt. Das Triptychon hing zu dieser Zeit in seinem Atelier in Hohenbrunn und war Besuchern wohlbekannt. Aus Furcht, es werde vernichtet werden, brachte er die einzelnen Teile in der Nacht zu einer Sägemühle. Dort zerschnitt er das Gemälde mit Hilfe eines Bekannten in mehrere Fragmente, die er zum größten Teil bei Freunden deponierte, in der Hoffnung, so werde sein Werk überdauern. Er selbst nahm nur das Fragment mit dem Porträt eines alten Paares mit auf die Flucht.

Das Triptychon knüpft an die Tradition religiöser Malerei an und kritisiert zugleich den Kontext der Altargemäde. Die bislang nicht aufgefundene zentrale Figur des Mittelteils zeigt einen deutschen Soldaten in der Haltung des Gekreuzigten. Das erhaltene Fragment der verwesten Leiche eines ebenfalls deutschen Soldaten und die dort angedeutete, nicht vollständig ausgeführte, durch Erinnerungen aber belegte Figur eines toten französischen Soldaten nehmen die Stelle der Trauernden ein. Die Seitenflügel mit den einander gegenübergestellten Segnungen der Waffen durch Bischöfe auf deutscher bzw. alliierter Seite ersetzen die Darstellung von Stifter- oder Heiligenfiguren. *R. R.*

XVI/18 Altes Paar

Fragment aus dem Triptychon »Du sollst nicht töten« · Johannes Matthaeus Koelz (1895–1971) · Hohenbrunn 1937 · Öl auf Holz · 48,3 x 35,8 cm · New Walk Museum, Leicester · Y.F. 14.1998

Dieses Fragment nahm Koelz 1937 mit in die Emigration, die ihn über Holland schließlich nach Großbritannien führte. Dort wurde er bei Kriegsausbruch interniert. Sein Hinweis, als Mitglied der Bayerischen Landespolizei an der Niederschlagung des Hitler-Putsches am 9. November 1923 beteiligt gewesen zu sein, konnte seine Deportation nach Australien nicht verhindern. Koelz kehrte danach wieder nach Großbritannien zurück.

Die physiognomische Ähnlichkeit und die Tatsache, dass Koelz das Fragment mit in die Emigration nahm, lassen vermuten, dass es sich bei dem porträtierten Paar um enge Bekannte des Künstlers handelte. *R. R.*

von Hitler zum Professor ernannte Künstler gehörte der NSDAP bereits seit 1923 an und war zudem als Teilnehmer am Hitler-Putsch Träger des nationalsozialistischen »Blutordens«. *R. R.*

XVI/18–XVI/23 *Du sollst nicht töten*

Fragmente eines Triptychons · Johannes Matthaeus Koelz (1895–1971) · Hohenbrunn 1937 · Öl auf Holz · Ursprüngliche Maße ca. 230 x 500 cm

Koelz hatte als Soldat an mehreren Schlachten des Ersten Weltkrieges teilgenommen, darunter auch an den Kämpfen vor Verdun, und wurde u. a. mit dem Eisernen

Kreuz II. Klasse ausgezeichnet. Sein Bruder fiel bereits in den ersten Kriegsmonaten. Diese Erfahrungen grundieren die Gestaltung des Triptychons, mit dem Koelz sich nach Auskunft seiner Tochter bereits Ende der zwanziger Jahre beschäftigte. 1933, während eines zeitweiligen Exils in Jugoslawien, setzte er die Arbeit an diesem Werk fort. Seinerzeit waren die Seitenflügel des Triptychons weitgehend vollendet, nicht aber das Mittelstück, wie eine zeitgenössische Fotopostkarte belegt. Über dessen endgültige Gestaltung geben Erinnerungen des Sohnes Auskunft. 1937, als das Triptychon vermutlich nahezu vollendet war, musste Koelz Deutschland über Nacht verlassen. Er hatte den Auftrag,

XVI/19

XVI/20

XVI/19 Junge mit bayerischer Fahne

Fragment aus dem Triptychon »Du sollst nicht töten« · Johannes Matthaeus Koelz (1895–1971) · Hohenbrunn 1937 · Öl auf Holz · 70 x 110 cm · Privatbesitz

Koelz' an klassischen Vorbildern orientierter, sehr detailgenauer Malstil kennzeichnet dieses Fragment wie auch die erhaltenen Teile der Seitenflügel insgesamt. Die Fahne verweist auf die Biographie des Künstlers, der im Januar 1915 zu einem bayerischen Infanterieregiment eingezogen worden war. *R. R.*

XVI/20 Blumen

Fragment aus dem Triptychon »Du sollst nicht töten« · Johannes Matthaeus Koelz (1895–1971) · Hohenbrunn 1937 · Öl auf Holz · 75 x 35 cm · Privatbesitz

Koelz' naturnahe Darstellungsweise wird in diesem Fragment besonders deutlich. Sie war Grundlage seines Erfolges auch als Porträtmaler. Unter den Blumen findet sich mehrfach der Klatschmohn, der vor allem in Großbritannien und Kanada zum Symbol der Erinnerung an den Ersten Weltkrieg wurde. *R. R.*

XVI/21 Toter Soldat

Fragment aus dem Triptychon »Du sollst nicht töten« · Johannes Matthaeus Koelz (1895–1971) · Hohenbrunn 1937 · Öl auf Holz · 133,8 x 68,5 cm · New Walk Museum, Leicester · Y.F. 15.1998

Der Mittelteil des Triptychons stellte Soldaten aus Frankreich und Deutschland als Opfer des Krieges dar. Die eindeutig pazifistische Aussage machte das Gemälde unter dem Nationalsozialismus zur offenen Kritik auch am Totenkult der NSDAP. Koelz' detaillierte Schilderung lässt sich vor allem an der französischen Feldflasche, die von einer Kugel durchbohrt wurde, und an der Epaulette, die an der Uniform des verwesten Leichnams strahlt, erkennen. Für die Darstellung der Epaulette orientierte Koelz sich an der Uniform seines Bruders. Diese wurde dem Maler 1933 auf seine Aufforderung hin nach Jugoslawien nachgesendet. *R. R.*

XVI/22 Junge Frau (Sieglinde) im Kostüm

Fragment aus dem Triptychon »Du sollst nicht töten« · Johannes Matthaeus Koelz (1895–1971) · Hohenbrunn 1937 · Öl auf Holz · 144,3 x 46,7 cm · New Walk Museum, Leicester · Y.F. 16.1998 · Abb. S. 348

Als Vorbild für diese Figur konnte Koelz' Stieftochter Sieglinde identifiziert werden. Auch dieses Fragment aus dem rechten Seitenteil, der die Alliierten präsentiert, zeigt Klatschmohn, außerdem Wildblumen aus den Alpen wie Edelweiß. *R. R.*

XVI/23 Betende Hände eines Jungen

Fragment aus dem Triptychon »Du sollst nicht töten« · Johannes Matthaeus Koelz (1895–1971) · Hohenbrunn 1937 · Öl auf Holz · 16,5 x 12,2 cm · New Walk Museum, Leicester · Y.F. 17.1998

Als Zitat Dürers erkennbar, ist dieses Fragment Teil eines Porträts. Mithilfe einer überlieferten Fotografie lässt sich der Junge als Koelz' Sohn Siegfried identifizieren, der zum dokumentierten Zeitpunkt der Aufnahme zehn Jahre alt war. *R. R.*

XVI/24 Fotopostkarte des Triptychons *Du sollst nicht töten*

Ausschnitt · Johannes Matthaeus Koelz (1895–1971) · 1933 · 5,4 x 12,5 cm · Ava Farrington

Von der weitgehend vollendeten Gestalt des Triptychons gibt dieser Ausschnitt einer Postkarte Auskunft. Er hält den Stand der Arbeit von 1933 fest und ist das einzig überlieferte Zeugnis des Gesamtwerkes. Die Seitenflügel sind erkennbar bereits sehr weit ausgeführt. Für das Mittelstück dagegen ist nur die Figur des gekreuzigten Soldaten schon vollständig vorhanden. *R. R.*

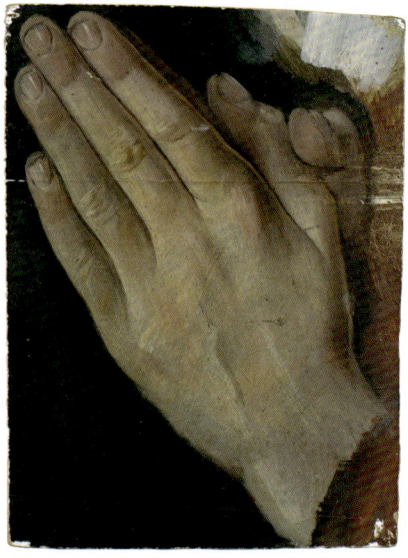

XVI/23

XVI/24

XVI/25 Brief von Siegfried Koelz an Simon Lake

Siegfried Koelz (* 1923) · Papier · 21,5 x 15 cm ·
New Walk Museum, Leicester · Ohne Inv. Nr.

Auf Initiative Ava Farringtons, der Tochter
von Johannes M. Koelz, begann in den
neunziger Jahren die Suche nach Fragmen-
ten des Triptychons *Du sollst nicht töten*.
Simon Lake, der Kurator einer Koelz ge-
widmeten Ausstellung, bat Koelz' Sohn
Siegfried um eine Erinnerungsskizze des im
Fragment *Toter Soldat* noch an den roten
Hosen erkennbaren französischen Soldaten.
Aus der Skizze lässt sich erschließen, dass
der Mittelteil einen klassischen triangularen
Aufbau besaß, dessen Basis von den beiden
Leichnamen und dessen Spitze von der
Figur der Gekreuzigten gebildet wurde.
Auch in dieser Hinsicht bezog Koelz sich
auf die tradierte Formensprache des Tripty-
chons, dessen religiöser Sinn in der Dar-
stellung zugleich jedoch nachdrücklich
dementiert wird. *R. R.*

XVI/25

XVII. Spurensuche

Ausschachtungsarbeiten für ein neues Indus-
trieareal in Flandern, das Pflügen der Zucker-
rübenfelder an der Somme, etwas umfäng-
lichere Erdarbeiten um Verdun herum, nahe
des Chemin des Dames, auf Gallipoli oder
auf einem anderen der zahlreichen Schlachtfelder des Ersten Weltkrieges fördern sie
zutage: Überreste vom »Weltfest des Todes«
(Thomas Mann). Bis heute gibt die geschun-
dene Erde Giftgasgranaten, Blindgänger,
Ausrüstungsgegenstände und menschliche
Knochen frei. Zwar sind sie verrottet, aber
immer noch geben sie ein aussagekräftiges
Zeugnis von der Katastrophe. In einigen
Fällen gelingt sogar die späte Identifizierung
von als »vermisst« geführten Gefallenen.
Gefährliche Materialien werden entsorgt,
besser erhaltene Stücke finden ihren Weg in
Museen oder zu Sammlern.

Bis in die Gegenwart ist der Erste Weltkrieg
durch solche Relikte präsent. Sie befördern
das Interesse, weitere Spuren zu suchen und
zu sichern. An einigen Orten entstanden
regelrechte Wanderwege zu den Fundorten.
Künstlerische Projekte setzen sich mit der
Erbschaft des Krieges auseinander. Dabei
werden die noch immer auffindbaren, mittl-
lerweile von der Vegetation überwucherten
Orte, die inzwischen wieder fruchtbaren
Felder und die eigentlichen Mahnmale, Denkmäler, Friedhöfe zum Gegenstand neuer,
künstlerisch inspirierter Fragen. Sie suchen in
den Stein und Erde gewordenen Resten den
Ansatz für eine lebendige Erinnerung.

R. Rother

XVII/1–XVII/4 *Sites of Memory*
[Stätten des Gedenkens]

Fotografien · Chris Harrison (1967) · London 1995/96 · Je 76,2 x 152,4 cm · Imperial War Museum, London · IWM:ART 16726*

Zwischen 1995 und 1996 fotografierte Chris Harrison Kriegsdenkmäler in ganz Großbritannien und Nordirland. 17 der Fotografien waren 1997 in der Ausstellung *Sites of Memory: War Memorials at the End of the Twentieth Century* (Stätten des Gedenkens: Kriegsdenkmäler am Ende des 20. Jahrhunderts) im Imperial War Museum zu sehen. Harrison fotografierte die Kriegsdenkmäler nicht nach einem bestimmten Schema, sondern wenn er ihrer im Alltag zufällig gewahr wurde. Er hatte nicht die Absicht, eine visuelle oder geografische Bestandsaufnahme vorzulegen, sondern wollte vermitteln, welchen Platz die Denkmäler 75 Jahre nach ihrer Errichtung in ihrer Umgebung einnehmen. Die meisten Denkmäler waren bei ihrer Enthüllung mit einer Reihe von Schwarz-Weiß-Postkarten gut dokumentiert worden: In Farbe und mit Weitwinkel aufgenommen, stellen Harrisons Bilder sachlich dar, wie die Denkmäler in die Architektur und das Straßenbild integriert sind und auf welche Weise sich ihre Identität vor Ort gewandelt hat. *R. T. (Ü)*

XVII/1 *The Cenotaph, London*
[Das Kenotaph, London]

Aus der Serie »Sites of Memory« · Fotografie · Chris Harrison (1967) · London 1995/96 · 76,2 x 152,4 cm · Imperial War Museum, London · IWM:ART 16726*

Der Kenotaph in London steht etwas verlassen mitten im Gewimmel der vorbeifahrenden Touristenbusse. Interessanterweise wurde die Frage des Verkehrsaufkommens diskutiert, als der Kenotaph 1920 auf Dauer errichtet werden sollte. Damals jedoch wurde Whitehall von der Bevölkerung bereits so sehr mit dem Grabmal in Verbindung gebracht, dass man sich nicht zu einem Standortwechsel entschließen konnte. *R. T. (Ü)*

XVII/2 *Chenies Street, London*

Aus der Serie »Sites of Memory« · Fotografie · Chris Harrison (1967) · London 1995/96 · 76,2 x 152,4 cm · Imperial War Museum, London · IWM:ART 16726 · Abb. S. 352*

Als das Rangers War Memorial Monument 1923 errichtet wurde, war es der Blickfang vor dem Minerva House. Heute wird das Straßenbild von dem in den dreißiger Jahren ursprünglich als Eingang zum U-Bahnhof gebauten Eisenhower Centre beherrscht. *R. T. (Ü)*

XVII/3 *Glencoe, Argyll*

Aus der Serie »Sites of Memory« · Fotografie · Chris Harrison (1967) · Glencoe, Argyll 1995/96 · 76,2 x 152,4 cm · Imperial War Museum, London · IWM:ART 16726 · Abb. S. 352*

In dem schottischen Tal, das durch das Massaker von Glencoe vom 13. Februar 1692 in die Geschichte einging, zeugt ein Kreuz im Stil des Celtic Revival von den Opfern, die eine Landgemeinde für das britische Empire erbracht hat. *R. T. (Ü)*

XVII/4 *Picardy and Bapaume Avenue, Belfast*

Aus der Serie »Sites of Memory« · Fotografie · Chris Harrison (1967) · Belfast 1995/96 · 76,2 x 152,4 cm · Imperial War Museum, London · IWM:ART 16726 · Abb. S. 353*

Das Denkmal ist inzwischen von zentraler Bedeutung für das Selbstverständnis der protestantischen Gemeinde in Belfast. Der Bezug auf die Schlacht an der Somme kommt schon in den Namen der Straßen zum Ausdruck, an deren Kreuzung das Denkmal gelegen ist. In der Somme-Schlacht kämpfte auch die 36. (Ulster-) Division, die im September 1914 aufgestellt worden war. Der irische Beitrag zu den britischen Truppen wird vom Oranier-orden als Bestandteil der protestantischen nordirischen Tradition reklamiert. Die Tatsache, dass an diesem Denkmal der »Union Jack«, die britische Flagge, gehisst wurde, kann daher als eine demonstrative Geste verstanden werden. *R. T. (Ü)*

XVII/1

XVII/2

XVII/3

XVII/4

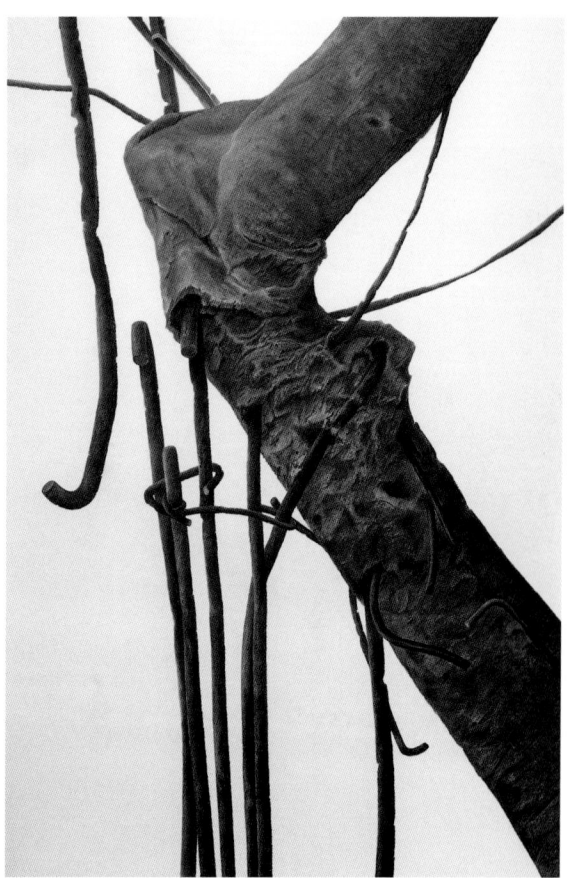

XVII/5

XVII/7

XVII/5–XVII/7

XVII/5 *Verdun*

*Bilderzyklus Nr. 8/2001 · Robert Schneider
(* 1944) · Verdun und Hamburg, 2001 · 150 x
102,5 cm · Robert Schneider*

XVII/6 *Verdun*

*Bilderzyklus Nr. 35/2002 · Robert Schneider
(* 1944) · Verdun und Hamburg, 2001 · 102,5 x
150 cm · Robert Schneider*

XVII/7 *Verdun*

*Bilderzyklus Nr. 13/2001 · Robert Schneider
(* 1944) · Verdun und Hamburg, 2001 · 150 x
102,5 cm · Robert Schneider*

In seinem 42 Kohlezeichnungen umfassenden Zyklus *Verdun* erhebt der in Hamburg lebende Maler und Graphiker

Robert Schneider den Ort der französischen Schlachtfelder zum Gegenstand
der künstlerischen Auseinandersetzung
mit den Grauen des Ersten Weltkrieges.
Die großformatigen Arbeiten vermitteln
durch die Wahl des engen Bildausschnittes
und den Kontrast von dunkler Kohle und
hellem Zeichenkarton eine symbolhaft
verdichtete Ansicht des menschenleeren
Ortes nach erbarmungslosem Kampfgeschehen. Die düstere Interpretation der
›Spurensuche‹ – Programm verschiedener
Werkgruppen Schneiders – basiert auf der
ausdrucksstarken Verfremdung des Leids
durch technische Relikte: Nahsichtig gezeigte Drahtverschläge durchziehen in
verwüsteter Landschaft den weißen, leeren
Horizont. Nüchtern registrierend und
scheinbar ohne erkennbare Anteilnahme
präpariert Schneider so die Vergangenheit aus der Öde heraus. Nicht das pathetische Monument ist hier Ausdruck des
Erinnerns, sondern die Stille ist Zeichen
der Vernichtung. *J. M.*

XVII/6

XVII/8

XVII/8–XVII/10

XVII/8 Festung Kowno, Fort II

Fotografie · Kaunas 2003 · 20 x 30 cm · Deutsches Historisches Museum, Berlin · Ohne Inv.-Nr.

XVII/9 Festung Kowno, Fort II

Fotografie · Kaunas 2003 · 20 x 30 cm · Deutsches Historisches Museum, Berlin · Ohne Inv.-Nr.

XVII/10 Festung Kowno, Fort II

Fotografie · Kaunas 2003 · 20 x 30 cm · Deutsches Historisches Museum, Berlin · Ohne Inv.-Nr.

Zu Kriegsbeginn gehörte Litauen zum Russischen Reich. Bereits im August 1914 wurde es zum Frontgebiet. Die nahe bei Wilna (heute Vilnius) gelegene Stadt Kowno (heute Kaunas) war einer der größ-

ten russischen Stützpunkte. 1915 eroberte das deutsche Heer Litauen während der bis Mitte Oktober geführten Kämpfe. Kowno wurde am 18. August besetzt und in die Verwaltungseinheit Ober Ost eingegliedert. Die Spuren der Kämpfe um das Fort II der Festung sind noch heute zu sehen. Ein Festungsmuseum oder eine Informationstafel gibt es nicht. *K. B.*

XVII/11 Frontlinie mit Granattrichtern bei Vauquois

Luftaufnahme · Jean Luc Kaluzko · Frankreich 2003 · Reproduktion · 20 x 30 cm · Jean Luc Kaluzko

Vauquois ist unweit von Verdun gelegen. Noch heute zeugen Krater vom verlustreichen Kampf um diese Hügelstellung in den Argonnen. Zwischen 1914 und 1918 starben hier mehr als 14 000 französische und deutsche Soldaten. Die Narben des Krieges sind der Landschaft eingezeichnet – sie sollen sichtbar bleiben als Zeugnis tausendfachen Leidens.
Seit den achtziger Jahren engagiert sich der Verein Freunde von Vauquois für die Erhaltung dieser Hinterlassenschaft des Krieges. Laufgräben wurden wieder freigelegt, Unterstände rekonstruiert. So entstand ein Museum, in dem die 6 000 Besucher, die jährlich nach Vauquois kommen, einen unmittelbaren Eindruck von der Realität des Grabenkrieges gewinnen können. Kernstück der Anlage ist ein kilometerlanges Stollensystem, in dem unterirdisch Krieg geführt wurde. Von den einst 17 Kilometern Stollen

sind sieben Kilometer freigelegt und auf einer Länge von 400 Metern für Besucher zugänglich. Gezeigt werden auch individuelle Fundstücke – Waffen, Uniformteile und persönliche Gegenstände der Soldaten. *T. F.*

XVII/12 Bergung der sterblichen Überreste deutscher Soldaten durch den Archäologen Guy Flucher

Fotografie · Frédéric Gransar · Ploisy 2003 · Reproduktion · 20 x 30 cm · Institut National de Recherches Archéologiques Préventives, Paris · Ohne Inv.-Nr.

Behutsam legt ein französischer Archäologe die Überreste von vier deutschen Soldaten frei, die im Juli 1918 bei Ploisy in Nordfrankreich gefallen waren. Vermutlich hatten vorrückende Amerikaner sie dort bestattet.
Zwischen den Skeletten fanden sich noch Uniformreste. Zwei Gefallene konnten anhand ihrer Erkennungsmarken identifiziert werden. In Nordfrankreich stößt man bei Ausschachtungsarbeiten auch heute noch auf die sterblichen Überreste von gefallenen Soldaten.
An der Bergung sind Initiativgruppen beteiligt. Sie haben es sich zur Aufgabe gemacht, den Toten ein würdiges Begräbnis zu verschaffen.
Wenn es gelingt, die Toten zu identifizieren, werden ihre Angehörigen respektive Nachfahren benachrichtigt. Diese können dann von einem Familienmitglied Abschied nehmen, über dessen genaues Schicksal jahrzehntelang Ungewissheit herrschte. *T. F.*

XVII/12

© Jean-Luc KALUZKO

XVII/11

Anhang

AUTORENVERZEICHNIS

ESSAYS UND KAPITELEINLEITUNGEN

Gundula Bavendamm, Deutsches Historisches Museum, Berlin

Kristiane Burchardi, Deutsches Historisches Museum, Berlin

Boris Chawkin, Akademie der Wissenschaften, Moskau

Dittmar Dahlmann, Universität Bonn

Thomas Flemming, Berlin

Stig Förster, Universität Bern

Michael Geyer, Universität Chicago

Gerhard P. Groß, Militärgeschichtliches Forschungsamt, Potsdam

Gerhard Hirschfeld, Bibliothek für Zeitgeschichte in der Württembergischen Landesbibliothek, Stuttgart

John Horne, Universität Dublin

Wilfried Jilge, Leipzig/Berlin

Stefan Kaufmann, Eidgenössische Technische Hochschule Zürich

Sabine Kienitz, Landau

Jerszy Kochanowski, Deutsches Historisches Institut, Warschau

Gerd Krumeich, Universität Düsseldorf

Wolfgang Kruse, Fernuniversität Hagen

Anne Lipp, Bonn

Christoph Mick, Universität Tübingen

Jürgen Osterhammel, Universität Konstanz

Eva Pluhařová-Grigienė, Thomas Mann-Kulturzentrum, Neringa

Rainer Rother, Deutsches Historisches Museum, Berlin

Bernd Ulrich, Berlin

OBJEKTBESCHREIBUNGEN

A. J.-Z.   Alina Jurkiewicz-Zejdowska, Museum der Polnischen Armee, Warschau

A. P.   Arvydas Počiūnas, Vytautas-Magnus-Militärmuseum, Kaunas

A. S.   Anna Saltykowa, Staatliches Russisches Museum, Moskau

A. Saw.   Artjom Sawinow, Zentrales Museum der Streitkräfte, Moskau

A. v. H.   Andrea von Hegel, Deutsches Historisches Museum, Berlin

B. C.   Boris Chawkin, Akademie der Wissenschaften, Moskau

B. U.   Bernd Ulrich, Berlin

B. v. H.   Bernhard von Hülsen, Deutsches Historisches Museum, Berlin

C. H.   Christoph Hatschek, Heeresgeschichtliches Museum, Wien

C. J.   Carola Jüllig, Deutsches Historisches Museum, Berlin

C. S.   Chana Schütz, Neue Synagoge Berlin – Centrum Judaicum, Berlin

C. Z.   Camillo Zadra, Museo Storico Italiano della Guerra, Rovereto

D. T.   Dotina Tjurina, Staatliches Wissenschaftliches Forschungsmuseum für Architektur A. W. Schtschussew, Moskau

E. J.   Ela Jurdana, Kroatisches Historisches Museum, Zagreb

E. P.-G.   Eva Pluhařová-Grigienė, Thomas Mann-Kulturzentrum, Neringa

E. S.   Eduard Sadiraka, Staatliches Historisches Museum, Moskau

E. W.   Ewa Wartalska, Museum der Polnischen Armee, Warschau

G. B.   Gundula Bavendamm, Deutsches Historisches Museum, Berlin

G. F.   Guntram Fuhrmann, Deutsches Historisches Museum, Berlin

G. K.   Gerd Krumeich, Universität Düsseldorf

G. P. G.   Gerhard P. Groß, Militärgeschichtliches Forschungsamt, Potsdam

G. R.   Gosia Rusin, Nationalmuseum, Warschau

G. S.   Galina Smorodinowa, Staatliches Historisches Museum, Moskau

G. Sa.   Gergely Sallay, Militärgeschichtliches Museum, Budapest

G. Q.   Gerhard Quaas, Deutsches Historisches Museum, Berlin

Gy. Sá. György Ságvári, Institut und Museum für Militärgeschichte, Budapest

H. A. Heidemarie Anderlik, Deutsches Historisches Museum, Berlin

I. C. Irina Chotejenkowa, Staatliches Historisches Museum, Moskau

I. K. Ilse Krumpöck, Heeresgeschichtliches Museum, Wien

I. P.-R. Izabela Prokopczuk-Runowska, Museum der Polnischen Armee, Warschau

J. B. M. Jelena Borošak Marijanović, Kroatisches Historisches Museum, Zagreb

J. D. Jan Dewilde, In Flanders Fields Museum, Ieper

J. G. Johannes Graf, Deutsches Uhrenmuseum, Furtwangen

J. J. Jelena Jelkowa, Staatliches Historisches Museum, Moskau

J. K. Jerszy Kochanowski, Deutsches Historisches Institut, Warschau

J. M. Jörg Meissner, Deutsches Historisches Museum, Berlin

J. P. Jewgenija Perowa, Staatliches Historisches Museum, Moskau

J. S. János Suba, Institut und Museum für Militärgeschichte, Budapest

K. B. Kristiane Burchardi, Deutsches Historisches Museum, Berlin

K.-P. M. Klaus-Peter Merta, Deutsches Historisches Museum, Berlin

L. B. Lucija Benyovsky, Kroatisches Historisches Museum, Zagreb

L. K. Leonore Koschnick, Deutsches Historisches Museum, Berlin

L. M. Ljubica Miljković, Nationalmuseum, Belgrad

M. B. P. Marina Bregovac Pisk, Kroatisches Historisches Museum, Zagreb

M. C. O. M. Christian Ortner, Heeresgeschichtliches Museum, Wien

M. F. Marcus Funck, Universität Marburg

M. K. Michael Kunzel, Deutsches Historisches Museum, Berlin

M. L. Michel Litalien, Directorate of History and Heritage National Defence of Canada, Québec

M. S. Maja Škiljan, Kroatisches Historisches Museum, Zagreb

M. W. Manfred Wegner, Münchner Stadtmuseum, München

M. V. Margaret Vining, National Museum of American History, Washington

N. M. Natalja Miljuschina, Staatliches Wissenschaftliches Forschungsmuseum für Architektur A. W. Schtschussew, Moskau

O. G. Olga Gärtner, Bremen

R. F. Regine Falkenberg, Deutsches Historisches Museum, Berlin

R. H. Richard Hufschmidt, Heeresgeschichtliches Museum, Wien

R. R. Rainer Rother, Deutsches Historisches Museum, Berlin

R. T. Roger Tolson, Imperial War Museum, London

S. H. Sean Hunter, Canadian Forces Museums and Historical Collections, Ottawa

S. J.-T. Swetłana Jonkowa-Trzepałko, Museum der Polnischen Armee, Warschau

S. K. Sabine Kienitz, Landau

S. N. Sönke Neitzel, Johannes Gutenberg-Universität, Mainz

S. Z. Susanne Ziegler, Staatliche Museen zu Berlin – Ethnologisches Museum, Berlin

S. W. Stephen Walton, Imperial War Museum, London

St. K. Stefan Kaufmann, Eidgenössische Technische Hochschule Zürich

T. F. Thomas Flemming, Berlin

U. H. Uta Hinz, Universität Düsseldorf

(Ü) Übersetzt von Tradukas GbR, Berlin

W. A. S. Walter A. Schwarz, Heeresgeschichtliches Museum, Wien

W. J. Wilfried Jilge, Leipzig/Berlin

W. K. Wolfgang Koller, Deutsches Historisches Museum, Berlin

LITERATURAUSWAHL

DER ERSTE WELTKRIEG ALLGEMEIN

DIETRICH BEYRAU (Hrsg.), *Der Krieg in nationalen und religiösen Deutungen der Neuzeit*, Tübingen 2001.

Ceská spolecnost a první svetová válka: sborník príspevku z vedecké konference konané v Jihoceském Muzeu v Ceskych Budejovicích dne 20. listopadu 1998 / [sest. Jirí Petrás] V Ceskych Budejovicích, 1999 [Die tschechische Gesellschaft und der Erste Weltkrieg, Konferenzschrift].

ROGER CHICKERING, *Das Deutsche Reich und der Erste Weltkrieg*, München 2002.

MODRIS EKSTEINS, *Tanz über Gräben. Die Geburt der Moderne und der Erste Weltkrieg*, Hamburg 1990.

NIALL FERGUSON, *Der falsche Krieg: Der Erste Weltkrieg und das 20. Jahrhundert*, Stuttgart 1999.

FRITZ FISCHER, *Griff nach der Weltmacht. Die Kriegszielpolitik des kaiserlichen Deutschland 1914/18*, Düsseldorf 1964.

JÓSZEF GALÁNTAI, *Hungary in the First World War*, Budapest 1989.

MARTIN H. GEYER, *Verkehrte Welt: Revolution, Inflation und Moderne, München 1914–1924*, Göttingen 1998.

ANTONIO GIBELLI, *La grande guerra degla Italia 1915–1918*, Mailand 1999.

GERHARD HIRSCHFELD, GERD KRUMEICH, DIETER LANGEWIESCHE und HANS-PETER ULLMANN, *Kriegserfahrungen: Studien zur Sozial- und Mentalitätsgeschichte des Ersten Weltkriegs*, Essen 1997.

GERHARD HIRSCHFELD, GERD KRUMEICH und IRINA RENZ (Hrsg.), *»Keiner fühlt sich hier mehr als Mensch…«. Erlebnis und Wirkung des Ersten Weltkriegs*, Essen 1993.

GERHARD HIRSCHFELD, GERD KRUMEICH und IRINA RENZ (Hrsg.), *Enzyklopädie Erster Weltkrieg*, Paderborn 2003.

ERIC HOBSBAWM, *Das Zeitalter der Extreme. Weltgeschichte des 20. Jahrhunderts*, München 1998.

JOHN HORNE (Hrsg.), *State, Society and Mobilization in Europe during the First World War*, Cambridge 2002.

MICHAEL HOWARD, *First World War*, Oxford 2002.

MARIO ISNENGHI und GIORGIO ROCHAT, *La Grande Guerra 1914–1918*, Mailand 2000.

HUBERTUS F. JAHN, *Patriotic Culture in Russia during World War I*, Ithaca und London 1995.

JAMES JOLL, *Die Ursprünge des Ersten Weltkrieges*, München 1988.

JOHN KEEGAN, *Der Erste Weltkrieg. Eine europäische Tragödie*, Hamburg 2000.

GERD KRUMEICH, JEAN-JACQUES BECKER, JAY M. WINTER, ANNETTE BECKER, STÉPHANE AUDOIN-ROUZEAU (Hrsg.), *Guerre et cultures 1914–1918*, Paris 1994.

WOLFGANG KRUSE (Hrsg.), *Eine Welt von Feinden. Der große Krieg 1914–1918*, Frankfurt am Main 2000.

WOLFGANG MICHALKA (Hrsg.), *Der Erste Weltkrieg. Wirkung, Wahrnehmung und Analyse.* Im Auftrag des Militärgeschichtlichen Forschungsamtes, München, Zürich 1994.

WOLFGANG J. MOMMSEN, *Die Urkatastrophe Deutschlands: Der Erste Weltkrieg 1914–1918* (Gebhardt, Handbuch der deutschen Geschichte 10, Bd. 17), 10. völlig neu bearb. Auflage, Stuttgart 2002.

I. V. NARSKIJ und O. JU. NIKONOVA (Hrsg.), *Čelovek i vojna. Vojna kak javlenie kul'tury*, Moskau 2001 [Mensch und Krieg. Der Krieg als Erscheinung der Kultur].

SÖNKE NEITZEL, *Blut und Eisen. Deutschland im Ersten Weltkrieg*, Zürich 2002.

La politique et la guerre. Pour comprendre le XX siècle européen. Hommage à Jean-Jacques Becker, Paris 2002.

MANFRIED RAUCHENSTEINER, *Der Tod des Doppeladlers*, Graz, Wien, Köln 1993.

Rossija i pervaja mirovaja vojna: materialy meždunardonogo naučnogo kollokviuma, St. Petersburg 1999 [Russland und der Erste Weltkrieg: Materialien des internationalen wissenschaftlichen Kolloquiums].

VJAČESLAV ŠACILLO, *Pervaja mirovaja vojna 1914–1918. Fakty, Dokumenty*, Moskau 2003 [Der Erste Weltkrieg 1914–1918. Fakten, Dokumente].

MICHAEL SALEWSKI, *Der Erste Weltkrieg*, Paderborn 2003.

IVAN ŠEDIVY, *Češi, české země a velká válka 1914–1918*, Prag 2001 [Die Tschechen, das Gebiet Böhmens und der Erste Weltkrieg].

DANIEL SMITH, *The great departure. The U.S. and World War I*, New York 1965.

NORMAN STONE, *The Eastern Front 1914–1917*, New York 1975.

HEW STRACHAN, *The First World War*, Bd. I, Oxford 2001.

MICHAEL STÜRMER, *Das ruhelose Reich: Deutschland 1866 – 1918* (Siedler Deutsche Geschichte, Abt. 2: Die Deutschen und ihre Nation, Teil 3), Berlin 1986.

WIKTOR SUKIENNICKI, *East Central Europe during World War I*, 2 Bde., New York 1984.

BRUNO THOSS, HANS-ERICH VOLKMANN (Hrsg.), *Erster Weltkrieg – Zweiter Weltkrieg. Ein Vergleich. Krieg, Kriegserlebnis, Kriegserfahrung in Deutschland*. Im Auftrag des Militärgeschichtlichen Forschungsamtes, München 2002.

GLENN E. TORREY, *Romania in World War I*, Oxford, Portland 1998.

BORIS TUPOLEV u. a. (Hrsg.), *Mirovye vojny XX veka*, 2 Bde., Moskau 2002 [Die Weltkriege des 20. Jahrhunderts].

BERND ULRICH, *Die Augenzeugen. Deutsche Feldpostbriefe in Kriegs- und Nachkriegszeit 1914–1933*, Essen 1997.

ANATOLIJ I. UTKIN, *Pervaja mirovaja vojna*, Moskau 2002 [Der Erste Weltkrieg].

HANS-ULRICH WEHLER, *Vom Beginn des Ersten Weltkriegs bis zur Gründung der beiden deutschen Staaten: 1914–1949* (Deutsche Gesellschaftsgeschichte, Bd. 4), München 2003.

JAY WINTER, GEOFFREY PARKER und MARY J. HABECK, *Der Erste Weltkrieg und das 20. Jahrhundert*, Hamburg 2002.

ANDREJ M. ZAJONČKOVSKIJ, *Pervaja mirovaja vojna*, St. Petersburg 2002 [Der Erste Weltkrieg].

ERFAHRUNG

V. BULDAKOV, *A Nation at war. The Russian Experience*, in: H. Cecil und P. Liddle, *Facing Armageddon*, London 1996.

UTE DANIEL, *Arbeiterfrauen in der Kriegsgesellschaft. Beruf, Politik und Familie im Ersten Weltkrieg*, Göttingen 1989.

MARGARET H. DARROW, *French Women and the First World War: War Stories of the Home Front*, Oxford 2000.

BELINDA J. DAVIS, *Home fires Burning: Food, Politics and Everyday Life in World War I Berlin*, Chapel Hill 2000.

SOPHIE DELAPORTE, *Geules cassées. Les blessées de la Grande Guerre*, Paris 2001.

GÜNTER DÜRIEGL, *So ist der Mensch ...« 80 Jahre erster Weltkrieg*. 195. Sonderausstellung Historisches Museum der Stadt Wien 15. September bis 20. November 1994, Wien 1994.

W. ECKART und G. GRADMANN (Hrsg.), *Die Medizin und der 1. Weltkrieg*, Pfaffenweiler 1996.

Ein Krieg wird ausgestellt. Die Weltkriegssammlung des Historischen Museums (1914–1918), Themen einer Ausstellung. Inventarkatalog, Frankfurt: Dezernat für Kultur und Freizeit 1976.

E. J. ERICKSON, *Ordered to Die. A History of the Ottoman Army in the First World War*, Westport/Conn. 2001.

SUSAN R. GRAYZEL, *Women's Identities at War: Gender, Motherhood and Politics in Britain and France during the First World War*, Chapel Hill 1999.

JOHN HORNE und ALAN KRAMER, *Deutsche Kriegsgräuel 1914. Die umstrittene Wahrheit*, Hamburg 2004.

MICHAEL HOWARD, *The First World War*, Oxford 2002.

CHRISTOPH JAHR, *Gewöhnliche Soldaten. Desertion und Deserteure im deutschen und britischen Heer 1914–1918*, Göttingen 1998.

JOHN KEEGAN, *Die Kultur des Krieges*, Berlin 1995.

JÜRGEN KOCKA, *Klassengesellschaft im Krieg. Deutsche Sozialgeschichte 1914–1918*, Göttingen 1978.

ANNE LIPP, *Meinungslenkung im Krieg. Kriegserfahrungen deutscher Soldaten und ihre Deutung 1914–1918*, Göttingen 2003.

VEJAS GABRIEL LIULEVICIUS, *Kriegsland im Osten. Eroberung, Kolonisierung und Militärherrschaft im Ersten Weltkrieg*, Hamburg 2002.

WOLFGANG J. MOMMSEN, *Kultur und Krieg. Die Rolle der Intellektuellen, Künstler und Schriftsteller im Ersten Weltkrieg*, München 1996.

KAREL PICHLIK und BOHUMÍR KLIPA, *Zabloudilova, Jitka, Československí legionáři (1914–1920)*, Prag 1996.

PETER RIEDESSER, *»Maschinengewehre hinter der Front«: Zur Geschichte der deutschen Militärpsychiatrie*, Frankfurt am Main 1996.

ULRICH SIEG, *Jüdische Intellektuelle im Ersten Weltkrieg. Kriegserfahrungen, weltanschauliche Debatten und kulturelle Neuentwürfe*, Berlin 2001.

ROLF SPILKER und BERND ULRICH (Hrsg.), *Der Tod als Maschinist: Der industrialisierte Krieg 1914–18*, Ausst. Kat. Museum Industriekultur Osnabrück 1998.

A. J. P. TAYLOR, *The First World War. An illustrated history*, London 1966.

BERND ULRICH und BENJAMIN ZIEMANN (Hrsg.), *Frontalltag im Ersten Weltkrieg. Wahn und Wirklichkeit*, Frankfurt am Main 1994.

JEFFREY VERHEY, *Der »Geist von 1914« und die Erfindung der Volksgemeinschaft*, Hamburg 2000.

KLAUS VONDUNG (Hrsg.), *Kriegserlebnis. Der Erste Weltkrieg in der literarischen Gestaltung und symbolischen Deutung der Nationen*, Göttingen 1980.

GERMAN WERTH, *Verdun*, Bergisch Gladbach 1979.

BENJAMIN ZIEMANN, *Front und Heimat. Ländliche Kriegserfahrung im südlichen Bayern 1914–1923*, Essen 1997.

E.-J. ZÜRCHER, *Between Death and Desertion. The Experience of the Ottoman Soldier in World War I*, in: Turcica 28 (1996), S. 235–260.

NEUORDNUNG

BORIS BARTH, *Dolchstoßlegenden und politische Desintegration. Das Trauma der deutschen Niederlage im Ersten Weltkrieg, 1914–1933*, Düsseldorf 2003.

MANFRED BOEMEKE, GERALD F. D. FELDMAN und ELISABETH GLASER (Hrsg.), *The Treaty of Versailles: A Reassessment after 75 Years*, Cambridge 1998.

WILHELM BRAUNEDER und NORBERT LESER (Hrsg.), *Staatsgründungen 1918*, Frankfurt am Main 1999.

JOST DÜLFFER und GERD KRUMEICH (Hrsg.), *Der verlorene Frieden. Politik und Kriegskultur nach 1918*, Essen 2002.

JÖRG DUPPLER und GERHARD P. GROSS (Hrsg.), *Kriegsende 1918. Ereignis, Wirkung, Nachwirkung. Im Auftrag des Militärgeschichtlichen Forschungsamtes* (Beiträge zur Militärgeschichte, Bd. 53), München 1999.

STIG FÖRSTER (Hrsg.), *An der Schwelle zum Totalen Krieg. Die militärische Debatte über den Krieg der Zukunft 1919–1939*, Paderborn 2002.

DAVID FROMKIN, *A Peace to End all Peace: The Fall of the Ottoman Empire and the Creation of the Modern Middle East*, New York 1989.

A. KOVÁCS-BERTRAND, *Der ungarische Revisionismus nach dem Ersten Weltkrieg. Der publizistische Kampf gegen den Friedensvertrag von Trianon (1918–1931)*, München 1997.

GERD KRUMEICH (Hrsg.), *Versailles 1919. Ziele, Wirkung, Wahrnehmung*, Essen 2001.

MARGARET MACMILLAN, *Peacemakers: The Paris Conference of 1919 and its Attempt to End War*, London 2001.

GUNTHER MAI, *Europa 1918–1939. Mentalitäten, Lebensweisen, Politik zwischen den Weltkriegen*, Stuttgart 2001.

CAROLINE MILOW, *Die Ukrainische Frage 1917–1923 im Spannungsfeld der europäischen Diplomatie*, Wiesbaden 2002.

HANS MOMMSEN (Hrsg.), *Der Erste Weltkrieg und die europäische Nachkriegsordnung. Sozialer Wandel und Formveränderungen der Politik*, Köln 2001.

HANS MOMMSEN, DUŠAN KOVAC, JIŘÍ MALIR und MICHAELA MAREK (Hrsg.), *Der Erste Weltkrieg und die Beziehungen zwischen Tschechen, Slowaken und Deutschen*, Essen 2000.

BERND NICOLAI, *Moderne und Exil. Deutschsprachige Architekten in der Türkei 1925–1955*, Berlin 1998.

FREDERICK S. NORTHEDGE, *The League of Nations: Its Life and Times, 1920–1946*, Leicester 1986.

ERWIN OBERLÄNDER (Hrsg.), *Autoritäre Regime in Ostmittel- und Südosteuropa, 1919–1944*, Paderborn 2001.

První světová válka, moderní demokracie a T. G. Masaryk, Prag 1994 [Der Erste Weltkrieg, die moderne Demokratie und T.G.M.], Konferenz in Liblice (CZ), 94.09.22–94.09.24.

Réconstructions en Picardie après 1918. Réunion des Musées Nationaux, Éditions de la Réunion des musées nationaux, Paris 2000.

HEINRICH AUGUST WINKLER, *Weimar 1918–1933. Die Geschichte der ersten deutschen Demokratie*, München 1993.

ERINNERUNG IN WEST- UND OSTEUROPA

STÉPHAN AUDOIN-ROUZEAU und ANNETTE BECKER, *14–18, retrouver la Guerre*, Paris 2000.

SUSANNE BRANDT, *Die Westfront 1914–1940. Vom Kriegsschauplatz zum Gedächtnisraum*, Baden-Baden 2000.

LAILA BREMŠA, *Denkmäler des Ersten Weltkrieges und der Freiheitskämpfe in Lettland aus den Jahren 1920–1940*, in: Nordost-Archiv N. F. 6 (1997) H. 1, S. 186–203.

EMIL BRIX und HANNES STEKL (Hrsg.), *Der Kampf um das Gedächtnis. Öffentliche Gedenktage in Mitteleuropa*, Wien u. a. 1997.

BERNHARD CHIARI, MATTHIAS ROGG, WOLFGANG SCHMIDT (Hrsg.), *Krieg und Militär im Film des 20. Jahrhunderts*, München 2003.

AARON J. COHEN, *Oh, That!: Myth, Memory, and the First World War in the Russian Emigration and the Soviet Union*, in: *Slavic Review* 62, Nr. 1 (Frühjahr 2003), S. 69–86.

RICHARD CORK, *A bitter truth: Avant-Garde Art and the Great War*, New Haven 1994.

MARTIN EVANS und KENNETH LUNN (Hrsg.), *War and Memory in the 20th Century*, Oxford 1997.

PAUL FUSSELL, *The great war and modern memory*, New York und London 1975.

ADRIAN GREGORY, *The silence of memory: Armistice Day 1919–1946*, Oxford 1994.

JOHANNES HAMPEL und MECHTHILD MÜLLER-HENNING, *Der Erste Weltkrieg im Spiegel von Plakaten*, Ausst. Kat. Schwäbisches Volkskundemuseum Oberschönenfeld 1997.

GERD HANKEL, *Die Leipziger Prozesse. Deutsche Kriegsverbrechen und ihre strafrechtliche Verfolgung nach dem Ersten Weltkrieg*, Hamburg 2003.

ULRICH HEINEMANN, *Die verdrängte Niederlage. Politische Öffentlichkeit und Kriegsschuldfrage in der Weimarer Republik* (Kritische Studien zur Geschichtswissenschaft, Bd. 59), Göttingen 1983.

BERND HÜPPAUF (Hrsg.), *Ansichten vom Krieg. Deutschland und Australien: Vergleichende Studien zum Ersten Weltkrieg in Literatur und Gesellschaft*, Königstein im Taunus 1984.

MICHAEL HÜTT, HANS-JOACHIM KUNST u. a. (Hrsg.), *Unglücklich das Land das Helden nötig hat. Leiden und Sterben in den Kriegsdenkmälern des Ersten und Zweiten Weltkriegs*, Marburg 1990.

BERNADETTE KESTER, *Film Front Weimar. Representations of the First World War in German Films of the Weimar Period (1919– 1933)*, Amsterdam 2003.

CHRISTOPH MICK, *Der Kult um den ›Unbekannten Soldaten‹ im Polen der Zwischenkriegszeit*, in: MARTIN SCHULZE-WESSEL (Hrsg.), *Sakralisierung der Nation – Nationalisierung der Religion* (Tagungsband einer Konferenz im GWZO 30.11.–2.12.2000), erscheint voraussichtlich 2004.

GEORGE MOSSE, *Fallen Soldiers: Reshaping the Memory of the World Wars*, Oxford und New York 1990.

HANS-HARALD MÜLLER, *Der Krieg und die Schriftsteller. Der Kriegsroman der Weimarer Republik*, Stuttgart 1986.

MICHAEL PARIS, *The First World War and Popular Cinema*, Edinburgh 1999.

MARKUS PÖHLMANN, *Kriegsgeschichte und Geschichtspolitik: Der Erste Weltkrieg. Die Amtliche deutsche Militärgeschichtsschreibung 1914–1956*, Paderborn 2002.

RAINER ROTHER (Hrsg.), *Die letzten Tage der Menschheit. Bilder des Ersten Weltkriegs*, Ausst. Kat. Deutsches Historisches Museum Berlin 1994.

HOLM SUNDHAUSSEN und HANS-JOACHIM TORKE (Hrsg.), *1917–1918 als Epochengrenze?*, Wiesbaden 2000.

JÜRGEN TIETZ, *Das Tannenberg-Nationaldenkmal. Architektur, Geschichte, Kontext*, Berlin 1999.

BERND ULRICH und BENJAMIN ZIEMANN (Hrsg.), *Krieg im Frieden. Die umkämpfte Erinnerung an den Ersten Weltkrieg*, Frankfurt am Main 1997.

KLAUS VONDUNG (Hrsg.), *Kriegserlebnis. Der Erste Weltkrieg in der literarischen Gestaltung und symbolischen Deutung der Nationen*, Göttingen 1980.

JAY WINTER, *Sites of Memory, Sites of Mourning. The Great War in European Cultural History*, Cambridge 1995.

EVA ZWACH, *Deutsche und englische Militärmuseen im 20. Jahrhundert. Eine kulturgeschichtliche Analyse des gesellschaftlichen Umgangs mit Krieg*, Münster 1999.

Archiv des Internationalen Komitees vom Roten Kreuz, Genf
V/76, V/77, V/78

Australian War Memorial, Canberra III/91, XIV/17, XV/17

Ava Farrington, Tallow XVI/24

Bayerisches Armeemuseum, Ingolstadt XIV/20

Bibliothek für Zeitgeschichte in der Württembergischen Landesbibliothek, Stuttgart S. 68, 75, 78; III/36, III/38

Bildarchiv der Österreichischen Nationalbibliothek, Wien VII/71

Bildarchiv Foto Marburg S. 302

Bildarchiv Preußischer Kulturbesitz, Berlin (Claudia Obrocki)
S. 76 links

Botschaft der Republik Türkei, Berlin (Foto: Deutsches
Historisches Museum) X/55

Bundesarchiv – Militärarchiv, Freiburg S. 46

Canadian Forces Museums and Historical Collections, Ottawa
S. 20

Conseil Général de la Meuse, Bar-le-Duc (Lionel Studio)
V/23, V/71

De Digger, Ieper III/15

Deutsches Historisches Museum, Berlin (Arne Psille und
Sebastian Ahlers) S. 16, 18, 19, 30, 32, 35, 38, 39, 44, 45, 51,
52 rechts, 55, 58, 61, 63, 71, 85, 92, 98, 106/107, 176, 286,
287, 290, 322, 336; I/5, I/8, II/4, II/5, II/8, II/9, II/15, II/16,
II/17, III/7, III/18, III/22, III/26, III/50, III/56, III/77, III/84,
III/92, III/94, III/95, III/96, IV/1, IV/2, IV/4, IV/8, V/1, V/2,
V/3, V/4, V/10, V/14, V/27, V/30, V/31, V/32, V/51, V/69,
V/70, V/84, V/85, V/86, V/87, V/88, VI/39, VI/46, VI/50,
VI/51, VII/6, VII/7, VII/18, VII/41, VII/48, VII/54, VII/55,
VII/66, VII/79, VII/80, VII/84, VIII/2, VIII/7, VIII/11, IX/12,
IX/19, IX/22, IX/35, IX/37, IX/39, X/6, X/7, X/8, X/9, X/12,
X/24, X/25, X/32, X/35, X/49, XI/1, XI/2, XI/4, XI/13, XI/14,
XI/15, XI/21, XI/22, XI/23, XII/1, XIII/2, XIII/7, XIII/8,
XIII/9, XIII/13, XIII/16, XIV/1, XIV/18, XIV/23, XV/25,
XV/37, XVI/17, XVII/8

Deutsches Museum, München I/1, V/29, V/35

Deutsches Rundfunkarchiv, Potsdam-Babelsberg V/45, V/82

Deutsches Uhrenmuseum, Furtwangen V/41

Etablissement de la communication et de production audiovisuelle de la défense (ECPAD) – Médiathèque de la Défense,
Ivry-sur-Seine S. 65

Eugeen Van Mieghem Museum, Antwerpen III/43, VI/15

Filmmuseum Berlin – Stiftung Deutsche Kinemathek, Berlin
S. 59

Fitzwilliam Museum, Cambridge VIII/15

F. Schröder, Berlin (Fotos: Deutsches Historisches Museum)
III/51, V/37

Führungsakademie der Bundeswehr, Hamburg XV/27

Galerie Finckenstein, Berlin (Jörg P. Anders) III/53

Georg-Kolbe-Museum, Berlin I/6

Getty Images – Hulton Archive, Los Angeles S. 236

Heeresgeschichtliches Museum, Wien II/12, III/41, III/66,
VI/63, VII/21, VII/32, VII/35, VII/36, VII/38, XVI/13

Helga Jelinski, Goslar (Foto: Deutsches Historisches Museum)
VI/55

Historial de la Grande Guerre, Péronne (Somme) (Yazid Med-
moun) S. 18; III/12, III/28, III/52, III/58, V/33, VI/8, VI/18,
VI/56, VII/3, VII/20, VII/28, VII/39, VII/40, VII/52, VII/53,
VII/58, VII/60, VIII/14, XI/12, XIV/2, XV/15

Historisches Museum der Stadt Bukarest V/17, VI/21, VI/34

Historisches Museum Lettland, Riga V/15

Historisches Museum Saar, Saarbrücken (Karin Puslat) IX/27

Historisches Museum Serbien, Belgrad XV/35

Staatliches Wissenschaftliches Forschungsmuseum für Architektur A. W. Schtschussew, Moskau III/42, XIV/28, XIV/29

Staatsbibliothek zu Berlin – Preußischer Kulturbesitz, Berlin VI/38

Stedelijk Museum, Ieper III/55

© Stichting Huis Doorn, The Netherlands VI/65

Ullstein Bilderdienst, Berlin IV/3, IV/6, IV/10, IV/11, IV/12, IV/13, IV/14

Ungarisches Nationalmuseum, Budapest (Kardos Judit) V/16, X/52

Vytautas-Magnus-Militärmuseum, Kaunas (Liudvikas Ziemys) X/20

Wehrgeschichtliches Museum Rastatt I/2; V/47 (Foto: Deutsches Historisches Museum)

Zentrales Museum der Streitkräfte, Moskau II/7, IV/7, XV/11

Zentrales Museum der Streitkräfte der Ukraine, Kiew (Oljeg Gontschar) XV/29